תלמוד בבלי

— מהדורת נאה —

גיטין חלק א

Steinsaltz Center

KOREN

Please note that the number ranges that appear at the bottom of each daf of the Vilna pages indicate the corresponding pages of the Koren Talmud Bavli translation and commentary.

תלמוד בבלי

הוצאת קורן ירושלים

— מהדורת נאה —

מסכת גיטין
דף ב. עד דף כד.

COMMENTARY BY

Rabbi Adin Even-Israel Steinsaltz

EDITOR-IN-CHIEF

Rabbi Dr Tzvi Hersh Weinreb

EXECUTIVE EDITOR

Rabbi Joshua Schreier

•

STEINSALTZ CENTER

KOREN PUBLISHERS JERUSALEM

הַמֵּבִיא

*גֵּט מִמְּדִינַת הַיָּם, צָרִיךְ שֶׁיֹּאמַר "בְּפָנַי נִכְתַּב וּבְפָנַי נֶחְתַּם". רַבָּן גַּמְלִיאֵל אוֹמֵר: אַף הַמֵּבִיא מִן הָרֶקֶם וּמִן הַחֶגֶר. ר' אֱלִיעֶזֶר אוֹמֵר: אֲפִילּוּ מִכְּפַר לוּדִים לְלוֹד. וַחכ"א: אאֵינוֹ צָרִיךְ שֶׁיֹּאמַר "בְּפָנַי נִכְתַּב וּבְפָנַי נֶחְתַּם" אֶלָּא הַמֵּבִיא מִמְּדִינַת הַיָּם. וְהַמּוֹלִיךְ. וְהַמֵּבִיא מִמְּדִינָה לִמְדִינָה בִּמְדִינַת הַיָּם, צָרִיךְ שֶׁיֹּאמַר "בְּפָנַי נִכְתַּב וּבְפָנַי נֶחְתַּם". רשב"ג אוֹמֵר: אֲפִילּוּ מֵהֶגְמוֹנְיָא לְהֶגְמוֹנְיָא. ר' יְהוּדָה אוֹמֵר: מֵרֶקֶם לַמִּזְרָח, וְרֶקֶם — כַּמִּזְרָח; מֵאַשְׁקְלוֹן לַדָּרוֹם, וְאַשְׁקְלוֹן — כַּדָּרוֹם; מֵעַכּוֹ לַצָּפוֹן, וְעַכּוֹ — כַּצָּפוֹן. *ר"מ אוֹמֵר: עַכּוֹ — כְּאֶרֶץ יִשְׂרָאֵל לְגִיטִּין. בהַמֵּבִיא גֵּט בְּאֶרֶץ יִשְׂרָאֵל, אֵינוֹ צָרִיךְ שֶׁיֹּאמַר "בְּפָנַי נִכְתַּב וּבְפָנַי נֶחְתַּם". וְאִם יֵשׁ עָלָיו עוֹרְרִים — יִתְקַיֵּים בְּחוֹתְמָיו.§ **גמ'** מ"ט? רַבָּה אָמַר: לְפִי

רש"י

הַמֵּבִיא גֵּט מִמְּדִינַת הַיָּם. כָּל חו"ל קָרֵי לֵיהּ מְדִינַת הַיָּם, בַּר מִבָּבֶל, כִּדְאָמַר לְקַמָּן (דף ו.). **צָרִיךְ.** הַשָּׁלִיחַ הַמְּבִיאוֹ לוֹמַר כו'. וְטַעְמָא מְפָרֵשׁ בַּגְּמָ'. וְשָׁלִיחַ זֶה, הַבַּעַל עֲשָׂאוֹ שָׁלִיחַ לְהוֹלָכָה. **רֶקֶם וְחֶגֶר.** תַּרְגּוּם שֶׁל "בֵּין קָדֵשׁ וּבֵין בָּרֶד" מְתַרְגְּמִינַן: בֵּין רֶקֶם לְחֶגֶר (בראשית טז). **אֲפִילּוּ מִכְּפַר לוּדִים.** שֶׁהִיא מְחוּצָה לָאָרֶץ. **לְלוֹד.** שֶׁהִיא סְמוּכָה לָהּ, וְהִיא מֵאֶרֶץ יִשְׂרָאֵל. וּבַגְּמָ' מְפָרֵשׁ פְּלוּגְתַּיְיהוּ. **וַחֲכָמִים אוֹמְרִים.** בַּגְּמָרָא מְפָרֵשׁ מַאי מוֹסְפִי אַתַּנָּא קַמָּא דְּרֵישָׁא. **וְהַמּוֹלִיךְ.** מֵאֶרֶץ יִשְׂרָאֵל לִמְדִינַת הַיָּם. **מֵהֶגְמוֹנְיָא לְהֶגְמוֹנְיָא.** בַּגְּמָרָא מְפָרֵשׁ: עִיר אַחַת שֶׁהָיוּ בָּהּ שְׁנֵי הֶגְמוֹנִים, וּמַקְפִּידִין זֶה עַל זֶה שֶׁלֹּא יְהוּ בְּנֵי הֶגְמוֹנְיָא זוֹ נִכְנָסִים לַחֲבֶרְתָּהּ. לקמן טו. **ר' יְהוּדָה אוֹמֵר** מֵרֶקֶם לַמִּזְרָח. מֵרֶקֶם עַד סוֹף הָעוֹלָם לְמִזְרָחוֹ — הָוֵי מְדִינַת הַיָּם. **וְרֶקֶם.** עַצְמָהּ נִדּוֹנֵית כְּמִזְרַח הָעוֹלָם, וְלֹא כְּא"י, וְהַמֵּבִיא מֵרֶקֶם צָרִיךְ לוֹמַר "בְּפָנַי נִכְתַּב וּבְפָנַי נֶחְתַּם". וְכֵן כּוּלָּם, רֶקֶם לְמִזְרָחוֹ שֶׁל אֶרֶץ יִשְׂרָאֵל וְחוּצָה לָהּ, וְאַשְׁקְלוֹן לִדְרוֹמָהּ, וְעַכּוֹ לִצְפוֹנָהּ. אֲבָל מַעֲרָב שֶׁל אֶרֶץ יִשְׂרָאֵל — אֵין צָרִיךְ גְּבוּל, שֶׁהַיָּם הַגָּדוֹל גְּבוּלָהּ, כִּדְכְתִיב (במדבר לד): "וּגְבוּל יָם וְהָיָה לָכֶם הַיָּם הַגָּדוֹל" וגו'. [לקמן ו:] **אִם יֵשׁ עָלָיו עוֹרְרִים.** שֶׁהַבַּעַל מְעַרְעֵר שֶׁהוּא מְזוּיָּף. **יִתְקַיֵּים בְּחוֹתְמָיו.** וְאִם יָעִידוּ הָעֵדִים עַל חֲתִימַת יְדֵיהֶם, אוֹ עֵדִים אֲחֵרִים יַכִּירוּ חֲתִימָתָם — כָּשֵׁר. וְאִם אֵין עָלָיו עוֹרְרִים — מִסְתָּמָא כָּשֵׁר, דְּהָא בְּקִיאִין לִשְׁמָהּ, וְעֵדִים מְצוּיִין תָּמִיד לְקַיְּימוֹ, כִּדְאָמְרִינַן בַּגְּמָ': בָּתֵּי דִינִין קְבוּעִין. **גמ'** לְפִי

תוספות

המביא גט. אע"ג דלשאר שטרות פעמים נמי קרי גט, כדתנן ב"השולח" (לקמן דף לד:): אין עדים חותמין על הגט אלא מפני תיקון העולם, ואיירי בכל שטרות. ובפרק "התקבל" (לקמן דף סד.) נמי תניא: וכן לגיטין, ומפרש התם: גיטי ממון. מ"מ לא הוצרך לפרש כאן גט אשה, משום דברוב מקומות היכא דקתני "גט" סתם — איירי בגט אשה. ומה שנוהגים לכתוב י"ב שורות בגט אומר ר"ת: משום ד"גט" גימטריא י"ב. ור"י שמע בשם רב האי גאון, ובשם רבינו סעדיה: משום דכתיב "ספר כריתות" — כשיעור י"ב שיטין המפסיקין בין ארבעה חומשי ספר תורה, כדאמר בבבא בתרא (דף יג:) שצריך להניח ארבעה שיטין בין כל ספר וספר. והפסק שבין "וידבר" למשנה תורה — לא חשיב, שאינו אלא חוזר ושונה מה שלמעלה.

ממדינת הים. הא דלא נקט "המביא גט מחוץ לארץ" כדקתני בגמ' (לקמן דף ז:): המביא גט בספינה כמביא בחוצה לארץ — משום ד"בחוצה לארץ" הוה משמע כל חוצה לארץ, אפילו רקם וחגר — להכי נקט "ממדינת הים", דמשמע רחוק, כמו (יבמות דף פז:): האשה שהלך בעלה למדינת הים, וכמו (שבועות דף מא:): פרעתיך בפני פלוני ופלוני והלכו למדינת הים, לאפוקי רקם וחגר דפליג בהו רבן גמליאל.

אף המביא מרקם. משמע דברקם דרין בה ישראל. והא דתנן בפ' "דם הנדה" (נדה דף נו:): כל הכתמים הבאין מרקם טהורין, ור' יהודה מטמא, מפני שהן גרים וטועין — היינו משום דכתמים הנמצאין שם דגוים הם, דישראל מצניעין כתמיהן. ור' יהודה מטמא — נראה לו דאותם שנוהגין תורת גוים הם גרים וטועין, ולעולם ישראל נמי דרים בה.

מכפר לודים ללוד. אומר ר"י: שהזכיר לוד, לאשמועינן אע"פ שהיתה נקראת כפר לודים על שם בני לודים שהיו מצויים בה תמיד — אפילו הכי צ"ל "בפני נכתב ובפני נחתם" ולא חשיב כלוד עצמה. ורבינו מאיר פירש: דרבי אליעזר הזכיר שם עירו, כדאמרינן (סנהדרין דף לב:): אחר ר' אליעזר ללוד. ואין נראה לר"י, דכ"ש שלא היה צריך להזכיר, כי היכי דלא נקט תנא קמא ממדינת הים לארץ ישראל, דפשיטא היא דבארץ ישראל קאי.

ואשקלון בדרום. הקשה ר"ת: דאשקלון מארץ ישראל היא, דכתיב ביהושע (יג): "זאת הארץ הנשארת וגו' האשדודי והאשקלוני", וכתיב: "הפילה לישראל בנחלה כאשר צויתיך" ואחר כך לכדוה, כדכתיב בשופטים (א): "וילכוד יהודה את עזה ואת אשקלון ואת גבולה". ואר"ת: דעולי בבל לא כבשוה, כדאמר בפ"ק דחולין (דף ז.) גבי בית שאן: הרבה כרכים כבשום עולי מצרים ולא כבשום עולי בבל, ולכך אין תלמידי חכמים מצויין שם, ואין בתי דינין קבועין שם. אבל קשה: דרקם וחגר משמע הכא דהוו חוצה לארץ, וכתיב ביהושע (כ): "ויקדשו את קדש בהר נפתלי". וליכא למימר דלא כבשוה עולי בבל, דבספרי בפרשת "והיה עקב" חשיב רקם וחגר בהדי כרכים שכבשו עולי בבל! וי"ל: דתרי רקם וחגר הוו, ואותו רקם וחגר דכתיב גבי אברהם: "וישב בין קדש ובין שור" (בראשית כ) מתרגמינן: בין רקם ובין חגרא — בארצו של אבימלך מלך פלשתים. ואותו היה בארץ ישראל, דמסתמא דאברהם ויצחק היו דרין בארץ ישראל. וביהושע נמי משמע דפלשתים מארץ ישראל. ואותו רקם וחגר היה במערבה של ארץ ישראל, דפלשתים במערבו, דים פלשתים הוא גבול מערב של ארץ ישראל. ורקם וחגר דמתני' היה במזרח, כדאמרינן "רקם כמזרח". ועכו, אע"ג דכבשוהו עולי בבל, כדאמר בסוף כתובות (דף קיב.): רבי אבא הוה מנשק כיפי דעכו, ובפרק "מי שאחזו" (לקמן דף עו:) פריך: למימרא דעכו לאו מארץ ישראל הוה? הא כי הוו מפטרי רבנן מהדדי בעכו הוו מפטרי מהדדי, לפי שאסור לצאת מארץ ישראל לחוצה לארץ! אמר ר"ת: דלא קשה מידי, דעכו היתה חציה בארץ וחציה בחו"ל כדמוכח בירושלמי, והכא מיירי באותו צד שבחוצה לארץ. והא דלא משני נמי ב"מי שאחזו" (שם) מתני' ד"אם לא באתי מכאן ועד שלשים יום" והגיעו לעכו וחזר — ביטל תנאו, היינו לאותו צד שבחוצה לארץ — היינו משום דיוצא מארץ ישראל פוגע תחילה באותו צד של ארץ ישראל, "והגיע לעכו" — משמע לתחילת עכו. אך קשה לר"י: דאמר לקמן (דף ו:): נכנס לפניו ר' אלעא, אמר ליה: הלא כפר סיסאי מובלע בתחום ארץ ישראל, וקרובה לציפורי יותר מעכו. ומה בכך? מכל מקום עכו עדיפא, אע"פ שהיא רחוקה מציפורי — שהיא עצמה חציה מארץ ישראל! ועוד: היכי דייק לקמן (דף ח.) דמוכר עבדו לסוריא יצא לחירות, מדתנן: עכו כארץ ישראל לגיטין, לגיטין — אין, לעבדים — לא. כל שכן סוריא, דמרחקא טובא? אדרבה, סוריא עדיפא, כיון דמתני' איירי בצד של חוצה לארץ, דקסבר: כיבוש יחיד שמיה כיבוש, והויא היא עצמה ארץ ישראל! דלהכי מיבעיא ליה אי הוי כמוכר עבדו לארץ ישראל — כיון דשמיה כיבוש, או דלמא כיון דעפרה טמא — כחוצה לארץ דמי. ואמר ר"י: דאפילו בצד של ארץ ישראל צ"ל "בפני נכתב" וכו', לפי שהוא בסוף הגבול, ורחוק מעיקר ישוב ארץ ישראל, ומופלג מן הישיבות ובתי דינים. וכן יש לתרץ גבי אשקלון, וגבי רקם וחגר. והשתא פריך שפיר כפר סיסאי, דקרוב לציפורי, שהיתה עיקר ישוב א"י טפי מעכו דרחוק מעיקר ישוב א"י. אע"ג דעכו היא עצמה בארץ ישראל וכפר סיסאי הוא חוצה לארץ — מכל מקום פשיט שפיר, כיון דקים ליה דמובלעת מהני כאילו היא ממש מארץ ישראל, כר"ג דאמר: מובלעות שכיחי וגמירי. וא"ת: דאמר בירושלמי: המוכר עבדו לעכו — יצא לחירות, ר"ש אביו דרבי יודן אומר: אפילו מעכו לעכו. וכיון דאפילו באותו צד שבארץ ישראל יצא לחירות — אם כן מעכו לעכו אמאי יצא לחירות, כיון דחשיב כחוצה לארץ? וי"ל: דנהי דחשיב כחוצה לארץ לגבי עיקר ישוב ארץ ישראל, לגבי חוצה לארץ — מיהא חשיב כארץ ישראל.

ואם יש עליו עוררין יתקיים בחותמיו. אבל כל זמן דלא אתי בעל ומערער — נישאת על פי הגט, ולא טענינן מזוייף, דמשום עיגונא אקילו בה רבנן. אבל בממון — טענינן מזוייף לנפרע שלא בפניו, ומיתומים ומלקוחות. דאל"כ — לא שבקת חיי לכל בריה, שיוכל כל אדם לכתוב שטר מלוה, ולהחתים עדים מעצמו, ולטרוף שלא בפניו מיתומים ומלקוחות. ומיהו: מזה אין להוכיח, דאפילו לא טענינן להו מזוייף — טענינן להו פרוע, כיון דהוא עצמו הוי מהימן לומר: פרוע, מיגו דאי בעי אמר: מזוייף. דקי"ל כמ"ד בפרק "המוכר את הבית" (ב"ב דף ע:) גבי שטר כיס היוצא על היתומים — דנשבע וגובה מחצה, אבל פלגא דפקדון טענינן להו "פרוע הוא לך" אע"ג דלא טענינן להו נאנסו, משום דאביהם היה נאמן לומר "החזרתיו לך" במיגו דנאנסו. אבל יש להוכיח דטענינן להו מזוייף, דאל"כ — כל אחד יכתוב שטר מכר או שטר מתנה, ויחתום עדים ויגבה שלא בפניו מיתומים ומלקוחות, דהשתא אין שייך לומר "פרעתי". ועוד יש לדקדק מסוף פ' "גט פשוט" (שם דף קעד:) דטענינן ליתמי מזוייף. דאמר רב הונא: שכיב מרע שהקדיש כל נכסיו, ואמר "מנה לפלוני בידי" — נאמן, חזקה אין אדם עושה קנוניא על ההקדש. ופריך: וכי אדם עושה קנוניא על בניו? דרב ושמואל דאמרי תרוייהו: שכיב מרע שאמר "מנה לפלוני בידי", אמר "תנו" — נותנין, לא אמר "תנו" — אין נותנין. ומסיק דרב הונא איירי בשטר מקויים, ורב ושמואל בדנקיט שטר שאינו מקויים; אמר "תנו" — קיימיה לשטרא, לא אמר "תנו" — לא קיימיה לשטרא. פירוש: דשמא שלא להשביע את בניו אמר כן. ואי לא טענינן מזוייף ליתומים מכל מקום יגבה, דהא נקיט שטרא! ואין לומר דטענינן פרוע — דהא רב אית

עין משפט נר מצוה

א א מיי' פ"ז מהל' גירושין הלכה ה סמג עשין נ טוש"ע אה"ע סי' קמב סעיף א:
ב ב מיי' שם הלכה א ב וסמג שם טוש"ע שם:

תוספות רי"ד

המביא גט ממדינת הים צריך שיאמר בפני נכתב ובפני נחתם. ר"ג אומר אף המביא מן הרקם ומן החגר. ר' אליעזר אומר אפילו מכפר לודים ללוד: וחכ"א אינו צריך שיאמר בפני נכתב ובפני נחתם אלא המביא ממדינת הים והמוליך והמביא ממדינה למדינה במדינת הים צריך שיאמר בפני נכתב ובפני נחתם: רשבג"א אפי' מהגמוניא להגמוניא: רבי יהודה אומר מרקם למזרח ורקם כמזרח מאשקלון לדרום ואשקלון כדרום מעכו לצפון ועכו כצפון רבי מאיר אומר עכו כא"י לגיטין: פי' כל חו"ל קרוי מדינת הים בר מבבל כדאמרינן התם: צריך שיאמר השליח המביא. בגמ' מפרש: ושליח זה הבעל עשאו שליח להולכה: רקם וחגר תרגומא בין קדש ובין ברד בין רקם ובין חגרא. אף מכפר לודין שהיא מחו"ל ללוד שהיא סמוכה לה והיא מא"י ובגמ' מפרש פלוגתייהו. וחכ"א וכו' בגמ' מפרש מאי קמוסיף את"ק דרישא: המוליך וא"י למדינת הים: מהגמוניא להגמוניא. פי' עיר א' שהיו בה ב' הגמוניא ומקפידים זה על זה שלא יהו בני הגמוניא זו נכנסים לחברתה: ר' יהודה אומר מרקם עד סוף העולם למזרחו הוי מדינת הים ורקם עצמה נדונית כמזרח העולם ולא כא"י והמביא מרקם צריך שיאמר וכן כולן רקם למזרח א"י וחוצה לה ואשקלון לדרומה ועכו לצפונה. אבל מערב של א"י אין צריך גבול שהים גבולה כדכתיב בגבול ים והיה לכם הים [הגדול] וגבול: מאי טעמא. רבה אמר

עין משפט
נר מצוה

ג א מיי' פ"ז מהל' גירושין ה"ח סמג עשין נ טוש"ע אה"ע סימן קמב סעיף א:
ד ב מיי' שם הל' יד טוש"ע שם סעיף יח:
ה ג מיי' פי"א מהל' עדות הלכה ז טוש"ע י"ד סימן קכז סעיף ג ובהג"ה:
[ו] ד שם בהג"ה:
ז ה מיי' פכ"ד מהל' אישות הלכה יח סמג עשין מח טוש"ע אה"ע סימן יא סעיף א וסימן קעח סעיף ט:

גי' ר"נ והוי

*לְפִי שֶׁאֵין בְּקִיאִין לִשְׁמָהּ; רָבָא אָמַר: אלְפִי שֶׁאֵין עֵדִים מְצוּיִין לְקַיְּימוֹ. מַאי בֵּינַיְיהוּ? אִיכָּא בֵּינַיְיהוּ, בדְּאַתְיוּהוּ בֵּי תְרֵי; אִי נַמִי, מִמְּדִינָה לִמְדִינָה בְּאֶרֶץ יִשְׂרָאֵל; אִי נַמִי, בְּאוֹתָהּ מְדִינָה בִּמְדִינַת הַיָּם. וּלְרַבָּה, דְּאָמַר לְפִי שֶׁאֵין בְּקִיאִין לִשְׁמָהּ – לִיבָּעֵי תְּרֵי, מִידֵּי דַּהֲוָה אַכָּל עֵדֻיּוֹת שֶׁבַּתּוֹרָה! *געֵד אֶחָד נֶאֱמָן בְּאִיסּוּרִין. דאֵימוּר דְּאָמְרִינַן עֵד אֶחָד נֶאֱמָן בְּאִיסּוּרִין – כְּגוֹן חֲתִיכָה סָפֵק שֶׁל חֵלֶב סָפֵק שֶׁל שׁוּמָּן, דְּלָא אִיתַּחֲזַק אִיסּוּרָא. אֲבָל הָכָא דְּאִיתַּחֲזַק אִיסּוּרָא דְּאֵשֶׁת אִישׁ – *הָוֵי דָּבָר שֶׁבְּעֶרְוָה, *הוְאֵין דָּבָר שֶׁבְּעֶרְוָה פָּחוֹת מִשְּׁנַיִם! רוֹב בְּקִיאִין הֵן. וַאֲפִילּוּ לְר"מ *דְּחָיֵישׁ לְמִיעוּטָא, סְתַם סָפְרֵי דְּדַיָּינֵי מִיגְמַר גְּמִירִי, וְרַבָּנַן הוּא דְּאַצְרוּךְ, וְהָכָא מִשּׁוּם

לְפִי שֶׁאֵין בְּקִיאִין לִשְׁמָהּ. אֵין בְּנֵי מְדִינַת הַיָּם בְּנֵי תוֹרָה, וְאֵין יוֹדְעִין שֶׁצָּרִיךְ לִכְתּוֹב הַגֵּט לְשֵׁם הָאִשָּׁה. וּקְרָא כְּתִיב: "וְכָתַב לָהּ סֵפֶר כְּרִיתוּת" (דברים כד). "לָהּ" – דְּהַיְינוּ לִשְׁמָהּ. הִילְכָּךְ, אוֹמֵר הַשָּׁלִיחַ "בְּפָנַי נִכְתַּב וּבְפָנַי נֶחְתַּם", וּמִמֵּילָא שָׁיְילִינַן לֵיהּ אִם נִכְתַּב לִשְׁמָהּ, וְהוּא אוֹמֵר: אֵין. וּלְקַמֵּיהּ מְפָרֵשׁ מַאי טַעְמָא לָא אַצְרְכוּהוּ נַמִי לְמֵימַר "לִשְׁמָהּ". לְפִי שֶׁאֵין עֵדִים מְצוּיִין לְקַיְּימוֹ. אֵין שַׁיָּירוֹת מְלוּוֹת מִשָּׁם לְכָאן, שֶׁאִם יָבֹא הַבַּעַל וִיעַרְעֵר לוֹמַר "לֹא כְּתַבְתִּיו" – שֶׁיְּהוּ עֵדִים מְצוּיִין לְהַכִּיר חֲתִימַת הָעֵדִים, וְהֶאֱמִינוּהוּ לַשָּׁלִיחַ. וּלְקַמָּן פָּרֵיךְ: בֵּין לְרָבָא בֵּין לְרַבָּה, לִיבָּעֵי תְּרֵי! דְּאַתְיוּהוּ בֵּי תְרֵי. וּשְׁנֵיהֶם נַעֲשׂוּ שְׁלוּחִים לְגָרְשָׁהּ, וְהַגֵּט יוֹצֵא מִתַּחַת יְדֵי שְׁנֵיהֶם; לְרַבָּה – בָּעֵי לְמֵימַר, לְרָבָא – לָא בָּעֵי לְמֵימַר, שֶׁהֲרֵי שְׁנַיִם הֵם, וְאִם יְעַרְעֵר בַּעַל – הֲרֵי הֵם מְלַוִּין לְקַיְּימוֹ. אִי נַמִי מִמְּדִינָה לִמְדִינָה בְּאֶרֶץ יִשְׂרָאֵל. כְּגוֹן יְהוּדָה וְגָלִיל. דְּסָלְקָא דַּעְתָּא הַשְׁתָּא דְּלָא שְׁכִיחֵי שַׁיָּירָתָא. לְרַבָּה דְּלָא חָיֵישׁ לְעִירְעוּרָא, דְּנֵימָא מְזוּיָּיף הוּא – לָא בָּעֵי לְמֵימַר, הוֹאִיל וּבְקִיאִין כָּל בְּנֵי אֶרֶץ יִשְׂרָאֵל לִשְׁמָהּ. לְרָבָא – בָּעֵי לְמֵימַר, דְּהָא אֵין שַׁיָּירוֹת מְלוּוֹת. אִי נַמִי בְּאוֹתָהּ מְדִינָה. כְּגוֹן מֵעִיר לְעִיר בִּמְדִינָה אַחַת. מְדִינָה = רונטריד"א בְּלַעַ"ז. וּבִמְדִינַת הַיָּם לְרַבָּה בָּעֵי לְמֵימַר, דְּהָא אֵין בְּקִיאִין לִשְׁמָהּ. לְרָבָא דְּאָמַר "לְפִי שֶׁאֵין" וכו', וּמַתְנִיתִין מִשּׁוּם עִרְעוּרָא דְּזִיּוּף הוּא, הָכָא – לָא צָרִיךְ, דְּהָא שְׁכִיחֵי שַׁיָּירָתָא. מִידֵּי דַּהֲוָה אַכָּל עֵדֻיּוֹת שֶׁבַּתּוֹרָה. קוּשְׁיָא הוּא. וּמְשַׁנֵּי עֵד אֶחָד נֶאֱמָן בְּאִיסּוּרִין. שֶׁהֲרֵי הֶאֱמִינָה תּוֹרָה כָּל אֶחָד וְאֶחָד מִיִּשְׂרָאֵל עַל הַפְרָשַׁת תְּרוּמָה, וְעַל הַשְּׁחִיטָה, וְעַל נִיקּוּר הַגִּיד וְהַחֵלֶב. דְּלָא אִיתַּחֲזַק אִיסּוּרָא. דְּחֵלֶב, כְּהָךְ חֲתִיכָה אִיסּוּרָא גּוּפָא. הָכָא אִיתַּחֲזַק. כְּהָךְ אִיתְּתָא אִיסּוּר אֵשֶׁת אִישׁ. וּמְטֶבֶל וּשְׁחִיטָה לָא גָּמְרִינַן לָהּ, כִּדְאָמְרִינַן בִּיבָמוֹת (דף פח.) דְּהָתָם בְּיָדוֹ לְתַקֵּן, לְפִיכָךְ נֶאֱמָן לְהָעִיד עֲלֵיהֶן. וְאֵין דָּבָר עֶרְוָה. רָאוּי לְהַתִּירוֹ בְּפָחוֹת מִשְּׁנַיִם. דְּיָלֵיף "דָּבָר" "דָּבָר" מִמָּמוֹן, כְּתִיב הָכָא "כִּי מָצָא בָהּ עֶרְוַת דָּבָר" (דברים כד) וּכְתִיב הָתָם "עַל פִּי שְׁנַיִם עֵדִים יָקוּם דָּבָר" (שם יט), בְּמַסֶּ' סוֹטָה (דף ג:). רוֹב יִשְׂרָאֵל בְּקִיאִין הֵם. וְאֵין לָחוֹשְׁדָן. וַאֲפִילּוּ לְר' מֵאִיר דְּחָיֵישׁ לְמִיעוּטָא. גַּבֵּי קָטָן וּקְטַנָּה אֵין חוֹלְצִין וְלֹא מְיַיבְּמִין, קָטָן – שֶׁמָּא יִמָּצֵא סָרִיס, קְטַנָּה – שֶׁמָּא תִּמָּצֵא אַיְילוֹנִית כו', בְּמַסֶּ' יְבָמוֹת (דף קיט.). סְתַם סָפְרֵי דְּדַיָּינֵי. סוֹפְרֵי הַדַּיָּינִים, שֶׁרְגִילִין לִכְתּוֹב כָּל שִׁטְרֵי גִיטִּין. מִיגְמַר גְּמִירֵי. דְּגֵט אִשָּׁה בָּעֵי לִשְׁמָהּ. וְרַבָּנַן הוּא דְּאַצְרִיכוּ. לְמֵיחַשׁ לְמִלְּתָא, מִשּׁוּם דְּאִיכָּא דְּאַשְׁכַּח כָּתוּב וְעוֹמֵד, כְּגוֹן שֶׁנִּכְתַּב לְשֵׁם א' מִבְּנֵי עִירוֹ שֶׁשְּׁמוֹ כִּשְׁמוֹ וּשְׁמָהּ כִּשְׁמָהּ, וְנִמְלַךְ מְגָרֵשׁ. מִשּׁוּם

אית ליה: מודה בשטר שכתבו – אין צריך לקיימו. וא"ת: בפ"ק דבבא מציעא (דף יג.) פליגי ר"מ ורבנן במוצא שטר שאין בו אחריות, דרבנן אמרי: לא יחזיר, ור"מ סבר: יחזיר. ומוקי לה שמואל: כשאין חייב מודה, ויחזיר לר"מ לגור ע"פ צלוחיתו. והשתא לרבנן אמאי לא יחזיר? הא ליכא למיחש למידי, דאי מקיים ליה – הדין עמו, ואם לא מקיים ליה – אם כן מה מפסיד אי מהדר ליה? אלא ודאי חיישינן שמא יוציא שלא בפניו, ולא נטעון מזוייף הוא! ויש לומר: דעל כרחך אין הטעם בשביל כך, דאכתי נטעון להו פרוע הוא, דהא שמואל סבירא ליה בפ' "מי שמת" (ב"ב דף קנד:) בהדיא, אליבא דר' מאיר: מודה בשטר שכתבו צריך לקיימו, והיה נאמן לומר אביהן דפרוע הוא, מיגו דאי בעי אמר מזוייף הוא. אע"ג דלדידהו לא טענינן מזוייף וליכא מיגו – מ"מ כיון דלאביהן יש מיגו – טענינן להו שפיר פרוע הוא, דקי"ל כמ"ד בסוף פ' "המוכר את הבית" (שם דף ע:) דנשבע וגובה מהלה גבי שטר כיס. אלא היינו טעמא דלא יחזיר – כיון דאיתרע בנפילתו, ולוה טוען מזוייף הוא – אין לגבות מן הדין אפילו ימצא עדי קיום, דחיישינן שמא זיופי זייף וחתים, כי ההיא ד"גט פשוט" (שם דף קסז.) דאנא ידיה אזרנוקא, וכן משמע התם לשון הקונטרס. אבל אי ליכא לוה קמן, והמלוה מצא עדי קיום – מחזירים לו. ואי הדר אתי לוה וטעין מזוייף הוא – נראה דתו לא מהימן, כיון דהוחזק בהיתר.

לפי שאין בקיאין לשמה. וא"ת: מאי שנא לשמה דאין בקיאין משאר הלכות גיטין, כגון מחובר, ושינה שמו ושמה, ונכתב ביום ונחתם בלילה? ואין לומר דנקט לשמה דשכיח טפי, דמשכח גט ששמו כשמו ושמה כשמה ומשדר לה, וגם הסופר שרגיל לכתוב טופסי גיטין אגב שיטפיה מישתלי וכתב שמו ושמה, וה"ה שאר הלכות גיטין – זה אינו, דהא אמר לקמן (דף ט:): בג' דרכים שוו גיטי נשים לשחרורי עבדים. ופריך: והא איכא לשמה! בשלמא לרבה – היינו מוליך ומביא, אלא לרבא קשיא! ותו: בין לרבה בין לרבא, הא איכא מחובר! אלמא: לרבה דוקא נקט לשמה בכלל מוליך ומביא, ולא נקט מחובר! ומפרש ר"ת: דבכל הלכות גיטין בקיאין, אלא דהך דרשה ד"וכתב לה" – לשמה, אינה נראית להם עיקר דרשה. ואין בקיאין – פירוש: אין חוששין לדרשה דלשמה. ו"לאחר שלמדו" דלקמן – פירוש: לאחר שקיבלוה. והא דפ"ה דממילא שיילינן ליה אי הוה לשמה, ואמר: אין – אין נראה, דלא משתמיט בשום דוכתא שיהא צריך לישאל. ועוד, דאם כן לימא: איכא בינייהו אם צריך לישאל! ואומר ר"י: דסתמא לשמה קא מסהיד, כדפירש בקונטרס נמי בסמוך*).

והא דאמר לקמן: "מי קתני בפני נכתב ובפני נחתם לשמה", נהי דסתמא לשמה משמע, מכל מקום כיון דעיקר תקנה משום לשמה הוא – הוה ליה למימר בהדיא. **לפי** שאין בקיאין לשמה. קשה: דלקמן (דף ה.) תניא: הוא עצמו שהביא גיטו – אינו צריך שיאמר "בפני נכתב ובפני נחתם". מאי שנא הוא משלוחו אי חיישינן שמא לא נעשה לשמה? וטעמא דאמר לקמן: מינקט נקט ליה בידיה ואיהו מערער עלויה – למה לא יערער אם מתחילה לא ידע דבעי לשמה, והשתא ידע? ואומר ר"י: דמסקינן בסמוך דרוב בקיאין הן, וסתם ספרי גמירי, וליכא אלא לעז בעלמא, דמסתמא שלא כדין יערער. והכא שמביאו הבעל בעצמו – ליכא למיחש אפילו ללעז, דתו לא מערער, כדאמר בסמוך: מנקט נקיט בידיה וכו'.

מאי בינייהו. לא מצי למימר מוליך איכא בינייהו, דלרבה נמי לרבנן בתראי במוליך צ"ל "בפני נכתב ובפני נחתם", דגזרינן מוליך אטו מביא. ולת"ק נמי, הוי בכלל הא דקאמר "איכא בינייהו ממדינה למדינה בארץ ישראל". והא דלא קאמר גט מקוייס איכא בינייהו – משום דהוי בכלל דאתיוה בי תרי, דדמי למקויים. **דאתיוה** בי תרי. פ"ה: למ"ד לפי שאין עדים מצויין לקיימו – אלו יקיימוהו. וקשה: דאטו בכיפא תלו להו, שיהו מזומנין לקיימו כשיבא הבעל ויערער? ועוד: דלמה לי דאתיוה בי תרי? כך שוים שנים מן השוק שמכירין חתימת העדים! ומפרש ריב"א: דאתיוה בי תרי ואמרי שהבעל שלחם, דתו לא מהימן לומר "לא שלחתים", דהכי אמר לקמן (דף ה.): שנים – אין צריכין לומר "בפני נכתב" וכו', ומה אילו יאמרו "בפנינו גירשה", מי לא מהימני? ולהאי לא חיישינן שמא החתים במזיד עדים פסולין, דמסתמא כיון דשלח לה גט – כדין עשאו, דאינו חשוד להכשילה. **ליבעי** תרי. אכתי לא ידע הא דפרישית, דלא הוי טעמא אלא משום לעז עד לבסוף. **מידי** דהוה אכל עדיות שבתורה. בדלי"ת גרסינן, כגון עדות דיני ממונות ודיני נפשות. ואית דגרים עריות ברי"ש. ולא נהירא, דאם כן – מאי משני: עד אחד נאמן באיסורין? מה לו להזכיר איסורין? והא ערוה נמי איסור הוא. והכי הוה ליה למימר: לא דמי לשאר עריות. והוה ליה ליתן טעם! ומיהו יש לומר דה"ק: עד אחד נאמן באיסורין להתיר. והא דבעי תרי – הני מילי לאסור, דחד לאו כל כמיניה. אבל הא דקאמר כל עריות – לא אתי שפיר, דמאי כל עיקר דבר שבערוה אין פחות משנים – זהו באשת איש, בגיטין ובקידושין וזנות דאשת איש לאוסרה על בעלה. **עד** אחד נאמן באיסורין. פי' הקונטרס: שהרי האמינה תורה כל אחד ואחד על הפרשת תרומה ושחיטה וניקור הגיד והחלב. ולא היה לו להזכיר הפרשת תרומה ושחיטה, דבהנהו נאמן אע"ג דאיתחזק איסורא, משום דבידו לתקנם, כמו שפ"ה בסמוך, והכי אמר ב"האשה רבה" (יבמות דף פח.). ושחיטה, אע"ג דהשתא אין בידו לתקנו – מעיקרא היה בידו לשחוט. דאם לא כן – אמאי מהימן, כיון דאיתחזק איסורא? דלא מצינו בשום מקום שיצטרך בגדול אחד עומד על גביו, ומעשים בכל יום דמהימן, אע"ג דלא שייך רוב מצויין אצל שחיטה מומחין הן, כגון שנחתך כל הראש ואין בית השחיטה ניכר. ומה שאנו סומכין על הנשים בשחיטה, אע"פ שאין יודעות הלכות שחיטה – כיון שבידה ללמוד לשחוט, או להשכיר אחרים שישחטו לה – כבידה דמי. וא"ת: ומנא לן דעד אחד נאמן באיסורין? וי"ל: דילפינן מנדה, דדרשינן בפרק "המדיר" (כתובות דף עב.): "וספרה לה" – לעצמה. וא"ת: אם כן אפילו איתחזק איסורא! וי"ל: דאינה בחזקת שתהא רואה כל שעה, וכשעברו שבעה – טהורה ממילא, ולא איתחזק איסורא, וגם בידה לטבול. **עד** אחד נאמן באיסורין. הקשה ר"ת: מה תשובה היא זאת? עיקר הגט יוכיח, שצריך לחותמו בשנים! ותי' דה"ק: דעד אחד נאמן באיסורין בכה"ג, שעיקר הגט נעשה כבר, ושוב אין צריך אלא גילוי מילתא, לידע אם לשמה נכתב. **הוי** דבר שבערוה. האי דנקט דבר שבערוה – אומר ר"י: משום דב"האשה רבה" (יבמות דף פח.) בשאר איסורי, כגון טבל והקדש וקונמות מספקא לן אי מהימן, אפילו איתחזק איסורא ולאו בידו, או לא. וא"ת: אי עד אחד נאמן בשאר איסורין, אפילו איתחזק איסורא ולאו בידו, אמאי איצטריך "וספרה לה" לעצמה? ויש לומר: דס"ד *דחשיב כמו דבר שבערוה. **סתם** ספרי דדייני מיגמר גמירי. והוי כמו מיעוטא דמיעוטא, דלא חיישינן אפילו לרבי מאיר. **ורבנן** הוא דאצרוך. פירש בקונטרס: משום דאיכא דאשכח כתוב ועומד, כגון שנכתב לשם א' מבני עירו ששמו כשמו ונמלך מלגרש. וקשה: דהוחזק שני יוסף בן שמעון אפילו

*) דף ג. ד"ה לא גייז

תוספות רי"ד

לפי שאין בקיאין לשמה. פי' בעבור זה הצריכוהו לומר בפני נכתב ובפני נחתם משום דכתיב וכתב לה לשמה ובחו"ל אין בקיאים לשמה מפני שאינן בני תורה כלומר שאינן יודעין שצריך שיכתב הגט לשמה ויש לחוש שמא נכתב זה לאחד מבני עירו ששמו כשמו ושם אשתו כשם אשתו ונמלך מלגרש את אשתו ושלחו זה לאשתו מש"ה צריך שיאמר בפני נכתב ובפני נחתם לשם אשה זו: ורבא אמר לפי שאין עדים מצויין לקיימו. פי' שממדינת הים לא"י לא שכיחי שיירתא ואם יבא הבעל היום ומחר ויערער ויאמר לאשה כי זה הגט לא כתבתיו אני אלא את זייפת והחתמת בו עדים ואין זו כתיבת ידי העדים לא נוכל למצוא עדים אחרים שיכירו חתימת אלו העדים שיקיימו אותה ותהא האשה צריכה להביא ראיה שבעלה כתבו לה. לפיכך התקינו שיהא זה מקיימו באומרו בפני נכתב ובפני נחתם ואם יבא הבעל ומערער לא משגחי' ביה אבל לאין בקיאים הן לשמה לא חייש רבא דסתם סופרים דכתבי גיטא בקיאין הן לשמה ולא נתקן לומר בפני נכתב ובפני נחתם אלא לפי שאין עדים מצויין לקיימו: א"ב דאתיוה בי תרי. פי' שנעשו שנים שלוחים להביא הגט לרבא דאמר לפי שאין עדים מצויין לקיימו אין צריכים לומר דבשנים אין הבעל יכול לערער ולרבה דאמר לפי שאין בקיאים לשמה צריכים לומר: א"נ איכא בינייהו [דאתייה] חד ממדינה למדינה בא"י כגון יהודה וגליל דס"ד השתא דלא שכיחי שיירתא. לרבא דחייש לערעורא דבעל צ"ל. ולרבה לא צריך הואיל ובני א"י בקיאים לשמה: אי נמי א"ב דאתייה חד מעיר לעיר בחו"ל באותה מדינה דשכיחי שיירתא מעיר לעיר לרבא דאמר לפי שאין עדים מצויין לקיימו הכא שכיחי שיירתא ואינו צ"ל. ולרבה דאמר לפי שאין בקיאים לשמה [צריך] שיאמר שגם מעיר לעיר אין בקיאים לשמה. והלכתא כרבא דהוא בתרא. ועו' דכל סוגיא דשמעתא אזלא

מסורת הש"ס

[לקמן טז:]
[לקמן ג. חולין י:]
יבמות פח. [קדושין סו. לקמן ג. סד.]
[יבמות סא: קיט. ע"ז לד: מ: בכורות יט: מב: חולין ו. יא: פו. נדה לא: מח.]

גליון הש"ס

תוס' ד"ה הוי דבר שבערוה וכו' דחשיב כמו דבר שבערוה. עי' מהרי"ק שורש ע"ב:

גמרא

*משום עיגונא אקילו בה רבנן. האי קולא הוא? חומרא הוא, דאי מצרכת ליה תרי — לא אתי בעל מערער ופסיל ליה; חד — אתי בעל ומערער ופסיל ליה! כיון דאמר מר: *בפני כמה נותנו לה? רבי יוחנן ור' חנינא, חד אמר: בפני ב', וחד אמר: בפני ג' — מעיקרא מידק דייק ולא אתי לאורועי נפשיה. ולרבא דאמר לפי שאין עדים מצויין לקיימו — ליבעי תרי, מידי דהוה אקיום שטרות דעלמא! *עד א' נאמן באיסורין. אימר דאמרינן עד אחד נאמן באיסורין, כגון חתיכה ספק של חלב ספק של שומן, דלא איתחזק איסורא. אבל הכא איתחזק איסורא דאשת איש, הוי דבר שבערוה, *ואין דבר שבערוה פחות מב'! בדין הוא דבקיום שטרות נמי לא ליבעי, כדר"ל. דאמר ר"ל: א*עדים החתומים על השטר — *נעשו כמי שנחקרה עדותן בב"ד. ורבנן הוא דאצרוך, והכא משום עיגונא אקילו בה רבנן. האי קולא הוא? חומרא הוא, דאי מצרכת ליה תרי — לא אתי בעל מערער ופסיל ליה; חד — אתי בעל ומערער ופסיל ליה! כיון דאמר מר: בפני כמה נותנו לה? רבי יוחנן ורבי חנינא, חד אמר: בפני שנים, וחד אמר: בפני ג' — מעיקרא מידק דייק ולא אתי לאורועי נפשיה. ורבא מאי טעמא לא אמר כרבה? אמר לך: מי קתני "בפני נכתב לשמה, בפני נחתם לשמה"? ורבה: בדין הוא דליתני הכי, אלא דאי מפשת ליה דיבורא אתי למגזייה. השתא נמי אתי למגזייה! חדא מתלת גאיז; חדא מתרתי לא גאיז. ורבה מ"ט לא אמר כרבא? אמר לך: א"כ ניתני "בפני נחתם" ותו לא; "בפני נכתב" ל"ל? ש"מ בעינן לשמה. ורבא: בדין הוא דליתני הכי, אלא דא"כ *אתי לאיחלופי בקיום שטרות דעלמא בעד אחד. ורבה: מי דמי? התם "ידעינן", הכא "בפני"; התם אשה לא מהימנא, הכא אשה מהימנא; התם בעל דבר לא מהימן, הכא בעל דבר מהימן. ורבא? אמר לך: אטו הכא כי אמרי "ידעינן", מי לא מהימני? וכיון דכי אמרי "ידעינן" מהימני, אתי לאיחלופי בקיום שטרות דעלמא בעד אחד. ולרבה, דאמר לפי שאין בקיאין לשמה, מאן האי תנא דבעי כתיבה לשמה ובעי חתימה

רש"י

משום עיגונא אקילו בה. להימניה לשליח. האי קולא היא. בתמיה. דאי מצרכת תרי. למימר לשמה, תו לא מצי בעל לערער. השתא אתי ומערער, ואוקי חד לגבהדי חד. כיון דאמר מר. לקמן (דף ה:). בפני כמה נותנו. שליח זה לאשתו ואומר בפניהם "בפני נכתב" — בפני שנים וכו'. מעיקרא מידק דייק. השליח כשמקבלו מיד הבעל, ויודע בו שברצון מגרשה, ולא יבא ויערער עוד. ואי נמי עורר — אינו נאמן, דודאי דק במילתא שפיר. נעשה כמי שנחקרה עדותן בב"ד. דלא חציף איניש לזיופי. אתי למיגזייה. דלא יאמר כולהו, ואמרינן לקמן (שם): כל המשנה ממטבע שטבעו חכמים בגיטין — הולד ממזר. חדא מתלת. תיבות, כגון "בפני נכתב לשמה". גייז. דזימנין דלא אמר אלא "בפני נכתב". חדא מתרתי. כגון "בפני נכתב". לא גייז. ומתוך שאילינן ליה אי נכתב לשמה, ואמר: אין. אי נמי, סתמא (לשמה) קא מסהיד. ומיהו "בפני נכתב ובפני נחתם" — אצרכוה, דכתיבה וחתימה בעינן לשמה, וכיון דכל חדא מילתא באפי נפשה היא — לא גייז. א"כ. דטעמא משום קיום הוא, "בפני נכתב" למה לי? ורבא בדין הוא. דלא בעי למימר "נכתב". אלא. משום הכי אצרכוה. דא"כ. דלא אמר "נכתב". אתי לאיחלופי כו'. דמוכחא מילתא דלקיומי אתי, ומאן דחזי סבר: כל שטרות נמי בחד מיקיימי, אי אתי חד סהדא ואמר: מכיר אני כתב ידי העדים. התם. גבי קיום שטרות — "יודעים אנו שזה כתב העדים" הוא דקאמרי. הכא בפני קאמר. *ולא קא מוכחא מילתא. הכא אשה מהימנא. אם הביאה גט לחבירתה, ואמרה "בפני נכתב" — מהימנא, כדתנן בפ"ב (לקמן דף כג:): אף הנשים שאינן נאמנות לומר מת בעליהן כו'. בעל דבר. אותו שמוציא השטר והשטר שלו. הכא בעל דבר מהימן. האשה עצמה מביאה את גיטה ממדה"י בתורת שליחות, כגון דאמר לה בעלה: אל תתגרשי בו אלא בב"ד. ובלבד שתהא צריכה לומר "בפני נכתב ובפני נחתם" וכו', בפ"ב (שם). אטו הכא כי אמר יודע אני מי לא מהימן. הואיל ולדידיה טעמא משום קיומא הוא, אי אמר: יודע אני בחתימת ידי העדים, מי לא מהימן? למה לי "בפני" מה לי "יודע אני"? וכיון דהכי הוא, אי לאו דמצרכינן נמי אכתיבה, דתיהוי היכר בין גיטין לשטרות — אתי לאיחלופי בקיום שטרות דעלמא, לקיימינהו בעד אחד. מאן האי תנא. דמתניתין. אי

תוספות

אפילו נכתב לשמו פסול לגרש בו לר' מאיר, כדאמרינן בריש "כל הגט" (לקמן דף כד:): כתב לגרש בו את הגדולה — לא יגרש בו את הקטנה. וקאמר בגמ': קטנה הוא דלא מצי מגרש, הא גדולה — מגרש, מוקי לה כר' אלעזר ולא כר"מ, משום דבעינן שיהא מוכיח מתוך עדי החתימה הי מינייהו מגרשה. ובסמוך בעי לאוקומי מתני' כר"מ. ואפילו לרבי אלעזר צריך עדי מסירה שידעו שעשאו הבעל שליח, וליכא! ואור"י: דהא דאצרוך רבנן הכא — היינו כדי שלא יערער הבעל, ויאמר שכתבו הסופר כדי להתלמד, והוא החתים עליו עדים, שהוא לא היה בקי לשמה. **האי** קולא הוא חומרא הוא. בריש "האשה רבה" (יבמות דף פח.) גבי מתוך חומרא שהחמרת עליה בסופה, דפריך: לא לחמיר ולא ליקל! ומשני: משום עיגונא אקילו בה רבנן. ⊕לא שייך למיפרך: האי קולא הוא — חומרא הוא, דאי מצרכת לה תרי ובא בעלה — מותרת לחזור, כדאמרינן התם, והשתא בחד תלא מזה ומזה. דהתם זימנין דלא אפשר לתקן, כשלא ראה אלא אחד שהיה מכיר שהוא בעלה. ואפילו היו שם הרבה — מי יביאם בכאן להעיד? אבל כאן — יכול לשלחו בשנים. **חד** אתי בעל מערער ופסיל ליה. יש לפרש דפסיל ליה ממש. אע"ג דלא מהימן, וליכא אלא לעז בעלמא — מיפסל. וא"ת: א"כ מאי ס"ד דמהני "בפני נכתב", כיון דאכתי איכא לעז? וי"ל: דס"ד דמהני, דרוב פעמים לא יוציא, שיסבור שלא יאמינוהו. ומיהו, אי מפיק ליה — מיפסל. ולמאי דס"ד, הא דקתני: אם יש עליו עוררין יתקיים בחותמיו — קאי נמי א"המביא גט ממדה"י". ומשני: מידק דייק, ולא אתי בעל לערער. ואפי' אם יערער — לא יאמינוהו, וליכא לעז כלל. ומיהו, אין נראה לר"י לפרש כן, שיהא פסול משום לעז בעלמא, כיון דקים לן שהוא כשר. ועוד: מדלא תנן ברישא: המביא גט ממדה"י, אם יש עליו עוררין וכו' כדקתני בסיפא. ונראה לפרש: ופסיל ליה — היינו שיאמינוהו ללעז, אבל מ"מ הגט כשר. **אתי** לאיחלופי בקיום שטרות דעלמא. וא"ת: כיון דאין צריך לומר "בפני נכתב" אלא משום איחלופי, אמאי פסיל בריש פ"ב (לקמן דף טו.) "בפני נכתב חציו אחרון" טפי "מחציו ראשון"? וי"ל: דבחציו ראשון יש בו שם האיש והאשה והזמן, שהוא עיקר הגט — מינכר מילתא ולא אתי לאיחלופי. **הכא** בפני. אבל "ידעתי" אין מועיל. וטעמא, דכשאמר "בפ"נ ונחתם" — דייק טפי, דמרע אנפשיה טובא כשאמר בפני נעשה הכל והוא לא ראה, מכשיאמר "ידעתי". *וא"ת: ואמאי לא מהני "ידעתי" לרבה כמו לרבא? על כרחך משום דלרבה הוי טעמא משום לשמה, ואכתי תיקשי: רבה מ"ט לא אמר כרבא, דמפ' טעמא משום קיום, ויועיל "ידעתי", וצריך "בפני נכתב" דלא אתי לאיחלופי? ואור"י: דמכח מתני' דבריש פ"ב (לקמן דף טו.) דקתני: אחד אומר "בפני נכתב" ושנים אומרים "בפנינו נחתם" — כשר, משמע ליה לרבה ד"ידענו" לא מהני. **אטו** כי אמרי ידענו מי לא מהימני. פי' בקונטרס: הואיל ולדידיה טעמא משום קיומא מה לי "בפני" ומה לי "יודע אני". משמע שרוצה לומר דשליח מהימן כי אמר יודע אני. והא דנקט "כי אמרי ידענו" לשון רבים, ולא אמר "כי אמר ידעתי" — משום דאשלוחין דעלמא קאי. ולעיל לא בעי למימר: "ידעתי" איכא בינייהו, דלא בעי למינקט אלא הנהו דלמר צריך ולמר לא צריך. אבל תימה הוא: דבכל דוכתי נקט לרבא "בפני נחתם" — לאו דוקא. ועוד, אי בחד נמי מהני "ידעתי" היכי קאמר רבא ברפ"ב (לקמן דף טו.): אפילו הוא ואחר מעידין על חתימת עד שני פסול? דאי לא הוה אלא האי שליח דמכיר שתי חתימות הוה כשר, והשתא משום דבא אחד מהשוק לסייעו בחתימת שני יפסל?! אע"ג דבקונטרס פי' התם דהיינו הא דפריך ליה רב אשי: "מי איכא מידי דאילו מסיק איהו לכולי דיבורא כשר" וכו', מ"מ אין סברא כלל שהיה רבא טועה בכך. ונראה, ד"ידעתי" לא מהני אפילו לרבא עד שיאמר "בפ"נ ונחתם", משום דדייק טפי כדפירשנו. והכי מפרש ר' משולם: אטו כי אמרי "ידענו" — שנים מעלמא שקיימו גט זה — מי לא מהימני? והואיל ומהני בזה קיום דמהני בשאר שטרות — אתי לאיחלופי. **כיון** דאילו אמרי ידענו כו'. וקושיא דאשה ובעל דבר לא חש לתרץ, דלא שכיח דמייתי גיטא, וכי מייתי עד כשר אתי לאיחלופי.

מאן האי תנא דבעי כתיבה לשמה ובעי חתימה לשמה. וא"ת: למאי דמסקינן דרבה אית ליה דרבא, נוקי מתני' כרבי אלעזר והוי "בפני נכתב" משום לשמה, ו"בפני נחתם" משום שאין עדים מצויין לקיימו! ודוחק לומר דכולה הך סוגיא, וגם רב אשי דאמר לקמן: ר' יהודה היא, איירי למאי דס"ד מעיקרא. וי"ל: דרבה אף לפי המסקנא בעי חתימה לשמה, כיון ד"ידענו" לא מהני. דאי מהני לפי המסקנא — תיקשי: רבה מ"ט לא אמר כרבא. וליכא למימר, הא דלא מהני "ידענו" היינו משום איחלופי. דהא כיון דצריך לומר "בפני נכתב" משום לשמה — לא אתי לאיחלופי. דתנן

עין משפט נר מצוה

ח א מיי' פ"ג מה' עדות הל' ו סמג עשין קט טוש"ע ח"מ סימן מו סעיף לח בהגה"ה:

תוספות רי"ד

אזלא כותיה: ולרבא דאמר לפי שאין עדים מצויין לקיימו ליבעי תרי מידי דהוה אקיום שטרות דעלמא: ע"א נאמן באיסורין. פי' שהרי האמינה תורה כל אחד ואחד על הפרשת תרומה ועל השחיטה וניקור הגיד והחלב: אימור דאמרינן ע"א נאמן באיסורין כגון חתיכה ספק של חלב ספק של שומן דלא איתחזק איסורא פי' איסורא דחלב בתוך חתיכה גופה הכא איתחזק איסורא. פי' איסורא דא"א והוי דבר שבערוה: ואין דבר שבערוה פחות משנים. פי' דיליף דבר דבר ממומן הכא כתיב כי מצא בה ערות דבר וכתיב התם על פי שנים עדים יקום דבר ומטבל ושחיטה לא גמרינן לה דהתם בידו לתקנם לפי' נאמן עליהן ע"א: ומהדר בדין הוא דקיום שטרות נמי לא ליבעי תרי כר"ל דאר"ל עדים החתומים על השטר נעשה כמי שנחקרה עדותן בב"ד פי' ולזיופא לא חיישינן דלא חציף איניש לזייפו ורבנן הוא דאצרכוה פי' למיחש למילתא משום א) דאיכא דמשכח לזה כתוב כגון שנכתב לשם בני עירו כו' כדאמרן לעיל: ומשום עיגונא אקילו בה רבנן. הקילו להאמין ע"א לבדו: האי קולא הוא האי חומרא הוא. פי' דאי מצרכת לה תרי למימר בפני נכתב לא אתי בעל ומערער חד אתי בעל ומערער ופסול ליה ואוקי חד להדי חד ואוקי איתתא אחזקתה: כיון דאמר מר לקמן בשמעתין בפני כמה ינתנו לה ר' יוחנן ור' חנינא חד אמר בפני ב' וחד אמר בפני ג' מעיקרא מדקדק ולא אתי לאורועי אנפשיה. פי' מתחלה הוא מדקדק לקבלו מיד הבעל ונודע שברצונו מגרשה ובכשרות נכתב ונחתם הילכך הימנוה רבנן כבי תרי וכיון דאמר בפני נכתב איקיים גיטא ואי אתי בעל ומערער לא משגחינן ביה: ולרבא דלא חייש לאין בקיאים לשמה וטעמא הוא לפי שאין עדים מצויין לקיימו לימא בפני נחתם ותו לא בפני נכתב למה לי. פירוש שמאחר שהצריכוהו לומר בפני נכתב ש"מ דטעמא הוא לפי שאין בקיאים לשמה כרבה: ומהדר דלמא אתי לאיחלופי בקיום שטרות בעלמא בע"א. פי' אי הוה אמר בפני נחתם ותו לא הוה מוכחא מילתא דלקומי שטרות קאתי ומאן דחזי סבר כל שטרות נמי מיקיימו בחד דאמר אני מכיר חתימתו מש"ה אטרחוה דלימא נמי בפני נכתב דלא ליתי לאיחלופי בקיום שטרות דלימא דהתם לא מסהדי אכתיבה דשטרא כ"א על החתימה: ר"ג

א) לכאורה זה יתכן לעיל גבי מימרא דרבה אבל הכא הכוונה דרבנן מ"מ חששו לזיופא וצ"ע.

מסורת הש"ס

[יבמות פח.] [לקמן ה:] [לעיל ב: וש"נ] ס"א חיט [שם וש"נ] כתובות יח: [עי' תוס' כתובות כח. ד"ה קיום] ס"א וקא מוכחא מילתא [לקמן טז:] עי' מהר"ס

גליון הש"ס

תוס' ד"ה האי כו' לא שייך למפרך. לא זכיתי להבין דבריהם הקדושים כיון דסמכינן על סברא דדייקא דבעלה מת ממילא לא שייך שיבוא ולא אתי לידי חומרא ושאני הכא דאף דסמכינן דהשליח אומר אמת מ"מ שמא יבוא בעל ויערער בבקר. וה' יאיר עיני:

חתימה לשמה? אי רבי מאיר, חתימה בעי, כתיבה לא בעי! דתנן: *אין כותבין במחובר לקרקע. כתבו על המחובר לקרקע, תלשו, חתמו ונתנו לה – כשר! אי רבי אלעזר, כתיבה בעי, חתימה לא בעי! וכי תימא: לעולם רבי אלעזר היא, וכי לא בעי רבי אלעזר חתימה לשמה – מדאורייתא, מדרבנן בעי. והא שלשה גיטין פסולין דרבנן, ולא בעי רבי אלעזר חתימה לשמה! *דתנן: ג' גיטין פסולין, ואם ניסת – הולד כשר: כתב בכתב ידו ואין עליו עדים, יש עליו עדים ואין בו זמן, יש בו זמן ואין בו אלא עד אחד – הרי אלו שלשה גיטין פסולין, ואם ניסת – הולד כשר; רבי אלעזר אומר: אף על פי שאין עליו עדים אלא שנתנו לה בפני עדים – כשר, וגובה מנכסים משועבדים, שאין העדים חותמים על הגט אלא מפני תיקון העולם! ואלא רבי מאיר היא, וכי לא בעי רבי מאיר כתיבה לשמה – מדאורייתא, מדרבנן בעי. *והא אמר רב נחמן, אומר היה רבי מאיר: אפילו מצאו באשפה, וחתמו

אי רבי מאיר. דאמר: עיקר השטר זו היא חתימתו. **חתימה.** לשמה בעי, דכי כתיב "וכתב לה" – אחתימה כתיב, כדקתני לקמן (דף כא:): כתב גט על המחובר – כשר, ואע"ג דכתיב "וכתב ונתן", מי שאינו מחוסר אלא כתיבה ונתינה, יצא זה שהוא מחוסר כתיבה קלילה ונתינה. אפ"ה, כיון דחתמו בתלוש – מכשר ליה ר"מ. אלמא: "וכתב" דקרא – אחתימה הוא. **אין כותבין.** לכתחילה על המחובר, שמא יחתום במחובר, ומפסיל כדפרישית. והכי מפ' בפ"ב (דף כא:): **ואי ר' אלעזר.** דאמר: מדאורייתא גט שאין עדיו חתומין עליו כשר, אלמא "וכתב" – כתיבה היא דמשמע. **כתיבה בעי.** לשמה, ולא חתימה. **והא שלשה גיטין פסולין.** דקא חשיב בפ' בתרא (לקמן פו.), וחד מינייהו אין עליו עדים. **דרבנן.** כלומר, פסולייהו אפי' לת"ק לא הוי אלא מדרבנן, מדקתני: אם ניסת – הולד כשר. **ולא בעי רבי אלעזר חתימה.** ופליג עלה ר"א, דאפילו לכתחילה תנשא. אלמא: פסולא דרבנן נמי לית ליה. **שלשה גיטין פסולין.** לכתחילה. **כתב בכתב ידו.** ידי הבעל. **ואין בו זמן.** באי זה זמן נכתב. **ואין בו אלא עד אחד.** וכתב ידי סופר. **ואם נישאת הולד כשר.** אלמא, ת"ק גופיה לא פסיל אלא מדרבנן. ומדפליג ר"א עליה – שמע מינה אפילו לכתחילה מכשיר. **וגובה מנכסים משועבדים.** גובה כתובתה בגט זה מנכסים משועבדים, דתנן בכתובות (דף פט.): הוציאה גט ואין עמו כתובה – גובה כתובתה. לישנא אחרינא: גובה מנכסים משועבדים. אם שטר מלוה הוא – גובה מנכסים משועבדים. שט"ח נמי קרי גט, כדאמר בעלמא (ב"ק דף לה.): וגט חוב שאין בו אחריות. **אלא מפני תיקון העולם.** שמא ימותו עדים, ושוב אין לו עדות. לפיכך נהגו לחתום, דאם ימותו – תראה חתימתם לעדים אחרים, ויכירוהו. וכי

דתנן אין כותבין במחובר וכו'. הך סוגיא, ובסמוך נמי דמוקי רב אשי מתניתין כר' יהודה – אתיא כריש לקיש דפ"ב (לקמן דף כא:), דמוקי מתניתין כר"מ דחתמו שניהו, דמשמע חתימה ממש. אבל רבי יוחנן ושמואל מוקי התם מתניתין כרבי אלעזר, וחתמו – אתורף קאי, כלומר: סיימו, כמו: "תורה חתומה ניתנה", דס"פ "הניזקין" (לקמן דף ס.). ולשמואל ורבי יוחנן נמי יש להוכיח דר"מ לא בעי כתיבה לשמה, כדמסיק בסמוך מדרב נחמן, דאמר: אומר היה ר"מ אפילו מצאו באשפה כו'. וא"ת: והיכי מוכח מהכא דלא בעי כתיבה לשמה? דילמא לכתחילה בעי כתיבה לשמה, כדבעי לכתחלה בתלוש! וי"ל: דאפילו אי לכתחילה בעי כתיבה לשמה – לא מיתוקמא מתני' כוותיה, כיון דדיעבד כשר – לא היו מתקנין לומר "בפ"נ". ועוד: דתנן בריש פ"ב (לקמן דף טו.) דאי לא אמר "בפני נכתב" – פסול. ותימה לר"י: דהכא משמע דלא מיתוקמא מתני' כר"מ משום דר"מ לא בעי כתיבה לשמה, ולקמן (דף ה:) תניא בהדיא: המביא גט ממדינת הים, נתנו לה ולא אמר "בפ"נ ובפני נחתם" – יוציא והולד ממזר, דברי ר"מ. ולרבא ניחא, דבעי "בפני נכתב" – דלא ליתי לאיחלופי. והא דאמר רב נחמן בסמוך דלר"מ מצאו באשפה כשר – היינו כשהבעל עצמו נותנו לה, או בא"י. אבל שולח גט ממדינת הים – צריך שיראה השליח כתיבת הגט, שיוכל לומר "בפני נכתב" דלא ליתי לאיחלופי. אבל לרבה קשה, דלית ליה טעמא דאיחלופי, אף לפי המסקנא דרבה אית ליה דרבא כדפירשנו. **שלשה** גיטין פסולים. איכא דמוקי בפ' בתרא (לקמן דף פו.) הך מתני' כר"מ. אע"ג דאית ליה לר"מ: כל המשנה ממטבע שטבעו חכמים בגיטין הולד ממזר, אור"ת: דהכא היינו טעמא דהולד כשר – דכך היה המטבע שלא יפסל הולד בהנך שלשה. ואע"ג דר"מ סבר "וכתב" היינו וחתם – מ"מ כשר הולד בכתב ידו ואין עליו עדים, דכיון שהבעל עצמו כתב – אין לך חתימה גדולה מזו. ואין בו אלא עד אחד, למ"ד בפ' בתרא (ג"ז שם): כתב ידו ועד שניהו – שפיר, אלא למ"ד: כתב סופר ועד – קשה: ניחוש דשמא סופר כתבו להתלמד, וזרקו לאשפה, ובאתה האשה והחתימה עליו עד אחד, ואין כאן שנים! וי"ל: שהסופרים חוששים למכשול, ונזהרין בכך. ומיהו, אין רגילות להזהר לגמרי, שתחשב כתיבת סופר כעד אחד. **כתב** בכתב ידו ואין עליו עדים. טעמא דפסול – משום שיוכל לכתוב הזמן כמו שירצה, והוי כאין בו זמן. וא"ת: בשלמא למ"ד בפ"ב (לקמן דף יז.) דתקנו זמן בגיטין שלא יחפה על בת אחותו – הכא בכתב ידו נמי איכא למיחש שמא יחפה. אבל למאן דמפרש התם דתקינו זמן משום פירי – קשה לר"י: מה חשש יש בכתב ידו? ואם יש לחוש שיקדים זמן לטובת האשה, אע"פ שבא לגרשה, ולעשות עמה קנוניא שתגבה מלקוחות שמכר להם פירות בינתים מאותו הזמן הכתוב בגט עד עכשיו, כמו שאנו חושדין את האשה גבי שובר כתובה בסוף "שנים אוחזין" (ב"מ דף יט.) – א"כ לא נסמוך עליו לטרוף לקוחות מזמן הכתוב בו! וי"ל: דודאי אינו נאמן. ולכך פסלוהו, דלפעמים תפסיד האשה שלא כדין, כשיכתוב הבעל יום שעומד בו ולא יקדים הזמן, ואז היה לה לטרוף לקוחות מזמן הכתוב, והיא לא תוכל לטרוף לפי שאנו חושדין אותו שהקדים הזמן. ולכך פסלוהו, דהשתא בדין לא תטרוף האשה מזמן הכתוב, כיון שהגט פסול, דדוקא בגט כשר גובה מיום הכתיבה. ועי"ל: דחיישינן דאחר הכתיבה מיד תתפוס הפירות, ותאמר שכבר נתגרשה מזמן הכתוב בו. **יש** בו זמן **ואין בו אלא עד אחד**. למ"ד: כתב ידו ועד שניהו, תנא: כתב בכתב ידו ואין עליו עדים – לאשמועינן דאפ"ה הולד כשר. וסיפא דאין בו אלא עד אחד איצטריך, דאפ"ה לא תנשא לכתחילה. **יש** בו זמן. נראה ה"ה דאין בו זמן, אלא לאשמועינן: אע"ג דיש בו זמן, לא תינשא לכתחילה. **רבי אלעזר אומר אפילו אין עליו עדים כו'.** וא"ת: דילמא דוקא כתב בכתב ידו או בעד אחד, דאיירי ת"ק, מכשיר ר"א! וי"ל: דהלשון "אפילו אין עליו עדים" משמע דאין עליו עדים כלל. ועוד: דקתני ד"אין העדים חותמין על הגט אלא מפני תיקון העולם" – משמע דבעדי מסירה לחוד סגי. ונראה לר"י: דאף לכתחילה מכשיר ר' אלעזר בעדי מסירה, כדפירש בקונטרס, מדקתני לקמן בפ"ב (דף כא:): אין כותבין על הנייר מחוק, וחכמים מכשירין. ואמר: מאן חכמים – ר"א, דאמר: עדי מסירה כרתי. ומשמע: מכשירין וכותבין. והדתנן ב"השולח" (לקמן דף לד:): התקין ר"ג שיהו העדים חותמין על הגט – לא שצריך לעשות כן, אלא תיקן שילמד להם לעשות כן, שלא יצטרכו לעדי מסירה כשירצו להראות לראיה השטר והגט. אבל אם באים לסמוך לכתחילה אעדי מסירה – סומכין. **וגובה** מנכסים משועבדים. לשון שני פי' בקונטרס: אם שטר מלוה הוא – גובה מנכסים משועבדים. וכן נראה לר"ת עיקר, דאפילו בשאר שטרות גובה בעדי מסירה מנכסים משועבדים, כדמשמע בפ' בתרא (לקמן דף פו:), דאמר רב: הלכה כר"א בגיטין. ובשאר שטרות לא? והא קתני: וגובה מנכסים משועבדים! אלמא דר"א איירי נמי בשאר שטרות. וקשה: דאמר ב"גט פשוט" (ב"ב דף קעו.): הוחזק כתב ידו בב"ד מהו? פי': מהו שיגבה ממשעבדי. ומייתי מהך דגיטין, דקתני: וגובה מנכסים משועבדים. ומשני: שאני התם דאיכא כתובה. משמע דדוקא בגט איירי ולא בשאר שטרות. ורשב"ם גרס התם: שאני התם דמשעת כתיבה שיעבד נפשיה. פירוש: כשנכתב השטר – נכתב כדי למוסרו בפני עדים, שיהו עדי מסירה במקום עדי חתימה, והוי קול כאילו עדים חתומים. אבל לעיל איבעיא לן הוחזק כתב ידו בב"ד ומסר בינו לבין עצמו, ולא נתכוין אלא להודאה, ולא לעשות שטר שיהיה לו קול – והתם לא יועיל אפילו איתחזק בב"ד. ורבינו חננאל פי': דההיא ד"גט פשוט" (שם דף קעו.) פליגא אההיא ד"המגרש" (לקמן דף פו:), ופסק רבינו חננאל שיש לסמוך אההיא ד"גט פשוט", ולא מגבינן בעדי מסירה אלא מבני חרי. והא דפריך סתמא דהתלמוד בפירקין (דף יא.) גבי שטר פרסאה דמסרי באפי סהדי ישראל: אי הכי ממשעבדי נמי ליגבי – לא קשה לפסק רבינו חננאל, דמיירי בחתימי עליה סהדי גוים הדיוטות כדפי' בקונטרס, ומשום הכי ס"ד דגבי ממשעבדי, כיון דמסרי באפי סהדי ישראל – חשיבי הנך הדיוטות כערכאות. וגם מלשון הקונטרס מוכיח לקמן דלא גבי ממשעבדי אלא בעדי חתימה. **וכי לא בעי רבי מאיר כתיבה לשמה מדאורייתא אבל מדרבנן בעי.** ופסול בדיעבד, דבענין אחר לא מתוקמא מתניתין כוותיה, כדפיר' לעיל. ואם תאמר: ומאי שנא ממחובר, דאמר לעיל: אין כותבין לכתחילה, אבל בדיעבד – כשר אפילו מדרבנן! דמדאורייתא אין חילוק בין לכתחילה לדיעבד. ויש לומר: דהשתא מוקי ההיא מתניתין דמחובר כרבי אלעזר, וחתמו – אתורף קאי.
וחתמו

גליון הש"ס

ברש"י ד"ה ולא בעי ר"א חתימה ופליג עלה ר"א וכו'. ק"ל הא י"ל כפשוטו על הת"ק במה דתולה דווקא שהוא כתב ידו אבל דכתב סופר ואין עליו עדים אפילו בדיעבד פסול בזה הוסיף ר"א דאע"פ שאינו כתב ידו ואין עליו עדים כשר בנתן לה בפני עדים ואילולי דברי רש"י היה אפשר לפרש דכיון דת"ק קורא שם פסול במה דפסיל לכתחילה לא הוי ליה לר"א למינקט כשר במה דפסול לכתחילה והו"ל דהולד כשר. אח"כ כתב לי נכדי הרב מהו' שמואל בנימין נ"י שכבר עמד בזה הגאון בה"ז בספרו תפארת שמואל למהרש"ק:

מסורת הש"ס

לקמן כא:

ב"ב קעו. לקמן יז: פו.

לקמן כג. כו: כתובות פה.

וַחֲתָמוֹ וּנְתָנוֹ לָהּ — כָּשֵׁר! וְכ"ת: אֲנַן מִדְּאוֹרַיְיתָא קָא מַתְנִינַן לָהּ, אִי הָכִי, "אוֹמֵר הָיָה ר"מ דְּבַר תּוֹרָה" מִיבָּעֵי לֵיהּ! אֶלָּא לְעוֹלָם רַבִּי אֶלְעָזָר הִיא, וְכִי לָא בָּעֵי רַבִּי אֶלְעָזָר חֲתִימָה — הֵיכָא דְּלֵיכָּא עֵדִים כְּלָל; הֵיכָא דְּאִיכָּא עֵדִים — בָּעֵי. *דְּאָמַר רַבִּי אַבָּא: אמוֹדֶה רַבִּי אֶלְעָזָר בִּמְזוּיָּיף מִתּוֹכוֹ שֶׁהוּא פָּסוּל. רַב אַשִׁי אָמַר: הָא מַנִּי? ר' יְהוּדָה הִיא, *דִּתְנַן: ר' יְהוּדָה פּוֹסֵל, עַד שֶׁתְּהֵא כְּתִיבָתוֹ וַחֲתִימָתוֹ בְּתָלוּשׁ. וּמֵעִיקָּרָא מַאי טַעֲמָא לָא מוֹקְמִינַן לָהּ כְּר' יְהוּדָה? מְהַדְּרִינַן אַר"מ — *דִּסְתַם מַתְנִי' ר"מ, מְהַדְּרִינַן אַר' אֶלְעָזָר — *דְּקַיְ"ל הִילְכְתָא כְּוָותֵיהּ בְּגִיטִּין. תְּנַן, רַבָּן גַּמְלִיאֵל אוֹמֵר: אַף הַמֵּבִיא מִן הָרֶקֶם וּמִן הַחֶגֶר; רַבִּי אֱלִיעֶזֶר אוֹמֵר: אֲפִילּוּ מִכְּפַר לוּדִים לְלוֹד; וְאָמַר אַבַּיֵי: בַּעֲיָירוֹת הַסְּמוּכוֹת לְאֶרֶץ יִשְׂרָאֵל וּמוּבְלָעוֹת בִּתְחוּם א"י עָסְקִינַן, וְאָמַר רַבָּה בַּר בַּר חָנָה: לְדִידִי חָזֵי לִי הַהוּא אַתְרָא, וְהָוֵי כְּמִבֵּי כּוּבֵי לְפוּמְבְּדִיתָא; מִכְּלָל דְּת"ק סָבַר: הָנֵי לָא צָרִיךְ. מַאי לָאו בְּהָא קָמִיפַּלְגִי, דְּמָר סָבַר: לְפִי שֶׁאֵין בְּקִיאִין לִשְׁמָהּ, וְהָנֵי גְּמִירִי, וּמָר סָבַר: לְפִי שֶׁאֵין עֵדִים מְצוּיִין לְקַיְּימוֹ, וְהָנֵי נַמִּי לָא שְׁכִיחִי? לָא, רַבָּה מְתָרֵץ לְטַעֲמֵיהּ, וְרָבָא מְתָרֵץ לְטַעֲמֵיהּ. רַבָּה מְתָרֵץ לְטַעֲמֵיהּ, דְּכוּלֵּי עָלְמָא — לְפִי שֶׁאֵין בְּקִיאִין לִשְׁמָהּ, וְהָכָא בְּהָא קָמִיפַּלְגִי; ת"ק סָבַר: הָנֵי כֵּיוָן דִּסְמוּכוֹת מִיגְמַר גְּמִירִי, וַאֲתָא רַבָּן גַּמְלִיאֵל לְמֵימַר: מוּבְלָעוֹת גְּמִירִי, סְמוּכוֹת לָא גְּמִירִי, וַאֲתָא רַבִּי אֱלִיעֶזֶר לְמֵימַר: מוּבְלָעוֹת נַמִּי לָא, שֶׁלֹּא תַּחֲלוֹק בִּמְדִינַת הַיָּם. רָבָא מְתָרֵץ לְטַעֲמֵיהּ, דְּכוּלֵּי עָלְמָא — לְפִי שֶׁאֵין עֵדִים מְצוּיִין לְקַיְּימוֹ, וְתַנָּא קַמָּא סָבַר: הָנֵי כֵּיוָן דִּסְמוּכוֹת מִישְׁכַּח שְׁכִיחִי, וַאֲתָא רַבָּן גַּמְלִיאֵל לְמֵימַר: מוּבְלָעוֹת שְׁכִיחִי, סְמוּכוֹת לָא שְׁכִיחִי, וַאֲתָא רַבִּי אֱלִיעֶזֶר לְמֵימַר: מוּבְלָעוֹת נַמִּי לָא, שֶׁלֹּא תַּחֲלוֹק בִּמְדִינַת הַיָּם. תְּנַן, וַחֲכָמִים אוֹמְרִים: אֵינוֹ צָרִיךְ שֶׁיֹּאמַר "בְּפָנַי נִכְתַּב וּבְפָנַי נֶחְתַּם" אֶלָּא הַמֵּבִיא מִמְּדִינַת הַיָּם וְהַמּוֹלִיךְ; מִכְּלָל דְּתַנָּא קַמָּא סָבַר: מוֹלִיךְ לָא צָרִיךְ. מַאי לָאו בְּהָא קָמִיפַּלְגִי, דְּמָר סָבַר: לְפִי שֶׁאֵין בְּקִיאִין לִשְׁמָהּ,
וְהָנֵי

רש"י

וְכִי תֵּימָא אֲנַן מִדְּאוֹרַיְיתָא מַתְנִינַן לָהּ. לְהָא דְּרַב נַחְמָן. **אִי הָכִי אוֹמֵר הָיָה ר' מֵאִיר דְּבַר תּוֹרָה מִיבָּעֵי לֵיהּ.** לְמֵימַר. דַּהֲוָה לֵיהּ לְרַב נַחְמָן, דְּאָמוֹרָא הוּא, לְפָרוּשָׁא לְמִילְּתָא, דְּלָא תֵּיפוֹק חוּרְבָּא מִינֵּיהּ, וּלְמִיתְנֵי הָכִי: אוֹמֵר הָיָה ר' מֵאִיר: דְּבַר תּוֹרָה אֲפִילּוּ מְצָאוֹ בָּאַשְׁפָּה וכו'. יֵשׁ ה"ג: **וְכִי לָא בָּעֵי רַבִּי אֶלְעָזָר חֲתִימָה הֵיכָא דְּלֵיכָּא עֵדִים כְּלָל.** כְּלוֹמַר, כִּי לָא חֲתִימִי סָהֲדֵי עֲלֵיהּ כְּלָל — שַׁפִּיר טְפֵי מֵהָשְׁתָּא, דַּחֲתִימִי עֲלֵיהּ וְשֶׁלֹּא לִשְׁמָהּ, דַּהֲוָה לֵיהּ מְזוּיָּיף מִתּוֹכוֹ. **בִּמְזוּיָּיף מִתּוֹכוֹ.** שֶׁחָתַם עָלָיו קָרוֹב אוֹ פָּסוּל, אוֹ שֶׁלֹּא לִשְׁמָהּ. **וּמֵעִיקָּרָא אַמַּאי לָא מוֹקְמִינַן** לָהּ כְּרַבִּי יְהוּדָה. דְּטָרְחִינַן וּמְהַדְּרִינַן "וְכִי תֵּימָא" כַּמָּה לִישָּׁנֵי לְאוֹקְמֵיהּ כְּר' מֵאִיר אוֹ כְּר' אֶלְעָזָר. **הִילְכְתָא** כְּרַבִּי אֶלְעָזָר בְּגִיטִּין. בְּהָא מִילְּתָא, דִּבְלֹא עֵדִים חֲתוּמִים — כָּשֵׁר. וְהָכִי מוֹקְמִינַן בְּפֶרֶק בַּתְרָא (לקמן דף פו:). **וְאָמַר אַבַּיֵי עֲיָירוֹת הַלָּלוּ.** שֶׁהוֹסִיפוּ, סְמוּכוֹת לְאֶרֶץ יִשְׂרָאֵל — הָנָךְ רֶקֶם וְחֶגֶר דְּרַבָּן גַּמְלִיאֵל. וְהָנָךְ דְּרַבִּי אֱלִיעֶזֶר הָוֵי סְמוּכוֹת טְפֵי, שֶׁאַף מוּבְלָעוֹת הֵן בִּתְחוּמָהּ, אֶלָּא שֶׁאֵינָן מֵאֶרֶץ יִשְׂרָאֵל. דְּת"ק סָבַר: הָנֵי לָא צְרִיכִי, מִשּׁוּם דִּסְמוּכוֹת. וַאֲתָא רַבָּן גַּמְלִיאֵל לְאוֹסוּפֵי סְמוּכוֹת, וּמוֹדֵי בְּמוּבְלָעוֹת. וְרַבִּי אֱלִיעֶזֶר הוֹסִיף אֶת הַמּוּבְלָעוֹת. וְהֵיכִי דָּמֵי מוּבְלָעוֹת — כְּגוֹן עֲיָירוֹת שֶׁמָּנָה הַכָּתוּב בְּמִזְרָחָהּ שֶׁל אֶרֶץ יִשְׂרָאֵל לִהְיוֹת לִגְבוּל, כִּדְכְתִיב (במדבר לד): "וְהִתְאַוִּיתֶם לָכֶם לִגְבוּל קֵדְמָה מֵחֲצַר עֵינָן" וגו', וּמוֹנֶה עַל הַגְּבוּל עֲיָירוֹת רַבּוֹת, וּמֵהֶן וּלְהַלָּן חוּצָה לְאֶרֶץ יִשְׂרָאֵל, וְיֵשׁ מֵהֶם שֶׁבּוֹלְטוֹת מֵחַבְרוֹתֵיהֶן לְצַד הַמִּזְרָח אַרְבַּע וְחָמֵשׁ פַּרְסָאוֹת. וּמְסִילָּה הַהוֹלֶכֶת מִזּוֹ לָזוֹ הוּא הַגְּבוּל, וַעֲיָירוֹת הָעוֹמְדוֹת חוּץ לַמְּסִילָּה לְפָנִים מִבְּלִיטַת הָעִיר הַבּוֹלֶטֶת — קָרֵי לָהּ מוּבְלַעַת בְּתוֹךְ הַתְּחוּם, וַאֲפִילּוּ הָכִי אֵינָהּ מֵאֶרֶץ יִשְׂרָאֵל. **הַהוּא אַתְרָא.** שֶׁבֵּין כְּפַר לוּדִים לְלוֹד. **וְהָוֵי.** רָחוֹק כְּמִבֵּי כּוּבֵי לְפוּמְבְּדִיתָא. **מַאי לָאו בְּהָא קָמִיפַּלְגִי כו'.** וּדְרַבָּה וְרָבָא תַּנָּאֵי הִיא. **לָא שְׁכִיחִי.** דְּיֵשׁ אֵירוּס בֵּינֵיהֶם. **מְתָרֵץ לְטַעֲמֵיהּ.** מְתָרֵץ לְכוּלְּהוּ תַּנָּאֵי כְּוָותֵיהּ. **וַאֲתָא רַבִּי אֱלִיעֶזֶר לְמֵימַר דְּמוּבְלָעוֹת נַמִּי לָא.** כְּלוֹמַר, אַף עַל גַּב דִּגְמִירִי — לָא נָפְקִי מִכְּלַל מְדִינַת הַיָּם. **שֶׁלֹּא תַּחֲלוֹק בִּמְדִינַת הַיָּם.** מֵאַחַר שֶׁגָּזְרוּ בִּמְדִינַת הַיָּם — לֹא נָתְנוּ חִלּוּק בַּדָּבָר.
וְהָנֵי

תוספות

וחתמו ונתנו לה כשר. לכתחילה נמי כשר לחתום וליתן, דבפרק "כל הגט" (לקמן דף כו:) וב"הכותב" (כתובות דף פה.) מוכיח מדרב נחמן דהכא דלמיחזי כשיקרא לא חיישינן. ועוד, תנן בפרק "כל הגט" (לקמן דף כו.): הכותב טופסי גיטין — צריך שיניח מקום האיש והאשה, וקאמר בגמ': משום קטטה ור' מאיר היא, או משום תקנת עגונות. משמע: במלאו באשפה, דלא שייכי הני טעמי — שרי אפילו לכתחילה. ומאן דמפרש נמי התם: משום תקנת סופר, ורבי אלעזר היא — משמע דלר"מ אין צריך להניח כלום, ושרי לכתוב הכל. והא דלא קאמר הכא: חתמו ונתנו לה — אומר ר"ת: משום דהוה משמע דלא סגי דלא עביד הכי. וא"ת: ומאי שנא דבעי לר"מ לכתחילה כתיבה בתלוש, למאן דמוקי מתניתין דמחובר כר' מאיר, ושלא לשמה — שרי אפילו לכתחילה? ואומר ר"ת: דלגבי לשמה לא חיישינן אי מייתי גט לעדים שאינו כתוב לשמה שיחתמו גם הם שלא לשמה, דכיון דידעי דצריך לשמה — לא אתו למיטעי. אבל במחובר, אי כתב לה במחובר — זימנין דמישתלי, ואין נזכרין לתלוש, וחתמי. **מודה** רבי אלעזר במזוייף מתוכו. תימה לר"י: מה ענין שלא לשמה למזוייף מתוכו, שחתומים בו קרובין או פסולים? דהתם בדין מיפסיל, משום דלמא אתי למיסמך עילוייהו להשיאה או להוציא ממון על פיהם. אע"פ שהדבר אמת — אין לעשות אלא בעדות כשר, כדאמר בפ' "ארבעה אחין" (יבמות דף לא:): ניניחיה גבי עדים — זימנין דחזו בכתבא ומסהדי, ורחמנא אמר: "מפיהם" ולא מפי כתבם. אבל הכא, שהעדים כשרים, אלא שחתמו שלא לשמה — מה תקלה יש בכך אם נסמוך עליהן? וליכא למימר דאי שרינן בחתמו שלא לשמה יבא להכשיר זימנין דיחתמו תחלה ויכתבו גט על גבי חתימתן, והתם ליכא עדות כלל. דא"כ, מטעם זה גם בשאר שטרות היה לנו להצריך חתימה לשמה! ויש לומר: דמ"מ איכא למיגזר חתימה אטו כתיבה, דאם אין עושין חתימה לשמה — גזרינן פן לא יכתבו גם הכתיבה לשמה. **הא** מני ר' יהודה היא. אע"ג דבריש פ"ב (לקמן דף טו.) תנא קמא דר' יהודה מצריך "בפני נכתב ובפני נחתם" — בהא סבר לה כר"י. **עד** שתהא כתיבתו וחתימתו בתלוש. וא"ת: ולמה ליה למינקט "וחתימתו"? כיון שהיתה כתיבה בתלוש — אי אפשר לחתימתו שתהא במחובר! וי"ל: דמשכחת לה שכתבו על אילן תלוש, ואח"כ נטעו והשרים, וחתמו. **דקיימא** לן הלכה כר"א בגיטין. משום דמיירי הכא בגיטין נקט גיטין, אבל הלכה כמותו אף בשאר שטרות. אע"ג דכל אמוראי דלקמן (דף פו:) סברי כר' אלעזר דוקא בגיטין — קיימא לן כשמואל בדיני, דפליג לקמן (שם) אדרב, וקאמר: אף בשאר שטרות. ועוד, בפ' "זה בורר" (סנהדרין דף כח:) גבי מתנתא דהוו חתימי עלה תרי גיסי, קאמר רב יוסף: זיל אקנייה בעדי מסירה כר' אלעזר. ופריך ליה אביי: והאמר ר' אבא: מודה ר' אלעזר במזוייף מתוכו שהוא פסול! משמע דרב יוסף ואביי, דהוו בתראי, סברי כר' אלעזר. ובפירקין נמי *אמר ר' אבא: האי שטרא פרסאה דמסריה ניהליה באפי סהדי ישראל — מגבינן ביה מבני חרי. ולפיכך צריך ליזהר שיהו עדי מסירה בשעת נתינת הגט, דאינהו כרתי. דאי ליכא שם עדי מסירה — אינה מגורשת אע"ג דאיכא עדי חתימה. ולא מהני עדי חתימה אלא שאם ימותו עדי מסירה, או ילכו להם למדינת הים, שתינשא ע"י עדי חתימה, דמסתמא בהכשר נעשה, כדאמרינן ב"השולח" (לקמן דף לו.): לא צריכא אלא לר' אלעזר דאמר: עדי מסירה כרתי, תקינו רבנן עדי חתימה, דזימנין דמייתי סהדי, אי נמי דאזלי למדינת הים. וכן משמע בפ' בתרא (לקמן דף פו:) גבי שנים ששלחו שני גיטין ושמותיהן שוין [ונתערבו] — נותן שתיהן לזו, ושתיהן לזו. וקאמר בגמ': דלא כר' אלעזר, משום דלא ידעי עדי מסירה בהי מינייהו מיגרשא. אבל לר"מ — ניחא. וצריך לומר דבמשולשין איירי, דבעי לר"מ שיהא מוכח מתוכו, כדאמרינן בריש "כל הגט" (לקמן דף כד:) גבי כתב לגרש את הגדולה. ואי לר' אלעזר סגי בעדי חתימה — אמאי לא אתיא כר' אלעזר? נל עדי מסירה מהכא, בעדי חתימה סגי! אלא משמע דלעולם בעי ר' אלעזר עדי מסירה. ועוד: דרגיל ר"ת לומר דאפילו לר"מ בעי עדים בשעת נתינת הגט, דאין דבר שבערוה פחות משנים. וכן שטר מתנת קרקע, או שטר מכר שהוא לקנין קרקע ואינו לראיה — אין מועיל כלום לר' אלעזר אם ידוע שלא נתנו בפני עדים. ●מיהו, יש לחלק: דלענין ממון, דמהניא הודאת בעל דין כמאה עדים — סגי בעדי חתימה במקום הודאת בעל דין, אבל בקידושין וגרושין — לא מהניא הודאת בעל דין, משום דמחייב לאחרים, דבקידושין אסר לה אקרובים, ובגרושין אסר לה אכהן. **ומר** סבר לפי שאין עדים מצויין לקיימו והני נמי **לא** שכיחי. וטעמא דרבי אליעזר, לא משום דקסבר דמובלעות נמי לא שכיחי, אלא שלא תחלוק במדינת הים, *כדמשמע בסמוך.
תנן

עין משפט נר מצוה

ט א מיי' פ"א מהל' גירושין הלכה יז ופ"ד הלכה י סמג עשין נ טוש"ע אה"ע סימן קל סעיף ז וטוש"ע ח"מ סי' נא סעיף ג וסעיף ז:

תוספות רי"ד

ר"ג אומר אף המביא מרקם ומן החגר רבי אליעזר אומר אפילו מכפר לודים ללוד: אמר אביי בעיירות הסמוכות לא"י ומובלעין בתחום א"י עסקינן. פי' רקם וחגר הם עיירות הסמוכות לא"י אלא שעומדים (תוך) [חוץ] לגבול א"י וכפר לודים גם הוא מחוצה לארץ וסמוך לא"י אלא שהוא מובלע בתוך התחום שהגבול מתעקם ונכנס לתוך א"י ובאותה העקמומית יושב כפר לודים ולוד הוא יושב תוך הגבול בא"י ובהא פליגי דת"ק סבר דוקא ממדינת הים צריך שיאמר אבל הני כיון דסמוכין ומובלעין אינו צ"ל דשכיחי בהו שיירתא ואתא ר"ג למימר סמוכין נמי כגון רקם וחגר לא שכיחי בהו שיירתא אבל מובלעין כגון מכפר לודים ללוד שכיחי בהו שיירתא. ור"א אומר אע"ג דשכיחי שיירתא צריך שיאמר שלא תחלוק במדינת הים פי' אחרי שגזרו במדינת הים לא נתנו חילוק בדבר: וחכ"א אינו צריך שיאמר וכו'. פי' אינו צריך לומר המביא מן הסמוכין ומן המובלעין דשכיחי שיירתא אלאו חמביא גט ממדינת הים לא"י והמוליך מא"י למדינת הים. ואתא לפרושי טעמא דת"ק (כגון) [דאמר] המביא גט ממדינת הים דה"ה המוליך מארץ ישראל למדינת הים דטעמא הוא מפני שאין עדים מצויין לקיימו ולא שנא מוליך ממביא והמביא ממדינה למדינה במדינת הים צריך שיאמר דלא שכיחי שיירתא:

מסורת הש"ס

ב"ב קע. [לקמן י: סנהדרין כח:]

לקמן כח:

[עירובין לו: סנהדרין פו.]

[לקמן פו:]

[לקמן יח. ושם איתא רבא]

גליון הש"ס

תוס' ד"ה דקי"ל וכו' מיהו יש לחלק. עי' לקמן דף י ע"ב תד"ה חספא בעלמא. וע' בהרא"ש ב"ב פרק גט פשוט סימן ז:

גי' מגדל דוד כדמשני

והני גמירי, ומר סבר: לפי שאין עדים מצויין לקיימו, והני נמי לא שכיחי! רבה מתרץ לטעמיה, ורבא מתרץ לטעמיה. רבה מתרץ לטעמיה: דכולי עלמא — לפי שאין בקיאין לשמה, והכא בגזירת מוליך אטו מביא קמיפלגי, דתנא קמא סבר: לא גזרינן מוליך אטו מביא, ורבנן בתראי סברי: גזרינן מוליך אטו מביא. ורבא מתרץ לטעמיה: דכולי עלמא — לפי שאין עדים מצויין לקיימו, ורבנן בתראי לפרושי טעמיה דתנא קמא הוא דאתו. תנן: המביא גט ממדינה למדינה במדינת הים — צריך לומר "בפני נכתב ובפני נחתם", הא באותה מדינה במדינת הים — לא צריך. לרבא ניחא, לרבה קשיא! לא תימא: הא באותה מדינה במדינת הים — לא צריך, אלא אימא: ממדינה למדינה בארץ ישראל — לא צריך. הא בהדיא קתני לה: המביא גט בארץ ישראל, אינו צריך לומר "בפני נכתב ובפני נחתם"! אי מההיא, הוה אמינא: הני מילי דיעבד, אבל לכתחילה לא, קא משמע לן. ואיכא דמותיב לה הכי: הא ממדינה למדינה בארץ ישראל — לא צריך. לרבה ניחא, לרבא קשיא! לא תימא: ממדינה למדינה בארץ ישראל — לא צריך, אלא אימא: הא באותה מדינה במדינת הים — לא צריך. אבל ממדינה למדינה בארץ ישראל, מאי? צריך? ליתני: המביא ממדינה למדינה סתם! לעולם ממדינה למדינה בארץ ישראל נמי לא צריך, דכיון דאיכא עולי רגלים מישכח שכיחי. תינח בזמן שבית המקדש קיים; בזמן שאין בית המקדש קיים מאי איכא למימר? כיון דאיכא בתי דינין דקביעי — מישכח שכיחי. תנן, רבן שמעון בן גמליאל אומר: אפילו מהגמוניא להגמוניא, ואמר רבי יצחק: עיר אחת היתה בארץ ישראל ועססיות שמה, והיו בה ב' הגמוניות שהיו מקפידין זה על זה, לפיכך הוצרכו לומר מהגמוניא להגמוניא. לרבא ניחא, לרבה קשיא! רבה אית ליה דרבא. אלא מאי בינייהו? איכא בינייהו, דאתיוה בי תרי; אי נמי, באותה מדינה במדינת הים. *תנן: המביא גט ממדינת הים, ואינו יכול לומר "בפני נכתב ובפני נחתם", אם יש עליו עדים — יתקיים בחותמיו; והוינן בה, *מאי ואינו יכול לומר? אילימא

והני גמירי. דארץ ישראל. **לפרושי טעמא דתנא קמא.** דאיהו נמי מוליך ומביא ס"ל, אלא חד מינייהו נקט. **הא באותה מדינה.** ומעיר לעיר. **לא צריך.** ואע"ג דאין בקיאין לשמה, הואיל ועדים מצויין לקיימו — לא צריך. **אי מההיא.** מדוקיא דרישא. **הוה אמינא הני מילי דיעבד.** דאי מייתי ממדינה למדינה בא"י, ולא נכתב לפניו — אין צריך ליפסול שליחותו על כך. **אבל לכתחילה.** אי הוה מימליך — הוה מורינן ליה דליקו עליה. קמ"ל. משנה יתירא דסיפא, דלא צריך. **ואיכא דמותיב הכי כו'.** וניחא ליה למידק מרישא ולאותובי, ולאו לאותובי מסיפא דקתני בהדיא: המביא גט בארץ ישראל אינו צריך, אלמא טעמא משום לשמה הוא. דמשום דברישא תני בהדיא "ממדינה למדינה", וסיפא לא תנא "ממדינה למדינה", ואי הוה מותיב ליה מיניה — הוה משני ליה דבאותה מדינה עצמה קאי. ואע"ג דהוה מותבינן ליה: מכלל דמדינת הים באותה מדינה נמי א] לא צריך — סוף סוף הדר הוה ליה דוקיא. **לעולם ממדינה למדינה בארץ ישראל לא צריך.** כדקא דייקת, ולא תיקשי לרבא. **כיון דאיכא עולי רגלים.** שכיחי עדים לקיימו. והא דאמרן לעיל בריש שמעתין: ממדינה למדינה בא"י איכא בינייהו — ליתא, וסמי ליה מהכא. **בתי דינין דקבועין.** בעיירות, כתקנת עזרא בשני ובחמישי, ומלויות שיירות שהולכות לדון במקום הוועד. **מקפידין זה על זה.** שלא ילך בן הגמוניא זו להגמוניא זו. **לרבה קשיא.** דהא ארץ ישראל הואי, ובקיאין לשמה, ומשום דלא שכיחי לקיימו אצרכוה. **רבה אית ליה דרבא.** דממדינה למדינה בארץ ישראל, היכא דקפדי ולא שכיחי עדים — צריך למימר. אבל רבא לית ליה דרבה, דאי שכיחי עדים — לא חיישינן לאין בקיאין, דכולהו בקיאין. **אלא מאי בינייהו.** אתרווייהו שינויי מהדר. אשינויא קמא דשנינן: כיון דאיכא עולי רגלים כו', ותו ליכא למימר ממדינה למדינה מצריך רבא. בין אשינויא דאמרינן דרבה היכא דקפדי — מודי בה, דבעינן נמי לקיימו. ומהשתא ממדינה למדינה בארץ ישראל לא איפליגו בה, דאי קפדי — מודה בה רבה, דהא אית ליה דרבא ואי לא קפדי מודי בה רבא דהא שכיחי לקיימו משום קביעותא דבתי דינין, ומאי בינייהו? כלומר, חסרו להו הנך טעמי דאוקימנא פלוגתייהו לעיל! ומשני: ודאי חסרי להו, וסמי חד מינייהו, ופשו להו תרי טעמי: באותה מדינה במדינת הים, והיכא דאתיוה בי תרי ממדינת הים, רבה מצריך, רבא לא מצריך. **ואינו יכול.** מפרש ואזיל מאי היא. **יתקיים בחותמיו.** יבאו המכירים החתימה, וכשר. חוץ

תנן המביא גט ממדינה למדינה במדינת הים. ומרישא דמתניתין: המביא גט ממדינת הים, דמשמע דוקא ממדה"י לא"י — לא מצי למיפרך, דלעולם באותה מדינה במדינת הים נמי צריך, ונקט הכי לאפוקי רקם וחגר. **אלא** אימא ממדינה למדינה בארץ ישראל לא צריך. וא"ת: ואמאי נקט "ממדינה למדינה"? ניתני: המביא גט באותה מדינה במדינת הים צריך כו' — הא בארץ ישראל אין צריך באותה מדינה, וה"ה ממדינה למדינה. דלרבה אין חילוק בין אותה מדינה ובין ממדינה למדינה! וי"ל: דנקט הכי לאשמועינן דלא נימא דממדינה למדינה בארץ ישראל צריך נמי משום קיום, כרבא — קמ"ל דאין צריך, דטעמא לאו משום קיום. אי נמי, משום דשכיחי עולי רגלים, כדמסיק. **אי** מההיא הוה אמינא הני מילי דיעבד. פירש בקונטרס: ⊕אי מדיוקא דרישא. ופי' כן משום דאסיפא לא הוי מצי למימר "הני מילי דיעבד", דהא בהדיא קתני: אין צריך, דמשמע לכתחילה. ומיהו, לשון "אי מההיא" — לא משמע הכי. ונראה דיש ליישב: דהכא שייך למיתני "א"צ" בדיעבד, כלומר: אין צריך ליטלו הימנה כשלא אמר "בפני נכתב ובפ"נ", דאמר לקמן: כיצד יעשה — יטלנו הימנה, ויחזור ויתן לה בפני שנים, ויאמר "בפני נכתב ובפני נחתם". אבל קשה: דאמרינן בריש פ"ב (לקמן דף טו.): המביא גט ממדינת הים ואמר "בפני נכתב, אבל לא בפני נחתם" כו' — פסול. ופריך בגמ': תנינא חדא זימנא: המביא כו'! ומשני: אי מההיא — הוה אמינא צריך, ואי לא אמר — כשר. והיכי הוה מצי למימר הכי? הא אמרינן הכא דאי לא תנא אלא חד בבא הוה אמינא בא"י לכתחילה צריך, מכלל דבמדינת הים — אפילו בדיעבד נמי צריך! וי"ל: דמאחר דתנא הכא תרי בבי לאשמועינן דארץ ישראל אפילו לכתחילה אין צריך — אם כן מהשתא מצינן למימר דהא דצריך במדינת הים — היינו לכתחילה, אבל בדיעבד — כשר, להכי איצטריך מתניתין דפ"ב. ועוד נראה לר"י דהכי פירושא: הני מילי דיעבד — שלא ראה כתיבת הגט וחתימתו, דיכול ליתנו לה בא"י. אבל לכתחילה — צריך שיראה כתיבת הגט וחתימתו, כדי שיוכל לומר "בפני נכתב", קמ"ל דלא צריך. ובמדינת הים אם לא ראה כתיבת הגט וחתימתו — אין יכול להביאו וליתנו לה, ואם הביא ונתנו — ה"א דכשר, אי לא מתניתין דפ"ב. והשתא מיתרצה נמי פירכא קמייתא*.

כיון דאיכא עולי רגלים מישכח שכיחי. ואע"ג דלענין מחאה שלא בפניו אמרינן ב"חזקת הבתים" (ב"ב דף לח:): שתים יהודה וגליל כשעת חירום דמי, ולא הוי מחאה — היינו משום דאין המחזיק דרכו לחזר אם עשו מחאה. אבל הכא, שמחזרת אחר עדים המכירים חתימת העדים — מצויין לקיימו. *ואם תאמר: דלקמן (דף ו.) משמע איפכא, גבי בני מחוזא דניידי ומצרכי "בפני נכתב" משכונה לשכונה, אטו במחוזא מי לא הוה מחאה? וי"ל: דהתם אפילו ימחה בפני בני אדם שהולכין להם, שלא יאמרו למחזיק — מכל מקום דרך הליכתם יאמרו לאחרים, וחברך חברא אית ליה, כדאמרינן התם. אבל לענין קיום, כיון דניידי — לא ימצא קיום כשיצטרך להם. **ואמר** ר' יצחק עיר אחת היתה בארץ ישראל כו'. בלא ר' יצחק נמי יש להוכיח דבארץ ישראל היתה, דבחוצה לארץ באותה הגמוניא נמי צריך לרבה, כיון דאין בקיאין לשמה. **שהיו** מקפידין זה על זה. וחירום דידהו הוי טפי מחירום דיהודה וגליל. **רבה** אית ליה דרבא. וא"ת: אמאי צריך לרבה "בפני נכתב" מהגמוניא להגמוניא? והא רבה לא חייש לאיחלופי, כיון ד"ידענו" לא מהני! וי"ל: דמתחילה לא היו מתקנין "בפני נכתב" משום איחלופי. אבל כיון דתקינו משום לשמה במדינת הים — תקנו שיאמר בכל מקום, אף בארץ ישראל. **אלא** מאי בינייהו. לעיל, כי משני: כיון דאיכא עולי רגלים מישכח שכיחי — לא הוה מצי למיבעי: מאי בינייהו, דאכתי איכא בינייהו מקומות דלא קביעי בתי דינין, או שמקפידין זה על זה.

אילימא

ודוקא ממדינה למדינה במדינת הים אבל ממדינה למדינה בא"י א) לא דשכיחי שיירתא ואע"ג דאיכא בתי דינין דקביעי ובאותה המדינה נמי דהיינו מעיר לעיר במדינת הים לא צריך שיאמר דשכיחי שיירתא ולא חיישינן לאין בקיאין לשמה: רשבג"א אפילו מהגמוניא להגמוניא אמר ר' יצחק עיר אחת היתה בא"י ועססיות שמה והיו בה שני הגמונים שהיו מקפידים זה על זה. לפי' הוצרכו לומר אפילו מהגמוניא להגמוניא אמר ר' יצחק עיר אחת היתה בא"י ועססיות שמה והיו בה שני הגמונים שהיו מקפידים זה על זה. לפי' הוצרכו לומר אפילו מהגמוניא להגמוניא. ואע"ג דבא"י בקיאין לשמה כיון דמקפידים זה על זה שלא יעברו אלו על אלו ולא שכיחי שיירתא צריך הוא לומר:

א) נראה דצ"ל אבל ממדינה למדינה בא"י כיון דאיכא עולי רגלים דשכיחי שיירתא ובזמן שאין בהמ"ק קיים נמי האיכא בתי דינים וכו'.

גליון הש"ם

תום' ד"ה אי וכו' אי מדיוקא דרישא. עי' חולין דף ג ע"א תוד"ה אין:

הגהות מהר"ב רנשבורג

א] רש"י ד"ה ואיכא דמותיב וכו' מכלל דמדינת הים באותה מדינה נמי לא צריך וכו'. נמחק מלת לא:

[וע"ע תוס' חולין ג. ד"ה אין השומר]

לקמן ט.

שם

[וע"ע תוס' כתובות יח. ד"ה דסתם ותוס' ב"ב לח: ד"ה דסתם]

אִילֵימָא חֵרֵשׁ, חֵרֵשׁ בַּר אִיתוּיֵי גִּיטָּא הוּא? וְהָתְנַן: *הַכֹּל כְּשֵׁרִים לְהָבִיא אֶת הַגֵּט, חוּץ מֵחֵרֵשׁ שׁוֹטֶה וְקָטָן! *וְאָמַר רַב יוֹסֵף: הָכָא בְּמַאי עָסְקִינַן — כְּגוֹן שֶׁנְּתָנוֹ לָהּ כְּשֶׁהוּא פִּקֵּחַ, וְלֹא הִסְפִּיק לוֹמַר "בְּפָנַי נִכְתַּב וּבְפָנַי נֶחְתַּם" עַד שֶׁנִּתְחָרֵשׁ; לְרָבָא נִיחָא, לְרַבָּה קַשְׁיָא! הָכָא בְּמַאי עָסְקִינַן — *לְאַחַר שֶׁלָּמְדוּ. אִי הָכִי, יָכוֹל נַמִּי! °גְּזֵירָה שֶׁמָּא יַחֲזוֹר דָּבָר לְקִלְקוּלוֹ. אִי הָכִי, אֵינוֹ יָכוֹל נַמִּי! פִּקֵּחַ וְנִתְחָרֵשׁ מִילְּתָא דְּלָא שְׁכִיחָא, *וּמִילְּתָא דְּלָא שְׁכִיחָא לָא גְּזוּר בָּהּ רַבָּנַן. וְהָא אִשָּׁה דְּלָא שְׁכִיחָא, *וּתְנַן: הָאִשָּׁה עַצְמָהּ מְבִיאָה גִּיטָּהּ, וּבִלְבַד שֶׁצְּרִיכָה לוֹמַר בְּפ"נ וּבְפ"נ — שֶׁלֹּא תַּחֲלוֹק בִּשְׁלִיחוּת. אִי הָכִי, בַּעַל נַמִּי! אַלְמָה תַּנְיָא: [א]הוּא עַצְמוֹ שֶׁהֵבִיא גִּיטּוֹ, אֵין צָרִיךְ לוֹמַר "בְּפָנַי נִכְתַּב וּבְפָנַי נֶחְתַּם"! טַעֲמָא מַאי אָמוּר רַבָּנַן: צָרִיךְ לוֹמַר "בְּפָנַי נִכְתַּב וּבְפָנַי נֶחְתַּם"? דִּילְמָא אָתֵי בַּעַל מְעַרְעֵר וּפָסֵיל לֵיהּ; הָשְׁתָּא מִינְקַט נָקֵיט לֵיהּ בִּידֵיהּ וְעַרְעוּרֵי קָא מְעַרְעֵר עֲלֵיהּ? *תָּא שְׁמַע, דִּבְעָא מִינֵּיהּ שְׁמוּאֵל מֵרַב הוּנָא: שְׁנַיִם שֶׁהֵבִיאוּ גֵּט מִמְּדִינַת הַיָּם, צְרִיכִין שֶׁיֹּאמְרוּ "בְּפָנֵינוּ נִכְתַּב וּבְפָנֵינוּ נֶחְתַּם" אוֹ אֵין צְרִיכִין? אֲמַר לֵיהּ: [ב]אֵין צְרִיכִין, וּמָה אִילּוּ יֹאמְרוּ "בְּפָנֵינוּ גֵּרְשָׁהּ", מִי לָא מְהֵימְנֵי? לְרָבָא נִיחָא, לְרַבָּה קַשְׁיָא! הָכָא בְּמַאי עָסְקִינַן — לְאַחַר שֶׁלָּמְדוּ. אִי הָכִי, חַד נַמִּי! גְּזֵירָה שֶׁמָּא יַחֲזוֹר דָּבָר לְקִלְקוּלוֹ. אִי הָכִי, בֵּי תְּרֵי נַמִּי! בֵּי תְּרֵי דְּמַיְיתוּ גִּיטָּא מִילְּתָא דְּלָא שְׁכִיחָא, וּמִילְּתָא דְּלָא שְׁכִיחָא לָא גְּזוּר בָּהּ רַבָּנַן. וְהָא אִשָּׁה דְּלָא שְׁכִיחָא, וּתְנַן: הָאִשָּׁה עַצְמָהּ מְבִיאָה גִּיטָּהּ, וּבִלְבַד שֶׁהִיא עַצְמָהּ צְרִיכָה לוֹמַר "בְּפָנַי נִכְתַּב וּבְפָנַי נֶחְתַּם"! שֶׁלֹּא תַּחֲלוֹק בִּשְׁלִיחוּת. אִי הָכִי, בַּעַל נַמִּי! אַלְמָה תַּנְיָא: הוּא עַצְמוֹ שֶׁהֵבִיא גִּיטּוֹ, אֵינוֹ צָרִיךְ לוֹמַר "בְּפָנַי נִכְתַּב וּבְפָנַי נֶחְתַּם"! טַעֲמָא מַאי אָמוּר רַבָּנַן: צָרִיךְ לוֹמַר "בְּפָנַי נִכְתַּב וּבְפָנַי נֶחְתַּם" — דִּילְמָא אָתֵי בַּעַל מְעַרְעֵר וּפָסֵיל לֵיהּ, הָשְׁתָּא מִינְקַט נָקֵיט לֵיהּ בִּידֵיהּ וְעַרְעוּרֵי קָא מְעַרְעֵר עֲלֵיהּ? ת"ש: [ג]הַמֵּבִיא גֵּט מִמְּדִינַת הַיָּם, וּנְתָנוֹ לָהּ וְלֹא אָמַר לָהּ "בְּפ"נ וּבְפ"נ", אִם נִתְקַיֵּים בְּחוֹתְמָיו — כָּשֵׁר, וְאִם לָאו — פָּסוּל; הֱוֵי, לֹא הוּצְרְכוּ לוֹמַר "בְּפ"נ וּבְפ"נ" לְהַחְמִיר עָלֶיהָ אֶלָּא לְהָקֵל עָלֶיהָ; לְרָבָא נִיחָא, לְרַבָּה קַשְׁיָא! הָכָא בְּמַאי עָסְקִינַן — לְאַחַר שֶׁלָּמְדוּ. וְהָאָמְרַתְּ: גְּזֵירָה שֶׁמָּא יַחֲזוֹר הַדָּבָר לְקִלְקוּלוֹ! כְּשֶׁנִּיסֵּת. אִי הָכִי, הֱוֵי לֹא הוּצְרְכוּ לוֹמַר "בפ"נ וּבְפָנַי נֶחְתַּם" לְהַחְמִיר עָלֶיהָ אֶלָּא לְהָקֵל עָלֶיהָ? מִשּׁוּם דְּנִיסֵּת הוּא! הָכִי קָאָמַר: וְכִי תֵּימָא לְהַחְמִיר עֲלָהּ וְלַפְּקָהּ — הֱוֵי לֹא הוּצְרְכוּ לוֹמַר "בִּפְנֵי נִכְתַּב וּבִפְנֵי נֶחְתַּם" לְהַחְמִיר עָלֶיהָ אֶלָּא לְהָקֵל עָלֶיהָ,

טַעֲמָא

חוּץ מֵחֵרֵשׁ שׁוֹטֶה וְקָטָן. דְּלָאו בְּנֵי דֵעָה נִינְהוּ, וְאֵין יְכוֹלִין לַעֲשׂוֹת שָׁלִיחַ לְגָרְשָׁהּ, כִּדְאָמְרִינַן בְּקִידּוּשִׁין (דף מב.) דְּאֵין קָטָן נַעֲשֶׂה שָׁלִיחַ, וְהוּא הַדִּין לְהָנָךְ. לְרָבָא נִיחָא לְרַבָּה קַשְׁיָא. דְּקָתָנֵי "יִתְקַיֵּים בְּחוֹתְמָיו", וַהֲלֹא אֵין בְּקִיאִין לִשְׁמָהּ! לְאַחַר שֶׁלָּמְדוּ. דְּבָעֵי לִשְׁמָהּ. אִי הָכִי. דְּלָמְדוּ. יָכוֹל נַמִּי. לָא לִיצְרְכוּהּ. אִם אֶפְשָׁר לְקַיְּימוֹ בְּעֵדִים — לֹא יִצְטָרֵךְ לוֹמַר "בְּפָנַי נִכְתַּב וּבְפָנַי נֶחְתַּם"! וּמְשַׁנֵּי: אַע"ג דְּלָמְדוּ — לֹא עָקְרוּ רַבָּנַן תַּקָּנָתַיְיהוּ, גְּזֵירָה שֶׁמָּא יַחֲזוֹר דָּבָר לְקִלְקוּלוֹ, וְיִשְׁכְּחוּ. הִלְכָּךְ הָשְׁתָּא נַמִּי צָרִיךְ הַשָּׁלִיחַ לִבְדּוֹק שֶׁהוּא לִשְׁמָהּ. וְהָא אִשָּׁה דְּלָא שְׁכִיחָא. שֶׁתְּהֵא הִיא עַצְמָהּ מְבִיאָה אֶת גִּיטָּהּ בְּתוֹרַת שְׁלִיחוּת, שֶׁלֹּא תִּתְגָּרֵשׁ בּוֹ עַד שֶׁתַּגִּיעַ לְבֵית דִּין פְּלוֹנִי. וּבִלְבַד שֶׁתְּהֵא צְרִיכָה כו'. בְּפ"ב (לקמן דף כד.) מוֹתְבִינַן: מִכִּי מָטָא גִּיטָּא לְיָדָהּ אִיגָּרְשָׁה! וּמְשַׁנֵּינַן: דְּאַיְיתִיתֵיהּ עַד ב"ד פְּלוֹנִי בְּתוֹרַת שְׁלִיחוּת. שֶׁלֹּא תַּחֲלוֹק בִּשְׁלִיחוּת. שִׁינּוּיָא הוּא: לֹא חִלְּקוּ חֲכָמִים בֵּין שָׁלִיחַ לְשָׁלִיחַ. אֲבָל הָא דְּאֵינוֹ יָכוֹל — לָאו חִילּוּק הוּא, שֶׁהֲרֵי הוּצְרַךְ לוֹמַר אֶלָּא שֶׁאִי אֶפְשָׁר. שֶׁהֵבִיא אֶת גִּיטּוֹ. שֶׁכְּתָבוֹ בִּמְדִינַת הַיָּם, וּבָא כָּאן לְגָרְשָׁהּ. טַעֲמָא מַאי כו'. שִׁינּוּיָא הוּא: כְּלוֹמַר, טַעְמָא מַאי אַצְרְכוּהּ רַבָּנַן לְכָל שָׁלִיחַ לוֹמַר כָּךְ — מִשּׁוּם חֲשָׁשָׁא, דִּילְמָא אָתֵי בַּעַל וכו'. שְׁנַיִם שֶׁהֵבִיאוּ גֵּט. שְׁנֵיהֶם נַעֲשׂוּ שְׁלוּחִים. וּמָה אִילּוּ יֹאמְרוּ כו'. כְּלוֹמַר, אִם רָצוּ הֵן אוֹמְרִים: אָנוּ מְעִידִים שֶׁגֵּרְשָׁהּ וְנָתַן לָהּ גֵּט, אוֹ לִשְׁלוּחָהּ גֵּט. לְרַבָּה קַשְׁיָא. דְּאָמַר: כִּי מַיְיתֵי בֵּי תְּרֵי — צְרִיכִין לוֹמַר. אִי הָכִי. דְּלָמְדוּ. חַד נַמִּי. כִּי מַיְיתֵי לֵיהּ חַד, נַמִּי לָא לִיצְרְכוּהּ. הֱוֵי לֹא הוּצְרְכוּ כו'. כְּלוֹמַר, אָמוֹר מֵעַתָּה: לָא אַצְרִיכוּ לוֹמַר "בְּפָנַי נִכְתַּב" לְהַחְמִיר, דְּכִי מְקוּיָּים נִיצְרְכֵיהּ. אֶלָּא לְהָקֵל. דְּלָא מַצְרְכִינַן לֵיהּ לִתְרֵי סָהֲדֵי אַחֲרִינָא. כְּשֶׁנִּיסֵּת. כְּבָר, וּמִשּׁוּם הָא גְּזֵירָה לָא מַפְּקִינַן מִינֵּיהּ. מִשּׁוּם דְּנִיסֵּת הוּא. וְאִם לֹא נִיסֵּת לָא שָׁבְקִינַן לָהּ לְאִינְסוּבֵי, וְאַע"ג דְּאִיקַּיֵּים — הַיְינוּ חוּמְרָא. הָכִי קָאָמַר. לְעוֹלָם בְּנִיסֵּת קָאָמַר דְּלָא מַפְּקִינַן לָהּ, וְה"ק: הֱוֵי לֹא הוּצְרְכוּ לוֹמַר "בְּפָנַי נִכְתַּב" לְהַחְמִיר עָלֶיהָ וּלְהוֹצִיאָהּ אַחַר שֶׁנִּיסֵּת, דְּלָא תֵּימָא לְהַחְמִיר עָלֶיהָ וּלְהוֹצִיאָהּ. אֶלָּא לְהָקֵל עָלֶיהָ. מִתְּחִלָּה, שֶׁלֹּא תִּיזָּקֵק לְעֵדִים.

טַעְמָא

אילימא חרש. ולא בעי למימר: כגון אלם, או שלא ראה כתיבת הגט, דא"כ הוה ליה למימר: ולא אמר. **אי** הכי יכול נמי. פי': יכול נמי סגי בקיום חותמיו. וא"ת: מאי קשיא ליה לרבה? כי היכי דלרבא ניחא ליה, דמפרש: אינו יכול – צריך קיום חותמיו, אבל יכול – סגי באומר "בפני נכתב ונחתם" ואין צריך שניס – הכי נמי יפרש לרבה, דלאחר שלמדו, רבה ורבא שוים! ואומר ר"ת: דלרבא ניחא, דתנא אינו יכול – לאשמועי' דבעי קיום חותמיו, אבל ביכול – סגי באומר "בפני נכתב", אע"ג דלא חשיב לרבא כמו קיום חותמיו. אבל לרבה "בפני נכתב" עדיף מקיום חותמיו, שמעיד שנעשה לשמה – ע"כ תנא אתא לאשמועינן דאינו יכול סגי בקיום חותמיו. כיון דאוקמינן לאחר שלמדו – יכול נמי תיסגי ליה בקיום חותמיו! ולקמן מפרש: אי הכי, חד נמי – ליבעי שמואל מרב הונא: אי סגי בקיום חותמיו כיון דליכא למיחש למידי, או דילמא לא פלוג בין למדו ללא למדו. ומשני: בחד – פשיטא ליה דצריך, גזירה משום שמא יחזור הדבר לקלקולו. ור"י מפרש דהכי פריך: אי הכי יכול נמי, היכא דאין צריך קיום – לא יצטרך לומר לרבה "בפני נכתב ונחתם" כיון דלמדו! ולעיל אמרינן באתיוה בי תרי, ובאותה מדינה במדינת הים, דלרבה בהני נמי קתני מתניתין דצריך, דכולה מתני' אית לן לאוקמא בלמדו, מדפריך ממתני' ד"האשה עצמה מביאה גיטה". וא"כ – רישא נמי איירי בלמדו. ובענין זה יש לפרש: אי הכי חד נמי. ומתחילה כתב רש"י בפירוש כתב ידו דהך קושיא דאי הכי יכול נמי, ואי הכי חד נמי – איירי למאי דסלקא דעתא מעיקרא, דרבה לית ליה דרבא. דכן דרך התלמוד, דבתר דאיתותב מהדא – הדר מותיב ליה מאידך. ושוב מחקו רש"י. ואין לפרש: יכול נמי לא יצטרך לרבה "בפני נכתב", כיון דלמדו; בשלמא לרבא דחייש לאיחלופי – ניחא, אבל לרבה ד"ידענו" לא מהני – א"כ לא אתי לאיחלופי, מה צריך "בפני נכתב"? דהא לקמן בריש פרק שני (דף טז:) משמע דכיון דאיתקן "בפני נכתב" לרבה משום לשמה, מודה רבה דצריך לאומרו אפילו אחר שלמדו, משום איחלופי. **שלא** תחלוק בשליחות. פירוש: בשליחות דיכול. **אי** הכי בעל נמי. לרבא ניחא, דכי מייתי ליה בעל – ליכא למיחש לזיוף, דאינו חשוד להכשילה במתכוין. אלא לרבה, בבעל נמי ליחוש שלא יערער, דמתחילה לא היה יודע שצריך לשמה! ומשני: מינקט נקיט בידיה. כיון דערעור זה אינו אלא לעז – ליכא למיחש שיערער, כיון דנקיט ליה. **בי** תרי דמייתו גיטא כו'. לפי זה ליכא בינייהו לאחר שלמדו דאתיוה בי תרי, אבל איכא בינייהו מקויים. ולקמן בר"פ שני (דף טז:) איכא למ"ד דשנים צריכין לומר אפילו אחר שלמדו, דלא חשיב ליה מילתא דלא שכיחא. ולמאי דחשיב ליה מילתא דלא שכיחא, הא דקתני בפ"ב (לקמן דף טו.): וב' אומרים "בפנינו" (א), דדייק מינה רבה ד"ידענו" לא מהני, אע"ג דמסתמא איירי אחר שלמדו – °מ"מ נקט "בפנינו" משום דקודם שלמדו הוה "בפנינו" דוקא. **שלא** תחלוק בשליחות. פי': בשליחות דחד, דגזרינן חד דלא שכיח אטו חד דשכיח. אבל בי תרי אטו חד – לא גזרינן.

כשניסת · והא דתניא לקמן: לא אמר "בפני נכתב ובפני נחתם" הולד ממזר – היינו כשלא נתקיים בחותמיו. וא"ת: וליחשביה (לקמן דף פו.) בהדי ג' גיטין פסולין ואם ניסת הולד כשר! ויש לומר: דקסבר רבה דבג' גיטין תנא, והכא לא תנא. ואם תאמר: להאי לישנא דבפ"ב (לקמן דף יז.) אית ליה לר' יוחנן שנים שהביאו גט ממדינת הים צריכין לומר "בפנינו נכתב" כו' משמע דקסבר לפי שאין בקיאין לשמה, היכי משני הך ברייתא דהכא? דאי משני לה כשניסת – א"כ ליחשביה (לקמן דף פו.) בהדי ג' גיטין פסולין, דהא ר' יוחנן אית ליה בפ"ט (שם) דג' גיטין נמי לא תנא! °ואין לומר דלא חשיב אלא פסול התלוי בגט עצמו – דהא אמרינן בפ"ט: מניינא דסיפא למעוטי – נתנו לה ולא אמר "בפני נכתב" – יוליא, והולד ממזר. ואומר ר"י: דההוא מילתא דר' יוחנן דסבר: לא תנא – קאי כלישנא קמא דבפ"ב (לקמן דף טז:), דלית ליה לר' יוחנן לפי שאין עדים מצויין לקיימו, וכמסקנא דשמעתין. °אי נמי, יאמר דהך דרבה ורבא תנאי היא, כדבעינן נמי למימר בפרק שני (ג"ז שם) לרבי יוחנן.

אי

תוספות רי"ד

בעא מיניה שמואל מרב הונא שנים שהביאו גט ממדינת הים צריכין שיאמרו בפנינו נכתב ובפנינו נחתם או אין צריכים אמר ליה אין צריכים ומה אילו יאמרו בפנינו גירשה מי לא מהימני. פי' אע"פ שהביאו ואינן מכירין החתימה ונתנין אותו לאשה ונשאת בו ואין הבעל יכול לערער היום ומחר שאם יבא ויאמר לאשה את זייפת הגט תאמר לו הרי עדים שאתה מסרתו בידם כתוב וחתום פיך כך' עדים שהוא מקויים והילכך אע"פ שאין השלוחין מכירים החתימות כיון שמעידים כי הבעל נתנו להן אינו צריך שום קיום בעולם. ודכותה נמי גבי שטרות הלוה יכול לומר למלוה אתה זייפת זה השטר וצריך המלוה לקיימו ואילו מביא המלוה עדים כי הלוה מסרו בידו כתוב וחתום כי ההיא דתנן כותבים שטר ללוה אע"פ שאין מלוה עמו שוב אינו צריך לקיימו שהרי לוה הודה בפיו כי היה מקויים כשמסרו לו אבל אם היה השליח אחד אע"פ שאומר כי הבעל מסרו לו אינו נאמן להכחיש הבעל היום ומחר אם לא יאמר בפני נכתב ובפני נחתם דהימנוהו רבנן כבי תרי וזה סובר כרבא ולא חיישינן לאין בקיאין לשמה דאילו חיישינן מה לי הביאו חד מה לי הביאו תרי ומכאן מוכיח שהלכה כרבא. תניא המביא גט ממדינת הים ונתנו לה ולא אמר בפני נכתב ובפני נחתם אם נתקיים בחותמיו כשר ואם לאו פסול הוי אומר לא הוצרכו לומר בפני נכתב ובפני נחתם להחמיר עליה אלא להקל עליה. פי' אע"פ שאין עליו עוררים צריך שיתקיים בחותמיו ולא יהבינן לה לאשה להנשא בו בלא עדים דדוקא בא"י דשכיחי שיירתא שאם יבא הבעל לערער יהיו עדים מצויים לקיימו אז יהבינן לה בלא קיום ונשאת בו אבל ממדינת הים דלא שכיחי שיירתא לא יהבינן ליה לאשה עד שיתקיים שאם תנשא בלא קיום ויבא הבעל ויערער ולא נמצא עדים לקיימו יהיה הגט בטל ובניה ממזרים: הוי אומר מה שהצריכו חכמים לומר לשליח בפני נכתב ובפני נחתם לא להחמיר על האשה ולומר אע"פ שהוא מקויים יהא צ"ל שמא לא נכתב לשמה אלא להקל עליה שאע"פ שאין עדים מצויין לקיימו הוא נאמן בשנים באומרו בפני נכתב ובפני נחתם והיום ומחר אם יבא הבעל ומערער לא משגחינן ביה שכבר

י א ש"ע אה"ע סי' קמב סעיף יד בהג"ה:

יא ב מיי' פ"ז מהל' גירושין הל' י"ד סמג עשין נ טוש"ע שם סעיף יח:

יב ג מיי' שם הלכה ז יז טוש"ע שם סעיף ח:

לקמן כג.

לקמן ט.

לקמן טז:

[עירובין סג: וש"נ]

לקמן כג: סב:

לקמן טז: ע"ש

הגהות הב"ח

(א) תום' ד"ה בי תרי וכו' בפנינו נחתם דדייק מינה רבה וכו' בפנינו נחתם מחו' לקודם:

גליון הש"ס

גמ' גזירה שמא. עירובין ד' פא ע"א: **תום'** ד"ה בי תרי וכו' מ"מ נקט בפנינו משום דקודם שלמדו. לא זכיתי להבין דהא ל"ל לומר כלל ואיך שייך וב' אומרים ובאמת הא מבואר בסוגיא דשם דל"ק סבר דמתני' מיירי דוקא בלא אתיוה בי תרי דבאתיוה בי תרי ל"צ לאמירה כלל דאי כרבא אי כרבה דבי תרי ל"ש ואיך לישנא מוקי ביוצא מבי תרי דס"ל דלרבה גם בכה"ג צ"ל בפ"נ וא"כ למ"ד בשמעתין דאתיוה בי תרי ל"צ לומר ע"כ דמתני' דהתם מיירי בלא אתיוה בי תרי וכל"ק דשם וממילא בפנינו דוקא וצלע"ג: **תום'** ד"ה כשניסת וכו' ואין לומר דלא חשיב וכו' דהא אמרינן בפ"ט. יסוד זה דמה דאינו ראוי לחשבו לא שייך לומר דממעט אותו כתבו ג"כ בתום' נדה דף יט ע"ב ד"ה הא אר"י. ועי' יבמות דף ג ע"ב וצ"ע: **בא"ד** אי נמי יאמר דהך דרבה ורבא תנאי היא. תמוה לי הא גם למסקנא דשם דפליגי ביחזור הדבר לקלקולו ניחא די"ל דר"י לא ס"ל לאוקימתא דכשניסת ומוקי לברייתא דהכא כר"י דלא חייש ליחזור לקלקולו וצע"ג:

יג א מיי' פ"ז מהל' גירושין הלכה ה סמג עשין נ טוש"ע אה"ע סימן קמב סעיף א:
יד ב מיי' שם טוש"ע ח"מ סימן קכא סעיף ט וטוש"ע אה"ע סימן לה סעיף ב:
טו ג מיי' פ"ה מהל' עדות הלכה ט סמג עשין קט טוש"ע ח"מ סי' ז סעיף ה בהג"ה:
טז ד מיי' פ"ז מהל' גירושין הלכה יז סמג עשין נ טוש"ע אה"ע סימן קמב סעי' ז:
יז ה ו מיי' שם הל' יב וש"ע שם סעיף טו:

טַעֲמָא מַאי — דִּילְמָא אָתֵי בַּעַל מְעַרְעֵר וּפָסֵיל לֵיהּ, הַשְׁתָּא בַּעַל לָא קָא מְעַרְעֵר, אֲנַן נֵיקוּם וּנְעַרְעֵר עֲלָהּ? בִּפְלוּגְתָּא דְּר' יוֹחָנָן וְר' יְהוֹשֻׁעַ בֶּן לֵוִי, חַד אָמַר: לְפִי שֶׁאֵין בְּקִיאִין לִשְׁמָהּ, וְחַד אָמַר: לְפִי שֶׁאֵין עֵדִים מְצוּיִין לְקַיְּימוֹ. תִּסְתַּיֵּים, דְּרִ"י בֶּן לֵוִי הוּא, דְּאָמַר לְפִי שֶׁאֵין בְּקִיאִין לִשְׁמָהּ. דְּר' שִׁמְעוֹן בַּר אַבָּא אַיְיתֵי גִּיטָּא לְקַמֵּיהּ דְּר' יְהוֹשֻׁעַ בֶּן לֵוִי, וַא"ל: צְרִיכְנָא לְמֵימַר "בְּפָנַי נִכְתַּב וּבְפָנַי נֶחְתַּם", אוֹ לָא? א"ל: לָא צְרִיכַתְּ, לֹא אָמְרוּ אֶלָּא בַּדּוֹרוֹת הָרִאשׁוֹנִים, שֶׁאֵין בְּקִיאִין לִשְׁמָהּ, אֲבָל בַּדּוֹרוֹת הָאַחֲרוֹנִים דִּבְקִיאִין לִשְׁמָהּ — לֹא. תִּסְתַּיֵּים. וְתִסְבְּרָא? וְהָא רַבָּה אִית לֵיהּ דְּרָבָא! וְעוֹד, הָא אָמְרִינַן שֶׁמָּא יַחֲזוֹר דָּבָר לְקִלְקוּלוֹ! אֶלָּא, ר"ש בַּר אַבָּא *אִינִישׁ אַחֲרִינָא הֲוָה בַּהֲדֵיהּ, וְהָא דְּלָא חָשֵׁיב לֵיהּ — מִשּׁוּם כְּבוֹדוֹ דְּר"ש. § אִיתְּמַר: בִּפְנֵי כַּמָּה *נוֹתְנוֹ לָהּ? רַבִּי יוֹחָנָן וְר' חֲנִינָא, חַד אָמַר: אבִּפְנֵי שְׁנַיִם, וְחַד אָמַר: בִּפְנֵי שְׁלֹשָׁה. תִּסְתַּיֵּים, דְּר' יוֹחָנָן הוּא דְּאָמַר בִּפְנֵי שְׁנַיִם, דְּרָבִין בַּר רַב חִסְדָּא אַיְיתֵי גִּיטָּא לְקַמֵּיהּ דְּר' יוֹחָנָן, וַאֲמַר לֵיהּ: זִיל הַב לָהּ בְּאַפֵּי תְּרֵי וְאֵימָא לְהוּ "בְּפ"נ וּבְפָנַי נֶחְתַּם". תִּסְתַּיֵּים. לֵימָא בְּהָא קָמִיפַּלְגִי, דְּמַאן דְּאָמַר בִּפְנֵי שְׁנַיִם, קָסָבַר: לְפִי שֶׁאֵין בְּקִיאִין לִשְׁמָהּ; וּמַאן דְּאָמַר בִּפְנֵי שְׁלֹשָׁה, קָסָבַר: לְפִי שֶׁאֵין עֵדִים מְצוּיִין לְקַיְּימוֹ! וְתִסְבְּרָא? הָא מִדְּר' יְהוֹשֻׁעַ בֶּן לֵוִי אָמַר לְפִי שֶׁאֵין בְּקִיאִין לִשְׁמָהּ — רַבִּי יוֹחָנָן אָמַר לְפִי שֶׁאֵין עֵדִים מְצוּיִין לְקַיְּימוֹ; וְהָכָא הֵיכִי קָאָמַר ר' יוֹחָנָן בִּפְנֵי שְׁנַיִם! וְעוֹד, הָא רַבָּה אִית לֵיהּ דְּרָבָא! אֶלָּא, דְּכ"ע — בָּעֵינַן עֵדִים מְצוּיִין לְקַיְּימוֹ. וְהָכָא בְּשָׁלִיחַ נַעֲשֶׂה עֵד וְעֵד נַעֲשֶׂה דַּיָּין קָמִיפַּלְגִי, מ"ד בִּפְנֵי שְׁנַיִם, קָסָבַר: *בשָׁלִיחַ נַעֲשֶׂה עֵד *וְעֵד נַעֲשֶׂה דַּיָּין, וּמַאן דְּאָמַר בִּפְנֵי ג', קָסָבַר: שָׁלִיחַ נַעֲשֶׂה עֵד וְאֵין עֵד נַעֲשֶׂה דַּיָּין. גוְהָא קַיְימָא לָן בִּדְרַבָּנַן דְּעֵד נַעֲשֶׂה דַּיָּין! אֶלָּא, הָכָא בְּהָא קָמִיפַּלְגִי, דְּמָר סָבַר: כֵּיוָן דְּאִשָּׁה כְּשֵׁירָה לְהָבִיא אֶת הַגֵּט, זִמְנִין דְּמַיְיתָא לֵיהּ אִיתְּתָא וְסָמְכִי עֲלַהּ; וְאִידָךְ: אִשָּׁה — מֵידַע יָדְעִי וְלָא סָמְכִי עֲלַהּ. תַּנְיָא כְּוָותֵיהּ דְּרַבִּי יוֹחָנָן: *הַמֵּבִיא גֵּט מִמְּדִינַת הַיָּם, וּנְתָנוֹ לָהּ וְלֹא אָמַר לָהּ *"בְּפָנַי נִכְתַּב וּבְפָנַי נֶחְתַּם" — יוֹצִיא, וְהַוָּלָד מַמְזֵר, דִּבְרֵי רַבִּי מֵאִיר; וַחכ"א: אֵין הַוָּלָד מַמְזֵר. דכֵּיצַד יַעֲשֶׂה? יִטְּלֶנּוּ הֵימֶנָּה, וְיַחֲזוֹר וְיִתְּנֶנּוּ לָהּ בִּפְנֵי שְׁנַיִם וְיֹאמַר "בְּפָנַי נִכְתַּב וּבְפָנַי נֶחְתַּם". ור"מ, מִשּׁוּם דְּלֹא אָמַר "בְּפָנַי נִכְתַּב וּבְפָנַי נֶחְתַּם" יוֹצִיא וְהַוָּלָד מַמְזֵר? אִין, ר"מ לְטַעְמֵיהּ, *דְּאָמַר רַב הַמְנוּנָא מִשְּׁמֵיהּ דְּעוּלָּא: אוֹמֵר הָיָה ר"מ: כָּל הַמְשַׁנֶּה מִמַּטְבֵּעַ שֶׁטָּבְעוּ חֲכָמִים בְּגִיטִּין — יוֹצִיא, וְהַוָּלָד מַמְזֵר. בַּר הֶדְיָא בָּעֵי לְאַתּוּיֵי גִּיטָּא, אֲתָא לְקַמֵּיהּ דְּרַבִּי אַחַי דַּהֲוָה מְמוּנֶּה אַגִּיטֵּי. א"ל: צָרִיךְ אַתָּה לַעֲמוֹד עַל כָּל אוֹת וְאוֹת. אֲתָא לְקַמֵּיהּ דְּרַבִּי אַמֵּי וְר' אַסִּי. אָמְרִי לֵיהּ: לָא צְרִיכַתְּ. וְכִי תֵּימָא אַעֲבֵיד לְחוּמְרָא, הנִמְצָא אַתָּה מוֹצִיא לַעַז עַל גִּיטִּין הָרִאשׁוֹנִים. רַבָּה בַּר בַּר חָנָה אַיְיתֵי גִּיטָּא, פַּלְגָא אִיכַּתַּב קַמֵּיהּ וּפַלְגָא לָא אִיכַּתַּב קַמֵּיהּ. אֲתָא לְקַמֵּיהּ דְּרַבִּי אֶלְעָזָר, אֲמַר לֵיהּ: אֲפִילּוּ לֹא *כָּתַב בּוֹ אֶלָּא שִׁיטָה אַחַת לִשְׁמָהּ, שׁוּב אֵינוֹ צָרִיךְ. רַב אַשִׁי אָמַר: אֲפִילּוּ

רש"י

טַעְמָא מַאי כו' דִּילְמָא אָתֵי בַּעַל מְעַרְעֵר. דְּטַעְמָא מַאי אָמוּר רַבָּנַן דְּבָעֵי לְמֵימַר — דִּילְמָא אָתֵי בַּעַל וּמְעַרְעֵר, הִילְכָּךְ אִם לֹא נִיסֵּת — לֹא תִּינָּשֵׂא. אֲבָל הַשְׁתָּא דְּנִיסֵּת — אַמַּאי לַפְּקָהּ? אַכַּתִּי לֹא אָתֵי בַּעַל וּמְעַרְעֵר, אֲנַן נֵיקוּם וּנְעַרְעֵר?! "וְאִיבָּעֵית אֵימָא" לֹא גָּרְסִינַן, אֶלָּא הָכִי גָּרְסִינַן: אֶלָּא לְהָקֵל עָלֶיהָ טַעְמָא מַאי וכו'. בִּפְלוּגְתָּא. כִּי הָךְ פְּלוּגְתָּא דְּרַבָּה וְרָבָא אִיפְּלִיגוּ נַמִי אֲמוֹרָאֵי קַמָּאֵי. אַיְיתֵי גִּיטָּא. מִמְּדִינַת הַיָּם. וְתִסְבְּרָא. לֹא גָּרְסִינַן. וְאִי נַמִי גָּרְסִינַן לֵיהּ — לָאו לְאוֹרוּעֵי "תִּסְתַּיֵּים" קָאָתֵי, דְּשַׁפִּיר תִּסְתַּיֵּים דְּרַבִּי יְהוֹשֻׁעַ הוּא דַּאֲמַר "לְפִי שֶׁאֵין בְּקִיאִין". אֶלָּא הָכִי פָּרֵיךְ: וְתִסְבְּרָא הָא דַּאֲמַר דְּיחִידִי הֲוָה. וְהָא רַבָּה אִית לֵיהּ דְּרָבָא. וּבָעֵינַן לְקַיְּימוֹ. הֲוָה בַּהֲדֵיהּ. וְאָמְרִינַן לְעֵיל: בֵּי תְרֵי דְּמַיְיתוּ גִּיטָּא — מִילְּתָא דְּלָא שְׁכִיחָא. בִּפְנֵי כַּמָּה נוֹתְנוֹ לָהּ. הַשָּׁלִיחַ. לְפִי שֶׁאֵין בְּקִיאִין. הִלְכָּךְ בִּתְרֵי סַגִּי, דְּלֶהֱווּ סָהֲדֵי דְּאָמַר שָׁלִיחַ "בְּפָנַי נִכְתַּב", וְאִי אָתֵי בַּעַל תּוּ וּמְעַרְעֵר — לָא מַשְׁגְּחִינַן בֵּיהּ. לְפִי שֶׁאֵין עֵדִים כו'. וְכֵיוָן דִּלְקִיּוּמֵי הוּא — בָּעֵינַן תְּלָתָא, כִּדְאָמְרִינַן בִּכְתוּבּוֹת בְּפֶ' שֵׁנִי (דף כא:) דְּקִיּוּם שְׁטָרוֹת בִּשְׁלֹשָׁה. וְתִסְבְּרָא. דְּהָכִי הוּא? וְהָא. מִדְּסַיְּימִינַן לְעֵיל דְּרִיב"ל הוּא דְּאָמַר "לְפִי שֶׁאֵין בְּקִיאִין" — מִכְּלָל דְּרַבִּי יוֹחָנָן בַּר פְּלוּגְתֵּיהּ דִּלְעֵיל, אָמַר מִשּׁוּם "לְקַיְּימוֹ", וְהָכָא סַיְּימִינַן דְּר' יוֹחָנָן הוּא דְּאָמַר בִּפְנֵי שְׁנַיִם! וְעוֹד הָא רַבָּה אִית לֵיהּ דְּרָבָא. וַאֲפִילּוּ לְמ"ד "לְפִי שֶׁאֵין בְּקִיאִין לִשְׁמָהּ" — אִית לֵיהּ נַמִי "לְקַיְּימוֹ", וְנִיבָּעֵי תְּלָתָא! בְּשָׁלִיחַ נַעֲשֶׂה עֵד וְעֵד נַעֲשֶׂה דַּיָּין קָמִיפַּלְגִי. כְּלוֹמַר, אִי אָמְרִינַן: כִּי הֵיכִי דְּשָׁלִיחַ נַעֲשֶׂה עֵד — הָכִי נַמִי עֵד נַעֲשֶׂה דַּיָּין, קָמִיפַּלְגִי. מ"ד בִּפְנֵי שְׁנַיִם קָסָבַר. כִּי הֵיכִי דְּשָׁלִיחַ נַעֲשֶׂה עֵד — ה"נ עֵד נַעֲשֶׂה דַּיָּין, הִלְכָּךְ מִצְטָרֵף בַּהֲדַיְיהוּ, וְהָווּ תְּלָתָא. וּמ"ד בִּפְנֵי שְׁלֹשָׁה קָסָבַר. אַף שֶׁשָּׁלִיחַ נַעֲשֶׂה עֵד — אֵין עֵד נַעֲשֶׂה דַּיָּין. הָכִי גָּרְסִינַן: וְהָא קַיְימָא לָן בִּדְרַבָּנַן דְּעֵד נַעֲשֶׂה דַּיָּין. כְּגוֹן גַּבֵּי קִיּוּם שְׁטָרוֹת, אָמְרִינַן בִּכְתוּבּוֹת (שם): שְׁלֹשָׁה שֶׁיָּשְׁבוּ לְקַיֵּים אֶת הַשְּׁטָר וְקָרָא עִרְעוּר עַל אֶחָד מֵהֶם כו'. וְהָוֵינַן בָּהּ: לֵימְרָא דְּעֵד נַעֲשֶׂה דַּיָּין כו'? וּמוֹתְבִינַן, וּמְשַׁנֵּינַן: ה"מ בְּעֵדוּת הַחֹדֶשׁ דְּאוֹרַיְיתָא, אֲבָל בִּדְרַבָּנַן — עֵד נַעֲשֶׂה דַּיָּין. כֵּיוָן דְּאִשָּׁה כְּשֵׁירָה כו'. אִי מַכְשַׁרְתְּ בִּשְׁנַיִם — זִמְנִין דְּמַיְיתָא לֵיהּ אִשָּׁה, וְסָמְכִינַן עֲלָהּ לְאַכְשׁוּרֵי נַמִי בִּשְׁנַיִם. וְאִשָּׁה לָא חַזְיָא לְאִצְטָרוּפֵי בַּהֲדַיְיהוּ לִתְלָתָא. יוֹצִיא. מִי שֶׁנְּשָׂאָהּ בְּגֵט זֶה. מִשּׁוּם דְּלָא אָמַר (לָהּ) יוֹצִיא. בִּתְמִיָּה, וְהָא גֵּט כָּשֵׁר הוּא, וּבְפָנָיו נִכְתַּב. וּמִשּׁוּם דְּלָא אָמַר הָוֵי וָלָד מַמְזֵר? אֲתָא לְקַמֵּיהּ דְּרַבִּי אַחַי. בְּאוֹתָהּ הָעִיר שֶׁהָיוּ כּוֹתְבִין אוֹתוֹ. מְמוּנֶּה אַגִּיטֵּי. דְּקַיְ"ל (קידושין דף ו:): כָּל שֶׁאֵינוֹ יוֹדֵעַ בְּטִיב גִּיטִּין וְקִידּוּשִׁין לֹא יְהֵא לוֹ עֵסֶק עִמָּהֶן. וַהֲווּ מְמַנּוּ גַּבְרָא רַבָּה לְאוֹרוּיֵי הֵיכִי נַעֲבֵיד. לֹא צְרִיכַתְּ. אֶלָּא בְּשִׁיטָּה אַחַת. אֲפִילּוּ

תוספות

אי בעית אימא טעמא מאי כו'. רש"י לא גרים "איבעית אימא", דסיומא דמילתא הוא. ולר"י נראה דשפיר גרים ליה. ומוקי לה השתא קודם שלמדו, דכיון דניסת — לא תצא, כיון דלזיוף ליכא למיחש, דנתקיים בחותמיו. וליכא אלא לעז בעלמא דשלא לשמה, אפי' אי אתי בעל ומערער, כדפרישית לעיל (ע"א ד"ה א"ה בעל).

ותסברא והא רבה אית ליה דרבא. לא גרסינן "ותסברא", כדפירש בקונטרס. ובסמוך, דקאמר: אלא ר' שמעון בר אבא איניש אחרינא הוה בהדיה — לא גרסינן "אלא", דאינו בא לסתור "תסתיים". ובסמוך נמי קאמר: הא מדריב"ל סבר לפי שאין בקיאין לשמה כו'. הא מדר' יהושע כו' רבי יוחנן סבר לפי שאין עדים מצויין לקיימו. לא בעי לשנויי דסבר כאידך לישנא דפ"ב (לקמן דף יז.). דההוא לישנא דהתם, דקאמר: שנים אין צריכין לומר "בפני נכתב" — הוא עיקר, דקאמר עלה: יחד הוא שלא תמוט. ועוד: דבהכיא שינויא לא הוה משני הא דפריך: והא רבה אית ליה דרבא.

והא קיימא לן דאין עד נעשה דיין ה"מ בדאורייתא כו'. רש"י לא גרים ליה, והדין עמו. דכיון דפשיטא דבדרבנן עד נעשה דיין, כדפריך לבסוף — היכי פריך מעיקרא "הא קיימא לן דאין עד נעשה דיין"? דהא פשיטא דלא ס"ד דהכא הוי דאורייתא. ומיהו, בפרק קמא דכתובות (דף יא.) *) יש קצת כענין זה גבי גר קטן מטבילין אותו על דעת ב"ד, ופריך: מאי קמ"ל? תנינא: זכין לאדם שלא בפניו כו'. והדר פריך: והא קי"ל דודאי עבד בהפקירא ניחא ליה. הכי גרים ר"ת: כיון דאשה כשירה להביא את הגט זימנין דמייתי ליה איתתא. וכן פירש רבינו חננאל. וה"ה דהוה מצי למימר: זימנין דמייתי ליה קרוב. כיצד יעשה. פי': כילד יעשה לרבנן שתינשא לכתחילה, או אם נישאת — שלא תצא. אבל לוולד אין צריך תקנה, דבלא תקנה לא הוי ממזר, דלית להו כל המשנה כו'. ולר"מ כילד יעשה — קודם נישואין, אבל לאחר נישואין — מסתבר דלר"מ אין תקנה, דכיון דהוולד ממזר — א"כ כל הדרכים האלו בה, ותצא מזה ומזה, וכל הנהו דתנן לקמן ב"הזורק" (דף פ.).

יטלנו הימנה ויחזור ויתננו לה ויאמר כו'. מכאן משמע דצריך לומר בשעת נתינה "בפני נכתב" — מדקאמר: יטלנו הימנה. וה"ה לאחר נתינה תוך כדי דיבור דמהני, מדקאמר לעיל: שנתנו לה כשהיה פיקח ולא הספיק לומר "בפני נכתב" עד שנתחרש. אבל לאחר כדי דיבור — מספקא לר"י אי מהני כל זמן שעסוקים באותו ענין או לאו. וקודם נתינה מספקא לר"י נמי אי מהני. ומדתנן בפרק "כל הגט" (לקמן דף כט:): המביא גט ממדינת הים וחלה, עושה בבית דין שליח ואומר כו' — אין ראיה, דהרי אומר כשהגט יוצא מתחת ידו. אפילו לא כתב בו אלא שיטה אחת כו'. פירוש: שלא ראה אלא שיטה ראשונה, דמסתמא סיימו לשמה.

אפילו

*) [ע"ש דניחא הכי ושוב מצאתי הערה במהרש"א]

תוספות רי"ד

שכבר מקויים הוא: איתמר בפני כמה נותנו לה ר' יוחנן ור' חנינא חד אמר בפני שנים וח"א בפני ג' ואסיקנא דמשום הכי צריך שיאמר בפני נכתב ובפני נחתם כדי לקימו דכ"ע בעינן לקיימו דר' יוחנן הוא דאמר בפני שנים (ומשניהם) צריך שיאמר בפני נכתב כדי לקיימו שאם יבא הבעל היום ומחר ומערער לא משגחינן ביה וקיום שטרות לכ"ע בעי שלשה מפני שהוא מעשה ב"ד כדאמרן בפ"ב דכתובות והכא בשליח נעשה עד ועד נעשה דיין קמיפלגי מ"ד בפני שנים קסבר שליח נעשה עד ועד נעשה דיין. ומ"ד בפני ג' קסבר שליח נעשה עד ואין עד נעשה דיין. פי' בריש פ' האיש מקדש אמרינן אמר רבא אמר רב נחמן האומר לשנים צאו וקדשו לי אשה הן הן שלוחיו הן הן עדיו וכן בגירושין וכן בדיני ממונות ומסקנא התם והלכתא שליח נעשה עד והכא בהא קמיפלגי מאן דאמר בפני שנים קסבר כי היכי דשליח נעשה עד הכי נמי עד נעשה דיין והלכך מצרף זה עם השנים וה"ל קיום הגט בג'. ומ"ד בפני ג' קסבר דוקא שליח נעשה עד ואין עד נעשה דיין ומקשה והא קי"ל בדרבנן דעד נעשה דיין פי' כגון גבי קיום שטרות אמרינן בפ"ב דכתובות ג' שישבו לקיים את השטר וכו' והוינן בה למימר דעד נעשה דיין וכו' ומשנינן ה"מ בעדות החדש דאורייתא וכו' אבל בדרבנן עד נעשה דיין ומהדר אלא הכא בהא קמיפלגי מר סבר כיון דאשה עצמה מביאה גיטה ובלבד שתהא צריכה לומר בפני נכתב ובפני נחתם זמנין דמתיא לה איהי וסמכינן עלה פי' אם תכשיר עתה בשנים יכשירו גם באשה בשנים ואשה לא חזיא לאצרופי מ"ה תקנו בג' ואידך אשה מידע ידיע ולא סמכי עלוהי פי' להכשיר בשנים: תניא כותיה דר' יוחנן המביא גט ממדינת הים נתנו לה ולא אמר לה בפני נכתב ובפני נחתם יוציא והולד ממזר דברי ר' מאיר וחכ"א אין הולד ממזר אלא כיצד יעשה יטלנו ממנה ויחזור ויתננו לה בפני שנים ויאמר לה בפני נכתב ובפני נחתם פי' זה שהצריכו ליטלו ממנה ולתתו לה פעם אחרת כדי שיראה שהוא שליח בלבד דדוקא לשליח המנוה רבנן כבי תרי אבל לא לאינש אחרינא ור' מאיר סבר כיון שכבר נתנו לה יצא מתורת שליח ותו לא מהימן הילכך לא סגי ליה בהך תקנתא וכיון דתניא כותיה דר' יוחנן הלכתא כותיה. ולר' מאיר משום דלא אמר בפני נכתב ובפני נחתם יוציא והולד ממזר פי' כיון דקאי השתא ואמר הכי משום דלא אמר לה בההיא שעתא ואמר הכי יוציא והולד ממזר אי נמי [לא] אתי בעל (לא קאי) ומערער ואמאי יוציא והולד ממזר אין ר' מאיר לטעמיה דאמר רב המנונא משמיה דעולא אומר היה ר' מאיר כל המשנה ממטבע שטבעו חכמים בגיטין הולד ממזר ואין הלכה כרבי מאיר דיחיד ורבים הלכה כרבים. תניא בפ"ק דתוספתא גיטין המביא גט ממדינת הים ולא אמר לה בפני נכתב ובפני נחתם הרי זה נוטלו ממנו אפילו לאחר ג' שנים ונותנו לה ואומר לה בפני נכתב ובפני נחתם: בר הדיא בעא לאתויי גיטא אתא לקמיה דר' אחאי דהוה ממונה אגיטין פי' דאמרן כל מי שאינו בקי בטיב גיטין וקידושין לא יהא לו עסק בהן והיו ממנים אדם גדול עליהן להורות להן היאך יעשום א"ל צריך אתה לעמוד על כל אות ואות אתא לקמיה דר' אמי ור' אסי א"ל לא צריכית וכ"ת איעביד לחומרא אתה מוציא לעז על גיטין הראשונים רבה בר בר חנה אייתי גיטא פלגיה איכתיב קמיה ופלגיה לא איכתיב קמיה אתא לקמיה

מסורת הש"ס:
[דוגמתו ר"ה כב:]
לעיל ג.
קדושין מג.
כתובות כח: סנהדרין לד: ר"ה כו. ב"ק ל: ב"ב קיז.
ב"מ נה: לקמן פו.
[עי' תוס' ב"מ נה: ד"ה ולא אמר]
לקמן פ. ב"מ נה:
לקמן טו. [ע"ש פרש"י ד"ה שיטה אחת וכו']

גליון הש"ס

גמ' כילד יעשה. עי' לקמן פד ע"ב תד"ה אמר חזקיה:

אֲפִי' *קַן קוּלְמוּסָא וְקַן מְגִילְתָא. תַּנְיָא כְּוָותֵיהּ דְּרַב אַשִׁי: הַמֵּבִיא גֵּט מִמְּדִינַת הַיָּם, אֲפִי' הוּא בַּבַּיִת וְסוֹפֵר בַּעֲלִיָּיה, הוּא בַּעֲלִיָּיה וְסוֹפֵר בַּבַּיִת, אֲפִי' נִכְנָס וְיוֹצֵא כָּל הַיּוֹם כּוּלּוֹ — כָּשֵׁר; הוּא בַּבַּיִת וְסוֹפֵר בַּעֲלִיָּיה, הָא לָא קָא חָזֵי לֵיהּ! אֶלָּא לָאו כְּגוֹן דְּשָׁמַע קַן קוּלְמוּסָא וְקַן מְגִילְתָא. אָמַר מָר: אֲפִי' נִכְנָס וְיוֹצֵא כָּל הַיּוֹם כּוּלּוֹ — כָּשֵׁר. מַאן? אִילֵימָא שָׁלִיחַ, הַשְׁתָּא הוּא בַּבַּיִת וְסוֹפֵר בַּעֲלִיָּיה, דְּלָא חָזֵי לֵיהּ — אָמְרַתְּ כָּשֵׁר, נִכְנָס וְיוֹצֵא מִיבָּעְיָא? אֶלָּא סוֹפֵר, פְּשִׁיטָא, מִשּׁוּם דְּנִכְנָס וְיוֹצֵא נִפְסְלִינֵיהּ? בלָא צְרִיכָא, דִּנְפַק לְשׁוּקָא וַאֲתָא. מַהוּ דְּתֵימָא: אִינִישׁ אַחֲרִינָא אַשְׁכְּחֵיהּ וַאֲמַר לֵיהּ, קמ"ל. § אִיתְּמַר: בָּבֶל — רַב אָמַר: גכְּא"י לְגִיטִּין, וּשְׁמוּאֵל אָמַר: כְּחוּ"ל. לֵימָא בְּהָא קָא מִיפַּלְגִי, דְּמָר סָבַר: לְפִי שֶׁאֵין בְּקִיאִין לִשְׁמָהּ, וְהָנֵי גְּמִירִי, וּמ"ס לְפִי שֶׁאֵין עֵדִים מְצוּיִין לְקַיְּימוֹ, וְהָנֵי נַמִי לָא שְׁכִיחִי! וְתִסְבְּרָא? הָא רַבָּה אִית לֵיהּ דְּרָבָא! אֶלָּא, דְּכ"ע בָּעֵינַן לְקַיְּימוֹ, רַב סָבַר: כֵּיוָן דְּאִיכָּא מְתִיבָתָא — מִישְׁכַּח שְׁכִיחִי, וּשְׁמוּאֵל סָבַר: מְתִיבָתָא בְּגִירְסַיְיהוּ טְרִידִי. אִיתְּמַר נַמִי, אָמַר ר' אַבָּא אָמַר רַב הוּנָא: *עָשִׂינוּ עַצְמֵנוּ בְּבָבֶל כְּא"י לְגִיטִּין, מִכִּי אֲתָא רַב לְבָבֶל. מְתִיב ר' יִרְמְיָה, ר' יְהוּדָה אוֹמֵר: מֵרֶקֶם לַמִּזְרָח, וְרֶקֶם — כַּמִּזְרָח; מֵאַשְׁקְלוֹן לַדָּרוֹם, וְאַשְׁקְלוֹן — כַּדָּרוֹם; מֵעַכּוֹ לַצָּפוֹן, וְעַכּוֹ — כַּצָּפוֹן; וְהָא בָּבֶל *לִצְפוֹנָהּ דְּא"י קַיְימָא, דִּכְתִיב: ירמיה א °"וַיֹּאמֶר ה' אֵלַי מִצָּפוֹן תִּפָּתַח הָרָעָה", וּתְנַן, ר"מ אוֹמֵר: עַכּוֹ — כְּא"י לְגִיטִּין. וַאֲפִילּוּ ר"מ לָא קָאָמַר אֶלָּא בְּעַכּוֹ דְּמִקַּרְבָא, אֲבָל בָּבֶל דְּמִרַחֲקָא — לָא! הוּא מוֹתִיב לָהּ, וְהוּא מְפָרֵק לָהּ: °לְבַר מִבָּבֶל. דעַד הֵיכָן הִיא בָּבֶל? אָמַר *רַב פָּפָּא: כְּמַחֲלוֹקֶת לְיוּחֲסִין כָּךְ מַחֲלוֹקֶת לְגִיטִּין; וְרַב יוֹסֵף אָמַר: מַחֲלוֹקֶת לְיוּחֲסִין, אֲבָל לְגִיטִּין — דִּבְרֵי הַכֹּל עַד אַרְבָּא תִּנְיָינָא דְּגִישְׁרָא. רַב חִסְדָּא מַצְרִיךְ מֵאַקְטֵיסְפוֹן לְבֵי אַרְדְּשִׁיר, וּמִבֵּי אַרְדְּשִׁיר לְאַקְטֵיסְפוֹן לָא מַצְרִיךְ. לֵימָא, קָסָבַר: לְפִי שֶׁאֵין בְּקִיאִין לִשְׁמָהּ, וְהָנֵי גְּמִירִי! וְתִסְבְּרָא? וְהָא רַבָּה אִית לֵיהּ דְּרָבָא! אֶלָּא, דְּכ"ע בָּעֵינַן לְקַיְּימוֹ, וְהָנֵי כֵּיוָן דְּאָזְלִי לְשׁוּקָא לְהָתָם — הָנָךְ יָדְעִי בַּחֲתִימוֹת יְדָא דְּהָנֵי, וְהָנֵי בִּדְהָנָךְ לָא יָדְעִי, מ"ט? בְּשׁוּקַיְיהוּ טְרִידִי. רַבָּה בַּר אֲבוּהּ מַצְרִיךְ מֵעַרְסָא לְעַרְסָא. רַב שֵׁשֶׁת מַצְרִיךְ מִשְּׁכוּנָה לִשְׁכוּנָה. וְרָבָא מַצְרִיךְ בְּאוֹתָהּ שְׁכוּנָה. וְהָא רָבָא הוּא דְּאָמַר לְפִי שֶׁאֵין עֵדִים מְצוּיִין לְקַיְּימוֹ! השָׁאנֵי *בְּנֵי מְחוֹזָא, דְּנָיְידֵי. רַב חָנִין מִישְׁתַּעֵי: רַב כָּהֲנָא אַיְיתֵי גִּיטָּא, וְלָא יָדְעֲנָא אִי מִסּוּרָא לִנְהַרְדְּעָא אִי מִנְּהַרְדְּעָא לְסוּרָא. אֲתָא לְקַמֵּיהּ דְּרַב, א"ל: צְרִיכְנָא לְמֵימַר "בְּפָנַי נִכְתַּב וּבְפָנַי נֶחְתַּם" אוֹ לָא צְרִיכְנָא? אֲמַר לֵיהּ: לָא צְרִיכַתְּ, וְאִי

רש"י

אֲפִילּוּ שָׁמַע קַן קוּלְמוּסָא וְקַן מְגִילְתָא. תִּיקּוּן הַקּוּלְמוֹס וְהַקְּלָף שָׁמַע כְּשֶׁתִּיקְּנוּהוּ לִשְׁמָהּ, כְּשֶׁחוֹתְכִין אוֹתוֹ וּמַחֲלִיקִין אוֹתוֹ. וְלִי נִרְאֶה: קַן קוּלְמוּסָא – קוֹל הַקּוּלְמוֹס כְּשֶׁהוּא כּוֹתֵב, וְקוֹל הַיְרִיעָה, שֶׁהוּא נִשְׁמָע כְּמִי שֶׁאוֹמֵר "קַן קַן". וְאִית דְּגָרְסִי: קַל קוּלְמוּסָא. דִּנְפַק לְשׁוּקָא. סוֹפֵר יָצָא לַשּׁוּק, לְמָקוֹם שֶׁיֵּשׁ שָׁם בְּנֵי אָדָם הַרְבֵּה. תורה אור

מַהוּ דְּתֵימָא אִינִישׁ אַחֲרִינָא אַשְׁכְּחֵיהּ. שֶׁשְּׁמוֹ כִּשְׁמוֹ שֶׁל זֶה. וְא"ל לִכְתּוֹב לוֹ גֵּט. הָא רַבָּה אִית לֵיהּ דְּרָבָא. וּנְהִי נַמִי דִּגְמִירִי, הָא כֵּיוָן דְּמִמְּדִינָה לִמְדִינָה הוּא – בָּעֵינַן לְקַיְּימוֹ. מְתִיבָתָא. יְשִׁיבוֹת קְבוּעוֹת, אַחַת בְּסוּרָא וְאַחַת בִּנְהַרְדְּעָא, וְהוֹלְכִין תַּלְמִידִים מִזּוֹ לָזוֹ, וּמִתְחַבְּרִין עֲיָירוֹת לָהֶן, לִלְמוֹד תּוֹרָה. בְּגִירְסַיְיהוּ טְרִידִין. וְאֵין מַכִּירִין הַחֲתִימוֹת. אִיתְּמַר נַמִי. דְּטַעְמָא מִשּׁוּם דִּשְׁכִיחִי מְתִיבָתָא הִיא. מִכִּי אֲתָא רַב לְבָבֶל. וְקָבַע יְשִׁיבָה בְּסוּרָא. וּדִשְׁמוּאֵל הֲוָאי בִּנְהַרְדְּעָא. אֲבָל מֵעִיקָּרָא לָא, וְאע"ג דִּגְמִירִי, דְּמִשֶּׁגָּלָה יְכָנְיָה לְבָבֶל (מלכים ב כד) וְהֶחָרָשׁ וְהַמַּסְגֵּר עִמּוֹ – לֹא פָּסְקָה תּוֹרָה מֵהֶם. מֵרֶקֶם. לְמִזְרָחוֹ שֶׁל עוֹלָם בְּסוֹפוֹ, הָוֵי מְדִינַת הַיָּם בְּמִזְרָחָהּ שֶׁל א"י. וְרֶקֶם. עַצְמָהּ. כַּמִּזְרָח. כְּמִזְרַח הָעוֹלָם, דְּהוּא מְדִינַת הַיָּם. מֵעַכּוֹ לִצְפוֹנוֹ. שֶׁל עוֹלָם. וּבָבֶל הָתָם קָיְימָא, בֵּין עַכּוֹ לַצָּפוֹן. לְבַר מִבָּבֶל. דְּאִיכָּא טַעְמָא לְהַתִּירָהּ. כְּמַחֲלוֹקֶת לְיוּחֲסִין. בְּפֶ' "עֲשָׂרָה יוּחֲסִין" (קדושין ד' עא.), דְּקי"ל: כָּל הָאֲרָצוֹת עִיסָּה לְא"י, וְא"י עִיסָּה לְבָבֶל. וְאִפְלִיגוּ הָתָם עַד הֵיכָן הוּא. אַרְבָּא תִּנְיָינָא. עֲרָבָה שְׁנִיָּיה הַסְּמוּכָה לַגֶּשֶׁר. וְהָנֵי גְּמִירִי. דְּבֵי אַרְדְּשִׁיר. וְהָא רַבָּה אִית לֵיהּ דְּרָבָא. וְכֵיוָן דְּמִמְּדִינָה לִמְדִינָה הוּא – בָּעֵינַן לְקַיְּימוֹ! וְהָנֵי. דְּבֵי אַרְדְּשִׁיר. אָזְלֵי לְשׁוּקָא. לְאַקְטֵיסְפוֹן, וּמוֹסְרִין לָהֶן שָׁם עֵדֻיּוֹת וְחוֹתְמִין (א) שָׁם בִּשְׁטָרוֹת, וְהַשְּׁטָרוֹת בְּיַד בְּנֵי אַקְטֵיסְפוֹן עַד זְמַן שֶׁנִּגְבִּים, לְפִיכָךְ בְּנֵי אַקְטֵיסְפוֹן מַכִּירִין חֲתִימַת בְּנֵי אַרְדְּשִׁיר. הִלְכָּךְ גֵּט שֶׁנֶּחְתַּם בְּאַרְדְּשִׁיר וְנִשְׁתַּלַּח לְאַקְטֵיסְפוֹן – עֵדִים מְצוּיִין לְקַיְּימוֹ. וְאַף בְּנֵי אַרְדְּשִׁיר כְּשֶׁהוֹלְכִין שָׁם לַשּׁוּק יְקַיְּימוּהוּ. אֲבָל בְּנֵי אַרְדְּשִׁיר אֵינָן מַכִּירִין חֲתִימַת בְּנֵי אַקְטֵיסְפוֹן, וְאַעַ"פ שֶׁהוֹלְכִין שָׁם תָּמִיד לִסְחוֹרָה. דְּכָל יוֹם הַשּׁוּק בְּשׁוּקַיְיהוּ טְרִידִין, וְאֵינָן נוֹתְנִין לֵב לְהִסְתַּכֵּל וּלְהַכִּיר חֲתִימַת בְּנֵי הָעִיר. מֵעַרְסָא לְעַרְסָא. מְשׁוּרַת הַבָּתִּים שֶׁבְּצַד רה"ר לַשּׁוּרָה שֶׁכְּנֶגְדָּהּ. מִשְּׁכוּנָה לִשְׁכוּנָה. סְתָם שְׁכוּנָה שְׁלֹשָׁה בָּתִּים, כְּמַסֶּכֶת ע"ז (דף כא.). דְּנָיְידֵי. אֵינָן מִשְׁתַּהִין בְּבָתֵּיהֶן. שֶׁטְּרוּדִין בִּסְחוֹרָה, וְאֵין מַכִּירִין חֲתִימוֹת שֶׁבֵּינֵיהֶם. לָא צְרִיכַתְּ. דְּבָבֶל כְּאֶרֶץ יִשְׂרָאֵל. דְּאִי

תוספות

אפילו קן קולמוסא. לא דמי לסומא, דפסול להביא גט, בפרק שני (לקמן דף כג.)*. **השתא** הוא בבית כו'. לא בעי למימר דאפי' נכנס ויוצא בבית קאמר, ד"יוצא ונכנס" – משמע למקום שהסופר כותב. **בבל** רב אמר כא"י. ממדינה למדינה בבבל פליגי. דבאותה מדינה מודה שמואל דאין צריך. דאף ע"ג דאמר: בגירסייהו טרידי – היינו לומר דלא חשיבי יותר משאר חוצה לארץ. ומבבל לא"י נמי לא איירי, דהיינו פלוגתא דר' אביתר ורב יוסף בסמוך. **מכי** אתא רב לבבל. פי' ה: והרבה ישיבות. וקשה: דא"כ מאי פריך ממתני' דמעכו לצפון שניסנית קודם שבא רב לבבל? ומפרש ר"ת: מכי אתא רב לבבל והורה לנו שמימות יכניה שגלו עמו לבבל החרש והמסגר – דינה להיות כא"י לגיטין. וכן מפרש בריש "בכל מערבין" (עירובין דף כח.) ובסוף "מרובה" (ב"ק דף פ.). ולא גרס: אמר רב הונא אמר רב, שרב עצמו לא היה אומר "מכי אתא רב לבבל". ויש מפרשים: מכי אתא רב – לא רב ממש, אלא כלומר: רבנים ובעלי תורה.

ומבי ארדשיר לאקטיספון לא מצריך. וא"ת: מארדשיר לאקטיספון נמי, לגזור מוליך אטו מביא, כדאמרינן לעיל! וי"ל: דלמסקנא דרבה אית ליה דרבא – לכ"ע לא גזרינן מוליך אטו מביא. ונראה דארדשיר בבבל, דאי בשאר חו"ל – היכי בעי למימר: נימא קסבר לפי שאין בקיאין לשמה והני גמירי? מה מועיל דגמירי? הא חיישינן שמא יחזור דבר לקלקולו! ואקטיספון על כרחי' לאו מבבל, דאי מבבל – אקטיספון נמי גמירי, ומאי קאמר: הני לא גמירי! ועוד: דבלא אזלי לשוקא נמי אמרינן לעיל, לרב, דקיי"ל כוותיה באיסורא, דשכיחי מתיבתא! אלא ודאי ארדשיר בבבל, ואקטיספון לאו מבבל, והוי ממדינה למדינה, ואין עדים מצויין לקיימו אי לאו דאזלי לשוקא. והשתא פריך שפיר: והא רבה אית ליה דרבא, ואמאי לא מצריך מארדשיר לאקטיספון כיון דאין עדים מצויין לקיימו? ואע"פ שהיו סמוכות זו לזו, ולא היה אלא דגלת מפסיק ביניהם, כדאמרינן בפ' "כילד מעברין" (עירובין דף נז:) – מ"מ חשיבי כשתי מדינות, כמו עבר הירדן שחלוק מא"י לענין חזקה, לפי שירדן מפסיק. (ואין זה אקטיספון דאמרינן בפ"ק דיומא (דף י.): רסן זה אקטיספון – דההוא *מא"י הוה, כדכתיב רישיה דקרא: "מן הארץ ההיא יצא אשור ויבן את נינוה" כו' (בראשית י). (ובפי' רש"י כתב התם: רסן זה אקטיספון). **הני** ידעי בחתימות ידייהו דהני. וא"ת: לעיל, דאמר: בגירסייהו טרידי – אמאי לא אמרינן דבני המקום מכירין חתימתן, כדאמר הכא דבני אקטיספון מכירין חתימות בני ארדשיר, אע"ג דבני ארדשיר טרידי בשוקא? וי"ל: דהנהו דבגירסייהו טרידי – טרידי טפי, ואין להם פנאי לחתום כלל. **והא** רבא הוא דאמר לפי שאין עדים מצויין לקיימו. קשה: דמשמע דאי הוה סבר רבא לפי שאין בקיאין לשמה – הוה ניחא ליה. ואמאי? והא מחוזא מבבל היא, דבקיאין לשמה! וי"ל: דשמא לגיטין וליוחסין לא חשיבי מבבל, דשכיחי בה גרים, כדמשמע פ' בתרא דקידושין (דף עג.) גבי רבי זירא דדריש במחוזא: גר מותר בממזרת. משמע דאין זה עיקר יחס של בבל. וה"ה דהוה מצי למיפרך לרבה בר אבוה ורב ששת, דע"כ סבירא להו נמי כרבא דאמר לפי שאין עדים מצויין לקיימו, דאי משום דאין בקיאין לשמה והני לא גמירי – אפי' באותה שכונה נמי יצריכו. אלא דניחא ליה למיפרך מרבא, דאית ליה בהדיא הכי. ומשני: שאני בני מחוזא דניידי. לכך מצריך רבה בר אבוה מערסא לערסא – שהולכין להם מכירי החתימות קודם שתודע הליכתן לבני ערסא אחרת, ומתוך כך אין נזהרין לקיים שטרם קודם הליכתן. אבל משכונה לשכונה – לא הוה מצריך, דקסבר דבכולה ערסא יודעין כל אחד בהליכת חבירו, ומבקשת האשה קיום קודם הליכתן. ורב ששת חושש אפילו באותה ערסא, ורבא אפילו באותה שכונה. **שאני** בני מחוזא דניידי. מכאן פוסק רבינו תם דהשתא, בזמן הזה, צריך לומר בכל מקום "בפני נכתב". אע"ג דקיימא לן כרבא דאמר לפי שאין עדים מצויין לקיימו, ולא משום לשמה – מכל מקום צריך, דהשתא בכל מקומות ניידי כבני מחוזא. ואי

תוספות רי"ד

לקמיה דר' אלעזר א"ל אפילו לא כתב ביה אלא שיטה אחת לשמה שוב אינו צריך רב אשי אמר אפילו לא שמע אלא קל קולמסא וקל מגילתא פי' הברת הקולמוס והקלף שמשמיע' קול בשעת הכתיבה והלכתא כותיה דרב אשי דתניא כותיה דתניא המביא גט ממדינת הים אפי' הוא בבית וסופר בעלייה הוא בעלייה וסופר בבית ואפי' נכנס ויוצא כל היום כשר בשלמא הוא בעלייה וסופר בבית הא קא חזי ליה אלא הוא בבית וסופר בעלייה הא לא קא חזי ליה מאי לאו דשמע קל קולמוסא וקל מגילתא. אפי' נכנס ויוצא כשר מאן סופר פשיטא דכשר לא צריכא דנפק לשוקא ואתא מהו דתימא איניש אחרינא אשכחיה בשוקא וא"ל כתוב לי גיטא קמ"ל. ר' חנן מישתעי רב כהנא אייתי גיטא ולא ידענא אי מסורא לנהרדעא אי מנהרדעא לסורא אתא לקמיה דרב א"ל צריכנא למימר בפני נכתב ובפני נחתם אי לא צריכנא א"ל לא צריכית פי' דבבל הרי היא כא"י לגיטין שיש שם ישיבות ושכיחי שיירתא ועדים מצויין לקיימו:

עין משפט נר מצוה

עי' תירוצו בהרא"ש ס' ג:

יח א ב מיי' פ"ז מהלכות גירושין הלכה יב סמג עשין נ טוש"ע אה"ע סימן קמב סעיף טו:

יט ג ד מיי' שם הל"י:

כ ה מיי' שם הלכה ח וסמג שם טוש"ע שם סעי' א וע"ש:

מסורת הש"ס

[נ"א שמע קן וקן בכת"י וכ"ה בהרא"ש]

[ב"ק פ.]

[ב"ב כה:]

קידושין עב.

[נראה שהוא מובן עפמ"ש רש"י פסחים ה: ד"ה מחוזא עירו של רבא וכ"כ רש"י עוד בכ"מ נג. ד"ה מחוזא עיר שהיה רבא דר בתוכה כך שמה עכ"ל וכ"כ רש"י עירובין סג. ד"ה מחוזא אתריה דרבא וכ"כ רש"י ב"מ דף עג: ד"ה אוכלוסי דמחוזא שהוא עירו של רבא וכ"כ רש"י עוד כתובות קה: ד"ה בני]

הגהות הב"ח

(א) רש"י ד"ה אזלי לשוקא וכו' וחותמין שמה בשטרות:

גליון הש"ס

גמ' לבר מבבל. עי' יבמות דף טז ע"ב תד"ה קפסיק:

גליון מגדל דוד

מארץ אשור כצ"ל

מ"ד מ"ה

כא א מיי' פ"ז מהלכות גירושין הלכה ו סמג עשין נ טוש"ע אה"ע סימן קנב סעיף א:

כב ב מיי' פ"ז מהל' ספר תורה הלט"ז ופ"ד מהל' יבום הלכה לד סמג עשין כב טוש"ע יו"ד סי' רפד סעי' ב:

כג ג מיי' פט"ו מהל' איסות הלי"ט:

נ"ל ועוד מפרש ר"ת או ר"י או שצריך למחוק מלת כדאמר. [מהר"ס]

כד ד מיי' פ"ה מהל' שבת הל"ג סמג עשין יא טוש"ע או"ח סי' רס סעי' ב:

[נ"ל פ"ג שהוא פרק בני העיר שהפרק בתרא בירושלמי הוא הקורא עומד]

תורה אור

ואי עבדת אהנית. מאי "אי עבדת אהנית"? אדאי אתי בעל מערער — לא משגחינן ביה; כדתניא: *מעשה באדם אחד שהביא גט לפני רבי ישמעאל. אמר לו: צריך אני לומר "בפני נכתב ובפני נחתם" או איני צריך? אמר לו: בני, מהיכן אתה? אמר לו: רבי, מכפר סיסאי אני. אמר לו: צריך אתה לומר "בפני נכתב ובפני נחתם", שלא תיזקק לעדים. לאחר שיצא נכנס לפניו רבי אלעאי, אמר לו: רבי, והלא כפר סיסאי מובלעת בתחום ארץ ישראל, וקרובה לציפורי יותר מעכו! *ותנן, רבי מאיר אומר: עכו — כארץ ישראל לגיטין. ואפי' רבנן לא פליגי עליה דר"מ — אלא בעכו דמרחקא, אבל כפר סיסאי דמקרבא — לא! אמר לו: שתוק, בני, שתוק, הואיל ויצא הדבר בהיתר — יצא. הא איהו נמי שלא תיזקק לעדים קאמר ליה! לא סיימוה קמיה. שלח ליה ר' אביתר לרב חסדא: גיטין הבאים משם לכאן, אין צריך לומר "בפני נכתב ובפני נחתם". לימא, קסבר: לפי שאין בקיאין לשמה, והני גמירי! ותסברא? והא רבה אית ליה דרבא! אלא, דכ"ע בעינן לקיימו, וכיון דאיכא רבים דסלקי ונחתי, מישכח שכיחי. אמר רב יוסף: מאן לימא לן דר' אביתר בר סמכא הוא? *ועוד, הא איהו דשלח ליה לרב יהודה: בני אדם העולין משם לכאן הן קיימו בעצמן: °"ויתנו (את) הילד בזונה והילדה מכרו ביין וישתו", וכתב ליה בלא שירטוט. וא"ר יצחק: בשתים כותבין, שלש אין כותבין, במתניתא תנא: שלש כותבין, ארבע אין כותבין! א"ל אביי: אטו כל דלא ידע הא דר' יצחק לאו גברא רבה הוא? בשלמא מילתא דתליא בסברא — לחיי; הא — גמרא היא, וגמרא לא שמיע ליה; ועוד, הא רבי אביתר הוא דאסכים מריה על ידיה, דכתיב: °"ותזנה עליו פילגשו", רבי אביתר אמר: זבוב מצא לה, ר' יונתן אמר: נימא מצא לה, ואשכחיה ר' אביתר לאליהו, א"ל: מאי קא עביד הקב"ה? א"ל: עסיק בפילגש בגבעה. ומאי קאמר? אמר ליה: אביתר בני כך הוא אומר, יונתן בני כך הוא אומר. א"ל: ח"ו, *ומי איכא ספיקא קמי שמיא? א"ל: אלו ואלו *דברי אלהים חיים הן; זבוב מצא ולא הקפיד, נימא מצא והקפיד. אמר רב יהודה: זבוב בקערה, ונימא באותו מקום; זבוב — מאיסותא, ונימא — סכנתא. איכא דאמרי: אידי ואידי בקערה; זבוב — אונסא, ונימא — פשיעותא. אמר רב חסדא: גלעולם אל יטיל אדם אימה יתירה בתוך ביתו, שהרי פילגש בגבעה הטיל עליה בעלה אימה יתירה, והפילה כמה רבבות מישראל. אמר רב יהודה אמר רב: כל המטיל אימה יתירה בתוך ביתו, סוף הוא בא לידי שלש עבירות: גילוי עריות, ושפיכות דמים, וחילול שבת. *אמר רבה בר בר חנה, הא דאמרי רבנן: דשלשה דברים צריך אדם לומר בתוך ביתו ערב שבת עם חשיכה, עשרתם? ערבתם? הדליקו את הנר: צריך למימרינהו

יואל ד | שופטים יט

ואי עבדת אהנית. משמע ד"בפני נכתב" מועיל בא"י. והא דאמר בספ"ב (לקמן דף כג:): בארץ דלאו אדיבורה (א) סמכינן — מהימנא, היינו משום דאיירי בלא אמר "בפני נכתב" כשהם מביאי גט בארץ ישראל. אבל אי אמר — סמכינן אדבוריה, כדאמרינן הכא.

ויתנו (את) הילד בזונה. לפי שהן משתהין בארץ ישראל היו בניהם ובנותיהם משתעבדים בשביל מזונות, והיינו "בזונה" — בשביל מזונות. *ועוד מפ', כדאמר בירושלמי: עובדא הוה בחד, שמכר בתו ללמוד תורה והלך ולמד. **א"ר** יצחק שתים כותבין. בה"ג פוסק כר' יצחק, ואע"ג דפליג אמתניתא, דיודע היה שאינה עיקר. ואומר ר"ת, וכן פי' ריב"א בשם רבינו אליהו, דדוקא שמתכוין לכתוב הפסוק לדרשה, כי הכא, אבל כשאדם שולח איגרת לחבירו — מותר שיכתוב לשון המקרא כדי לכתוב לשון נח, בלא שירטוט. מיהו, בירושלמי *פ' בתרא דמגילה משמע קצת דאסור. דקאמר התם: מהו לכתוב תרתין תלת מילין מן פסוקא? ומייתי: ר' מונא שלח כתב לר' אושעיא בר שימי: "ראשיתך מצער היה מאד ישגא אחריתך" — משמע שלא היה כותב אלא לשם איגרת שלומים, ולא לדרשה — ואעפ"כ היה מקפיד שלא לכותבו כסדר! ומיהו, הרבה מביא שם שנראה שהיו כותבין לדרשה, דקאמר: מר עוקבא שלח כתב לריש גלותא דהוה קאי ודמיך בזמרא. פירוש: כשהיה שוכב וקם היו מזמרין לפניו "ישראל ⊕אל תשמח אל גיל בעמים", וכן הרבה מביא שם. וא"ת: דאמר ב"הקומץ רבה" (מנחות דף לב:) ובפ"ב דמגילה (ד' יח:) דתפילין אין צריכין שירטוט — והלא אפי' שלש או ארבע תיבות צריכין שרטוט! ואור"ת: דתפילין לא בעי שרטוט על כל שיטה ושיטה, אבל עושה שרטוט אחת למעלה, וכותב תחתיו כמה שיטין. ואור"ת: ⊕דאין לשרטט תפילין על כל שיטה ושיטה, כדאמר עלה בירושלמי בפ' "במה מדליקין"*: כל הפטור מדבר ועושהו — נקרא הדיוט. וכן משמע ב"הקומץ רבה" (שם דף לב:), דקאמר התם: תפילין אין צריכין שרטוט. ופריך מהא דתניא: ס"ת שבלה ותפילין שבלו — אין עושין מהן מזוזות, לפי שאין מורידין מקדושה חמורה לקדושה קלה. הא מורידין — עושין, והא מזוזה בעי שרטוט! ומשני: תנאי היא. ומדלא משני: הכא במאי עסקינן במשורטטין — משמע דאין רגילות לשרטט כלל, לא ס"ת ולא תפילין — והיינו משום דנקרא הדיוט. ומיהו, אם אין הסופר יכול לכתוב יפה בלא שרטוט — צריך לשרטט על כל שיטה ושיטה, משום "זה אלי ואנוהו". והא דאמר בפ"ק דמגילה (דף טז:): "דברי שלום ואמת" — מלמד שצריכה שרטוט כאמיתה של תורה, אור"ת: דלאו היינו ס"ת, דהא לא בעי שרטוט, אלא היינו מזוזה, וקרי ליה "אמיתה של תורה" — על שם שיש בו שם יחוד מלכות שמים. וכן פירש ר"ח. וכן נראה, דאי בס"ת, כדפי' שם בקונטרס — הא דפסלינן התם בפ"ב דמגילה (דף יט.) אדיפתרא ושלא בדיו, דאתיא כתיבה כתיבה מדכתיב (ירמיה לו): "ואני כותב על הספר בדיו" ואמאי לא ילפי מאמיתה של תורה? ואי במזוזה מיירי — ניחא, דאם כן הייתי מצריך דוכסוסטוס כמו במזוזה. והא דאמר במסכת סופרים (פ"א הל' א'): אינו רשאי לכתוב אא"כ סירגל, ויריעה שאינה מסורגלת פסולה — היינו ד' שרטוטין: מלמעלה ולמטה ומלצדדין, ודוקא*. **זבוב** מצא לה נימא מצא לה. מ"ותזנה עליו" דריש: לשון זנות, ולשון מזון. וא"ת: ומנלן דלא הוי זנות ממש? ואמר ר"ח: מדרצה להחזירה, כדמוכח קרא. דאפי' פילגשים לא היה דרכם להחזיר אחר זנותם, כדכתיב: *"בא אל פילגשי אביך", וכתיב:* "ותהיינה צרורות עד יום מותן אלמנות חיות". **נימא** מצא לה. וא"ת: והא אמר בסנהדרין בפ' "כ"ג" (דף כא.) שאין להם לבנות ישראל שער לא בית השחי ולא בית הערוה! וי"ל: דבת יפת תואר היתה, כדמשני התם גבי תמר. **שלש** עבירות. ב"סדר עולם" אמר דאותו יום דפילגש בגבעה *שבת היה. ור"ח כתב ג' עבירות — גילוי עריות, ושפיכות דמים, וחילול השם, וג' היו בפילגש בגבעה, ולהכי לא חשיב אבר מן החי.

ערבתם. פי' בקונטרס: עירובי חצירות. ואין נראה, אלא כמו שפי' בקונט' ב"במה מדליקין" (שבת דף לד.), דפריך התם: הא גופא קשיא, אמרת "עם חשיכה ערבתם", הא ספק חשיכה — לא, והדר תני: ספק חשיכה מערבין! ומשני: כאן — בעירובי תחומין. פי' בקונט': דרישא בעירובי תחומין, דבספק חשיכה אין מערבין. וכן פר"ת. והיינו משום דבעירובי תחומין מחמירין טפי, שיש לה סמך מן הפסוק. וכן משמע בפ' "מי שהוציאוהו" (עירובין דף מו:) גבי הלכה כדברי המיקל בעירוב. רב פפא אמר: אצטריך, סד"א: ה"מ בעירובי חצירות, אבל בעירובי תחומין — אימא לא*.

השתא

דאי אתי בעל כו'. אבל אי לא אמרת, ואתי בעל ומערער — מיפסיל. כדתניא. דאף מי שאינו צריך לומר, אם אמר — מהני. כפר סיסאי. שם מקום. שלא תיזקק. הקשה לעדים, אם יקרא עליו ערער. והא איהו נמי כו'. ולאו משום דצריך, ומאי קשיא ליה לר' אלעאי? לא סיימוה קמיה. דר' אלעאי, לסיומא דמילתיה דר' ישמעאל. משם לכאן. מבבל לא"י. דסמכא הוא. ראוי לסמוך עליו. ויתנו (את) הילד כו'. שהיו משתהין בא"י, ומניחין נשותיהן עגונות, ובטלים מפריה ורביה, שנקל בעיניהם ילדים וילדות. שתים. שתי תיבות כותבין מן המקרא בלא שרטוט. בשלמא מילתא דתליא בסברא. אי לא הוה סבר לה מדעתו. לחיי. כלומר, שפיר מצית למימר דלאו גברא רבה הוא. וגמרא לא שמיע ליה. הא גמרא דר' יצחק. דאסכים מריה על ידיה. לגלות לו סוד, לכוין דברים הסתומים על אמיתתם. ותזנה עליו פילגשו. בפילגש בגבעה כתיב. "ותזנה" — סרחה עליו. זבוב מצא לה. בקערה. נימא מצא לה. לקמיה מפרש. ואשכחיה גרסי'. נימא מצא והקפיד. כדמפרש טעמא ואזיל. נימא באותו מקום. ודרכן היה להסיר את השער, ולא ליסכן בועלה ליעשות כרות שפכה. ומשום דסכנתא הוא — הקפיד עליה וברחה מפני אימתו. גילוי עריות. כשמגיע זמן טבילתה בעת ליגה, והיא יראה לומר "לא טבלתי", ומשמשתו נדה. שפיכות דמים. כי הכא. או פעמים שבורחת מפניו ונופלת בתחת הפתחים או א) בגשר. וחילול שבת. פעמים שמדלקת נר או מבשלת משחשיכה, מפני אימתו, והוא אינו יודע. עשרתם. פירות שנאכל למחר. ערבתם. עירובי חצירות.

א) [נ"ל מגשר]

בהמתן

[תוספתא פ"א]

[מכאן עד כפר סיסאי דמקרבא לא. ליתא בתוספתא]

[בע"י הגירסא דהא שלח לו רבי אביתר לרב יהודה כו']

[ברכות ג:] [עירובין יג:]

שבת לד. ע"ש

[שמואל ב טו] [שם כ]

[וע' תוס' שבת לד. ד"ה לא קשיא]

תוספות רי"ד

ואי עבדת א) מהימנין מאי אי עבדת מהימנין דאי אתי בעל ומערער ופסיל ליה לא משגחינן ביה שכבר מקיים הוא: אמר רב חסדא לעולם אל יטיל אימה יתירה בתוך ביתו שהרי פלגש בגבעה הטיל עליה בעלה אימה יתירה והפילה כמה רבבות מישראל. אמר רב יהודה אמר רב כל המטיל אימה יתירה בתוך ביתו בא לידי ג' עבירות גילוי עריות ושפיכות דמים וחילול שבת. פי' שמשמשתו נדה בימי הצינה ואומרת טבלתי מפני אימתו או תברח מלפניו למקום המסוכן ותפול בא' מן הפתחים או מגשר או שמא תדליק לו הנר ותבשל לו בשבת:

א) נ"ל אהגית מאי אי עבדת אהגית וכו' או דנ"ל אי עבדת מהימנית כו'

[נ"ל בפ"ק דשבת הלכה ב וכ"א בתוס' מנחות לב:]

הגהות הב"ח

(א) תום' ד"ה ואי עבדת וכו' דלאו אדיבורה דידה סמכינן:

גליון הש"ס

תום' ד"ה אמר ר"י וכו' אל תשמח אל גיל בעמים. בעמים אל גיל כצ"ל וכן הוא בירושלמי: **בא"ד** דאין לשרטט. עי' סוטה יז ע"ב תוד"ה כתבה:

[וע' תוס' מנחות לב: ד"ה הא ובסוטה יז: ד"ה כתבה]

[עי' בר"ף דשבת סוף גמ' למשנה ג' דברים]

בְּהֶמְתָּן שֶׁל צַדִּיקִים. כְּ"הַכֹּל שׁוֹחֲטִין" (חולין דף ה:). **אֵבֶר מִן הַחַי.** שֶׁנֶּאֱבַד מֵהֶם אֵבֶר מִן הַשְּׁחוּטָה, וּמִפְּנֵי אֵימָתוֹ חָתְכוּ עֲבָדָיו אֵבֶר מִן הַחַי וְהֵבִיאוּ תַּחְתָּיו, שֶׁלֹּא יַכִּין. **הָעוֹמְדִים עָלַי.** לְחָרֵף וּלְגַדֵּף. **וּבְיָדִי** לְמוֹסְרָן. כֹּחַ בְּיָדִי לְהַלְשִׁין עֲלֵיהֶן. **לְנֶגְדִּי.** מְרִיבַנִי וּמַקְנִיטֵנִי. **גְּנִיבָא.** הָיָה חוֹלֵק עָלָיו. **קוֹלָר.** שַׁלְשֶׁלֶת שֶׁל בַּרְזֶל שֶׁנּוֹתְנִין שָׁם הַמּוּכְתָּבִים לַמַּלְכוּת לַהֲרִיגָה. **זִמְרָא.** לְשׁוֹרֵר בְּבֵית הַמִּשְׁתָּאוֹת. **יֵמַר שֵׁכָר.** יְהֵא מַר. **דְּמָנָא.** כִּנּוֹר. **מֵאַרְגִּיזָא.** שֵׁם מָקוֹם. **קִנְאָה.** כַּעַס, מְחַמַּת צַעַר שֶׁצִּעֲרוֹ. קִנְאָה הוּא לָשׁוֹן שֶׁאָדָם מִתְעַבֵּר עַל רִיבוֹ אוֹ עַל רִיב אֲחֵרִים, כְּמוֹ "קַנֹּא קִנֵּאתִי" (מלכים א יט), וּכְמוֹ "בְּקַנְאוֹ אֶת קִנְאָתִי" (במדבר כה). **צַעֲקַת לְגִימָא.** שֶׁגּוֹזֵל מִמֶּנּוּ, וְיוֹרֵד לְחַיָּיו, לְשַׁעֲרֵי מְזוֹנוֹתָיו. **כְּלִילָא.** הָיוּ עוֹשִׂין עֲטָרוֹת לַחֲתָנִים, יֵשׁ שֶׁל זָהָב וָכֶסֶף, צְבוּעוֹת וּמְצוּיָּרוֹת בְּגָפְרִית וּמֶלַח שֶׁקּוֹרִין ניי"ל, וְיֵשׁ שֶׁל וֶרֶד וַהֲדַס. **בְּפוּלְמוּס.** חַיִל שֶׁהֶעֱלָה אַסְפַּסְיָינוּס, קוֹדֶם שֶׁבָּא טִיטוּס עֲלֵיהֶם. **וְעַל הָאֵירוּס.** מְפָרֵשׁ בְּפֶרֶק בַּתְרָא דְּסוֹטָה (ד' מט:): טַבְלָא דְּחַד פּוּמָא, וְהוּא זוּג הַמְקַשְׁקֵשׁ. **רַב חִסְדָּא.** תַּלְמִידוֹ שֶׁל רַב הוּנָא הֲוָה, וְלֹא הָיָה מֵשִׁיב בְּפָנָיו. וְכִי קָם רַב הוּנָא – אֲמַר לֵיהּ רַב חִסְדָּא לְרֵישׁ גָּלוּתָא: קְרָא כְּתִיב. **מָה עִנְיַן כו'.** וַהֲלֹא מִצְנֶפֶת מִבִּגְדֵי כְהוּנָּה הוּא! **הָאֱלֹהִים מִדְּרַבָּנַן.** אֵינוֹ אָסוּר אֶלָּא מִדְּרַבָּנַן, וּקְרָא בַּעֲטָרָה שֶׁל מֶלֶךְ מַיְירֵי, שֶׁהָיָה מִתְנַבֵּא שֶׁתִּבָּטֵל הַכְּהוּנָּה וְיִגְלֶה צִדְקִיָּהוּ בַּגּוֹלָה. **וְחַסְדָּאִין מִילָּךְ.** חֲסוּדִים וְנָאִים דְּבָרֶיךָ. **שְׁלֵמִים.** מְלוּמְלָמִים. וְהָכִי קָאָמַר קְרָא: אִם שְׁלֵמִים מְזוֹנוֹתֶיךָ, וְכָל שֶׁכֵּן אִם רַבִּים. **וְכֵן נָגוֹזּוּ וְעָבָר.** הֲרֵי הֵן מְשׁוּלִים לָעוֹבְרִים בְּנָהָר עַל יְדֵי גְזִיזָה, שֶׁהַגְּזוּזָה עוֹבֶרֶת – כָּךְ גּוֹזֵז מֵהֶן לִצְדָקָה, וְיִרְבּוּ.

השתא בהמתן של צדיקים כו'. אמר ר"ת: דלא פריך אלא גבי מידי דאכילה, דגנאי הוא לצדיק שאוכל דבר איסור. ולהכי לא פריך גבי ר' ישמעאל שקרא והטה בפרק קמא דשבת (דף יב:), וגבי יהודה בן טבאי שהרג עד זומם (חגיגה דף טז:). וההיא דפ"ב דכתובות (דף כח:) דהעלו עבד לכהונה על פיו – לא גרים ליה ר"ת. אע"פ שיש שם אכילת איסור תרומה לאשתו ולבניו, שהן אסורין בתרומה, מ"מ כיון שהכם עצמו אין נכשל באכילת איסור – אין סברא להקשות. ורב ירמיה בר אבא דאישתלי וטעים קודם הבדלה (פסחים דף קו:), אע"ג דאמר התם (דף קה.) דמיתתו באסכרה, וברא השנה (דף כח.): בסים תבשילא דבבלאי בלומא רבא דמערבא – אין דבר מגונה כל כך אכילה של היתרא בשעת האיסור*. **והוא** יפילם חללים. בפ' בתרא דזבחים (דף קטו:) דרשי' "דום" בענין אחר, גבי "וידום אהרן" (ויקרא י): אע"פ שהפיל לך חללים – אתה דום. **השכם** והערב עליהן. דריש "דום" – כמו דמדומי חמה (שבת דף קיח:). אע"ג דאמר בבבא קמא (דף נג.): המוסר דינו לשמים הוא נענש תחילה – הא אמר: ה"מ דאית ליה דינא בארעא. אי נמי – השכם עליהם לבית המדרש קאמר, לעסוק בתורה.

זמרא מנא לן דאסור. פי' בקונטרס: לשורר בבית המשתאות. וכן משמע מדקאמר: ולישלח ליה מהכא "בשיר לא ישתו יין". ובפרק בתרא דסוטה (דף מח.) תנן: משבטלה סנהדרין בטל שיר בבית המשתאות, שנאמר: "בשיר לא ישתו יין". וראוי להחמיר בכיוצא דההוא בירושלמי דהוה קאים ודמיך בזמרא, שמתענג ביותר. ושיר של מצוה שרי, כגון בשעת חופה שעושין לשמח חתן וכלה. **עטרות** חתנים. פירש בקונטרס: עטרה ממש. ואין נראה, דאמר עלה בפ"ב דסוטה (דף מט:): לא שנו אלא של ורד ושל הדס, אבל של קנים ושל חילת – מותר, ואין דרך לעשות עטרה משל קנים. אלא, עטרות שעושים כעין כיפה. ו"בראש כל אדם" דקאמר – לאו דווקא בראש ממש, אלא למעלה מראש. ובמס' מדות (ספ"ג דף לו.) דתנן: העטרות שבחלונות, פירשו נמי הגאונים: כעין כיפות מוזהבות שעושין בחלונות. ולא הויא כלילא דדהבא כההיא ד"במה אשה" (שבת דף נט:) דקאמר: נפוק כמה כלילי בנהרדעא. ודווקא לחתנים אסרו, דומיא דעטרות כלות, דמפרש בסוטה (דף מט:) דהיא עיר של זהב, ובפרק "במה אשה" (דף נז.) אמר: לא תצא אשה בעיר של זהב – מכלל דבחול שרי. אלא דוקא חתנים וכלות אסרו, משום שמחה יתירה, כדאמרי' התם נמי (ב"ב ס:): זה אפר מקלה שבראש חתנים. **בזמן** שמצנפת בראש כהן גדול. דאותה של כהן הדיוט קרויה מגבעת, כדכתיב (שמות כח): "ועשית להם אבנטים ומגבעות". ומפרש ריב"א: משום דלכהן הדיוט לא היה ציץ והיתה גדולה קרויה מגבעת, אבל של כ"ג היתה קטנה קרויה מצנפת. מיהו אומר ר"י דאשכחן בלשון הגמרא דקרי נמי מצנפת לשל הדיוט בפרק "בראשונה" ביומא (דף כה.) דאמר: נוטל מצנפת של אחד מהן. ואפילו היו שוות נקט הכא בראש כ"ג, לפי שאין אסור אלא לחתנים, כדמפרש – כעין כ"ג, שהוא ראש ושר בישראל*.

לְמֵימְרִינְהוּ בְּנִיחוּתָא, כִּי הֵיכִי דְּלִיקַבְּלוּ מִינֵּיהּ. אָמַר רַב אַשִׁי: אֲנָא לָא שְׁמִיעָא לִי הָא דְּרַבָּה בַּר בַּר חָנָה, וְקִיַּימְתִּיהָ מִסְּבָרָא. א"ר אַבָּהוּ: לְעוֹלָם אַל יַטִּיל אָדָם אֵימָה יְתֵירָה בְּתוֹךְ בֵּיתוֹ, שֶׁהֲרֵי אָדָם גָּדוֹל הִטִּיל אֵימָה יְתֵירָה בְּתוֹךְ בֵּיתוֹ וְהֶאֱכִילוּהוּ דָּבָר גָּדוֹל, וּמַנּוּ? ר' חֲנִינָא בֶּן גַּמְלִיאֵל. הֶאֱכִילוּהוּ ס"ד? *הַשְׁתָּא בְּהֶמְתָּן שֶׁל צַדִּיקִים אֵין הקב"ה מֵבִיא תַּקָּלָה עַל יָדָם, צַדִּיקִים עַצְמָן לֹא כ"ש! אֶלָּא בִּקְּשׁוּ לְהַאֲכִילוֹ דָּבָר גָּדוֹל, וּמַאי נִיהוּ? אֵבֶר מִן הַחַי. שְׁלַח לֵיהּ מָר עוּקְבָא לְר' אֶלְעָזָר: בְּנֵי אָדָם הָעוֹמְדִים עָלַי וּבְיָדִי לְמָסְרָם לַמַּלְכוּת, מַהוּ? שִׂרְטֵט וְכָתַב לֵיהּ: °"אָמַרְתִּי אֶשְׁמְרָה דְרָכַי מֵחֲטוֹא בִלְשׁוֹנִי אֶשְׁמְרָה לְפִי מַחְסוֹם בְּעוֹד רָשָׁע לְנֶגְדִּי". [א]אע"פ שֶׁ"רָשָׁע לְנֶגְדִּי" – "אֶשְׁמְרָה לְפִי מַחְסוֹם". שְׁלַח לֵיהּ: קָא מְצַעֲרִי לִי טוּבָא, וְלָא מָצֵינָא דְּאֵיקוּם בְּהוּ! שְׁלַח לֵיהּ: °"דּוֹם לַה' וְהִתְחוֹלֵל לוֹ", דּוֹם לַה' וְהוּא יַפִּילֵם לְךָ חֲלָלִים חֲלָלִים, הַשְׁכֵּם וְהַעֲרֵב עֲלֵיהֶן *לְבֵהמ"ד וְהֵן כָּלִין מֵאֵילֵיהֶן. הַדָּבָר יָצָא מִפִּי ר"א, וּנְתָנוּהוּ לִגְנִיבָא בְּקוֹלָר. שָׁלְחוּ לֵיהּ לְמָר עוּקְבָא: [ב]זִמְרָא מְנָא לָן דַּאֲסִיר? שִׂרְטֵט וְכָתַב לְהוּ: °"אַל תִּשְׂמַח יִשְׂרָאֵל אֶל גִּיל בָּעַמִּים". וְלִישְׁלַח לְהוּ מֵהָכָא: °"בַּשִּׁיר לֹא יִשְׁתּוּ יָיִן יֵמַר שֵׁכָר לְשׁוֹתָיו"! אִי מֵהַהוּא, ה"א: ה"מ זִמְרָא דְּמָנָא, אֲבָל דְּפוּמָא שָׁרֵי, [ג]קמ"ל. א"ל רַב הוּנָא בַּר נָתָן לְרַב אַשִׁי, מַאי דִּכְתִיב: °"קִינָה וְדִימוֹנָה וְעַדְעָדָה"? א"ל: מְתָוָותָא דְּאֶרֶץ יִשְׂרָאֵל קָחָשֵׁיב. א"ל: אַטּוּ אֲנָא לָא יָדַעְנָא דְּמְתָוָותָא דא"י קָא חָשֵׁיב? אֶלָּא רַב גְּבִיהָא מֵאַרְגִּיזָא אֲמַר בָּהּ טַעְמָא: כָּל שֶׁיֵּשׁ לוֹ קִנְאָה עַל חֲבֵירוֹ, וְדוֹמֵם – שׁוֹכֵן עֲדֵי עַד עוֹשֶׂה לוֹ דִּין. א"ל: אֶלָּא מֵעַתָּה, °"צִקְלַג וּמַדְמַנָּה וְסַנְסַנָּה" הָכִי נַמִי?! א"ל: אִי הֲוָה רַב גְּבִיהָא מִבֵּי אַרְגִּיזָא הָכָא, הֲוָה אָמַר בָּהּ טַעְמָא. רַב אַחָא מִבֵּי חוֹזָאָה אֲמַר בָּהּ הָכִי: כָּל מִי שֶׁיֵּשׁ לוֹ צַעֲקַת לְגִימָא עַל חֲבֵירוֹ, וְדוֹמֵם – שׁוֹכֵן בַּסְּנֶה עוֹשֶׂה לוֹ דִּין. א"ל רֵישׁ גָּלוּתָא לְרַב הוּנָא: כְּלִילָא מְנָא לָן דַּאֲסוּר? א"ל: מִדְּרַבָּנַן, *דִּתְנַן: [ד]בְּפוּלְמוּס שֶׁל אַסְפַּסְיָינוּס גָּזְרוּ עַל עַטְרוֹת חֲתָנִים וְעַל הָאֵירוּס. אַדְּהָכִי קָם רַב הוּנָא לְאַפְנוּיֵי. א"ל רַב חִסְדָּא, קְרָא כְּתִיב: °"כֹּה אָמַר ה' אֱלֹהִים הָסֵר הַמִּצְנֶפֶת וְהָרֵם הָעֲטָרָה זֹאת לֹא זֹאת הַשְּׁפָלָה הַגְבֵּהַ וְהַגָּבֹהַּ הַשְׁפִּיל". וְכִי מָה עִנְיַן מִצְנֶפֶת אֵצֶל עֲטָרָה? אֶלָּא לוֹמַר לְךָ: בִּזְמַן שֶׁמִּצְנֶפֶת בְּרֹאשׁ כ"ג – עֲטָרָה בְּרֹאשׁ כָּל אָדָם; נִסְתַּלְּקָה מִצְנֶפֶת מֵרֹאשׁ כ"ג – נִסְתַּלְּקָה עֲטָרָה מֵרֹאשׁ כָּל אָדָם. אַדְּהָכִי אֲתָא רַב הוּנָא, אַשְׁכְּחִינְהוּ דְּהָווּ יָתְבִי, א"ל: הָאֱלֹהִים! מִדְּרַבָּנַן, אֶלָּא חִסְדָּא שְׁמָךְ וְחַסְדָּאִין מִילָּךְ. רָבִינָא אַשְׁכְּחֵיהּ לְמָר בַּר רַב אַשִׁי דַּהֲוָה גָּדֵיל כְּלִילָא לִבְרַתֵּיהּ. א"ל: לָא סָבַר לָהּ מָר "הָסֵר הַמִּצְנֶפֶת וְהָרֵם הָעֲטָרָה"? א"ל: דּוּמְיָא דְּכ"ג – בְּגַבְרֵי, אֲבָל בְּנָשֵׁי לָא. מַאי "זֹאת לֹא זֹאת"? דָּרֵשׁ ר' עֲוִירָא, זִימְנִין א"ל מִשְּׁמֵיהּ דְּרַב אַמֵּי, וְזִימְנִין א"ל מִשְּׁמֵיהּ דְּרַב אַסִּי: בְּשָׁעָה שֶׁאָמַר הקב"ה לְיִשְׂרָאֵל: "הָסֵר הַמִּצְנֶפֶת וְהָרֵם הָעֲטָרָה", אָמְרוּ מַלְאֲכֵי הַשָּׁרֵת לִפְנֵי הקב"ה: רבש"ע, זֹאת לָהֶן לְיִשְׂרָאֵל, שֶׁהִקְדִּימוּ לְפָנֶיךָ בְּסִינַי "נַעֲשֶׂה" לְ"נִשְׁמָע"? אָמַר לָהֶן: לֹא זֹאת לָהֶן לְיִשְׂרָאֵל, שֶׁהִשְׁפִּילוּ אֶת הַגָּבוֹהַּ וְהִגְבִּיהוּ אֶת הַשָּׁפָל וְהֶעֱמִידוּ צֶלֶם בַּהֵיכָל? דָּרֵשׁ רַב עֲוִירָא, זִימְנִין א"ל מִשְּׁמֵיהּ דְּרַב אַמֵּי, וְזִימְנִין אָמַר לָהּ מִשְּׁמֵיהּ דְּרַב אַסִּי, מַאי דִּכְתִיב: °"כֹּה אָמַר ה' אִם שְׁלֵמִים וְכֵן רַבִּים וְכֵן נָגֹזּוּ וְעָבָר" וגו'? אִם רוֹאֶה אָדָם שֶׁמְּזוֹנוֹתָיו מְצוּמְצָמִין יַעֲשֶׂה מֵהֶן צְדָקָה, וְכ"ש כְּשֶׁהֵן מְרוּבִּין. מַאי "וְכֵן נָגֹזּוּ וְעָבָר"? תָּנָא דְּבֵי ר' יִשְׁמָעֵאל: כָּל הַגּוֹזֵז מִנְּכָסָיו וְעוֹשֶׂה מֵהֶן צְדָקָה – נִיצּוֹל מִדִּינָהּ שֶׁל גֵּיהִנָּם; מָשָׁל לִשְׁתֵּי רְחֵלוֹת שֶׁהָיוּ עוֹבְרוֹת בַּמַּיִם, אַחַת גְּזוּזָה וְאַחַת אֵינָהּ גְּזוּזָה, גְּזוּזָה עָבְרָה, וְשֶׁאֵינָהּ גְּזוּזָה לֹא עָבְרָה.

וְעִנִּיתִךְ

הכי

תורה אור

תהלים לט | שם לז | הושע ט | ישעיה כד | יהושע טו | שם | יחזקאל כא | נחום א

מסורת הש"ס

חולין ז. ה: ו. יבמות לט: כתובות כח:]

[ע' מהרש"א בחדושי הלכות מ"ש בתוס' ד"ה השכם]

סוטה מט.

עין משפט נר מצוה

כה א מיי' פ"ח מהל' חובל ומזיק הל"ט טוש"ע חו"מ סי' שפח סעי' ה:

כו ב ג מיי' פ"ה מהל' תענית הל' יד סמג עשין מד"ס ג טור ש"ע או"ח סי' תקס סעיף ג [וברב אלפס ברכות פ"ה דף כד: וברא"ש שם סימן א]:

כז ד מיי' שם הלט"ו טוש"ע שם סעי' ד:

[וע"ע תוס' שבת יב: ד"ה ר' נתן ותוס' חולין ה: ד"ה לצדיקים ותוס' פסחים קו: ד"ה לאישתלי ותוס' יבמות לט: ד"ה השתא]

[וע"ע תוס' יומא כה. ד"ה נוטל ותוס' סוכה ה. ד"ה ואל יוכיח]

גליון הש"ס

גמ' אי מההוא הוה אמינא הנ"מ זמרא דמנא. עי' חגיגה דף טו ע"ב ברש"י ד"ה זמרא: **שם** מתוותא דא"י. ע' עירובין דף כא ע"א תד"ה אחוי ליה: **תום'** ד"ה השתא בהמתן וכו' דגנאי הוא לצדיק. ע' מהריק"ש בהגהותיו ריש עוי"ד:

תוספות רי"ד

שלח מר עוקבא לר' אלעזר בני אדם העומדי' עלי ויש כח בידי למוסרן למלכות מהו. שרטט וכתב לו אשמרה דרכי מחטוא בלשוני אשמרה לפי מחסום בעוד רשע לנגדי אע"פ שרשע לנגדי אשמרה לפי מחסום שלח ליה קמצערן לי טובא ולא מצינא למיקם בהו שלח ליה דום לה' והתחולל לו דום לה' והוא יפילם חללים חללים השכם והערב לבית המדרש והן כלין מאליהן א"ר יצחק שתים כותבי' ג' אין כותבי' במתניתא תנא ג' כותבי ד' אין כותבי'. פי' ג' תיבות [כותבין] בלא שרטוט וארבע [אין] כותבין שלח ליה למר עוקבא זמרא מנא לן דאסור פי' לשורר ולזמר בבית המשתאות שרטט וכתב אל תשמח ישראל אל גיל בעמים פי' לא שנא בפה ולא שנא ביד א"ל ריש גלותא לרב הונא כלילא מנא לן דאסור פי' היו עושים לחתנים עטרות של זהב ושל כסף צבועות ומצויירין בגפרית ומלח שקורי' ניי"ל א"ל רב חסדא קרא כתיב כה אמר ה' הסר המצנפת והרם העטרה וגו' מה ענין מצנפת אצל עטרה אלא לומר לך בזמן שהמצנפת בראש כהן גדול עטרה בראש כל אדם נסתלקה מצנפת מראש כ"ג נסתלקה עטרה מראש כל אדם: רבינא אשכחיה למר בר רב אשי דקא גדיל כלילא לברתיה א"ל לא סבר מר הסר המצנפת והרם העטרה א"ל דומיא דכ"ג בגברי ואי ק' והא תנן בשלהי פרק בתרא דסוטה בפולמוס של טיטוס גזרו על עטרות של כלה אלמא שתי גזירות היו בפולמוס הראשון של אספסינוס גזרו על עטרו' של חתנים ופולמוס אחרון של טיטוס גזרו גם על עטרות הכלה י"ל שאין פתרון עטרות הכלה כעטרות חתנים דהכי אמרינן גבי עטרות חתנים לא שנו אלא של מלח וגפרית אבל של ורד ושל הדס מותר ושמואל אמר אף של ורד ושל הדס אסור אבל עושה הוא של קנים ושל חלף ולוי אמר אף של קנים ושל חלף אסור וגבי עטרות הכלה אמרינן אמר רבה בר בר חנה עיר של זהב תניא נמי הכי איזהו עטרות הכלה עיר של זהב אבל עושה היא כיפה של מלח אלמא דוקא עיר של זהב נאסר לכלה אבל שאר עטרות מותר ולחתנים נאסרו

כח א מיי' פ"ז מהל' מתנות עניים הל"ה סמג עשין קסב טוש"ע יו"ד סי' רמח סעי' א:
כט ב מיי' פ"א מהל' תרומות הלכה ז:
ל ג מיי' שם הל"ח:
לא ד ה מיי' שם הלכ"ג:

תורה אור

°"וְעִנִּיתִךְ", אָמַר מָר זוּטְרָא: אאֲפִי' עָנִי הַמִּתְפַּרְנֵס מִן הַצְּדָקָה יַעֲשֶׂה צְדָקָה. "לֹא אֲעַנֵּךְ עוֹד", תָּנֵי רַב יוֹסֵף: שׁוּב אֵין מַרְאִין לוֹ סִימָנֵי עֲנִיּוּת.§ "רַבִּי יְהוּדָה אוֹמֵר: מֵרֶקֶם לַמִּזְרָח" כו'.§ לְמֵימְרָא, דְּעַכּוֹ לִצְפוּנָהּ דְּא"י קַיְימָא. וּרְמִינְהוּ: *בהָיָה מְהַלֵּךְ מֵעַכּוֹ לִכְזִיב,[א] מִימִינוֹ לְמִזְרַח הַדֶּרֶךְ — טְמֵאָה מִשּׁוּם אֶרֶץ הָעַמִּים, וּפְטוּרָה מִן הַמַּעֲשֵׂר וּמִן הַשְּׁבִיעִית, עַד שֶׁיִּוָּדַע לְךָ שֶׁהִיא חַיֶּיבֶת; מִשְּׂמֹאלוֹ לְמַעֲרַב הַדֶּרֶךְ — טְהוֹרָה מִשּׁוּם אֶרֶץ הָעַמִּים, וְחַיֶּיבֶת בַּמַּעֲשֵׂר וּבַשְּׁבִיעִית, עַד שֶׁיִּוָּדַע לְךָ שֶׁהִיא פְּטוּרָה, עַד הֵיכָן? עַד גכְּזִיב, רַבִּי יִשְׁמָעֵאל בְּרַבִּי יוֹסֵי אוֹמֵר מִשּׁוּם אָבִיו: עַד לַבְלָבוֹ! אָמַר אַבָּיֵי: *רְצוּעָה נָפְקָא. וְיָהֵיב תַּנָּא סִימָנָא הָכִי? אִין, קְרָא נַמִּי יָהֵיב סִימָנָא, דִּכְתִיב: °"וַיֹּאמְרוּ הִנֵּה חַג ה' בְּשִׁילוֹ מִיָּמִים יָמִימָה אֲשֶׁר מִצְּפוֹנָה לְבֵית אֵל מִזְרְחָה הַשֶּׁמֶשׁ לִמְסִלָּה הָעוֹלָה מִבֵּית אֵל שְׁכֶמָה וּמִנֶּגֶב לִלְבוֹנָה", וְאָמַר רַב פָּפָּא: לְמִזְרָחָהּ שֶׁל מְסִלָּה. תָּנָא חֲדָא: הַמֵּבִיא גֵּט בִּסְפִינָה — כְּמֵבִיא בְּא"י, וְתַנְיָא אִידַךְ: כְּמֵבִיא בְּחו"ל! א"ר יִרְמְיָה, לָא קַשְׁיָא: הָא ר' יְהוּדָה, הָא רַבָּנַן. *דִּתְנַן: *דעֲפַר חו"ל הַבָּא בִּסְפִינָה לָאָרֶץ חַיָּיב בַּמַּעֲשֵׂר וּבַשְּׁבִיעִית. א"ר יְהוּדָה: האֵימָתַי? בִּזְמַן שֶׁהַסְּפִינָה גּוֹשֶׁשֶׁת, אֲבָל אֵין הַסְּפִינָה גּוֹשֶׁשֶׁת — פָּטוּר. אַבָּיֵי אָמַר: הָא וְהָא ר' יְהוּדָה הִיא, וְל"ק: כָּאן בִּזְמַן שֶׁאֵין הַסְּפִינָה גּוֹשֶׁשֶׁת, כָּאן בִּזְמַן שֶׁהַסְּפִינָה גּוֹשֶׁשֶׁת. א"ר זֵירָא: עָצִיץ נָקוּב הַמּוּנָּח עַל גַּבֵּי יְתֵדוֹת, בָּאנוּ לְמַחֲלוֹקֶת רַבִּי יְהוּדָה וְרַבָּנַן. אָמַר רָבָא: דִּילְמָא לָא הִיא; עַד כָּאן לָא קָאָמַר ר' יְהוּדָה הָתָם אֶלָּא בִּסְפִינָה, הָעֲשׂוּיָה

(נחום א) (שופטים כא)

וְעִנִּיתִךְ לֹא אֲעַנֵּךְ עוֹד. סֵיפֵיהּ דְּהַהוּא קְרָא הוּא. לְמֵימְרָא דְּעַכּוֹ לִצְפוּנָהּ דְּאֶרֶץ יִשְׂרָאֵל קַיְימָא. בְּסוֹף הַצָּפוֹן. מִימִינוֹ לְמִזְרַח הַדֶּרֶךְ. הָכָא מַשְׁמַע לָן דְּעַכּוֹ קַיְימָא בִּגְבוּל מִזְרָחָהּ שֶׁל אֶרֶץ יִשְׂרָאֵל, מָשׁוּךְ מִמִּקְצוֹעַ צְפוֹנִית יוֹם אוֹ יוֹמַיִם לְצַד הַדָּרוֹם, וּכְזִיב בְּמִקְצוֹעַ מִזְרָחִית צְפוֹנִית, וְדֶרֶךְ הַמְהַלֶּכֶת מֵעַכּוֹ לִכְזִיב הָיָה גְּבוּל מִזְרָח לְא"י. הִילְכָּךְ כְּשֶׁמְּהַלֵּךְ מֵעַכּוֹ לִכְזִיב, דְּהַיְינוּ מִדָּרוֹם לְצָפוֹן — הָוֵי יְמִינוֹ לְמִזְרָחִית הַדֶּרֶךְ. טְמֵאָה. הָאָרֶץ שֶׁהִיא לִימִין הַמְסִילָּה. מִשּׁוּם אֶרֶץ הָעַמִּים. דְּגָזְרוּ טוּמְאָה עַל אֶרֶץ הָעַמִּים. וּפְטוּרָה כו'. כְּדִין חוּצָה לָאָרֶץ. עַד שֶׁיִּוָּדַע לְךָ כו'. כְּלוֹמַר, לְעוֹלָם חֶזְקַת יְמִין הַדֶּרֶךְ מֵעַכּוֹ וְעַד כְּזִיב אֶרֶץ הָעַמִּים, אֶלָּא א"כ תָּבֹא לְמָקוֹם שֶׁיֹּאמַר לְךָ בָּקִי: כָּאן הַדֶּרֶךְ מִתְעַקֵּם וְנִכְנָס לְתוֹךְ א"י קְצָת, וִימִין הַדֶּרֶךְ הָוֵי אֶרֶץ יִשְׂרָאֵל. לְמַעֲרַב. הַדֶּרֶךְ. לַבְלָבוֹ. שֵׁם מָקוֹם. אַלְמָא: עַכּוֹ מְשׁוּכָה לְצַד דָּרוֹם, וּכְזִיב בְּמִקְצוֹעַ. רְצוּעָה נָפְקָא. לְעוֹלָם עַכּוֹ בְּצָפוֹן רִיבּוּעָהּ דְּא"י הִיא, אֶלָּא שֶׁרְצוּעָה קְצָרָה יוֹצֵאת עוֹד מֵעַכּוֹ לְצַד צָפוֹן, וְהִיא מֵא"י.

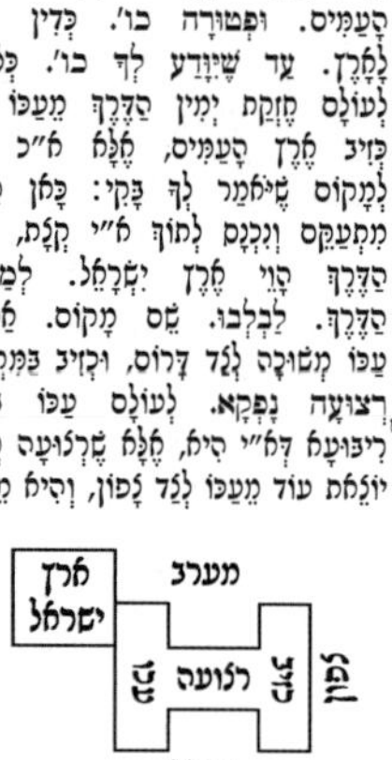

וְיָהֵיב תַּנָּא סִימָנָא. אַתְּמוּהֵי מְתַמַּהּ: מִי חֲשִׁיבָא חֲדָא רְצוּעָה לְאַתְנוּיֵי תַּנָּא סִימָנָא עֲלָהּ? קְרָא נַמִּי יָהֵיב סִימָנָא. רְצוּעָה, כְּגוֹן מְסִילָּה. וַאֲמַר רַב פָּפָּא לְמִזְרָחָהּ שֶׁל מְסִילָּה. קָאָמַר קְרָא דְּקַיְימָא שִׁילֹה. דְּהָא "מִצְּפוֹנָה לְבֵית אֵל" כְּתִיב, וְעַל כָּרְחָךְ "מִזְרְחָה הַשֶּׁמֶשׁ" – אַמְּסִילָּה קָאֵי, שִׁילֹה מִצָּפוֹן לְבֵית אֵל וּבְמִזְרָחָהּ שֶׁל מְסִילָּה, וּבִדְרוֹמָהּ שֶׁל לְבוֹנָה.

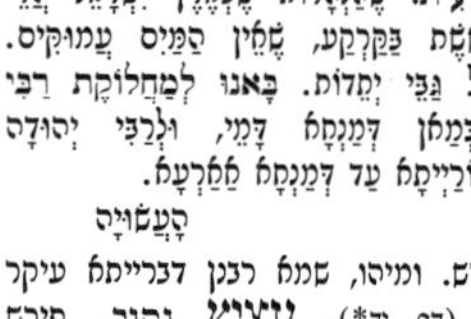

הַמֵּבִיא גֵּט בִּסְפִינָה. שֶׁנִּכְתַּב בִּסְפִינָה. וְקָא ס"ד דִּבְנְהָרוֹת דְּאֶרֶץ יִשְׂרָאֵל קָאָמַר. כְּמֵבִיא בְּאֶרֶץ יִשְׂרָאֵל. כְּאִילּוּ מְבִיאָהּ דֶּרֶךְ יַבָּשָׁה, וְאֵין צָרִיךְ לוֹמַר "בְּפָנַי נִכְתַּב". וְתַנְיָא אִידָךְ כְּמֵבִיא בְּחוּצָה לָאָרֶץ. שֶׁהַנָּהָר אֵין לוֹ תּוֹרַת יַבָּשָׁה לְכָל תּוֹרַת הָאָרֶץ. עֲפַר חוּצָה לָאָרֶץ הַבָּא בִּסְפִינָה לָאָרֶץ. וְזָרְעוּ בַּסְּפִינָה, וְצָמְחָה. וְהַסְּפִינָה שֶׁל חֶרֶס הִיא, וְאֵינָהּ צְרִיכָה לִינָּקֵב אִם הָיְתָה מוּנַּחַת בַּקַּרְקַע, כִּדְאָמַר בִּמְנָחוֹת (דף פד:) חַיֶּיבֶת בַּמַּעֲשֵׂר וּבַשְּׁבִיעִית. שֶׁהַנְּהָרוֹת שֶׁבְּאֶרֶץ יִשְׂרָאֵל הֲרֵי הֵם כְּאֶרֶץ יִשְׂרָאֵל. גּוֹשֶׁשֶׁת. מְגַשֶּׁשֶׁת בַּקַּרְקַע, שֶׁאֵין הַמַּיִם עֲמוּקִים. עָצִיץ. שֶׁל עֵץ, נָקוּב, הַמּוּנָּח עַל גַּבֵּי יְתֵדוֹת. בָּאנוּ לְמַחֲלוֹקֶת רַבִּי יְהוּדָה וְרַבָּנַן. לְרַבָּנַן חֲוִירָא כְּמַאן דְּמַנְחָא דָּמֵי, וּלְרַבִּי יְהוּדָה לָא מִיחַיֵּיב בְּמַעֲשֵׂר מִדְּאוֹרַיְיתָא עַד דְּמַנְחָא אַאַרְעָא.

הָעֲשׂוּיָה

הכי גרסי' בתוספתא: מימינו למזרח הדרך. ולא גרסי' "וימינו", דכיון שהולך מעכו לכזיב – לעולם ימינו הוי למזרח הדרך. ומיהו, י"ל דפעמים הדרך מתעקם, ואין ימינו למזרח. **ויהיב** תנא סימנא הכי. פי' בקונטרס: ומי חשיבא חדא רצועה לאתנוחי בה סימנא? וקשה: וכי אין לתנא לציין גבולי ארץ ישראל? ועוד: מאי ראיה מייתי מרב פפא דאמר "למזרחה של מסילה"? התם יהיב קרא סימנא לשילה אנה היא על ידי מסילה! ומפרש רבינו שמואל: דלאו אשינויא פריך, אלא אברייתא, דקתני "למזרח הדרך" ו"למערב הדרך", וכי דבר מועט כמו דרך שייך למימר בו מזרחו או מערבו? דהוה ליה למימר "מימינו למזרח" סתם. ומייתי מדרב פפא דאמר "למזרחה של מסילה", דמזכיר מזרח אמסילה. **הא** רבי יהודה הא רבנן. אע"ג דקרקעית המים הויא כארץ ישראל – גרע הכא ממובלעת דלעיל. ואם תאמר: ומה ענין גט אצל מעשר? אטו המביא גט בעלייה בארץ ישראל יחשב כמביא בחוצה לארץ משום דעפר הבא שם מחוצה לארץ פטור ממעשר? ואומר ר"י: דלא דמי, דעלייה – קרקע שתחתיה בר זריעה היא, וראוי להתחייב במעשר ושביעית. מה שאין כן בספינה.

אמר ר' יהודה אימתי. משמע ד"אימתי" דר' יהודה בא לחלוק. ואם תאמר: בפרק "חלון" (עירובין דף פא:) וב"זה בורר" (סנהדרין דף כד:) אמר ר' יהושע בן לוי: כל מקום שאמר ר' יהודה "אימתי" ו"במה" – אינו אלא לפרש, ור' יוחנן אמר: "אימתי" – לפרש, ו"במה" – לחלוק. אלמא לכ"ע "אימתי" לפרש! וי"ל: דר' ירמיה דהכא סבר כרמי בר חמא, דאית ליה בפרק "זה בורר" (שם דף כה.) דאפי' "אימתי" לחלוק. ולפי זה לא גרסי' בשמעתין: אמר ר' יוחנן עציץ נקוב המונח על גבי יתדות באנו למחלוקת ר"י ורבנן, כמו שכתוב במקצת ספרים, דר' יוחנן אית ליה "אימתי" לפרש. אלא: אמר רב הונא. ואית דגרסי: ר' זירא, כדאיתא ברוב ספרים. ועוד י"ל: דנראה כספרים דגרסי בס"פ "חלון" (עירובין ד' פא:): כל מקום שאמר רבי יהודה במשנתנו "אימתי" ו"במה" כו' – דדוקא במשנה "אימתי" לפרש, אבל בברייתא – לא, ותרי תנאי אליבא דר' יהודה. והכא ברייתא היא, דהא במשנה במסכת חלה (פ"ב מ"ב) לא מסיים בה: אבל אין הספינה גוששת פטורה, כדמסיים הכא. ונהי דבמתני' דחלה בא לפרש – בברייתא בא לחלוק. אבל קשה: דבפ' "חלון" ובפרק "זה בורר" פריך מכח ברייתא, דקתני: וחכ"א, ומוכח מברייתא, דבמתני' נמי אתא לחלוק! וי"ל: דהוה מצי לשנויי: ההוא תנא אחרינא הוא, דבמתני' לעולם בא לפרש. אלא משום דמשכח תנא בהדיא – קא משני: ההיא ר' יהודה משום ר' טרפון היא, דתניא כו'. וכן נ"ל דדוקא במשנה "אימתי" לפרש, דבפ' "כסוי הדם" (חולין דף פח.) תניא: "וכסהו" – מלמד שכל דמו חייב לכסות, מכאן אמרו: דם הניתז כו'. אמר ר' יהודה: אימתי – בזמן שאין שם דם אלא הוא. וטעמא דר' יהודה מפרש התם, דקסבר: "דמו" – מקצת דמו. וע"כ דפליג את"ק, דבהדיא קתני תנא קמא: כל דמו. ופוסק התם ר"ת כר' יהודה, דבמתניתין דהתם בא לפרש. ומיהו, שמא רבנן דברייתא עיקר והוי ר' יהודה דמתניתין יחיד במקום רבים דברייתא. וכהאי גוונא איכא בפרק קמא דסוכה (דף יד*). **עציץ** נקוב. פירש בקונטרס: דספינה דלעיל – של חרס, ואינה צריכה לינקב אם היתה מונחת בקרקע, כדאמרי' במנחות. אבל עציץ של עץ בעי נקיבה. ונראה דראייתו *מסוף פרק "כל הקרבנות" (מנחות דף פד:) דאמר: תנא חדא שבגג ושבחורבה שבספינה ושבעציץ – מביא וקורא, ותניא אידך מביא ואינו קורא. ומשני: עציץ אעציץ לא קשיא; כאן – בנקוב, כאן – בשאינו נקוב. ספינה אספינה נמי לא קשיא, כאן – בשל עץ, וכאן – בשל חרס. ומדלא משני בספינה כאן בנקובה כו', מכלל דשל חרס, אפי' אינה נקובה – הויא כנקובה, ואתא לאשמועינן חדוש אחר בספינה שאינו בעציץ. וקשה לפירושו: דאמר לקמן בפ"ב (דף כא:): כתבו על חרס של עציץ נקוב – כשר. משמע דחרס בעי נקיבה, דאי לאו הכי – מאי רבותא הוא בנקוב טפי מבשאינו נקוב? ומשמע נמי דעציץ של חרס הוא. ורבינו שמואל ב"מ הביא מתוספתא דשביעית, *דתניא: הטומן את הלוף בשביעית, ר"מ אומר: דרך ארץ טומנו בעציץ שלא יצמח, ואע"פ שאין ראיה לדבר – זכר לדבר "ונתתם בכלי חרש" וגו'. אלמא סתם עציץ של חרס הוא! ונראה לר"ת להפך: דשל חרס בעי נקיבה, ושל עץ לא בעי נקיבה, שהוא מתלחלח יותר מן החרס. ואתי שפיר, דסתם ספינה היא של עץ. ובמנחות (דף פד:) נמי מוכח, דקאמר: כאן בשל עץ כאן בשל חרס, שמזכיר תחילה אותו שמביא וקורא, כמו שמזכיר כי משני התם אגג וחורבה ועציץ. והכא לא מצי לשנויי: כאן בשל חרס כאן בשל עץ, א"נ: כאן בנקובה כאן בשאינה נקובה, כדמשני התם. דנהי דהיכא דאינה גוששת לר' יהודה, מדהויא חו"ל לענין גט, היינו משום כיון דשם חו"ל על המקום נ"ל "בפני נכתב" ואע"ג דשכיחי וגמירי – כדי שלא תחלוק במדינת הים. אבל בגוששת לר' יהודה, ולרבנן אפי' בשאינה גוששת, כיון דשם א"י על המקום, אע"פ שמחמת הכלי אינו חייב במעשר – בשביל כך לא יחשב כחוצה לארץ לענין גט*. **דילמא** לא היא עד כאן לא קאמר רבי יהודה. כן הוא האמת, דעציץ כמחובר, דבפ' "השולח" (לקמן דף לז.) אמרי': אין כותבין פרוזבול אלא על עציץ נקוב, ומוקי לה דמנחא אסיכי. והא דקאמר הכא: עד כאן לא קאמרי רבנן אלא בספינה – משמע דבעציץ לכ"ע לא הוי כמחובר – דיחויא בעלמא הוא. והא דאמר בשבת בפרק "המוציא יין" (דף פא:): האי פרפיסא דמנחא אארעא ואנחה אסיכי – חייב משום תולש – היינו מדרבנן, כדפי' התם בקונטרס*.

כל

[לפי' התוס' ד"ה אמר ר' יהודה נ"ל דתניא]

תוספות רי"ד

נאסרו הכל: ר' יהודה אומר מרקם למזרח. פי' בא לסמן גבול א"י שאינו צ"ל [בפני נכתב ובפני נחתם] ומשם ולחוץ היא ח"ל וצ"ל [בפני נכתב ובפני נחתם] רקם עומדת במזרח א"י והיא ח"ל ואשקלון בדרומה של א"י והיא ח"ל ועכו בצפונה של א"י והיא ח"ל ולמערב לא הוצרכו ליתן גבול שהים מגבול מערבה כדכתיב וגבול ים והיה לכם הים [הגדול] וגבול וכו' כדפי' המורה ואי ק' היכי אמרי' דאשקלון היא ח"ל לכ"ע ועכו היא ח"ל לר' יהודה והכתיב בתחלת ספר שופטים וילכד יהודה את עזה ואת גבולה ואת אשקלון ואת גבולה וכתיב אשר לא הוריש את יושבי עכו אלמא א) י"ל הרבה כרכים כבשום עולי מצרים ולא כבשום עולי בבל כדאמרי' בפ"ק דחולין ומתני' בבית שני מיירי:

א) נראה דחסר כאן וצ"ל אלמא דהכא מא"י וי"ל הרבה כו'. ועי' תוס' לעיל ד"ה והאשקלון.

הגהות הגר"א

[א] גמ' מימינו למזרח הדרך טהורה כו' למערב הדרך טמאה כו' כצ"ל. ונ"ב כן הוא גי' תוספתא ובירושלמי וע"ש עיין בגמ' כי עכו וכזיב במערבו הן:

[תוספתא דאהלות פי"ח]

[קידושין עב.]

חלה פ"ב מ"ב

[שם לא מצאתי ולכאורה כוונתם על דף יט:]

[פ"ב ע"ש]

[עי' תוס' מנחות פד: ד"ה כאן וכו' האריכו טפי]

[עי' תוס' שבת פא. ד"ה והגיהו]

לב [א] מיי' פ"ז מהל' גירושין הלכה י:
לג [ב] מיי' פ"א מהל' תרומות הלכה ז:
לד [ג] מיי' פ"ח מהל' עבדים הל' ו סמג עשין פז טוש"ע י"ד סי' רסז סעיף פב:
לה [ד] מיי' פי"א מהל' טומאת מת הל' ו:
לו [ה] מיי' פ"ז מהל' גירושין הלכה י ופ"א מהלכות תרומות הל' ז ח:
לז [ו] מיי' פ"א מהל' תרומות הל' ד והל' טו:
לח [ז] מיי' פי"א מהל' טומאת מת הל' ו:

תורה אור

הָעֲשׂוּיָה לִבְרוֹחַ, אֲבָל עָצִיץ שֶׁאֵינוֹ עָשׂוּי לִבְרוֹחַ — לָא. אִי נָמִי, עַד כָּאן לָא קָאָמְרִי רַבָּנַן הָתָם אֶלָּא בִּסְפִינָה, דְּלָא מַפְסִיק אֲוִירָא, דְּמַיָּא כִּי אַרְעָא סְמִיכְתָּא דָּמְיָא, אֲבָל עָצִיץ דְּמַפְסִיק אֲוִירָא — לָא. רַב נַחְמָן בַּר יִצְחָק אָמַר: [א]בִּנְהָרוֹת דְּאֶרֶץ יִשְׂרָאֵל — דְּכוּלֵּי עָלְמָא לָא פְּלִיגֵי, אֶלָּא כִּי פְּלִיגֵי — בַּיָּם הַגָּדוֹל; דְּתַנְיָא: *[ב]אֵיזֶהוּ אֶרֶץ וְאֵיזֶהוּ חוּצָה לָאָרֶץ? כָּל שֶׁשּׁוֹפֵעַ וְיוֹרֵד מִטּוּרֵי אַמְנוֹן וְלִפְנִים — אֶרֶץ יִשְׂרָאֵל, מִטּוּרֵי אַמְנוֹן וְלַחוּץ — חוּצָה לָאָרֶץ. הַנִּסִּין שֶׁבַּיָּם, רוֹאִין אוֹתָן כְּאִילּוּ חוּט מָתוּחַ עֲלֵיהֶם מִטּוּרֵי אַמְנוֹן עַד נַחַל מִצְרַיִם, מִן הַחוּט וְלִפְנִים — א"י, מִן הַחוּט וְלַחוּץ — חו"ל. רַבִּי יְהוּדָה אוֹמֵר: כָּל שֶׁכְּנֶגֶד אֶרֶץ יִשְׂרָאֵל הֲרֵי הוּא כא"י, שֶׁנֶּאֱמַר: °"וּגְבוּל יָם וְהָיָה לָכֶם הַיָּם הַגָּדוֹל וּגְבוּל זֶה יִהְיֶה לָכֶם גְּבוּל יָם" (במדבר לד). וְהַנִּסִּין שֶׁבַּצְּדָדִין, רוֹאִין אוֹתָן כְּאִילּוּ חוּט מָתוּחַ עֲלֵיהֶן מִקֶּפַלּוֹרְיָא וְעַד יַם אוֹקְיָינוֹס וּמִנַּחַל מִצְרַיִם וְעַד יַם אוֹקְיָינוֹס, מִן הַחוּט וְלִפְנִים — א"י, מִן הַחוּט וְלַחוּץ — חו"ל. וְרַבָּנַן, הַאי "וּגְבוּל" מַאי עָבְדִי לֵיהּ? מִיבְּעֵי לֵיהּ לְנִסִּין. וְרַבִּי יְהוּדָה: נִסִּין לָא צְרִיכֵי קְרָא.§ "ר"מ אוֹמֵר: עַכּוֹ — כְּא"י" וכו'.§ בָּעוּ מִינֵּיהּ מֵרַבִּי חִיָּיא בַּר אַבָּא: הַמּוֹכֵר עַבְדּוֹ לְסוּרְיָא, כְּמוֹכֵר בְּחו"ל דָּמֵי אוֹ לָא? אֲמַר לְהוּ: [ג]תְּנֵיתוּהָ, ר"מ אוֹמֵר: עַכּוֹ — כְּאֶרֶץ יִשְׂרָאֵל לְגִיטִּין; לְגִיטִּין — אִין, לַעֲבָדִים — לָא, וְכ"ש סוּרְיָא דִּמְרַחֲקָא טוּבָא.§ ת"ר: ⊕ *בִּשְׁלֹשָׁה דְּרָכִים שָׁוְותָה סוּרְיָא לְאֶרֶץ יִשְׂרָאֵל, וּבִשְׁלֹשָׁה לְחו"ל.§ סִימָן: ע"ב ב"ר ר"ק.§ [ד]עֲפָרָהּ טָמֵא — כְּחו"ל. וְהַמּוֹכֵר עַבְדּוֹ לְסוּרְיָא — כְּמוֹכֵר בְּחו"ל. [ה]וְהַמֵּבִיא גֵּט מִסּוּרְיָא — כְּמֵבִיא מֵחו"ל; וּבִשְׁלֹשָׁה לְא"י: [ו]חַיֶּיבֶת בְּמַעֲשֵׂר וּבַשְּׁבִיעִי — כְּא"י. [ז]וְהָרוֹצֶה לִיכָּנֵס לָהּ בְּטׇהֳרָה — נִכְנָס. *וְהַקּוֹנֶה שָׂדֶה בְּסוּרְיָא — כְּקוֹנֶה

רש"י

הָעֲשׂוּיָה לִבְרוֹחַ. כְּלוֹמַר, מִפְּנֵי שֶׁהִיא מְהַלֶּכֶת כָּל שָׁעָה. דְּלָא מַפְסִיק אֲוִירָא. בֵּין סְפִינָה לָאָרֶץ אֵין שׁוּם אֲוִיר, וּמַיָּא כְּאַרְעָא סְמִיכְתָּא דָּמוּ. רַב נַחְמָן בַּר יִצְחָק אָמַר. הָנָךְ מַתְנִיָּיתָא דְ"הַמֵּבִיא גֵּט", אִי בִּנְהָרוֹת דְּא"י. כּוּלֵּי עָלְמָא לָא פְּלִיגֵי. דִּכְאֶרֶץ יִשְׂרָאֵל נִינְהוּ, וְאַע"ג דְּאֵין סְפִינָה גוּשֶׁשֶׁת. דְּטַעְמָא דְּגֵט לָאו מִשּׁוּם יְנִיקָה מִן הַקַּרְקַע הוּא, כְּמַעֲשֵׂר וְכִשְׁבִיעִית. הִילְכָּךְ לָא שְׁנָא נָהָר וְלָא שְׁנָא יַבָּשָׁה. כִּי פְּלִיגֵי בַּיָּם הַגָּדוֹל. שֶׁהוּא תְּחוּם מַעֲרָבוֹ שֶׁל אֶרֶץ יִשְׂרָאֵל. וּפְלִיגֵי תַּנָּאֵי. אִיכָּא לְמַאן דְּאָמַר: שְׂפַת הַיָּם הוּא גְּבוּל, וְיָם גּוּפֵיהּ לָאו א"י הוּא; וְאִיכָּא לְמַאן דְּאָמַר: יָם גּוּפֵיהּ מֵאֶרֶץ יִשְׂרָאֵל. אֵיזוֹהִי אֶרֶץ. מִקְצוֹעַ צְפוֹנִית מַעֲרָבִית שֶׁל אֶרֶץ יִשְׂרָאֵל הֹר הָהָר, וּבְתַרְגּוּם יְרוּשַׁלְמִי מְתַרְגֵּם: "הֹר הָהָר" – טוּרֵי אַמְנוֹן. וּכְתִיב (במדבר לד): "זֶה יִהְיֶה לָכֶם גְּבוּל צָפוֹן מִן הַיָּם הַגָּדוֹל תְּתָאוּ לָכֶם הֹר הָהָר", ש"מ: הֹר הָהָר תָּקוּעַ בַּיָּם, וְהָהָר גְּבוּל צְפוֹנִי לְאֶרֶץ יִשְׂרָאֵל הוּא. וּסְתָם הָרִים מְשׁוּפָּעִים הֵם, וְיֵשׁ שֶׁשִּׁיפּוּעוֹ רָחָב כִּמְהַלַּךְ יוֹם אוֹ יוֹמַיִם, וְקָאָמַר תַּנָּא מֵהֵיכָן הִיא הָאָרֶץ, מֵרֶגֶל הָהָר אוֹ מֵרֹאשׁוֹ. כָּל שֶׁשּׁוֹפֵעַ וְיוֹרֵד מִטּוּרֵי אַמְנוֹן וְלִפְנִים. לְצַד אֶרֶץ יִשְׂרָאֵל, דְּהַיְינוּ לְצַד דָּרוֹם – הָוֵי אֶרֶץ יִשְׂרָאֵל, דְּגוֹבַהּ הָהָר הוּא הַגְּבוּל. מִטּוּרֵי אַמְנוֹן וְלַחוּץ. לְצַד צָפוֹן – חוּצָה לָאָרֶץ. וְהַנִּסִּין שֶׁבַּיָּם. אִיֵּי הַיָּם שֶׁבַּמַּעֲרָב, רוֹאִין אוֹתָן כו'. נַחַל מִצְרַיִם. הוּא תְּחוּם אֶרֶץ יִשְׂרָאֵל בְּמִקְצוֹעַ מַעֲרָבִית דְּרוֹמִית, וּמְחוּבָּר לַיָּם הַגָּדוֹל, דִּכְתִיב בִּגְבוּל נֶגֶב (שם): "וְנָסַב הַגְּבוּל מֵעַצְמוֹן נַחְלָה מִצְרַיִם, וְהָיוּ תוֹצְאוֹתָיו הַיָּמָּה". נִמְצֵאת אֶרֶץ יִשְׂרָאֵל בֵּין הֹר הָהָר לְנַחַל מִצְרַיִם, זֶה מִמַּעֲרָבִית צְפוֹנִית וְזֶה מִדְּרוֹמִית מַעֲרָבִית, וְהַיָּם בַּמַּעֲרָב. וְיֵשׁ מָקוֹם שֶׁהַיָּם נִכְנָס לְתוֹךְ אֶרֶץ יִשְׂרָאֵל מַהֲלַךְ יָמִים רַבִּים בֵּין הֹר הָהָר לְנַחַל מִצְרַיִם, וּבְאוֹתָהּ כְּנִיסָה יֵשׁ נִסִּין, וְהֵן מִתְפַּשְּׁטִין לַמַּעֲרָב לְתוֹךְ הַיָּם חוּץ מִבֵּין מִקְצוֹעוֹת תְּחוּמֵי אֶרֶץ יִשְׂרָאֵל שֶׁהֵן הֹר הָהָר וְנַחַל מִצְרַיִם. הִלְכָּךְ, רוֹאִין כְּאִילּוּ חוּט מָתוּחַ מִסּוֹף הֹר הָהָר בְּמַעֲרָבוֹ עַד נַחַל מִצְרַיִם, שֶׁהֲרֵי כָּל מַה שֶּׁבְּתוֹךְ מִקְצוֹעוֹת הַלָּלוּ – אֶרֶץ יִשְׂרָאֵל הִיא, וּמִן הַחוּט וְלִפְנִים כו'. ר' יְהוּדָה אוֹמֵר. כָּל הַיָּם שֶׁכְּנֶגֶד אֲוִיר שֶׁל אֶרֶץ יִשְׂרָאֵל, וַאֲפִי' עַד אוֹקְיָינוֹס לַמַּעֲרָב שֶׁהוּא בְּסוֹף הָעוֹלָם – הֲרֵי הוּא כְּא"י, שֶׁנֶּאֱמַר (שם): "יָם הַגָּדוֹל וּגְבוּל", הַאי "וּגְבוּל" קְרָא יְתֵירָא הוּא, לְמֵימַר דְּאַף רוֹחַב הַיָּם בִּכְלַל הַתְּחוּם. וְהַנִּסִּין שֶׁבַּצְּדָדִין כו'. כְּלוֹמַר, וְאִם יֵשׁ לָנוּ לַחֲלֹק בַּנִּסִּין – לֹא לְצַד מַעֲרָב יֵשׁ חִלּוּק, אֶלָּא לְצַד צָפוֹן וּלְצַד דָּרוֹם. שֶׁיֵּשׁ נִסִּין בַּיָּם מִתְפַּשְּׁטִין לְאוֹרֶךְ הַיָּם לַצָּפוֹן וְלַדָּרוֹם עַד שֶׁמַּגִּיעִין וּמוֹשְׁכִין חוּץ מִכְּנֶגֶד א"י, וְשָׁם רָאוּי לִמְתּוֹחַ הַחוּט מִמִּזְרָח לְמַעֲרָב, וּלְהַבְדִּיל מַה שֶּׁכְּנֶגֶד אֲוִיר א"י וּמַה שֶּׁכְּנֶגֶד אֲוִיר חוּצָה לָאָרֶץ. וְרוֹאִין כְּאִילּוּ חוּט מָתוּחַ מִקֶּפַלּוֹרְיָא. עִיר הַיּוֹשֶׁבֶת בְּחוּדּוֹ שֶׁל הֹר הָהָר בְּרֹאשׁ גׇּבְהוֹ, שֶׁהוּא תְּחוּם צְפוֹנִי. וְעַד יַם אוֹקְיָינוֹס. שֶׁהוּא בְּסוֹף הָעוֹלָם לַמַּעֲרָב, וּמִנַּחַל מִצְרַיִם עַד יַם אוֹקְיָינוֹס. מִן הַחוּט וְלִפְנִים. לְצַד חֲבֵירוֹ, דְּהַיְינוּ לְפָנִים, כְּלוֹמַר, בֵּין שְׁנֵי הַחוּטִין – הָווּ הַנִּסִּין אֶרֶץ יִשְׂרָאֵל. וְהוּא הַדִּין לַמַּיִם, וְנִסִּין דְּנָקַט – מִשּׁוּם דְּחוֹרְשִׁין וְזוֹרְעִין בָּהֶם, וְחַיָּיבִין בְּמַעֲשֵׂר וּבִשְׁבִיעִית. וְהָנָךְ תַּרְתֵּי מַתְנְיָיתָא דִּלְעֵיל פְּלִיגֵי שֶׁנִּכְתַּב הַגֵּט בַּיָּם הַגָּדוֹל לְהַלָּן מֵחוּט הַמָּתוּחַ מִטּוּרֵי אַמְנוֹן עַד נַחַל מִצְרַיִם. מַאן דְּאָמַר: כְּמֵבִיא בְּאֶרֶץ יִשְׂרָאֵל – רַבִּי יְהוּדָה הִיא, דְּאָמַר: כָּל שֶׁכְּנֶגֶד אֶרֶץ יִשְׂרָאֵל הֲרֵי הוּא כְּאֶרֶץ יִשְׂרָאֵל, וְאִידָּךְ כְּרַבָּנַן. מִיבָּעֵי לְהוּ לְנִסִּין. דְּמִן הַחוּט וְלִפְנִים לְצַד מִזְרָחִי (א). דְּלָא תֵּימָא שְׂפַת הַיָּם הוּא הַגְּבוּל, וַאֲפִי' בְּמָקוֹם שֶׁהוּא מִתְפַּשֵּׁט וְנִכְנָס לְתוֹךְ בֵּין שְׁנֵי מִקְצוֹעוֹת הַתְּחוּמִין. לָא צְרִיכֵי קְרָא. כֵּיוָן שֶׁבְּתוֹךְ הַתְּחוּמִין הֵם. סוּרְיָא. הִיא אֲרַם צוֹבָה, וּכְבָשָׁהּ דָּוִד וְהוֹסִיפָהּ עַל אֶרֶץ יִשְׂרָאֵל. כְּמוֹכֵר בְּחוּצָה לָאָרֶץ. וּתְנַן לְקַמָּן (דף מג:): הַמּוֹכֵר עַבְדּוֹ לְחוּצָה לָאָרֶץ – יָצָא לַחֵירוּת. דְּקָנְסִינַן לַלּוֹקֵחַ, מִשּׁוּם דְּעֶבֶד שַׁיָּיךְ בְּמִצְוֹת, וְאָסוּר לָצֵאת מֵאֶרֶץ לְחוּצָה לָאָרֶץ. סוּרְיָא לִצְפוֹנָהּ שֶׁל אֶרֶץ יִשְׂרָאֵל לְהַלָּן מֵעַכּוֹ. לְגִיטִּין אִין. מִשּׁוּם דִּבְקִיאִין לִשְׁמָהּ, אוֹ שְׁכִיחִי לְקַיְּימוֹ. לַעֲבָדִים לָא. דְּלָאו מֵאֶרֶץ יִשְׂרָאֵל הִיא. עֲפָרָהּ טָמֵא. שֶׁגָּזְרוּ עָלֶיהָ. וְאַף עַל גַּב דִּסְבִירָא לֵיהּ לְהַאי תַּנָּא: כִּיבּוּשׁ יָחִיד שְׁמֵיהּ כִּיבּוּשׁ, דְּקָתָנֵי "חַיֶּיבֶת בְּמַעֲשֵׂר", אֲפִילּוּ הָכִי גָּזוּר עָלֶיהָ. וְהַמֵּבִיא גֵּט מִסּוּרְיָא. לְאֶרֶץ יִשְׂרָאֵל – כְּמֵבִיא (ב) בְּחוּצָה לָאָרֶץ, דְּלָא שְׁכִיחִי שַׁיָּירָתָא. וְהָרוֹצֶה לִיכָּנֵס לָהּ בְּטׇהֳרָה נִכְנָס. מַה שֶּׁאֵין כֵּן בְּאֶרֶץ הָעַמִּים. וּלְקַמֵּיהּ מְפָרֵשׁ מַאי הִיא.

בקונה

תוספות

כל ששופע ויורד מטורי אמנון. פי' בקונטרס: מטורי אמנון ולפנים, דהיינו לצד דרום – ארץ ישראל. ולחוץ, לצד צפון – חוצה לארץ. וקשה לר"י: דא"כ אמאי נקט רבי יהודה קפלוריא? הוה ליה למימר: רואין כאילו חוט מתוח מטורי אמנון עד אוקיינוס, כיון דתנא קמא נמי לציין גבול צפוני של ארץ ישראל קאתי! ונראה לר"י: דטורי אמנון משתפע ויורד לצד מזרח ולצד מערב, וחודו של הר הוא הגבול מערבי של ארץ ישראל. והנסין שבים – רואין כאילו חוט מתוח מטורי אמנון, כלומר מחודו של הר, עד נחל מצרים. וקפלוריא לרבי יהודה אתי לציין נסין שבצפון א"י. ונראה שהכתוב דוחקו לרש"י לפרש כן, דכתיב: "וזה יהיה לכם גבול צפון מן הים הגדול תתאו לכם הר ההר" *ומתרגמינן "הר ההר" – טורי אמנון. אלמא הכתוב בא לציין גבול צפוני. ומיהו, יכול להיות שההר תקוע בקרן צפונית מערבית, אבל משפע ויורד לצד מזרח. **רבי** יהודה אומר כל שכנגד ארץ ישראל כו'. שאל רבינו פטר לר"ת: דבזמן הזה היה להתחייב לר' יהודה במעשר, שאנו במערבה של ארץ ישראל. והשיב: דלא קיימא לן כרבי יהודה. אבל קשה: וכי ר' יהודה היה מכיר בכל ארץ ישראל שעד אוקיינוס, שכולם היו בקיאין לשמה או שעדים מצויין לקיימם, שאין צריך לומר "בפני נכתב"? לכך י"ל: דלא כבשו הכל עולי בבל. אי נמי, כדפירש בקונטרס: דכל שכנגד ארץ ישראל – היינו כל הים שכנגד ארץ ישראל, דלא איירי ביבשה שעד אוקיינוס, אלא בנסין שבים הגדול דווקא, כדכתיב (יהושע א): "עד ים הגדול מבוא השמש יהיה גבולכם", וכתיב (שמות כג): "ושתי את גבולך מים סוף ועד ים פלשתים וממדבר עד הנהר", פירוש: ים סוף – לצד דרום, ים פלשתים – לצד מערב, מדבר – למזרח, נהר פרת – לצד צפון. ועוד י"ל: שהיה יודע שהיו כולם בקיאין לשמה, לפי שהיה ידוע להם עד היכן ישראל עומדין, ומשם ואילך לא היו ישראל עד סוף העולם, כדאמרינן בסוף מנחות (דף קי.): מצור כלפי מערב ומקרטיגני כלפי מזרח – אין מכירין לא ישראל ולא אביהם שבשמים. **המוכר** עבדו לסוריא מהו. אין לומר דבגט פשיטא להו דהוי כחוצה לארץ, כדתניא בסמוך, ובעבד מיבעיא להו – דאם כן הוי סברתם איפכא ממה דפשיטא ליה לר' חייא בר אבא. **בשלשה** דרכים שוותה סוריא כו'. *נקט [שלשה] לשון זכר, אע"ג דסוריא לשון נקבה – משום דעבד וגט הוי לשון זכר. ***כיבוש** יחיד. פי' בקונט': שלא היו לשם כל ישראל ביחד, כמו בכיבוש יהושע, וכבשוה לצורך כולם. אבל דוד לא כבש אלא לצורכו. אבל בספרי מפרש טעם אחר, בסוף פרשת "והיה עקב", דמשמע לפי שלא היתה עדיין כל א"י כבושה, כדאמר התם: סמוך לפלטורא שלך לא הורשת, פירוש: יבוסי שהיה סמוך לירושלים, ואתה הולך וכובש ארם נהרים וארם צובה? אבל אחר שכל א"י כבשוהו – דריש התם מדכתיב (דברים יא): "כל מקום אשר תדרוך כף רגלכם" וגו' שכל מה שהיו כובשים מחו"ל – היה קדוש, ואפילו יחיד*.

בשידה

[תוספתא פ"ב לתרומות ותוספתא חלה פ"ב]
[תוספתא כלים ב"ק פ"א]
[חלה פ"ד מי"א]

[באונקלוס ליתא כך וגם בתרגום יונתן וירושלמי ליתא כך ע"ש וע' גירסת הערוך בערך סמנים]

דברי התוס' תמוה עיין ריש קדושין
שייך לע"ב
[וע"ע תוספת ע"ז כח. ד"ה כיבוש]

הגהות הב"ח
(א) רש"י ד"ה מיבעי להו לנסין וכו' לצד מזרחי ארץ ישראל הוא דלא תימא:
(ב) ד"ה והמביא וכו' כמביא מחוצה לארץ:

גליון הש"ס
גמ' ת"ר בשלשה. ע' ע"ז דף כא ע"א תוס' ד"ה קסבר:

עין משפט
נר מצוה

לט א מיי' פי"א מהל' טומאת מת הל"ו:
מ ב מיי' שם הל"ה:
מא ג מיי' פ"ו מהל' שבת הל' יא:
מב ד ה מיי' פ"ז מהל' עבדים הל"ב סמג עשין פז טוש"ע יו"ד סי' רסז סעיף נו:
מג ו מיי' שם סמג שם טוש"ע שם סעיף נז:

בקונה בפרואַרי ירושלים. חייבת במעשר ובשביעית כא"י — קסבר: *כיבוש יחיד שמיה כיבוש. והרוצה ליכנס לה בטהרה — נכנס. והאמרת: עפרה טמא! אבשידה תיבה ומגדל. *דתניא: בהנכנס לארץ העמים בשידה תיבה ומגדל — רבי מטמא, רבי יוסי ברבי יהודה מטהר; ואפי' רבי לא קא מטמא — אלא בארץ העמים, דגזרו על גושה ועל אוירה, אבל סוריא — על גושה גזרו, על אוירה לא גזרו. והקונה שדה בסוריא — כקונה בפרואַרי ירושלי'; למאי הילכתא? אמר רב ששת: לומר, *שכותבין עליו אונו ואפילו בשבת. בשבת ס"ד? כדאמר רבא: אומר לגוי ועושה, גה"נ — אומר לגוי ועושה. ואע"ג *דאמירה לגוי שבות, משום ישוב א"י לא גזור רבנן.§ ת"ר: דעבד שהביא גיטו, וכתוב בו "עצמך ונכסיי קנויין לך" — עצמו קנה, נכסים לא קנה.§ איבעיא להו: "כל נכסיי קנויין לך", מהו? אמר אביי: מתוך שקנה עצמו — קנה נכסים. א"ל רבא: בשלמא עצמו ליקני — מידי דהוה אגט אשה, אלא נכסים לא ליקני — מידי דהוה אקיום שטרות דעלמא! הדר אמר אביי: מתוך שלא קנה נכסים — לא קנה עצמו. א"ל רבא: בשלמא נכסים לא ליקני — מידי דהוה אקיום שטרות דעלמא, אלא עצמו ליקני — מידי דהוה אגט אשה! אלא אמר רבא: האחד זה ואחד זה — עצמו קנה, נכסים לא קנה. א"ל רב אדא בר מתנה לרבא: כמאן? כר"ש, דאמר פלגינן דיבורא. *דתנן: יהכותב כל נכסיו לעבדו — יצא בן חורין. שייר קרקע כל שהוא — לא יצא בן חורין; ר"ש אומר: לעולם

בקונה בפרואַרי ירושלים. לקמיה מפרש לה. בפרוורי. בהפרכיא, רוקריי"ש בלע"ז. כיבוש יחיד. דדוד, שלא היו כל ישראל כיחד כדרך שהיו בכבוש יהושע, שהיו כולם וכבשוה לצורך כל ישראל קודם חלוקה. אבל דוד לא כבש אלא לצורכו. בשידה תיבה ומגדל. ונושאים אותה באויר, ומשא"כ בארץ העמים, ורבי היא. רבי מטמא. קסבר: אהל זרוק לא שמיה אהל. הכי מפרש בעירובין. (א) אהל המטלטל – אינו אהל בשעת טלטולו. הילכך, חלילה דקא מפסיק האי אהל בינו לאויר ארץ העמים – לאו חלילה היא. ואשמעינן האי תנא דסוריא דלעיל, דאפי' רבי לא קא מטמא אלא בארץ העמים. דגזרו על גושה. מגע ומשא, ולא אהל, כגון אם האהיל עליו, כדאמרי' בפ' ב' דאהלות (מ"ג). ועל אוירה. שיהא הנכנס לאוירה טמא, ואפי' לא נגע ולא הסיט את גושה. אבל סוריא – על גושה גזרו מגע והיסט, אבל על אוירה לא גזרו, והאי לא נגע ולא הסיט. בפרוורי. בפילכי, רוקריי"ש בלע"ז. אונו. שטר מכירה, כמו: והיו אונות ושטרות יוצאין על שמו (ב"ב דף נג.). אפי' בשבת. אם לקחה מן הגוי ורוצה לילך לדרכו בשבת. כדאמר רבא. במסכת שבת (דף קכט.*). משום ישוב ארץ ישראל. לגרש גוים ולישב ישראל בה. עבד שהביא גיטו. ממדינת הים, וצריך לומר "בפני נכתב" כאשה המביאה גיטה, דאמרינן במתני' (לקמן דף ט.): אחד גיטי נשים ואחד שחרורי עבדים שוו למוליך ומביא. עצמו קנה. דנאמן הוא על שחרורו, לומר "בפני נכתב", ואין צריך עדים לקיימו. נכסים לא קנה. דבעי עדים, כשאר קיום שטרות. כל נכסיי מהו. מי אמרינן: "עצמך ונכסיי" תרי דבורי נינהו, אבל "כל נכסיי", כיון דבחד דיבורא אתו ליה שחרור עצמו ומתנת נכסים, כדקיימא לן לקמן: הכותב כל נכסיו לעבדו יצא בן חורין, שהוא בכלל נכסים. הילכך, אי מהימן אהאי – מהימן אהאי, דלא פלגינן דיבורא. או דלמא פלגינן. מידי דהוה אגט אשה. שנאמנת להביא את גיטה, ולומר "בפני נכתב". אחד זה ואחד זה. בין "עצמך ונכסיי" בין "כל נכסיי". הכותב כל נכסיו לעבדו. כגון "כל נכסיי נתונין לך". יצא בן חורין. שאף הוא בכלל נכסים, וכל שאר נכסים נמי קנה. שייר קרקע כל שהוא לא יצא בן חורין. קרקע לאו דוקא, כדאמר בבבא בתרא בפ' "מי שמת" (דף קנ.). לא יצא בן חורין. דבשלמא רישא דלא גלי דעתיה דנחית לשיורא – לא אמרינן דשייר, אבל הכא דנחית לשיורא – אמרינן: לדידיה נמי שייר. וכי אמר "כל נכסיי (ב) לך" – אשאר נכסים קאמר, ולאנפושי ליה קאתי, ולא שחרריה, כיון דלא אמר ליה "עצמך ונכסיי".
לעולם

בשידה תיבה ומגדל. פירש בקונט': מה שאין כן בארץ העמים, ורבי היא. ונראה שרוצה לפרש שידה תיבה ומגדל דוקא, ולהכי לא מצי לאוקומי כר' יוסי בר רבי יהודה, דהא הוא מטהר אפי' בארץ העמים. ובחנם פי' כן, דהא על כרחך שידה תיבה ומגדל לאו דווקא נקט, אלא משום דנקט בברייתא. אלא הוא הדין אפי' רוכב על הסוס, כיון דסבר רבי: אהל זרוק לא שמיה אהל, כדפירש בקונטרס, וכדמוכח, דמסיק דבסוריא על אוירה לא גזרו, ואם כן כר' יוסי נמי אתיא. והרוצה ליכנס לה בטהרה – היינו בקרון, או רוכב על הסוס, מה שאין כן בארץ העמים, דטמא. וכן משמע הלשון קצת, דקאמר: ואפי' רבי לא קא מטמא כו' – ומשמע כרבי יוסי אתיא בפשיטות טפי. ומיהו, על כרחך כר' יוסי נמי לא אתיא אלא מטעם דמסיק אליבא דרבי, דדוקא ארץ העמים משום דגזרו על אוירה ועל גושה כו'. אלא בארץ העמים דגזרו על גושה ועל אוירה. והא דמיבעי לן בנזיר בפרק "כ"ג" (דף נד:): ארץ העמים משום גושה גזרו עליה או משום אוירה גזרו – הכי פירושו: משום גושה – משום דמאהיל על הגוש הוא, ועשאוהו חכמים כמאהיל על המת, ויכול להכנס שם בשידה תיבה ומגדל. או דילמא על האויר עצמו, ולא יוכל להכנס שם בשום ענין. והכא בשמעתא "על גושה" – היינו על מגע גושה, ו"על אוירה" – או משום מאהיל על הגוש, או משום אוירה ממש. דגזרו על גושה ועל אוירה. הקשה הרב ר' יעקב דאורלינ"ש: דבמסכת אהלות (פ"ב משנה ג) תנן: ואלו מטמאין במגע ובמשא ואין מטמאין באהל – עפר כשעורה, וארץ העמים! ותירץ: דמיירי בעפר הבא מחוצה לארץ לארץ, והמאהיל עליו דלא מטמא – דמשום אויר עצמו גזרו, ולא משום מאהיל על הגוש. ואין לשון ארץ העמים משמע כן. אך יש לומר דאיירי כגון שיש דף או גשר שראשו אחד בארץ וראשו השני בחוצה לארץ, ומונחים כלים תחת ראשו שבארץ – דאין מביא טומאה עליהן, וטהורין. אי נמי: אי משום מאהיל על הגוש גזרו עליה – היכא לאוקומי כר' שמעון, דאמר: *קברי גוים אין מטמאין באהל, ולא החמירו על ארץ העמים יותר מקברי גוים עצמו. ועוד תירץ רבינו תם: דהיא משנה – קודם שגזרו על אוירה, כדאמרינן בפרק קמא דשבת (דף טו:) דמעיקרא גזרו אגושו ותו לא*). אע"ג דאמירה לגוי שבות משום ישוב ארץ ישראל לא גזרו רבנן. אבל משום מצוה אחרת לא היינו מתירין אמירה לגוי במלאכה דאורייתא, כדמוכח בפרק "הדר" (עירובין דף סח.): ההוא ינוקא דאשתפיך חמימיה, אתו לקמיה דרבה, אמר להו: לשיילו לאימיה, אי צריכה – ניחיימו ליה אגב אימיה. ולכאורה משמע דביום המילה היה, שהיו צריכין לחממו כדי למולו. וקודם המילה היה, דאי לאחר המילה – מסוכן הוא, ובלא אימיה מחללין עליו שבת. וע"י גוי איירי התם, כדפי' שם בקונט'. וכן פי' ר"ח, כדאמרינן בפרק "מפנין" (שבת דף קכט.) דחיה משבעה עד שלשים, אפילו אמרה "צריכה אני" – אין מחללין עליה את השבת. והא דאמר בסוף "מפנין": עד מתי פתיחת הקבר – אביי (*משמיה דרב יהודה) אמר: שלשה, ורבא משמיה דרב יהודה אמר: ז', ואמרי לה: ל' – לא לחלל עליה שבת קאמרי ופליגי, אלא מר אמר חדא ומר אמר חדא, ולא פליגי, וכולהו ס"ל כנהרדעי, דאמרי: חיה ג' שבעה שלשים. ודוחק לומר דמעת לעת בעינן, והא עובדא הוה תוך ז' של מעת לעת. והא דאמר התם לעיל באידך ינוקא דאישתפיך חמימיה, ואמר להו רבה: נייתו ליה חמימי מגו(ג) ביתיה, ומוקי לה על ידי גוי – ודאי איסורא דרבנן שרי, בחצר שלא עירבו, משום מצות מילה. אבל איסורא דאורייתא, כגון לחמם לו חמין – אסור. ואין ללמוד מכאן היתר לומר לגוי להביא ספר בשבת דרך כרמלית – דלא דמי, דדוקא משום מילה, דהיא גופה דחיא שבת, התירו. ומיהו, בהלכות גדולות משמע דאפי' איסורא דאורייתא שרי על ידי גוי לצורך מילה, שפירש: דליתו מתוך ביתא דרך רה"ר. לפי זה הא דקאמר נחים ליה אגב אימיה – נוקמה תוך ז', ואמרה צריכה אני, שמחללין עליה שבת. *ונראה דלא יתכן לומר דנחים ליה ע"י ישראל, דע"י ישראל היה אסור להרבות בשביל קטן, כדאמר בפ"ק דחולין (ד' טו:): המבשל לחולה בשבת – אסור לבריא, גזירה שמא ירבה בשבילו. אבל ע"י גוי ניחא, דשרי להרבות. ושמא דוקא לצורך המילה הוא דשרי, אבל לצורך דבר אחר – אפילו ע"י גוי אסור להרבות. והא דתנן בפ"ב דביצה (דף כא:): לא יחם אדם חמין לרגליו אלא א"כ ראויין לשתיה, ואמרי' נמי בגמרא דביצה (ד' יז.): ממלאה אשה קדירה בשר אע"פ שאינה צריכה אלא לחתיכה אחת, וכן ממלא נחתום חבית של מים אע"פ שאינו צריך אלא לקיתון אחד – משום שמחת יום טוב התירו חכמים להרבות*. הדר אמר אביי. פי': לא משום קושיא דרבא חזר בו, דאביי לא חשיב ליה פירכא, דסבר: לא פלגינן דיבורא. דאקושיא דרבא לא משני מידי. אלא נראה לו סברא לומר טפי דבתרוייהו לא קנה, דיד בעל השטר על התחתונה.
לעולם

*) [וע"ע תוס' שבת טו: ד"ה ואאוירה]

תוספות רי"ד

ת"ר הקונה שדה בסוריא כקונה בפרורי ירושלים למאי הלכתא אמר רב ששת לומר שכותבין עליו אונו אפילו בשבת פי' שטר מכירה [כמו] והיו אונות ושטרות יוצאים על שמו: משום ישוב א"י פי' לגרש גוים ולישב בה ישראל מותר: בשבת ס"ד אלא כדאמר רבא אומר לגוי ועושה הכא נמי אומר לגוי ועושה ואע"ג דאמירה לא"י שבות משום ישוב א"י לא גזור רבנן ואע"ג דחכמים העמידו דבריהם במקום עשה ה"מ שבות הנעשה ע"י ישראל כגון הזאה שבות שאינה נדחית מפני הפסח כדאמרי' באלו דברים בפסחים וכגון הבאת אזמל ע"י ישראל במבוי שלא ערבו אבל אמירה לא"י שבות שאין ישראל עושה שום מעשה אלא דבור בעלמא דוחי' שבות זה אצל מצוה כדאמרי' גבי מילה בהדר עם הגוי בההוא ינוקא דאישתפיך חמימיה והיה מבוי שלא נשתתפו בו והתיר רבה (שיתירו) [שיביאו] ע"י גוי ורצה אביי להקשות לו הזאה שבות ואינה דוחה הזאה מפני הפסח אף אמירה לגוי שבות נמי ולא תדחה מפני מילה וא"ל רב יוסף ולא שנא לך בין שבות שיש בו מעשה לשבות שאין בו מעשה פי' שבות הנעשה ע"י מעשה ישראל כגון הזאה וכיוצא בה העמידו חכמים דבריהם במקום כרת אבל אמירה לגוי שאין שם מעשה ע"י ישראל אלא אמירה בלחוד לא העמיד דבריהם במקום מצוה (עיי' בע' יז בס' המכריע): ת"ר עבד שהביא גיטו ממדינת הים צ"ל בפני נכתב ובפני נחתם כאשה המביאה גיטה. פי' דאמרי' במתני' א' גיטי נשים ואחד שחרורי עבדים שוין למוליך ולמביא וכתיב בו עצמך ונכסיי קנויין לך עצמו קנה. פי' המורה דנאמן הוא על שחרורו לומר בפני נכתב ואין צריך עדים לקיימו נכסים לא קנה דבעי עדים לקיים כשאר קיום שטרות ואינו [נ"ל] (צ"ל) דאשה המביאה [את] גיטה שהיא צ"ל בפני נחתם מוקמינן לקמן בשלהי פרקין כגון דאמר לה את תהי שליח להולכה עד דמטית לב"ד פלוני וכדי שלא תחלוק בשליחות כדאמרן לעיל הצריכוה לומר בפני נכתב ובפני נחתם אבל אם הביאה גיטה ואמרה כי בעלה נתנו לי לצמיתות אינה צריכה לומר כלום והיא נאמנת לומר כי בעלי נתנו לי ולא חיישינן לזיופא פי' שמא היא זייפתו דהכי אמרינן לקמן אשה כי מטי גיטה לידה איגרשא לה פי' למה היא צריכה לומר בפני נכתב ובפ"נ אלמא כל זמן שמוציאה גיטה ואומרת כי בעלי גירשני בזה אינה צריכה לומר כלום וב"ד מאמינין לה ומשיאין אותה וה"ה נמי עבד שהביא גיטו ואמר כי רבי נתנו לי ושחררני נאמן הוא ומתירים אותו בישראלית ואינו צ"ל כלום ולא חיישינן שמא הוא זייפו אלא נאמן לומר רבי נתנו לי כמו שהאשה נאמנת בגיטה אבל בנכסים אינו נאמן עד שיקיים החתימה דחיישינן לזיופא דדוקא בגט אשה הקלו חכמים ולא חשו לזיופא דידה משום עיגונה ועבד נמי איתקש לאשה אבל בנכסים חיישינן לזיופא ועד שלא קיים שטרו אינו זוכה בנכסים ואינו נאמן הוא עצמו לקיים שטרו כמו שנאמנת האשה כשמביאה גיטה דהתם משום עיגונה הימנוה רבנן לחד כבי תרי והימנוה לאשה עצמה מה שאין כן בקיום שטרות: איבעיא להו כל נכסי קניים לך מהו. פי' כשאמר (ס"א כשהיה כתוב בשטר) עצמך ונכסיי הם שני דברים וכל א' וא' נידון בדינו אבל כשאמר כל נכסיי קנויין לך כלל העבד עם שאר כל הנכסים על עצמו אינו צריך לקיימו דומיא דגט אשה שקבלתו לחלוטין ועל הנכסים צריך לקיימו דומיא כשטר בעלמא ויהיה בן חורין כדאמרי' לקמן הכותב כל נכסיו לעבדו יצא בן חורין הילכך אי מהימן אהאי מהימן נמי אהאי ולא פלגינן מידי דהוה אגט אשה שנאמנת להביא גיטה ולומר בפני נכתב היאך אנו דנין אותם אמר אביי מתוך שלא קנה א)עצמו לא קנה נכסי' ולא פלגינן דבורא א"ל רבא בשלמא נכסים לא קנה מידי דהוה אקיים שטרות דעלמא אלא עצמו ליקני מידי דהוה אגט אשה אלא אמר רבא א' זה וא' זה עצמו קנה נכסים לא קנה דפלגי' דבורא והילכתא כרבא:
אמר

א) נראה דצ"ל מתוך שלא קנה נכסים לא קנה עצמו ולא פלגינן.

מסורת הש"ס

[לקמן מז. מז: ע"ז כח.]

עירובין ל: נזיר נה. חגיגה כה.

ב"ק פ:

[שבת קנ. עירובין מז: ב"ק פ: ב"מ נ.]

[לפנינו שם ובכולה כב. איתא רב המנונא]

לקמן מב. ב"ב קמט: פאה פ"ג מ"ח

[יבמות סא.]

[לפנינו שם ליתא]

ואיירי ע"י ישראל. רש"ל

[וע"ע באריכות בתוס' ב"ק פ: ד"ה אומר]

הגהות הב"ח

(א) רש"י ד"ה רבי מטמא וכו' מפ' בעירובין נ"ב סוף ד' ל: (ב) ד"ה לא יצא וכו' כל נכסיי נתונין לך תשמר: (ג) תוס' ד"ה וא"ע וכו' חמימי מגו ביתאי ומוקי לה וכו' דרבנן כחצר שלא עירבו שרי משום.

לְעוֹלָם הוּא בֶּן חוֹרִין, עַד שֶׁיֹּאמַר "כָּל נְכָסַיי נְתוּנִין לִפְלוֹנִי עַבְדִּי חוּץ מֵאֶחָד מֵרִיבּוֹא שֶׁבָּהֶן". וְהָאָמַר רַב יוֹסֵף בַּר מַנְיוּמֵי אָמַר רַב נַחְמָן: אע"פ שֶׁקִּילְּסָם רַבִּי יוֹסֵי אֶת רַבִּי שִׁמְעוֹן, הֲלָכָה כְּר' מֵאִיר. דְּתַנְיָא: *כְּשֶׁנֶּאֶמְרוּ דְּבָרִים לִפְנֵי ר' יוֹסֵי, קָרָא עָלָיו הַמִּקְרָא הַזֶּה: °"שְׂפָתַיִם יִשָּׁק מֵשִׁיב דְּבָרִים נְכוֹחִים"! (משלי כד) וּמִי אֲמַר רַב נַחְמָן הָכִי? וְהָאָמַר רַב יוֹסֵף בַּר מַנְיוּמֵי אָמַר רַב נַחְמָן: אשְׁכִיב מְרַע שֶׁכָּתַב כָּל נְכָסָיו לְעַבְדּוֹ וְעָמַד, חוֹזֵר בִּנְכָסִים וְאֵינוֹ חוֹזֵר בָּעֶבֶד; חוֹזֵר בִּנְכָסִים — מַתְּנַת שְׁכִיב מְרַע הוּא, וְאֵינוֹ חוֹזֵר בָּעֶבֶד — שֶׁהֲרֵי יָצָא עָלָיו שֵׁם בֶּן חוֹרִין! אֶלָּא אָמַר רַב אַשִׁי: הָתָם הַיְינוּ טַעֲמָא — מִשּׁוּם דְּלָאו כְּרוּת גִּיטָּא הוּא.§ "אִם יֵשׁ עָלָיו עוֹרְרִין — יִתְקַיֵּים בְּחוֹתְמָיו".§ עַרְעָר כַּמָּה? אִילֵימָא עַרְעָר *חַד? וְהָאָמַר ר' יוֹחָנָן: דִּבְרֵי הַכֹּל אֵין עַרְעָר פָּחוֹת מִשְּׁנַיִם! וְאֶלָּא עַרְעָר תְּרֵי — תְּרֵי וּתְרֵי נִינְהוּ, מַאי חָזֵית דְּסָמְכַתְּ אַהָנֵי? סְמוֹךְ אַהָנֵי! באֶלָּא עַרְעָר דְּבַעַל.§

מתני' *גהַמֵּבִיא גֵּט מִמְּדִינַת הַיָּם, וְאֵינוֹ יָכוֹל לוֹמַר "בְּפ"נ וּבְפ"נ", אִם יֵשׁ עָלָיו עֵדִים — יִתְקַיֵּים בְּחוֹתְמָיו. אֶחָד גִּיטֵּי נָשִׁים וְאֶחָד שִׁחְרוּרֵי עֲבָדִים שָׁוו לְמוֹלִיךְ וּלְמֵבִיא, וְזוֹ *אַחַת מִן הַדְּרָכִים שֶׁשָּׁווּ גִּיטֵּי נָשִׁים לְשִׁחְרוּרֵי עֲבָדִים.§

גמ' *מַאי "אֵינוֹ יָכוֹל לוֹמַר"? אִילֵימָא חֵרֵשׁ, חֵרֵשׁ בַּר אַתּוּיֵי גִּיטָּא הוּא? וְהָתְנַן: *הַכֹּל כְּשֵׁרִין לְהָבִיא אֶת הַגֵּט, חוּץ מֵחֵרֵשׁ שׁוֹטֶה וְקָטָן! *אָמַר רַב יוֹסֵף: דהָכָא בְּמַאי עָסְקִינַן — כְּגוֹן שֶׁנְּתָנוֹ לָהּ כְּשֶׁהוּא פִּיקֵּחַ, וְלֹא הִסְפִּיק לוֹמַר "בְּפָנַי נִכְתַּב וּבְפָנַי נֶחְתַּם" עַד שֶׁנִּתְחָרֵשׁ.§ "אֶחָד גִּיטֵּי נָשִׁים וְאֶחָד שִׁיחְרוּרֵי עֲבָדִים".§ תָּנוּ רַבָּנַן, בִּשְׁלֹשָׁה דְּרָכִים שָׁווּ גִּיטֵּי נָשִׁים לְשִׁיחְרוּרֵי עֲבָדִים: השָׁווּ לְמוֹלִיךְ וּלְמֵבִיא. *ווְכָל גֵּט שֶׁיֵּשׁ עָלָיו עֵד כּוּתִי — פָּסוּל, חוּץ מִגִּיטֵּי נָשִׁים וְשִׁחְרוּרֵי עֲבָדִים. *זוְכָל הַשְּׁטָרוֹת
הָעוֹלִים

רש"י

לְעוֹלָם הוּא בֶּן חוֹרִין. דְּמַאי דְּגַלֵּי — גַּלֵּי, וּמַאי דְּלָא גַּלֵּי — לָא גַּלֵּי. עַד שֶׁיֹּאמַר. סְתָם, חוּץ מִדָּבָר מוּעָט, וְלֹא יְפָרֵשׁ מַה הוּא מְשַׁיֵּיר. דְּהָתָם אָמְרִינַן דְּ"אֶחָד מֵרִיבּוֹא" דְּקָאָמַר — הַיְינוּ עֶבֶד, וְאִיהוּ לָא חָשֵׁיב לֵיהּ אֶלָּא כְּאֶחָד מֵרִיבּוֹא בַּנְּכָסִים, אע"ג דְּשָׁוֵי טְפֵי. וּמִדְּקָאָמַר ר"ש: לְעוֹלָם הוּא בֶּן חוֹרִין — אַשְׁמְעִינַן: לָא שְׁנָא הֵיכָא דְּקָנֶה שְׁאָר נְכָסִים עִמּוֹ, כְּגוֹן שֶׁפֵּירֵשׁ הַשִּׁיּוּר שֶׁשִּׁיֵּיר: "חוּץ מִקַּרְקַע פְּלוֹנִי", דְּהַשְׁתָּא קָנֶה עַצְמוֹ וּשְׁאָר נְכָסִים חוּץ מִן הַשִּׁיּוּר, וְלָא שְׁנָא הֵיכָא דְּלָא קָנֶה שְׁאָר נְכָסִים, כְּגוֹן שֶׁלֹּא הִזְכִּיר שֵׁם הַקַּרְקַע שֶׁשִּׁיֵּיר, דְּכָתַב לֵיהּ "חוּץ מִבֵּית כּוֹר קַרְקַע", דְּהַשְׁתָּא לֹא קָנֶה שׁוּם קַרְקַע, דְּבְכָל חַד וְחַד אִיכָּא לְמֵימַר הַיְינוּ הַהוּא דְּשִׁיֵּיר — אפ"ה הוּא בֶּן חוֹרִין, דְּהוּא לָאו קַרְקַע הוּא, וְלָא שַׁיְּירֵיהּ. אַלְמָא: פָּלְגִינַן דִּיבּוּרָא, דְּהָא "כָּל נְכָסַי" קָאָמַר לֵיהּ, וְלֹא קָנֶה אֶלָּא אֶת עַצְמוֹ. וְאַתְּ נַמִי, דְּקָאָמְרַתְּ: עַצְמוֹ קָנֶה, נְכָסִים לֹא קָנֶה — כְּר' שִׁמְעוֹן סְבִירָא לָךְ. וְהָאָמַר רַב נַחְמָן הֲלָכָה כְּר' מֵאִיר. דְּלֹא יָצָא לְחֵירוּת. שֶׁקִּילְּסָם ר' יוֹסֵי. כִּדְמְפָרֵשׁ וְאָזֵיל. שְׂפָתַיִם יִשָּׁק. רָאוּי הוּא לְנַשֵּׁק. וּמִי אֲמַר רַב נַחְמָן הָכִי. דְּלָא פָּלְגִינַן דִּיבּוּרָא. שְׁכִיב מְרַע. חוֹזֵר בְּכָל מַתְּנוֹתָיו, בְּבָבָא בַּתְרָא (דף קמו:). שֶׁהֲרֵי יָצָא עָלָיו שֵׁם חֵירוּת. וְאָסוּר לְהִשְׁתַּעְבֵּד בּוֹ. אַלְמָא: פָּלְגִינַן דִּיבּוּרָא! הָתָם. דַּאֲמַר ר"נ הֲלָכָה כְּר"מ, טַעְמָא לָאו מִשּׁוּם דְּלָא פָּלְגִינַן דִּיבּוּרָא הוּא, דְּהָא כִּי נַמִי הִזְכִּיר שֵׁם שִׁיּוּר קַרְקַע פְּלוֹנִי, דְּלֵיכָּא פְּלוּגְתָּא דְּדִיבּוּרָא — קָאָמַר ר"מ דְּלֹא יָצָא לְחֵירוּת. אֶלָּא טַעְמָא מִשּׁוּם דְּלָאו כְּרוּת גִּיטָּא הוּא. דְּגַבֵּי אִשָּׁה כְּתִיב: "סֵפֶר כְּרִיתוּת" (דברים כד), וְשִׁחְרוּרֵי עֲבָדִים גָּמְרִי "לָהּ" "לָהּ" מֵאִשָּׁה, דִּכְתִיב: "חוּפְשָׁה לֹא נִתַּן לָהּ" (ויקרא יט), וּכְתִיב: "וְכָתַב לָהּ", וּבָעֵינַן בְּהוּ כְּרִיתוּת. וְכֵיוָן דְּאִיכָּא לְמֵימַר דְּשַׁיְּירֵיהּ, דְּהָא נַחַת לְשִׁיּוּרָא, וְהוּא לֹא הוּזְכַּר בְּתוֹךְ הַמַּתָּנָה, דְּלֹא כָּתַב לֵיהּ "עַצְמְךָ וּנְכָסַי קְנוּיִין לָךְ" — לָאו כְּרִיתוּת גָּמוּר הוּא. אֲבָל הֵיכָא דְּלֹא שִׁיֵּיר, כִּי הָכָא — הָוֵי כְּרִיתוּת לְגַמְרֵי, וְנִשְׁתַּחְרֵר שָׁעָה אַחַת, כָּל זְמַן שֶׁלֹּא חָזַר, וְשׁוּב אֵינוֹ יָכוֹל לַחֲזוֹר — שֶׁקִּדְּשׁוֹ הַשֵּׁם. וְגַבֵּי מִילְּתֵיהּ דְּרַבָּה בְּעֶבֶד שֶׁהֵבִיא גִּיטּוֹ — כְּרוּת גִּיטּוֹ הוּא וְהָוֵי דְּנְכָסִים לֹא קָנָה, דְּבָעֵי' קִיּוּם — אֲבָל עַצְמוֹ קָנָה, דְּפָלְגִינַן דִּיבּוּרָא. *אִם יֵשׁ עָלָיו עוֹרְרִין. לְפוֹסְלוֹ. יִתְקַיֵּים בְּחוֹתְמָיו. אוֹ הָעֵדִים עַצְמָן יָעִידוּ שֶׁחֲתָמוּהוּ, אוֹ עֵדִים אֲחֵרִים יַכִּירוּהוּ. וְשׁוּב אֵין בּוֹ פְּסוּל, דִּבְנֵי אֶרֶץ יִשְׂרָאֵל וַדַּאי בְּקִיאִין לִשְׁמָהּ. דְּרַבִּי יוֹחָנָן. לָא אִיתְפְּרַשׁ הֵיכָא. דְּבַעַל. הַבַּעַל עִרְעֵר עָלָיו לְפוֹסְלוֹ. **מתני'** וְאֵינוֹ יָכוֹל. מְפָרֵשׁ בַּגְּמָרָא. שָׁווּ לְמוֹלִיךְ וּלְמֵבִיא. לוֹמַר "בְּפָנַי נִכְתַּב". **גמ'** חוּץ מֵחֵרֵשׁ שׁוֹטֶה וְקָטָן. שֶׁאֵין בָּהֶם דַּעַת, וְאֵין שְׁלִיחוּתָן שְׁלִיחוּת לְגָרֵשׁ. כָּל גֵּט. כְּלוֹמַר, כָּל שְׁטָר. חוּץ מִגִּיטֵּי נָשִׁים. לְקַמָּן בְּפִירְקִין מְפָרֵשׁ טַעְמָא.
הָעוֹלִים

תוספות

לעולם הוא בן חורין. פי' בקונטרס: מדקאמר ר' שמעון "לעולם" — משמע דל"ש היכא דקנה שאר נכסים, כגון שפירש השיור, ול"ש היכא דלא קנה, כגון שלא הזכיר קרקע ששייר, דכתב ליה "חוץ מבית כור קרקע", דהשתא לא קנה שום קרקע, דבכל חד וחד איכא למימר דהיינו הוא ששייר, ואפ"ה הוא בן חורין — אלמא פלגינן דיבורא, דהא "כל נכסי" קא"ל ולא קנה אלא את עצמו. וקשיא: אע"ג דלא הזכיר שם קרקע, מ"מ קנה כל קרקע דאית ליה, אלא שיד העבד על התחתונה, ויקח האדון לעצמו בית כור מעידית שבנכסים, כדתנן בפרק "בית כור" (ב"ב דף קז:): "חצי שדה אני מוכר לך" — ינית לו חצי שדהו, ומפרש התם דלוקח נוטל כחוש, דיד בעל השטר על התחתונה! ואר"י: דלעולם דר' שמעון בא להוסיף, אפילו אין לו אלא אותה העיר או אותה שדה, כדקתני סיפא בתוספתא דבבא בתרא, ובפ"ק דפאה: ר' שמעון אומר: לעולם הוא בן חורין, עד שיאמר "כל נכסי נתונים לפלוני עבדי חוץ מאחד מריבוא שבהן". אמר "חוץ מעיר פלוני" "חוץ משדה פלוני", אפי' אין שם אלא אותה העיר או אותה שדה — זכה עבד בנכסים, וקנה עצמו בן חורין, ואין מתקיים דבור "כל נכסי" אלא בעבד לבדו. וה"א כשאמר "חוץ" מבטל דבורו מה שאמר "כל נכסי" — קמ"ל דאפ"ה יצא לחירות, דפלגינן דיבורא. **הלכה** כר"מ. ולר"מ ס"ד דסבר דלא פלגינן דיבורא, דמדקאמר ר' שמעון לעולם — משמע אפילו באותו ענין דלדידך לא יצא לחירות, דלא פלגינן דיבורא, כשאין לו אלא אותה העיר — אפ"ה יצא לחירות. ומסיק דטעמא דר"מ לאו משום דלא פלגינן דיבורא, אלא משום דלאו כרות גיטא הוא. פירוש: דאין זה כריתות, כיון שיש שיור בדיבור שהוא משתחרר בו, דאמר "כל נכסיי" ואינו מתקיים כולו, אבל בעבד שהביא גיטו, וכתוב בו "כל נכסיי קנויין לך" — פלגינן דיבורא שפיר, דכרות גיטא הוא. ורש"י פירש: דלאו כרות גיטא הוא — משום דאיכא למימר: מדשייר בנכסים — שייר נמי בעבד. ולפי זה, כאין לו אלא אותה העיר, דלא שייך למימר: מדנחית לשיורא — שייר נמי עבד — מודה ר"מ דיצא לחירות, דפלגינן דיבורא. ואין משמע כן בתוספתא, כדפירש'. ולשון "אפי'" אינו מיושב, דאפילו אין לו אלא אותה העיר — משמע דכ"ש יש לו שאר נכסים, דיצא לחירות. ואדרבה, ר"מ לא פליג אלא ביש לו שאר נכסים. **שפתים** ישק משיב דברים נכוחים. כשאדם אומר דברים נכוחים אותם שסביבותיו משיקין שפתותיהם זו לזו, ששותקין ואין יודעים מה להשיב. **ואינו** חוזר בעבד. וא"ת: ואמאי יצא בן חורין [ומותר בבת חורין]? הא מתנת שכיב מרע הוא, ולא קנה אלא לאחר מיתה, ואין גט לאחר מיתה! וי"ל: בדכתב ליה "מהיום". אי נמי: אפילו סתמא, דכיון דדעת שכיב מרע לשחררו — דעתו שיקנה בשעה שראויה לשחרר, דהיינו מחיים. וא"ת: כיון דסתמא דדעת של שכיב מרע לחזור בו אם יעמוד, אמאי אינו חוזר בעבד? וי"ל: דהכל תקנת חכמים היא, גם מה שחוזר בנכסים, גם מה שאינו חוזר בעבד. דמסתמא דעתו כמו שיאמרו לו חכמים. ומיהו: אם כתב בהדיא "מהיום אם ימות", ["מהיום אם לא ימות"] — אין נראה שיועיל לענין זה יצא עליו שם בן חורין לומר שאינו חוזר בעבד, מאחר שהתנה בפירוש. **התם** משום דלאו כרות גיטא הוא. וא"ת: דבפ' "מי שמת" (ב"ב דף *) [בעי למימר]: עבדא כמקרקעי דמי. ופריך עליה מהך דשייר קרקע כל שהוא לא יצא בן חורין. וקאמר עלה רב דימי: עשו מטלטלין שיור אצל עבד. וא"ל רבא לרב נחמן: מ"ט? וא"ל: משום דעבדא כמטלטלי דמי, ומטלטלי הוי שיור אצל עבד. ומשני רב אשי: אנן משום דלאו כרות גיטא הוא מתנינן לה. משמע דרב נחמן דפי' טעמא משום דעבדא כמטלטלי דמי — לית ליה טעמא דלאו כרות גיטא הוא! ואור"ת: דהתם ה"פ: אנן משום דלאו כרות גיטא הוא מתנינן, שכך השיב ר"נ לרבא, ולא משום דעבדא כמטלטלי הוא, שלא השיב כן רב נחמן מעולם. והשתא רב אשי דהתם, לטעמא דפירש הכא — טעמא דר"נ הוי משום דלאו כרות גיטא הוא, כמו שהוא מפרש שם. **והאמר** ר"י ד"ה בו'. אר"ת: דעיקר מילתא דר"י איתמר בפ"ב דכתובות (דף כג:) גבי פלוגתא דמעלין לכהונה ע"פ עד א'. ואע"ג דהתם נמי מייתי ליה כלישנא דמייתי לה הכא.
[וע"ע תוס' כתובות כו. ותוס' ב"ב לב. ד"ה והאמר כתבו הכי בשם ר"י].

סמוך אהני. שפוסלין החתימה, ולוקמה בחזקת אשת איש. **אלא** ערער דבעל. וה"ה ערער דלקוחות, שבאה אשה לטרוף מהן, כדאמרינן בירושלמי. **שוו** למוליך ולמביא. וא"ת: בשלמא באשה — הוי משום עיגונא, אבל בעבד מה עיגון יש? דאי משום דאסור בבת חורין ובשפחה — לא ליתביה האי שליח לעבד גט זה שהביא ממד"ה ולא יאסר בשפחה! וי"ל: דחשוב עיגון הא דאסור בבת חורין, ומה שאינו מתחייב במצות. **ששוו** גיטי נשים לשחרורי עבדים. איפכא הוה ליה למימר: ששוו שחרורי עבדים לגיטי נשים, דעיקר דין מוליך ומביא הוי באשה. אלא אגב דעד השתא איירי בגיטין — נקטיה ברישא.
אע"פ

עין משפט נר מצוה

מד א מיי' פ"ז מהלכות עבדים הלכה ט טוש"ע חו"מ סי' רנ סעי' ט:
מה ב מיי' פ"ז מהל' גירושין הל"ב סמג עשין נ:
מו ג ד מיי' שם הל' יח סמג שם טוש"ע אה"ע סי' קב סעי' ו:
מז ה מיי' פ"ו מהל' עבדים הל"ז סמג עשין עו טוש"ע יו"ד סי' רסז סעי' מה וסעי' נח:
מח ו מיי' שם הל"ו טוש"ע שם סעי' מז:
מט ז מיי' שם הל"ה טוש"ע שם סעיף מו:

מסורת הש"ס

[תוספתא פ"א דפאה]
ב"ב לב. כתובות כו. קדושין עג:
לעיל ד:
קדושין ג.
[לעיל ד:]
לעיל ה. לקמן כג.
[לעיל ה.]
[לקמן י.]
[שם:]
[ע' בפירוש רש"י בסוף משנה דלעיל ב. ד"ה אם וכד"ה יתקיים]
גי' מ"ד
[קג. ושם: ד"ה אמר ליה]

תוספות רי"ד

אמר רב יוסף בר מניומי אמר רב נחמן ש"מ שכתב כל נכסיו לעבדו ועמד חוזר בנכסים ואינו חוזר בעבד חוזר בנכסים מתנת ש"מ [הוא] וקי"ל שש"מ כל זמן שלא מת חוזר במתנתו ואינו חוזר בעבד שהרי יצא עליו שם בן חורין ואסור עוד להשתעבד בו. ופלגי' דבורא שבעבד דבריו קיימין ובנכסים אין דבריו קיימין וחוזר בהן: **מתני'** המביא גט מא"י אינו צריך שיאמר בפני נכתב ובפני נחתם אם יש עליו עוררים יתקיים בחותמיו פי' המורה שהבעל מערער שהוא מזוייף יתקיים בחותמיו פי' אם יעידו העדים על חתימת ידיהן או עדים אחרים יכירו החתימה כשר. ואם אין עליו עוררים מסתמא כשר דהא בקיאין לשמה ועדים מצויין תמיד לקיימו כדאמרי' בתי דינים קבועי. והגאון פי' המביא גט מא"י וכו' כיון דבא"י שכיחי שיירתא מפני שבתי דינים קביען שם בשני ובחמישי כתקון עזרא אינו צריך שיאמר השליח כלום אלא ינתנו ונשאת בו ולא חיישינן לערעור הבעל שאם יבא ויערער שכיחי שיירתא אבל במדינת הים דלא שכיחי שיירתא אל יתנוהו לאשה עד שיאמר בפני נכתב ובפני נחתם או עד שיתקיים בחותמיו דחיישינן שמא יבא הבעל ויערער ואין עדים מצויין לקיימו נמצא גט בטל ובניה ממזרים. המביא גט ממדינת הים ואינו יכול לומר בפני נכתב ובפני נחתם אם יש עליו עוררים. ערער כמה אילימא חד והא א"ר יוחנן דברי הכל אין [ערעור] פחות משנים פי' שאין משגיחין בדבר המערער א' אלא ערער תרי תרי ותרי נינהו מאי חזית דסמכת אהני סמוך אהני פי' שאם יבואו שנים ויאמרו מזוייף הוא ולא כתבו הבעל גם אם יבואו שנים ויקיימוהו מה מועיל תרי ותרי נינהו אלא בעל פי' שאם יבא בעל ויערער כי אני לא כתבתיו ומזוייף הוא צריך להתקיים בחותמיו ולערעור דבעל ודאי משגחי' וי"ל דוקא בחותמיו אבל שליח כיון שיצא הגט מידו שוב אינו נאמן דדוקא אי אמר מקמי הכי שוב אינו יכול הבעל לערער כדאמרן אי עבדת מהנית אבל כיון שיצא השליחות מידו שוב אינו נאמן ואע"פ שיש לדקדק ממאי דאמרי' לקמן ולא הספיק לומר עד שנתחרש טעמא דנתחרש הא לא נתחרש אע"פ שלא אמר בשעת נתינה עדיין הוא יכול לומר וגם ממאי דאמרן כיצד יעשה יטלנו ממנו ויחזור ויתן אלמא אע"פ שיצא השליחות מידו נאמן התם היכא דלא אתא בעל ומערער אבל הכא דקא אתי בעל ומערער אי אמר מקמי הכי נאמן ואי לא לא. המביא גט ממדינת הים וכו' מאי אינו יכול אילימא חרש שאינו לא שומע ולא מדבר וחרש בר אתויי גיטא הוא והתנן הכל כשרים להביא את הגט חוץ מחרש שוטה וקטן פי' מפני שאין בהן דעת ואין שליחותם שליחות: אמר רב יוסף הכי במאי עסקינן כגון שנתנו לו כשהוא פקח ולא הספיק לומר בפני נכתב ובפני נחתם עד שנתחרש. והאידנא שוותה א"י למדינת הים דלא שכיחי בה שיירתא שאין שם עולי רגלים ולא בתי דינים קבועין ואין עדים מצויין לקיימו הלכך צריך השליח לומר בפני נכתב ובפני נחתם כדי שיתקיים ולא יוכל עוד הבעל לערער ואם לא אמר אין האשה מותרת להנשא עד שיתקיים הגט בחותמיו: **מתני'** אחד גיטי נשים ואחד שחרורי עבדים שוים למוליך ולמביא וזו א' מן הדרכים ששוו גיטי נשים לשחרורי עבדים:
כל

הָעוֹלִים בְּעַרְכָּאוֹת שֶׁל גּוֹיִם, אע"פ שֶׁחוֹתְמֵיהֶן גּוֹיִם — כְּשֵׁירִין, חוּץ מִגִּיטֵּי נָשִׁים וְשִׁחְרוּרֵי עֲבָדִים. וּכְדִבְרֵי ר"מ בְּאַרְבָּעָה; *הָאוֹמֵר "תֵּן גֵּט זֶה לְאִשְׁתִּי" וּ"שְׁטַר שִׁחְרוּר זֶה לְעַבְדִּי", רָצָה לַחֲזוֹר בִּשְׁנֵיהֶם — יַחֲזוֹר, דִּבְרֵי ר"מ. בִּשְׁלָמָא לְרַבָּנַן, מִנְיָנָא לְמַעוּטֵי הָא דְּרַבִּי מֵאִיר, אֶלָּא לְר' מֵאִיר, מִנְיָנָא לְמַעוּטֵי מַאי? לְמַעוּטֵי הָא, *דְּתַנְיָא: אעֵדִים שֶׁאֵין יוֹדְעִים לַחֲתוֹם, מְקָרְעִין לָהֶם נְיָיר חָלָק וּמְמַלְּאִים אֶת הַקְּרָעִים דְּיוֹ; אָמַר רשב"ג: בבַּמֶּה דְּבָרִים אֲמוּרִים — בְּגִיטֵּי נָשִׁים, אֲבָל שִׁחְרוּרֵי עֲבָדִים וּשְׁאָר כָּל הַשְּׁטָרוֹת, אִם יוֹדְעִין לִקְרוֹת וְלַחֲתוֹם — חוֹתְמִין, וְאִם לָאו — אֵין חוֹתְמִין. קְרִיָּה מַאן דְּכַר שְׁמֵיהּ? חַסּוּרֵי מִחַסְּרָא וְהָכִי קָתָנֵי: עֵדִים שֶׁאֵין יוֹדְעִין לִקְרוֹת — קוֹרִין לִפְנֵיהֶם וְחוֹתְמִין, וְשֶׁאֵין יוֹדְעִין לַחֲתוֹם — מְקָרְעִין לָהֶם.§ וְתוּ לֵיכָּא? וְהָאִיכָּא: *גהָאוֹמֵר "תְּנוּ גֵּט זֶה לְאִשְׁתִּי דוּשְׁטַר שִׁחְרוּר זֶה לְעַבְדִּי", וּמֵת — לֹא יִתְּנוּ לְאַחַר מִיתָה. ה"תְּנוּ מָנֶה לִפְלוֹנִי", וּמֵת — יִתְּנוּ לְאַחַר מִיתָה! כִּי קָתָנֵי — מִילְּתָא דְּלֵיתֵיהּ בִּשְׁטָרוֹת, מִילְּתָא דְּאִיתֵיהּ בִּשְׁטָרוֹת לָא קָתָנֵי. דְּשָׁלַח רָבִין מִשְּׁמֵיהּ דְּר' אַבָּהוּ: הֱווּ יוֹדְעִין שֶׁשָּׁלַח ר"א לַגּוֹלָה מִשּׁוּם רַבֵּינוּ: *שְׁכִיב מְרַע שֶׁאָמַר "כִּתְבוּ וּתְנוּ מָנֶה לִפְלוֹנִי", וּמֵת — ואֵין כּוֹתְבִין וְנוֹתְנִין, שֶׁמָּא לֹא גָּמַר לְהַקְנוֹתוֹ אֶלָּא בִּשְׁטָר, וְאֵין שְׁטָר לְאַחַר מִיתָה. זוְהָאִיכָּא לִשְׁמָהּ! בִּשְׁלָמָא לְרַבָּה, הַיְינוּ מוֹלִיךְ וּמֵבִיא, אֶלָּא לְרָבָא קַשְׁיָא! וְתוּ, בֵּין לְרַבָּה בֵּין לְרָבָא חהָאִיכָּא מְחוּבָּר! כִּי קָתָנֵי — פְּסוּלָא דְּרַבָּנַן, דְּאוֹרַיְיתָא לָא קָתָנֵי. וְהָא עַרְכָּאוֹת שֶׁל גּוֹיִם, דִּפְסוּלָא דְּאוֹרַיְיתָא הוּא, וְקָתָנֵי! בְּעֵדֵי מְסִירָה, וּכְרַבִּי אֶלְעָזָר, דְּאָמַר: *עֵדֵי מְסִירָה כָּרְתֵי. וְהָא מִדְּקָתָנֵי *סֵיפָא, ר' שִׁמְעוֹן אוֹמֵר: אַף אֵלּוּ כְּשֵׁירִין, וְא"ר זֵירָא: יָרַד רַבִּי שִׁמְעוֹן לְשִׁיטָתוֹ שֶׁל ר"א דְּאָמַר עֵדֵי מְסִירָה כָּרְתֵי, מִכְּלָל דְּתַנָּא קַמָּא סָבַר: לָא! אִיכָּא

רש"י

הָעוֹלִים בְּעַרְכָּאוֹת שֶׁל גּוֹיִם. שֶׁנַּעֲשׂוּ הַשְּׁטָרוֹת ע"י ב"ד שֶׁל גּוֹיִם. שֶׁחוֹתְמֵיהֶן. חוֹתְמִין שֶׁבְּתוֹכוֹ. כְּשֵׁרִין. דְּדִינָא דְּמַלְכוּתָא דִּינָא. וְאע"פ שֶׁהַנּוֹתֵן וְהַמְקַבֵּל יִשְׂרְאֵלִים הֵם. חוּץ מִגִּיטֵּי נָשִׁים. דְּלָאו בְּנֵי כְּרִיתוּת נִינְהוּ, הוֹאִיל וְלָא שַׁיְיכִי בְּתוֹרַת גִּיטִּין וְקִידּוּשִׁין. אֲבָל עַל הַדִּינִין נִצְטַוּוּ בְּנֵי נֹחַ*. וְכֵן שִׁחְרוּרֵי עֲבָדִים, דִּבְכָל פְּסוּלָא דְּאוֹרַיְיתָא שָׁוֶה שִׁחְרוּר לְגֵט אִשָּׁה, דְּגָמְרִינַן "לָהּ" "לָהּ". רָצָה. הַבַּעַל. לַחֲזוֹר בִּשְׁנֵיהֶם. קוֹדֶם שֶׁנְּתָנוֹ הַשָּׁלִיחַ. יַחֲזוֹר. דְּקָסָבַר ר' מֵאִיר: הֶפְסֵד וְחוֹב הֵן לְאוֹתָן שֶׁנִּשְׁלְחוּ לָהֶן, וְאֵין חָבִין לְאָדָם אֶלָּא בְּפָנָיו, כְּלוֹמַר: אֵין אָדָם נַעֲשֶׂה שָׁלִיחַ לְאָדָם לִהְיוֹת נִפְסָד עַל יָדוֹ, אא"כ עֲשָׂאוֹ הוּא שָׁלִיחַ, דְּהַיְינוּ כְּבְפָנָיו. וְרַבָּנַן פְּלִיגֵי עֲלֵיהּ דְּר"מ בְּמַתְנִי', וְאָמְרִי דִּבְשִׁחְרוּר אֵינוֹ יָכוֹל לַחֲזוֹר, מִשֶּׁנִּמְסַר לְיַד זֶה, וְאַף ע"פ שֶׁלֹּא עֲשָׂאוֹ הָעֶבֶד שָׁלִיחַ. מִשּׁוּם דְּקָסָבְרֵי: זְכוּת הוּא לָעֶבֶד שֶׁיּוֹצֵא מִתַּחַת רַבּוֹ לְחֵירוּת, וְזָכִין לוֹ לָאָדָם שֶׁלֹּא בְּפָנָיו, דַּאֲנַן סָהֲדֵי דְּנִיחָא לֵיהּ דְּנֶיהֱוֵי הַאי שְׁלוּחוֹ לְהָכִי. מִנְיָנָא. דְּקָתָנֵי "בִּשְׁלֹשָׁה". מְקָרְעִין לָהֶם נְיָיר חָלָק. מְסָרְטִין וְרוֹשְׁמִין בְּסַכִּין עַל הַנְּיָיר אֶת שְׁמוֹת הָעֵדִים, וּבָאִין הָעֵדִים וּמְמַלְּאִין אֶת הַקְּרָעִים דְּיוֹ. בְּגִיטֵּי נָשִׁים. מִשּׁוּם תַּקָּנַת עֲגוּנוֹת — שֶׁמָּא יִרְאֶה זֶה הַמְגָרֵשׁ לְפָרֵשׁ בַּיָּם, אוֹ מְסוּכָּן שֶׁרוֹצֶה שֶׁלֹּא תִּזָּקֵק לְיָבָם. לֹא יִתְּנוּ לְאַחַר מִיתָה. וַאֲפִי' רַבָּנַן דְּאָמְרִי: שִׁיחְרוּרֵי עֲבָדִים זְכוּת הוּא, וְזָכִין לָאָדָם שֶׁלֹּא בְּפָנָיו, נְהִי דִּלְהָכִי זָכָה בֵּיהּ — דְּלָא מָצֵי לְמֶיהֱדַר, מִיהוּ מוֹדוּ רַבָּנַן דְּכָל כַּמָּה דְּלָא מְטָא גִּיטָּא לִידֵיהּ — לָא הָוֵי מְשׁוּחְרָר. וְכֵיוָן דְּמִית קָדֵים — תּוּ לָא הָוֵי שִׁיחְרוּרֵיהּ שִׁחְרוּר, דְּנָפְקָא לֵיהּ רְשׁוּתֵיהּ מִינֵּיהּ, וְחָיֵיל עֲלֵיהּ רְשׁוּת יוֹרְשִׁין. תְּנוּ מָנֶה לִפְלוֹנִי כו'. דִּבְרֵי שכ"מ כִּכְתוּבִין וְכִמְסוּרִין דָּמוּ. דְּתַקּוּן רַבָּנַן שֶׁמָּא תִּטָּרֵף דַּעְתּוֹ עָלָיו בְּחָלְיוֹ אִם לֹא הָיָה מוּבְטָח שֶׁיִּתְקַיְּימוּ דְּבָרָיו. כִּי קָתָנֵי. בְּהָנָךְ *ד' דְּבָרִים. מִילְּתָא דְּלֵיתֵיהּ. בִּשְׁאָר שְׁטָרוֹת. וְהָא מִילְּתָא אִיתָא בִּשְׁאָר שְׁטָרוֹת, שֶׁאִם מָסַר שְׁטַר מַתָּנָה לִשְׁלוּחוֹ לִיתְּנוֹ לְאַחַר (מִיתָה) וּמֵת — לֹא יִתֵּן לְאַחַר מִיתָה, דְּהָא לָא אַקְנֵי לֵיהּ אַרְעָא עַד דְּלִימְטְיָא שְׁטָרָא לִידֵיהּ, וְהַהִיא שַׁעְתָּא פָּקַע לֵיהּ רְשׁוּתֵיהּ. שֶׁמָּא לֹא גָּמַר לְהַקְנוֹתוֹ לוֹ. ע"פ צַוָּאָתוֹ, בְּתַקָּנָה דְּתַקּוּן רַבָּנַן לִשְׁכִיב מְרַע. אֶלָּא בִּשְׁטָר. לְכִי מְטָא שְׁטָרָא לִידֵיהּ לִיקְנְיֵיהּ בִּשְׁטָרָא. וְאֵין שְׁטָר. מַקְנֶה לְאַחַר מִיתָה, דְּהָא פָּקְעָה לֵיהּ רְשׁוּתֵיהּ דְּנוֹתֵן. וְהָאִיכָּא לִשְׁמָהּ. דְּשָׁוּוּ גִּיטֵּי נָשִׁים וְשִׁחְרוּרֵי עֲבָדִים. בִּשְׁלָמָא לְרַבָּה. דְּאָמַר: תַּקַּנְתָּא דְּמוֹלִיךְ וּמֵבִיא לְפִי שֶׁאֵין בְּקִיאִין לִשְׁמָהּ הִיא — הַיְינוּ מוֹלִיךְ וּמֵבִיא. הָאִיכָּא מְחוּבָּר. דְּפָסוּל בְּתַרְוַיְיהוּ, דִּכְתִיב (דברים כד): "וְכָתַב וְנָתַן" — מִי שֶׁאֵינוֹ מְחוּסָּר אֶלָּא כְּתִיבָה וּנְתִינָה, יָצָא זֶה שֶׁמְּחוּסָּר קְצִיָּיה. וְשִׁחְרוּר גָּמַר "לָהּ" "לָהּ". פְּסוּלָא דְּרַבָּנַן. מוֹלִיךְ וּמֵבִיא — רַבָּנַן הוּא דְּאַצְרְכוּהוּ לְמֵימַר "בְּפָנַי נִכְתַּב". עֵד כּוּתִי — פָּסוּל מִדְּרַבָּנַן בִּשְׁאָר שְׁטָרוֹת, דְּאַחְזְקִינְהוּ סְתָמַיְיהוּ לִפְסוּלָא. עַרְכָּאוֹת — לְקַמֵּיהּ פָּרֵיךְ: וְהָא עַרְכָּאוֹת פְּסוּלָא דְּאוֹרַיְיתָא, שֶׁאֵין עֵדוּתָן כָּשֵׁר, לְפִי שֶׁאֵינָן בְּתוֹרַת גִּיטִּין וְקִידּוּשִׁין, וְרַחֲמָנָא אָמַר "וְכָתַב וְנָתַן" — מִי שֶׁיֶּשְׁנוֹ בִּכְלַל נְתִינָה יֶשְׁנוֹ בִּכְלַל כְּתִיבָה, וְהָכִי מְפָרֵשׁ בְּפֶרֶק שֵׁנִי (לקמן ד' כג:). בְּעֵדֵי מְסִירָה. מַתְנִי' דְּמַכְשִׁיר בִּשְׁאָר שְׁטָרוֹת, וּפָסֵל בְּהָנֵי — כְּגוֹן דְּאִיכָּא עֵדֵי מְסִירָה. וְר"א הִיא דְּאָמַר עֵדֵי מְסִירָה כָּרְתֵי. וְאֵין צָרִיךְ לַחְתּוֹם בַּגֵּט, וְכִי כָּתַב קְרָא "וְכָתַב" — אַכְּתִיבַת הַגֵּט כְּתִיב, וְלָא אַחֲתִימַת יְדֵי עֵדִים. וּמַתְנִיתִין — בְּשֶׁכְּתָבוֹ סוֹפֵר יִשְׂרָאֵל. וְאַשְׁמְעִינַן מַתְנִיתִין דְּמוֹדֶה ר"א בִּמְזוּיָּיף מִתּוֹכוֹ, בַּחֲתִימַת עֵדִים פְּסוּלִין — שֶׁהוּא פָּסוּל, וְאע"ג דְּאִיכָּא הֶכְשֵׁר עֵדֵי מְסִירָה. וְהַאי פְּסוּלָא — מִדְּרַבָּנַן, גְּזֵירָה דִּילְמָא אָתֵי לְמִיסְמַךְ עֲלַיְיהוּ בְּלָא עֵדֵי מְסִירָה, וְכִי אַכְשַׁר ר"א — הֵיכָא דְּלָא חֲתִימוּ עֲלֵיהּ סָהֲדֵי כְּלָל. אַף אֵלּוּ. גִּיטֵּי נָשִׁים כְּשֵׁרִים בְּחוֹתְמִין גּוֹיִם. וְאָמַר רַבִּי זֵירָא יָרַד ר"ש כו'. וְאַכְשַׁר לְהוּ בְּעֵדֵי מְסִירָה, וּכְשֶׁכְּתָבוֹ סוֹפֵר יִשְׂרָאֵל. מִכְּלָל דת"ק סָבַר לָא. כָּרְתֵי עֵדֵי מְסִירָה, אֶלָּא עֵדֵי חֲתִימָה, וּפְסוּלָא דְאוֹרַיְיתָא הִיא. אִיכָּא

תוספות

אע"פ שחותמיהן גוים כשרים חוץ מגיטי נשים. ואור"י: דחותמיהן גוים יש לפסול אף ע"פ שכתבו ישראל, דלאו בני כריתות נינהו, כדאמרינן לקמן. ועוד: דבעינן לשמה, וגוי אדעתא דנפשיה קא עביד, כדאמרינן בספ"ב (לקמן דף כג.). ועוד: דלאו בני שליחות נינהו, דאין שליחות לגוי, ומדבעינן שיאמר לסופר לכתוב ולעדים "חתומו" — משמע דבעי שליחות. ועוד: דפסולין לעדות. ואפי' לרבי מאיר* דלא הוה בעי למיפסל עבד לעדות, משום דכתיב (דברים יט): "שקר ענה באחיו" ועבד — אחיו הוא במצות, אבל גוי דלאו אחיו הוא — פשיטא דפסול. וכיון דלאו בני עדות נינהו — היה ראוי אפילו כל שטרות העולים בערכאות של גוים לפסול מן התורה, אפי' אותם העומדים לראיה. אלא תקנתא דרבנן הוא, היכא דקים לן בסהדותייהו שהוא אמת, דלא מרעי נפשייהו. ומ"מ, שטר מתנה קאמר לקמן (דף י:) דחספא בעלמא הוא, אע"ג דקים לן דקושטא קאמר — משום דהרי אין כאן שטר. ולמאי דמוקמינן לה בעדי מסירה ורבי אלעזר, היכא דכתבו ישראל לא מיפסל אלא מטעם מזוייף מתוכו. **מקרעין** להם נייר חלק. פי' בקונט': מסרטין. אע"ג דחקיקה חשיבה כתיבה, כמו כתב ע"ג טבלא ופינקס — הכא לא חשיב כתב ע"ג כתב דפסלינן בפ"ב (לקמן דף יט.), דאין כאן כתיבה גמורה, אלא שרושמין קצת כדי לחתום עליו עדים. ועוד: דאפי' דיו על גבי סיקרא חשיבא לקמן בפ"ב (גז"ש) כתב לענין שבת, אע"פ שהסיקרא לבדה הוא כתב. אבל לשון "מקרעין" לא משמע כפי' הקונט', דהוה ליה למימר: מסרטין. ור"ח פי': שלוקחין נייר חלק ומקרעין עליו שמות העדים מעבר לעבר, ומשימין אותו על קלף שהגט כתוב בו, ובאין העדים וממלאים את הקרעים דיו, ונכרת הכתיבה ע"ג הגט. בירושלמי פריך: והלא כתב ראשונה הוא! פירוש: ואין הגט יכול להתקיים בחותמיו! ומשני: כשהרחיב להם את הקרעים, והעדים אין ממלאין לגמרי כל רחב הקרע. **קורין** לפניהם וחותמים. ולא הוי עד מפי עד, שאין צריכין להעיד על עיקר המעשה, אלא שאומר שכך כתוב בשטר, ובעי שנים קורין, או אפילו יחיד כגון רב נחמן וספרי דדייני דאית להו אימתא, כדלקמן בפ"ב (דף יט:). **לא** יתנו לאחר מיתה. פי' בקונטרס: ואפילו רבנן דאמרי: זכות הוא לעבד וזכין לאדם שלא בפניו, נהי דלהכי זכה — דלא מצי מיהדר ביה, מודו רבנן דכל כמה דלא אתא גיטא לידיה לא הוי משוחרר. ודבר תימה פירושו: כיון דזכות הוא — פשיטא דזוכה לאלתר, כיון דאמרי' גבי שחרור "תן כזכי" כדאמר לקמן. ורש"י בעצמו חזר בו, שפי' לקמן (דף יג.) על משנה זו, דהאומר "תנו" גרסינן, ול"ג "תן גט זה", שלא מסר ליד השליח בחייו. לפיכך לא נחלקו חכמים בדבר, לומר שמשעה ראשונה זכה לו השליח לעבד להיות משוחרר. **מילתא** דאיתיה בשטרות לא קתני. וא"ת: והא פסולא דערכאות איתא בשטר מתנה, כדמפרש לקמן (דף י:) חוץ מכגיטי נשים! וי"ל: דהשתא סבר כאידך שינויא דלקמן. **כי** קתני פסולא דרבנן. אע"ג דאיכא נמי מחובר דרבנן, כגון אין כותבין טופס שמא יכתוב תורף (לקמן דף כא:), מ"מ עיקר מחובר דאורייתא. אבל עיקר מוליך ומביא — דרבנן, אע"פ שלרבה ניתקן משום לשמה דאורייתא. **בעדי** מסירה ור"א היא. אע"ג דקתני: וכדברי ר"מ בארבעה — ה"ק: למאן דסבר כר"מ בארבעה. והא דקאמר התלמוד נמי: אלא לר"מ מנינא למעוטי מאי — למאן דסבר כר"מ קאמר. כי

עין משפט נר מצוה

נ א מיי' פ"א מהל' גירושין הל' כג סמג עשין נ טוש"ע אה"ע סי' קל סעי' טז:
נא ב מיי' שם ופכ"ד מהל' מלוה הל"ו סמג עשין קכב טוש"ע חו"מ סי' מח סעי' ד:
נב ג מיי' פ"ו מהלכות גירושין הל' כט ופ"ט שם הל' יב יד סמג עשין נ טוש"ע אה"ע סי' קמא סעי' נח:
נג ד מיי' פ"ו מהל' עבדים הלכה א סמג עשין פז טוש"ע יו"ד סי' רסז סעי' עו:
נד מיי' פ"ו מהל' זכייה הל"א סמג עשין פט טוש"ע חו"מ סי' רנ סעי' יח:
נה ו מיי' שם פ"ח הל' יב סמג שם טוש"ע חו"מ סי' רנ סעי' יח:
נו ז מיי' פ"ו מהל' עבדים הל"ה סמג עשין פו טוש"ע יו"ד סי' רסז סעי' מח:
נז ח מיי' שם טוש"ע שם סעי' מט

מסורת הש"ס

[סנהדרין נו.]
לקמן יח:
לקמן יט:
[לקמן יג. ב"ב קלח:]
ב"ב קנב. ובדף קנה:
נ"א ג' וד'
מ"ד מ"ה
[ב"ק פח.]
[לקמן י: כ: כח: כב: כג. כד: כו: לו. סד. פו: כתובות לד: קדושין מח. ב"ב קעב. [קעב:]]
לקמן י:

נח א ב מיי' פ"ו מהל' עבדים הל"ו סמג עשין פז טוש"ע יו"ד סי' רסז סעי' מז:

גמרא

אִיכָּא בֵּינַיְיהוּ: שֵׁמוֹת מוּבְהָקִין. וְהָא חֲזָרָה — דְּאוֹרַיְיתָא, וְקָתָנֵי! אֶלָּא, כִּי קָתָנֵי — מִילְּתָא דְּלֵיתָא בְּקִידּוּשִׁין, מִילְּתָא דְּאִיתָא בְּקִידּוּשִׁין — לָא קָתָנֵי. וְהָא חֲזָרָה גּוּפָהּ אִיתָא בְּקִידּוּשִׁין! בִּשְׁלִיחוּת בְּעַל כּוֹרְחָהּ, דִּבְגֵירוּשִׁין אִיתָא וּבְקִידּוּשִׁין לֵיתָא.§ **מתני'** *אכָּל גֵּט שֶׁיֵּשׁ עָלָיו עֵד כּוּתִי — פָּסוּל, בחוּץ מִגִּיטֵּי נָשִׁים וְשִׁחְרוּרֵי עֲבָדִים. מַעֲשֶׂה שֶׁהֵבִיאוּ לִפְנֵי ר"ג לִכְפַר עוֹתְנַאי גֵּט אִשָּׁה, וְהָיוּ עֵדָיו עֵדֵי כּוּתִים, וְהִכְשִׁיר.§ **גמ'** מַנִּי מַתְנִי'? לָא ת"ק, וְלָא ר"א, וְלָא רַבָּן שִׁמְעוֹן בֶּן גַּמְלִיאֵל. דְּתַנְיָא: *מַצַּת כּוּתִי — מוּתֶּרֶת, וְאָדָם יוֹצֵא בָּהּ יְדֵי חוֹבָתוֹ בְּפֶסַח; רַבִּי אֱלִיעֶזֶר אוֹסֵר, לְפִי שֶׁאֵין בְּקִיאִין בְּדִקְדּוּקֵי מִצְוֹת. רשב"ג אוֹמֵר: *כָּל מִצְוָה שֶׁהֶחְזִיקוּ בָּהּ כּוּתִים, הַרְבֵּה מְדַקְדְּקִין בָּהּ יוֹתֵר מִיִּשְׂרָאֵל. מַנִּי? אִי ת"ק, אֲפִילּוּ שְׁאָר שְׁטָרוֹת נַמִּי! אִי רַבִּי אֱלִיעֶזֶר, אֲפִילּוּ גֵּט אִשָּׁה נַמִּי לָא! וְאִי רַבָּן שִׁמְעוֹן בֶּן גַּמְלִיאֵל, אִי דְּאַחֲזוּק, אֲפִי' שְׁאָר שְׁטָרוֹת נַמִּי! אִי דְּלָא אַחֲזוּק, אֲפִילּוּ גֵּט אִשָּׁה נַמִּי לָא! וְכִי תֵּימָא: רַבָּן שִׁמְעוֹן בֶּן גַּמְלִיאֵל הִיא, וּדְאַחֲזוּק בְּהָא וְלָא אַחֲזוּק בְּהָא, אִי הָכִי מַאי אִירְיָא חַד? אֲפִילּוּ תְּרֵי נַמִּי! אַלְמָה אָמַר רַבִּי אֶלְעָזָר: לֹא הִכְשִׁירוּ בּוֹ אֶלָּא עֵד אֶחָד כּוּתִי בִּלְבַד! גלְעוֹלָם רַבִּי אֶלְעָזָר, וּכְגוֹן דְּחָתֵים יִשְׂרָאֵל לְבַסּוֹף, דְּאִי

רש"י

איכא ביניהו שמות מובהקין. כלומר, ת"ק בשיטתיה דרבי אלעזר קאי, ומדרבנן הוא דפסלי', דילמא אתי למיסמך אחתומין ולמוסרו בפניהם. ואתא ר' שמעון למימר: אם שמות מובהקים דגוים הן, שאין ישראל נקראין באותן שמות — לאו היינו מזוייף מתוכו דמודה ר"א, דכולי עלמא ידעי דגוים הם, ולא אתי למיסמך עלייהו בלא עדי מסירה. חזרה. רצה לחזור בשניהם, לר"מ — פסולא דאורייתא הוא, דהא כיון דבטיל משלח לשליחותיה דשליח — נמצא שאינו שלוחו, ואין כאן גירושין כלל. והיינו דאורייתא, דרחמנא אמר "ונתן בידה" — וזה לא נתן, לא הוא ולא שלוחו. הכי גרסינן: אלא כי קתני מילתא דליתא בקדושין. כלומר, כי פרכינן לעיל: האיכא מחובר ולשמה — לא תשני: פסולא דאורייתא לא קתני, אלא אימא: מילתא דאיתא בקידושין לא קתני. כגון לשמה ומחובר איתא נמי בשטרי קידושין, כדכתיב (דברים כד): "ויצאה מביתו והיתה לאיש אחר" — איתקוש הוויה ליציאה. אבל "בפני נכתב" ליתיה בקידושין, דתקנתא דרבנן בעלמא היא בגיטין, דילמא אתי בעל מערער ופסיל ליה. ועד כותי נמי אינו כשר בקידושין, דהאי דאכשרו בגיטין — היינו טעמא כדלקמן (ע"ב), דעדי הגט אין חותמין זה בלא זה, מה שאין כן בשאר שטרות. וערכאות נמי ליתא בקידושין היכא דאיכא עדי מסירה ישראל, דבגט ושחרור הוא דגזרי דילמא אתי למיסמך עלייהו, ומצרכינן ליה גיטא אחרינא. אבל בקדושין, כיון דמדאורייתא מקודשת משום עדי מסירה, אי אמרת "אינה מקודשת" — שרית אשת איש לעלמא. ופרכינן: חזרה גופה איתא בקידושין. שאם מסר שטר קידושין לשלוחו, ורצה לחזור — חוזר, דאין כאן זכות הוא לה, דאסר לה אכולי עלמא. ומשום האי שטרא אינו מתחייב במזונותיה. בשליחות בעל כורחה כו'. כלומר, דומיא דגיטין לא משכחת לה בקידושין. דהא שליח זה משלח אצלה לגרשה בעל כרחה, וכן לעבד לשחררו על כרחו. אבל בקידושין — לא היה נעשה שליח אצלה על כרחה. הילכך, הכי קתני: בזו שוו גיטי נשים ושחרורי עבדים — ששליח זה היה נעשה שליח אצלן על כרחן, ואם רצה הבעל — חוזר. מה שאין כן בקידושין, דאע"ג דחוזר — לא דומיא דהני הוא. **מתני'** עד כותי פסול. דחשידי אעדות שקר. חוץ מגיטי נשים. כדמפרש בגמרא. לכפר עותנאי. **גמ'** מצת כותי מותרת. בפסח לאכילה, ולא חיישינן שמא החמיצה. ואדם יוצא בה ידי חובתו בפסח. משום חובת לילה הראשון, שהוא חייב לאכול מצה המשתמרת, כדכתיב (שמות יב): "בערב תאכלו מצות". ואפי' ידעינן בה דלא החמיצה — לא נפיק בה אלא אם כן עבד לה שימור לשם חובת מצה, דכתיב (שם): "ושמרתם את המצות". וכותים בקיאין הן שצריכה להשתמר לשמה, ועושין לה שימור. ר"א אוסר. אף באכילה כל ימות הפסח, דחשדינן להו שמא מחמצין. כל מצוה שהחזיקו בה כו'. וב"הכל שוחטין" מפרש דאתי ר"ש לאוסופי אתנא קמא אף מצוה שהיא מדברי סופרים ואינה כתובה בתורה, אם החזיקו בה — סמכינן עלייהו. אפי' שאר שטרות נמי. דהא לא חשידי. אי דאחזוק. בהלכות גיטין ושטרות. וכגון דאחזוק בהא. בגיטין ושחרורין. ולא אחזוק בהא. בשאר שטרות. אי הכי מאי איריא. דלא אכשרינן בגיטין אלא חד כותי, כדקתני מתני' "עד כותי", דחד כותי וחד ישראל הוא דמכשר. אבל תרוייהו כותים — לא. לא הכשירו בו. בגט אשה. לעולם כר' אלעזר. דאמר: חשידי, וגיטין מאי טעמא הוכשר עד כותי. כגון דחתים ישראל. עד השני. לבסוף. תחת כותי. דאי

תוספות

כי קתני מילתא דליתא בקדושין כו'. כל הני ליתנהו בקידושין, למוליך ומביא בגט – משום עיגונא, אבל כאן אם תרצה – לא תקבל הנך קדושין. ועד כותי לא שייך בקדושין, דבגט הוא דמכשירין כדלקמן, משום דעדי הגט אין חותמין זה בלא זה(א), דאי לאו דכותי חבר הוה לא הוה מחתים ליה מקמיה, אבל בקדושין – חותמין זה בלא זה, דלא שייך למיגזר משום "כולכם". דגבי גט גזרינן שמא יאמר "כולכם חתומו" ואם יחתמו זה בלא זה לאחר שחתמו בו שנים, ויתנוהו לאשה, ותסבור שהיא מגורשת ותלך ותנשא, ובעל קפיד. אבל בקידושין – אין לחוש אם תסבור שהיא מקודשת. והא לא שכיחא שתקבל קדושין מאחר, כיון שסבורה להיות מקודשת. וכן ערכאות, כיון דאיכא עדי מסירה – ישראל כשר בקדושין אע"פ שחותמין גוים, דליכא למיחש דילמא אתי למיסמך עלייהו, דלא אתי לידי תקלה במה שסבורה להיות מקודשת, כדפירשנו. וא"ת: והאיכא זמן, ששוו גיטי נשים לשחרורי עבדים, כדאמרי' בפרק "ד' אחין" (יבמות דף לא:): והא עבדא איכא דקני בכספא ואיכא דקני בשטרא ותקון רבנן זמן. ובשחרורי עבדים איירי, ולא כמו שפירש שם בקונטרס: שטר מכירת עבד – דא"כ הוה מצי למפרך מקרקעות וכל שטרות. ועוד: דאותו אינו נפסל כשאין בו זמן. אלא בשטר שחרור איירי, שנפסל בלא זמן, כמו גיטי נשים. וי"ל: דכיון שרגילין לעשות זמן בכל שטרות – לא תניא הכא*.

בשליחות בעל כורחה כו'. פי' בקונטרס: והכי קתני: בזו שוו גיטי נשים ושחרורי עבדים – ששליח זה נעשה שליח אצלו בע"כ, ואם רצה הבעל – חוזר. מה שאין כן בקדושין, דאע"ג דחוזר, לאו דומיא דהני הוא. ואין נראה, דאי מיירי בשליחות בעל כורחייהו – רבנן נמי מודו דחוזר בעבד, ואין זכין לו בעל כורחו. ונראה כפר"ח: דכיון דבעבד ואשה איכא שליחות בעל כורחייהו – הוה אמינא דאין יכול לחזור, דכיון דבא ליד השליח – כאילו בא לידה דמי, כיון שאין יכולים לעכב. אבל קידושין דאין בע"כ – פשיטא דחוזר. ומילתא דליתא בקדושין – היינו דליתא אידוש בקדושין. וקשה: ליתני דשוו לבע"כ והוו ארבע אפי' לרבנן. **מצת** כותי מותרת. ואם תאמר: הלא גזרו על פתן, כדאמרינן בפירקי דרבי אליעזר (פ' לח) לפי שהיו מבטלין בנין בית המקדש בימי עזרא. וקתני התם: מכאן אמר רבי אליעזר: כל האוכל פת כותי – כאילו אוכל בשר חזיר. ותניא נמי בפ"ק דחולין (דף יג.) גבי מין: פתו פת כותי! ואור"ת: דמיירי בעיסת ישראל שעשה כותי מצה ממנה. וא"ת: אמאי יוצא בה ידי חובה? דילמא לא שמרה לשם מצה, דחשידי א"לפני עור" וגו'! וי"ל: כגון דקים לן דאין לכותי מצה אחרת שיוכל לצאת בה ידי חובתו, כדמשמע בריש חולין (דף ד.): קוטע ראשו של אחד מהן ונותנו לו, אכלו – מותר לאכול משחיטתו. **ואדם** יוצא בה ידי חובתו. זו אף זו קתני, ואשמעינן דבקיאין בשימור לשם מצה. **אי** תנא קמא אפי' שאר שטרות נמי. אור"י: דמשמע דלת"ק מהניא כתיבה לחודיה, אע"ג דלא אחזוק. מדלא קאמר את"ק "אי דאחזוק" כו' כדקאמר ארשב"ג. וא"כ פשיטא ליה לתלמוד דמלה לא אחזוק, פירוש: אין ידוע אי אחזוק. דאי מלה כתיבה ואחזוק – מנא ליה לתלמוד דכתיבה לחודיה מהניא לתנא קמא? וכן משמע בפרק קמא דחולין (דף ד.), דמעיקרא מוקי פלוגתייהו בכתיבה ולא אחזוק, דלת"ק מהניא ולרשב"ג לא מהניא. ופריך: האי "כל מצוה שהחזיקו בה" – "אם החזיקו בה" מיבעי ליה! משמע דלא ידיע לן אי אחזוק בה, מדקאמר: "אם אחזוק בה" מיבעי ליה. וקשה: דלמאי דמסיק התם דלאחזוק בלא כתיבה איכא בינייהו, דלתנא קמא לא מהני, ורשב"ג לטפויי אתא למימר דמהני – מנא ליה דלא מהני לת"ק? כיון דכתיבה לחודיה מהני, אע"ג דלא מהני לרשב"ג כדמשמע הכא – כ"ש דמהני חזקה לחודה, דעדיפא, דמהני אף לרשב"ג! ודוחק לומר: אע"ג דממילתא דתנא קמא אין להוכיח דלא מהני חזקה לחודיה, מכל מקום יש לדקדק מרשב"ג דאתא לטפויי חזקה לחודה – מכלל דלתנא קמא לא מהני. ונראה לר"י: דלמסקנא דהתם מלה כתיבה והחזיקו בה. והשתא יש להוכיח מתנא קמא גופיה דחזקה לחודה לא מהניא, מדנקט מלה דכתיבה ואחזוק, דאי חזקה לחודה מהניא – הוה ליה למינקט שחיטה, דליכא אלא חזקה לחודה. ואם תאמר: אם כן מנא ליה דכתיבה לחודה מהני לתנא קמא, כיון דמלה כתיבה ואחזוק! ויש לומר: מדלא מפרש בהדיא: מלת כותי מותרת הואיל והחזיקו בה – משמע דלא הוי טעמא אלא משום דכתיבה, שהוא טעם הידוע לכל, בלא שום פירוש. ואם תאמר: כיון דלתנא קמא חזקה לחודה לא מהניא, מנא לן דכתיבה לחודיה לא מהניא לרבן שמעון בן גמליאל דפריך "אי אחזוק" כו'? דילמא כתיבה עדיפא, דמהני אפי' לתנא קמא, וכל שכן דמהני לרבן שמעון בן גמליאל! ועוד: במסקנא דחולין הוה ליה למימר: אחזוק בדלא כתיבה נמי איכא בינייהו. מדלא קאמר

לעיל ט.

קידושין סו. חולין ד. [תוספתא פסחים פ"ב]

[ברכות מז: חולין שם]

[וע' היטב תוס' יבמות לא: ד"ה והא]

הגהות הב"ח

(א) תוס' ד"ה כי וכו' ואי לאו דכותי וכו' עבדא דאיכא דקני:

גליון הש"ס

מתני' חוץ מגיטי נשים. ע' ב"ב דף קס ע"ב תד"ה שלא תחלוק:

תוספות רי"ד

כל גט שיש עליו עד כותי פסול חוץ מגיטי נשים ושחרורי עבדים ומעשה שהביאו לפני ר"ג לכפר עותני גט אשה והכשירו אע"פ שהיו עדיו עדי כותים פי' כל שטר שחתום בו עד כותי פסול שהכותים הם חשודים להעיד עדות שקר חוץ מגיטי וכו' לקמן מפרש טעמא פי' א) לענין זה שוין גיטי נשים ושחרורי עבדים שהשליח נאמן לקיימו דשויוה רבנן כבי תרי מה שאין כן בשאר שטרות שצריכין שני עדים לקיים את השטר ואין השליח נאמן כשני' שאם שלח הלוה שטרו למלוה ע"י שליח אין השליח נאמן לקיימו: כל השטרות העולים בערכאות של גוים אע"פ שחותמיהן גוים כשרים חוץ מגיטי נשים ושחרורי עבדים רבי שמעון אומר כלן כשרים לא הוזכרו אלא [בזמן] שנעשו בהדיוט פי' כל השטרות שנעשו ע"י ב"ד אומות העולם אע"פ שחותמיהן החתום בתוכן גוים כשרים דדינא דמלכותא דינא אע"פ שהנותן והמקבל ישראל חוץ מגיטי נשים דלאו בני כריתות נינהו הואיל ולא שייכי בתורת גיטין וקדושין אבל על הדינים נצטוו בני נח וכן שחרורי עבדים דלכל פסולא דאורייתא שוי שחרור עבד לגט אשה הגמרי' לה לה מאשה: א"ר אלעזר לא הכשירו בגט אלא ע"א כותי בלבד וכגון דחתם ישראל לבסוף

א) זה שייך למשנה דלעיל (דף ט') וזו אחת מן הדרכים שבו וע"ז אמר פי' וכו'.

דאי לאו דכותי חבר הוה, לא מחתים ליה מקמיה. אי הכי, אפילו שאר שטרות נמי! אלא אמרינן: רווחא שבק למאן דקשיש מיניה, הכא נמי – רווחא שבק למאן דקשיש מיניה! א"ר פפא, זאת אומרת: אעדי הגט אין חותמין זה בלא זה. מאי טעמא? אמר רב אשי: *גזירה משום "כולכם". גופא, אמר רבי אלעזר: לא הכשירו בו אלא עד אחד כותי בלבד. מאי קמ"ל? תנינא: כל גט שיש עליו עד כותי – פסול כו'! אי ממתניתין, הוה אמינא אפי' תרי נמי, והאי דקתני חד – משום דבשטרות אפי' חד נמי לא, קמ"ל. ותרי לא? והא קתני: מעשה והביאו לפני רבן גמליאל לכפר עותנאי גט אשה, והיו עדיו עדי כותים והכשיר! אמר אביי, תני: עדו. רבא אמר: לעולם תרי, ורבן גמליאל מיפלג פליג. וחסורי מיחסרא והכי קתני: ורבן גמליאל מכשיר בשנים, ומעשה נמי שהביאו לפני רבן גמליאל לכפר עותנאי גט אשה, והיו עדיו עדי כותים והכשיר.§ **מתני'** *בכל השטרות *העולים בערכאות של גוים, אע"פ שחותמיהם גוים – כשירים, חוץ מגיטי נשים ושחרורי עבדים; *ר"ש אומר: אף אלו כשירין, לא הוזכרו אלא בזמן שנעשו בהדיוט.§ **גמ'** קא פסיק ותני, לא שנא מכר ול"ש מתנה; בשלמא מכר – מכי יהיב זוזי קמייהו הוא דקנה, ושטרא ראיה בעלמא הוא, דאי לא יהיב זוזי קמייהו, לא הוו מרעי נפשייהו וכתבין ליה שטרא. אלא מתנה במאי קא קני – לאו בהאי שטרא? והאי שטרא חספא בעלמא הוא! אמר שמואל: *דינא דמלכותא דינא. ואב"א, גתני: חוץ מכגיטי נשים.§ "רבי שמעון אומר: אף אלו כשירין" וכו'.§ והא לאו בני כריתות נינהו! אמר רבי זירא: דירד ר' שמעון לשיטתו *של רבי אלעזר, דאמר עדי מסירה כרתי. *והאמר ר' אבא: מודה ר' אלעזר במזויף מתוכו שפסול! הכא במאי עסקינן – בשמות

רש"י

דאי לאו דכותי חבר הוה. לא הוה האי ישראל מחתים ליה לכותי מקמיה. אי הכי שאר שטרות נמי. כי חתם ישראל לבסוף ניכשריה. אלא. על כרחיך טעמא מאי לא הוי בשאר שטרות בחזקת חבר ע"י הקדמה זו – דאמרינן: האי ישראל רווחא שבק למאן דקשיש מיניה. שראו את העדות עם ישראל זה החתום ישראלים זקנים ממנו, והכותי. וכשחתם ישראל זה תחילה, היה סבור שיחתום בעל השטר עמו אחד מישראל הזקנים – לפיכך חתם בתחתית השטר. והמלוה בא והחתים אחריו את הכותי למעלה הימנו. הכא נמי. בגט אשה, נימא: רווחא שבק. זאת אומרת. מתניתין, דמכשר בגט ופסיל בשאר שטרות, אשמעינן דעדי הגט אין חותמין אלא זה בפני זה. הילכך על כרחך ישראל זה ראה את הכותי חותם למעלה והוא חתם למטה, ואי לאו דחבר הוא – לא אחתמיה מקמיה. אבל עדי שאר שטרות – חותמין זה שלא בפני זה. הילכך איכא למיחש ישראל זה חתם ראשון בתחתית השטר, ושבק רווחא למאן דקשיש, ולא ידע שיחתמו את הכותי למעלה הימנו. מאי טעמא. אמרו רבנן שלא יחתמו זה שלא בפני זה. גזירה משום כולכם. דתנן בפירקין דלקמן (דף סו:): אמר לעשרה "כולכם כתבו גט לאשתי" – אחד כותב וכולם חותמין. ואי לא הוו חתמי כולהו – הוי פסול, דבקפידא תליא, דלא שוייה גיטא אלא בהכי. לפיכך תקנו אפילו היכא דלא אמר "כולכם" – שיהיו כל העדים נקבצים בשעת החתימה. תנינא כל גט שיש עליו עד כותי פסול. ועלה קאמר "חוץ מגיטי נשים". הוה אמינא דאפילו תרי. כשרין בגט, והא דתני חד – לאשמועינן חומרא דשאר שטרות – דחד נמי פסול בהו, קא משמע לן. רבא אמר לעולם תרי. כותים הוו בההוא גיטא דרבן גמליאל. ורבן גמליאל מיפלג פליג. ואי אמרת מעשה לסתור – חסורי מיחסרא כו'. מתני' בערכאות. מקום בית וועד דיינים קבועין שלהן. לא הוזכרו. בבית המדרש לפסול. אלא בזמן שנעשו בהדיוט. ע"י גוים הדיוטות, שאינן דיינים. ובגמרא מפרש לה. גמ' קא פסיק ותני. "כל השטרות כשרין בחותמי גוים", לא שנא שטרי מכר ול"ש שטרי מתנה. בשלמא. שטרי מכר, דארעא לאו בהאי שטרא מיקנייא אלא בזוזי. מכי יהיב. האי גברא זוזי. לישראל חבריה. קמייהו. דדיינין גוים. הוא דקנה. לארעא. דקרקע נקנה בכסף או בשטר, והאי שטרא ראיה בעלמא הוא, שלא יאמר: (לא) מכרתיה ולא קבלתי מעות. ובהא מילתא אינהו מהימני. דאי לאו דיהב זוזי קמייהו. כיון דדיינין קבועין נינהו לא הוו מרעי נפשייהו. וכתבי ליה שטרא. אלא מתנה. דעל ידי השטר הוא קנה אותה במסירת השטר, היכי מקנייא? האי שטרא חספא בעלמא הוא! דינא דמלכותא. של גוים. תני חוץ מכגיטי נשים. כל שטרות שהן כגיטי נשים, שעל ידי השטר הדבר נגמר, דהיינו נמי שטר מתנה. וה"ה נמי דמלי לשנויי בעדי מסירה ישראל, דאינהו משוי ליה שטרא, אלא שינויא דחיקא הוא דשנינן לעיל הכי. דהא פרכינן עלה: מדקתני סיפא רבי שמעון כו', ואיצטריכא ליה לשנויי: שמות מובהקין איכא בינייהו. *) (אע"ג דאוקימנא לעיל בעדי מסירה – ה"מ לת"ק דברייתא, דנחית למניינא, ופרכינן עלה: והא איכא לשמה ואיכא מחובר, וליכא לתרוצי אלא בהכי. אבל תנא קמא דמתניתין, דלא נחית למניינא ותנא לשמה(א) – לא מוקמינן ליה כרבי אלעזר, דמדרבי שמעון סבר לה כר' אלעזר – תנא קמא לא סבירא ליה). בריתה. הבדלה, לשון "ספר כריתות" (דברים כד). דכיון דלא שייכי בתורת גטין וקדושין – אין נעשין עדים בדבר, דכתיב: "וכתב ונתן" – מי שישנו בנתינה ישנו בכתיבה. ירד רבי שמעון לשיטתו של רבי אלעזר. דאמר: עדי מסירת הגט הוא דכרתי, כדאמר בפרק בתרא (לקמן דף פו.): אע"פ שאין עליו עדים, אלא שנתנו לה בפני עדים כו'. ורבי שמעון נמי בהכי מכשר, שימסרנו לה בפני עדים ישראל. מודה ר' אלעזר במזויף מתוכו. דאע"ג דאמר ר' אלעזר: גט שאין עליו עדים כשר – דוקא אין עליו עדים כשר, אבל יש בו עדים פסולין – פסול מדרבנן א], דילמא קאתי למימסריה באפייהו, ומיסמך עלייהו.

בשמות

*) רש"ל מ"ז

תוספות

קאמר נמי – משמע כתיבה לחודה מהניא לכולי עלמא! ויש לומר: דמספקא ליה להתלמוד אי פליג רשב"ג אתנא קמא בכתיבה ולא אחזוק, מדלא קאמר "כל מלוה שכתובה או שהוחזקו בה". אע"ג דאיכא למימר דמכל שכן שמעינן ליה, דהא לתנא קמא כתיבה מהניא ולא חזקה – אפ"ה מספקא ליה להתלמוד דילמא לרבן שמעון בן גמליאל גריעא כתיבה מחזקה, מדלא פירש בהדיא. ולהכי לא קאמר התם: אחזוק בדלא כתיבה נמי איכא בינייהו – משום דכתיבה ולא אחזוק מספקא ליה, אי פליג רבן שמעון בן גמליאל, כדפירשנו.

אי לאו דכותי חבר הוה לא הוה מחתים ליה מקמיה. תימה: אם כן כוליה שטרא מתקיים אפומא דחד ישראל דחתים לבסוף! ויש לומר: דאין לחוש, כיון דהאי כותי כשר מדאורייתא, דגרי אמת הן.

רבא אמר לעולם תרי כו'. ולדידיה: דאחזוק בהא ולא אחזוק בהא.

חספא בעלמא הוא. פירש בקונטרס: דהוה מצי לשנויי: בעדי מסירה ור' אלעזר היא, אלא דשינויא דחיקא הוא, דהא לעיל פרכינן עלה: מדסיפא רבי שמעון בשטתו דרבי אלעזר – מכלל דרישא לאו רבי אלעזר. וקשה: דאדרבה, תירוץ דבעדי מסירה ור' אלעזר נשאר לפי המסקנא, דמשני: כי קתני מילתא דליתא בקדושין. דאי בלא עדי מסירה וכרבי מאיר – אפילו בקדושין פסלינן ערכאות מדאורייתא! ואור"י: דכי היכי דפסלי' בגט אף בעדי מסירה ושמות מובהקים, משום דלמא אתי למיסמך עלייהו בלא עדי מסירה ישראל – הכי נמי פסלינן בשטר מתנה. ולא תיקנו חכמים להאמינם אלא בשטרי מלוה ומכר, שהן לראיה, ואין נעשה על פי עדותן שום קנין. אבל שטר מתנה – אין כשר לקנות בו מדאורייתא אלא א"כ יש עדים כשרים בשעת מסירה. ואפילו °אם נאמר ששטר מתנה שחתמו בו ישראל כשר לקנות בו בלא עדי מסירה – היינו משום שידוע, ע"י עדי חתימה שהן כשרים מן התורה, שבא השטר מיד הנותן ליד המקבל. וכן כשר בהודאת נותן שהוא כק' עדים. אבל בשטר שחותמין בו גוים, שאין בו לא עדי מסירה ולא עדי חתימה שכשרים להעיד, ולא הודאת בע"ד – לא חשוב שטר לקנות על ידו, ולא הוי אלא חספא בעלמא. אבל אין לומר דלהכי חשיב ליה חספא בעלמא – משום דמתניתין כיילא שטר מתנה בהדי שאר שטרות דכשרים, אפילו כתיבתן וחתימתן גוים – דהשתא לא מהני עדי מסירה מידי. דהא בברייתא דבסמוך כולל יחד כל השטרות דכשרים בערכאות, ואפילו גיטי נשים – ואפי' הכי לא מכשרינן בגיטין אלא בכתיבת ישראל ובעדי מסירה, ובשאר שטרות כשר בכל ענין. ר"י.

והא לאו בני כריתה נינהו. ה"מ למיפרך: הא לאו בני עדות נינהו.

הורמין

ותני לא שנא שטר מכר ולא שנא שטר מתנה בשלמא מכר מכי יהיב זוזי קמייהו קנה ושטרא לראייה בעלמא הוא דאי לא יהיב זוזי קמייהו לא הוו מרעי נפשייהו וכתבי ליה שטרא אלא מתנה במאי ליקני ליה להאי ארעא בהא שטרא האי [שטרא] חספא בעלמא הוא פי' שטר מתנה הוא שכותב לו שדי נקנה לך ואין שם קנין אלא בגוף השטר קונה אותה כדתנן נכסים שיש להן אחריות נקנים בכסף בשטר ובחזקה והאי שטרא חספא בעלמא הוא שלא יקרא שטר שראוי לקנות בו קרקע אלא בעדות קיימת ועדות הגוים אינם כלום ואע"ג דקי"ל דלא מרעי נפשייהו מ"מ אינה עדות מן התורה ונהי דמהימנינן להו במלתא דלא איברו (שהדי) [סהדי] אלא לשקרי וכאילו שניהם מודים דמיא עדות (אלא) [אבל] בדבר שהקנין תלוי בעדותם שאף אם שניהם מודים לא קנה הקרקע בשטר אם אין שם עדים אותה העדות של גוים אינה כלום שהרי אינן ראויין להעיד אבל אם היה כתוב במתנה קנין הכי נמי נקנה שהקרקע בסודר קנאו ושטרא לראייה בעלמא והיכא דאין בו קנין אע"פ שהחזיק לאחר מכאן בקרקע אינו כלום שהחזקה מכח השטר אתיא ולא החזיק ע"מ לקנות בחזקה: אמר שמואל דינא דמלכותא דינא. פי' אע"פ שאין שטר חתימת הגוים חשוב שטר מפני שאין כשרים להעיד מן התורה כיון שהמלך גזר שיהיו שטריהן קיימי' ויהיו נאמנים בעדותן שטר כשר הוי וקונה אף במתנה ואי בעית אימא תני חוץ מכגיטי נשים. פי' כל שטרות שהן כגיטי נשים שע"י שטר הדבר נגמר דהיינו נמי שטר מתנה: ר"ש אומר אף אלו כשרים והא לאו בני כריתה נינהו. פי' לשון ספר כריתות וכיון דלא שייכי בתורת גיטין וקידושין אין נעשים שלוחים ועדים בדבר וליכא למימר גבי איסורא דינא דמלכותא דינא כדאמרי' גבי ממונא: א"ר זירא ירד ר"ש לשיטתו של ר' אלעזר דאמר עדי מסירה כרתי. פי' ר' אלעזר אינו חושש לעדי החתימה דהאי דכתיב וכתב לה על כתיבת הגט מיירי ולאו על חתימתו ולא בעי אלא עדים שימסרנו לאשה בפניהן כדתנן ר' אלעזר אומר אע"פ שאין עליו עדים אלא שנתנו לה בפני עדים כשרים ור"ש נמי בהכי מכשר שימסרנו לה בעדים ישראלים וק"ל דר' אלעזר מפרש האי וכתב ונתן על כתיבת הגט והכא אע"פ שחותמיהן [גוים קתני] שמסרו לה בפני ישראל ואמר גיטין שנכתבו בערכאות של גוים והכתיב ונתן וכל שאינו בנתינה אינו בכתיבה וי"ל דלא מכשר ר"ש אלא שחותמים גוים אבל כתיבת הגט על יד ישראל נכתב ופליג על ת"ק דפסיל חותמיהן גוים דסבר כר"מ דאמר עדי חתימה כרתי ולא פסיל בעדי מסירה ואתא ר"ש לאכשורי חותמיהן גוים אבל כתיבת הגט ע"י ישראל בעינן ומקשה והא [אמר] ר' אבא מודה ר"א במזויף מתוכו שהוא פסול פי' אע"ג דא"ר אלעזר גט שאין עליו עדים כשר דוקא אם אין עליו עדים כלל אבל יש עליו עדים פסולים פסול דילמא אתי למיסמך עלייהו ומסר ליה

עין משפט נר מצוה

נט א מיי' פ"א מהל' גירושין הלכה כג ופ"ו מהל' עבדי' הלכה ה טוש"ע אה"ע סי' קל סעי' יג וטוש"ע יו"ד סי' רסז סעי' נ:

ס ב ג מיי' פ"ו מהל' עבדים הל' ה ופכ"ז מהל' מלוה ולוה הל' א סמג עשין פו לג טוש"ע יו"ד סימן רסז סעי' מה וסעי' נו וטוש"ע חו"מ סי' סח סעי' א וטוש"ע אה"ע סי' קל סעי' יט:

סא ד מיי' פכ"ז מהל' מלוה ולוה שם סמג עשין צג טוש"ע חו"מ סי' סח סעי' ב וסעי' ג וכ"כ:

תוספות רי"ד

דאי לאו דכותי חבר הוא ומחזיק בכל הדקדוק המצות לא הוה מחתם ליה ישראל מקמיה א' הכי אפי' בשאר שטרות נמי אלא מאי אית לך למימר רווחא שבק למאן דקשיש מיניה הכי נמי רווחא שבק למאן דקשיש מיניה פי' שראו העדים את ישראל זה החתום ישראלים וקנים ממנו והכותי ובשחתם זה ישראל תחילה היה סבור שיחתום בעל השטר א' מן הזקנים ולפיכך חתם למטה והניח לו ריוח שיחתום למעלה ממנו והמלוה בא והחתים שם את הכותי: אמר רב פפא זאת אומרת עדי הגט אין חותמין זה בלא זה פי' שאין לחוש בגט רווחא שבק למאן דקשיש מיניה אלא ודאי שכותי חבר הוה וכשר אבל בשאר שטרות שחותמים זה שלא בפני זה איכא למיחש לרווחא ופסול. מ"ט אמר רב אשי גזירה משום כולכם פי' לקמן בפ' התקבל אמרי' [אמר] לעשרה כולכם כתבו גט לאשתי א' כותב וכולן חותמין ואי בציר חד מינייהו הוי פסול דבקפידא בעלמא תליא מילתא דלא שויה גיטא אלא בהכי לפי' תקנו דאפילו היכא דלא אמר כולכם שיהא כולן נקבצים בשעת החתימה: הביאו וכו' מוקמה רבא דחסורי מחסרא והכי קתני ר"ג אכשיר אפילו בשנים ומעשה שהביאו וכו' י"ל (דרשב"ג) [דר"ג] הוה מחזק הכותי' בחזקת כשרים והיה מכשירן אפילו בשאר שטרות ופליג אבולהו מתניתין וי"ל דוקא בגיטין משום חומרא דא"א החזיקום לעשותן כבשרים והשתא דאמרינן בפ"ק דחולין לא זזו משם עד שעשאום גוים גמורים הרי הן כגוים לכל דבר ופסולין בין בגיטין בין בשאר שטרות וליין נסך ולשחיטה ולכל דבר דינן כגוים: כל השטרות העולים בערכאות. פי' הוא מקום וועד הדיינים שלהן אע"פ שעדי השטר הם גוים כשרים דמהמני ולא מרעי נפשייהו חוץ מגיטי נשים דלאו בני כריתות נינהו ואמרינן קפסיק

מסורת הש"ס

[לקמן פח.]

[לעיל ט.]

[ע' תוס' לקמן מד. ד"ה וכותב]

[לעיל ט:]

ב"ק קיג. ב"ב נה: נדרים כח.]

[לעיל ט: וש"נ]

ב"ב קנ. [לעיל ה. סנהדרין כח:]

הגהות הב"ח

(א) רש"י ד"ה תני חוץ וכו' ותנא לשמה ותהוי לא מוקמינן ליה כר"א:

גליון הש"ס

תוס' ד"ה חספא וכו' אם נאמר שטר מתנה. ע' לעיל דף ט ע"א תד"ה דקיי"ל:

הגהות מהר"ב רנשבורג

א] ברש"י ד"ה מודה ר' אלעזר וכו' אבל יש בו עדים פסולין פסול מדרבנן. נ"ב עיין ב"ק דף פח ע"א תוס' בד"ה והא עבד כשר לעדות וכו' ודו"ק:

בְּשֵׁמוֹת מוּבְהָקִין. הֵיכִי דָּמֵי שֵׁמוֹת מוּבְהָקִין? אָמַר רַב פַּפָּא: כְּגוֹן הוּרְמִיז, וְאַבּוּדִינָא, בַּר שִׁיבְתַאי, וּבַר קִידְרִי, וּבָאטִי, וְנָקִים אוּנָא. אֲבָל שֵׁמוֹת שֶׁאֵין מוּבְהָקִים מַאי – לָא? אִי הָכִי, אַדְּתָנֵי סֵיפָא: לֹא הוּזְכְּרוּ אֶלָּא בִּזְמַן שֶׁנַּעֲשׂוּ בְּהֶדְיוֹט, לִפְלוֹג וְלִיתְנֵי בְּדִידָהּ: בד"א – בְּשֵׁמוֹת מוּבְהָקִין, אֲבָל שֵׁמוֹת שֶׁאֵין מוּבְהָקִין – לֹא! הָכִי נַמִי קָאָמַר: בד"א – בְּשֵׁמוֹת מוּבְהָקִין, אֲבָל בְּשֵׁמוֹת שֶׁאֵין מוּבְהָקִין – נַעֲשָׂה כְּמִי שֶׁנַּעֲשׂוּ בְּהֶדְיוֹט, וּפְסוּלִין. וְאִיבָּעֵית אֵימָא: סֵיפָא אֲתָאן לְגִיטֵּי מָמוֹן, וְהָכִי קָאָמַר: לֹא הוּזְכְּרוּ גִּיטֵּי מָמוֹן דִּפְסוּלִים – אֶלָּא בִּזְמַן שֶׁנַּעֲשׂוּ בְּהֶדְיוֹט. תַּנְיָא: *אָמַר ר' אֶלְעָזָר בְּר' יוֹסֵי, כָּךְ אָמַר ר"ש לַחֲכָמִים בְּצַיְדָּן: לֹא נֶחְלְקוּ ר"ע וַחֲכָמִים עַל כָּל הַשְּׁטָרוֹת הָעוֹלִין בְּעַרְכָּאוֹת שֶׁל גּוֹיִם, שֶׁאע"פ שֶׁחוֹתְמֵיהֶן גּוֹיִם – כְּשֵׁרִים, וַאֲפִי' גִּיטֵּי נָשִׁים וְשִׁחְרוּרֵי עֲבָדִים. לֹא נֶחְלְקוּ אֶלָּא בִּזְמַן שֶׁנַּעֲשׂוּ בְּהֶדְיוֹט, שֶׁר"ע מַכְשִׁיר, וַחֲכָמִים פּוֹסְלִים, חוּץ מִגִּיטֵּי נָשִׁים וְשִׁחְרוּרֵי עֲבָדִים. רשב"ג אוֹמֵר: אַף אֵלּוּ כְּשֵׁירִין בְּמָקוֹם שֶׁאֵין יִשְׂרָאֵל חוֹתְמִין, אֲבָל בְּמָקוֹם שֶׁיִּשְׂרָאֵל חוֹתְמִין – לֹא. מָקוֹם שֶׁאֵין יִשְׂרָאֵל חוֹתְמִין נַמִי לִיגְזוֹר אַטּוּ מָקוֹם שֶׁיִּשְׂרָאֵל חוֹתְמִין! שְׁמָא בִּשְׁמָא מַחְלִיף, אַתְרָא בְּאַתְרָא לָא מַחְלִיף. רָבִינָא סָבַר לְאַכְשׁוּרֵי בְּכְנוּפְיָאתָה דְּאַרְמָאֵי. א"ל רַפְרָם: [א]"עַרְכָּאוֹת" תְּנַן. אָמַר רָבָא: [ב]הַאי שְׁטָרָא פַּרְסָאָה דִּמְסַרֵיהּ נִיהֲלֵיהּ בְּאַפֵּי סָהֲדֵי יִשְׂרָאֵל, מַגְבִּינַן בֵּיהּ מִבְּנֵי חָרֵי. *וְהָא לָא יָדְעֵי לְמִיקְרָא! בְּדְיָדְעֵי. וְהָא בָּעֵינָא כְּתָב שֶׁאֵינוֹ יָכוֹל לְזַיֵּיף, וְלֵיכָּא! בְּדַאֲפִיצָן. *וְהָא בָּעֵינָא צָרִיךְ שֶׁיַּחֲזִיר מֵעִנְיָנוֹ שֶׁל שְׁטָר בְּשִׁיטָה אַחֲרוֹנָה, וְלֵיכָּא! בִּדְמְהַדַּר. א"ה, מִמְּשַׁעְבְּדֵי נַמִי! לֵית לֵיהּ קָלָא. בְּעָא מִינֵּיהּ רֵישׁ לָקִישׁ מֵר' יוֹחָנָן:

עֵדִים

רש"י

בשמות מובהקין. דגוים, דלא שכיחי ישראל דמסקי בהנהו שמהתן. דתו לא אתי למיסמך עלייהו, דמידע ידיע דגוים הם. **הורמיז ואבודינא בר שיבתאי ובר קידרי בטי ונקים אונא.** כולם שמות דייני גוים הם. **ליפלוג בדידה.** בערכאות גופייהו. **אבל שמות שאינן מובהקין.** נעשו כשארי שטרות של מכר שנעשו בהדיוטות בלא ערכאות, דהנהו ודאי פסילי, דלא קפדי אאורועי נפשייהו וחתמי שיקרא. ועל כרחיך האי "נעשו בהדיוט" – אשאר שטרות קאמר, העומדים לראיה, דהתם איכא לפלוגי בין הדיוט לערכאות. דאילו בגט אשה – לענין כריתות הדיוט וערכאות שוין. והכי קאמר: לא הוזכרו גיטי אשה ליפסל אלא בשמות שאין מובהקין, דנעשו כשאר שטרות הנעשים בהדיוט. **ואיבעית אימא סיפא.** "לא הוזכרו" דקתני. **אתאן לגיטי ממון.** ורבנן קאמרי ליה, וארישא קאי: כל השטרות של ממון העולין בערכאות של גוים כשירין, כגון שטרי מכר וכדפרישית טעמא לעיל: דזוזי קנו ליה, ושטרא לסהדותא בעלמא, ואי לא דיהיב זוזי קמייהו – לא הוו מרעי נפשייהו למיכתב שטרא. ולא הוזכרו ליפסל אלא בזמן שנעשו בהדיוט, דלא קפדי אאורועי נפשייהו. **אר"ש לחכמים.** סמך לדבריו, דאף אלו כשרים. **לא נחלקו ר' עקיבא וחכמים.** שהן דור שהיה לפנינו. **על שטרות העולים כו'.** שהן כשרין, ואפילו גיטי נשים ושחרורי עבדים. "חוץ מגיטי נשים" ל"ג ברישא דמילתיה דר' שמעון בתוספתא, אלא בסיפא דמילתייהו דרבנן גרס לה. וה"ג: לא נחלקו אלא בזמן שנעשו בהדיוט, שרבי עקיבא מכשיר וחכמים פוסלים חוץ מגיטי נשים ושחרורי עבדים. דכיון שנעשו בהדיוט, שטרי מכר דקיימי לראי' ועליהן דסהדי גוים סמכינן – פסול, דאימר: שקרא חתום. אבל גיטי נשים – לאו עליהם סמכינן, אלא אעדי מסירה, ובשמות מובהקין קמיירי. **רבן שמעון בן גמליאל אומר אף אלו.** גיטי נשים. **כשרים במקום שאין ישראל חותמין.** כלומר, אף אלו גיטי נשים שאתם מכשירין, אימתי הן כשרים – במקום שאין ישראל חותמין, בעיר שאין הגוים מניחין את ישראל לחתום. דכיון שאין ישראל חותמין באותה העיר – הכל יודעין שהם גוים, ואין סומכין עליהם, ומסר ליה ניהליה בעדים ישראל. **אבל במקום שישראל חותמין.** אע"פ שהשמות הללו מובהקין דגוים הן – פסולין, דאי מכשרת בהני – אתי לאכשורי בשמות שאין מובהקין. **לגזור מקום שאין ישראל חותמין.** כי היכי דגזר שמות מובהקין אטו שמות שאין מובהקין. **סבר לאכשורי.** שאר שטרות. **בכינופיא דארמאי.** שאינן ערכאות. **שטרא פרסאה.** שעשאוהו בלשון פרסי, וחתמו פרסיים הדיוטות עליו. **והא לא ידעי.** העדים שמסרו בפניהם. **למיקרי.** ולא ידעי מאי ניהו, והיכי מסהדי לאחר זמן עלה דמילתא? **שאינו יכול לזייף.** שיהא הקלף מתוקן בעפצים בשעת עיבודו, שעושים אותו שחור, ושוב אין אדם עושה בו מחק וחוזר וכותב עליו, מפני שהוא ניכר. וקלפי פרסיים אינם מעובדים בעפצין שקורין גל"ש, ואדם יכול למחוק כתבו, ומניח חתימת העדים, וכותב למעלה ממון הרבה. **מעניינו של שטר בשיטה אחרונה.** כדאמרי' ב"גט פשוט" (ב"ב דף קסא:): וקניינא מן פלוני אכל מה דכתוב ומפורש לעיל. **בדמהדר.** שמוחזר בשיטה אחרונה. **לית ליה קלא.** לפי שאין חותמין ישראל. דסהדי דחתימי אשטרא אינון מפקי לקלא, ולפיכך אין הלוקח נפסד, דאמר ליה: לא הוה ידענא דמשתעבד לך. ובפ"ב (לקמן דף יט:) אמרי': דאי חתימי עליה ישראל – טריף ממשעבדי.

עדים

תוספות

הורמין · בנו"ן גר"ח, דלא מסקי ישראל הכי, דהורמין הוא שם שטן ושד. אבל הורמיז בזיי"ן הוא לשבח, בפ' "אחד דיני ממונות" (סנהדרין דף לט.): מפלגא דידך ולעיל – דהורמיז, ולתחת – דהורמין, הראשון בזיי"ן והשני בנו"ן. ורש"י גרים תרוייהו בזיי"ן, אלא שבשני גרים דאהורמיז. ואיפרא הורמיז (ב"ב דף ח.) מפרש ר"ת: חן מאת המקום, ד"איפרא" לשון חן, כמו "אפריון נמטייה" כו' (ב"מ דף קיט. ושם). ולא כרש"י דפירש בפרק שני דנדה (דף כ:) דיופי של שדים היו לה*.

אבודיינא · הכל שם אחד, ד"אבו" שם ישראל, ב"השוכר את הפועלים" (ב"מ דף פג:*): אבו אפקיד כיתנא בי רוניא.

שבתאי · גרסי'. דשבתי שם ישראל הוא בכמה מקומות, אבל שבתאי הוא רוח רעה, כדאמר בפרק "כל הבשר" (חולין דף קז:*).

בטאי · גרסינן, דבטי שם ישראל, כדאמר בקידושין (דף ע:): בטי ברמות רוחיה לא קביל גיטא דחירותא. שהיה עבד, והיה מחזיק עצמו כישראל.

לפלוג וליתני בדידה. ואם תאמר: אדרבה, תיקשי ליה גופא דמתני': למה פסלו בהדיוט, כיון דאיכא עדי מסירה ושמות מובהקין? וי"ל: דגזרינן בהדיוט גיטי נשים אטו שאר שטרות, דפסלי בהדיוט אף בעדי מסירה, דלמא אתי להכשיר בלא עדי מסירה כמו בערכאות. אע"ג דבסמוך אפילו רבנן דפסלי שאר שטרות בהדיוט בעדי מסירה, מכשירין בגיטי נשים, ולא גזרינן אטו שטרות – מ"מ לא היה יכול הגמרא לעשות קושיא מזה, דילמא תנא דמתניתין גזר.

נעשה כמי שנעשו בהדיוט ופסולים. פירוש: בשאר שטרות שנעשו בהדיוט, דפסילי אפי' בשמות מובהקין ועדי מסירה, שלא יבא להכשיר בלא עדי מסירה, כמו בערכאות. דאי חזו שום הכשר בהדיוט אפילו בעדי מסירה – יבא לטעות ולומר דאין חילוק בין ערכאות להדיוט, וכשר בכל מקום בלא עדי מסירה. **לא** נחלקו ר"ע וחכמים על כל השטרות כו'. פירוש: כל השטרות העולים בערכאות, אע"פ שחותמיהן גוים – כשרים, האי כי דיניה, והאי כי דיניה; שאר שטרות – בכל ענין, גיטי נשים ושחרורי עבדים – בעדי מסירה ושמות מובהקין. לא נחלקו אלא בזמן שנעשו בהדיוט. פירוש: בשמות מובהקין ובעדי מסירה. דר' עקיבא מכשיר, ולא גזר שיבא להכשיר אף בלא עדי מסירה אטו ערכאות, וחכמים פוסלין בשאר שטרות דגזרינן, חוץ מגיטי נשים. דבשאר שטרות דכשירין בערכאות בלא עדי מסירה – איכא למיגזר, אבל גיטי נשים אפי' בערכאות לא מתכשרי אלא בעדי מסירה – ליכא למיגזר מידי. רשב"ג אומר: אף אלו כשירין כו'. כלומר, אף גיטי נשים אין כשירין אלא במקום שאין ישראל חותמין. פירוש: שאין מניחין ישראל לחתום, דלא יבא לטעות לומר שהן ישראל. ופריך: מקום שאין ישראל חותמין נמי ליגזור! פירוש: כיון דבמקום שישראל חותמין גזרת שמות מובהקין אטו שמות שאין מובהקין, אם כן מקום שאין ישראל חותמין – נמי ליגזור אטו מקום שחותמין. אע"פ דהוי כעין גזירה לגזירה – מ"מ מיסתבר למקשה, כיון דחיישינן כולי האי – להא נמי הוה לן למיחש. כן נראה לר"י לפרש שיטה זו.

רשב"ג אומר כו'. משמע הכא דסבר כרבי אלעזר, דאמר: עדי מסירה כרתי. והק' ה"ר אפרים: דבפרק "גט פשוט" (ב"ב ד' קסט:) גבי "הבא לידון בשטר ובחזקה" משמע דסבירא ליה דעדי חתימה כרתי! ואור"י: דדוקא בגיטין סבר כרבי אלעזר, ולא בשאר שטרות, כהנך אמוראי דפרק בתרא (לקמן דף פו:). **והא** בעינן כתב שאינו יכול לזייף. לר' אלעזר פריך, דאמר בפ"ב (לקמן דף כב:) דלא הכשיר ר' אלעזר דבר שיכול להזדייף אלא בגיטין דוקא, ולא בשאר שטרות.

בדאפיצן · משמע דבלא אפיצא יכול להזדייף. וא"ת: והיאך אנו כותבין בקלפים שלנו דלא אפיצן (שטרות) וספר תורה תפילין ומזוזות? ודיפתרא פסול בכולהו, כדמוכח בכמה דוכתי. ואור"ת: דעיבוד סיד שלנו כעיבוד עפצים שלהם, דהא קלפים שלנו אין יכולין להזדייף. ועוד דב"הקומץ רבה" (מנחות לא:) גבי ס"ת, קאמר: הא – דאפיצן, הא – דלא אפיצן, הרי שכותבין ס"ת בדלא אפיצן, והיינו כעיבוד שלנו*.

עדים

עין משפט נר מצוה

סב א מיי' פכ"ז מהל' מלוה ולוה הלכה א סמג עשין צד טוש"ע חו"מ סי' סח סעי' א:

סג ב מיי' שם טוש"ע שם סעי' ב:

[וע"ע תוס' ב"ב ח. ד"ה איפרא]

[שם איתא אבו]

[שם וכן ביומא עז: איתא משום שיבתא ע"ש בתו' ד"ה שיבתא]

מסורת הש"ס

[תוספתא פ"א ע"ש]

[לקמן יט:]

[שם]

מ"ד מ"ז

[וע"ע תוס' שבת עט: ד"ה קלף]

תוספות רי"ד

ליה לגיטא קמייהו ומהדר הכא במאי עסקינן בשמות מובהקים פי' שמות ידועים שהם של גוים דלא שכיחי ישראל דמסקי בהני שמהתא דתו לא אתי למיסמך עליהו ומידע ידע דגוים נינהו: אבל שמות שאינן מובהקין לא. אדתני לא הוזכרו אלא בזמן שנעשו בהדיוט לפלוג בדידה וליתני בד"א בשמות מובהקין אבל [בשמות] שאין מובהקין לא ה"ק בד"א בשמות מובהקין אבל שמות שאין מובהקין נעשו כמו שנעשו בהדיוט ופסולין ואי ק' כיון דסופרי ישראל כתבו ובעדי מסירה של ישראל מסרו מ"ש הדיוטות מערכאות של גוים י"ל משום גט מעושה הוא דתנן בשלהי מסכתין גט מעושה בגוים פסול ובישראל כשר והגוים חובטים אותו ואומר' לו עשה מה שישראל אומר לך הילכך בערכאות של גוים דלא חשידי לקבול שוחדא ולא עבדי אלא דינא ולא מעשי אגיטא בלא דייני הדין שידונו חכמי ישראל כשרים וליכא למיחש לגט מעושה אבל הדיוטות דחשידי לקבל שוחדא ולא עבדי דינא וכופים לגרש בלא הסכמת חכמי ישראל פסול דלמא מעושה הוא ומשום גזירה זו הן פסולין כל גיטין הנעשין בפניהן איבעי' תימא סיפא אתאן לגיטי ממון. וה"ק לא הוזכרו גיטי ממון דפסולין אלא בזמן שנעשו בהדיוט פי' דמקבלי שוחדא ומשהדי שקרא ולאו ר"ש קאמר אלא ארישא קאי ות"ק קא"ל דדוקא שטרות העולים בערכאות של גוי כשרים אבל לפני הדיוטות של גוים פסול וכיון דאוקימנן ר"ש כר' אלעזר הלכתא כוותיה דהא קי"ל כר' אלעזר בגיטין: רבינא סבר לאכשורי שטרא בכנופיא דארמאי א"ל רפרם ערכאות תנן דלא מרעי נפשיהו. אמר רבא האי שטרא פרסאה דמסריה ביה לוה באפי סהדי מגבינן ביה מבני חרי פי' כתוב היה בלשון פרס וחתום בעדים פרסיים ומסרו הלוה למלוה בפני עדי ישראל כיון דאיכא עדי מסירה מגבינן ביה למלוה מבני חרי דלוה ולא ממשעבדי והא לא ידעי למיקרי פי' עדי מסירה ומה יעידו בדידעי: והא בעינא כתב שאינו יכול להזדייף וליכא בדעפיץ: והא בעינא שיחזור מעניינו של שטר בשיטה אחרונה בדמהדר אי הכי אפילו ממשעבדי נמי לית ליה קלא פי' שעדים החתומים על השטר מפקי ליה לקלא ואיבעי להו ללקוחות לאיזדהורי אבל הכא דלית ליה קלא לא ידעי לאיזדהורי ומש"ה לא גבי ממשעבדי ואי חתמי ביה ישראל אמרינן לקמן דגבי ממשעבדי ואי ק' כיון דידעי עדי מסירה הרי הודה לפניהם ובלא האי שטרא נמי גבי בפני עדים. תשובה הני מילי מלוה על פה ואי טעי' למחר וליומא אוחרא פרעתיך נאמן אבל עכשיו כל זמן שהשטר בידו אינו נאמן לומר פרעתי ואע"פ שאינו גובה אלא מבני חרי אינו נאמן לומר פרעתיך משום דאף א) שטרך בידי מאי בעי ומכאן סיוע למה שכתבתי בגט פשוט גבי הוציא עליו כתב ידו שהוא חייב לו גובה מנכסים בני חורין דאי טעין ואמר פרעתיך דלא מהימן משום דאף ב) שטרך בידי מאי בעי ודלא כר"י ז"ל דאמר התם כיון דמלוה על פה אי טוען ואמר פרעתי נאמן והא הכא דאע"ג דלא גבי אלא מבני חרי אינו נאמן לומר פרעתיך תניא גיטין הבאין ממדינת הים ועדים חתומים עליהן אע"פ ששמותיהן כשמות גוים כשרים שרוב ישראל שבחו"ל שמותיהן כשמות גוים:

מתני'

א) נראה דצ"ל דאף בשטר כזה דאינו גובה ממשעבדי יכול לטעון שטרך בידי כו'. ב) דאף בשטר כזה יכול לטעון שטרך וכו'.

עין משפט נר מצוה

סד א טוש"ע אה"ע סי' קל סעי' יט:

סה ב מיי' פ"ו מהל' גירושין הלכה יג סמג עשין נ טוש"ע אה"ע סי' קמ סעי' א:

סו ג מיי' פ"ו מהל' עבדים הל' יא סמג עשין פו טוש"ע יו"ד סי' רסז סעי' עו:

סז ד מיי' פ"ד מהל' זכיה ומתנה הל' ב ופ"ה מה' עבדים הל' ב ופ"ג סם ה"ח טוש"ע חו"מ סי' רמג סעיף ח:

סח ה מיי' פ"ד מהל' מלוה ולוה הל' ב סמג עשין צד טוש"ע חו"מ סי' קה סעי' ז:

סט ו מיי' סם טוש"ע סם סעי' ו:

ע ז מיי' פ"ב מהל' מתנות עניים הל' יט:

גמרא

עֵדִים הַחֲתוּמִין עַל הַגֵּט וּשְׁמוֹתָן כִּשְׁמוֹת גּוֹיִם, מַהוּ? אֲמַר לֵיהּ: לֹא בָּא לְיָדֵינוּ אֶלָּא לוּקוֹס וְלוּס וְהִכְשַׁרְנוּ. אוְדַוְקָא לוּקוֹס וְלוּס, דְּלָא שְׁכִיחִי יִשְׂרָאֵל דְּמַסְּקֵי בִּשְׁמַהֲתַיְיהוּ, אֲבָל שְׁמָהָתָא אַחֲרִינֵי, דִּשְׁכִיחִי יִשְׂרָאֵל דְּמַסְּקֵי בִּשְׁמַהֲתַיְיהוּ — לָא. אאֵיתִיבֵיהּ: *גִּיטִּין הַבָּאִים מִמְּדִינַת הַיָּם וְעֵדִים חֲתוּמִים עֲלֵיהֶם, אע"פ שֶׁשְּׁמוֹתֵיהֶן כִּשְׁמוֹת גּוֹיִם — כְּשֵׁירִין, מִפְּנֵי שֶׁרוֹב יִשְׂרָאֵל שֶׁבְּחוּ"ל שְׁמוֹתֵיהֶן כִּשְׁמוֹת גּוֹיִם! הָתָם כִּדְקָתָנֵי טַעְמָא — מִפְּנֵי שֶׁרוֹב יִשְׂרָאֵל שֶׁבְּחוּצָה לָאָרֶץ שְׁמוֹתֵיהֶן כִּשְׁמוֹת גּוֹיִם. וְאִיכָּא דְּאָמְרִי: כִּי מַתְנִיתָא בְּעָא מִינֵּיהּ, וּפָשַׁט לֵיהּ מִמַּתְנִיתָא.§ **מתני'** *הָאוֹמֵר: תֵּן גֵּט זֶה לְאִשְׁתִּי וּשְׁטַר שִׁחְרוּר זֶה לְעַבְדִּי, אִם רָצָה לַחֲזוֹר בִּשְׁנֵיהֶן — יַחֲזוֹר, דִּבְרֵי ר"מ. וַחכ"א: בבְּגִיטֵּי נָשִׁים גאֲבָל לֹא בְּשִׁחְרוּרֵי עֲבָדִים, דלְפִי *שֶׁזָּכִין לְאָדָם שֶׁלֹּא בְּפָנָיו, וְאֵין חָבִין לוֹ אֶלָּא בְּפָנָיו; שֶׁאִם יִרְצֶה שֶׁלֹּא לָזוּן אֶת עַבְדּוֹ — רַשַּׁאי, וְשֶׁלֹּא לָזוּן אֶת אִשְׁתּוֹ — אֵינוֹ רַשַּׁאי. אָמַר לָהֶם: וַהֲרֵי הוּא פּוֹסֵל אֶת עַבְדּוֹ מִן הַתְּרוּמָה כְּשֵׁם שֶׁהוּא פּוֹסֵל אֶת אִשְׁתּוֹ! אָמְרוּ לוֹ: מִפְּנֵי שֶׁהוּא קִנְיָינוֹ.§ **גמ'** יָתֵיב רַב הוּנָא וְרַב יִצְחָק בַּר יוֹסֵף קַמֵּיהּ דְּר' יִרְמְיָה, וְיָתֵיב ר' יִרְמְיָה וְקָא מְנַמְנֵם, וְיָתֵיב רַב הוּנָא וְקָאָמַר: ש"מ מִדְּרַבָּנַן, ההַתּוֹפֵס לְבַעַל חוֹב — קָנָה. א"ל רַב יִצְחָק בַּר יוֹסֵף: וַאֲפִי' בְּמָקוֹם שֶׁחָב לַאֲחֵרִים? א"ל: אִין. אַדְּהָכִי אִיתְּעַר בְּהוּ ר' יִרְמְיָה, אֲמַר לְהוּ: דַּרְדְּקֵי! הָכִי *א"ר יוֹחָנָן: ויהַתּוֹפֵס לְבַעַל חוֹב בְּמָקוֹם שֶׁחָב לַאֲחֵרִים — לֹא קָנָה; וְא"ת: מִשְׁנָתֵינוּ! כָּל הָאוֹמֵר "תְּנוּ" כְּאוֹמֵר "זְכוּ" דָּמֵי. אָמַר רַב חִסְדָּא: הַתּוֹפֵס לְבַעַל חוֹב בְּמָקוֹם שֶׁחָב לַאֲחֵרִים, בָּאנוּ לְמַחֲלוֹקֶת רַבִּי אֱלִיעֶזֶר וְרַבָּנַן. *דִּתְנַן: מִי שֶׁלִּיקֵּט אֶת הַפֵּאָה וְאָמַר "הֲרֵי זוֹ לִפְלוֹנִי עָנִי", ר' אֱלִיעֶזֶר אוֹמֵר: זָכָה לוֹ, וַחכ"א: זיִתְּנֶנּוּ לֶעָנִי הַנִּמְצָא רִאשׁוֹן. אָמַר אַמֵּימָר, וְאִיתֵּימָא רַב פַּפָּא: דִּלְמָא

רש"י

עֵדִים הַחֲתוּמִין עַל הַגֵּט. וּמֵא"י בָּא, דְּהָא לָא קָאָמַר "מִמְּדִינַת הַיָּם". וּשְׁמוֹתֵיהֶן כִּשְׁמוֹת גּוֹיִם. וְלָא יָדְעִינַן אִי גּוֹיִם נִינְהוּ אוֹ יִשְׂרָאֵל. מַהוּ. לְאַכְשׁוּרֵי בְּעֵדֵי מְסִירָה. **לֹא בָּא** לְיָדֵינוּ. גֵּט **אֶלָּא**. אֶחָד, שֶׁהָיוּ חֲתוּמִין בּוֹ לוּקוֹס וְלוּס. וְהִכְשַׁרְנוּ. בְּעֵדֵי מְסִירָה. וְדַוְקָ**א** לוּקוֹס וְלוּס. שֶׁהַשֵּׁמוֹת מוּבְהָקִין הֵן, וְלָא אָתֵי לְמִיסְמַךְ עֲלַיְיהוּ. **אע"פ** שֶׁשְּׁמוֹתֵיהֶן כִּשְׁמוֹת גּוֹיִם כְּשֵׁרִים. וַאֲפִי' בְּלָא עֵדֵי מְסִירָה, וְכָל שֶׁכֵּן בְּעֵדֵי מְסִירָה. דְּלָא מַחְזְקִינַן לְהוּ אֶלָּא בְּיִשְׂרָאֵל, לְפִי שֶׁרוֹב יִשְׂרָאֵל שֶׁבְּחוּ"ל כו', וְאַתְּ אָמְרַתְּ לוּקוֹס וְלוּס דַּוְקָא! הָתָם כִּדְקָתָנֵי **טַעְמָא**. וְכִי א"ר יוֹחָנָן — בְּא"י, דְּאֵין רוֹב שְׁמוֹתֵיהֶן כִּשְׁמוֹת גּוֹיִם, הִילְכָּךְ מְסַפְּקִינַן דִּילְמָא גּוֹיִם נִינְהוּ, וּפְסוּלִין וַאֲפִילוּ בְּעֵדֵי מְסִירָה, כְּרַבָּנַן דְּמַתְנִי'. **וְאִיכָּא** **דְּאָמְרִי** כִּי מַתְנִיתָא **בְּעָא** מִינֵּיהּ. גִּיטִּין הַבָּאִין מִמְּדִינַת הַיָּם וּשְׁמוֹתֵיהֶן כִּשְׁמוֹת גּוֹיִם מַהוּ? וּפָשַׁט לֵיהּ. ר' יוֹחָנָן מִמַּתְנִית' דִּכְשֵׁירִין, דְּמַחְזֶקֶת יִשְׂרָאֵל נִינְהוּ, מִפְּנֵי שֶׁרוֹב יִשְׂרָאֵל שֶׁבְּחוּ"ל שְׁמוֹתֵיהֶן כִּשְׁמוֹת גּוֹיִם. **מתני'** רָצָה לַחֲזוֹר בִּשְׁנֵיהֶם. קוֹדֶם שֶׁהִגִּיעַ לְיַד הָאִשָּׁה וְהָעֶבֶד. יַחֲזוֹר. וְאֵין הַשָּׁלִיחַ יָכוֹל לִזְכּוֹת בָּהֶן לְצָרְכּוֹ, דְּחוֹב הוּא לָהֶן. כִּדְמְפָרֵשׁ לְקַמֵּיהּ. וַחֲכָמִים **אוֹמְרִים** בְּגִיטֵּי נָשִׁים. יָכוֹל לַחֲזוֹר, אֲבָל לֹא בְּשִׁחְרוּר. שֶׁזָּכִין לוֹ כו'. וְזָכָה בָּהֶן הַשָּׁלִיחַ לְצָרְכּוֹ. **שֶׁאִם** יִרְצֶה **שֶׁלֹּא** לָזוּן **אֶת** עַבְדּוֹ **רַשַּׁאי**. הִילְכָּךְ כִּי מְשַׁחְרֵר לֵיהּ — לָא מַפְסִיד לֵיהּ מְזוֹנוֹת, דִּבְלָאו הָכִי נַמִּי אִי בָּעֵי לָא זָיֵין לֵיהּ. אֲבָל שֶׁלֹּא לָזוּן אֶת אִשְׁתּוֹ — אֵינוֹ רַשַּׁאי, הִלְכָּךְ כִּי מְגָרֵשׁ לָהּ — מַפְסִיד לָהּ מְזוֹנֵי. **וַהֲלֹא הוּא פּוֹסֵל אֶת** עַבְדּוֹ. בְּגֵט זֶה. מִן הַתְּרוּמָה. אַלְמָא: חוֹב הוּא לוֹ! **אָמְרוּ** לוֹ **מִפְּנֵי שֶׁהוּא** קִנְיָינוֹ. הַאי דְּמִיפְסַל בְּגִיטָּא מִן הַתְּרוּמָה — מִפְּנֵי שֶׁהוּא קִנְיָינוֹ דְּכֹהֵן עַד עַכְשָׁיו, וְכִי מְשַׁחְרֵר לֵיהּ — לָאו קִנְיָינוֹ הוּא. וּבַגְּמָרָא מְפָרֵשׁ מַאי קָאָמַר. **גמ'** ש"מ מִדְּרַבָּנַן. דְּאָמְרִי שֶׁהַשָּׁלִיחַ יִתְפּוֹס הַשְּׁטָר לְצוֹרֶךְ הָעֶבֶד, וְאע"ג דְּבַעַל קָמְהַדַּר בֵּיהּ, וְאֵינוֹ עוֹד שְׁלוּחוֹ, וּתְפִיסָה בְּעָלְמָא הוּא בְּע"כ. הַתּוֹפֵס לְב"ח. אָדָם מִן הַשּׁוּק, שֶׁתּוֹפֵס מִטַּלְטְלֵי בְּנִכְסֵי רְאוּבֵן לְצוֹרֶךְ שִׁמְעוֹן שֶׁהוּא בַּעַל חוֹב — קוֹנֶה. **וַאֲפִי'** בְּמָקוֹם שֶׁחָב לַאֲחֵרִים. לְשׁוֹן שְׁאֵלָה הוּא(א): וְנִשְׁמַע מִינֵּיהּ נַמִּי דַּאֲפִי' בְּמָקוֹם שֶׁחָב הַתּוֹפֵס הַזֶּה בִּתְפִיסָתוֹ זֹאת לְלֵוִי, דַּהֲוָה לֵיהּ נַמִּי בַּעַל חוֹב דִּרְאוּבֵן, וְתוֹפֵס זֶה שֶׁקָּדַם וְתָפַס לְצוֹרֶךְ שִׁמְעוֹן מַפְסִיד אֶת לֵוִי, וְתֵימָא נַמִּי קָנָה? דְּהָא מַתְנִי' נַמִּי, שָׁלִיחַ זֶה תּוֹפֵס לָעֶבֶד וְחָב לַבְּעָלִים. **וְאִם** **תֹּאמַר** מִשְׁנָתֵינוּ. הָא שָׁמְעִינַן מִמַּתְנִי' דְּקָנָה. **כְּאוֹמֵר** זְכוּ דָּמֵי. וְאֵין זֶה כִּשְׁאָר תּוֹפֵס, אֶלָּא בַּעַל עֲשָׂאוֹ שָׁלִיחַ לִזְכּוֹת בּוֹ. וְאע"פ שֶׁהָעֶבֶד לֹא יָדַע — זָכִין לָאָדָם שֶׁלֹּא בְּפָנָיו. מִי שֶׁלִּיקֵּט. ב"ה עָשִׁיר שֶׁלִּיקֵּט אֶת הַפֵּיאָה כו', וְהַיְינוּ "מָקוֹם שֶׁחָב לָעֲנִיִּים". לֹא

תוספות

עדים החתומים על הגט ושמותיהן כו'. פי': מי אמרי' דישראל נינהו וכשר לר"מ, או בעדי מסירה לרבי אלעזר, דלא תלינן להו בגוים אלא א"כ ידוע בודאי שהן גוים, דלא שכיחי שיחתמו גוים בגיטין. או דלמא כיון דשמותיהן כשמות גוים – חיישינן שמא גוים נינהו, ולא מתכשרי אפי' בעדי מסירה לרבי אלעזר, ואפי' לר"ש – דהא לא מכשיר אלא בשמות מובהקין, והכא הס שמות שאין מובהקין, דהא מספקינן אי גוים הס אי לאו. ובשמות מובהקין ליכא לספוקי, דפשיטא דגוים הן, דהא בכל דוכתי לא חיישי' דלמא אתו למיסמך עלייהו. וקאמר: לא בא לידינו אלא לוקוס ולוס והכשרנו, משום דהוו שמות מובהקין, ולא אתו למיסמך עלייהו, כר"ש, אבל בשמות שאין מובהקין, דלאו ודאי גוים נינהו – חיישינן. וקא פריך מגיטין הבאין ממה"י כו'. וקס"ד דהא דקתני "שרוב ישראל שבחו"ל שמותיהן כשמות גוים" – לא להכשיר דוקא במדינת הים קאתי, אלא נותן טעם לדבר, דרגילות הוא דמסקי ישראל בשמות גוים, שהרי בחו"ל רובן כשמות גוים, הילכך בא"י נמי אין לחוש שמא גוים הן, דאין רגילות לחתום גוים בגיטין. ומשני: דוקא בבאין מחו"ל קמכשרי. כן נראה לר"י.

בגיטי נשים אבל לא בשחרורי עבדים. בירושלמי בעי: הגע עצמך, היה עבדו של קצין – הרי חובה הוא לעבד! הרי שהיתה אשתו של מוכה שחין – הרי זכות הוא לה! לית לך אלא כהדא, אילו המוכר עבדו שלא מדעתו שמא אינו מכור? אילו המגרש אשה שלא מדעתה שמא מגורשת היא? פירוש: על ידי אחר העבד נמכר על כרחו, ואין האשה מתגרשת על ידי אחר בעל כרחה.

יתיב רב הונא ורב יצחק קמיה דר' ירמיה. אר"ת: דאין זה רב הונא שמזכיר סתם בכל התלמוד, דאותו היה גדול הרבה מר' ירמיה, ולא הוה יתיב קמיה, ועוד: דקרי להו דרדקי, ור' ירמיה חבירו של ר' זירא וקטן ממנו, כדאמר בנדה (דף כג.): בעי מיניה ר' ירמיה מר' זירא כו', עד כאן הביאו רבי ירמיה לר' זירא לידי גיחוך ולא גחך. ור' זירא תלמידו של רב יהודה, כדאמרינן דהוה מישתמיט מרב יהודה משום דבעי למיסק לארץ ישראל. ושמואל שהיה רבו של רב יהודה היה צריך לו לרב הונא, כדאמר בריש פירקין (דף ה.): בעא מיניה שמואל מרב הונא ב' שהביאו גט כו', ובחולין פ"ק (דף יג.): בעא מיניה שמואל מרב הונא מנין למתעסק בקדשים כו'*).

שמע מינה התופס לבעל חוב קנה. תימה לר"י: אפילו אי תופס לבעל חוב קנה – היינו משום שהוא שליח, וקונה אפילו בע"כ, לפי שהוא חייב, כאילו תפס הוא עצמו. אבל כאן – אפי' העבד עצמו אינו יכול לעכב את האדון מלחזור בו, אם היה נותן גט שחרור לדעת כן שלא ישתחרר בקבלה זו, כי אינו חייב לשחררו. אם כן למה יעכב המקבל את האדון מלחזור? כיון דהשתא ס"ד דהאומר "תנו" לאו כ"זכי" דמי! ועוד: מה חייב האדון לעבד דחשיב ליה תופס לב"ח? ואי חשיב משום דעבד ליה נייח נפשיה, כמו שפר"ת לקמן על מילתא אחריתא – אם כן היכי חשיב ליה חב לאחרים? ונראה לר"י: דחשיב קצת חוב משום דעבד ליה נייח נפשיה, ומ"מ חשיב ליה חב לאחרים – שהרי אינו חייב לו האדון כלום. והכי פירושו: בשלמא אי תופס לבע"ח קנה – אין תימה אם גם כאן קנה בקבלה זו, לענין שלא יוכל לחזור, דמשום דעבד ליה נייח נפשיה רוצה הוא שיהיה בעל חוב בכך, שיוכל לעכבו מלחזור. ואע"פ שלא נתכוון לכך המקבל – דעתו הוא לקבל כמו שרוצה האדון, אבל אם התופס לבעל חוב לא קנה – כל שכן זה שאינו ב"ח, אלא דעבד ליה נייח נפשיה, שיוכל האדון לחזור בו. **התופס** לב"ח במקום שחב לאחרים **לא** קנה. אפילו עשאו שליח, כדמוכח בפ' "הכותב" (כתובות דף פד:) גבי יימר בר חשו דאמר ליה לשלוחיה כו'. ודלא כפירוש רש"י, דפי' בפ"ק דב"מ (דף י.) דבעשאו שליח לכ"ע קנה. דאין חילוק, דאפילו לא עשאו שליח – שלוחו הוא, דזכייה מטעם שליחות, כדמוכח בפ"ק דב"מ (דף י:) ובפ' "אין בין המודר" (נדרים דף לו:). וא"ת: דהכא קאמר ר"י: התופס לב"ח במקום שחב לאחרים – לא קנה, ובפרק קמא דב"מ (דף י.) קסבר: המגביה מציאה לחבירו קנה חבירו, והא בהא תליא, כדאמר התם: רב נחמן ורב חסדא דאמרי תרווייהו: לא קנה, מ"ט – הוי תופס לב"ח במקום שחב לאחרים! וי"ל: דר' יוחנן מחלק בין מציאה לב"ח, דשאני מציאה דמגו דזכי לנפשיה – זכי נמי לחבריה. **כל** **האומר** תנו **כאומר** זכו דמי. וא"ת: והא ר' יוחנן לית ליה תן כזכי, דקאמר בפ"ק דב"מ (דף י.): המגביה מציאה לחבירו – קנה חבירו, וא"ת משנתינו – דקאמר "תנה לי" ולא אמר "זכה לי"! ותירץ ר"ת: דדוקא היכא דדעת אחרת מקנה אותו אמרינן תן כזכי, ולא במציאה. וא"ת: למ"ד (לקמן דף יג:) דלא תקון מעמד שלשתן אלא בפקדון, מה הוצרכו לתקן מעמד שלשתן, דאמר בפירקין דהוי הלכתא בלא טעמא – תיפוק ליה משום דתן כזכי! ויש לומר: דהוצרכו לתקן במעמד שלשתן דקני אפילו אין הפקדון ביד הנפקד, שהניח הפקדון ביד אחרים, או שיקנה אפי' בע"כ של נפקד, כמו שאפרש לקמן בע"ה (שם ד"ה גופא) דקנה נמי בע"כ. ואם תאמר: ומתני' דלקמן (שם.): "תנו מנה לפלוני" ומת – יתנו לאחר מיתה, ומוקי לה רב זביד במעמד ג', ואמאי לא מפרש טעמא דמתני' משום דתן כזכי? ואור"ת: דתן לא הוי כזכי אלא כשמוסר לו הדבר מיד ליד, ומתני' לא משמע דמיירי בהכי. וניחא השתא ההוא דבבא מציעא גבי מציאה, והוצרכו נמי לתקן מעמד שלשתן דקנה אע"פ שמופקד בידו מוקדם לכן, אף ע"ג דהתם

*) [וע"ע תוס' חולין יג. ד"ה בעא]

תוספות רי"ד

מתני' האומר תן גט זה לאשתי ושטר שחרור זה לעבדי אם רצה לחזור בשניהם יחזור דברי ר"מ וחכ"א בגיטי נשים אבל לא בשחרורי עבדים לפי שזוכין לו לאדם שלא בפניו ואין חבין לו אלא בפניו שאם ירצה שלא לזון עבדו רשאי ושלא לזון את אשתו אינו רשאי אמר להן והרי הוא פוסל את עבדו מן התרומה כשם שהוא פוסל את אשתו אמרו לו מפני שהוא קניינו פי' אם רצה הבעל לחזור בשניהם קודם שיגיע השליח ליד האשה וליד העבד יחזור דקסבר ר"מ המסדר חוב הוא להן לאותן ששלחתו ואין חבין לאדם אלא בפניו כלומר אין אדם נעשה שליח לאדם להיות נפסד על ידו וא"כ עשאו הוא שליח דהויין בפניו וחכמים פליגי עליה דר"מ במתניתין ואמרי דבשחרור אינו יכול לחזור משנמסר ליד שליח זה ואע"פ שלא עשאו העבד שליח דקסברי זכות הוא לעבד שיצא מתחת רבו והוא לעבד לחירות וזכין לאדם שלא בפניו דאנן סהדי דניחא ליה דניהוי האי שלוחה להכי שאם ירצה וכו' הילכך כי משחרר ליה לא מפסיד ליה מזונות דבלאו הכי נמי אי בעי לא זיין ליה אבל אם רצה שלא לזון את אשתו אינו רשאי הילכך כי מגרש לה מפסיד לה מזונות והלא הוא פוסל את עבדו בגט זה מן התרומה פי' אם כהן הוא (הבעל) [האדון] אלמא חוב הוא לו. אמרו לו מפני שהוא קניינו הא דמפסל בגיטו מן התרומה מפני שהוא קניינו דכהן עד עכשיו היה אוכל וכי משחרר ליה לאו קניינו [הוא] ולקמן מפרש מאי מהדרי ליה. יתיב רב הונא ורב יצחק בר יוסף קמיה דר' ירמיה ויתיב ר' ירמיה וקא מנמנם ויתיב רב הונא וקאמר ש"מ מדרבנן התופש לב"ח קנה פי' ש"מ מדרבנן דאמרי שהשליח יתפוש את השטר לצורך העבד ואע"פ שרבו רוצה לחזור בו ואינו עוד שלוחו וכתפישה בעלמא היא בעל כרחיה התופש לב"ח אדם מן השוק שתפש מטלטלי ראובן לצורך שמעון שהוא ב"ח קנה: א"ל רב יצחק בר יוסף אפילו במקום שחב לאחרים א"ל אין פי' וש"מ דאפילו במקום שחב התופש הזה בתפישתו זאת ללוי דהוי נמי ב"ח דראובן וזה שקדם ותפש לצורך שמעון מפסיד את לוי תימא נמי דקנה דהא מתני' נמי שליח זה תופש לעבד וחב לבעלים שרוצה לחזור ואינן יכולים לרבנן אדהכי איתער ר' ירמיה אמר להו דרדקי הכי אמר ר' יוחנן התופש לב"ח במקום שחב לאחרים לא קנה וא"ת משנתנו כל האומר תן כאומר זכה דמי פי' ואין זה כשאר [illegible]

מסורת הש"ס

[תוספתא פ"ו]

לעיל ט:

עירובין פא: קידושין כג. ושם נסמן

כתובות סב: ב"מ י.

ב"מ ט: פאה פ"ד מ"ט

הגהות הב"ח

(א) רש"י ד"ה ואפי' במקום וכו' הוא כלומר ונשמע מיניה.

גליון הש"ס

גמ' קמיה דר' ירמיה. שבת דף סג ע"ב נדרים דף כט ע"ב: שם א"ל דרדקי כו' פסחים לה ע"א:

הגהות מהר"ב רנשבורג

א] גמ' איתיביה גיטין הבאים ממדינת הים ועדים חתומים עליהן אע"פ ששמותיהן כשמות עובדי כוכבים כשרין. נ"ב מיי' פ"ז מהל' גירושין הל"ה ויעו"ש בהה"מ ובלח"מ:

דִּלְמָא לָא הִיא. עַד כָּאן לָא קָאָמַר ר' אֱלִיעֶזֶר הָתָם – אֶלָּא דְּמִיגּוֹ *דְּאִי בָּעֵי מַפְקַר לְהוּ לְנִכְסֵיהּ וְהָוֵי עָנִי וַחֲזֵי לֵיהּ, וּמִיגּוֹ דְּזָכֵי לֵיהּ לְנַפְשֵׁיהּ זָכֵי לְחַבְרֵיהּ, אֲבָל הָכָא – לָא. וְעַד כָּאן לָא קָאָמְרִי רַבָּנַן הָתָם – אֶלָּא דִּכְתִיב: °"לֹא תְלַקֵּט לֶעָנִי", לֹא תְּלַקֵּט לוֹ לֶעָנִי, אֲבָל הָכָא – לָא. וְר"א הַאי "לֹא תְלַקֵּט" מַאי עָבֵיד לֵיהּ? מִיבָּעֵי לֵיהּ *לְהַזְהִיר לֶעָנִי עַל שֶׁלּוֹ. § "שֶׁאִם יִרְצֶה שֶׁלֹּא לָזוּן" כו'. § שָׁמַעַתְּ מִינָּהּ: *איָכוֹל הָרַב לוֹמַר לָעֶבֶד "עֲשֵׂה עִמִּי וְאֵינִי זָנְךָ"! הָכָא בְּמַאי עָסְקִינַן – דְּא"ל "צֵא מַעֲשֵׂה יָדֶיךָ לִמְזוֹנוֹתֶיךָ". דִּכְוָותָהּ גַּבֵּי אִשָּׁה, דְּאָמַר לָהּ "צְאִי מַעֲשֵׂה יָדַיִךְ בִּמְזוֹנוֹתַיִךְ", אִשָּׁה אַמַּאי לָא? אִשָּׁה בִּדְלָא סַפְקָא. עֶבֶד נַמִּי בִּדְלָא סָפֵיק! *עַבְדָּא דְּנָהוֹם כְּרֵסֵיהּ לָא שָׁוְיָא, לְמָרֵיהּ וּלְמָרְתֵיהּ לְמַאי מִיתְבָּעֵי? תָּא שְׁמַע: בעֶבֶד שֶׁגָּלָה לְעָרֵי מִקְלָט – אֵין רַבּוֹ חַיָּיב לְזוּנוֹ, וְלֹא עוֹד, אֶלָּא שֶׁמַּעֲשֵׂה יָדָיו לְרַבּוֹ; ש"מ: יָכוֹל הָרַב לוֹמַר לָעֶבֶד "עֲשֵׂה עִמִּי וְאֵינִי זָנְךָ"! הָכָא בְּמַאי עָסְקִינַן – דְּאָמַר לוֹ "צֵא מַעֲשֵׂה יָדֶיךָ לִמְזוֹנוֹתֶיךָ". אִי הָכִי, מַעֲשֵׂה יָדָיו אַמַּאי לְרַבּוֹ? לְהַעֲדָפָה. הַעֲדָפָה, פְּשִׁיטָא! מַהוּ דְּתֵימָא: כֵּיוָן דְּכִי לֵית לֵיהּ לָא יָהֵיב לֵיהּ, כִּי אִית לֵיהּ נַמִּי לָא לִישְׁקוֹל מִינֵּיהּ, קמ"ל. וּמ"ש לְעָרֵי מִקְלָט? סד"א: °"וָחָי" – עֲבֵיד לֵיהּ חִיּוּתָא טְפֵי, קמ"ל. וְהָא מִדְּקָתָנֵי סֵיפָא: גאֲבָל אִשָּׁה שֶׁגָּלְתָה לְעָרֵי מִקְלָט – בַּעְלָהּ חַיָּיב בִּמְזוֹנוֹתֶיהָ – מִכְּלָל דְּלָא אָמַר לָהּ, דְּאִי אָמַר לָהּ, בַּעְלָהּ אַמַּאי חַיָּיב? וּמִדְּסֵיפָא דְּלָא אָמַר לָהּ, רֵישָׁא נַמִּי דְּלָא אָמַר לֵיהּ! לְעוֹלָם דְּאָמַר לֵיהּ, דוְאִשָּׁה בִּדְלָא סַפְקָה. וְהָא מִדְּקָתָנֵי סֵיפָא: וְאִם אָמַר לָהּ "צְאִי מַעֲשֵׂה יָדַיִךְ בִּמְזוֹנוֹתַיִךְ" – רַשַּׁאי, מִכְּלָל דְּרֵישָׁא דְּלָא אָמַר לָהּ! ה"ק: הוְאִם מַסְפֶּקֶת, וְאָמַר לָהּ "צְאִי מַעֲשֵׂה יָדַיִךְ בִּמְזוֹנוֹתַיִךְ" – רַשַּׁאי. מַסְפֶּקֶת, מַאי לְמֵימְרָא? מַהוּ דְּתֵימָא: °"כָּל כְּבוּדָּה בַת מֶלֶךְ פְּנִימָה", קמ"ל. לֵימָא כְּתַנָּאֵי; רַבָּן שִׁמְעוֹן בֶּן גַּמְלִיאֵל אוֹמֵר: יָכוֹל הָעֶבֶד לוֹמַר לְרַבּוֹ בִּשְׁנֵי בַצּוֹרֶת "אוֹ פַּרְנְסֵנִי אוֹ הוֹצִיאֵנִי לְחֵירוּת", וַחֲכָמִים אוֹמְרִים: הָרְשׁוּת בְּיַד רַבּוֹ. מַאי לָאו בְּהָא קָמִיפַּלְגִי, דְּמָר סָבַר: יָכוֹל, וּמָר סָבַר: אֵינוֹ יָכוֹל! וְתִיסְבְּרָא? הַאי "אוֹ פַּרְנְסֵנִי אוֹ הוֹצִיאֵנִי לְחֵירוּת"? "אוֹ פַּרְנְסֵנִי אוֹ תֵּן לִי מַעֲשֵׂה יָדַי בְּפַרְנָסָתִי" מִיבָּעֵי לֵיהּ! וְעוֹד, מַאי שְׁנָא בִּשְׁנֵי בַצּוֹרֶת? אֶלָּא הָכָא בְּמַאי עָסְקִינַן – ודְּאָמַר לוֹ "צֵא מַעֲשֵׂה יָדֶיךָ לִמְזוֹנוֹתֶיךָ", וּבִשְׁנֵי בַצּוֹרֶת לָא סָפֵק; רשב"ג סָבַר: זאוֹ פַּרְנְסֵנִי אוֹ הוֹצִיאֵנִי לְחֵירוּת, °כִּי הֵיכִי דְּחָזוּ לִי אֱינָשֵׁי וּמְרַחֲמִין עֲלַי; וְרַבָּנַן סָבְרִי: מַאן דִּמְרַחֵם אַבְנֵי חָרֵי, אַעֶבֶד נַמִּי רַחוּמֵי מְרַחֵם. ת"ש, דְּאָמַר רַב: חהַמַּקְדִּישׁ יְדֵי עַבְדּוֹ, אוֹתוֹ הָעֶבֶד לֹוֶה וְאוֹכֵל וְעוֹשֶׂה וּפוֹרֵעַ; ש"מ: יָכוֹל הָרַב לוֹמַר לָעֶבֶד "עֲשֵׂה עִמִּי וְאֵינִי זָנְךָ"! הָכָא בְּמַאי עָסְקִינַן – בְּמַעֲלֶה לוֹ מְזוֹנוֹת. א"ה, לְמַאי לֹוֶה

רש"י

לֹא תְלַקֵּט לֶעָנִי. סְמַכִינְהוּ רַחֲמָנָא "לֹא תְלַקֵּט" "לֶעָנִי וְלַגֵּר", וְדָרְשִׁינַן סְמוּכִין: לֹא תְּלַקֵּט אַתָּה לְצוֹרֶךְ הֶעָנִי. לְהַזְהִיר עָנִי עַל שֶׁלּוֹ. עָנִי הָרָאוּי לִיטּוֹל פֵּאָה, וְיֵשׁ לוֹ שָׂדֶה – הִזְהִירוֹ הַכָּתוּב לְהָנִיחַ בָּהּ פֵּאָה. לָעֶבֶד. כְּנַעֲנִי. עֲשֵׂה עִמִּי. מְלָאכָה, וְאֵינִי זָנְךָ, אֶלָּא חֲזוֹר עַל הַפְּתָחִים. בִּדְלָא סַפְקָא. לָזוּן בְּמַעֲשֵׂה יָדֶיהָ, וְצָרִיךְ לְהוֹסִיף מִשֶּׁלּוֹ. וּפָרְכִינַן: עֶבֶד נַמִּי לָא סָפֵק. וּמְשַׁנֵּי: עַבְדָּא דְּנָהוֹם כְּרֵסֵיהּ לָא שָׁוְיָא. עֶבֶד שֶׁאֵינוֹ שָׁוֶה לֶחֶם אָכְלוֹ. לְמָרֵיהּ לְמַאי מִתְבָּעֵי. הִלְכָּךְ אֵינוֹ מוֹסִיף מִשֶּׁלּוֹ, אֶלָּא יַחֲזוֹר עַל הַפְּתָחִים, כִּי מִי יְכוֹפֶנּוּ לְזוּנוֹ וּלְהַפְסִיד שֶׁלּוֹ? אֲבָל אִשָּׁה – כָּךְ הִתְנָה עִמָּהּ בִּכְתוּבָּתָהּ: וְאַתְּ תְּהֵא יָתְבָא בְּבֵיתִי וּמִיתְּזְנָא מִנִּכְסַי. שֶׁגָּלָה לְעָרֵי מִקְלָט. שֶׁהָרַג בְּשׁוֹגֵג וְגָלָה. לְהַעֲדָפָה. שֶׁמַּעֲשֵׂה יָדָיו עוֹדְפִים עַל מְזוֹנוֹתָיו. לָא לִישְׁקַל מִינֵּיהּ. וִיהֵא בְּיַד הָעֶבֶד, שֶׁמָּא יֵשׁ יוֹם שֶׁלֹּא יִמְצָא לְהִשְׂתַּכֵּר. וָחָי. "וְנָס אֶל אַחַת הֶעָרִים הָאֵל וָחָי". כְּבוּדָּה בַּת מֶלֶךְ. כָּל יִשְׂרָאֵל בְּנֵי מְלָכִים. פְּנִימָה. צְנוּעָה, וְאֵין דַּרְכָּהּ לָצֵאת וּלְסַבֵּב בָּעִיר שֶׁאֵינָהּ מִשָּׁם, וְאֵין מַכִּירִין אוֹתָהּ לְהָבִיא לָהּ מְלָאכָה בְּבֵיתָהּ, אֶלָּא אִם כֵּן מְסַבֶּבֶת בָּעִיר לִמְצוֹא מְלָאכָה לְהִשְׂתַּכֵּר. וְתִסְבְּרָא. דִּכְדַאֲמַר לֵיהּ "עֲשֵׂה עִמִּי" קָא מַיְירֵי. וְעוֹד מַאי שְׁנָא שְׁנֵי בַצּוֹרֶת. אֲפִילּוּ בִּשְׁנֵי שׂוֹבַע, כֵּיוָן דְּא"ל "עֲשֵׂה עִמִּי" – הֲרֵי הֵן לוֹ שְׁנֵי בַצּוֹרֶת. לָא סָפֵק. אֵינוֹ מַסְפִּיק. מַאן דִּמְרַחֵם אַבְנֵי חָרֵי אַעַבְדָּא נַמִּי מְרַחֵם. דְּשַׁיָּיךְ בְּמִצְוֹת כְּאִשָּׁה. לֹוֶה

תוספות

דהתם לא הוי תן כזכי. ועוד פי' ר"ת: דשיחרור עבד הוי כעין מלוה, דאמרי' בה תן והולך כזכי, אע"ג דבמתנה לא הוי כזכי. דשחרור, אי לאו דעבד ליה נייח נפשיה – לא הוה משחרר ליה, משום הכי חשיב כחוב, דאמרינן ביה תן כזכי. ומדקדק ר"ת דיש חילוק בין מתנה למלוה. דתנינן לקמן (דף יד.): "הולך מנה לפלוני שאני חייב לו", "תן מנה לפלוני שאני חייב לו" וכן בפקדון – חייב באחריותו, ואם בא לחזור – אינו חוזר. אלמא בחוב הוי הולך כזכי. וגבי מתנה פסקינן בהדיא בסוף פירקין כר"ש הנשיא, דהולך לאו כזכי. וכן בריש "השולח" (לקמן לג:) אמר: שליח מתנה כשליח הגט(א), והולך לאו כזכי. וכיון דהולך לאו כזכי – תן נמי לאו כזכי. דאי הוי כזכי במתנה כמו גבי מלוה ופקדון – אמאי תנן "תן"? דכיון דכבר אשמועינן דאפילו הולך כזכי – כ"ש "תן" כזכי, דאפי' במתנה הוי כזכי. ור"י הביא ראיה מתוספתא, דקתני בהדיא: "תן מנה לפלוני שאני חייב לו" או "פקדון שיש לו בידי" וכן "הולך" כו' – אינו חוזר, וחייב באחריותן. "תן מנה זה לפלוני" "תן שטר מתנה זו לפלוני" או "הולך" כו', רצה לחזור – יחזור, "זכה מנה זו לפלוני" "התקבל מנה זו לפלוני" רצה לחזור – לא יחזור. אלמא תניא בהדיא דבמתנה לא הוי תן כזכי. **דלמא** לא היא. דיחויא בעלמא היא. דרב פפא אית ליה בהדיא: תופס לב"ח במקום שחב לאחרים – לא קנה (כתובות דף פד:). **אלא** דכתיב לא תלקט לעני. וא"ת: למ"ד בפ"ק דתמורה (דף ד:): כל מילתא דאמר רחמנא לא תעביד – אי עביד מהני, א"כ קנה העני! וי"ל: דהכא בתר "לא תלקט" כתיב: "לעני ולגר תעזוב אותם" משמע דלא קני. וא"ת: ונילף מהכא בעלמא דהמגביה מציאה לחבירו דלא קנה חבירו! וי"ל: דהכא סברא הוא, שלא זכתה תורה לעני אלא מה שכל אחד מלקט לצורך עצמו. ולרב חסדא דמפרש הכא דטעמייהו דרבנן משום דתופס לב"ח לא קני – איכא למימר דמהכא יליף. **עבד** נמי בדלא ספיק. וא"ת: אטו משום דלא ספיק יהא רבו חייב לזונו, ולא יוכל לומר לו "לא מעשה ידיך במזונותיך"? ועוד קשה הלשון דקאמר: עבדא דנהום כריסיה לא שוי. הוה ליה למימר בהדיא דלא מחייב לזונו, כיון דאמר ליה "לא מעשה ידיך במזונותיך"! ואור"י: דס"ד דרגילות הוא שעבד עצמו הולך ועובד את רבו, אפילו כשאמר ליה "לא מעשה ידיך במזונותיך" – משום הכי בעי למימר (אע"ג) דלא ספיק שיתחייב במזונות, כיון שמ"מ עובדו. משום הכי מהדר ליה בלשון זה: עבדא דנהום כריסיה לא שוי כו'. ולהכי קאמר לעיל: ש"מ יכול הרב לומר לעבד "עשה עמי ואיני זנך", דאפי' מיירי דא"ל "לא מעשה ידיך במזונותיך", מ"מ כיון שעובדו – היה לו להתחייב במזונותיו, אי לאו משום דיכול. ועוד: דסלקא דעתיה דמיירי בלא אמר ליה, דומיא דאשה, דבדלא ספיק לא שכיח. **מאי** שנא לערי מקלט. פי': אי אמרת בשלמא יכול, אשמועינן ערי מקלט דאע"ג דאמר רחמנא "וחי" עביד ליה חיותא טפי – אפי' הכי יכול הרב לומר כו', אבל לענין העדפה לא משמע ליה דמשום "וחי" תיהוי העדפה דידיה. **מספקת** מאי למימרא כו'. אי אמרת בשלמא כולה בדספקא, תנא סיפא דאמר לה – לגלויי ארישא דאיירי בלא אמר לה. אבל השתא דמוקמת רישא בדלא ספקא, ולא תנא הך סיפא אלא לאשמועינן דמספקת יכול לומר לה "צאי מעשה ידיך במזונותיך" מאי למימרא? דזה אינו שום חידוש. **ומר** סבר אינו יכול. והא דקתני "או הוציאני לחירות" – לאו דוקא, אלא כלומר: שיהיה מעשה ידי לעצמי, כמו לבן חורין. **כי** היכי דחזו אינשי ומרחמי. הקשה ה"ר יצחק בן הר"מ: דבפרק "השולח" (לקמן דף לז:) גבי עבד שנשבה ופדאו ישראל אחר, שמעינן להו איפכא. דקא אמרי רבנן: לא ישתעבד לא לרבו ראשון ולא לרבו שני, לרבו שני לא – דהא לשם בן חורין פרקיה, לרבו ראשון לא – דלמא מימנעי ולא פרקי. ורשב"ג סבר: כשם שמצוה לפדות בני חורין – כן מצוה לפדות את העבדים! ואומר ר"י: דרבן שמעון ב"ג סבר דלענין פדיון פרקי ליה טפי, שלא יטמע בין הגוים. ורבנן סברי דלענין מזונות מרחמי עליה טפי, שלא ימות ברעב, וגם כל א' יתן לו מעט לחם, אבל בפדיון – צריך הרבה ביחד. **אמר** רב המקדיש ידי עבדו. גרסינן, ולא גרסינן: המקדיש עבדו. דהתם יצא לחירות, כדאמר רב ב"השולח" (לקמן דף לח:) דליהוי עם קדוש קאמר. וא"ת: וכי היכי דמקדיש ידי עבדו אמרינן דהן קדושים למלאכתן, הכי נמי כשהקדיש כל עבדו – הוה לן למימר שהקדישו למלאכתו, פיו – לדבורו, ידיו – למעשהו, רגליו – להילוכו, דבענין זה חשיב הקדש, כדאמרינן בסוף פ"ק דנדרים (דף יג:)! ואומר רבי' יצחק: דסברא הוא דלא נתכוין להקדישו למלאכתו, לפי שיש חילוק במלאכתו, שאין פיו ידיו ורגליו שוין במלאכתן. הלכך, אית לן למימר דלשחררו נתכוין, דהוי הכל בענין אחד. אי נמי י"ל: התם כשמקדיש עבדו סתם – משמע יותר למיהוי עם קדוש, דהא "למלאכתו" לא קאמר. אבל מקדיש ידי עבדו – הקדיש מלאכת ידיו, דלא שייך למימר בענין אחר. ולימא

עין משפט נר מצוה

עא א מיי' פ"ט מהל' עבדים הל' ז סמג עשין פב טוש"ע י"ד סימן רסז סעיף כ וסעיף כח:
עב ב ג ד ה מיי' פ"ז מהל' רוצח ושמירת נפש הל' ב סמג עשין פה:
עג ו ז מיי' שם טוש"ע י"ד סימן רסז סעיף כ בהגה"ה:
עד ח מיי' פ"ז מהל' ערכין הל' יט:

תוספות רי"ד

שאם ירצה שלא לזון וכו' ש"מ יכול הרב לומר לעבד עשה עמי ואיני זנך פי' אלא חוזר על הפתחים ואסיקנא בההיא פלוגתא דרב ור' יוחנן דרב סבר אינו יכול ור' יוחנן סבר יכול וקי"ל רב ור' יוחנן הלכה כר' יוחנן (אף) מפני שהוא קניינו:

הגהות הב"ח

(א) תום' ד"ה כל האומר (בעמוד הקודם). כשליח הגט נ"מ להולך לאו כזכי:

מסורת הש"ס

תורה אור

[ברכות מז: ש"נ]
חולין קלא:
ב"ק פז: כתובות מג. נח:
[ב"ק לז. ע"ש ב"מ סד: ע"ש]
ויקרא כג
דברים ז
תהלים מה
גי' מ"ד היכא

גליון הש"ס

גמ' כי היכי דחזו לי אינשי ומרחמין. ע' ב"ק ד' פח ע"א תד"ה דכתיב:

עין משפט נר מצוה

עה א מיי' פ"ו מהל' ערכין הלכה יב:

עו ב ג מיי' פ"ד מהל' חובל ומזיק הל' י סמג עשין ע טוש"ע ח"מ סימן רכז סעי' כא וטוש"ע ח"מ סי' תכד סעי' ג:

עז ד מיי' פ"ו מהל' תרומות הל' א טור"ד סימן שלא:

גמרא

לוה ואוכל? להעדפה. וליכא ליה הקדש: עד השתא סגי לך בלא העדפה, והשתא נמי תיסגי לך בלא העדפה! הקדש גופיה ניחא לי', כי היכי דלישבח עבדיה. עושה ופורע — קמא קמא קדיש ליה! אבפחות פחות משוה פרוטה. הכי נמי מסתברא, דאמר רב: המקדיש ידי עבדו — אותו העבד עושה ואוכל, דאי לא עבדא מאן פלח ליה? אי אמרת בשלמא הך במעלה ואינו יכול, והא בשאינו מעלה — שפיר. אלא אי אמרת הך בשאינו מעלה ויכול — "דאי לא עבדא מאן פלח ליה"? מאן דבעי ניפלחיה! אלא לאו ש"מ אינו יכול, שמע מינה. ת"ש, דאמר ר' יוחנן: בהקוטע יד עבדו של חבירו — נותן שבתו ורפואתו לרבו, ואותו העבד ניזון מן הצדקה; ש"מ: יכול הרב לומר לעבד "עשה עמי ואיני זנך"! הכא במאי עסקי' — במעלה לו מזונות. אי הכי, אמאי ניזון מן הצדקה? להעדפה. אי הכי, ניזון?! מתפרנס מיבעי ליה! אלא לאו ש"מ יכול, ש"מ. אמר מר: נותן שבתו ורפואתו לרבו. שבתו, פשיטא! רפואתו איצטריכא ליה. רפואתו דידיה היא, דבעי איתסויי ביה! גלא צריכא, דאמדוה לחמשא יומי, ועבדו ליה סמא חריפא ואתסי בתלתא יומי; מהו דתימא: צערא דידיה הוא, קמ"ל. תניא: *א"ר אלעזר, אמרנו לו למאיר: והלא *זכות הוא לעבד שיוצא מתחת ידי רבו לחירות! אמר לנו: חוב הוא לו, שאם היה עבד כהן — פוסלו מן התרומה. אמרנו לו: והלא מה אם ירצה שלא לזונו ושלא לפרנסו — רשאי! אמר לנו: ומה דאילו עבד כהן שברח ואשת כהן שמרדה על בעלה — הלא אוכלין בתרומה, וזה אינו אוכל! אבל אשה חוב הוא לה, שכן פסלה מן התרומה ומפסידה מן המזונות. מאי קאמרו ליה, ומאי קא מהדר להו? ה"ק להו: השבתוני על המזונות, מה תשיבוני על התרומה? וכי תימרו, אי בעי זריק ליה גיטא ופסיל ליה! שביק ליה ועריק ואזיל לעלמא; ומה

רש"י

*לוה ואוכל עושה ופורע. לא יעשה תחלה, דפרוטה קמייתא קדשה לה, ושוב אסור לו. אלא לוה תחילה, ואוכל, ועושה פחות פחות משוה פרוטה ופורע, כדמפרש לקמיה. וקס"ד דבאין מעלה לו מזונות, וקאמר דיכול להקדיש, אלמא: יכול לומר לו "עשה עמי ואיני זנך". להעדפה. מזונות מרווחין יותר, מה שאין דרך בעליו להאכילו. דלישבח עבדיה. בגוף בריא. בפחות פחות משוה פרוטה. עד שלא תצטרף הפרוטה — יפרענה, דלא חייל הקדש אפחות משוה פרוטה. ה"נ מסתברא. דבמעלה לו מזונות קאמר. דאי לא עבד מאן פלח ליה. שמאחר שאין עושין לו מאכל — מה יאכל העבד הזה? מי יעבדנו ומי יזמין לו מזונות? אי אמרת בשלמא. הך דלעיל דקאמר רב, דחל הקדש. במעלה לו מזונות. קאמר, ואין יכול הרב לומר לעבד "עשה עמי ואיני זנך". והא. דקאמר: לא חייל הקדש — בשאינו מעלה — שפיר. אלא אי אמרת. קמייתא בשאינו מעלה, ואפילו הכי חייל הקדש, דיכול הרב לומר לעבד "עשה עמי ואיני זנך". דאי לא עבד מאן פלח ליה. בתמיה: מאן דבעי ניפלחיה! ת"ש. דאיכא אמורא אחרינא דפליג עליה דרב. נותן שבתו ורפואתו לרבו. שבתו — שכר בטלתו בחליו. ואע"פ שנותן לו דמי ידו — רואין אותו כאילו הוא שומר קישואין, דעדיין הוא ראוי לכך כשיעמוד מחליו. ורפואתו. לקמיה פריך: הא בעי למיתבה לרופא. הוא הדין לנזקו ולצערו, אלא נזקו לא איצטריך, דהיינו דמי ידו, ופשיטא דלרביה הוא, דאשפחתיה מכספיה. וצערו נמי בכלל רפואתו דהכא הוא, כדמפרש לקמיה, דהאי רפואתו — צערא דסמא חריפא הוא. וה"ה נמי לצער המכה. ומדקאמר: שבתו לרבו והוא ניזון מן הצדקה — ש"מ יכול הרב כו'. להעדפה. שהוא צריך מפני חליו להוסיף על מזונותיו. ניזון. משמע: מזונות כדי חייו. פרנסה. היינו כל שאר צרכיו, בלשון לעז קונרי"ר. פשיטא. דלרבו הוא, אלא למאן ליהוי? הרי מעשה ידיו לרבו. ואי לאשמועינן אע"פ שאינו זנו, ולמימרא דיכול הרב כו' — נימא: אותו העבד ניזון מן הצדקה, ותו לא! דאמדוה לחמשא יומי. ליתן לרופא שכר חמשת הימים. צערא דידיה. וסד"א: נערא לא זכי ליה רחמנא. קמ"ל: דכל שבח הבא לידו זוכה בו רבו, כשורו וחמורו. אמרנו לו למאיר גרסינן. מפני שחבירו הוא אינו קורהו "רבי". ומה והלא אם ירצה שלא לזונו רשאי. כלומר שאינו מפסידו בשחרורו כלום. אבל אשה חוב הוא לה. רבנן קאמרי לה. כלומר, בההיא ודאי מודינא. מאי קאמרי ליה ומאי קמהדר להו. כלומר, תשובה שהשיבם — ומה עבד כהן שברח — מה תשובה היא למה שאמרו לו על המזונות? השבתוני על המזונות. שאינו זנו משלו. מה תשיבוני על התרומה. שהרי כל זמן שלא שחררו הוא הולך ואוכל תרומה בכל מקום בשביל רבו. וכי תימא. ודאי קבלת שליח זו אינה חוב, דאי בעי מריה — זריק ליה גיטא ברשות הרבים בתוך ד' אמות, ופסיל ליה. שהרי משוחרר הוא — זו אינה ראיה, דאיהו שביק ליה מיד, ולא ימציא עצמו למקום שיוכל לפוסלו בזריקת גט. ואזיל לעלמא. ואכיל תרומה. וזה

תוספות

וליכא ליה הקדש עד האידנא כו'. לענין "עשה עמי ואיני זנך" ניחא דלא אמר ליה הקדש הכי, אע"ג דרבו מצי אמר ליה — משום דפשיטא להקדש ניחא ליה שלא ימות עבדו ברעב.

פחות משוה פרוטה. פי' בקונטרס: דאין הקדש חל על פחות משוה פרוטה. והקשה רבינו יצחק: דתנן ב"הזהב" (ב"מ דף נה.): חמש פרוטות הן — ליתני שש פרוטות הן, דאין הקדש חל על פחות משוה פרוטה! ואומר ר"י: דהכא היינו טעמא — שאין בדעתו של מקדיש שיחול על פחות משוה פרוטה.

שבתו ורפואתו לרבו. שבתו היינו שבת קטנה וגדולה, דהיינו נזק. וה"ה צער ובושת לרבו, לרבנן דר' יהודה, דאמרי ב"החובל" (ב"ק דף פז.) דיש לעבד בושת. ולא נקט להו, משום דאין חידוש שהן לרבו. אבל בשבתו קמ"ל, דאע"ג דשקיל הרב שבת דידיה — לא מיחייב במזונותיו, דיכול הרב לומר לעבד "עשה עמי ואיני זנך". והא דפריך בסמוך "שבתו פשיטא" — ה"פ: פשיטא דשבתו לרבו, אף ע"פ שלא יזוננו, כיון דיכול הרב לומר לעבד "עשה עמי" כו'. ולא הוה לי' לר' יוחנן למינקט: קוטע יד עבדו של חבירו, אלא הוה ליה למימר בהדיא: יכול הרב לומר לעבד כו', אם לא בא להשמיענו דבר אחר. ומשני: דנקט קוטע יד עבדו לאשמעינן חידוש שני — דרפואתו לרבו, דהיינו צער דסמא חריפא, כדמסיק. דה"א שיהא לעצמו, כמו רפואתו שהיא לעצמו, גם כשיסבול צער כדי להרויח שכר רפואתו — יהא לעצמו. אבל צער קטיעת היד — פשיטא דלרבו, ולהכי לא תני: וכן לבושת. ר"י.

שמע מינה יכול ש"מ. וא"ת: ר' יוחנן היכי מוקי פלוגתייהו דרשב"ג ורבנן דלעיל? דלא מצי למימר דפליגי דמר סבר יכול ומ"ס אינו יכול כדפריך לעיל. ואי כדאסיקנא לעיל דאמר "לא מעשה ידיך במזונותיך", ובשני בצורת לא ספיק כו' — א"כ לכ"ע אינו יכול! וי"ל: דאע"ג דבשאר שנים יכול — בשני בצורת אינו יכול, דבשאר שנים ימלא מרחמים יותר, כשיחזור על הפתחים, מבשני בצורת.

רפואתו דידיה הוא. והא דתנן בפרק "החובל" (ב"ק פז.) (א) בעבד כנעני שלו פטור מכולן — שמא יש לחלק, דאע"ג דכשחבל בו אחר נותן רפואתו לעבד, הוא שחבל בעבדו — לא מיחייב. אי נמי: דאי עביד ליה סמא חריפא, דפטור מן המותר, כדאמרת הכא*).

שאם היה עבד כהן פוסלו מן התרומה. ואם תאמר: טפי הוה ליה למנקט לפי שאוסרו בשפחה, דשייך אף בעבד ישראל! וי"ל: לדבריהם קאמר להו, דסברי: אדרבה, הרי מתירו בבת חורין.

השבתוני על המזונות. רבנן שהשיבו לו: ומה אם ירצה שלא לזונו — רשאי, היו סבורין: הא דקאמר ר"מ שאם היה עבד כהן פוסלו מן התרומה — הוי חוב לו, לפי שנותן לו הרב מזונות בריות, בשביל שיש תרומה הרבה לכהנים או משום שיש מצוה באכילת תרומה. ומשום הכי מהדרי ליה: ומה אם ירצה שלא לזונו? וקאמר להו ר"מ: השבתוני על המזונות, מה תשיבוני על התרומה? שאפילו לא ירצה הרב לזונו — יש חובה, דמכל מקום מוצא העבד לקנות תרומה בזול יותר מן החולין. וגם חולקין לו על הגורן, לר"י דאמר (כתובות דף כח:): חולקין תרומה לעבד אע"פ שאין רבו עמו.

וכי תימא אי בעי זריק ליה גיטא. וא"ת: מה בכך? מ"מ חוב הוא לו זה השחרור, שפוסלו מתרומה! וי"ל: דקסבר דלא חשיב ליה חובה מה שמקבלו זה, כיון דאפילו אם לא יקבלנו יכול רבו לפוסלו מתרומה בענין אחר. אי נמי ה"פ: אי בעי זריק ליה האדון גיטא ספק קרוב לו וספק קרוב לעבד, ויאסר בתרומה ובשפחה ובבת חורין — וטוב לו להיות משוחרר. וכן אי בעי שקיל ארבע זוזי מישראל ופסיל ליה מתרומה, ועדיין הוא עבד.

שביק ליה ועריק ואזיל לעלמא. משמע דאי עריק אוכל בתרומה. וא"ת: ליחוש שמא מכרו לישראל, ומיתסר בתרומה! וי"ל: דלא שכיח שיקנהו ישראל מאחר שברח.

*) [וע' תוס' ב"ק פז. ד"ה בעבד]

ומה

תוספות רי"ד

תניא א"ר אלעזר אמרנו למאיר והלא זכות הוא לעבד לצאת מתחת ידי רבו לחירות ואמר לנו חוב הוא לו שאם יהיה עבד כהן פוסלו מן התרומה אמרנו לו והלא מה אם ירצה שלא לזונו ושלא לפרנסו רשאי אמר לנו ומה אילו עבד כהן שברח ואשת כהן שמרדה על בעלה הלא הן אוכלין בתרומה וזה אינו אוכל אבל אשה חוב הוא לה שכן פסלה מן התרומה ומפסידה מן המזונות מאי קא"ל ומאי קמהדר להו פי' הוא אומר חוב הוא לו שאם היה העבד כהן פוסלו מן התרומה וגם נוטלו (ס"א והטענו לו) מן המזונות וגם הוא חוזר ואמר להן מן התרומה עבד כהן שברח וכו' ומהדר הכי קא"ל שאם היה עבד כהן פוסלו מן התרומה פי' אע"פ שזכות הוא לו שיצא לחירות מ"מ יש בו צד חובה לענין תרומה וכיון שיש בו צד חובה אין חבין לו לאדם אלא בפניו אמרנו לו והלא אם ירצה וכו' פי' יכול למונעו ממנו מזונות בין חולין ובין תרומה א"כ נמצא שהשליח הזה שום חובה אינו עושה לו אמר להן השבתוני על המזונות מה תשיבוני על התרומה פי' במזונותיו יכול למונעו בין מחולין בין מתרומה אבל מתרומה בעלמא לא מצי מנע ליה והשליח הזה פוסלו אפי' מתרומה בעלמא א"כ נמצא שחוב הוא לו וכ"ת זריק ליה גיטא ופסיל ליה פי' והרי נמצא שבלא השליח נמי יכול לפוסלו מתרומה בעלמא שביק ליה ועריק ואזיל לעלמא ומה אילו עבד כהן שברח ואשת כהן שמרדה על בעלה הלא אין אוכלין וזה שהשליח קיבל לו גיטו אינו אוכל פי' לא מצי למפסליה בגיטא דעריק ואזיל לעלמא אבל ע"י שליח מצי למפסליה בכל היכא דאיתיה דמשעה דמטי גיטא לידיה דשליח זכה לו ויצא ב"ח. ומכאן מוכיח דבהגעת הגט ליד השליח אע"פ שלא הגיע ליד העבד הוי משוחרר שאם צריך שיגיע ליד העבד שביק ליה נמי ועריק אלא ודאי ע"י זכוי השליח יכול לשחררו בכל מקום שהוא אע"פ שלא יגיע לידו. שפיר

מסורת הש"ס

שייך לע"א

[תוספתא פ"א]

[ב"מ יט.]

הגהות הב"ח

(א) תוס' ד"ה רפואתו כו' החובל בעבד כו':

גליון הש"ס

תוד"ה שביק ליה וכו' ליחוש שמא מכרו. ע' בהר"ן קידושין פ"ב דף רכה ע"א.

וְזֶה אֵינוֹ אוֹכֵל. מְשׁוּחְרָר אֵינוֹ אוֹכֵל. מִפְּנֵי שֶׁהוּא קִנְיָנוֹ. טַעְמָא מַאי עֶבֶד כֹּהֵן שֶׁבָּרַח אוֹכֵל בִּתְרוּמָה – מִפְּנֵי שֶׁהוּא קִנְיָנוֹ דְּכֹהֵן. הִלְכָּךְ, אִי בָּעֵי הַהוּא כֹּהֵן, כְּשֶׁיִּבְרַח עַבְדּוֹ – שָׁקֵיל אַרְבָּעָה זוּזֵי מִיִּשְׂרָאֵל, וּמַקְנֵי לֵיהּ נִיהֲלֵיהּ כָּל הֵיכָא דְּאִיתֵיהּ, וְשׁוּב אֵינוֹ קִנְיָנוֹ, וּמִיפְסֵיל. זִילָא לֵיהּ. זוֹלֵלָה הִיא בְּעֵינָיו לְזַלְזֵל בָּהּ לְכָל תַּאֲוָתוֹ. וּפְרִיצָה לֵיהּ. מִתְנַהֶגֶת עִמּוֹ בִּפְרִיצוּת. **מתני'** הָאוֹמֵר תְּנוּ גֵּט (א) זֶה לְאִשְׁתִּי. גָּרְסִינַן בְּמַתְנִי', וְלָא גָּרְסִי' "תֵּן". שֶׁלֹּא מְסָרוֹ לְיַד שָׁלִיחַ בְּחַיָּיו, לְפִיכָךְ לֹא נֶחְלְקוּ חֲכָמִים בַּדָּבָר, לוֹמַר שֶׁמִּשָּׁעָה רִאשׁוֹנָה זָכָה לוֹ הַשָּׁלִיחַ לָעֶבֶד לִהְיוֹת מְשׁוּחְרָר. לֹא יִתְּנוּ לְאַחַר מִיתָה. דְּגִיטָּא לָא הָוֵי עַד דְּמָטֵי לִידֵיהּ, וְכִי מָטֵי לִידֵיהּ – הָא מִית לֵיהּ מְשַׁחְרֵר, וּפָקְעָה לֵיהּ רְשׁוּתֵיהּ. **גמ'** וְהוּא שֶׁצְּבוּרִים. "מָנֶה" דְּקָתָנֵי מַתְנִי' – בִּצְבוּרִין וּמוּנָּחִין הַמָּעוֹת עָסְקִינַן, וְאָמַר: מָנֶה זֶה תְּנוּ לִפְלוֹנִי. בְּבָרִיא. מַתְּנוֹת בָּרִיא בְּמִטַּלְטְלִין – יָכוֹל לַחֲזוֹר בּוֹ עַד שֶׁיִּמְשׁוֹךְ, וְיוֹרְשׁוֹ נַמִי מָצֵי לְמֶיהְדַּר בֵּיהּ, אַלִּיבָּא דְּמַאן דְּלֵית לֵיהּ מִצְוָה לְקַיֵּים דִּבְרֵי הַמֵּת. בְּמַעֲמַד שְׁלָשְׁתָּן קָנָה. וּלְקַמָּן מְפָרֵשׁ טַעְמָא. וּצְבוּרִין בָּעֵינַן, דְּסָבַר רַב זְבִיד: לָא אָמַר רַב קָנָה – אֶלָּא בְּפִקָּדוֹן, דְּקָנֵי לֵיהּ כָּל הֵיכָא דְּאִיתֵיהּ. שֶׁמָּא מָנֶה קָבוּר. יֵשׁ לוֹ בַּקַּרְקַע, וְהַהוּא הוּא דְּיָהֵב לֵיהּ. לָא

וּמָה אִילּוּ עֶבֶד כֹּהֵן שֶׁבָּרַח וְאֵשֶׁת כֹּהֵן שֶׁמָּרְדָה עַל בַּעְלָהּ הֲלֹא אוֹכְלִים בִּתְרוּמָה, וְזֶה אֵינוֹ אוֹכֵל. שַׁפִּיר קָאָמַר לְהוּ! אָמַר רָבָא: הַיְינוּ דְּקָא מְהַדְּרִי לֵיהּ בְּמַתְנִי': מִפְּנֵי שֶׁהוּא קִנְיָנוֹ, דְּאִי בָּעֵי – שָׁקֵיל *אַרְבָּעָה זוּזֵי מִיִּשְׂרָאֵל, וּפָסֵיל לֵיהּ כָּל הֵיכָא דְּאִיתֵיהּ. וּלְרַבִּי מֵאִיר, תֵּינַח עֶבֶד כֹּהֵן, עֶבֶד יִשְׂרָאֵל מַאי אִיכָּא לְמֵימַר? אָמַר רַבִּי שְׁמוּאֵל בַּר רַב יִצְחָק: מִפְּנֵי שֶׁמַּפְסִידוֹ מִשְׁפָּחָה כְּנַעֲנִית. אַדְּרַבָּה, הֲרֵי הוּא מַתִּירוֹ בְּבַת חוֹרִין! *עַבְדָּא בְּהֶפְקֵירָא נִיחָא לֵיהּ, זִילָא לֵיהּ, שְׁכִיחָא לֵיהּ, פְּרִיצָה לֵיהּ.§ **מתני'** *[א]הָאוֹמֵר "תְּנוּ גֵּט זֶה לְאִשְׁתִּי", [ב]"שְׁטַר שִׁחְרוּר זֶה לְעַבְדִּי", וּמֵת – לֹא יִתְּנוּ לְאַחַר מִיתָה; [ג]"תְּנוּ מָנֶה לְאִישׁ פְּלוֹנִי", וּמֵת – יִתְּנוּ לְאַחַר מִיתָה.§ **גמ'** אָמַר רַב יִצְחָק בַּר שְׁמוּאֵל בַּר מָרְתָא מִשְּׁמֵיהּ דְּרַב: וְהוּא שֶׁצְּבוּרִין וּמוּנָּחִין בְּקֶרֶן זָוִית. בְּמַאי עָסְקִינַן? אִילֵימָא בְּבָרִיא, כִּי צְבוּרִין מַאי הֲוֵי? הָא לָא מָשַׁךְ! וְאֶלָּא בִּשְׁכִיב מְרַע, מַאי אִירְיָא צְבוּרִין? כִּי אֵין צְבוּרִין נַמִי, דְּהָא [ד]קיי"ל *דְּדִבְרֵי שְׁכִיב מְרַע כִּכְתוּבִים וְכִמְסוּרִין דָּמוּ! א"ר זְבִיד: לְעוֹלָם בְּבָרִיא, וְכִדְרַב הוּנָא אָמַר רַב, דְּאָמַר רַב הוּנָא אָמַר רַב: *"מָנֶה לִי בְּיָדְךָ, תְּנֵהוּ לוֹ לִפְלוֹנִי", בְּמַעֲמַד שְׁלָשְׁתָּן – קָנָה. רַב פַּפָּא אָמַר: לְעוֹלָם בְּשכ"מ, וּכְאִידָךְ דְּרַב, דְּאָמַר רַב: שכ"מ שֶׁאָמַר "תְּנוּ מָנֶה לִפְלוֹנִי מִנְּכָסַי"; "מָנֶה זֶה" – נוֹתְנִין; "מָנֶה" סְתָם – אֵין נוֹתְנִין, חָיְישִׁינַן שֶׁמָּא מָנֶה קָבוּר קָאָמַר. [ה]וְהִלְכְתָא: לִקְבוּרָה לָא חָיְישִׁינַן. רַב פַּפָּא מַאי טַעְמָא לָא אָמַר כְּרַב זְבִיד? קָסָבַר

ומה אילו עבד כהן שברח ואשת כהן שמרדה על בעלה כו'. לכך מזכיר אשת כהן – כלומר, כמו שאתם מודים לי באשה שהוא חוב – אודו לי נמי בעבד. והא דמסיים נמי "אבל באשה חוב הוא לה" – הכל מדברי ר' מאיר, מדלא קאמר "אמרנו לו". **עבדא** בהפקירא ניחא ליה. וא"ת: עבד קטן ישראל, דלא ניחא ליה בהפקירא, כדאמרי' בפ"ק דכתובו' (דף יא.) משום דלא טעים טעמא דאיסורא, מאי איכא למימר? וי"ל: דמוד' ר"מ בעבד קטן ישראל. וא"ת: והא דקאמר התם "והא קי"ל ודאי דעבדא בהפקירא ניחא ליה", מנלן? והא רבנן פליגי אר"מ, ולית להו "בהפקירא ניחא ליה"! וי"ל: דמודו רבנן (ב) דניחא ליה בהפקירא, אלא הכא גבי עבד לית להו, לפי שהוא משועבד ורשות אחרים עליו, וגדול הוא לו זכות של שיחרור משל הפקירא. אבל גר שאין רשות אחרים עליו – לא*. **האומר** תנו גט. אי גרסי' "תן גט זה" – אתיא מתני' כר"מ דוקא. אי נמי, אפי' כרבנן, וכגון שאינו מוסרו מיד ליד, אלא מראהו לו ומצוה ליתנו, והוא לא נטלו עד אחר מיתה. אי נמי, נטלו לאלתר, ואפ"ה לא זכה העבד, ונאמר דלא אמרי' תן כזכי אלא כשמוסר לשליח מיד ליד. ואשמעינן במאי דנקט "זה" – דאע"ג שהגט בעין, וראוי ליתן בשעה שעושהו שליח, והותחל כל כך מחיים – אפ"ה לא יגמרו הדבר לאחר מיתה, דאין גט לאחר מיתה. אבל אור"ת: דל"ג כלל "זה", דע"כ לא תנא "זה" במתני' לשום חידוש. מדדייק בגמרא דמתני' בבריא, דאי בשכ"מ מאי אירא "תנו" אפילו "כתבו" נמי, ואי תנא "זה" לאשמועינן שום חידוש – אפילו מיירי בשכיב מרע לא ה"ל למימר "כתבו". ואין נראה לומר דהכי דייק: אי בשכיב מרע – הוה ליה למיתני: כתבו גט לאשתי ותנו שחרור זה לעבדי. דהא כיון דלריך לִשְׁנות "תנו שחרור זה" – אין לו לתנא לשנות "כתבו גט לאשתי", ולהאריך בלשון*. **לא** יתנו לאחר מיתה. וקמ"ל דאין גט לאחר מיתה. אע"ג דבהדיא תנן בפרק "מי שאחזו" (לקמן ד' עב.) דאין גט לאחר מיתה – הכא איצטריך לאשמועינן (בגט שחרור, שגם אחר שכתבוהו – לא זכה בו העבד, ואפי' בגט אשה נמי אשמועינן) דאע"ג שמינה המגרש בחייו השליח – לא חשיב להיות כמותו אחר מותו, כאילו הוא עצמו קיים, אלא חשיב גט לאחר מיתה. והתם אשמועינן דאע"ג שבא הגט ליד האשה מחיים – הוי גט אחר מיתה. ואשמועינן נמי לישני דתני התם, הי משמע מחיים והי משמע אחר מיתה*. **תנו** מנה לפלוני ומת יתנו לאחר מיתה. למאן דמוקי לה בבריא ובמעמד שלשתן – א"ל לומר לדידיה רישא נמי איירי במעמד שלשתן, ומיירי שהגט כבר בעין, דאם אינו בעין – אפי' בממון לא שייך מעמד ג', ואיירי שהאשה רוצה בכך, ואשמעי' דלא תקון מעמד ג' בשטר אלא בממון. דאין נראה שיחלקו האמוראים ברישא דמתני', דמר מוקי לה במעמד שלשתן ומר בכתבו ותנו. אלא בסיפא דוקא פליגי, ומיירי רישא לכולהו בכתבו ותנו, אפי' למאן דמוקי לה בבריא, דלא שייך מעמד שלשתן. ואע"ג דלא הוי רישא דומיא דסיפא – אין לחוש, דה"נ למאן דמוקי לה בשכיב מרע לא הוי רישא דומיא דסיפא מכל וכל, שהשטר אינו בעולם כשמלוה ליתן, והמנה הוא כבר בעולם. אע"ג דבגמ' מוכח מרישא דסיפא איירי בבריא, אלמא בעי דלהוי סיפא דומיא דרישא – היינו משום דאית לן לאוקמי כולהו בחד גברא, אבל מ"מ לא בעי לאשוינהו לגמרי. **והא** לא משך. תימה: מאי פריך? הא קי"ל (לקמן דף טו.): מלוה לקיים דברי המת. אם כן לוקי מתניתין בבריא, משום מלוה לקיים דברי המת! וי"ל: כיון דחכמים פליגי אר"מ ולית להו מלוה לקיים דברי המת, אע"ג דקי"ל כר"מ – לא הוי לאוקמי מתני' כיחידאה. כדאשכחן בפ' "כל הגט" (לקמן כ.) דלא מוקי שמואל מתניתין כיחידאה כר' יוסי, דאמר: עשו שאינו זוכה כזוכה, ◎אע"ג דבפ"ק דבבא מליעא (דף יב.) סבר שמואל כוותיה. ועוד י"ל: דלא מצי לאוקמי מתני' משום דמלוה לקיים דברי המת – דאם כן מאי אירא לבורין? אפי' אין לבורין נמי! דסבר הגמרא מלוה לקיים כו' שייך אפילו במלוה, דבבריא לא חיישינן למנה קבור, מדלא פירש. וא"ת: ולרב גופיה תיקשי, דלוקמא משום דמלוה לקיים דברי המת אפילו אין לבורין! ויש לומר: דרב לא סבר לה כרבי מאיר אלא כר' יוסי, כדפסיק שמואל בפרק "מציאת האשה" (כתובות דף סט:) נמי כר' יוסי. ועוד מפרש ר"ת: דלא אמרי' מלוה לקיים דברי המת – אלא בדבר שהושלש מתחלה לכך ביד שליש, דומיא דהמשליש מעות לבתו (שם דף סט:), ו"תנו שקל לבני" (שם). ובמתני' משמע שלא הושלש לכך מתחלה, מדלא קתני "תנו מנה זה לפלוני". ולא דמי ל"הולך מנה לפלוני" דלקמן, דאמרי' עלה מלוה לקיים דברי המת, ואע"ג דלא תנא "זה". ד"הולך מנה לפלוני" – משמע שפיר בלא "זה" שמוסר לו באותה שעה להוליך, יותר מב"תנו מנה לפלוני". וכן משמע בפרק "מי שמת" (ב"ב דף קמט.) גבי איסור גיורא, דלא הוי מהני ביה טעמא דמלוה לקיים דברי המת בתריסר אלפי זוזי שהפקיד לרבא – לפי שלא הופקדו מתחלה לתתם לרב מרי. ויש לדחוק: דשמא לא אמרי' מלוה לקיים דברי המת אלא כשהשליש מתחלה, ורבא לא היה חפץ להיות שליש לכך. ועוד אומר ר"ת: דבגר לא אמרי' מלוה לקיים דברי המת. דכל דאיתיה בירושה – מלוה לקיים דבריו, הואיל ולא פסק כחו מאותו הממון, דמכחו יורשין. אבל גר, דליתיה בירושה, ופסק כחו מממונו – אין מלוה לקיים דבריו. וכי האי גוונא אמרינן התם דכל דאיתיה בירושה – איתיה במתנת שכיב מרע כו'*. **אית** ספרים דגרסי: שכיב מרע שאמר תנו מנה לפלוני מנכסי – נותנין, מנה זה – נותנין, מנה סתם – אין נותנין, דלמא מנה קבור קאמר. ומפרש ר"י דה"פ: דכשאמר "מנכסי" – נותנין אפי' אמר מנה סתם. ולא חיישינן למנה קבור, כיון שמלוה לתת לו משלו – רוצה שיתנו מ"מ. והא דקתני: "מנה זה" נותנין – כשאינו מלוה לתת לו משלו, אלא שמודה ואומר: תנו מנה לפלוני פקדון שיש לו בידי. ולכך במנה סתם אין נותנין – דלמא מנה קבור קאמר שמודה שהוא של פלוני. ומתני' איירי בפקדון, ולהכי בעינן לבורין, דבלא לבורין חיישינן למנה קבור. וא"ת: ואמאי אוקי רב בפקדון? לוקמי במתנה, כדמשמע לשון "תנו", ואפי' באין לבורין! וי"ל: דהא כבר אשמעי' בבבא בתרא (דף קנא.) דדברי שכיב מרע ככתובין וכמסורין דמו. אבל בפקדון אשמועי' דלא חיישינן שמא שלא להשביע את בניו אומר כן, דכיון שאומר "תנו" – הודאה גמורה היא. אכן קשה לר"י על זה: דא"כ, אמאי מוקי לה בשכיב מרע? בבריא נמי מלי לאוקמי בכה"ג! וכ"ת: דלא חיישינן למנה קבור אלא בשכ"מ, לפי שלא היה יכול לפרש מנה קבור מטורד חליו, אבל בבריא, מדלא פירש – אינו מקפיד מאיזה יתנו לו, א"כ לוקמא בבריא ואפי' באין לבורין! לכן נראה דלא גרסי': מנכסי נותנין, אלא אפי' במתנה חיישי' למנה קבור. אלא גרסינן: מנכסי, מנה זה – נותנין, מנה סתם – אין נותנין.

תוספות רי"ד

קא"ל. אמר רבא היינו דקאמרי ליה במתני' מפני שהוא קנינו דאיבעי שקיל ליה ד' זוזי מישראל ופסיל ליה כל היכא דאיתיה. פי' מוכרו לישראל ומקנהו לו בכל מקום שהוא ושוב אינו קנינו וכיון שיכול לפוסלו זולתי השליח נמצא שלא עשה לו השליח שום חובה: גרסי' בירושלמי ר' יוחנן בעי הגע עצמך שהיה עבדו של קצין הרי הוא חוב לעבד הגע עצמך שהייתה אשתו של מוכה שחין הרי זה זכות לאשה אין לך אלא כהדה (אלא) אילו המוכר את עבדו שלא מדעתו שמא אינו מכור והמגרש את אשתו שלא מדעתו א) שמא מגורשת היא. ור"מ תינח עבד כהן שברח עבד ישראל מאי איכא למימר א"ר שמואל בר יצחק מפני שמפסידו משפחה כנענית אדרבה הוא מתירו בבת חורין עבדא ניחא ליה בהפקירא דזילא ליה שכיחא ליה פריצה ליה: **מתני'** האומר תנו גט לאשתי ושטר שחרור זה לעבדי ומת לא יתנו לאחר מיתה תנו מנה לפלוני ומת יתנו לאחר מיתה. פי' המורה תנו גט גרסי' ולא תן שלא מסרם ליד שליח בחייו לפיכך לא נחלקו חכמים בדבר לומר שמשעה ראשונה זכה לו השליח לעבד להיות משוחרר. לא יתנו לאחר מיתה דגיטא לא הוי עד דמטי גיטא לידיה וכי מטי גיטא לידיה הא מית ליה משחרר ופקע ליה רשותיה אבל תנו מנה לפלוני ומת יתנו לאחר מיתה אעפ"י שלא משך ולא מצו יורשין הדרי בהו דדברי שכ"מ ככתובין וכמסורין דמי פי' ג) כשאומר תנו מנה לפלוני מנכסיי [מנה זה] נותנין מנה סתם אין נותנין חיישינן שמא מנה קבור קאמר ומסיק תלמודא והלכתא למנה קבור לא חיישינן: אמר רב הונא אמר רב מנה לי בידך תנהו לפלוני במעמד שלשתן קנה אמר רבה מסתברא מילתא דרב בפקדון אבל במלוה לא פי' פקדון דאיתיה בעיניה מצי לאקנויי לחבריה במעמד שלשתן ואע"ג דלא משך המקבל אבל מלוה דליתא בעין דלהוצאה ניתנה לא קנה במעמד שלשתן עד שימשוך המקבל: והאלקי' אמר רב אפילו במלוה וטעמא מאי פי' כיון דליתא בעין מ"ש דקנייא מקבל בלא משיכה ומעמד שלשתן מה מהני ומסיק מר זוטרא הני תלת מילי שוינהו רבנן כהלכתא בלא טעמא חדא הא אידך דאמר רב יהודה אמר שמואל הכותב כל נכסיו לאשתו לא עשאה אלא אפטרופוס פי' להכנים ולהוציא ואעפ"י שכתבן לה בלשון מתנה לא קנאתן ואין טעם בדבר ההלכה למשה מסיני שאין בה טעם אלא כך תקנו חכמים והפקר ב"ד היה הפקר אידך דאמר ר' חנינא המשיא אשה לבנו גדול בבית קנאו פי' בית מיוחד שאינו דר בו ועשאו לו בית חתנות אעפ"י שלא כתב לו מתנה עליו מסתמא קנאו ודוקא מנה לי בידך שכבר נתנו לו ולא אמר לו כלום בשעת הנתינה והשתא קא"ל הכי צריך מעמד שלשתן אבל אם א"ל בשעה שנתנו לו תנהו לפלוני זכה דהא אמרן כל האומר תנו כאומר זכו דמי ואין צריך מעמד שלשתן ולקמן נמי בעי' למימר הולך מנה זה לפלוני שאני חייב לו או תן מנה זה לפלוני שאני חייב לו זכה ואם בא לחזור אינו חוזר דהולך ותן זכה וכל שכן אם אמר לו זכה בעבור פלוני בפי' דזכין לאדם שלא בפניו ואין צריך מעמד שלשתן אבל הכא דלא יהיב ליה מידי אלא על מנה דאית גביה או בפקדון או בהלואה אומר לו תנהו לפלוני צריך מעמד שלשתן ואפי' אם אמר לו בפי' זכה לי בעבור פלוני לא זכה אם לא היה מעמד שלשתן דדוקא מאי דאמרי' זכין לאדם שלא בפניו בדמסר בידיה מידי אבל במידי דאיתיה ברשותיה לא מצי למימר ליה זכה בעבור פלוני עד שימשוך או עד שיהיה במעמד שלשתן דרשותו של אדם זוכה לו לעצמו שאם אמר לו מה שיש לי ברשותך יהא שלך קנה דרשותו של אדם קניא לו אבל כשאומר לו מה שיש לי ברשותי יהא לפלוני לא קנה שאין רשותו קנה לאחרים וצריך שימשוך המקבל או שיאמר לו במעמד שלשתן ואפי' אם אמר לו בשעת המסירה תן מנה זה לפלוני דאמרי' כל האומר תנו כאומר זכו דמי ואינו יכול לחזור בו בעי' למימר לקמן דוקא אם היה חייב ראובן לשמעון מנה שהלוהו או שהפקיד בידו שמעון ואם אמר ללוי תן מנה זו לשמעון זכה ואינו יכול לחזור בו אבל אם רוצה ראובן ליתן לשמעון אותו מנה במתנה ואמר ללוי תן מנה זה לשמעון אם רוצה ראובן לחזור בו יכול ולא אמרינן גבי מתנה כל האומר תנו כאומר זכו דמי כ"א גבי חוב ופקדון. אבל אם היה במעמד שלשתן אפילו גבי מתנה נמי קנה המקבל ואע"ג דאמר לו תן ולא אמר לו זכה.

אמר

א) בירושלמי לפנינו הגירסא שלא מדעתה וע"ש במפרשים. ב) נראה דזה ליון על מימרא דרב בגמ' שכ"מ שאמר וכו' מנה זה נותנים.

עין משפט נר מצוה

עח א מיי' פ"ו מהל' גירושין הל' כח ופ"ט ה"ב יב סמג עשין נ טוש"ע אה"ע סימן קמא סעי' נח:

עט ב מיי' פ"ו מהל' עבדים הל"א סמג עשין פז טוש"ע י"ד סי' רסז סעיף עו:

פ ג מיי' פ"י מהל' זכיה הל' א סמג עשין פט טוש"ע ח"מ סימן רנג סעיף יח:

פא ד מיי' שם ופ"ח שם הל' ב סמג עשין שם טוש"ע ח"מ סי' רנ סעיף א:

פב ה מיי' שם פ"י הל' א סמג עשין שם טוש"ע ח"מ סימן רנג סעיף יח:

[וע"ע תוס' כתובות יח. ד"ה מהו דתימא]

מ"ד מ"ז

מסורת הש"ס

[ע' תוס' מנחות קז: ד"ה ככבן]

[כתובות יח.]

ב"ב קנה: לעיל ט:

[לקמן טו. ב"ב קנה. קמה.]

[קידושין מח. ב"ב קמד. קמח. לקמן יד.]

[ויותר האריכות וביאור תמצא בתוס' ב"ב קנה: ד"ה תנו]

[ע' תוס' כתובות נ: ד"ה הרי זה]

[וע' תוס' ב"ב קמט. ד"ה דקא וכו' האריכו טובא]

הגהות הב"ח

(א) רש"י ד"ה האומר תנו גט וכו' ולא גרסינן תן שלא מסר ליד כ"ב עיין בדברי הרא"ש: (ב) תום' ד"ה עבדא וכו' דמודו רבנן בעובד כוכבים דניחא ליה וכו' אבל עובד כוכבים שאין רשות:

גליון הש"ס

תד"ה והא לא משך וכו' אע"ג דבפ"ק דב"מ סבר וע' בתוס' שם שכתבו בדרך אחר וע' בהר"ן נדרים ד' ה ע"ב ד"ה רז"ה:

תורה אור

קָסָבַר רַב פַּפָּא: כִּי אָמַר רַב — לָא שְׁנָא בְּמִלְוֶה וְלָא שְׁנָא בְּפִקָּדוֹן. רַב זְבִיד מ"ט לֹא אָמַר כְּרַב פַּפָּא? לָא מִיתּוֹקְמָא מַתְנִי' בִּשְׁכִיב מְרַע. מִמַּאי? מִדְּקָתָנֵי: הָאוֹמֵר "תְּנוּ גֵּט זֶה לְאִשְׁתִּי וּשְׁטַר שִׁחְרוּר זֶה לְעַבְדִּי", וּמֵת — לֹא יִתְּנוּ לְאַחַר מִיתָה. טַעֲמָא דְּמֵת, הָא מֵחַיִּים — נוֹתְנִין; טַעֲמָא דְּאָמַר "תְּנוּ", הָא לֹא אָמַר "תְּנוּ" — אֵין נוֹתְנִין. וּשְׁכִיב מְרַע, אע"ג דְּלֹא אָמַר "תְּנוּ" — נוֹתְנִין, *דִּתְנַן, בָּרִאשׁוֹנָה הָיוּ אוֹמְרִים: הַיּוֹצֵא בְּקוֹלָר וְאָמַר "כִּתְבוּ גֵּט לְאִשְׁתִּי" — הֲרֵי אֵלּוּ יִכְתְּבוּ וְיִתְּנוּ. חָזְרוּ לוֹמַר: אַף הַמְפָרֵשׁ וְהַיּוֹצֵא בְּשַׁיָּירָא, רַבִּי שִׁמְעוֹן שְׁזוּרִי אוֹמֵר: *אַף הַמְסוּכָּן. מַתְקִיף לָהּ רַב אַשִׁי: וּמַאן נֵימָא לָן דְּמַתְנִי' רַבִּי שִׁמְעוֹן שְׁזוּרִי הִיא? דִּלְמָא רַבָּנַן הִיא! גּוּפָא, אָמַר רַב הוּנָא אָמַר רַב: *[א]"מָנֶה לִי בְּיָדְךָ, תְּנֵהוּ לוֹ לִפְלוֹנִי", בְּמַעֲמַד שְׁלָשְׁתָּן — קָנָה. ◦אָמַר רָבָא: מִסְתַּבְּרָא מִילְּתֵיהּ דְּרַב בְּפִקָּדוֹן, אֲבָל בְּמִלְוֶה לָא, וְהָאֱלֹהִים! אָמַר רַב [ב]אֲפִילּוּ בְּמִלְוֶה. אִתְּמַר נַמִי, אָמַר שְׁמוּאֵל מִשְּׁמֵיהּ דְּלֵוִי: "מִלְוֶה לִי בְּיָדְךָ, תְּנֵהוּ לוֹ לִפְלוֹנִי", בְּמַעֲמַד שְׁלָשְׁתָּן — קָנָה. וְטַעֲמָא מַאי? אָמַר אַמֵּימָר: נַעֲשָׂה כְּאוֹמֵר לוֹ בִּשְׁעַת מַתַּן מָעוֹת: שַׁעְבְּדָנָא לָךְ לְדִידָךְ וּלְכָל דְּאָתוּ מֵחֲמָתָךְ. א"ל רַב אַשִׁי לְאַמֵּימָר: אֶלָּא מֵעַתָּה, הִקְנָה לְנוֹלָדִים דְּלָא הָווּ בִּשְׁעַת מַתַּן מָעוֹת, הָכִי נַמִי דְּלָא קָנוּ! דַּאֲפִילּוּ לְר"מ, דְּאָמַר: *אָדָם מַקְנֶה דָּבָר שֶׁלֹּא בָּא לָעוֹלָם, ה"מ לְדָבָר שֶׁיֶּשְׁנוֹ בָּעוֹלָם, אֲבָל לְדָבָר שֶׁאֵינוֹ בָּעוֹלָם — לָא! אֶלָּא א"ר אַשִׁי: בְּהַהִיא

לא שנא במלוה. ואע"ג דלהוצאה ניתנה, ואינה בעין. הלכך לא בעינן לבורין אי במעמד שלשתן קמיירי מתני'. **טעמא** דמת. הוא דלא יתנו, דאין גט לאחר מיתה. **הא** מחיים נותנין. ולא צריך תו לאימלוכי ביה. **וטעמא** דאמר תנו. כלומר, והא דדייקינן: הא מחיים נותנין — טעמא דאמר מעיקרא "תנו", כדקתני "תנו גט לאשתי". הא לא אמר תנו אלא "כתבו" — לא הוי תלי תנא דמתני' טעמא ד"לא יתנו" משום מיתה, דאפילו מחיים נמי אין נותנין עד דלימא "תנו". מדלא קתני: האומר "כתבו גט (זה) לאשתי" ומת, לא יתנו לאחר מיתה — ש"מ דאי אמר הכי — אפילו מחיים נמי לא יהבינן. ואי בשכיב מרע, אע"ג דלא אמר "תנו" אלא "כתבו" — יהבינן, כרבי שמעון שזורי. **היוצא** בקולר. ליהרג. **ואמר** כתבו גט לאשתי. כדי שלא תזקק ליבם. **הרי** אלו יכתבו ויתנו. דמתוך שהוא בהול על נפשו — לא גמר למילתי'. ומיהו, "כתבו ותנו" הוה דעתיה. **המפרש.** בים. **והיוצא** בשיירא. למדבר. **אף** המסוכן. שכיב מרע. במילתי' דשמואל גרסי': מלוה לי בידך. **מאי טעמא.** במלוה קנה, הא ליתא בעינא דלקנייה! **נעשה** כאומר לו. לוה למלוה. **בשעת** מתן מעות. דהלואה. **משעבדנא.** מהשתא לכל מאן דאתי מחמתך. הלכך, כי א"ל: תנהו לפלוני — איגלאי מילתא דמשעת מתן מעות אשתעבד ליה. **הקנה.** מלוה זו. **לנולדים.** שזה המקבל נולד לאחר הלואה. **הכי** נמי דלא קנו. דכיון דטעמא משום שעבודא דקביל עליה לוה בשעת הלואה לאשתעבודי להאי דאתי מחמתיה הוא, ואיהו לא היה בעולם בההיא שעתא — לא קני. **ואפי'** לר' מאיר דאמר אדם מקנה דבר שלא בא לעולם. כגון מוכר פירות דקל, או מה שתעלה מצודתי. **הני** מילי. כי מקנה — לאדם שישנו בעולם, אבל לדבר שאינו בעולם — לא. בההיא

קסבר רב פפא כי אמר רב לא שנא מלוה לא שנא פקדון. וא"ת: ולרב פפא, *ורב גופיה אמאי לא אוקי מתני' במעמד שלשתן ואפי' אין לבורין? וכי תימא משום דלא משמע ליה לישנא דמתני' במעמד שלשתן — אם כן, מהאי טעמא הוה ליה למימר דרב פפא לא אמר כרב זביד! וי"ל: אע"ג דמתני' לא משמע ליה לרב במעמד ג', מ"מ מדאתא רב פפא לאיפלוגי ארב זביד — משמע שיש לו כח וטעם דבשום ענין לא מפרשא מילתא דרב משום מעמד שלשתן. **ממאי** מדקתני תנו ולא קתני כתבו. וא"ת: הא דקתני "תנו" אשמעי' דאפי' הכי אין כופין את היורשים לשחרר, כרבי דפליג בירושלמי אדרבנן, ואמר ד"תנו" לא הוי כ"שיחררו", אלא כ"כתבו", ואין כופין! וי"ל: דמתני' לא אתא לאשמועינן בדין מצוה לקיים דברי המת אם כופין היורשים לקיים אם לאו, אלא לאשמועי' דאין גט לאחר מיתה. ועוד, דמסתמא כרבנן אתיא. **גופא** אמר רב הונא אמר רב כו' תנהו לפלוני במעמד שלשתן קנה. ◦אוריב"א, וכן ר"ת: דבמעמד ג' קנה בעל כרחו של לוה או של נפקד. דאי לא קני אלא מרצונו, למאן דאמר דוקא בפקדון קנה — למה הוצרכו לתקן מעמד ג'? יאמר לו "זכי"! ואין נראה לומר דהוצרכו לתקן למקום שאין הפקדון ביד הנפקד אלא ביד אחרים, דלא יועיל אם *יאמר "זכי". ועוד: אף כשאין הפקדון ביד הנפקד — יקנה באודיתא, כדאמר התם (ב"ב דף קמט.): אדהכי נפקא אודיתא מבי איסור גיורא. אלא נראה להם דאפי' בעל כרחו של נפקד קני. וכן גבי איסור גיורא, דקאמר רבא: היכי ליקנינהו רב מרי להני זוזי, אי במעמד ג' לא אזילנא — משמע דאם היה הולך — היה קונה בע"כ. ואין לומר אם היה הולך שם היה מתרצה, לפי שהיה מתביים בפני איסור לומר "אין רצוני". דאם כן בלא מעמד שלשתן הוה לי' למימר: לא אזילנא, שלא יאמר לו זכה, כי מסתמא היה הפקדון ביד רבא. ומיהו, להההוא טעמא דמפרש בסמוך: בההיא הנאה דקא משתניא ליה ממלוה כו' — משמע דלא קני אלא מדעתו, אלא דבלאו הכי מפיק ליה מההוא טעמא. **תנהו** לפלוני במעמד ג' קנה. אומר ר"ת: דאע"ג דהמוכר שטר חוב לחבירו וחזר ומחלו — מחול, מכר או נתן במתנה במעמד שלשתן — אינו יכול למחול. וכן משמע בפ"ב דקדושין (דף מח.) דקאמר: במלוה בשטר פליגי בדשמואל, דמ"ד מקודשת לית ליה דשמואל, ומר אית ליה דשמואל. ואיבעית אימא: כולי עלמא אית להו דשמואל, וב"אשה סמכה דעתה" קמיפלגי, מ"ד מקודשת — סבר: דסמכה דעתה, דלא שביק לדידה ומחיל לאחריני. וכי קאמר במלוה על פה — פליגי בדרב הונא, אי קנה במעמד ג' במלוה. משמע דאי אית להו דרב הונא — אף במלוה לכולי עלמא מקודשת. ואי יכול למחול — אמאי מקודשת, למאן דאית ליה גבי מלוה בשטר דלא סמכה דעתה? ואמאי לא מסיק: ואיבעית אימא כולי עלמא קנה במלוה, אפילו מלוה על פה, ובאשה סמכה דעתה פליגי, כדמסיק אדשמואל אמלוה בשטר? אלא משמע דבמעמד שלשתן אינו יכול למחול. וא"ת: בפ' "החובל" (ב"ק דף פט.) גבי היא שחבלה באחרים, דפריך: ותזבין כתובתה בטובת הנאה! ומשני: כל לגבי בעלה ודאי מחלה. והשתא, אכתי תמכור במעמד שלשתן, דאז לא תוכל למחול! דאע"ג דהבעל ודאי לא יתרצה — הא פרישית דאפי' בעל כרחו קני. ועוד: גבי שחבלה בבעלה — תמכור במעמד ג' — דשם יתרצה הבעל כדי לגבות חבלתו! וכן בספ"ק דב"מ (דף יט.) גבי מלא שובר, דפריך: בזמן שהאשה מודה אמאי יחזיר לבעל? ניחוש דלמא כתבה ליתן בניסן ולא נתנה עד תשרי כו'! ומשני: ש"מ איתא לדשמואל. והשתא, ניחוש דלמא מכרה במעמד ג', דאינה יכולה למחול! וי"ל: דלא תקינו מעמד ג' בכתובה, דאפשר שלא תבא לידי גביה לעולם. ועי"ל: דהתם גבי שובר אין לחוש כלל דשמא מכרה במעמד שלשתן; דאם אין עדים שמכרה — א"כ הבעל והאשה יכפרו המכירה, ואם יש עדים ואומרים שהבעל נתרצה, או אפילו שתק — ודאי השובר שקר, ואם מיחה אז — מוכח שהשובר אמת, וליכא למיחש דלמא כתבה ליתן בניסן כו'. **במעמד** שלשתן קנה. אומר ר"ת דלא תקינו מעמד שלשתן בגוי, אם הנפקד או הלוה גוי ואמר ליה ישראל "תנהו לישראל אחר" — לא קנה. כיון דאפילו אמר לו "זכי" לא קנה, כיון דאין זכיה לגוי — ה"ה במעמד ג' לא קנה. ואם המקבל גוי, ואמר ישראל לישראל "תנהו לפלוני גוי", כל זמן שאינו חוזר בו — יתן, אפי' אמר ליה בלא מעמד ג'. אבל אם חוזר בו — לא יתן לגוי, אפי' אם אמר לו במעמד ג', אם לא שאינו יכול להשמט מן הגוי. ואם הנותן גוי — נראה דקנה, דאם ממונו של ישראל הפקיעו על ידי מעמד ג', דהוי הלכתא בלא טעמא — כל שכן ממון הגוי. ועוד, דבדינייהו דיינין ליה, שאמרינן לו לגוי: כך דינכם, כדאמרי' ב"הגוזל בתרא" (ב"ק קיג.). **הקנה** לנולדים הכי נמי דלא קנו. פי': הקנה לנולדים במעמד שלשה, שלא נולדו עדיין בשעת מתן מעות, הכי נמי דלא קנו? ולספרים דגרסי "הכי נמי דקנו" — הכי פי': הקנה לנולדים בקנין בעלמא בלא מעמד שלשה, דלא הוו בשעת קנין, שלא נולדו עדיין — ה"נ דקנו? דהא במעמד שלשתן קנו אפי' נולדו אחרי כן. **לדבר** שאינו בעולם מי אמר. הך סוגיא אליבא דרב הונא קיימא, דאית ליה: אדם מקנה דשלב"ל, ולא לדבר שלא בא לעולם. דב"האשה רבה" (יבמות צג.) אית ליה גבי פירות דקל, משבאו לעולם — אינו יכול לחזור בו. ובפרק "מי שמת" (ב"ב דף קמב.) קאמר רב הונא דהמזכה לעובר, אף לכשתלד — לא קנה, ורב נחמן הוי איפכא מדרב הונא, דאית ליה התם לכשתלד קנה, וב"האשה רבה" (יבמות צג.) קאמר רב נחמן: אף משבאו לעולם יכול לחזור בו. *וא"ת: מהיכא שמעינן ליה לר' מאיר דאדם מקנה דבר שלא בא לעולם — היינו מההיא דקתני (שם צג.): "לאחר שתתגיירי ושתשתחררי" — מקודשת. מההיא גופא שמעינן נמי דאדם מקנה לדבר שלא בא לעולם, דהא קתני: "לאחר שאתגייר" "לאחר שאשתחרר" — דמקודשת! ויש לומר: דגוי ועבד איתנהו בעולם, אלא שמחוסרים גירות ושחרור, ולא דמו לנולדים דליתנהו בעולם כלל. ואע"ג דילפינן מינה דאדם מקנה לר"מ פירות דקל, ולא מפלגינן — היינו משום דאית לן למימר דקאי בשיטתיה דרבי אלעזר בן יעקב, דאמר (קידושין סב.): האומר "פירות ערוגה זו מחוברין יהיו תרומה על פירות ערוגה זו התלושין לכשיבאו שליש ויתלשו" — דבריו קיימין. אם

[ל"ל רב]

פג א ב מיי' פ"ו מהל' מכירה הל' ז ופ"ג מהל' זכיה הל' ג סמג עשין פב טוש"ע ח"מ סימן קכו סעי' ח וסי' סו סעיף יט:

יאמר זכי דאף כשאין

גליון הש"ס

גמ' אמר רבא מסתברא כעין זה כתובות דף קב ע"ב ב"ק דף קו ע"א ב"מ דף טז ע"ב סנהדרין דף עב ע"א: **תום'** ד"ה גופא וכו' אוריב"א וכו'. ע' ב"ב ד' פה ע"א תד"ה ה"ג:

לקמן סה: ב"ב קמו: חולין עה: מנחות ל. טבול יום פ"ד מ"ה

[כתובות נח:]

קידושין מח. ב"ב קמד. קמח. [לקמן יז.]

יבמות צג. קדושין סג. [לקמן מב: ב"מ לג: ב"ב עט: קכז: קלא. קמח:]

[וע' תוס' כתובות ז: ד"ה המזכה]

בְּהַהִיא הֲנָאָה דְּקָא מִשְׁתַּנְיָא לֵיהּ בֵּין מִלְוָה יְשָׁנָה לְמִלְוָה חֲדָשָׁה, גָּמַר וּמְשַׁעְבֵּיד נַפְשֵׁיהּ. א"ל הוּנָא מָר בְּרֵיהּ דְּרַב נְחֶמְיָה לְרַב אַשִׁי: אֶלָּא מֵעַתָּה, *כְּגוֹן הָנֵי דְּבֵי בַּר אֶלְיָשִׁיב, דְּכָפְתִי וְשָׁקְלִי לְאַלְתַּר, ה"נ דְּלָא קָנוּ? וְכִי תֵּימָא ה"נ, *א"כ נָתַתָּ דְּבָרֶיךָ לְשִׁיעוּרִין! אֶלָּא אָמַר מָר זוּטְרָא, *הָנֵי תְּלָת מִילֵּי שָׁוִינְהוּ רַבָּנַן כְּהִלְכְתָא בְּלָא טַעֲמָא: חֲדָא, הָא; *וְאִידָךְ, דְּאָמַר רַב יְהוּדָה אָמַר שְׁמוּאֵל: אהַכּוֹתֵב כָּל נְכָסָיו לְאִשְׁתּוֹ — לֹא עֲשָׂאָהּ אֶלָּא אֶפִּיטְרוֹפָּא; וְאִידָךְ, *דְּאָמַר רַב חֲנַנְיָא: בהַמַּשִּׂיא אִשָּׁה לִבְנוֹ גָּדוֹל בְּבַיִת — קְנָאוֹ. א"ל רַב לְרַב אַחָא בַּרְדְּלָא: קַבָּא דְּמוֹרִיקָא אִית לִי גַּבָּךְ, יְהָבֵיהּ לִפְלוֹנִי, בְּאַפֵּיהּ קָאָמִינָא לָךְ דְּלָא הָדַרְנָא בִּי. מִכְּלָל דְּאִי בָּעֵי הָדַר בֵּיהּ מָצֵי הָדַר בֵּיהּ? ה"ק: דְּבָרִים הַלָּלוּ לֹא נִיתְּנוּ לַחֲזָרָה. הָא אֲמַר רַב חֲדָא זִימְנָא. *דְּאָמַר רַב הוּנָא אָמַר רַב: "מָנֶה לִי בְּיָדְךָ, תְּנֵהוּ לוֹ לִפְלוֹנִי", בְּמַעֲמַד שְׁלָשְׁתָּן — קָנָה! אִי מֵהַהִיא, הֲוָה אָמִינָא: הָנֵי מִילֵּי מַתָּנָה מְרוּבָּה, אֲבָל מַתָּנָה מוּעֶטֶת — לָא לִיבָּעֵי בְּפָנָיו, קמ"ל.§ הָנְהוּ גִּינָּאֵי דַּעֲבִיד חוּשְׁבְּנָא בַּהֲדֵי הֲדָדֵי, פַּשׁ חָמֵשׁ אִיסְתְּרֵי זוּזֵי גַּבֵּי חַד מִנַּיְיהוּ, אָמְרֵי לֵיהּ: "יְהָבִינְהוּ נִיהֲלֵיהּ לְמָרֵי אַרְעָא" (א) בְּאַפֵּי מָרֵי אַרְעָא, וְקָנָה מִינֵּיהּ. לְסוֹף אֲזַל עֲבַד חוּשְׁבְּנָא בֵּין דִּילֵיהּ לְנַפְשֵׁיהּ, לָא פַּשׁ גַּבֵּיהּ וְלָא מִידֵּי. אֲתָא לְקַמֵּיהּ דְּרַב נַחְמָן. א"ל: מַאי אִיעֲבִיד לָךְ? חֲדָא, דְּאָמַר רַב הוּנָא אָמַר רַב; וְעוֹד, הָא קָנוּ מִינָּךְ. א"ל רָבָא: אַטּוּ הַאי מִי קָאָמַר "לָא יְהָבֵינָא"? "דְּלֵיכָּא גַּבַּאי" קָאָמַר! א"ל: א"כ, קִנְיָן בְּטָעוּת הוּא, גוְכָל קִנְיָן בְּטָעוּת חוֹזֵר. *אִיתְּמַר: ד"הוֹלֵךְ מָנֶה לִפְלוֹנִי שֶׁאֲנִי חַיָּיב לוֹ", האָמַר רַב: חַיָּיב בְּאַחֲרָיוּתוֹ, וְאִם בָּא לַחֲזוֹר — אֵינוֹ חוֹזֵר; וּשְׁמוּאֵל אָמַר: מִתּוֹךְ שֶׁחַיָּיב בְּאַחֲרָיוּתוֹ, אִם בָּא לַחֲזוֹר — חוֹזֵר. לֵימָא בְּהָא קָמִיפַּלְגִי, דְּמָר סָבַר: *"הוֹלֵךְ" כִּ"זְכֵי" דָּמֵי, וּמָר סָבַר: *"הוֹלֵךְ" לָאו כִּ"זְכֵי" דָּמֵי? לָא, דכ"ע ה"הוֹלֵךְ" כִּ"זְכֵי" דָּמֵי, וְהָכָא בְּהָא קָמִיפַּלְגִי; מ"ס: לָא אָמְרִינַן מִיגּוֹ, וּמ"ס: אָמְרִינַן מִיגּוֹ. תַּנְיָא כְּוָותֵיהּ דְּרַב: *"הוֹלֵךְ מָנֶה לִפְלוֹנִי שֶׁאֲנִי חַיָּיב לוֹ", "תֵּן מָנֶה לִפְלוֹנִי שֶׁאֲנִי חַיָּיב לוֹ", ו"הוֹלֵךְ מָנֶה לִפְלוֹנִי פִּקָּדוֹן שֶׁיֵּשׁ לוֹ בְּיָדִי", "תֵּן מָנֶה לִפְלוֹנִי פִּקָּדוֹן שֶׁיֵּשׁ לוֹ בְּיָדִי" — חַיָּיב בְּאַחֲרָיוּתוֹ, וְאִם בָּא לַחֲזוֹר — אֵינוֹ חוֹזֵר. פִּקָּדוֹן, לֵימָא לֵיהּ: *אֵין רְצוֹנוֹ שֶׁיְּהֵא פִּקְדוֹנוֹ בְּיַד אַחֵר! אָמַר רַבִּי זֵירָא: זכְּשֶׁהוּחְזַק כַּפְרָן. רַב שֵׁשֶׁת הֲוָה לֵיהּ אַשַּׁרְתָּא דְּסַרְבְּלֵי בִּמְחוֹזָא. א"ל לְרַב יוֹסֵף בַּר חָמָא: בַּהֲדֵי דְּאָתֵית אַיְיתִינְהוּ נִיהֲלִי. אֲזַל, יְהָבִינְהוּ לֵיהּ. אָמְרִי לֵיהּ: נִיקְנֵי מִינָּךְ. אֲמַר לְהוּ: אִין. לְסוֹף אִישְׁתַּמֵּיט לְהוּ. כִּי אֲתָא לְגַבֵּיהּ, אֲמַר לֵיהּ: שַׁפִּיר עֲבַדְתְּ, דְּלָא שָׁוֵית נַפְשָׁךְ °"עֶבֶד לֹוֶה לְאִישׁ מַלְוֶה". לִישָּׁנָא אַחֲרִינָא: שַׁפִּיר עֲבַדְתְּ, "עֶבֶד לֹוֶה לְאִישׁ מַלְוֶה". ר' אַחַי בַּר יֹאשִׁיָּה הֲוָה לֵיהּ אִיסְפַּקָא דְּכַסְפָּא בִּנְהַרְדְּעָא, אֲמַר

תורה אור: מִשְׁלֵי כב

רש"י

בְּהַהִיא הֲנָאָה דְּקָא מִשְׁתַּנְיָא. הַאי מִלְוֶה לְגַבֵּי הַאי, מִמִּלְוֶה יְשָׁנָה לְמִלְוֶה חֲדָשָׁה, וְנוֹחַ לוֹ לִדְחוֹת הַפֵּרָעוֹן זְמַן אָרוֹךְ. **גָּמַר.** הַשְׁתָּא בִּשְׁעַת אֲמִירָה. **וּמְשַׁעְבֵּיד נַפְשֵׁיהּ.** בְּלֵב שָׁלֵם לְהַאי, וּמִינְתֵּיק מִקַּמָּא. **כְּגוֹן הָנֵי דְּבֵי בַּר אֶלְיָשִׁיב.** אִם הָיָה מְקַבֵּל זֶה אָדָם חָזָק, שֶׁאֵינוֹ מַמְתִּין, כְּגוֹן הָנֵי דְּבֵי בַּר אֶלְיָשִׁיב כו'. **כְּהִלְכְתָא בְּלָא טַעֲמָא.** כְּאִילּוּ קַבָּלָה מֹשֶׁה הֲלָכָה מִסִּינַי, שֶׁאֵין צָרִיךְ לָתֵת בָּהּ טַעַם. **אֶפִּיטְרוֹפָּא.** לְהַכְנִיס וּלְהוֹצִיא. וְאַע"פ שֶׁכְּתָבוֹ לָהּ בִּלְשׁוֹן מַתָּנָה — לֹא קְנָאָתָן. וְאֵין טַעַם בַּדָּבָר, אֶלָּא כָּךְ תִּקְנוּ, וְהֶפְקֵר ב"ד הָיָה הֶפְקֵר. **בְּבַיִת.** בַּיִת מְיוּחָד שֶׁאֵינוֹ דָּר בָּהּ, אֶלָּא עֲשָׂאוֹ לוֹ לְבֵית חֲתָנוּת. **בְּאַפֵּיהּ קָאָמִינָא לָךְ דְּלָא הָדַרְנָא בִּי.** הַשְׁתָּא ס"ד דְּהָכִי אָמַר לֵיהּ: בְּפָנָיו אֲנִי מַבְטִיחֲךָ שֶׁלֹּא אֶחֱזוֹר בִּי. וּפָרְכִינַן: מִכְּלָל דְּאִי בָּעֵי לְמֶהְדַּר מָצֵי מִיהֲדַר. בִּתְמִיָּה. **ה"ק דְּבָרִים הַלָּלוּ כו'.** כֵּיוָן דִּבְאַפֵּיהּ קָאָמִינָא לָךְ דְּתֵיתְבֵיהּ נִיהֲלֵיהּ — תּוּ לָא מָצֵי הָדַרְנָא בִּי. **הָא אֲמָרָהּ רַב חֲדָא זִימְנָא.** וְלָמָּה לֵיהּ לְמֵימַר דְּלָא מָצֵינָא הָדַרְנָא? **הָנֵי מִילֵּי.** דְּבָעֵינַן בְּפָנָיו. **מַתָּנָה מְרוּבָּה.** כְּגוֹן מָנֶה. קמ"ל. לְהָכִי אִיצְטְרִיךְ לְמֵימַר: בְּאַפֵּיהּ קָאָמִינָא לָךְ — לְאַשְׁמוּעִינַן דְּקַבָּא דְּמוֹרִיקָא דְּמַתָּנָה מוּעֶטֶת הִיא — בָּעֲיָא נַמִי בְּאַפֵּיהּ. **גִּינָּאֵי.** בַּעֲלֵי גִינָּה, מוֹכְרֵי יָרָק. **אִיסְתְּרֵי זוּזֵי.** סִילְעֵי מְדִינָה. סְתָם אִיסְתֵּירֵי — סֶלַע צוֹרִי. אִיסְתְּרֵי זוּזֵי — סֶלַע מְדִינָה, שְׁמִינִית שֶׁבְּסֶלַע צוֹרִי, דְּהַיְינוּ חֲצִי דִּינָר. **בְּאַפֵּי מָרֵי.** אַ"אָמְרוּ לֵיהּ" קָאֵי. כְּלוֹמַר, אָמְרוּ לֵיהּ בְּאַפֵּי מָרֵי אַרְעָא: יְהָבִינְהוּ נִיהֲלֵי' לְמָרֵי אַרְעָא. **חַיָּיב.** הַמְשַׁלֵּחַ הַזֶּה. **בְּאַחֲרָיוּתוֹ.** אִם יֶאֶנְסוּ מִיַּד שָׁלִיחַ זֶה. **וְאִם בָּא לַחֲזוֹר.** וְלוֹמַר: הַחֲזִירֵם לִי, שֶׁמָּא יֶאֶנְסוּ מִמְּךָ בַּדֶּרֶךְ — אֵינוֹ חוֹזֵר. רַב סָבַר הוֹלֵךְ כִּזְכֵי דָּמֵי. הִלְכָּךְ אֵינוֹ חוֹזֵר, וּמִיהוּ חַיָּיב בְּאַחֲרָיוּתוֹ, שֶׁהַמַּלְוֶה לֹא נְוָוהוּ לִמְסָרָם לָזֶה. ה"ג: דכ"ע הוֹלֵךְ כִּזְכֵי דָּמֵי. כְּלוֹמַר, בְּעָלְמָא "הוֹלֵךְ" כִּ"זְכֵי" דָּמֵי, וְאִם הָיוּ בְּמַתָּנָה, דְּלֵיכָּא אַחֲרָיוּת — מוֹדֶה שְׁמוּאֵל דְּאֵינוֹ חוֹזֵר. שְׁמוּאֵל סָבַר: אָמְרִינַן מִגּוֹ, מִתּוֹךְ שֶׁחַיָּיב בְּאַחֲרָיוּת, אִם בָּא לַחֲזוֹר — חוֹזֵר. **הוֹלֵךְ תֵּן.** כְּלוֹמַר, אֶחָד מִכָּל לְשׁוֹנוֹת הַלָּלוּ. **לֵימָא לֵיהּ.** הַאי מְשַׁלֵּחַ. **אֵין רְצוֹנוֹ.** שֶׁל מַפְקִיד. **שֶׁיְּהֵא פִּקְדוֹנוֹ בְּיַד אַחֵר.** דְּהָכִי קי"ל לְקַמָּן בְּפֶרֶק שְׁלִישִׁי (דף כט.). וְכֵיוָן דְּאֵין רְצוֹנוֹ — אִשְׁתַּכַּח דְּחוֹב הוּא לוֹ, וְאֵין חָבִין לוֹ לָאָדָם אֶלָּא בְּפָנָיו. וְאַמַּאי אֵינוֹ חוֹזֵר? הַאי לָאו "זְכֵי" הוּא. **כְּשֶׁהוּחְזַק.** מְשַׁלֵּחַ זֶה. **כַּפְרָן.** בַּפִּקָּדוֹן, דְּאָתַן סָהֲדֵי דְּנִיחָא לֵיהּ לִבְעָלָיו שֶׁיֵּצֵא מִתַּחַת יָדוֹ. **סַרְבְּלֵי.** קו"ט בְּלַעַ"ז. **אַשַּׁרְתָּא.** הַקָּפָה, שֶׁנָּתַן סַרְבָּלִים בְּאַשְׁרַאי לָתֵת לוֹ הַמָּעוֹת לִזְמַן קָבוּעַ. **נִקְנֵי מִינָּךְ.** אוּנְסָא דְּאוֹרְחָא, דְּאִי מִיתְּנְסִי מִינָּךְ — לָא לִיהֲדַר לְתוּבְעָן. **אֲמַר לְהוּ אִין.** כֵּן אֶעֱשֶׂה. **שַׁפִּיר עֲבַדְתְּ.** שֶׁלֹּא שִׁיעֲבַּדְתָּ עַצְמְךָ עַל חִנָּם, וְתִהְיֶה עֶבֶד. וּלְהָךְ לִישָּׁנָא גָּרֵיס: שַׁפִּיר עֲבַדְתְּ דְּלָא שָׁוֵית נַפְשָׁךְ "עֶבֶד לֹוֶה לְאִישׁ מַלְוֶה". ל"א גָּרֵיס: שַׁפִּיר עֲבַדְתְּ, עֶבֶד לֹוֶה לְאִישׁ מַלְוֶה. כְּלוֹמַר: שַׁפִּיר עֲבַדְתְּ דְּאִשְׁתַּמַּטְתְּ, לְפִי שֶׁהֵן לוֹוִים, וַעֲבָדִים לִי לַהֲבִיאוֹ לִי בְּאַחֲרָיוּתָן. **אִיסְפַּקָא.** כְּלִי. אֲמַר

תוספות

אם כן נתת דבריך לשיעורין. מה שקשה ע"פ הקונטרס בפ"ק דקידושין (דף יא.) גבי בנתיה דר' ינאי דקפדן אתרקבא דדינרי, מפורש בקידושין. **כהלכתא** בלא טעם. פי': מה שמועיל לקנות. אבל טעם יש למה תקנו חכמים; מעמד שלשתן תקנו — שלא יצטרך לטרוח ולעשות קניינים. וב"הכותב נכסיו לאשתו" — משום דלא שביק לבריה ויהיב לאחריני, ואין דרך לעשות כן, אלא לחלק לה כבוד ולמנותה אפיטרופיא. ומשיא אשה לבנו, כשהאב מסיר כל מה שיש לו מן הבית — סמכא עליה דעתא דבן, כדמפרש בפ' "מי שמת" (ב"ב ד' קמד.). **אבל** מתנה מועטת כו'. וא"ת: הא נמי שמעי' לה, דאמר רב בפרק "הזהב" (ב"מ מט.): דברים אין בהן משום חיסור אמנה. ומדמי התם מתנה מועטת למכר, דליכא מעות בהדי דברים! וי"ל: דהכא שאומר לנפקד או לבעל חוב שיתן לו — סלקא דעתין דקני טפי מכשאמר "מתנה אני נותן לך". **ולא** פש גביה ולא מידי. פר"ח וכן ר"ת: שהיו בעלי דינין מודים לו, או היה הדבר ידוע בעדות ברורה דלא פש גביה מידי. ומשמע מדבריהם ®דמנפשיה אין נאמן לומר "טעיתי במה שהודיתי", אע"ג דאית ליה מיגו דאי בעי אמר "חזרתי ופרעתי". וכן משמע מהא דתנן בשבועות (דף לח:): "מנה לי בידך". אמר ליה: הן. למחר אמר ליה "תנהו לי". אם אמר "נתתיו לך" — פטור, "אין לך בידי" — חייב. ומפרש טעמא בפ"ק דבבא בתרא (דף ו.): משום דכל האומר "לא לויתי" — כאומר "לא פרעתי" דמי. ואמאי לא מהימן לומר לו: אין לך בידי — שטעיתי, שהייתי סבור להיות חייב ואיני חייב כלום, מיגו דאי בעי אמר "פרעתי" אח"כ? אלא משמע דבמגו לא מהימן לומר שטעה. **חדא** דאמר רב הונא כו'. ר"נ סלקא דעתיה שהיה חוזר בו, ולא משום דלא פש גביה מידי. **ומר** סבר הולך לאו כזכי דמי. והשתא סבור שאותו טעם שאומר שמואל: מתוך שחייב באחריותו חוזר — לא עיקר טעם הוא. וכה"ג אשכחן (לקמן דף כה.) בההיא דהלוקח יין מבין הכותים, דמעיקרא בעי למימר דטעמא דרבי יהודה משום דלית ליה ברירה, אע"ג דקתני (שם כו.) אמרו לו לר' מאיר: אי אתה מודה שמא יבקע הנוד כו'. וכהנה רבות*. **לא** דכ"ע הולך כזכי. פי' בקונטרס: ואם היו במתנה, דליכא אחריות — מודה שמואל דאינו חוזר. ואין נראה, דבמתנה אין הולך כזכי, כדפרישית לעיל (דף יג.*). אלא י"ל: דכשפטרו מלוה מן האחריות, או בגט שחרור — מודה שמואל דאינו חוזר. **לסוף** אישתמיט להו. משמע דדין לא היו יכולין לכופו להחזיר, אע"ג דלא הוחזקו כפרנים — היינו משום דאמת היה שהוא שלוחו, ולא מצי אמר: אין רצונו שיהא פקדונו ביד אחר. הא

[וע' תוס' יומא נו: ד"ה ר' יהודה וע' היטב תוס' יומא מ: סוף ד"ה וגשהו ותוס' שבועות כה. ד"ה ושמואל]

עין משפט נר מצוה

פד א מיי' פ"ו מהל' זכייה הל' ד סמג עשין פב טוש"ע ח"מ סימן רמו סעיף יב וטוש"ע אה"ע סימן קז סעיף א:

פה ב מיי' שם הל' טו סמג שם טוש"ע אה"ע סי' נח סעיף א:

פו ג מיי' פט"ו מהל' מכירה הל' ב סמג לאוין קע טוש"ע ח"מ סימן רלב סעיף א:

פז ד ה מיי' פט"ז מהל' מלוה הל' ב סמג עשין לד טוש"ע ח"מ סימן קכה סעיף א:

פח ו מיי' פ"א מהל' שכירות הל' ו סמג עשין פט טוש"ע שם:

פט ז מיי' שם טוש"ע שם סעיף ב:

מסורת הש"ס

[ב"ב כט.] [שם ושבת לה: מגילה יח: חולין ט. לב.] ב"ב קמד. שם קלח: [שם קמד.] [לעיל יג. וש"נ] לקמן סג: [לקמן סג:] [שם לב: וסב:] [תוספתא פ"א] [לקמן כט. ב"מ לו.]

הגהות הב"ח

(א) גמ' למרי ארעא בטסקא כצ"ל באפי מרי ארעא:

גליון הש"ס

גמ' א"ר חייב באחריותו. ע' בריטב"א קידושין דף מג ע"ב ד"ה מאי קסבר: תוס' ד"ה ולא פש גביה כו' דמנפשיה אין נאמן. ע' ב"ב דף קעה ע"א תד"ה חזר ולאמר:

תוספות רי"ד

אמר ליה רב לרב אחא בורדלא קבא דמוריקא אית לי גבך יהביה לפלוני באפיה קאמינא לך דלא הדרנא בי מכלל דאי בעי מצי הדר ביה פי' דקס"ד שהיה מבטיחו שלא יחזור בו להכי מתמה מכלל דאי בעי מצי הדר ביה ה"ק ליה דברים הללו לא נתנו לחזרה פי' שאינו יכול לחזור בו כיון שאמר לו במעמד שלשתן ואתא לאשמועי' דאפי' במתנה מועטת אי אמר במעמד שלשתן קנה ואי לא לא קנה: הנהו גינאי דעבדי חושבנא בהדי הדדי פש חמש איסתרי גבי חד מינייהו אמרי ליה יהבינהו למריה דארעא בטסקא באפיה מריה ארעא וקנו מיניה לסוף אזל ועבד חושבנא בין דידיה לנפשיה לא פש גביהו ולא מידי פי' ונודע הדבר שטעו בחשבונם שהם היו מודים לו אתא וקא הדר ביה אתי לקמיה דרב נחמן וא"ל מאי אעביד לך חדא דאמר רב הונא אמר רב ועוד הא קנו מינך א"ל רבא אטו האי מי קאמר לא יהיבנא דליכא גבאי קאמר א"ל א"כ קנין בטעות הוא וכל קנין בטעות חוזר: איתמר הולך מנה לפלוני שאני חייב לו רב אמר חייב באחריותו פי' חייב המשלח הזה באחריות אם יאנסו מיד שליח זה שהרי לא צוהו המלוה שישלחנו לו ע"י זה ואם בא לחזור ולומר החזירם לי שלא יאנסו ממך בדרך אינו חוזר ואע"ג דאמר מסתפינא דלמא מיתנס באורחא אי נמי לא מהמנינא לך דלמא שמטת ואכלת להו אפ"ה אינו יכול לחזור בו דכיון דיהיב ליה אדעתא לאמטוייה ניהליה והימניה תו לא מצי למיהדר ביה ושמואל אמר מתוך שחייב באחריותו אם בא לחזור חוזר לימא בהא קמיפלגי דמר סבר הולך כזכי דמי ומר סבר לא כזכי דמי פי' לימא בהולך פליגי אי דמי כזכי אי לא כי בתן אשכחן במתני' דכזכי דמי לימא בהולך פליגי אי דמי כזכי כי היכי דאמרי' בתן או לא. ואי ק' ואפי' אי סבר שמואל דהולך לאו כזכי דמי אמאי יכול לחזור בו לא יהא אלא הוא בעצמו תופש בשביל המלוה הא קי"ל התופש לבעל חוב במקום שחב לאחרים לא קנה. תשובה הא אמרן לעיל גבי תופש לבעל חוב דאי אמר מסתפינא דילמא מתנסי באורחא אי נמי דלמא שמטת ואכלת להו טענתיה טענה והכא אי אמרי' כזכי דמי אין טענתו טענה לא דכ"ע הולך כזכי דמי והכא בהא קמיפלגי דמר סבר אמרינן מגו ומר סבר לא אמרינן מגו פי' בלישנא דהולך כ"ע לא פליגי דהכי משמע הולך כמו תן ואילו אמר גבי עבד נמי הולך גט שחרור זה לעבדי כיון דליכא מיגו אינו יכול לחזור בו והכא משום מגו אמר שמואל דיכול לחזור ופי' המורה דכ"ע הולך כזכי דמי ואם היה במתנה דליכא אחריות מודה שמואל דאינו חוזר ואינו נ"ל דהא לקמן אמרינן דלגבי מתנה לא אמרינן הולך כזכי דמי ואע"ג דקי"ל הלכה כשמואל בדיני הכא הלכה כרב דאמרינן תניא כותיה דרב הולך מנה לפלוני שאני חייב לו תן מנה לפלוני שאני חייב לו והולך מנה לפלוני פקדון שיש לו בידי חייב באחריותו ואם בא לחזור אינו חוזר. פי' לא דמי חייב באחריות דפקדון לחייב באחריותו דמלוה דאילו גבי מלוה אי מתנים ההיא מנה באורחא חייב הלוה באחריותו עד דמטי ליד המלוה וכ"ש אי כפר ביה שליח ואילו פקדון דוקא אי כפר ביה שליח אי נמי שמטיה ואכליה חייב (השליח) [המשלח] באחריותו אבל (פקדון) אילו איתנים באורחא פטור אם יש עדים בדבר בדקימא לן בפ' המפקיד דאע"ג דקי"ל שומר שמסר לשומר חייב משום דא"ל אנת מהימנת לי בשבועה האך לא מהימן לי בשבועה. ה"מ היכא דליכא עדים שנאנס אבל היכא דאיכא עדים שנאנס מיד שומר שני פטור שומר ראשון כדתנן בפ' המפקיד השוכר פרה מחבירו והשאילה לאחר ומתה כדרכה ישבע השוכר שמתה כדרכה והשואל משלם לשוכר מה שישבע השוכר כגון שראה בעיניו שמתה כדרכה וה"ה אם יש עדים בדבר אבל ודאי אם אין עדים בדבר חייב השולח ואינו נפטר בשבועה של שליח משום דא"ל בעל הפקדון את מהימנת לי בשבועה האך לא מהימן לי בשבועה אי נמי י"ל גם במנה של פקדון חייב באחריותן ואעפ"י שיש עדים שנאנס בדרך משום דא"ל בעל הפקדון מי הרשך לשלחו לי בדרך הלכך פשיעה היא אצלו שבודאי אילו נאנס בעיר ביד שומר שני פטור אבל בדרך חייב מפני שלא היה לו לשלחו אלא לעכבו בידו עד שיבא הלוה ויטלנו או שישלח שליח שישלחנו לו ויקבל עליו אחריות הדרך ואפ"ה אם בא לחזור אינו חוזר שכבר זכה השליח בעבור בעל הפקדון בענין זה שיהיה אחריותו עליו וזה פשע לעצמו שמסרו לו ושוב אינו יכול לחזור בו. ומקשה פקדון לימא ליה אין רצוני שיהא פקדוני ביד אחר פי' כדקי"ל לקמן בפ' ג' ואע"ג דקי"ל שומר שמסר לשומר חייב ולא מפסיד בעל הפקדון בידיה אפ"ה כיון דהוא נאמן אצלו ופקדון כל היכא דקאי ברשותיה דמריה קאי א) מפקיד כופר הוא אם ישלחנו לו ביד אחר ולא דמי למלוה דלהוצאה נתנה שהוא שמח אם ישלחנה לו והבא לאחריות על המשלח אבל בפקדון קפיד וכיון דקפיד נמצא שהוא לא זכות הוא לו ולא אמרו זכות הוא לאדם אלא בפניו ואמאי אינו חוזר הא לאו זכות הוא אמר ר' זירא ב) כשהוחזק כפרן בפקדון

א) אולי צ"ל מיקפד קפיד הוא. ב) צ"ל כשהוחזק כפרן פי' שהוחזק המשלח זה כפרן בפקדון.

אמר להו לר' דוסתאי ב"ר ינאי ולר' יוסי בר כיפר: בהדי דאתיתו אתיוה ניהלי. אזול, יהביה ניהליה. אמרי להו: נקני מינייכו. אמרי להו: לא. אמרי להו: אהדריה ניהלן. ר' דוסתאי ברבי ינאי אמר להו: אין, ר' יוסי בר כיפר אמר להו: לא. הוו קא מצערו ליה. א"ל: חזי מר היכי קא עביד! אמר להו: טב, רמו ליה. כי אתו לגביה, א"ל: חזי מר, לא מיסתייה דלא סייען, אלא אמר להו נמי "טב רמו ליה"! א"ל: אמאי תיעבד הכי? א"ל: אותן בני אדם *הן אמה וכובען אמה, ומדברין מחצייהן, ושמותיהן מבוהלין: ארדא וארטא ופילי בריש, אומרין "כפותו" — כופתין, אומרין "הרוגו" — הורגין. אילו הרגו את דוסתאי, מי נתן לינאי אבא בר כמותי! א"ל: בני אדם הללו קרובים למלכות הן? א"ל: הן. יש להן סוסים ופרדים שרצים אחריהן? א"ל: הן. א"ל: אי הכי, שפיר עבדת.§ "הולך מנה לפלוני", והלך ובקשו ולא מצאו — תני חדא: יחזרו למשלח, ותניא אידך: ליורשי מי שנשתלחו לו. לימא בהא קמיפלגי, דמר סבר: "הולך" כ"זכי", ומ"ס: "הולך" לאו כ"זכי"? אמר ר' אבא בר ממל: דכ"ע "הולך" לאו כ"זכי", ולא קשיא: הא בבריא, הא בשכיב מרע. רב זביד אמר: הא והא בשכיב מרע, [א]הא דאיתיה למקבל בשעת מתן מעות, הא דליתיה למקבל בשעת מתן מעות. רב פפא אמר: [ב]הא והא בברי', הא דמית מקבל בחיי נותן, הא דמית נותן בחיי מקבל. לימא "הולך" כ"זכי" תנאי היא; דתניא: "הולך מנה לפלוני", והלך ובקשו ולא מצאו — יחזרו למשלח. מת משלח — ר' נתן ור' יעקב אמרו: יחזרו ליורשי משלח. *ויש אומרים: ליורשי מי שנשתלחו לו. ר' יהודה הנשיא אמר משום ר' יעקב שאמר משום ר"מ: *[ג]מצוה לקיים דברי המת. וחכ"א: יחלוקו. וכאן *אמרו: (א) כל מה שירצה שליח יעשה. א"ר שמעון הנשיא: על ידי היה מעשה, ואמרו: יחזרו ליורשי משלח. מאי לאו בהא קמיפלגי, דת"ק סבר: [ד]"הולך" לאו כ"זכי", ור' נתן ור' יעקב נמי "הולך" לאו כ"זכי", ואע"ג דמית — לא אמרינן מצוה לקיים דברי המת; ויש אומרים: "הולך" כ"זכי"; ר' יהודה הנשיא אמר משום ר' יעקב שאמר משום ר' מאיר: "הולך" לאו כ"זכי", מיהו היכא דמית — אמרינן מצוה לקיים דברי המת; וחכמים אומרים: יחלוקו, מספקא להו; וכאן אמרו: שודא עדיף; ורבי שמעון הנשיא, מעשה אתא לאשמועי'? לא, בבריא דכולי עלמא לא פליגי, והכא במאי עסקינן — בשכיב מרע, ובפלוגתא דר' אלעזר ורבנן קמיפלגי; דתנן: *המחלק נכסיו על פיו, ר' אלעזר אומר: אחד בריא ואחד מסוכן, נכסים שיש להן אחריות — נקנין בכסף ובשטר ובחזקה, ושאין להן אחריות — אין נקנין אלא במשיכה; וחכמים אומרים: [ה]אלו ואלו נקנין באמירה. אמרו לו: מעשה באמן של בני רוכל שהיתה חולה, ואמרה: תינתן כבינתי

רש"י

אמר להו אין. מהדרנא. אמר להו לא. כדאמרי' לעיל: אם בא לחזור — אינו חוזר. אמרו לו. לר' דוסתאי. חזי מר מאי קעביד. דלא קמהדר לן. טב רמו ליה. הרבה הכוהו, לשון מורי. ל"א: טב רמו ליה — יפה, ראויות המכות הללו. אמאי תעביד הכי. שנתרצית להחזיר מיד. הן אמה. אנשי מדות, גבוהים בקומה. וכובען אמה. אף מלבושיהן מאויימים משאר בני אדם. ומדברין מחצייהן. כלומר, קולן עבה ונראה הדיבור יוצא מטיבורן. ארדא וארטא ופילי בריש. ולא מצאו. שמת. כזכי דמי. וכיון שזכה בהן בחייו — יתנו ליורשיו. דכ"ע הולך לאו כזכי דמי גרסי'. בשכיב מרע. שכל זמן שלא חזר בו — דבריו ככתובים וכמסורים, ו"הולך" דידיה — "זכי" הוא, ויתנם ליורשי מי שנשתלחו לו, שהרי זכה אביהן בחייו. בבריא. יחזרו למשלח, ד"הולך" לאו כ"זכי" דמי, וזה לא שלחו אלא למקבל ולא ליורשיו. הא והא בשכיב מרע. ד"הולך" דידיה — "זכי" הוא. הא דאיתיה למקבל. בעולם. בשעת מתן מעות. ושליח זכה בהן מיד, וכשמת — זכו יורשיו מכחו. הא דליתיה למקבל. שכבר מת, וזה לא היה יודע. נמצאת זכייה בטעות ולא קנו יורשין. הא והא בבריא. ו"הולך" דידיה — לאו כ"זכי" דמי. הא דמית מקבל בחיי נותן. יחזרו למשלח, דלא זכה בהן מקבל. ואפילו מת הנותן בחזירת השליח — אין כאן משום מצוה לקיים דברי המת, שקודם מיתתו בטלו דבריו משעת מיתת המקבל. והא. דקתני ליורשי מי שנשתלחו לו. דמית נותן. לאחר שמסרן לשליח — מת, ועדיין מקבל חי. הלכך, משעת מיתת הנותן — זכה בהם המקבל, משום דמצוה לקיים דברי המת, ואפילו היה בריא. ר' יהודה הנשיא כו'. לקמן מפרש מאי פליג איש אומרים. וכאן אמרו. בבבל. מה שירצה שליח יעשה. לפי מה שרואה בדעתו של משלח, אם היתה עינו יפה במתנה זו, ואוהב את המקבל ואת בניו. ת"ק. דלא איירי במת משלח, ואמר: יחזרו למשלח. סבר הולך לאו כזכי דמי. אבל אם מת משלח — לא ידעינן מאי קאמר בה. ור' נתן ור' יעקב. הוסיפו על דבריו, ואמרו דאפי' מת משלח — לית לן בבריא דמצוה לקיים דברי המת. וי"א הולך כזכי דמי. ופליגי אפילו לא מת משלח. ואמילתיה דת"ק [קאי]. ותדע, דמדקאמר רבי יהודה הנשיא מצוה לקיים דברי המת — ש"מ שמעינהו ליש אומרים דתלו טעמייהו ב"הולך" כ"זכי" דמי, ואפי' לא מת משלח. ואמר איהו: דווקא מת, דמצוה לקיים דבריו. אבל לא מת — לא, ד"הולך" לאו כ"זכי" דמי. מספקא להו. אי כ"זכי" דמי אי לא, ואי מצוה לקיים אי לא. שודא. ראות עיניו של שליח. עדיף. מחלוקה במילתא דמספקא. בבריא כולי עלמא לא פליגי. דלאו כ"זכי" דמי. ובפלוגתא דרבי אלעזר. דמשוי ליה לשכיב מרע כבריא. על פיו. על פי צוואתו מחלק נכסיו לבניו, ולא כשאר המורישים שחולקים היורשים בשוה. בכסף בשטר ובחזקה. שבכך הן נקנים מן הבריא. ושכ"מ נמי לרבי אלעזר, אי לאו אקנינהו בהכי — לא מיקנו. כבינתי

תוספות

הא בשכיב מרע. אור"י: אע"ג דמת מקבל בחיי נותן, ולא קני אלא אחר מיתת נותן — אפ"ה קנו יורשין. דדעת נותן הוא דכיון שישנו למקבל בשעת מתן מעות — שיזכה המקבל אחר מיתתו, או הוא או יורשיו. ואפי' לא נולדו יורשי מקבל עד אחר מיתת נותן — קנו, אפי' למ"ד המזכה לעובר לא קנה, דדברי שכיב מרע כשמת כמסורים למקבל משעת נתינת שכיב מרע או אמירתו. ור' יהודה הנשיא בשם רבי יעקב אומר הולך לאו כזכי. ואע"ג דרבי אית ליה בפרק "התקבל" (לקמן סג.) "הולך ותן לה" — זכה לה, "התקבל לה" — רצה לחזור לא יחזור, ד"הולך" ו"תן" כ"זכי". התם משום שאמר השליח: אשתך אמרה התקבל לי גטי, דמסתמא על דעת כן נותן לו, כל זמן שאינו אומר בהדיא "אי אפשי שתקבל לה". וחכמים אומרים יחלוקו. כל "תיקו" שבתלמוד מפרש בשערים דרבינו האי דחולקים. ואין נראה לר"י, אלא היכא דאשכחן בהדיא "יחלוקו". דאדרבה, אומרים: אוקי ממונא בחזקת מריה. וכאן אמרו שודא עדיף. מכאן מדקדק ר"ת דאין לפרש "שודא" כמו שפי' בקונטרס בפ' "הכותב" (כתובות פה:) גבי שניהס קרובים, שניהס שכנים, שניהס תלמידי חכמים — שודא דדייני — דהיינו שידקדק הדיין את מי היה אוהב יותר, ולמי היה בדעתו ליתן. וכאן נמי פירש בקונטרס כמו התם. אלא: יתן הדיין למי שירצה. כי הכא, דקאמר: מה שירצה שליח יעשה, וקרי ליה "שודא". ר' אליעזר אומר אחד בריא ואחד כו'. אור"ת: דר' אלעזר גרס. דבסיפא פליגי רבי אליעזר ורבי יהושע, רא"א: בשבת דבריו קיימין, אבל לא בחול. ורבי יהושע כו'. אבל ברישא פליגי בין בחול בין בשבת, מדלא ערבינהו. ועוד: מדפרכי רבנן לרבי אלעזר מאימן של בני רוכל — דלמא בשבת היה, דמודה בה ר"א. ועוד: דקאמר התם: קונים משכיב מרע ואפי' בשבת, ולא לחוש לדברי ר"א. ואי אדר"א קאי — הא מודה הוא בשבת דדבריו קיימים! ואע"ג דר"מ קאמר התם דלר"א בחול דבריו קיימים ולא בשבת — התם לא קאי אר"מ אלא אמתני'. ועוד: דאמר הכא דר"מ כר"א, והולך מנה — משמע דבחול מיירי, ור"מ אית ליה התם דלר"א בחול דבריו קיימים. אלא ודאי ג' מחלוקת בדבר*).

*) [וע"ע תוס' ב"ב קנו. ד"ה ר"א] ורבי

עין משפט נר מצוה

צ א מיי' פ"ו מהל' זכייה הל' יב סמג עשין פב טוש"ע ח"מ סימן קכה סעיף ט:

צא ב ג ד מיי' פ"ד מהל' זכיה הל' ד ה סמג עשין פ"ב טוש"ע ח"מ סי' קכה סעיף ח:

צב ה מיי' פ"ח מהל' זכיה הל' יז סמג עשין פב טוש"ע ח"מ סימן רנ סעיף א:

מסורת הש"ס

[ע' בערוך ערך דבר ב']

[עי' תוס' ב"ב קנו: ד"ה וי"א וכן ל"ל נמי הכא]

[לקמן טו. מ. כתובות ע.]

כתובות פה:

ב"ב קנו.

הגהות הב"ח

(א) גמ' וכאן אמרו מה שירצה. כצ"ל ותיבת כל נמחק:

גליון הש"ס

גמ' אי הכי. ע' בחדושי בכור שור גיטין מז ע"ב: רש"י ד"ה מספקא להו אי כזכי. ע' כ"מ פ"ד מהל' מלוה הל' ו ד"ה ולענין הלכה:

תוספות רי"ד

בפקדון זה דהשתא אנן שהדי דניחא ליה לבעליו שיצא מידו: ר' אחא בר יאשיה ה"ל איספקא דכספא בנהרדעא א"ל לר' דוסתאי בר' ינאי ולר' יוסי בן כפר בהדי דקאתית אתיוה ניהליה אזיל יהבוה ניהליהו אמרי להו ניקני מיניכו א"ל לא אהדריה ניהלן ר' יוסי בן כפר אמר להו לא פירוש אע"ג דהאי איספקא שהוא כלי של זהב היה פקדון ואמרן שאין רצונו שיהא פקדון ביד אחר ולאו כזכי דמי אפ"ה לא היה רוצה להחזיר לו דהא ר' אחא גלי דעתיה דניחא ליה שיתנוהו להם ויביאוהו לו ואונסא דאורחא א) לא קביל עליה מ"ה לא היה רוצה ר' יוסי להחזיר לו כי היה באחריות על המשלח שכבר זכה לר' אחא בענין זה משעה שמסרו לו: הולך מנה לפלוני והלך ובקשו ולא מצאו פי' מדלא קאמר הולך מנה לפלוני שאני חייב לו או פקדון שיש לו בידי ש"מ דהאי מנה לאו מנה של הלוואה או של פקדון הוא אלא של מתנה הוא כלו' דהוה בעי למיתן מנה מתנה לחבירו ואמר ראובן לשמעון הולך מנה זה ללוי שאני נותן לו במתנה והלך שמעון ולא מצא ללוי שכבר מת תני חדא יחזרו למשלח ותניא אידך יחזרו ליורשי מי שנשתלחו לו לימא בהא קמיפלגי דמר סבר הולך כזכי דמי ומר סבר לאו כזכי דמי פי' יחזרו למשלח דהיינו ראובן קסבר הולך במתנה לאו כזכי דמי. וכיון דלא זכה לוי בחייו לא ינתנו ליורשיו אלא יחזרו לראובן המשלח ומאן דתני ליורשי מי שנשתלחו לו קסבר הולך כזכי דמי ומשעה שמסר ראובן לשמעון קנאם לוי אותם המעות דזכין לאדם שלא בפניו והילכך יחזרו ליורשי לוי. א"ר אבא בר ממל לא דכ"ע הולך לאו כזכי דמי ולא ק' האי בבריא האי בש"מ פי' דכ"ע במתנה (מתנה) הולך לא כזכי דמי דדוקא במנה של הלוואה או במנה של פקדון תניא לעיל דהולך ותן כזכי דמי אבל במנה דקבעי למיתן ליה מתנה ולא מיחייב ליה מידי הולך לאו כזכי דמי והאי דתני יחזרו למשלח מיירי בבריא דכיון דהולך לאו כזכי דמי ולא זכה בו לוי מיד בקבלת שמעון כיון שלא מצאו חי יחזיר המנה לראובן המשלח שהוא לא היה נותן מתנה אלא ללוי שהיה אוהבו ומכירו ולא ליורשיו הילכך מסתמא יחזיר המנה לראובן ואח"כ יעשה ראובן מה שירצה ובשליחותו הראשונה אינו רשאי לתת ליורשי לוי שהוא לא מינהו שליח אלא ליתן ללוי ולא ליורשיו והאי דתני ליורשי מי שנשתלחו לו מיירי בשכ"מ דקי"ל דברי שכ"מ ככתובין וכמסורין דמי וכל זמן שלא חזר בו הולך דידיה כזכה דמי ומשעה שמסר ראובן דהוה שכ"מ ביד שמעון שלוחו זכה בהן לוי הילכך ינתנו ליורשיו: רב זביד אמר הא והא בשכ"מ ולא ק' הא דאיתיה למקבל בשעת מתן מעות פי' הא והא בש"מ דהולך דידיה כזכה דמי אבל מיהו אם איתיה לוי בחיים בשעה שמסר ראובן הש"מ המנה לשמעון כבר זכה בו לוי ואם מצאו שמת יתן המנה ליורשיו ואם נמצא שמת לוי טרם לשמעון לא קנה כלום שאילו (לא) היה יודע ראובן שמת לוי לא היה מזכה לו זה המנה ומוסרו לשמעון ונמצאת זכייה זו בטעות ולא קנה לוי המנה הילכך יחזירנו לראובן ומה שירצה ראובן יעשה: רב פפא אמר הא והא בבריא ולא ק' הא דמית מקבל בחיי נותן הא דמית נותן בחיי מקבל פי' הא והא בבריא דהולך דידיה לאו כזכי דמי והילכך אם מת לוי בחיי ראובן יחזרו לראובן שלא זכה בהן לוי בקבלת שמעון אבל אם מת ראובן בחיי לוי אע"פ שהולך לאו כזכי דמי כיון שמת ראובן הנותן ועדיין לוי בחיים אמרי' מצוה לקיים דברי המת ומצוה על בני ראובן לקיים מתנת אביהם ומפני זה המעות זכה בהן לוי ואע"פ שמת לאחר מכאן ינתנו ליורשיו [illegible]

א) [illegible]

כְּבֵינָתִי לְבִתִּי וְהִיא בִּשְׁנֵים עָשָׂר מָנֶה, וּמֵתָה, וְקִיְּימוּ חֲכָמִים אֶת דְּבָרֶיהָ! אָמַר לָהֶם: בְּנֵי רוֹכֵל תִּקְבְּרֵם אִמָּם; ת"ק – כְּר"א. וְר' נָתָן וְר' יַעֲקֹב – נַמִּי כְּר"א, אע"ג דְּמִית, לָא אָמְרִינַן מִצְוָה לְקַיֵּים דִּבְרֵי הַמֵּת. וְיֵשׁ אוֹמְרִים – כְּרַבָּנַן. וְר' יְהוּדָה הַנָּשִׂיא שֶׁאָמַר מִשּׁוּם ר"מ – כְּר"א, מִיהוּ הֵיכָא דְּמִית, אָמְרִינַן מִצְוָה לְקַיֵּים דִּבְרֵי הַמֵּת. וַחֲכָמִים אוֹמְרִי' יַחֲלוֹקוּ – מְסַפְּקָא לְהוּ. וְכָאן אָמְרוּ – שׁוּדָא עָדִיף. וְר"ש הַנָּשִׂיא – מַעֲשֶׂה אֲתָא לְאַשְׁמוֹעִינַן. *אִבַּעְיָא לְהוּ: ר"ש הַנָּשִׂיא, נָשִׂיא הוּא, אוֹ מִשְּׁמֵיהּ דְּנָשִׂיא קָאָמַר? ת"ש, דְּאָמַר רַב יוֹסֵף: הֲלָכָה כְּר"ש הַנָּשִׂיא. וַעֲדַיִין תִּיבָּעֵי לָךְ: נָשִׂיא הוּא, אוֹ דְּקָאָמַר מִשְּׁמֵיהּ דְּנָשִׂיא? תֵּיקוּ. גּוּפָא, אָמַר רַב יוֹסֵף: הֲלָכָה כְּר"ש הַנָּשִׂיא. וְהָא *קיי"ל: דִּבְרֵי שְׁכִיב מְרַע כִּכְתוּבִין וְכִמְסוּרִין דָּמוּ! רַב יוֹסֵף מוֹקֵי לָהּ בְּבָרִיא. וְהָא לְ"יוֹרְשֵׁי מְשַׁלֵּחַ" קָאָמַר, אוְקיי"ל: *מִצְוָה לְקַיֵּים דִּבְרֵי הַמֵּת! תְּנֵי: יַחְזְרוּ לַמְשַׁלֵּחַ.§

הדרן עלך המביא קמא

הַמֵּבִיא בגֵּט מִמְּדִינַת הַיָּם, וְאָמַר: "בְּפָנַי נִכְתַּב אֲבָל לֹא בְּפָנַי נֶחְתַּם", "בְּפָנַי נֶחְתַּם אֲבָל לֹא בְּפָנַי נִכְתַּב", *"בְּפָנַי נִכְתַּב כּוּלּוֹ וּבְפָנַי נֶחְתַּם חֶצְיוֹ", "בְּפָנַי נִכְתַּב חֶצְיוֹ וּבְפָנַי נֶחְתַּם כּוּלּוֹ" – פָּסוּל. גאֶחָד אוֹמֵר: "בְּפָנַי נִכְתַּב", וְאֶחָד אוֹמֵר: "בְּפָנַי נֶחְתַּם" – פָּסוּל. שְׁנַיִם אוֹמְרִים: "בְּפָנֵינוּ נִכְתַּב", וְאֶחָד אוֹמֵר: "בְּפָנַי נֶחְתַּם" – פָּסוּל, וְר' יְהוּדָה מַכְשִׁיר. *אֶחָד אוֹמֵר: "בְּפָנַי נִכְתַּב", וּשְׁנַיִם אוֹמְרִים: "בְּפָנֵינוּ נֶחְתַּם" – כָּשֵׁר.§ **גמ'** הָא תוּ ל"ל? הָא תְּנָא לֵיהּ חֲדָא זִימְנָא: *הַמֵּבִיא גֵּט מִמְּדִינַת הַיָּם, צָרִיךְ שֶׁיֹּאמַר: "בְּפָנַי נִכְתַּב וּבְפָנַי נֶחְתַּם"! אִי מֵהַהִיא הֲוָה אָמִינָא: *צָרִיךְ, וְאִי לֹא אָמַר – כָּשֵׁר, קמ"ל.§ "בְּפָנַי נִכְתַּב חֶצְיוֹ וּבְפָנַי נֶחְתַּם כּוּלּוֹ – פָּסוּל".§ הֵי חֶצְיוֹ? אִילֵּימָא חֶצְיוֹ רִאשׁוֹן, *וְהָאָמַר ר"א: אֲפִילּוּ לֹא כָּתַב בּוֹ אֶלָּא שִׁיטָה אַחַת לִשְׁמָהּ, דשׁוּב אֵינוֹ צָרִיךְ! אֶלָּא אָמַר רַב אַשִׁי: החֶצְיוֹ אַחֲרוֹן.§ "בְּפָנַי נִכְתַּב כּוּלּוֹ וּבְפָנַי נֶחְתַּם חֶצְיוֹ – פָּסוּל".§ אָמַר רַב חִסְדָּא: וַאֲפִילּוּ שְׁנַיִם מְעִידִים עַל חֲתִימַת יַד שֵׁנִי – פָּסוּל; מַאי טַעְמָא? אוֹ כּוּלּוֹ בְּקִיּוּם הַגֵּט, אוֹ כּוּלּוֹ בְּתַקָּנַת חֲכָמִים. מַתְקִיף לָהּ רָבָא: ומִי אִיכָּא מִידֵּי, דְּאִילּוּ אָמַר חַד – כָּשֵׁר, הַשְׁתָּא דְּאִיכָּא תְּרֵי – פָּסוּל?! אֶלָּא אָמַר רָבָא: אֲפִי'

הוּא

רש"י

כְּבֵינָתִי. נוסק"א בְּלַעַ"ז. וְהִיא בְּי"ב מָנֶה. כָּךְ הָיְתָה שָׁוָה. תִּקְבְּרֵם אִמָּם. קְלָלָה הִיא. כְּלוֹמַר, לֹא יַעֲלוּ עַל לֵב וְלֹא יִזָּכְרוּ בְּבֵית הַמִּדְרָשׁ לִרְאָיָה, לְפִי שֶׁרְשָׁעִים הָיוּ, שֶׁהָיוּ מְקַיְּימִין קוֹלִים כַּכֶּרֶם, וּלְר"א כִּלְאַיִם נִינְהוּ. וְלֹא נִלְמַד מֵהֶן רְאָיָה, לְפִי שֶׁלֹּא דִּקְדְּקוּ בָּהֶן אֵיךְ הָיְתָה אוֹתָהּ נְוָאָה, שֶׁמִּתּוֹךְ שֶׁהָיוּ רְשָׁעִים לֹא הוּזְכְּרוּ בְּבהמ"ד. תַּנָּא קַמָּא כְּר"א. דְּאָמַר: שְׁכִיב מְרַע וּבָרִיא שָׁוִים, הִלְכָּךְ "הוֹלֵךְ" דִּידֵיהּ לָאו כִּ"זְכִי" דָּמֵי. וְיֵשׁ אוֹמְרִים כְּרַבָּנַן. דְּדִבְרֵי שְׁכִיב מְרַע כִּכְתוּבִין וְכִמְסוּרִין דָּמֵי, וַאֲפִי' לֹא מֵת מְשַׁלֵּחַ – נַמִּי יִתְּנוּ לְיוֹרְשֵׁי מְקַבֵּל, כָּל זְמַן שֶׁלֹּא חָזַר מְשַׁלֵּחַ מִדְּבָרָיו. כְּר"א. מִדְּתָלוּ טַעְמָא בְּמִיתָה, הָא אִם לֹא מֵת – יַחְזְרוּ לוֹ. מְסַפְּקָא לְהוּ. אִי כְּר"א אִי כְּרַבָּנַן. וְהֵיכָא דְּמִית – נַמִּי מְסַפְּקָא לְהוּ, אִי מִצְוָה לְקַיֵּים דִּבְרֵי הַמֵּת אוֹ לֹא. תְּנֵי. בְּמִילְּתֵיהּ דְּר"ש "יַחְזְרוּ לַמְשַׁלֵּחַ", וְלָא תִּתְנֵי "לְיוֹרְשֵׁי מְשַׁלֵּחַ", דִּבְלֹא מֵת עָסְקִינַן.

הדרן עלך המביא קמא

הַמֵּבִיא · בְּפָנַי נֶחְתַּם חֶצְיוֹ. אֶחָד מִן הָעֵדִים. א' אוֹמֵר בְּפָנַי נִכְתַּב וְאֶחָד אוֹמֵר כו' פָּסוּל. אִי כְּשֶׁהַגֵּט יוֹצֵא מִתַּחַת יְדֵי הָאֶחָד שֶׁהוּא מְבִיאוֹ, וְאֵין חֲבֵירוֹ שָׁלִיחַ בַּהֲבָאָתוֹ – מִשּׁוּם הָכִי פָּסוּל, דְּלַשָּׁלִיחַ אַצְרְכוּהּ רַבָּנַן לְמֵימְרִינְהוּ לְתַרְוַיְיהוּ. וּלְמַאן דְּמוֹקֵי לָהּ נַמִּי בַּגְּמָ' בְּשֶׁשְּׁנֵיהֶם שְׁלוּחִים – אפ"ה פָּסוּל, כֵּיוָן דְּחַד הוּא דְּאִיכָּא אַחֲתִימָה, וְאִיהוּ לָא מַסְהֵיד אַכְּתִיבָה – אָתֵי לְאִיחְלוּפֵי בְּקִיּוּם שְׁטָרוֹת דְּעָלְמָא בְּעֵד אֶחָד, כִּדְאָמְרִי' בְּפ"ק (לעיל דף ג.). שְׁנַיִם אוֹמְרִים בְּפָנֵינוּ נִכְתַּב וְאֶחָד. שְׁלִישִׁי אוֹמֵר כו', נַמִּי פָּסוּל מִשּׁוּם הַאי טַעְמָא. וְר' יְהוּדָה מַכְשִׁיר. דְּכֵיוָן דְּמַצְרְכִינַן לְאַסְהוֹדֵי נַמִּי אַכְּתִיבָה אוֹ הוּא אוֹ אַחֵר – תּוּ לָא אָתֵי לְאִיחְלוּפֵי. וּבַגְּמָ' אָמְרִינַן דְּחָלוּק הָיָה ר' יְהוּדָה אַף בָּרִאשׁוֹנָה, אַ"אֶחָד אוֹמֵר: בְּפָנַי נִכְתַּב וְאֶחָד אוֹמֵר: בְּפָנַי נֶחְתַּם". א' אוֹמֵר בְּפָנַי נִכְתַּב וּשְׁנַיִם אוֹמְרִים בְּפָנֵינוּ נֶחְתַּם כָּשֵׁר. בַּגְּמָ' מְפָרֵשׁ לָהּ. **גמ'** שִׁיטָה אַחַת. שִׁיטָה רִאשׁוֹנָה, שֶׁבָּהּ שֵׁם הָאִישׁ וְהָאִשָּׁה וְהַזְּמַן. אָמַר רַב חִסְדָּא כו'. לָאו לְפָרוּשֵׁי מַתְנִי' אָתָא, וּלְאוֹקוּמֵי מַתְנִי' בְּהָכִי, אֶלָּא סְבָרָא דִּידֵיהּ מוֹסִיף, וְאָמַר רְבוּתָא: דַּאֲפִי' שְׁנַיִם מִן הַשּׁוּק מְעִידִין שֶׁהֵן מַכִּירִין יַד עֵד חֲתִימַת הַשֵּׁנִי שֶׁלֹּא הֵעִיד הַשָּׁלִיחַ עָלָיו – פָּסוּל. קִיּוּם הַגֵּט. הַיְינוּ עֵדִים הַמְּעִידִין עַל חוֹתַם הָעֵדִים. תַּקָּנַת חֲכָמִים. עֵדוּת הַשָּׁלִיחַ, שֶׁהֶאֱמִינוּהוּ חֲכָמִים כִּשְׁנַיִם. מִי אִיכָּא מִידֵּי דְּאִילּוּ אָמַר חַד כָּשֵׁר. אִם הָיָה אוֹמֵר הַשָּׁלִיחַ: אֲנִי מַכִּירָם – כָּשֵׁר, וַאֲפִילּוּ לֹא אָמַר "בְּפָנַי נֶחְתַּם". דְּהָכִי אָמְרִינַן בְּפ"ק (לעיל דף ג.), דְּכִי אָמַר "יוֹדֵעַ אֲנִי" נַמִּי מְהֵימַן, בִּשְׁמַעְתָּא קַמַּיְיתָא.

הוּא

תוספות

ורבי יהודה הנשיא כו' כר"א והיכא דמת אמרינן מצוה לקיים כו'. פירוש: היכא דמת נותן קודם שמת המקבל. אבל דברי שכיב מרע כמסורין דמו אפילו מת מקבל ברישא, כדפירשנו לעיל.

או דקאמר משמיה דנשיא. לפי שלא מצינו שהיה נשיא קבעי, שמא חיסר התנא מדבריו והיה לו לשנות: אמר ר"ש: הנשיא אומר. ופשיט מרב יוסף, ודחי: עדיין תבעי: הנשיא אומר או דקאמר משמיה דנשיא. דשמא לישנא דברייתא נקט רב יוסף, ומצינו שהתנא שונה כענין זה בב"ק (דף לט:): ר' יעקב משלם חצי נזק, ופריך: ר' יעקב מאי עבידתיה.

הדרן עלך המביא קמא

המביא · בפני נכתב כולו ובפני נחתם חציו. בגמ' משמע דגרסי' ברישא "בפני נחתם כולו בפני נכתב חציו". ותימה: למ"ד: לפי שאין עדים מצויין לקיימו, כיון דתנא "בפני נכתב חציו ונחתם כולו" פסול – כ"ש "בפני נחתם חציו"! ואומר ר"י: דאיצטריך, דסד"א: ליתכשר, דחשיב טפי מכתב סופר ועד, דאיכא שני עדים חתומין אלא דליכא קיום אלא אכתיבה וחתימת עד אחד, ועדיף מ"בפני נחתם כולו ונכתב חציו" דבעינן שיעיד על עיקר כתיבה, כדאמרי' בריש מכילתא (דף ג.): דלמא אתי לאיחלופי בקיום שטרות דעלמא. **או** כולו בקיום הגט כו'. לפי מה דבעי למימר בפ"ק (לעיל דף ו.) גבי רב חסדא מצריך מאקטיספון לארדשיר, דקסבר: לפי שאין בקיאין לשמה, איכא למימר דהכא איירי בשנים מעידים על חתימת השני דנעשה לשמה. **או** כולו בתקנת חכמים. קסבר דלא דייק השליח כל כך כשאין כל העדות מתקיימת על ידו. ורבא סבר דמ"מ דייק שפיר. *מי **איכא** מידי דאילו מסיק לכוליה דיבורא כשר. מה שפי' בקונטרס, דלרבא, חד כי אמר "ידעתי" כשר – תימה: מה עלה על דעתו של רבא לפסול כשמסייעו אחר? כיון דלא חיישׁ לאיחלופי – כי ליכא אחר בהדיה כשר, לפי שמעיד גם על הכתיבה, וכ"ש כי איכא אחר בהדיה! לכך נראה כדפירשתי לעיל: ד"ידעתי" בחד לא מהני, אע"ג דמעיד על הכתיבה. והשתא אתי שפיר, דבעי רבא לפסול בהוא ואחר מעידין שמכירין חתימת השני משום איחלופי, כמו שפסול כי ליכא חד בהדיה. ורב אשי פריך: מי איכא מידי דאילו מסיק איהו לכוליה דיבורא, ואומר גם "בפני נחתם" – כשר, וכי איכא אחר בהדיה, ומעידין שמכירין החתימה – נמי אין לפוסלו, דלא גרע אותו עדות משאם היה אומר בעצמו "בפני נחתם".

אני

תוספות רי"ד

המביא גט ממדינת הים ואמר בפני נכתב אבל לא בפני נחתם בפני נחתם אבל לא בפני נכתב בפני נכתב כולו ובפני נחתם חציו בפני נכתב חציו ובפני נחתם כולו פסול א' אומר בפני נכתב וא' אומר בפני נחתם פסול שנים אומרים בפנינו נכתב וא' אומר בפני נחתם פסול ור' יהודה מכשיר א' אומר בפני נכתב ושנים אומרים בפנינו נחתם כשר כו'. א' מן העדים אומר בפני נכתב וא' אומר בפני נחתם פסול או כשהגט יוצא מתחת ידי האחד שהוא מביאו ואין חבירו שליח בהבאתו מ"ה פסול דלשליח מצריכים רבנן למימר לתרוייהו ולמאן דמוקי לה בגמ' כששניהם שלוחים אפ"ה פסול דכיון דחד הוא דאיכא אחתימ' ואיהו לא קמסהיד אכתיבה אתי לאיחלופי בקיום שטרות דעלמא בע"א כדאמרן בשמעתא קמא דפ"ק. שנים אומרי' בפנינו נכתב ושלישי אומר בפני נחתם נמי פסול משום האי טעמא גופיה ור' יהודה מכשיר דכיון דמצרכינהו נמי אכתיבה או הוא או אחר תו לא אתי לאיחלופי. ובגמ' אמרינן דחלוק היה ר' יהודה אף בראשונה פי' הא' אומר בפני נכתב וא' אומר בפני נחתם כשר ובגמ' מפרש הא תו למה לי הא תנא ליה חדא זמנא המביא גט ממדינת הים צריך שיאמר בפני נכתב ובפני נחתם אי מהא הוה אמינא צריך לכתחלה ואי לא אמר כשר קמ"ל דצריך ופסול: פי' אע"ג דקי"ל לפי שאין עדים מצויין לקיימו ולשמה לא חיישינן ולכך תקנו שיאמר בפני נחתם כדי לקיים החתימה דאי אתי בעל לבסוף ומערער שלא כתבתיו אני ומזוייף הוא לא משגחינן ביה הא אמרן לעיל דצריך שיאמר גם בפני נכתב ומעיד על כל הכתיבה שנכתב לשמה גזירה דלמא אתי לאיחלופי בקיום שטרות בעלמא דכל קיום שטרות הוא בשני עדים והכא משום עיגונא דאיתתא הימנוה רבנן לחד כבי תרי ודוקא היכא דהעיד גם על הכתיבה דלא אתי לאיחלופי בקיום שטרות בעלמא הימנוה רבנן כבי תרי אבל היכא דלא העיד גם על הכתיבה לא הימנוה רבנן כבי תרי ומ"ה פסול אם לא העיד בין על הכתיבה בין על החתימה: בפני נכתב כולו ובפני נחתם חציו בפני נכתב חציו וכו' הי חציו אילימא חציו ראשון והא א"ר אלעזר אפילו לא כתב בו אלא שיטה א' לשמה שוב אינו צריך פי' שיטה ראשונה שיש שם האיש והאשה והזמן אלא אמר רב אסי חציו אחרון: בפני נכתב כולו ובפני נחתם חציו פסול פי' ע"א וכיון שלא קיים כל החתימה פסול דכיון דלא שכיחי שירתא חיישנן דלמא אתי בעל ומערער ונמצא גט בטל ובניה ממזרים הלכך לא תנשא בו: אמר רב חסדא ואפי' שנים מעידים על חתימת יד שני פסול מ"ט או כולו בקיום הגט או כולו בתקנת חכמים פי' הא' נתקיים בשני עדים כדרך קיום שטרות והעד האחד נתקיים בעדות השליח שהוא תקון חכמים ההימנה כבי תרי ובעינן או כולו בתקון חכמים או כולו בקיום שטרות: מתקיף [לה] רבא ומי איכא מידי דאילו אמר חד כשר והשתא

דאיכא

עין משפט נר מצוה

צג א מיי' פ"ד מהל' זכייה הל' ה טוש"ע ח"מ סי' רנג סעיף ב:

א ב מיי' פ"ז מהלכות גירושין הל' יג סמג עשין נ טוש"ע אה"ע סי' קמב סעי' טו:

ב ג מיי' שם הל' טו טוש"ע שם סעי' טז:

ג ד ה מיי' שם הל' יב טוש"ע שם סעי' טו:

ד א מיי' שם הל' יג טוש"ע שם סעיף טז:

מסורת הש"ס

לעיל יג. [ב"ב קנא. קעה.]

[לעיל יד: וש"נ]

[גירסת הרא"ש כמו שהיא בפיסקא עי' תוס'] [ע' תוס' לקמן יז. ד"ה אחד אומר וכו']

לעיל ב.

[ברכות טו: וש"נ]

לעיל ה:

גליון הש"ס

גמ' איבעיא להו ר"ש הנשיא. ע' באר שבע פ"ג דהוריות דף יא ע"ב ד"ה כגון אני:

ה א ב מיי' פ"ז מהל' גירושין הל' יג סמג עשין נ טוש"ע אה"ע סי' קמב סעיף יז:
ו ג מיי' פט"ז מהל' שבת הל' טו טוש"ע א"ח סי' שמה סעי' ב וסי' שעב סעיף ז:
ז ד מיי' פי"א מהלכות מקואות הלכה ח סמג עשין כו טוש"ע א"ח סי' קס סעיף יג:
ח ה מיי' שם סמג שם טוש"ע א"ח סי' קנט סעיף יח:
ט ו מיי' שם הלכה ז סמג שם טוש"ע א"ח סימן קסב סעיף ג:

הוּא וְאַחֵר מְעִידִין עַל חֲתִימַת יַד שֵׁנִי — פָּסוּל; מַאי טַעֲמָא? אָתוּ לְאִיחְלוּפֵי בְּקִיּוּם שְׁטָרוֹת דְּעָלְמָא, וְקָא נָפֵיק נְבִי רִיבְעָא דְּמָמוֹנָא אַפּוּמָא דְּחַד סָהֲדָא. מַתְקִיף לָהּ רַב אַשִׁי: [א]מִי אִיכָּא מִידֵי, דְּאִילּוּ מַסֵּיק לֵיהּ אִיהוּ לְכוּלֵּיהּ דִּיבּוּרָא — כָּשֵׁר, הָשְׁתָּא דְּאִיכָּא חַד בַּהֲדֵיהּ — פָּסוּל?! אֶלָּא אָמַר רַב אַשִׁי: [ב]אֲפִילּוּ אוֹמֵר "אֲנִי הוּא עֵד שֵׁנִי" — פָּסוּל; מַאי טַעֲמָא? אוֹ כּוּלּוֹ בְּקִיּוּם הַגֵּט, אוֹ כּוּלּוֹ בְּתַקָּנַת חֲכָמִים. תְּנַן: "בְּפָנַי נִכְתַּב כּוּלּוֹ, בְּפָנַי נֶחְתַּם חֶצְיוֹ" — פָּסוּל; אִידָךְ חֶצְיוֹ הֵיכִי דָּמֵי? אִילֵימָא דְּלֵיכָּא דְּקָא מַסְהֵיד עֲלֵיהּ כְּלָל, הָשְׁתָּא אֶחָד אוֹמֵר: "בְּפָנַי נִכְתַּב", וְאֶחָד אוֹמֵר: "בְּפָנַי נֶחְתַּם", דְּהַאי קָמַסְהֵיד אַכּוּלָּהּ כְּתִיבָה וְהַאי קָמַסְהֵיד אַכּוּלָּהּ חֲתִימָה — פָּסוּל, חֶצְיוֹ מִיבַּעְיָא?! אֶלָּא, אוֹ כִּדְרָבָא אוֹ כִּדְרַב אַשִׁי, וּלְאַפּוּקֵי מִדְּרַב חִסְדָּא. אָמַר לָךְ רַב חִסְדָּא: וּלְטַעֲמִיךְ, "בְּפָנַי נִכְתַּב אֲבָל לֹא בְּפָנַי נֶחְתַּם" ל"ל? אֶלָּא לֹא זוֹ אַף זוֹ קָתָנֵי, הָכָא נַמִי — *לֹא זוֹ אַף זוֹ קָתָנֵי. אָמַר רַב חִסְדָּא: *גִּידּוּד חֲמִשָּׁה וּמְחִיצָה חֲמִשָּׁה — אֵין מִצְטָרְפִין, עַד שֶׁיְּהֵא אוֹ כּוּלּוֹ בִּמְחִיצָ' אוֹ כּוּלּוֹ בְּגִידּוּד. דָּרַשׁ מָרֵימָר: *גִּידּוּד חֲמִשָּׁה וּמְחִיצָה ה' — מִצְטָרְפִין. [ג]וְהִלְכְתָא: מִצְטָרְפִין. בָּעֵי אִילְפָא: יָדַיִם, טְהוֹרוֹת לַחֲצָאִין אוֹ אֵין טְהוֹרוֹת לַחֲצָאִין? הֵיכִי דָּמֵי? אִילֵימָא דְּקָא מָשׁוּ בֵּי תְּרֵי מֵרְבִיעִית, וְהָא *תְּנַן: [ד]מֵרְבִיעִית נוֹטְלִין לַיָּדַיִם לְאֶחָד וַאֲפִי' לִשְׁנַיִם! וְאֶלָּא דְּקָא מָשֵׁי חֲדָא חֲדָא יְדֵיהּ, *וְהָתְנַן: *[ה]הַנּוֹטֵל יָדוֹ אַחַת בִּנְטִילָה וְאַחַת בִּשְׁטִיפָה — יָדָיו טְהוֹרוֹת! וְאֶלָּא דְּקָא מָשֵׁי פַּלְגָּא פַּלְגָּא דִּידֵיהּ, וְהָאָמְרִי דְּבֵי רַבִּי יַנַּאי: [ו]יָדַיִם אֵין טְהוֹרוֹת לַחֲצָאִין! לָא צְרִיכָא, דְּאִיכָּא מַשְׁקֶה טוֹפֵחַ. וְכִי אִיכָּא מַשְׁקֶה טוֹפֵחַ מַאי הָוֵי? וְהָתְנַן:

הַנִּצּוֹק

[הוריות ב. וש"נ]
[עירובין לג:]
שם
נזיר לח. ידים פ"א מ"א חולין קז. ע"ש
ידים פ"ב מ"א

הוא ואחר. הַשָּׁלִיחַ, וְאַחֵר מִן הַשּׁוּק עִמּוֹ. וְאִם לֹא הָיָה מֵעִיד עָלֶיהָ אֶלָּא הַשָּׁלִיחַ לְבַדּוֹ, וַאֲפִי' אָמַר "יוֹדֵעַ אֲנִי" — הָיָה כָּשֵׁר, אֲבָל עַכְשָׁיו שֶׁהָיָה אַחֵר עִמּוֹ — פָּסוּל. **אתי לאיחלופי בקיום שטרות דעלמא.** כְּגוֹן שְׁנַיִם הַחֲתוּמִים עַל הַשְּׁטָר, וּמֵת אֶחָד מֵהֶם, וּבָא זֶה וְאָמַר: "זֶה כְּתַב יָדִי וְזֶה כְּתַב יָדוֹ שֶׁל חֲבֵרִי", וְנִצְטָרֵף אֶחָד מִן הַשּׁוּק עִמּוֹ לְהָעִיד עַל כְּתַב יַד הַמֵּת — אָמְרִינַן בְּפֶרֶק ב' דִּכְתוּבּוֹת (דף כא:) דְּאֵינוֹ קִיּוּם עַד שֶׁיְּהוּ ב' מִן הַשּׁוּק מְעִידִין עַל חוֹתָם הַמֵּת, דְּא"כ נָפֵיק תְּלָתָא רִיבְעֵי דְּמָמוֹנָא אַפּוּמָא דְּחַד, דְּקַי"ל (שם): נֶאֱמָן אָדָם לוֹמַר "זֶה כְּתַב יָדִי" — הֲרֵי חֲצִי עֵדוּת, וְאִם בָּא לְהִצְטָרֵף לְהָעִיד עַל חוֹתָם חֲבֵירוֹ עִם אַחֵר — הֲרֵי ג' רְבִיעִית הָעֵדוּת עַל פִּיו, וְרַחֲמָנָא אָמַר (דברים יז): "עַל פִּי שְׁנַיִם" — דְּמַשְׁמַע פַּלְגָּא אַפּוּמָא דְּהַאי, וּפַלְגָּא אַפּוּמָא דְּהַאי. וְגַבֵּי גֵּט נַמִי, אִי אָמַר "בְּפָנַי נֶחְתַּם חֶצְיוֹ" — מְהֵימָן כִּתְרֵי, דְּשָׁלִיחַ הוּא. וּבְחֶצְיוֹ הַשֵּׁנִי הוּא מִצְטָרֵף עִם אַחֵר לְקַיְּימוֹ בְּתוֹרַת שְׁאָר קִיּוּמֵי שְׁטָרוֹת. וְהָכָא גַּבֵּי גֵּט לָא חָיְישִׁינַן לָהּ, דְּהָא בְּלָאו אַחֵר הֲוֵי מִתְכַּשַּׁר אַפּוּמֵיהּ, דְּהֵימְנוּהָ רַבָּנַן כִּתְרֵי. אֶלָּא מִשּׁוּם גְּזֵירַת שְׁאָר שְׁטָרוֹת הוּא. **נבי ריבעא דממונא.** כָּל הַמָּמוֹן יוֹצֵא עַל פִּיו, חָסֵר רְבִיעַ. **אני הוא עד שני.** הַיְינוּ קִיּוּם הַגֵּט כִּשְׁאָר שְׁטָרוֹת, דְּאָדָם מֵעִיד: זֶה כְּתַב יָדִי. **אלא.** לָאו, עַל כָּרְחָךְ מִשְׁנָה יְתֵירָא דְּנָקֵט רְבוּתָא אָתָא לְאַשְׁמְעִינַן, מַאי דְּלָא אַשְׁמְעִינַן בְּאֶחָד אוֹמֵר "בְּפָנַי נִכְתַּב" וְאֶחָד אוֹמֵר "בְּפָנַי נֶחְתַּם", וְהֵיכִי דָּמֵי — כְּגוֹן דְּבְחֶצְיוֹ הַשֵּׁנִי יֵשׁ עֵדוּת, כִּדְרָבָא אוֹ כִּדְרַב אַשִׁי, וּלְאַפּוּקֵי מִדְּרַב חִסְדָּא. דְּכֵיוָן דְּמַתְנִי' מִשּׁוּם רְבוּתָא אָתָא, וְלֹא פֵּירֵשׁ מַאי רְבוּתָא אָתָא לְאַשְׁמְעִינַן — עַל כָּרְחָךְ אִי אַתָּה רַשַּׁאי לִתְפּוֹס הַמְרוּבֶּה, כְּגוֹן דְּרַב חִסְדָּא, אֶלָּא רְבוּתָא זוּטַרְתִּי — כְּגוֹן דְּרָבָא וְרַב אַשִׁי. דְּהָא לָא שָׁמְעַתְּ מִינֵּיהּ רְבוּתָא אֶלָּא מִשּׁוּם דְּמִשְׁנָה יְתֵירָא הִיא, וְכִי מַשְׁמַע לָן אֲפִי' רְבוּתָא זוּטַרְתִּי — תּוּ לָאו מִשְׁנָה יְתֵירָא הִיא. וְאִי הָא דְּרַב חִסְדָּא הֲוָה מַשְׁמַע לָן — פָּרוּשֵׁי קָמְפָרֵשׁ לָהּ. וְא"ת: לְאַפּוּקֵי נַמִי מִדְּרָבָא, וְלָא אַשְׁמְעִינַן אֶלָּא הָא דְּרַב אַשִׁי דְּהִיא זוּטְרָא? דְּרָבָא נַמִי לָא עֲדִיפָא מִינֵּהּ, דְּהָא בִּשְׁאָר שְׁטָרוֹת נַמִי פָּסוּל כִּי נָפֵיק נְבִי רִיבְעָא דְּמָמוֹנָא אַפּוּמָא דְּחַד, הִילְכָּךְ בְּגֵט נַמִי שַׁיָּיךְ לְמִפְסַל מִשּׁוּם שְׁאָר שְׁטָרוֹת, דְּלָא לִיחֲלִיף. וְהָא דְּלָא גָּזְרִי' בְּשָׁלִיחַ לְחוּדֵיהּ כִּי אָמַר "בְּפָנַי נִכְתַּב וְנֶחְתַּם" — אַהָא עֲבִיד רַבָּנַן הֶיכֵּירָא, דְּאַצְרְכוּהּ לְאַסְהוּדֵי אַכְּתִיבָה מִשּׁוּם דְּלָא לֵיתֵי לְאִיחְלוּפֵי, וְכִדְאָמְרִינַן בְּפִירְקָא קַמָּא (לעיל דף ג.). **אמר לך רב חסדא ולטעמיך.** דְּבָעֵית לְמֵימַר דְּמַתְנִי' לְאַשְׁמְעִינַן רְבוּתָא אָתָא, וּמִדְּלָא פָּרֵישׁ דִּידֵיהּ — ש"מ לָא סָבַר לָהּ. **בפני נכתב אבל לא בפני נחתם.** מַאי אַשְׁמְעִינַן? הָשְׁתָּא "בְּפָנַי נִכְתַּב כּוּלּוֹ בְּפָנַי נֶחְתַּם חֶצְיוֹ" — פָּסוּל, הָכָא דְּלָא מַסְהֵיד כְּלָל מִיבַּעְיָא? אֶלָּא עַל כָּרְחָךְ תְּשַׁנֵּי: דְּמַתְנִי', כָּל חֲדָא לָא אַשְׁמְעִינַן אֶלָּא הִיא גּוּפַהּ מַאי דְּתָנֵי בַּהּ. וּדְקַשְׁיָא לָךְ: לִיתְנֵי בַּתְרַיְיתָא וְכ"שׁ קַמַּיְיתָא — לָא זוֹ אַף זוֹ קָתָנֵי, וְאוֹרְחָא דְּתַנָּא דְּנָקֵיט בְּרֵישָׁא מִילְּתָא דִּפְשִׁיטָא, וַהֲדַר מוֹסִיף עֲלַהּ מִילְּתָא דְּרְבוּתָא. וְקָאָמַר הָכִי: לֹא זוֹ בִּלְבַד דְּלָא אַסְהֵיד כְּלָל, אֶלָּא אַף זוֹ "בְּפָנַי נֶחְתַּם חֶצְיוֹ" — פָּסוּל. **ה"נ.** לְדִידִי, לְעוֹלָם "בְּפָנַי נֶחְתַּם חֶצְיוֹ" דְּמַתְנִי' לָא אַיְירֵי לְאַשְׁמְעִינַן שׁוּם רְבוּתָא. וְאִי הֲוָה נָחֵית לִרְבוּתָא — הֲוֵי תָּנֵי לַהּ לְדִידִי. אֶלָּא הִיא גּוּפַהּ הוּא דְּאַשְׁמְעִינַן כִּדְקָתָנֵי, דְּלָא קָמַסְהֵיד אִינִישׁ בְּאִידָךְ חֶצְיוֹ מִידֵי. וּדְקַשְׁיָא לָךְ: אֶחָד אוֹמֵר "בְּפָנַי נִכְתַּב" וְאֶחָד אוֹמֵר "בְּפָנַי נֶחְתַּם", מִינַּהּ שָׁמְעִינַן דְּכ"שׁ — הָא וַדַּאי, אִי תַּנְיָיהּ בְּרֵישָׁא — תּוּ לָא אִיצְטְרִיךְ לְמִיתְנֵי הָא. אֲבָל הָשְׁתָּא דְּתָנָא הָא בְּרֵישָׁא — מוֹסִיף וְאוֹמֵר: וְלֹא זוֹ בִּלְבַד דְּלֵיכָּא סַהֲדוּתָא דְּאִידָךְ חֶצְיוֹ, אֶלָּא אַף זוֹ דְּהַאי קָא מַסְהֵיד אַכּוּלָּהּ כְּתִיבָה וְהַאי קָמַסְהֵיד אַכּוּלָּהּ חֲתִימָה — פָּסוּל. **גידוד חמשה.** לְעִנְיַן שַׁבָּת, דְּבָעֵינַן מְחִיצָה גְּבוֹהָה עֲשָׂרָה אוֹ עָמוֹק עֲשָׂרָה לִרה"י. וְאִם הָיָה חָרִיץ עָמוֹק חֲמִשָּׁה וְהִיקִּיפוֹ מְחִיצָה חֲמִשָּׁה. **אין מצטרפין.** לִהְיוֹת בְּתוֹכוֹ רה"י. וְאַיְּידֵי דְּאַיְירֵי לְעֵיל בְּ"אוֹ כּוּלּוֹ בְּקִיּוּם הַגֵּט" כו', נָקֵט נַמִי הָא. **דקא משו בי תרי מרביעית.** וְהַיְינוּ לַחֲצָאִין, דִּלְכָל חַד פַּלְגָּא שִׁיעוּרָא. **מרביעית.** כְּלִי מַחֲזִיק רְבִיעִית מָלֵא מַיִם. **ואפי' לשנים.** כֵּיוָן דְּמֵעִיקָּרָא הֲוָה שִׁיעוּרָא, וְקָאָתוּ מִשְּׁיָרֵי טָהֳרָה. הָכִי מְפָרֵשׁ בְּ"כָל הַבָּשָׂר" (חולין קז.). **דמשי חדא ידיה.** וַהֲדַר מָשֵׁי לְאִידָךְ. **הנוטל ידו אחת.** מִן הַכְּלִי בִּזְרִיקָה עַל יָדָיו, כְּתִיקּוּן חֲכָמִים. **ואחת בשטיפה.** בַּנָּהָר, בְּמ' סְאָה. **פלגא פלגא דידיה.** עַד הַפֶּרֶק הֲוֵי מִצְוַת נְטִילָה, וְנָטַל חֲצִי הַשִּׁיעוּר תְּחִילָּה, וְנִגְּבָהּ, וְחָזַר וְנָטַל חֲצִי הָאַחֵר. **דאיכא משקה טופח.** כְּשֶׁחָזַר וְנָטַל חֶצְיוֹ הַשֵּׁנִי לֹא נִיגֵּב הָרִאשׁוֹן לְגַמְרֵי, דַּעֲדַיִין מַשְׁקֶה טוֹפֵחַ.

הַנִּצּוֹק

אני הוא עד שני פסול. וא"ת: ומי איכא מידי דאילו אמר "בפני נחתם" — כשר, ומשום דאמר "אני הוא עד שני" פסול? ונראה לר"י כמו שאומר בירושלמי: דכי אמר "אני הוא עד שני" — נעשה כנוגע בעדותו, דנראה דלכך בא להעיד על חתימת השני — כדי שתתקיים עדות חתימתו. וא"ת: וכיון דטעמא מש"ה הוא, למה ליה למימר משום "או כולו בקיום הגט" כו'? וי"ל: משום דלאו טעמא גמור הוא זה, אי לאו טעמא ד"או כולו בקיום הגט", דאין זה נוגע בעדות ממש.

גידוד חמשה ומחיצה חמשה כו'. פי' בקונטרס(א): אם היה חריץ עמוק חמשה והקיפוהו מחילה חמשה — אין מצטרפין להיות תוכו רשות היחיד. וקשה לר"ת: דאמר בשבת בפרק "הזורק" (דף צט.) ובפ' בתרא דעירובין (דף צט:): דבור וחולייתו מצטרפין לעשרה, ואע"פ שזה בגובה וזה בעומק! ועוד: דאמר פרק "כל גגות" (שם דף צג:) בהדיא, גבי שתי חצרות זו למעלה מזו ויש גידוד חמשה ומחילה חמשה — דמודה רב חסדא בתחתונה, הואיל ורואה פני עשרה, דמערבת שנים ולא אחד! וי"ל: דלענין ב' חצרות זו למעלה מזו איירי הכא, ולגבי עליונה לענין עירוב, כדמוכח פ' "כל גגות" (שם צג:). א"נ — לענין תל ברה"ר גבוה חמשה והקיף על גביו מחילה חמשה, דלא חשיב רה"י לענין שבת. וא"ת: ויחשב רה"י מטעם דאי בעי מנח עליה ומשתמש, כדאמר בפרק "חלון" (שם עח.) גבי מילא כולו ביתדות! וי"ל: דמיירי ברחב הרבה, דלא שייך מנח עליה מידי אלא בדבר צר.

הנוטל ידו אחת בנטילה ואחת בשטיפה כו'. פי' בקונט': נטל ידו אחת מן הכלי כתיקון חכמים, ואחת בשטיפה בנהר במ' סאה. וא"ת: והיכי פשיט מהכא כי משי חדא ידא והדר משי לאידך? דלמא הכא מיירי שעשה בבת אחת, שטיפה לזו ונטילה לזו! וי"ל: דקסבר התלמוד דאין חילוק, דמסתברא דאי בזו אחר זו לא מהני — ה"ה דבבת אחת נמי לא מהני, אפילו שתיהן בנטילה, יד זו מכלי זה ויד זו מכלי אחר. ורבינו תם גרס על פי המשניות: נטל ידו אחת משטיפה אחת — ידו טהורה. וקפשיט מדקתני: ידו טהורה — ש"מ דחדא חדא מהניא. וה"פ משטיפה אחת — שצריך לשפוך מן הכלי על ידיו ב' פעמים, כדמוכח בכמה דוכתי במסכת ידים, דצריך מים ראשונים ושניים. ועל זה קאמר: ואם נטל ידו אחת משטיפה אחת גדולה, שהיא כשתים — ידו טהורה, כיון שיש בשטיפה זו כשיעור מים ראשונים ושניים. וקא מסיים בסיפא: שתי ידיו בשטיפה אחת, ר"מ מטמא עד שיטול מרביעית. אע"ג דכשנוטל בשתי שטיפות לא בעי רביעית, השתא דליכא אלא שטיפה אחת — צריך רביעית בשטיפה זו. אבל ידו אחת — אין צריך רביעית, כי אתו משירי טהרה, אלא שתהא אותה שטיפה מרובה כשתים.

הנצוק

[לגי' רש"י ז"ל והתניא אבל לגי' ר"ח שפיר גרסינן והתנן דהך דנוטל ידו אחת משטיפה אחת כו' היא משנה א' פ"ב דידים]

הגהות הב"ח

(א) תד"ה גידוד כו' אם היה חריץ. נ"ב עי' סוכה ד ע"ב תד"ה פחות שהאריכו בזה:

תוספות רי"ד

דאיכא תרי פסול ונדחו דברי רב חסדא דאע"ג דהוה חציו בתקון חכמים וחציו בקיום שטרות כשר הוא אלא אמר רבא אפי' הוא ואחר מעידים על חתימת ידי שני פסול מ"ט דילמא אתי לאיחלופי בקיום שטרות בעלמא וקנפיק נבי רבעא דממונא אפומא דחד סהדא פי' שנים חתומים על השטר ומת א' מהן ובא זה ואמר זה כתב ידי וזה כתב ידו של חבירו ואמרינן התם בפ"ב דכתובות דנאמן אדם לומר זה כתב ידי אבל אינו נאמן לומר זה כתב ידו של חבירו אלא צריכים שנים להעיד על כתב ידו של חבירו ועכשיו אם נצטרף א' מן השוק עמו להעיד על כתב ידו של חבירו אע"פ שיש עליה שני עדים פסול משום דנפיק כולה ממונא נבי ריבעא אפומא דחד מדהא שבשאומר אני ואחר נאמן וקיים חצי המנה שבשטר וכשמצטרף עם א' מן השוק להעיד על כתב ידו של עד שני נמצא שאותו חצי המנה התלוי על עד שני של שטר יוצא חציו על פיו וחציו על פי עד של שוק ורחמנא אמרה ע"פ שנים עדים יקום דבר דמשמע חצי דבר על פי זה וחצי דבר על פי זה הלכך פסול ואין לו תקנה עד שיעידו שנים מן השוק על כתב ידי שני ולא יצטרף הוא עם אחר והכא נמי גבי גט כשאומר בפני נחתם חציו קיים העד א' שבגט ונכשר הגט על פיו דהימנוהו רבנן כבי תרי וכשמצטרף עם אחר להעיד על חתימת השני אע"פ שאותו העד אינו צריך לו דהשליח נאמן אלא כיון שמצטרף עמו אי מכשירי' ליה אתי לאיחלופי בקיום שטרות דעלמא דלאו מהימן איהו (שליחות) בלחודיה עד שיצטרף אחר עמו כדאמר' מתקיף לה רב אשי ומי איכא מידי דאילו מסיק איהו בכוליה דבוריה כשר והשתא דאיכא א' בהדיה פסול פי' התם בקיום שטרות לא היה כשר הוא לבדו והוה צריך להצטרף אותו של שוק מ"ה פסול אבל הכא דהוא השליח נאמן על שני העדים מה יעשה לו אם ניצטרף עם אחד מן השוק עמו להעיד על א' מן העדים לא מעלה ולא מוריד ולא גזרו האי אטו שטרות דעלמא דלא מהימן בלחודיה ונדחו גם דברי רבא אלא אמר רב אשי אפי' אמר אני עד שני פסול מ"ט אי כולו בקיום שטרות או כולו בתקון חכמים פי' כיון שאין כאן ע"א אלא השליח לבדו אימתי הימנוה רבנן כבי תרי בשמעיד על כל החתימה אבל השתא דאמר אני הוא עד שני נתקיימה חתימתו על פיו מדין שטרות דעלמא וכיון דחתימתו נתקיימה בקיום שטרות דעלמא צריך שתתקיים גם חתימת השני בקיום שטרות דעלמא בשני עדים ולא על פיו בתקון חכמים דאו כולו בקיום שטרות או כולו בתקון חכמים שלא תקנו חכמים לחצאין וקי"ל כרב אשי שלא נדחו דבריו: אמר רב חסדא גידוד חמשה ומחיצה חמשה אין מצטרפת עד שיהו או כולו בגידוד או כולו במחיצה פי' לעניין שבת בעי' מחיצה גבוהה עשרה או עמוקה עשרה להיות רה"י ואם היה חריץ עמוק חמשה והיקפו מחיצה גבוהה חמשה אין מצטרפת להיות בתוכו רה"י אלא כרמלית הוה ואין מטלטלין בו אלא בארבע: דרש מרימר גידוד חמשה ומחיצה חמשה מצטרפת ופסק תלמודא והלכתא מצטרפת. וכן אמר בפרק הזורק אמר ר' יוחנן בור וחולייתו מצטרפת: בעי אילפא ידים טהורות לחצאין או אין טהורות לחצאין ה"ד אילימא דקמשו בי תרי מרביעית (נפקית) [והא תנן] מי רביעית נוטלין מהן לידים לאחד ואפי' לשנים פי' פחות מרביעית הלוג אין נוטלין מהן לידים שאין בהן שיעור אבל אם היו רביעית ונטל מהן א' ונשתיירו מהן נוטל מהן גם השני כדמפרש טעמא בפ' כל הבשר דמשירי טהרה קאתו אלא דקמשי חדא [חדא] ידיה והתנן הנוטל ידו א' בשטיפה ידיו טהורות פי' אחר נוטל בזריקת כולו כתיקון חכמים וא' בשטיפה במ' סאה ידיו טהורות דכל חדא וחדא חשיבא באנפי נפשיה וה"ה נטל ידו אחד ונגבה וחזר ונטל ידו אחרת טהורות אלא דקמשי פלגא פלגא ידיה (על) מצות נטילה עד הפרק א) ונטל חצי הפרק (ס"א איננו) וחזר ונטל חצי האחר הא אמרי דבי ר' ינאי אין ידים טהורות לחצאין. לא צריכא דאיכא משקה טופח וכי איכא

א) נראה דצ"ל ונטל חצי הפרק וניגב וחזר ונטל חצי האחר וכו'.

*אהנצוק, והקטפרס, ומשקה טופח – אינו חיבור לא לטומאה ולא לטהרה! לא צריכא, בדאיכא טופח להטפיח. הא נמי תנינא: טופח להטפיח – חיבור! דלמא לענין מקואות, ורבי יהודה היא. *דתנן: גמקוה שיש בו ארבעים סאה מכוונות וירדו שנים וטבלו, (*שניהם בבת אחת – טהורים;) בזה אחר זה – ראשון טהור, והשני טמא; רבי יהודה אומר: אם היו רגליו של ראשון נוגעות במים – אף השני טהור. אמר רבי ירמיה, הרי *אמרו: דהבא ראשו ורובו במים שאובין, וטהור שנפלו על ראשו ועל רובו שלשה לוגין מים שאובין – טמא; הבעי ר' ירמיה: חציו בביאה וחציו בנפילה, מאי? תיקו. אמר רב פפא, הרי אמרו: *בעל קרי חולה שנתנו עליו תשעה קבין מים – טהור. בעי רב פפא: חציו בטבילה וחציו בנתינה, מאי? תיקו. § "אחד אומר בפני נכתב, ואחד אומר" כו'. § אמר רב שמואל בר יהודה אמר רבי יוחנן: לא שנו אלא שאין הגט יוצא מתחת ידי שניהם, ואבל גט יוצא מתחת ידי שניהם – כשר

רש"י

הנצוק. קילוח. והקטפרס. הר משופע שמדרונו מחודד הרבה. אינו חיבור. לטומאה. כגון המערה מכלי טהור לכלי טמא, ונצוק הקילוח מחבר משקה שני הכלים – אינו חיבור לטמא משקין העליונים. וכן הקטפרס, אם העבירו דרך דף הנתונים במדרון והתחתונים מחוברים לטומאה – אין העליונים טמאים. וכן אם היתה עריבה ארוכה, ובשני ראשיה משקין, אחד טמא ואחד טהור, ומשקה טופח מחברן – אין חיבור לטמא הטהורים. וכן לטהרה, לענין מקוואות (א), שני מקוואות שאין באחד מהן ארבעים סאה ונצוק וקטפרס ומשקה טופח מחברן – אינו חיבור. טופח להטפיח. שיש משקה הרבה, שאם טפח בו – יכול להטפיח במקום אחר. חיבור. לטומאה ולטהרה. וקס"ד דהוא הדין לנטילה, דחשיב כמאן דעביד בהדי הדדי. דלמא. הא דקתני "חיבור". לענין מקוואות. קאמר, ור' יהודה היא, משום גוד אחית (כדתני') כו'. ומיהו, לענין נטילה מבעיין אי הויא נטילה כתיקונה לחולין או לא, ואין ראיית חיבור מקוואות ראיה לכאן, דאנן לאו משום חיבור מבעי לן. מכוונות. לא פחות ולא יותר. השני טמא. שחסר המקוה על ידי הראשון. נוגעות במים. בשעת טבילת השני. אף השני טהור. דכמאן דמחברי מים שעל הראשון למי המקוה דמו. הבא ראשו ורובו. כשהוא טהור, במים שאובים בתוך הכלי. טמא. לתרומה עד שיטבול. ומגזירת שמונה עשר דבר היא. ובפ"ק דמסכת שבת *מפרש מ"ט גזור עליה: לפי שהיה להם מערות סרוחים לטבילה, ולאחר טבילה היו רוחצין בשאובין, והתחילו לומר: לא אלו מטהרין אלא אלו מטהרין, וגזרו עליהן. ושוב גזרו על טהור שנפלו עליו שלשה לוגין מים שאובין, דאי לא הא – לא קיימא הא. חציו בביאה. בתוך הכלי, וחציו בנפילה – שנפלו על חצי גופו שלשה לוגין. בעל קרי חולה כו' טהור. לדברי תורה. דעזרא תיקן טבילה לבעלי קריין קודם שיעסקו בתורה, והקלו על החולה בנתינת תשע קבין אפי' שאובין, במסכת ברכות*. אבל לטהרו ליכנס במקדש – בעינן ארבעים סאה. וחציו בטבילה. שנכנס חציו לתוך המקוה, ועל חציו נתן ט' קבין שאובין. שאין הגט יוצא מתחת ידי שניהם. שאין שניהם שלוחין בהבאתו, דלא הוו שנים שהביאו גט, אלא אחד הביאו – צריך המביא לומר "בפני נכתב ובפני נחתם", וזה לא אמר. אבל הגט יוצא. בב"ד. מתחת ידי שניהם. ששניהם אדוקין בו, ושניהם שלוחין.

תוספות

הנצוק והקטפרס ומשקה טופח אינו חיבור לא לטומאה ולא לטהרה. פי' בקונטרס: אינו חיבור לטהרה – לענין שתי מקוואות שאין באחד מהן מ' סאה, ונצוק וקטפרס ומשקה טופח מחברן – אינו חיבור. וקשה לר"ת: דעד כאן לא נחלקו ר' מאיר ורבי יהודה בפרק "אין דורשין" (חגיגה יט.) גבי ג' גוממיות, העליונה עשרים והתחתונה עשרים ובאמצעית ארבעים וחרדלית של גשמים עוברת ביניהם, אלא בטובל בעליונה, אי אמרינן גוד אסיק. אבל בתחתונה – כולהו מודו דעלתה לו טבילה, דאמרינן גוד אחית, אלמא: קטפרס חיבור. והכא משמע דאינו חיבור כלל! ואומר ר"ת: דהכא מיירי דוקא בשתי גוממיות שבזו עשרים ובזו עשרים, דליכא מקוה שלם באחד בפני עצמה, דלא הוו חיבור ואין מטבילין אפילו בתחתונה. אבל התם, דאיכא באמצעית מקוה שלם – לכ"ע מטבילין בתחתונה, ובעליונה פליגי. ודוקא נקט אמצעית, אבל שתי גוממיות שאין בשום אחת מקוה שלם – לכ"ע אין מטבילין אף בתחתונה. עוד הקשה: דהכא קאמר דקטפרס לא הוי חיבור, ובסמוך קאמר רבי יהודה: אם היו רגליו של ראשון נוגעות במים – אף השני טהור. והך דנצוק ר' יהודה היא, דהא מסקינן לענין מקוואות ורבי יהודה היא! ואומר ר"ת: דכיון שהמים שעל הראשון סופן ליפול ולירד למקוה – הוי קטפרס חבור. ומיהו, נצוק גרוע מקטפרס, לפי שהקילוח של הנצוק עומד באויר ולא הוי חבור אפי' סופו ליפול, כדמשמע בפרק בתרא דע"ז (דף עב:). והא דדייק התם גבי כותי דאנח ידיה אבת גישתא ואסריה רבא לכולי חמרא, שמע מינה נצוק חיבור אע"ג דהתם הוי קטפרס – דייק שפיר דנצוק הוי חיבור, דכיון דמה שנגע בו הכותי דהיינו בקנה העליון דאין סופו ליפול בתוך חבית, כיון שראשו אחד מונח על גישתא, ולהכי לא עדיף מנצוק. עוד הקשה: דהכא משמע דטופח להטפיח הוי חיבור, ובפ"ו דמקוואות (משנה ז) תנן, ומייתי לה בפ"ק דיבמות (טו.) ובפרק שלישי דחגיגה (דף כא.): עירוב מקוואות כשפופרת הנוד בעוביה ובחללה, כשתי אצבעות חוזרות למקומן! ואור"ת: דנקב בעינן כשפופרת הנוד, אבל מים סגי בטופח להטפיח. ואין נראה לר"י, דתנן במסכת מקוואות פ"ו (משנה ט): כותל שבין שני מקוואות שנסדק לשתי – מצטרף, לערב – אין מצטרף עד שיהא במקום אחד כשפופרת הנוד. ר' יהודה אומר: חילוף הדברים. נפרצו מלמעלה זה לתוך זה – על רוס כקליפת השום על רוחב כשפופרת הנוד, היינו שתי אצבעות. אם כן הא דקאמר עירוב מקוואות כשפופרת הנוד – מלא נקב מים בעינן, ונפרצו מלמעלה אין צריך אלא כקליפת השום ברוחב כשפופרת. ואי במים סגי בטופח להטפיח, אלא דנקב הוא דבעי' כשפופרת, כדפירש ר"ת – א"כ אין רוחב המים כשפופרת שתי אצבעות, שהנקב עגול, והוא צר מלמטה, כדאמר בשתי אצבעות חוזרות למקומן! ונראה: דדוקא לר"י סגי בטופח להטפיח, אבל לרבנן צריך כקליפת השום ברוחב שתי אצבעות, ובשכותל מפסיק – צריך כשפופרת הנוד שיהא הנקב מלא. והשתא דנצוק, לפי מאי דמסיק: לענין מקוואות ור"י היא – מצי אתיא כרבנן, דדוקא ההיא דטופח להטפיח חיבור אתיא כר"י, אבל ההיא דנצוק וקטפרס, דקתני בה דמשקה טופח אינו חיבור – היינו אפי' טופח להטפיח. ועוד אומר ר"י: דאפילו ר' יהודה לית ליה טופח להטפיח חיבור ברגליו נוגעות במים אלא מכח גוד אחית, אבל בקרקע שוה, דלא שייך גוד אחית – בעי קליפת השום. ואתיא ההיא דנפרצו זה לתוך זה אפי' כר' יהודה, דאיירי התם ברישא: ור"י אומר. דההיא דהנצוק וקטפרס – לא לענין חיבור מקוואות איירי, אלא לענין השקה. והשתא הוי לטהרה דומיא דלטומאה. וכן משמע מדקאמר: דלמא לענין מקוואות ור' יהודה היא – משמע דעד השתא לא הוה מוקי במקוואות, ופשיט דמשקה טופח אינו חיבור לענין השקה – ה"ה לענין נטילה. וקאמר: לא צריכא, דאיכא טופח להטפיח. ובעי: הא דקתני דמשקה טופח אינו חבור לענין השקה, אי מיירי בטופח שלא להטפיח או אפי' בטופח להטפיח. וקאמר: הא נמי תנינא דהוי חיבור. ודחי: הא דתנינא דטופח להטפיח – דלמא לענין מקוואות, ור' יהודה היא, מטעם גוד אחית. אבל לענין השקה – אימא דלא הוי חיבור אפי' לר' יהודה, כמו במקוה בקרקע שוה, דליכא גוד אחית. והשתא ההיא דחגיגה לא קשה מידי, ומצינו למימר לכ"ע מטבילין בתחתונה אפי' ליכא באמצעית מ', ונקיט באמצעית מ' לאשמועינן דאפ"ה קתני בסיפא בתוספתא: וחכמים אומרים אין מטבילין אלא באמצעית, ואע"פ שיש מ' באמצעית – אפ"ה אין מטבילין בתחתונה, וכל שכן בעליונה. אי נמי, קא משמע לן דלא גזרינן אמצעית אטו אחריני. אבל קשה: למאי דס"ד דטופח להטפיח הוי חבור לענין השקה, אלמא בטופח להטפיח אנו מקילין יותר לענין השקה מלענין מקוואות, דבמקוה לא הוי חיבור. ונצוק וקטפרס הוי איפכא, דבהשקה לא הוי חבור, ולענין מקוה הוי חיבור! **הבא** ראשו ורובו במים שאובין וטהור שנפלו כו'. הכי גרסינן בפרק קמא דשבת (דף יג:), דעל טבול יום דוקא גזרו בביאה וכל שכן בנפילה, אבל טהור – דוקא בנפילה. וטעמא, אר"י דהחמירו בנפילה משום שמעשה כך היה, כדאמר התם: והיו *(מעבירים על גביהן) שלשה לוגין מים שאובין. (ועי' תוס' שבת יג: ד"ה וטהור). **אבל** גט יוצא מתחת ידי שניהם כשר. מה שפירש בקונטרס שניהן אדוקין בו – לאו דוקא, שאין צריך שיהיו ממש שניהם אדוקים ואוחזים בגט, אלא ששניהם אומרים שהבעל עשה שניהן שלוחין על כך ואמר להם: שניכם הוליכו גט לאשתי, ונתנו האחד במעמד חבירו, כדאמרינן בסוף "התקבל" (לקמן דף סו:): "כולכם הוליכו" – אחד מוליך במעמד כולם. ואם האחד שליח והשני מעיד שבפניו נתן הבעל את הגט לחבירו להוליך לאשתו – לרבה כשר, דמה אם יאמרו בפנינו גירשה. אבל לרבה, אפי' לאחר שלמדו – אין להכשיר, כיון שאין שניהם שלוחים. דדוקא בשניהן שלוחים אמרינן בפרק קמא (לעיל דף ה.) דכשר לרבה, משום דבי תרי דמייתי גיטא מילתא דלא שכיחא היא, אבל כה"ג לא. אלמא

מסורת הש"ס

טהרות פ"ח מ"ט ע"ז עב.
חגיגה יט. מקוואות פ"ז מ"ו
שבת יג: יד. זבחים פ"ה מי"ב
[נ"ל כדתנן]
ברכות כב: ע"ש [מקוואות פ"ג מ"ד]
[דף יד.]
[דף כב:]
[נ"ל נותנים עליהם]

עין משפט נר מצוה

י א מיי' פ"ז מהלכות טומאת אוכלין הלכה א והלכה ה:
יא ב מיי' פ"א מהלכות מקוואות הלכה ז סמג עשין טו טוש"ע א"ח סימן קסב סעיף ג:
יב ג מיי' שם פ"א הלכ' יב סמג שם טוש"ע י"ד סימן רא סעיף סב:
יג ד מיי' פ"ט מהלכות שאר אבות הטומאות הלכה א:
יד ה מיי' שם הלכה ג:
טו ו מיי' פ"ז מהלכות גירושין הלכה יד טו סמג עשין נ טוש"ע אה"ע סימן קמב סעיף יט:

תוספות רי"ד

איכא משקה טופח מאי הוי והתנן הנצוק והקטפרס ומשקה טופח אינו חיבור לא לטומאה ולא לטהרה: לא צריכא דאיכא טופח להטפיח ולא איפשיט: א' אומר בפני נכתב וא' אומר בפני נחתם פסול פי' שהרי לא קיים כל החתימה: אמר [רב] שמואל בר יהודה אמר ר' יוחנן ל"ש אלא שאין הגט יוצא מתחת ידי שניהם אבל אם הגט יוצא מתחת ידי שניהם

הגהות הב"ח

(א) רש"י ד"ה אינו חיבור וכו' לענין מקוואות כגון שני:

טז א מיי׳ פ״ז מהל׳ גירושין הלכה יד טו סמג עשין נ טוש״ע אה״ע סימן קמב סעיף יט:

כָּשֵׁר. אַלְמָא קָסָבַר: שְׁנַיִם שֶׁהֵבִיאוּ גֵּט מִמְּדִינַת הַיָּם, אֵין צְרִיכִין שֶׁיֹּאמְרוּ: "בְּפָנֵינוּ נִכְתַּב וּבְפָנֵינוּ נֶחְתַּם". אֲמַר לֵיהּ *אַבַּיֵי: אֶלָּא מֵעַתָּה, סֵיפָא דְּקָתָנֵי: שְׁנַיִם אוֹמְרִים: "בְּפָנֵינוּ נִכְתַּב", וְאֶחָד אוֹמֵר: "בְּפָנַי נֶחְתַּם" — פָּסוּל, וְרַבִּי יְהוּדָה מַכְשִׁיר; טַעֲמָא דְּאֵין הַגֵּט יוֹצֵא מִתַּחַת יְדֵי שְׁנֵיהֶם, הָא גֵּט יוֹצֵא מִתַּחַת יְדֵי שְׁנֵיהֶם — מַכְשְׁרִי רַבָּנַן? אֲמַר לֵיהּ: אִין. וְכִי אֵין גֵּט יוֹצֵא מִתַּחַת יְדֵי שְׁנֵיהֶם בְּמַאי פְּלִיגִי? מָר סָבַר: גָּזְרִינַן דִּלְמָא *אַתְיָא לְאִיחְלוּפֵי בְּקִיּוּם שְׁטָרוֹת דְּעָלְמָא בְּעֵד אֶחָד, וּמָר סָבַר: לָא גָּזְרִינַן. לִישָּׁנָא אַחֲרִינָא אָמְרִי לָהּ, אָמַר רַב שְׁמוּאֵל בַּר יְהוּדָה אָמַר רַבִּי יוֹחָנָן: אֲפִי׳ גֵּט יוֹצֵא מִתַּחַת יְדֵי שְׁנֵיהֶם — פָּסוּל. אַלְמָא קָסָבַר: שְׁנַיִם שֶׁהֵבִיאוּ גֵּט מִמְּדִינַת הַיָּם, צְרִיכִין שֶׁיֹּאמְרוּ: "בְּפָנֵינוּ נִכְתַּב וּבְפָנֵינוּ נֶחְתַּם". אֲמַר לֵיהּ *אַבַּיֵי: אֶלָּא מֵעַתָּה, סֵיפָא דְּקָתָנֵי: שְׁנַיִם אוֹמְרִים: "בְּפָנֵינוּ נִכְתַּב", וְאֶחָד אוֹמֵר: "בְּפָנַי נֶחְתַּם" — פָּסוּל, וְר׳ יְהוּדָה מַכְשִׁיר; אֲפִילּוּ גֵּט יוֹצֵא מִתַּחַת יְדֵי שְׁנֵיהֶם פָּסְלִי רַבָּנַן? אֲמַר לֵיהּ: אִין. בְּמַאי קָא מִיפַּלְגִי? מָר סָבַר: *לְפִי שֶׁאֵין בְּקִיאִין לִשְׁמָהּ, וּמָר סָבַר: לְפִי *שֶׁאֵין עֵדִים מְצוּיִין לְקַיְּימוֹ. לֵימָא, דְּרַבָּה וְרָבָא תַּנָּאֵי הִיא! לָא. רָבָא מְתָרֵץ כְּלִישָּׁנָא קַמָּא. וְרַבָּה אָמַר לָךְ: דְּכוּלֵּי עָלְמָא בָּעֵינַן לִשְׁמָהּ, וְהָכָא בְּמַאי עָסְקִינַן — *לְאַחַר שֶׁלָּמְדוּ, וּבִגְזֵירָה שֶׁמָּא יַחֲזוֹר הַדָּבָר לְקִלְקוּלוֹ קָמִיפַּלְגִי, דְּמָר סָבַר: גָּזְרִינַן, וּמָר סָבַר: לָא גָּזְרִינַן. וְלִיפְלוֹג נַמִי רַבִּי יְהוּדָה בְּרֵישָׁא! הָא אִתְּמַר עֲלַהּ, אָמַר עוּלָּא: חָלוּק הָיָה רַבִּי יְהוּדָה אַף בָּרִאשׁוֹנָה. מְתִיב רַב אוֹשַׁעְיָא לְעוּלָּא: רַבִּי יְהוּדָה מַכְשִׁיר בְּזוֹ וְלֹא בְּאַחֶרֶת; מַאי לָאו לְמַעוּטֵי אֶחָד אוֹמֵר: "בְּפָנַי נִכְתַּב", וְאֶחָד אוֹמֵר: "בְּפָנַי נֶחְתַּם"? לָא, לְמַעוּטֵי "בְּפָנַי נֶחְתַּם אֲבָל לֹא בְּפָנַי נִכְתַּב". סָלְקָא דַּעְתָּךְ אָמִינָא, הוֹאִיל וְלֹא גָּזַר רַבִּי יְהוּדָה גְּזֵירָה שֶׁמָּא יַחֲזוֹר דָּבָר לְקִלְקוּלוֹ — דִּלְמָא אָתֵי לְאַחְלוּפֵי בְּקִיּוּם שְׁטָרוֹת דְּעָלְמָא בְּעֵד אֶחָד נַמִי לָא גָּזַר, קָא מַשְׁמַע לָן. אִתְּמַר נַמִי, אָמַר רַב יְהוּדָה: שְׁנַיִם שֶׁהֵבִיאוּ גֵּט מִמְּדִינַת הַיָּם, בָּאנוּ לְמַחֲלוֹקֶת רַבִּי יְהוּדָה וְרַבָּנַן. רַבָּה בַּר בַּר חָנָה חֲלַשׁ, עוּל לְגַבֵּיהּ רַב יְהוּדָה *וְרַבָּה לְשַׁיוּלֵי בֵּיהּ; בָּעוּ מִינֵּיהּ: *שְׁנַיִם שֶׁהֵבִיאוּ גֵּט מִמְּדִינַת הַיָּם, צְרִיכִין שֶׁיֹּאמְרוּ "בְּפָנֵינוּ נִכְתַּב וּבְפָנֵינוּ נֶחְתַּם" אוֹ אֵין צְרִיכִין? אֲמַר לְהֶם: אֵין צְרִיכִין. מָה אִילּוּ יֹאמְרוּ "בְּפָנֵינוּ גֵּירְשָׁהּ" מִי לָא מְהֵימְנֵי? אַדְּהָכִי אֲתָא הַהוּא חַבְרָא

חַבְרָא

כָּשֵׁר. וְאע״ג דְּלָא כְּלוּס קָאָמְרִי, דִּלְחַד אַצְרְכוּהּ לְמֵימַר תַּרְוַייהוּ, דְּלָא לִיחַלְפוּ בְּקִיּוּם שְׁטָרוֹת דְּעָלְמָא – אפ״ה כָּשֵׁר, דְּקָסָבַר: שְׁנַיִם שֶׁהֵבִיאוּ גֵּט אֵין צְרִיכִין לוֹמַר כו׳. דְּטַעְמָא – מִשּׁוּם שֶׁאֵין עֵדִים מְצוּיִין לְקַיְּימוֹ, וַהֲרֵי עֵדִים מְצוּיִין לְקַיְּימוֹ. וְאִי קַשְׁיָא: כֵּיוָן דְּסוֹף סוֹף שְׁנַיִם הֵן, מַה לִּי שְׁנֵיהֶם שְׁלוּחִים מַה לִּי אֶחָד מֵהֶם? הֲרֵי עֵדִים מְצוּיִין לְקַיְּימוֹ! לָא פְּלוּג רַבָּנַן בֵּין בָּא עִם חֲבוּרַת אֲנָשִׁים לְבָא יְחִידִי, דְּאֵין מַבְחִין וּבוֹדֵק בְּאֵלֶּה, דְּלָא מוֹכְחָא מִלְּתָא, וְאִם בָּאתָ לְהַכְשִׁיר אֶת זֶה — יַכְשִׁירוּ אֶת זֶה. אֲבָל כְּשֶׁשְּׁנַיִם הֱבִיאוּהוּ — מִלְּתָא דְּמוֹכְחָא, וְלָא שְׁכִיחָא הִיא, וְלָא אַחְמוּר בָּהּ רַבָּנַן. סֵיפָא דְּקָתָנֵי. פְּלוּגְתָּא דְּר׳ יְהוּדָה וְרַבָּנַן, עַל כָּרְחֵיךְ בְּשֶׁאֵין הַגֵּט יוֹצֵא מִתַּחַת יְדֵי שְׁנֵיהֶם הוּא, דְּאִי שְׁנֵיהֶם שְׁלוּחִין – מַכְשְׁרִי רַבָּנַן, וְאע״ג דַּאֲמִירָה דִּידְהוּ לָא כְּלוּם הִיא, דְּהָא שְׁנַיִם שֶׁהֵבִיאוּ גֵּט אֵין צְרִיכִין לוֹמַר. בְּמַאי פְּלִיגִי. הוֹאִיל וְאֶחָד מְבִיאוֹ, וְהוּא לָא אָמַר כְּתִיקּוּן חֲכָמִים, אַמַּאי קָמַכְשַׁר ר׳ יְהוּדָה? ת״ק סָבַר. אַף עַל פִּי שֶׁהַגֵּט יוֹצֵא מִתַּחַת עֵד הַחֲתִימָה, וְהַשָּׁלִיחַ – הֵימְנוּהוּ רַבָּנַן כִּתְרֵי, אֲפִילּוּ הָכִי, כֵּיוָן דְּלָא אָמַר נַמִי "בְּפָנַי נִכְתַּב" – פָּסוּל, גְּזֵירָה דִּלְמָא אָתֵי לְאִיחְלוּפֵי כו׳. וְרַבִּי יְהוּדָה סָבַר. כֵּיוָן דְּאַצְרְכִינְהוּ תְּרֵי אַחֲרִינֵי בִּמְקוֹמוֹ לְאַסְהוּדֵי אַכְּתִיבָה – תּוּ לָא אָתֵי לְאִיחְלוּפֵי. צְרִיכִין. וְאִלּוּ לָא אָמְרוּ כְּתִיקּוּן חֲכָמִים. דְּכֵיוָן דְּחַד הוּא דְּאַסְהֵיד אַחֲתִימָה – אָתֵי לְאִיחְלוּפֵי, הוֹאִיל וְאִיהוּ לָא אֲמַר אַכְּתִיבָה. סֵיפָא דְּקָתָנֵי. פְּלוּגְתָּא, נֵימָא דּוּמְיָא דְּרֵישָׁא, דַּאֲפִילּוּ גֵּט יוֹצֵא מִתַּחַת יְדֵי שְׁנֵיהֶם פָּסְלִי? דְּהָא צְרִיכִין לוֹמַר, וְהָנֵי לָא כְּלוּם קָאָמְרִי. דְּאִי גֵּט יוֹצֵא מִתַּחַת יְדֵי עֵדֵי הַכְּתִיבָה – הַאי דַּחֲתִימָה לָאו כְּלוּם הוּא, שֶׁאֵינוֹ שָׁלִיחַ בַּדָּבָר. וְאִי מִתַּחַת יַד אֶחָד מֵאֵלּוּ וְעֵד הַחֲתִימָה, אוֹ שֶׁלְּשְׁתָּן שְׁלוּחִין בּוֹ, כֵּיוָן דַּאֲחֲתִימָה חַד הוּא דְּאַסְהֵיד, וְאִיהוּ לָא אֲמַר אַכְּתִיבָה – אָתֵי לְאִיחְלוּפֵי בְּעָלְמָא. בְּמַאי פְּלִיגִי. כְּלוֹמַר, ר׳ יְהוּדָה אַמַּאי אַכְשַׁר? תַּנָּא קַמָּא סָבַר לְפִי שֶׁאֵין בְּקִיאִין לִשְׁמָהּ. הִלְכָּךְ שְׁנַיִם שֶׁהֵבִיאוּ גֵּט צְרִיכִין לוֹמַר, וְהָנֵי לָא כְּלוּם אֲמַרוּ, כִּדְאָמַרַן. וְרַבִּי יְהוּדָה סָבַר לְפִי שֶׁאֵין מְצוּיִין לְקַיְּימוֹ. הִלְכָּךְ, שְׁנַיִם שֶׁהֵבִיאוּ גֵּט – אֵין צְרִיכִין לוֹמַר, וְלָא אִיכְפַּת לָן. רָבָא מְתָרֵץ כְּלִישָּׁנָא קַמָּא. דְּאֵין גֵּט יוֹצֵא מִתַּחַת יְדֵי שְׁנֵיהֶם. דְּאִי שְׁנַיִם הֱבִיאוּהוּ – דְּכוּלֵּי עָלְמָא כָּשֵׁר, דְּאֵין צְרִיכִין לְטַעַם לְפִי שֶׁאֵין עֵדִים מְצוּיִין. וְהָכָא כְּשֶׁהֱבִיאוֹ א׳, אוֹתוֹ שֶׁהֵעִיד עַל הַחֲתִימָה. וְטַעְמָא דְּר׳ יְהוּדָה – כִּדְאָמַרַן לְעֵיל, דְּכֵיוָן דְּאִיכָּא תְּרֵי אַחֲרִינֵי אַכְּתִיבָה – לָא אָתֵי לְאִיחְלוּפֵי. וְרַבָּה. מוֹקֵי לָהּ כְּלִישָּׁנָא בַּתְרָא, וְאָמַר לָךְ: הָכָא דְּמַכְשִׁיר רַבִּי יְהוּדָה – לָאו מִשּׁוּם דִּשְׁנַיִם הַמְּבִיאִין גֵּט אֵין צְרִיכִין, אֶלָּא לְאַחַר שֶׁלָּמְדוּ עָסְקִינַן. דִּלְמַאי נֵיחוּשׁ לָהּ? אִי לִשְׁמָהּ – הָא אִיכָּא, אִי לְקַיְּימוֹ – הָא אִיכָּא, דִּשְׁנַיִם הֵם, וְרַבָּנַן דְּפָסְלִי – גָּזְרִי שֶׁמָּא יַחֲזוֹר דָּבָר לְקִלְקוּלוֹ, וְרַבִּי יְהוּדָה סָבַר: לָא גָּזְרִינַן, דִּתְרֵי דְּמַיְיתֵי גִּיטָּא לָא שְׁכִיחָא, וְלָא גָּזְרוּ בָּהּ רַבָּנַן. וְלִפְלוֹג נַמִי רַבִּי יְהוּדָה בְּרֵישָׁא. בְּאֶחָד אוֹמֵר "בְּפָנַי נִכְתַּב" וְאֶחָד אוֹמֵר "בְּפָנַי נֶחְתַּם", כֵּיוָן דְּיוֹצֵא מִתַּחַת יְדֵי שְׁנֵיהֶם דִּלְקַיְּימוֹ לֵיכָּא לְמֵיחַשׁ, וְלִשְׁמָהּ נַמִי – הָא לָמְדוּ, וּלְקִלְקוּל לָא חָיֵישׁ. לָא לְמַעוּטֵי בְּפָנַי נֶחְתַּם אֲבָל לֹא בְּפָנַי נִכְתַּב. דְּחַד הוּא, וּפְסוּלֵי׳ מִשּׁוּם גְּזֵירָה דִּלְמָא אָתֵי לְאִיחְלוּפֵי הוּא. אִתְּמַר נַמִי. כְּלִישָּׁנָא בַּתְרָא דְּרַבִּי יוֹחָנָן, דִּבְגֵט יוֹצֵא מִתַּחַת יְדֵי שְׁנֵיהֶם מַחֲלוֹקֶת.

חֲבָרָא

אלמא קסבר שנים שהביאו גט אין צריכין כו׳. פי׳ בְּקוּנטרס: דטעמא – משום דאין עדים מצויין לקיימו. ונראה, דאפילו למ״ד: לפי שאין בקיאין לשמה איירי הכא, דלאחר שלמדו, בבי תרי דלא שכיח – לא גזרינן שמא יחזור לקלקולו. אבל מאן דסבר שנים שהביאו גט צריכין – ע״כ סבר לפי שאין בקיאין לשמה, כרבה. דלרבא אפילו לא אמר זה "בפני נכתב" וזה "בפני נחתם" כשר, כיון שאומרים שהבעל שלחם – דמה אילו יאמרו "בפנינו גירשה". וא״ת: ולרבא נמי, דלמא בעלמא צריכין, והכא דכשר – משום דחד מינייהו מסהיד אכתיבה וחד אחתימה! ואין לומר דכיון דלא מסהיד אכוליה מילתא לא דייק. דהא תנן: אחד אומר "בפני נכתב" ושנים אומרים "בפנינו נחתם" – כשר, אלמא מהימן חד אע״ג דלא מסהיד אלא אכתיבה לחודא, ולא אמרינן דלא דייק! וי״ל: דאם איתא דצריכין בעלמא – גם כאן לא היה מועיל, דכיון שאין כאן אלא אחד שמעיד על החתימה לבד – אתי לאיחלופי בקיום שטרות דעלמא, אע״ג דאידך מעיד על הכתיבה, מאחר דהאי דמסהיד אחתימה לא מסהיד אכתיבה. דרבה נמי אית ליה טעמא דאיחלופי, דכיון דכבר תקנו "בפני נכתב" משום לשמה – תקנו נמי דצריך לומר משום איחלופי, כדפרישי׳ לעיל בפ״ק (דף ה.). אע״פ שכיון שהם שנים אין צריכין להעיד משום קיום, אלא משום לשמה, מ״מ, כיון דצריך מיהא עדות משום לשמה – יסברו העולם דעדות זה משום קיום הוא, ואתי לאיחלופי משום קיום שטרות דעלמא. **הא** גט יוצא מתחת ידי שניהם מכשרי רבנן. מדקדק כן לפי שרוצה לישאל: וכי אין גט יוצא כו׳ במאי פליגי? דבגט יוצא מתחת ידי שניהם ניחא ליה דפליגי, כמו שמפרש בלשון שני. ובלשון שני איפכא. וניחא ליה טפי דפליגי באין גט יוצא כו׳ כמו שמפרש כאן בלשון ראשון. וכעין סוגי׳ זו איכא ב״אלו טרפות" (חולין דף נח.) גדי ולד טרפה. **אלמא** קסבר צריכין כו׳. היינו כרבה, כדפירשנו. **במאי** פליגי. וא״ת: ולימא דפליגי באיחלופי, כמו ללשון ראשון? ואומר ר״י: דבשלמא ללישנא קמא – איכא למימר דטעמא דרבי יהודה משום דלא חייש לאיחלופי. (א)כיון דאין גט יוצא אלא מתחת יד עד החתימה – מוכחא מילתא, משום דעד חתימה נאמן ביחידי לפי שהוא שליח הגט, מדמצרכינן אכתיבה תרי – משום דלא הוו שלוחים. אבל להאי לישנא דמוקי לה בגט יוצא מתחת יד שניהם – איכא למיחש לאיחלופי, דהשתא אין כאן הוכחה, כיון דעד המעיד על הכתיבה ישנו נמי שליח הגט. **ומר** סבר לפי שאין עדים מצויין לקיימו. השתא הוה מצי לאקשויי: ולפלוג רבי יהודה ברישא. **ורבה** אמר לך דכולי עלמא כו׳. הוא הדין דמצי לשנויי דרבה כלישנא קמא, דלדידיה נמי בי תרי דמייתי גיטא אין צריכין, משום דלא שכיחא, כדאמרן בפ״ק (לעיל ה.). **ומר** סבר לא גזרינן. פי׳ בקונטרס: דלא גזר רבי יהודה שמא יחזור דבר לקלקולו, דבי תרי דמייתי גיטא מילתא דלא שכיחא, ולא גזרו ביה רבנן. ובחנם פירש כן, דאפי׳ בחד נמי לא גזור. דהא מסיק: למעוטי "בפני נחתם אבל לא בפני נכתב", ומפרש טעמא משום איחלופי, ולא קאמר טעמא שמא יחזור דבר לקלקולו. והיינו טעמא: דנראה לו לגמרא כיון דרבנן לא מפלגי, וגזרו בין בחד בין בתרי – לרבי יהודה נמי לא מיסתבר לחלק, כיון דלא גזר בתרי – הוא הדין בחד.

הא

תוספות רי״ד

כשר אלמא קסבר שנים שהביאו גט ממדינת הים אין צריכין לומר בפני נכתב ובפני נחתם פי׳ דוקא אם לא היו שניהן שלוחים בהבאתו אלא א׳ דאמר נחתם אז הוא פסול דאע״ג דהימנוה רבנן כבי תרי כיון דלא מסהיד נמי אכתיבה אתי (לא) לאיחלופי בקיום שטרות דעלמא ואף על גב דאחד אומר בפני נכתב כיון דלא הוה איהו שליח בגט כמאן דליתיה דמי ואין כאן עדות אלא אחתימה בלחוד ואתי לאכשורי נמי קיום שטרות בע״א ומש״ה פסול אבל אם היו שניהם שלוחי׳ בהבאתו ששניהם אומרים כי הבעל נתנו לה כשר שאע״פ שלא אמרו בפנינו נכתב ובפנינו נחתם כשר [שכיון] שהם מעידים כי הבעל נתנו להם אין צריך שום קיום שפי הבעל כק׳ עדים וכיון שהוא מסרו להם הרי הודה שהוא כשר ושוב אינו יכול לערער כדכתבי׳ לעיל בפ״ק ולשמה לא חיישי׳ כדרבא א״ל אביי אלא מעתה סיפא דקתני שנים אומרים בפנינו נכתב וא׳ אומר בפני נחתם פסול ור׳ יהודה מכשיר טעמא דאין הגט יוצא מתחת ידי שניהם [הא גט יוצא מתחת ידי שניהם] מכשרי רבנן א״ל אין וכי אין הגט יוצא מתחת ידי שניהם במאי פליגי מר סבר גזרינן דילמא אתי לאיחלופי בקיום שטרות דעלמא ומר סבר לא גזרינן פי׳ רבנן סברי כיון דחד הוא דמסהיד אחתימה אע״פ שהוא שליח הגט דהימנוה רבנן כבי תרי כיון דלא מסהיד נמי אכתיבה אתי לאיחלופי בקיום שטרות דעלמא ור׳ יהודה סבר כיון דאיכא שני עדים דמסהדי נמי אכתיבה לא אתי לאחלופי בקיום שטרות דעלמא אבל ברישא דליכא אלא חד אכתיבה דחד כמאן דליתיה דמי אי מכשרת להאי המעיד על החתימה כבי תרי מפני ששליח הגט הוא אתי לאיחלופי בקיום שטרות דעלמא. רבה בר בר חנה חלש על גביה רב יהודה ורבנן לשיולי ביה בעו מיניה שנים שהביאו גט ממדינת הים צריכין לומר בפנינו נכתב ובפנינו נחתם או אין צריכין אמר להן אין צריכין ומה אילו יאמרו בפנינו גירשה מי לא מהימני פי׳ גם (קים) כשאומרים שהבעל נתנו להן לתתו לאשתו יהיו נאמנים וכיון שהבעל נתנו להם להוליכו לאשתו פיו כק׳ עדים שהוא כתבו והחתימו ואין לך קיום גדול מזה ושוב אינו יכול לבוא ולערער וכך הלכה:

[נ״ל רב אסי] [לעיל ג.] [נ״ל רב אסי] [לעיל ב:] [שם] [שם ה.]

הגהות הב״ח

(א) תוס׳ ד״ה במאי וכו׳ דכיון דאין גט וכו׳ מוכחא מילתא הכא לעיל:

ס״א ורבנן וכ״ג הערוך לעיל ה.

חַבְרָא, שְׁקַלָה לִשְׁרַגָּא מִקַּמַּיְיהוּ, אֲמַר: רַחֲמָנָא! אוֹ בְּטוּלָּךְ אוֹ בְּטוּלָּא דְּבַר עֵשָׂו. לְמֵימְרָא, דְּרוֹמָאֵי מַעֲלוּ מִפַּרְסָאֵי? וְהָתָנֵי *רַבִּי חִיָּיא: מַאי דִּכְתִיב: °"אֱלֹהִים הֵבִין דַּרְכָּהּ וְהוּא יָדַע אֶת מְקוֹמָהּ"? יוֹדֵעַ הקב"ה בְּיִשְׂרָאֵל שֶׁאֵין יְכוֹלִין לְקַבֵּל גְּזֵירַת רוֹמִיִּים, עָמַד וְהִגְלָה אוֹתָם לְבָבֶל! לָא קַשְׁיָא: הָא מִקַּמֵּי דְּנֵיתוּ חַבָּרֵי לְבָבֶל, הָא לְבָתַר דְּאָתוּ חַבָּרֵי לְבָבֶל.§ "אֶחָד אוֹמֵר: "בְּפָנַי נִכְתַּב", וּשְׁנַיִם אוֹמְרִים: "בְּפָנֵינוּ נֶחְתַּם" – כָּשֵׁר".§ אָמַר רַבִּי אַמִּי אָמַר רַבִּי יוֹחָנָן: לֹא שָׁנוּ אֶלָּא שֶׁהַגֵּט יוֹצֵא מִתַּחַת יַד עֵד כְּתִיבָה, דְּנַעֲשׂוּ כִּשְׁנַיִם עַל זֶה וְכִשְׁנַיִם עַל זֶה, אֲבָל מִתַּחַת יְדֵי עֵדֵי חֲתִימָה – פָּסוּל. אַלְמָא קָסָבַר: שְׁנַיִם שֶׁהֵבִיאוּ גֵּט מִמְּדִינַת הַיָּם, צְרִיכִין שֶׁיֹּאמְרוּ: "בְּפָנֵינוּ נִכְתַּב וּבְפָנֵינוּ נֶחְתַּם". אֲמַר לֵיהּ רַבִּי אַסִּי: אֶלָּא מֵעַתָּה, רֵישָׁא דְּקָתָנֵי: "שְׁנַיִם אוֹמְרִים: "בְּפָנֵינוּ נִכְתַּב", וְאֶחָד אוֹמֵר: "בְּפָנַי נֶחְתַּם" – פָּסוּל, וְר' יְהוּדָה מַכְשִׁיר; וַאֲפִילּוּ גֵּט יוֹצֵא מִתַּחַת יְדֵי שְׁנֵיהֶם פָּסְלִי רַבָּנַן? אֲמַר לֵיהּ: אִין. זִימְנִין אַשְׁכְּחֵיהּ דְּיָתֵיב וְקָאָמַר, דַּאֲפִילּוּ גֵּט יוֹצֵא מִתַּחַת יְדֵי עֵדֵי חֲתִימָה – כָּשֵׁר. אַלְמָא קָסָבַר: שְׁנַיִם שֶׁהֵבִיאוּ גֵּט ממ"ה, אֵין צְרִיכִין שֶׁיֹּאמְרוּ: "בְּפָנֵינוּ נִכְתַּב וּבְפָנֵינוּ נֶחְתַּם". אֲמַר לֵיהּ רַבִּי אַסִּי: אֶלָּא מֵעַתָּה, רֵישָׁא דְּקָתָנֵי: שְׁנַיִם אוֹמְרִים: "בְּפָנֵינוּ נִכְתַּב", וְאֶחָד אוֹמֵר: "בְּפָנַי נֶחְתַּם" – פָּסוּל, וְרַבִּי יְהוּדָה מַכְשִׁיר; טַעְמָא דְּאֵין הַגֵּט יוֹצֵא מִתַּחַת יְדֵי שְׁנֵיהֶם, הָא גֵּט יוֹצֵא מִתַּחַת יְדֵי שְׁנֵיהֶם – מַכְשְׁרִי רַבָּנַן? אֲמַר לֵיהּ: אִין. וְהָא זִמְנִין לָא אָמַרְתְּ לָן הָכִי! אֲמַר לֵיהּ: א"יָתֵד הִיא שֶׁלֹּא תִמּוֹט".§ **מתני'** נִכְתַּב בַּיּוֹם וְנֶחְתַּם בַּיּוֹם, בַּלַּיְלָה וְנֶחְתַּם בַּלַּיְלָה, בבַּלַּיְלָה וְנֶחְתַּם בַּיּוֹם – כָּשֵׁר. גבַּיּוֹם וְנֶחְתַּם בַּלַּיְלָה – פָּסוּל. רַבִּי שִׁמְעוֹן מַכְשִׁיר, שֶׁהָיָה רַבִּי שִׁמְעוֹן אוֹמֵר: כָּל הַגִּיטִּין שֶׁנִּכְתְּבוּ בַּיּוֹם וְנֶחְתְּמוּ בַּלַּיְלָה – פְּסוּלִין, חוּץ מִגִּיטֵּי נָשִׁים.§ **גמ'** אִיתְּמַר: הִמִּפְּנֵי מָה תִּיקְּנוּ זְמַן בְּגִיטִּין? רַבִּי יוֹחָנָן אָמַר: *דמִשּׁוּם בַּת אֲחוֹתוֹ, רֵישׁ לָקִישׁ אָמַר: מִשּׁוּם פֵּירוֹת. רֵישׁ לָקִישׁ מ"ט לֹא אָמַר כְּרַבִּי יוֹחָנָן? אָמַר לָךְ: זְנוּת

[איוב כח] [פסחים פז.] [לקמן כו: יבמות לא:]

חַבְרָא. פַּרְסָאֵי. שָׁקְלָה לִשְׁרָגָא. שֶׁיֵּשׁ לַפַּרְסִיִּים יוֹם אֵיד, שֶׁאֵין מַדְלִיקִין אוֹר בְּאוֹתוֹ יוֹם אֶלָּא בְּבֵית ע"ז שֶׁלָּהֶן. **אָמַר.** רַבָּה בַּר בַּר חָנָה. **רַחֲמָנָא** אוֹ בְּטוּלָּךְ. אוֹ הַחְבִּיאֵנוּ בְּצִלָּךְ, אוֹ הַגְלֵינוּ בְּצֵל בְּנֵי עֵשָׂו, שֶׁהֵן מְכַבְּדִין אוֹתָנוּ. הֵבִין דַּרְכָּהּ. שֶׁל תּוֹרָה וְלוֹמְדֶיהָ, הֵיכָן הִיא רְאוּיָה לְהִתְיַישֵּׁב. גְּזֵירוֹת. שֶׁגּוֹזְרִין שְׁמָד, תּוֹרָה אוֹר שֶׁלֹּא יִתְעַסְּקוּ בַּתּוֹרָה וְלֹא יְקַיְּימוּ מִצְוֹת. וְהִגְלָה אוֹתָן לְבָבֶל. בְּחוּרְבַּן הַבַּיִת. **הָא** מִקַּמֵּי דְּנֵיתוּ חַבָּרֵי לְבָבֶל. בִּימֵי כַּשְׂדִּים, נְבוּכַדְנֶצַּר וֶאֱוִיל מְרוֹדַךְ וּבֵלְשַׁאצַּר. לְבָתַר דְּאָתוּ חַבָּרֵי. מִשֶּׁכָּבַשׁ כּוֹרֶשׁ אֶת הַמַּלְכוּת, וּמָלַךְ בְּבָבֶל. מִתַּחַת יַד עֵד כְּתִיבָה. דְּהַשְׁלִיחַ נֶאֱמָן כִּשְׁנַיִם. פָּסוּל. וְאַע"פ שֶׁשְּׁנֵיהֶם הֱבִיאוּהוּ. זִימְנִין. פַּעַם אַחֶרֶת. אַשְׁכְּחֵיהּ. ר' אַסִּי לְר' אַמִּי. יָתֵד הִיא. לְשׁוֹן אַחֲרוֹן זֶה אֱמֶת. **מתני'** נִכְתַּב בַּלַּיְלָה וְנֶחְתַּם בַּיּוֹם. הַיְינוּ חַד יוֹמָא, וְאֵין כָּאן גֵּט מוּקְדָּם. בַּיּוֹם וְנֶחְתַּם בַּלַּיְלָה. מוּקְדָּם הוּא, דְּמַשְׁמַע דְּמֵהַהוּא יוֹמָא אִיגַּרְשָׁה, וְלָא אִיגַּרְשָׁה עַד לְמָחָר. וּבַגְּמָרָא מְפָרֵשׁ מַאי פְּסוּלֵיהּ. כָּל הַגִּיטִּין. שֶׁל מֶכֶר וּמַתָּנָה וְהַלְוָאָה. פְּסוּלִין. דְּאָתֵי לְמִטְרַף לָקוֹחוֹת מִיּוֹמָא דִּכְתִיבָה, וְשֶׁלֹּא כַּדִּין. חוּץ מִגִּיטֵּי נָשִׁים. דְּלָאו לְגוּבַיְינָא עֲבִידָא, וּבַגְּמָרָא מְפָרֵשׁ לָהּ. **גמ'** מִפְּנֵי מָה תִּיקְּנוּ זְמַן בְּגִיטִּין. כֵּיוָן דְּלָאו שְׁטָרָא דְּגוּבַיְינָא הוּא. מִשּׁוּם בַּת אֲחוֹתוֹ. וְהִיא אִשְׁתּוֹ, וְשֶׁמָּא תִּזְנֶה תַּחְתָּיו, וְחָס עָלֶיהָ שֶׁלֹּא תֵּחָנֵק, וְכוֹתֵב לָהּ גֵּט בְּלֹא זְמַן, וְנוֹתֵן לָהּ. וּכְשֶׁמְּעִידִין עָלֶיהָ בְּבֵית דִּין, מוֹצִיאָה גִּיטָּהּ, וְאוֹמֶרֶת: גְּרוּשָׁה הָיִיתִי, וּפְנוּיָה בְּאוֹתָהּ שָׁעָה. מִשּׁוּם פֵּירוֹת. שֶׁמִּזְּמַן הַגֵּט וָאֵילָךְ, אִם יִמְכּוֹר הַבַּעַל בְּפֵירוֹת נִכְסֵי מְלוֹג שֶׁלָּהּ – תִּגְבֶּה. וְאִם לֹא הָיָה בּוֹ זְמַן – יִהְיֶה מוֹכֵר וְהוֹלֵךְ, וּכְשֶׁתִּתְבַּע לַדִּין – הָוְיָא יָדָהּ עַל הַתַּחְתּוֹנָה, שֶׁיֹּאמַר לָהּ: קוֹדֶם גֵּירוּשִׁין מָכַרְתִּי. לָהּ

הא מקמי דאתו חברי לבבל. פי' בקונט': חברי – היינו פרסיים, ו"מקמי דאתו חברי לבבל" – היינו בימי כשדים נבוכדנצר ואויל מרודך ובלשצר, ו"בתר דאתו" – היינו כשכבש כורש את המלכות ומלך בבבל. וקשה לר"ת: דעל כרחך חברים לאו היינו פרסיים, דאמר בפרק "עשרה יוחסין" (קדושין דף עב.): הראני פרסיים – דומין לחיילות של בית דוד, הראני חברים – דומין למלאכי חבלה. ועוד, דבפרק "הבא על יבמתו" (יבמות דף סג:) משמע דבימי ר' יוחנן אתו חברי לבבל, דאמרו ליה לר' יוחנן: אתו חברי לבבל, שגא נפל. ואומר ר"י: דחברים הם אומה אחת שבאה בימי רבי יוחנן, וכשבאה לבבל הרשיעה את הפרסיים שהיו בבבל, ואתקלקלו טפי מארומאי. וא"ת: למאי דפי' בקונט' דמימי כורש באו פרסיים לבבל, וב"הגוזל בתרא" (ב"ק קיז.) אמרינן דאמר ליה רב לרב כהנא: עד האידנא הוה מלכותא דיוונאי דלא קפדי אשפיכות דמים, השתא פרסיים נינהו וקפדי אשפיכות דמים. משמע דבימי רב אתו פרסיים לבבל! ואומר ר"י דהתם הכי פירושא: "עד האידנא הוה מלכותא דיוונאי" – שמושלים של בבל היו מיוונים, ועכשיו המושלים הם פרסיים. אבל לעולם פרסיים היו שם מימות כורש. *‏**אחד** אומר בפני נכתב וב' אומרים בפנינו נחתם כשר. לרבא אפי' ליכא מעיד על הכתיבה כשר, ולא נקט "אחד אומר בפני נכתב" אלא אגב רישא דתני "אחד". **אמר** ליה ר' אסי אלא מעתה רישא דקתני. קושיא דרבי אסי אינה אלא במאי פליגי, כדפרישי' לעיל, אלא שלא חש להאריך. **נכתב** ביום ונחתם בלילה פסול. לרבי יוחנן – משום שמא יחפה על בת אחותו. ולריש לקיש – משום פירי. דסבורין הדיינים שביום הכתיבה נחתם, ותטרוף האשה מלקוחות שלא כדין פירות שמשעת כתיבה עד שעת חתימה. **ור"ש** מכשיר. דלית ליה שמא יחפה, כדאמר בגמרא. ומשום פירי נמי ליכא, דקסבר: משנתן עיניו לגרשה – שוב אין לבעל פירות, דהיינו משעת כתיבה. וא"ת: וניחוש שמא נכתב בלילה, והקדימו הבעל והעדים וכתבו זמן של יום לעשות קנוניא על הלקוחות, כדאיישינן בסוף פ"ק דב"מ (דף יט:) גבי שובר? וי"ל: דלעולם אין חותמין העדים כשרואין הזמן מוקדם, אא"כ יודעים שביום הזמן נכתב. **מפני** מה תיקנו זמן בגיטין. לא מצי למימר דתקינו זמן כדי שתוכל להוציא האשה מן הבעל מזונות שלוותה ואכלה קודם זמן הכתוב בגט, שלא יוכל לומר לה "גירשתיך מקודם לכן" – דבלאו הכי נאמנת אשה על כך, מיגו דאי בעי תטמין את גיטה, ולא ידעו שהיא גרושה, ולא תרצו עד שתרצה להנשא. ואם יביא הבעל עדי מסירה – אז לא תפסיד האשה, שידעו העדים מתי נמסר. אע"ג דבעל שאומר "גירשתי את אשתי" – נאמן, היינו דווקא מכאן ולהבא, כדאמרינן ב"יש נוחלין" (ב"ב דף קלד:), ואפילו מכאן ולהבא לא מצינו שיהא נאמן כשאשתו מכחישתו. ועוד: דמשום מזונות לא היו צריכין לתקן זמן, כמו שאפרש על רבי יוחנן בסמוך, דאפילו אין בו זמן – יכולה האשה לבקש עדי מסירה שיעידו בפני ב"ד, או עדים שהיום נתגרשה, ויכתבו לה שטר אחר. (ומיהו, שמא לא יתרצו עדי מסירה לבא עמה לב"ד, או לומר לעדים ויכתבו לה שטר אחר שמאותו יום נתגרשה, ואדרבה ע"י הזמן – פעמים היא תפסיד מזונות שלא כדין, כשלא גרשה בשעת הכתיבה). וא"ת: וגט שיחרור למה תיקנו בו זמן? דאי משום מעשה ידיו – בלא זמן נמי יוכל לבא לב"ד, ויכתבו לו שמאותו יום נשתחרר. ואפי' למ"ד: עדיו בחתומיו זכין לו – אינו זוכה במעשה ידיו מיום הכתיבה, כיון שאין בו זמן ואין מוכיח מתוכו מתי נכתב. כמו *בשני שטרות היוצאין ביום אחד, דאפילו לאביי דאמר: עדיו בחתומיו זכין לו – זה שמסר לו תחילה קנה. דבפרק "זה בורר" (סנהדרין דף כח:) משמע דאביי סבר כרבי אלעזר, דאמר: עדי מסירה כרתי, ולרבי אלעזר על כרחך זה שמסר לו תחילה קנה, כדמוכח בפרק "מי שהיה נשוי" (כתובות צד:). והיינו משום דלא אמרינן: עדיו בחתומיו זכין לו אלא היכא דמוכח מתוכו, והוא הדין הכא באין בו זמן כלל! ואומר ר"י: דתקנו זמן, דאי לא הוי ביה זמן – פעמים שהיה אדם מוכר עבדו, ואח"כ כותב לו גט שיחרור בלא זמן, והיה אומר העבד לרבו שני: אייתי ראיה שטר מכר שלך קדם לשחרור, שהעבד הוא מוחזק בעצמו, והלוקח בא להוציא ממנו השעבוד. אבל הכא – הבעל מוחזק, ולא האשה. **משום** בת אחותו. שלא יחפה עליה כשאין בו זמן. דלא אמרינן אוקמה אחזקת אשת איש והשתא הוא דאיגרשה, כיון שהיא גרושה לפנינו. ועוד: אדרבה, אוקמה בחזקת כשרה, שלא נבעלה כשהיא אשת איש. **ריש** לקיש אמר משום פירות. כדי שתדע האשה מתי נכתב ונחתם, ולא תפסיד פירות עד שעת נתינה. וא"ת: גט מאוחר יפסל מהאי טעמא, וּבפ' "גט פשוט" (ב"ב קס.) מוכח דכשר, דאמר: גט מקושר שכתבו עדיו מתוכו – כשר, מפני שיכול לעשותו פשוט. ואז יהיה מאוחר, דמקושר אמרי' התם: *מלך שנה – מונין לו שתים, ועכשיו ימנו מזמן הכתוב בו כדין פשוט, שלא ידעו דתחילתו מקושר היה! ואומר ר"י: דבמאוחר אין הבעל מפסיד פירות משעת חתימה אלא משעת הזמן, דאין ראוי לגרש בו אפילו נתנו לה לאלתר, ואין הגירושין חלים עד הזמן. אבל נכתב ביום – לרבי שמעון ראוי לגרש בו מיד, אע"פ שלא נחתם ע"י עדי מסירה. דר"ש סבר כר' אלעזר, דעדי מסירה כרתי, כדאמרינן בפ"ק (לעיל ט:). ולרבנן, אע"ג דראוי לגרש בו, כיון דליכא נמי קול – אין הבעל מפסיד פירות. אבל כשעסוקים באותו ענין, דיש קול, וראוי לגרש בו – מפסיד הבעל פירות משעת כתיבה, כדאמר לקמן. וקשה לר"י: דאמרי' לקמן (דף יח:) אמר לעשרה "כתבו גט לאשתי" וחתים בו בי תרי מינייהו ביומיה, ואידך מכאן עד עשרה יומי, דר"ל אמר: כולם משום עדים, ופסול. ואמאי? והרי יש לו קול, והרי ראוי לגרש בו, דאם היה רוצה הבעל – לא היה מקפיד על העשרה, ויפסיד פירות משחתמו ב' הראשונים, ויהא כשר לגרש בו! וי"ל: כל זמן שהבעל מקפיד, ולא חתמו כולם – אין קול עד שיחתמו כולם, או שיהו עסוקין לחתום. זנות

[ושייך לעיל במשנה טו.] [רש"ל מ"ז] [כתובות לד.] [דף קסד:]

יז א מיי' פ"ז מהלכות גירושין הלכה טו סמג עשין נ טוש"ע אה"ע סימן קמב סעיף יט:
יח ב טוש"ע ח"מ סימן מג סעיף טז:
יט ג מיי' פ"א מהלכות גירושין הלכה כה סמג עשין נ טוש"ע אה"ע סימן קכז סעיף ב:
כ ד מיי' שם הלכה כד:

גליון הש"ס

גמ' מפני מה תקנו זמן בגיטין. עיין בב"ב קעב ע"ב תוד"ה עדי: **תוס'** ד"ה ריש לקיש וכו' וכפ' גט פשוט. עיין לקמן דף פ ע"א תד"ה כי יתביתו:

תוספות רי"ד

א' אומר בפני נכתב ושנים אומרים בפנינו נחתם כשר: אמר ר' אמי אמר ר' יוחנן אפילו גט יוצא מתחת ידי עדי חתימה ולא מתחת ידי עדי כתיבה כשר: אלמא קסבר שנים שהביאו גט ממדינת הים אין צריכין לומר בפנינו נכתב ובפנינו נחתם. פי' אע"פ שעד הכתיבה אינו שליח ולא מהימן כבי תרי וכמאן דליתיה דמי ונמצא שאין לנו עדים על הכתיבה כשר כיון דמיקיים גיטא בחותמיו אין אנו צריכין לעדות הכתיבה דלשמה לא חיישי' כרבא: **מתני'** נכתב ביום ונחתם ביום נכתב בלילה ונחתם בלילה בלילה ונחתם ביום כשר ביום ונחתם בלילה פסול ור"ש מכשיר שר"ש אומר כל הגיטין שנכתבו ביום ונחתמו בלילה פסולין חוץ מגיטי נשים. פי' היכא דנכתב ביום ונחתם בלילה קדם זמן הכתיבה לזמן החתימה יום אחד וה"ל שטר מוקדם וחכמים פוסלין במוקדם ור"ש מכשיר כדמפרש טעמייהו לקמן שר"ש אומר כל הגיטין כגון שטרי הלואות ושטרי מקח וממכר דלגוביינא עבידי אם נכתבו ביום ונחתמו בלילה פסולים דאתי למיטרף לקוחות שלא כדין אבל גט דלא עביד לגוביינא כשר: **גמ'** איתמר מפני מה תקנו זמן בגיטין פי' כיון דלאו לגוביינא עביד לא אתי למיטרף ביה לקוחות ראע"ג דתנן הוציאה גט ואין עמו כתובה גובה כתובת' לאו מזמן הגט טרפא אלא מזמן כתובה וגיטא הוי ראיה שגירשה ונתחייב כתובתה ומה יעשה לו אם הוא מוקדם: ר' יוחנן אמר משום בת אחותו פי' שמא ישא בת אחותו ותזנה תחתיו וחס עליה שלא תחנק וכותב לה גט בלא זמן ונותנו לה וכשמעידין עליה בב"ד שזינתה תוציא הגט ואומרת גרושה הייתי באותה שעה משום האי טעמא פסול המוקדם דאי אמרת המוקדם כשר פעמים שזינתה בניסן ומקדים וכתיב לה גיטא מאדר ואומר עכשיו לעדים הגט הזה כבר כתבתיו מאדר ולא היה בדעתי ליתנו לה ועכשיו נמלכתי ליתנו לה והם יחתמו בו עכשיו בניסן אע"פ שהוא מוקדם לפי' פסלוהו שלא יחתמוהו העדים ולא יוכל לחפות עליה: ור"ל אמר משום פירות פי' שמזמן הגט אם ימכור הבעל פירות נכסי מלוג שלה היא תגבם ואם לא היה בו זמן היה מוכר והולך וכשתתבע לדין הויא ידה על התחתונה שיאמר לה קודם גירושי' מכרתי והמוקדם פסול שלא הפסידה פירות אלא משעת חתימה ואתיא למיטרף לקוחות שלא כדין משעת כתיבה ועד שעת חתימה

כא א מיי' פ"א מהלכות גירושין הלכה כו סמג עשין נ טוש"ע אה"ע סימן קכז סעיף א:

[illegible]

כב ב מיי' שם הלכה כו סמג שם טוש"ע שם סעיף ח:

כג ג ד מיי' שם טוש"ע אה"ע שם סעיף ז:

במהרש"ל יש כאן טעות שכתב דאית במקום דלית

זנות לא שכיחא.א] ורבי יוחנן מאי טעמא לא אמר כריש לקיש? קסבר: יש לבעל פירות עד שעת נתינה. ◎בשלמא לריש לקיש, משום הכי קא מכשיר ר"ש. אלא לרבי יוחנן, מאי טעמא דר"ש דמכשיר? אמר לך רבי יוחנן: אליבא דר"ש לא קאמינא, כי קאמינא אליבא דרבנן. בשלמא לרבי יוחנן, היינו דאיכא בין רבי שמעון לרבנן. אלא לריש לקיש, מאי איכא בין רבי שמעון לרבנן? פירי דמשעת כתיבה ועד שעת חתימה איכא בינייהו. והא איפכא שמעינן להו, דאיתמר: מאימתי מוציאין לפירות? רבי יוחנן אמר: משעת כתיבה, וריש לקיש אמר: משעת נתינה! איפוך. אמר ליה אביי לרב יוסף: *ג' גיטין פסולים, ואם ניסת – הולד כשר; מה הועילו חכמים בתקנתן? אהנו אדלכתחילה לא תינשא. בגזייה לזמן דידיה ויהביה ניהלה, מאי? אמר ליה: לרמאי לא חיישינן. כתוב בו שבוע, שנה, חדש, שבת, מאי? אמר ליה: גכשר. ומה הועילו חכמים בתקנתן? אהנו לשבוע דקמיה ולשבוע דבתריה. דאי לא תימא הכי, יומא גופיה מי ידעי' אי מצפרא אי מפניא? אלא ליומא דדקמיה וליומא דבתריה, הכא נמי אהני לשבוע דקמיה ולשבוע דבתריה. אמר ליה רבינא לרבא: כתביה ואותביה

לא שכיחא. ולא חשו בה רבנן. עד שעת נתינה. הלכך זמן כתיבת גט לא מהני מידי, דכי אתיא למיטרף – בעיא לאתויי סהדי אימת מטא גיטא לידה. משום הכי מכשר ר' שמעון. בגט מוקדם, כדאמר לקמן: קסבר ר' שמעון: כיון שנתן עיניו לגרשה – שוב אין לו פירות. הלכך, אם אתיא למיטרף לקוחות דפירות מיום כתיבה – שפיר עבדא. וטעמא דרבנן לקמיה מפרש. אלא לרבי יוחנן. דאמר: זמן משום בת אחותו איתקן. מאי טעמא דרבי שמעון דמכשיר. הא זמנין דזנאי באותו *יום, ועודה אשת איש. דכל זמן שלא נחתם – לא ניתן לה, וכשמעידין על זנותה – מוליכה גיטה, וכתוב בו *מאותו יום, ואומרת: גרושה הייתי. אליבא דר' שמעון לא קאמינא. דלר"ש ודאי זמן לאו משום בת אחותו איתקן, אלא משום פירות. אליבא דרבנן. דמשום הכי פסלי רבנן, דקא סברי: זמן משום בת אחותו. בשלמא לר' יוחנן. דאמר: לרבנן משום בת אחותו, ולר' שמעון משום פירות. היינו דאיכא בין רבי שמעון לרבנן. טעמא דפלוגתייהו בהכי, לרבנן פסול גט מוקדם – משום בת אחותו, ולר"ש כשר – דקסבר: זמן משום פירות איתקן, והלכך גט מוקדם כשר, דאי טרפא משעת כתיבה – שפיר טרפא, דהא נתן עיניו לגרשה. מאי איכא. במאי פליגי, ואמאי פסלי רבנן? הא שפיר טרפא, דהא להכי איתקן זמן! עד שעת חתימה. דלרבנן לא בעיא למיטרף אלא מחתימה ואילך. הלכך מוקדם פסול, דכי מפקא ליה – אתיא למיטרף מיום כתיבה, דסברי בו ביום נחתם. שמעינן להו. לרבי יוחנן וריש לקיש. ג' גיטין פסולין. ואחד מהם: יש עליו עדים ואין בו זמן, ותנן דאם ניסת – הולד כשר, כיון דאי עבד – שפיר דמי. מה הועילו חכמים בתקנתם. משום בת אחותו, ומשום פירות. אהנו דלכתחילה לא תינשא. וכיון דהכי הוא, אי בעי לכתוב גט בלא זמן, לחפות על בת אחותו או למכור בפירות – לא כתבו ליה סופרי הדיינים, ולא חתמי עליה סהדי. גזייה לזמן ויהביה ניהלה. לאחר שכתב בו זמן – חתכו, כדי לחפות על בת אחותו או למכור בפירות, ויהביה ניהלה. ואמרי' דגט שאין בו זמן, אם ניסת – הולד כשר, וכשמוליאתו – הרי היא בחזקת מגורשת, ולא מיקטלה, מה הועילו חכמים בתקנתן? לרמאי לא חיישינן. לרמאות כזה, שהוא ניכר ונגלה – לא עבידי אינשי דעבדי, ולא חשו רבנן להכי. כתוב בו. זמנו בשבוע פלונית של יובל ולא כתב איזו שנה, או כתב שנה ולא כתב חדש, או כתב חדש ולא כתב שבת, או כתב שבת ולא כתב יום, מאי? א"ל כשר. לכתחילה. מה הועילו חכמים בתקנתם. הא לא ממנעי מלמכתביה נהליה! לשבוע דקמיה. שאם זינתה – תיהרג. ולשבוע דבתריה. לפירות, שאם ימכור בהם – תוליא גיטה ותגבה. ואי אפשר לפרש דלשבוע דקמיה אהני לפירות, שלא תטרפם מלקוחות – דבלאו זמן נמי לא טרפה, דידה על התחתונה עד דמייתה ראיה דבתר גירושין זבין. ולשבוע דבתרא לא מהני לזנות דלא תיקטול, דבלאו זמן נמי לא מיקטלה, דספק נפשות להקל. ואותביה

זנות לא שכיחא. פירוש: זנות בעדים ובהתראה לא שכיח. אבל לא בעי למימר דשום זנות לא שכיח, דהא בריש כתובות (דף ג.) תקנו שתהא בתולה נישאת ביום הרביעי, שאם היה לו טענת בתולים – ישכים לבית דין, דחיישינן לאיקרורי דעתא. *ומסתברא דעפי איכא למיחש לשמא תזנה, מלשמא זנתה. ועוד: דהתם, אע"ג דלא שכיח – עשו תקנה, וחשו שלא תאסר עליו עולמית, ויתפסנה באיסור, אבל הכא – לא חשו אי מחייבת מיתה ולא מיקטלה, כיון דלא שכיח. עד שעת נתינה. פי' בקונט': הלכך, זמן כתיבת הגט לא מהני(א), דכי בעיא למיטרף – בעיא לאיתויי סהדי אימת מטא גיטא לידה. אע"ג דבכל שטרות אין צריך להביא עדים אימת מטא השטר לידיה, אפי' למאן *דלית ליה עדיו בחתומיו זכין לו – היינו משום דלדידיה אין כותבין שטר ללוה אלא א"כ מלוה עמו, בר משטרי אקנייתא, כדאמרי' בפ"ק דב"מ (דף יג.), הלכך, כיון שהיה מלוה שם – אמרי' שמיד מסר לו. אבל גט אשה כותבין לאיש אע"פ שאין אשתו עמו משום עיגונא, כמו כל גיטין הבאין ממדינת הים. אבל קשה לר"י, מהא דאמר בסוף פ"ק דב"מ (דף יט.): מצא גט אשה בשוק, בזמן שהבעל מודה – יחזיר לאשה. ופריך: ניחוש דלמא כתב ליתן בניסן ולא נתן עד תשרי, ואזל וזבן פירי מניסן עד תשרי, ומפקא ליה לגיטא דכתב בניסן, ואתיא למטרף לקוחות שלא כדין! ומשני: כי אתיא למטרף – אמרי' לה: אייתי ראייה אימת מטא גיטא לידך. ואמאי קשה ליה טפי אההיא ברייתא מבכל גיטין שבעולם? אלא משמע דוקא בגט הנמצא, דאיתרע בנפילה הוא דאמר: אייתי ראיה אימת מטא גיטא לידך, אבל בכל גיטין – אמרינן: מסתמא ביום שנכתב ונחתם נמסר! ואומר ר"י דהכי פירושו: עד שעת נתינה, דכיון דיש לבעל פירות עד שעת נתינה – לא הוצרכו לתקן זמן בגט משום פירות, דבאין בו זמן נמי תביא גיטה לב"ד או לעדים, ויכתבו לה שמאותו יום נתגרשה. וא"ת: ולר' יוחנן, היאך כותבין גט לאיש אע"פ שאין אשתו עמו? ניחוש שמא יכתוב בניסן ולא יתן עד תשרי, כדפרי' בפ"ק דב"מ (דף יג:) גבי כותבין שטר ללוה אע"פ שאין מלוה עמו! וי"ל: דגבי כותבין שטר ללוה פריך, משום דמאן דזיזף – בצנעה יזיף, ויש לחוש שאחר זמן ימסור לו בצנעה, ויטרפו לקוחות שנמסר לו משעת כתיבה. אבל גט צריך עדי מסירה. ואפי' לר' מאיר [דאמר עדי חתימה כרתי] – אומר ר"ת דבעינן עדי מסירה, דאין דבר שבערוה פחות משנים, וגם מפרסמין להוציא קול שהיא פנויה. וידעו לקוחות שלא נתגרשה מיום הכתיבה, ויאמרו לה: אייתי ראיה אימת כו'. ומיהו, ב"משלים גט לאשתו" דשמעתין – ליכא למיחש לרבי יוחנן למידי, לא משום פירות ולא משום שמא יחפה. דכיון שרואים זמן הכתיבה קודם המסירה – קלא אית ליה, כדאמר בסמוך א"גיטין הבאין ממדינת הים". וא"ת: נכתב ביום ונחתם בלילה אמאי פסול? הא אית ליה קלא! וי"ל: דלא שייך למימר קלא אית ליה אלא כשמגרש ע"י שליח, אבל נכתב ביום ונחתם בלילה – יש לחוש שימסור לה בעצמו בצנעה, לחפות עליה. ולהכי לא מצי לשנויי גבי "כתביה ואותביה בכיסתיה" דקלא אית ליה, כדמשני א"גיטין הבאין ממדינת הים". וא"ת: ואמאי כותבין גט לאיש? ליחוש שמא תזנה, ויתן לה בצנעה כדי לחפות עליה! וי"ל: דמסתמא מיד אחר הכתיבה יתן לה, דלא מקדים פורענותא לנפשיה, כדמשני בסמוך גבי "כתביה ואותביה בכיסתיה". איפוך. ריש לקיש אמר: משעת כתיבה, פירוש ◎משעת חתימה. גזייה לזמן ויהביה ניהלה מאי כו'. והא דאמר בפרק "ד' אחין" (יבמות לא:), גבי: מפני מה לא תיקנו זמן בקידושין? משום דהיכי נעביד, ניכתביה גבי דידה – מחקה ליה. ופריך: אי הכי גירושין נמי ניימא הכי! ומשני: התם להצלה דידה קאתי. לא כמו שפירש שם בקונט', דאי מחקה ליה קטלינן לה, דמוקמינן לה בחזקת אשת איש. אע"ג דאי לא תיקון זמן מצי לחפויי עלה, דמספיקא לא קטלינן לה, השתא דתיקון זמן אי מחקה ליה – מוקמינן לה בחזקת אשת איש וקטלינן לה. דהא הכא משמע דאי גזייה לזמן לא קטלינן לה, דקאמר: מה הועילו חכמים בתקנתם. ודוחק לומר דלא פריך הכא אלא למאן דאמר משום פירי. אלא אומר ר"י דהכי פירושו: התם להצלה דידה קאתי – הגט בא להצילה ולהעיד עליה שהיא מגורשת, ולכך ירא למחוק הזמן – כי סבורה שיפסול בכך. אבל האמת דאי מחקה ליה לא קטלינן לה. הכא לחובה דידה קאתי – כלומר, הקידושין באין לחייבה ולהעיד שהיא מקודשת, ומחקה ליה לזמן. כתביה ואנחיה כו'. הכא לא בעי לשנויי דאהני לקמיה, כדאמרינן לעיל דגבי "כתב חדש שבת". כיון דאהני לקמיה – לא חייש' לחפויי, שהכתיבה והנתינה כי הדדי נינהו, כמו ביומא גופא, כדאמרינן לעיל. אבל גבי כתב ואנחיה בכיסתיה, וגיטין הבאין ממ"ה, שהנתינה היא אחר הכתיבה – חיישי' שמא יחפה ויאמר שקר, שמקודם לכן נתגרשה. וכן נכתב ביום ונחתם בלילה פסול, אע"ג דאהני לקמיה. ואנחיה

תוספות רי"ד

חתימה: ר"ל מ"ט לא אמר כר' יוחנן אמר לך זנות לא שכיחא ור' יוחנן מ"ט לא אמר כר"ל קסבר ר' יוחנן יש לבעל פירות עד שעת (כתיבה) [נתינה] פי' והלכך זמן כתיבת הגט לא מהני דכי אתיא למיטרף לקוחות בעיא לאתויי שהדי אימת מטא גיטא לידה. ור"ל סבר משעת חתימה אבדם דקסבר אע"פ שאיחר לתתו לה עדיו בחותמיו זכין לו בפירות בשנותן לה זכתה למפרע משעת חתימה כדאמרינן בשטרי הלואות ומקח וממכר שעדיו בחותמיו זכין לו הכי נמי אמרינן גבי גט אשה לגבי פירות והלכך הזמן מודיע ואם קדמה כתיבה לחתימה ה"ל מוקדם ופסול: והא איפכא שמעינן להו דאיתמר מאימתי מוציאין לפירות ר' יוחנן אמר משעת חתימה ור"ל אמר משעת נתינה: ואימא ר' יוחנן אמר משעת נתינה וכו' וקי"ל ר"ל ור' יוחנן הלכה כר' יוחנן: א"ל אביי לרב יוסף ג' גיטין פסולין ואם נשאת הולד כשר מה הועילו חכמים בתקנתם אהני דלכתחלה לא תנשא פי' אחד מהן יש עליו עדים ואין בו זמן וכיון שאם נשאת הולד כשר מה הועילו חכמים בתקנתם: אהני דלכתחלה לא תנשא פי' אחד מהן יש עליו עדים אין בו זמן וכיון שאם נשאת הולד כשר מה הועילה תקון חכמים שהתקינו משום בת אחותו או משום פירות מהדר ליה אהני דלכתחילה לא תנשא וכיון שלכתחילה לא תנשא בו לא חתמי סהדי ואין לחוש שמא יכתוב בכתב ידו בלא עדים ויקדים הזמן ויחפה עליה דהיכא דזינתה ובא להוציא גט זה בכתב ידו לא משגחי' ביה דאמרי' לחפות עליה כתבו: גזייה לזמן דידיה ויהביה ניהליה מאי א"ל לרמאי לא חיישינן פי' יכתוב בו זמן כדי שיחתמו בו עדים ואח"כ כדי לחפות עליה יחתכנו וכיון שאם נשאת הולד כשר א"כ גט כשר הוא ויחפה על בת אחותו: ואהדר לרמאי לא חיישינן מפני שהוא כבר ידוע וניכר כי נחתך הזמן כדי לחפות עליה ואין אדם עושה עצמו רשע ולא חיישינן להכי: כתיב בו שבוע שנה חדש שבת מאי א"ל כשר פי' כתוב בו שבוע פלונית של יובל ולא פירש באיזה שנה או שנה פלונית של שבוע ולא פירש באיזה חדש או בחדש פלוני ולא פירש באיזה שבוע בחדש או נמי בשבוע פלונית ולא פירש באיזה יום א"ל כשר דדוקא שאין בו זמן כלל תנן דפסול אבל האי דאיכא זמן כל שהוא כשר ומה הועילו חכמים בתקנתם כיון שאינו מכוונים הימים ומהדר אהני לשבוע דלקמיה ולשבוע דבתריה דאי לא תימא הכי יומא גופיה מי ידעי' אי מצפרא אי מפניא אי ליומא דקמיה וליומא דבתריה הכי נמי אהני לשבוע דקמיה ולשבוע דבתריה פי' לשבוע דקמיה שאם זנתה תיהרג ולשבוע דבתריה לפירות שאם ימכרם תוציא גיטה

ס"א לילה

ס"א קודם אותה לילה

לקמן פו. וש"נ

הגהות הב"ח

(א) תום' ד"ה עד וכו' לא מהני מידי דכי:

גליון הש"ס

גמ' בשלמא לר"ל. כעין זה ב"מ ד' מז ע"ב ובהיפוך: תום' ד"ה איפוך וכו' משעת חתימה. עיין בכ"ב קמו ע"ב ובתוס' שם ד"ה נכנס:

הגהות מהר"ב רנשבורג

א] גמ' ור' יוחנן מ"ט לא אמר כריש לקיש קסבר יש לבעל פירות עד שעת נתינה. עי' ב"ב דף קמו ע"ב תוד"ה נכנס אחריה וכו':

וְאוֹתְבֵיהּ בְּכִיסְתֵּיהּ, דְּאִי מְפַיְּיסָה תִּיפַּיֵּים, מַאי? אֲמַר לֵיהּ: *לָא מַקְדִּים אֱינָשׁ פּוּרְעֲנוּתָא לְנַפְשֵׁיהּ. אֲמַר לֵיהּ רָבִינָא לְרַב אַשִׁי: גִּיטִּין הַבָּאִים מִמְּדִינַת הַיָּם, דְּמִיכַּתְבִי בְּנִיסָן וְלָא מָטוּ עַד תִּשְׁרֵי, מָה הוֹעִילוּ חֲכָמִים בְּתַקָּנָתָם? אֲמַר לֵיהּ: אהָנְהוּ קָלָא אִית לְהוּ. *אִיתְּמַר: מֵאֵימָתַי מוֹנִין לְגֵט? רַב אָמַר: מִשְּׁעַת נְתִינָה, וּשְׁמוּאֵל אָמַר: מִשְּׁעַת כְּתִיבָה. מַתְקִיף לָהּ רַב נָתָן בַּר הוֹשַׁעְיָא: לִשְׁמוּאֵל, יֹאמְרוּ: שְׁתֵּי נָשִׁים בְּחָצֵר אַחַת, זוֹ אֲסוּרָה וְזוֹ מוּתֶּרֶת! אֲמַר לֵיהּ אַבַּיֵי: זוֹ זְמַן גִּיטָּהּ מוֹכִיחַ עָלֶיהָ, וְזוֹ זְמַן גִּיטָּהּ מוֹכִיחַ עָלֶיהָ. תַּנְיָא כְּוָותֵיהּ דְּרַב, תַּנְיָא כְּוָותֵיהּ דִּשְׁמוּאֵל. תַּנְיָא כְּוָותֵיהּ דְּרַב: הַשּׁוֹלֵחַ גֵּט לְאִשְׁתּוֹ וְנִשְׁתַּהָה שָׁלִיחַ בַּדֶּרֶךְ ג' חֳדָשִׁים, כְּשֶׁהִגִּיעַ גֵּט לְיָדָהּ — צְרִיכָה לְהַמְתִּין ג' חֳדָשִׁים; *וּלְגֵט יָשָׁן אֵין חוֹשְׁשִׁין, שֶׁהֲרֵי לֹא נִתְיַיחֵד עִמָּהּ. תַּנְיָא כְּוָותֵיהּ דִּשְׁמוּאֵל: הַמַּשְׁלִישׁ גֵּט לְאִשְׁתּוֹ, וְאָמַר לוֹ: אַל תִּתְּנֵהוּ לָהּ אֶלָּא לְאַחַר ג' חֳדָשִׁים, מִשֶּׁנְּתָנוֹ לָהּ — מוּתֶּרֶת לִינָּשֵׂא מִיָּד, וּלְגֵט יָשָׁן אֵין חוֹשְׁשִׁין, שֶׁהֲרֵי לֹא נִתְיַיחֵד עִמָּהּ. רַב כָּהֲנָא וְרַב פַּפִּי וְרַב אַשִׁי עָבְדִי מִשְּׁעַת כְּתִיבָה, רַב פָּפָּא וְרַב הוּנָא בְּרֵיהּ דְּרַב יְהוֹשֻׁעַ עָבְדִי מִשְּׁעַת נְתִינָה. בוְהִלְכְתָא: מִשְּׁעַת כְּתִיבָה. אִיתְּמַר: מֵאֵימָתַי כְּתוּבָּה מְשַׁמֶּטֶת? רַב אָמַר: מִשֶּׁתִּפְגּוֹם וְתִזְקוֹף, וּשְׁמוּאֵל אָמַר: גפָּגְמָה אע"פ שֶׁלֹּא זָקְפָה, זָקְפָה אע"פ שֶׁלֹּא פָּגְמָה. תַּנְיָא כְּוָותֵיהּ דְּרַב, תַּנְיָא כְּוָותֵיהּ דִּשְׁמוּאֵל. תַּנְיָא כְּוָותֵיהּ דְּרַב: מֵאֵימָתַי כְּתוּבָּה מְשַׁמֶּטֶת? מִשֶּׁתִּפְגּוֹם וְתִזְקוֹף; פָּגְמָה וְלֹא זָקְפָה, זָקְפָה וְלֹא פָּגְמָה — אֵינָהּ מְשַׁמֶּטֶת עַד שֶׁתִּפְגּוֹם וְתִזְקוֹף. תַּנְיָא כְּוָותֵיהּ דִּשְׁמוּאֵל: דאוֹנֶס, וּקְנָס, וּפִיתּוּי, וּכְתוּבַּת אִשָּׁה, שֶׁזְּקָפָן בְּמִלְוֶה — מְשַׁמְּטִין, וְאִם לָאו — אֵין מְשַׁמְּטִין. מֵאֵימָתַי נִזְקָפִים בְּמִלְוֶה? מִשְּׁעַת הַעֲמָדָה בַּדִּין. אָמַר שְׁמוּאֵל: כְּתוּבָּה כְּמַעֲשֵׂה ב"ד דָּמְיָא. מַה מַּעֲשֵׂה ב"ד נִכְתָּבִין בַּיּוֹם וְנֶחְתָּמִין בַּלַּיְלָה, אַף כְּתוּבָּה נִכְתֶּבֶת בַּיּוֹם וְנֶחְתֶּמֶת בַּלַּיְלָה. כְּתוּבָּתֵיהּ דְּרַבִּי חִיָּיא בַּר רַב אִיכְּתוּב בַּיּוֹם וְאִיחְתּוּם בְּלֵילְיָא, הֲוָה רַב הָתָם וְלָא אֲמַר לְהוּ וְלָא מִידֵּי. לֵימָא, כִּשְׁמוּאֵל סְבִירָא לֵיהּ? העֲסוּקִין בְּאוֹתוֹ עִנְיָן הֲווּ; דְּתַנְיָא, אָמַר רַבִּי אֶלְעָזָר בַּר רַבִּי צָדוֹק: לֹא שָׁנוּ אֶלָּא כְּשֶׁאֵין עֲסוּקִין בְּאוֹתוֹ עִנְיָן, אֲבָל עֲסוּקִין בְּאוֹתוֹ עִנְיָן — כָּשֵׁר. § "ר"ש מַכְשִׁיר". § אָמַר רָבָא: מַאי טַעְמָא דר"ש? קָסָבַר: *כֵּיוָן שֶׁנָּתַן עֵינָיו לְגָרְשָׁהּ, שׁוּב אֵין לוֹ פֵּירוֹת. אָמַר רֵישׁ לָקִישׁ: לֹא הִכְשִׁיר ר"ש אֶלָּא לְאַלְתַּר, אֲבָל מִכָּאן וְעַד עֲשָׂרָה יָמִים — לָא. חָיְישִׁינַן

רש"י

וְאוֹתְבֵיהּ בְּכִיסְתֵּיהּ. יָתִיב רַבִּיס. דְּאִי מְפַיְּיסָה. בַּהֲדֵיהּ, בִּקְטָטוֹת שֶׁבֵּינֵיהֶם. תִּיפַּיֵּים. וְלֹא יְגָרְשֶׁנָּה. וְלָא אִיפַּיְּיסָה, וְגֵרְשָׁהּ. וּמִכִּי מָטָא גִּיטָּהּ לְיָדָהּ – הוּא דְּאִתְגָּרְשָׁה. לא מַקְדִּים כו'. לָא רְגִילֵי לְמֶיעֱבַד הָכִי לְאַחוּיֵי בְּכִיסְתֵּיהּ, דְּכֵיוָן דְּלָא נִיחָא לֵיהּ בְּגֵירוּשִׁין – פּוּרְעָנוּת הוּא לְגַבֵּיהּ, וְלָא מַקְדִּים לֵיהּ. מה הועילו חֲכָמִים בְּתַקָּנָתָן. בֵּין לְעִנְיַן (א) פֵּירוֹת בֵּין לְעִנְיַן זְנוּת, דְּטָרְפָה לָקוֹחוֹת מִיּוֹם הַכְּתִיבָה. קָלָא אִית לְהוּ. וּבֵין לְעִנְיַן זְנוּת וּבֵין לְעִנְיַן פֵּירוֹת בָּעֵיָא לְאַתּוּיֵי רְאָיָה אֵימַת מָטָא גִּיטָּהּ לְיָדָהּ. מֵאֵימָתַי מוֹנִין לְגֵט. ג' חֳדָשִׁים שֶׁהָאִשָּׁה צְרִיכָה לְהַמְתִּין. ב' נָשִׁים בְּחָצֵר אַחַת. שֶׁל אָדָם א', שֶׁפֵּירֵשׁ לַיָּם, וּמָסַר שְׁנֵי גִיטִּין לִשְׁתֵּי נָשָׁיו בּוֹ בַּיּוֹם, אֶלָּא שֶׁזֶּה קָדַם לָזֶה כְּתִיבָתוֹ חֹדֶשׁ. וְלִשְׁמוּאֵל – זוֹ תִּינָּשֵׂא לְסוֹף ב' חֳדָשִׁים, וְזוֹ לְסוֹף ג', יִתְמְהוּ בְּנֵי אָדָם שֶׁרָאוּ שֶׁנִּתְגָּרְשׁוּ בְּיוֹם א'. גֵּט יָשָׁן. לְקַמָּן (דף עט:) תְּנֵינָא דְּאֵין אָדָם מְגָרֵשׁ בְּגֵט יָשָׁן. וְאֵיזֶהוּ גֵּט יָשָׁן – כָּל שֶׁנִּתְיַיחֵד עִמָּהּ מֵאַחַר שֶׁכְּתָבוֹ לָהּ, וְטַעְמָא – שֶׁמָּא יֹאמְרוּ: גִּיטָּהּ קוֹדֵם לִבְנָהּ (ב) – שֶׁמָּא תִּתְעַבֵּר וְתֵלֵד בֵּין כְּתִיבָתוֹ לִנְתִינָתוֹ, וּלְאַחַר זְמַן יֹאמְרוּ: הַגֵּט קָדַם, וּבִזְנוּת נִתְעַבְּרָה. הַמַּשְׁלִישׁ. מָסַר הַגֵּט לְשָׁלִישׁ כְּדֵי לְגָרְשָׁהּ בּוֹ לְסוֹף ג' חֳדָשִׁים, וְהוּא הָלַךְ לְדַרְכּוֹ. מוּתֶּרֶת לִינָּשֵׂא מִיָּד. דְּמִשְּׁעַת כְּתִיבָה מָנֵינַן. מֵאֵימָתַי (ג) כְּתוּבָּה. כִּשְׁאָר שְׁטַר חוֹב, וּמְשַׁמַּטְתָּהּ שְׁבִיעִית. מִשֶּׁתִּפְגּוֹם. שֶׁתִּפָּרַע קְצָת, דְּגַלֵּי דַּעְתָּהּ דְּעוֹמֶדֶת לִיגּוֹשׂ וְלִיפָּרַע. וְתִזְקוֹף. עָלָיו הַמּוֹתָר בְּמִלְוֶה, דְּנָפְקָא לָהּ מִשּׁוּם כְּתוּבָּה וּמַעֲשֵׂה ב"ד שֶׁאֵינוֹ מְשַׁמֵּט, וְחָל עָלָהּ שֵׁם שְׁטַר חוֹב. פָּגְמָה. כֵּיוָן דְּגַלֵּי דַּעְתֵּיהּ בְּפֵירָעוֹן – קָרֵינָא בֵּיהּ "לֹא יִגּוֹשׂ". זָקְפָה. בְּמִלְוֶה. אוֹנֶס. אֶת הַבְּתוּלָה, חַיָּיב חֲמִשִּׁים כֶּסֶף. וּקְנָס. דְּמוֹצִיא שֵׁם רָע. מֵאֵימָתַי נִזְקָפִין. כְּלוֹמַר: מֵאֵימָתַי הָוְיָא כִּזְקִיפָה. הַעֲמָדָה. הֲרֵי הִיא כִּזְקִיפָה. כְּמַעֲשֵׂה ב"ד דָּמְיָא. דִּתְנַאי ב"ד הִיא. מַה מַּעֲשֵׂה ב"ד. חִיּוּבֵיהּ מִשּׁוּם פְּסַק דִּין הוּא, וְאע"ג דְּלָא אִיחְתִּים, הִלְכָּךְ אֵין שָׁם הַקְדָּמָה, וְנִכְתָּבִים בַּיּוֹם וְנֶחְתָּמִין בַּלַּיְלָה. אַף כְּתוּבָּה. מִשְּׁעַת כְּתִיבָה, דְּנִכְנְסָה לַחוּפָּה, דְּקֵירוּב חֲתָנוּת הוּא – חָיֵיל שִׁעְבּוּדָהּ, וְאע"ג דְּלָא אִיחְתִּים. עֲסוּקִים בְּאוֹתוֹ עִנְיָן הֲווּ. מִכְּתִיבָה עַד חֲתִימָה, וְאַפִּי' בִּשְׁאָר שְׁטָרוֹת כָּשֵׁר. לֹא שָׁנוּ. דִּשְׁטָרוֹת הַנִּכְתָּבִים בַּיּוֹם וְנֶחְתָּמִים בַּלַּיְלָה פְּסוּלִים. אֲבָל עֲסוּקִים בְּאוֹתוֹ עִנְיָן. כֵּיוָן שֶׁהָעֵדִים מְזוּמָּנִים לַחְתּוֹם, אֶלָּא שֶׁבְּעַל כָּרְחָם צְרִיכִים לְהַמְתִּין עַד שֶׁיְּסַיֵּים הַסּוֹפֵר אֶת הַשְּׁטָר, אע"ג דְּאִיתְרַמֵּי לֵיהּ חֲתִימָה לְאוּרְתָּא. כָּשֵׁר. שֶׁהֲרֵי מִשְּׁעַת כְּתִיבָה נַמִּי אִית לֵיהּ קָלָא. אֵין לוֹ פֵּירוֹת. וְכִי טָרְפָה מִזְּמַן כְּתִיבָה – בְּדִין טָרְפָה. שֶׁמָּא

תוספות

ואנחיה בכיסתיה מאי. פירש בקונטרס: מה הועילו חכמים בתקנתם, בין לענין זנות בין לענין פירות, דטרפה לקוחות מיום הכתיבה. אע"ג דלעיל אמר ריש לקיש דיש לבעל פירות עד שעת חתימה – הכא מודה דיש לבעל פירות עד שעת נתינה, כיון דאי מפייסה – תיפייס. ומיהו, ההוא ד"גיטין הבאין ממדינת הים" דפירש בקונטרס דלתרווייהו פריך – קשה: דלמה לא יפסיד משעת חתימה לריש לקיש, כיון שאם היתה אצלו – היה מגרשה לאלתר? ועוד קשה לר"י: דמה הועילו חכמים בתקנתם – משמע דהשתא איכא למיחש כאילו לא היה בו זמן, וזה אינו, דבאין בו זמן – חוששים שלא תפסיד האשה, וחששא דהכא לא משום אשה אלא משום לקוחות! ונראה לר"י: דהנך תרי פירכי – למאן דאמר שמא יחפה, אבל למאן דאמר משום פירי – ניחא, דבדין מפסידין הלקוחות משעת חתימה.

הנהו קלא אית להו. פירש בקונטרס: דבעיא לאיתויי ראיה אימת מטא גיטה לידה. תימה: לענין זנות, דנהי דידוע שלא בא לידה ביום הכתוב בו, מ"מ יכול לחפות, ולומר שנתן לה קודם שזינתה, כמו קודם שתיקנו זמן! ואור"י: קלא אית להו, כשרואין בזמן שזמן הכתיבה היא קודם המסירה – אית ליה קלא למילתא, ומסקי אדעתייהו לידע יום המסירה. וא"ת: ובההוא למה תיקנו זמן? וי"ל: ע"י הזמן יש לו קול, לפי שרואים ע"י הזמן שבו שהנתינה אינה ביום הכתיבה. וא"ת: ומאן דאמר משום בת אחותו, בזמן הזה למה כותבין זמן בגיטין? דאפי' בזמן הזה משמע דבעי זמן, כדתנן (לקמן דף פו.): ג' גיטין פסולים! וי"ל: גזירה שמא יחפה על בניה ממזרים. אי נמי: מהרה יבנה בית המקדש. א"נ: שלא יאמרו זינתה אחר גירושין, ויחזירנה. דגרושה שזינתה מותרת לחזור, כדאמרינן בפ"ב דסוטה (דף יח:). **השולח** גט לאשתו כו' ולגט ישן אין חוששין. פירוש: אע"פ שצריכה להמתין שלשה חדשים – לאו משום דחיישינן שמא בתוך כך יבא עליה, דהא לגט ישן אין חוששין, אלא כדאמרינן לעיל: שמא יאמרו שתי נשים בחצר כו'. **המשליש** גט לאשתו. פירש בקונטרס: והוא הלך לדרכו. ובחנם פירש כן, אלא מיירי אפילו הוא בעיר. ונקט הך ברייתא "המשליש" – לרבותא, דאע"פ שהוא בעיר – מותרת לינשא מיד, ואין חוששים לגט ישן. ולעיל נקט "השולח" לרבותא, דאע"פ שאינו בעיר – צריכה להמתין שלשה חדשים. **מאימתי** כתובה משמטת. הא דאמר בריש פ' "אע"פ" (כתובות נה.): תנאי כתובה ככתובה דמי לשביעית, קשה לר"י: מאי איריא דאין תוספת כתובה משמטת משום דתנאי כתובה ככתובה דמי, והוי כמעשה ב"ד? תיפוק ליה דלא משמט כתובה ותוספת, מידי דהוה אשכר שכיר והקפת החנות, דאיכא מ"ד במסכת שביעית (פ"י מ"א) דלא משמט אלא מלוה, וכ"ש כתובה ותוספת! ודוחק לומר: דאתיא כרבי יוסי דפליג התם ואמר דמשמט. ונראה לר"י: דהא דקאמר "לשביעית" – היינו שפגמה וזקפה כתובה לרב, או פגמה או זקפה לשמואל, דמשמטת נמי תוספת. **אונס** קנס ופתוי. קנס הוא מוציא שם רע, ומשום דלית ביה אלא קנס קרי ליה קנס. אבל באונס יש בו בושת ופגם. **מה** מעשה בית דין נכתב ביום כו'. דמשעת פסק דין איכא קלא כמו בשטר, כדאמרינן בכל דוכתא כשעמד בדין דגבי ממשעבדי. **אף** כתובה נכתבת ביום ונחתמת בלילה. יש מקומות שנוהגין לכתוב הכתובה בע"ש ולחותמה במוצאי שבת. ואין נכון לעשות כן, משום תוספת, דדלמא לית ליה קלא. ומיהו, היכא דקנו מיניה – ליכא למיחש מידי, כדאמרינן בב"ב (דף קעב.): אי ידעיתו יומא דאקניתו ביה – כתובו יומא דאקניתו ביה. **אבל** עסוקין באותו ענין כשר. דאית ליה קלא כאילו חתמו, כיון שהם מזומנים לחתום, כדפרישית לעיל.

עין משפט נר מצוה

כד א טור שו"ע אה"ע סי' קכז סעיף ד:

כה ב מיי' פי"א מהל' גירושין הלכה יט סמג עשין ד טוש"ע אה"ע סימן יג סעיף א:

כו ג מיי' פ"ט מהלכות שמטה הלכה יג סמג לאוין רעא טוש"ע ח"מ סי' סז סעיף יז:

כז ד מיי' שם הלכה יב טוש"ע שם סעיף טז:

כח ה מיי' פכ"ג מהל' מלוה הלכה ג סמג עשין צד טוש"ע ח"מ סימן מג סעיף טז:

מסורת הש"ס

[לקמן עה:]

יבמות מב.

[לקמן עו:]

[ב"מ יט.]

הגהות הב"ח

(א) רש"י ד"ה מה הועילו וכו' בין לענין זנות בין לענין פירות דטרפה: (ב) ד"ה גט ישן וכו' קודם לבנה כלומר שמא: (ג) ד"ה מאימתי תהא כתובה כשאר:

תוספות רי"ד

גיטה ותגבם: א"ל רבינא לרבא כתביה ואותביה בכיסיה דאי מיפייסה ניפיים מאי. פי' כתבו וחתמו ליתנו לה ואחר לתתו לה שמא תתפייס עמו מן הקטטות שביניהן ולא נתפייסו ונתנו לה ואינה מגורשת אלא משעה שיתננו לה מה הועילו חכמים בתקנתם. פי' לר' יוחנן מקשה דאמר משום בת אחותו דאי לר"ל האמר דמשעת החתימה יש לה פירות ואע"פ שאיחר נתינת הגט דעדיו בחותמיו זכין לו: אמר ליה לא מקדם [איניש] פורענותא לנפשיה. פי' אין לחוש לכך שאין אדם מקדים לכתוב גט שפורענות הוא לו ואינו כותבו אלא בשעה שרוצה ליתנו: א"ל רבינא לרב אשי גיטין הבאים ממדינת הים דמיכתבי בניסן ולא מטו עד תשרי מה הועילו חכמים בתקנתם: א"ל הנהו קלא אית להו. פי' ובעיא לאתויי עדים אימתי מטא גיטה לידה: איתמר מאימתי מונין לגט. פי' ג' חדשים שהיא צריכה להמתין עד שלא תנשא רב אמר משעת נתינה ושמואל אמר משעת כתיבה פי' שמשעת כתיבתו אין לו להתיחד עמה וזהו גט ישן כל שנתייחד עמה מאחר שכתבו לה ואמרו חכמים אין אדם פוטר את אשתו בגט ישן גזירה שמא יאמרו גיטה קודם לבנה שמא תתעבר בין כתיבתו לנתינתו ולאחר זמן יאמרו הגט קודם ובזנות נתעברה וכיון שאין מתגרשת בגט ישן לא חיישינן שמא בא עליה והלכך מונין משעת כתיבה (וכ"כ חייש שמא בא עליה ואינו חושש לגרשה בו דהא אמרי' אם נתגרשה בו תנשא לכתחלה): תניא כותיה דרב השולח גט לאשתו ונשתהה שליח בדרך ג' חדשים משהגיע גט לידה צריכה להמתין ג' חדשים ולגט ישן אין חוששים שהרי לא נתייחד עמה. מיכן מוכיח שאם היו בעיר א' ורוצה לגרש את אשתו בגט שנכתב זה כמה ימים אע"פ שהוא אומר לא נתיחדתי עמה אין מניחים אותו לגרש בו דחיישינן שמא נתייחד עמה: תניא כותיה דשמואל המשליש גט לאשתו ואמר לו אל תתנו לה אלא לאחר ג' חדשים פי' והוא הלך לדרכו משנתנו לה מותרת להנשא מיד ולגט ישן אין חוששים שהרי לא נתיחד עמה: רב כהנא ורב אשי עבדי משעת נתינה רב פפא ורב הונא בריה דרב יהושע עבדי משעת כתיבה והלכתא משעת כתיבה. איתמר מאימתי כתובה משמטת רב אמר משתפגום ותזקוף ושמואל אמר פגמה אע"פ שלא זקפה זקפה אע"פ שלא פגמה ומאימתי נזקפי' במלוה משעת העמדה בדין א) על כתובה לא קיימא לגובינא מיד אלא למזונות והלכך כל זמן שניזונית ואינה תובעת כתובה לא קרינא בה לא יגוש ומ"ה אינה משמטת ורב סבר משתפגום. תפרע מקצתה והשאר תתבעם בדין אז קרינן בה לא יגוש ומשמטת אבל בפגימה לחוד לא. ש"ל לא בעיא למיגבי שארא השתא אלא מזונות היא רוצה כרבנן דאמרי בפ' אלמנה ניזונית שאע"פ שנפרעה קצת מכתובתה עדיין יש לה מזונות הלכך אם לא תתבעם בדין על השאר לא קרינא ביה לא יגוש ואם לא פגמה אע"פ שתבעתם בדין אינה משמטת עדיין דשמא נתפשרו ולא תגבה עכשיו כתובתה ותהיה ניזונית מהן מ"ה בעי תרווייהו פגימה וזקיפה ושמואל סבר בין פגימה בלחוד בין בזקיפה בלחוד גליא דעתה דבעיא לגבות כתובתה וקרינא ביה לא יגוש ומשמטת ותניא כותיה דרב ותניא כותיה דשמואל וכיון דתניא כתרווייהו הדרינן לכלל דרב ושמואל הלכה כשמואל בדיני: אמר שמואל כתובה כמעשה ב"ד דמיא מה מעשה ב"ד נכתבים ביום ונחתמים בלילה אף כתובה נכתבת ביום ונחתמת בלילה. פי' הכתובה תנאי ב"ד היא ואע"ג דלא כתב לה כתובה (ככתובתה) [ככתב] דמיא דכל מעשה ב"ד אעפ"י שקדמה כתיבה לחתימה אין בכך כלום דחיוביה משעת פסק דין ב"ד הוא ואע"ג דלא איחתים הלכך אין שם הקדמה ונכתבים ביום ונחתמים בלילה וכתובה נמי משעת כניסה לחופה ב) חייב זוז בו מאתים שעבודא עליה ואע"ג דלא איחתם שטרא דהעיקר זמן [השעבוד] כניסתה לחופה הוא ואם תקדים כתיבה לחתימה אין בכך כלום וה"ה נמי לשטרי אקנייתא שנכתב ביום ונחתמים בלילה מפני שאין שעבודם תלוי בחתימת העדים אלא משעת הקנין שאם הקנה ראובן נכסיו לשמעון ע"י סודר בניסן ולא נכתב השטר עד אייר מניסן קנה שמעון הנכסים ואם מכרן ראובן ללוי קודם שיגיע שטר ליד שמעון אין מכירתו מכירה שאין קנין הנכסים תלוי בהגעת השטר ליד שמעון אלא משעת קנין הסודר קנאם והשטר אינו אלא לראיה בעלמא [illegible]

[illegible]

חָיְישִׁינַן שֶׁמָּא פִּיֵּים; וְרַבִּי יוֹחָנָן אָמַר: אֲפִי' מִכָּאן וְעַד עֲשָׂרָה יָמִים; אִם אִיתָא דְּפִיֵּים – קָלָא אִית לֵיהּ לְמִילְּתָא. אִיתְּמַר: אָמַר לַעֲשָׂרָה "כִּתְבוּ גֵּט לְאִשְׁתִּי", אָמַר ר' יוֹחָנָן: אשְׁנַיִם מִשּׁוּם עֵדִים, וְכוּלָּם מִשּׁוּם תְּנַאי, וְרֵישׁ לָקִישׁ אָמַר: כּוּלָּם מִשּׁוּם עֵדִים. הֵיכִי דָּמֵי? אִילֵימָא דְּלָא אֲמַר לְהוּ "כּוּלְּכֶם", *וְהָא תְּנַן: אָמַר לַעֲשָׂרָה "כִּתְבוּ גֵּט לְאִשְׁתִּי", אֶחָד כּוֹתֵב וּשְׁנַיִם חוֹתְמִין! אֶלָּא דַּאֲמַר לְהוּ "כּוּלְּכֶם". מַאי בֵּינַיְיהוּ? אִיכָּא בֵּינַיְיהוּ בדַּחֲתוּם בֵּי תְּרֵי מִינַּיְיהוּ בְּיוֹמֵיהּ, וְאִינָךְ מִכָּאן וְעַד עֲשָׂרָה יָמִים. מַאן דְּאָמַר מִשּׁוּם תְּנַאי – כָּשֵׁר; וּמַאן דְּאָמַר מִשּׁוּם עֵדִים – פָּסוּל. גאִי נַמִי: כְּגוֹן שֶׁנִּמְצָא אֶחָד מֵהֶם קָרוֹב אוֹ פָּסוּל; לְמַאן דְּאָמַר מִשּׁוּם תְּנַאי – כָּשֵׁר, לְמַאן דְּאָמַר מִשּׁוּם עֵדִים – פָּסוּל. אִי חָתוּם בַּתְּחִילָּה קָרוֹב אוֹ פָּסוּל, אָמְרִי לָהּ: כָּשֵׁר, וְאָמְרִי לָהּ: דפָּסוּל. אָמְרִי לָהּ כָּשֵׁר – תְּנַאי הוּא; אָמְרִי לָהּ פָּסוּל – אָתֵי לְאִיחְלוּפֵי בִּשְׁטָרוֹת דְּעָלְמָא. הַהוּא דַּאֲמַר לְהוּ לַעֲשָׂרָה: "כִּתְבוּ גֵּט לְאִשְׁתִּי", חֲתוּם בֵּי תְּרֵי מִינַּיְיהוּ בְּיוֹמֵיהּ וְאִינָךְ מִכָּאן וְעַד עֲשָׂרָה יָמִים, אֲתָא לְקַמֵּיהּ דְּרַבִּי יְהוֹשֻׁעַ בֶּן לֵוִי. אֲמַר לֵיהּ:
כְּדַאי

שֶׁמָּא פִּיֵּים. אֶת אִשְׁתּוֹ בְּתוֹךְ כָּךְ, וּבָא עָלֶיהָ, וְהָוֵי גֵּט יָשָׁן. **קָלָא אִית לֵיהּ לְמִילְּתָא.** שֶׁהַשְּׁכֵנִים וְהַשְּׁכֵנוֹת שׁוֹמְעִין תִּגָּר וּקְטָטָה שֶׁבֵּין אִישׁ לְאִשְׁתּוֹ, וְכַאֲשֶׁר יִשְׁקוֹט אֶת רִיבָם – הַכֹּל מַרְגִּישִׁים. **אָמַר ר' יוֹחָנָן שְׁנַיִם.** נִתְכַּוֵּין לַחְתּוֹם בּוֹ לְשֵׁם עֵדִים. **וְכוּלָּם.** לֹא הֶחְתִּים בּוֹ אֶלָּא לְבַיְּישָׁהּ בָּרַבִּים, וּתְנַאי גָּמוּר הִטִּיל בְּגֵט זֶה, דְּלָא לֶיהֱוֵי גִּיטָּא אֶלָּא א"כ חוֹתְמִין בּוֹ כּוּלָּן. **כּוּלָּם מִשּׁוּם עֵדִים.** נִתְכַּוֵּון לְהַחְתִּימָם. **וּשְׁנַיִם חוֹתְמִין.** וְקַשְׁיָא לְתַרְוַיְיהוּ, דְּאָמְרִי: כּוּלָּם צְרִיכִים לַחְתּוֹם. **אֶלָּא דַּאֲמַר כּוּלְּכֶם.** דְּלָא שַׁוְיָא גִּיטָּא עַד דַּחֲתִימִי כּוּלְּהוּ. **מַאי בֵּינַיְיהוּ.** בֵּין מִשּׁוּם תְּנַאי בֵּין מִשּׁוּם עֵדִים – כּוּלָּם צְרִיכִים לַחְתּוֹם, דְּהָכִי תְּנַן בְּסֵיפָא דְּהַהִיא: "כּוּלְּכֶם כִּתְבוּ גֵּט לְאִשְׁתִּי" – אֶחָד כּוֹתֵב וְכוּלָּם חוֹתְמִין. (לקמן סו:) **וְעַד עֲשָׂרָה יָמִים.** וְקוֹדֶם שֶׁנְּתָנוֹ לָהּ חָתְמוּ כּוּלָּן. **ומ"ד מִשּׁוּם עֵדִים פָּסוּל.** דְּלָא הָוֵי עֵדוּת שְׁלֵימָה עַד שֶׁיַּחְתְּמוּ כּוּלָּם, וְכֵיוָן דְּכוּלָּם לֹא חָתְמוּ בְּיוֹם כְּתִיבָתוֹ – הָוֵי לֵיהּ מוּקְדָּם. **נִמְצָא א' מֵהֶן קָרוֹב אוֹ פָּסוּל.** וְקי"ל בְּסַנְהֶדְרִין (דף ט.): אֲפִילּוּ מֵאָה עֵדִים, וְנִמְצָא אֶחָד קָרוֹב אוֹ פָּסוּל – עֵדוּתָן בְּטֵלָה. **אִי חָתִים בַּתְּחִילָּה קָרוֹב אוֹ פָּסוּל.** בִּשְׁנַיִם הָרִאשׁוֹנִים חָתוּם הַקָּרוֹב, וְכוּלָּן חָתְמוּ בּוֹ בַּיּוֹם. **אָמְרִי לָהּ כָּשֵׁר.** לְמַאן דְּאָמַר מִשּׁוּם תְּנַאי. דְּאע"ג דְּאִיחְתִּים בְּרֵישָׁא קָרוֹב אוֹ פָּסוּל – הָעֵדוּת מִתְקַיֶּים בָּרְאוּיִים לְעֵדוּת, וְהוּא יֵחָשֵׁב לִתְנַאי. דְּמִסְתָּמָא אֶת הַכְּשֵׁרִים מִינָּה לְשֵׁם עֵדוּת, וְהַקָּרוֹב לִתְנַאי. **אָתֵי לְאִיחְלוּפֵי בִּשְׁטָרוֹת דְּעָלְמָא.** דְּכֵיוָן דְּחָתַם בְּרֵישָׁא – אָתֵי לְמֵימַר: זֶה וַדַּאי לְשֵׁם עֵדוּת חָתַם, וְיַכְשִׁירוּ קָרוֹב בְּכָל הַשְּׁטָרוֹת. **הַהוּא דַּאֲמַר לַעֲשָׂרָה.** "כּוּלְּכֶם כִּתְבוּ גֵּט לְאִשְׁתִּי":
כְּדַאי

חיישינן שמא פיים. ואין להקשות: בגיטין הבאים ממדינת הים ובמשליש גט לאשתו אמאי לא חיישינן שמא פייס? דהכא הוא דחיישינן טפי, לפי שעדיין לא נחתם, וכי מתפייס נמי ליכא קלא. וכן כי אמר לעשרה "חתומו", וחתום בי תרי ביומיה דבסמוך – רגיל להתפייס, כיון דלא חתמו כל הצריכים לחתום, וכי מפייס נמי ליכא קלא. אבל כשכבר חתמו כל העדים בגט, ומזומן ליתן – אין רגיל להתפייס, וכשחוזר ומתפייס – הכל מרגישין. אבל קשה: דבפ' "כל הגט" (לקמן דף כט:) גבי ההוא דשדר גיטא לדביתהו ואמר ליה לשליח: לא תיתביה ניהלה עד תלתין יומין. פריך עלה: וניחוש שמא פייס! וכן אההיא "אם לא באתי מכאן עד י"ב חדש". ובקונט' פי' שם דבשולח גט ממדינת הים ליכא למיחש שמא פייס, דמימר אמר הבעל: השליח קדמני, וכבר הגיע גט לידה, ולא עקר נפשיה מספיקא. אבל מ"המשליש גט לאשתו" קשה, וגם לר' יוחנן דהכא! ונראה לר"ת: דב"המשליש", שהוא עמה בעיר ואינו הולך משם – מסתמא מחמת קטטה מגרש, ומה שקובע זמן בנתינת הגט – לצעורה קא מכוין, ולא להתפייס. אבל בהנך דלקמן, שהולך משם ואינו אצלה בעיר – מסתמא לטובתה נתכוין, שלא תתעגן, וקובע זמן – חיישינן שמא יבא בתוך כך ויתפייס. וכי יתפייס נמי ליכא קלא, כיון שאינו מגרשה בשביל קטטה – אפי' רבי יוחנן מודה התם. **שמא פיים.** פירש בקונטרס: שמא נתייחד עמה, והוי גט ישן. ואין נראה לר"ת: דהא בסוף פרק "מי שאחזו" (לקמן דף עו:) קאמר: ולגט ישן אין חוששין, שהרי לא נתייחד עמה. ופריך עלה: וליחוש שמא פייס? משמע דתרי מילי נינהו. ועוד: דלמה ליה למיפרך שמא פייס ומשום גט ישן? התם, דקאי אההיא ד"הרי זה גיטך כל זמן שאעבור מנגד פניך שלשים יום" ו"אם לא באתי מכאן עד י"ב חדש", כיון דאם בא – בלא שום ייחוד בטל הגט! ואומר ר"ת: דשמא פייס דהכא, ורים פרק "כל הגט" (לקמן דף כט:) רוצה לומר: שמא פייס וביטל, ואמר: גט שנתתי בטל הוא. ומיירי הכא כשאמר להם לחתום מכאן עד עשרה ימים, או לאלתר, והם לא חתמו עד עשרה ימים, ובשעת החתימה לא היה הבעל שם, ולהכי חיישינן שמא פייס וביטל שליחותם, ושלא מדעתו חתמו. אבל אם אחר עשרה ימים צוה להם לחתום – כשר, דאפילו בטל הגט קודם – הא קיימא לן כרב נחמן דאמר בריש "השולח" (לקמן דף לג:) דחוזר ומגרש בו. ומיהו, אההיא ד"אם לא באתי" אינו רוצה לומר: שמא פייס ובטל את הגט בדיבור, דכיון דאמר "מעכשיו אם לא באתי" ולא בא – הוי גט מעכשיו, אע"ג דבטלו אח"כ. אלא "נתפייס ובא" קאמר, ומתוך כך בטל הגט. ואין מזכיר הפיוס אלא משום שע"י שנתפייס חוזר לו ובא. ומשני: באומר "נאמנת עלי לומר שלא באתי" שאפילו באתי, אם היא תאמר שלא באתי – יהא גט. ועל פי' הקונטרס קשה: דמאי משני? דאע"ג דאמר "נאמנת עלי לומר שלא באתי אצלה" אנן חיישינן ולא מהימנינן ליה! ומיהו, גם על פי' ר"ת קשה אההיא ד"כל זמן שאעבור(א) נגד פניך ל' יום", דמשני: באומר "נאמנת עלי לומר שלא באתי" – מ"מ ניחוש שמא בטל את הגט. דכיון דלא אמר "מעכשיו", ואין הגט חל עד שיעבור מנגד פניה ל' יום, ואם בתוך כך בטלו – לא הוי גט! ונראה לר"י: דלא חיישינן לשמא פייס, אלא חיישינן משום לעז בעלמא, שיוציא הבעל לעז שבטל את הגט. והשתא משני שפיר, באומר: נאמנת כו'; דכיון שהאמינה עליו – שוב לא יוציא לעז, דכסיפא ליה מלתא. והשתא משני שפיר גם לפי' הקונטרס. וכן משמע התם מתוך פירושו דלא הוי אלא לעז, שהזכיר בדברי המקשה ערעורו של בעל. ובמעמד כולן, כדאמרינן בפ' קמא (לעיל י:) דעדי הגט אין חותמין זה בלא זה. **ואינך** מכאן עד עשרה ימים. **אי** נמי כגון שנמצא אחד מהן קרוב או פסול. דאע"ג דאמרי' (מכות דף ו.) דשיילינן להו: למיחזי אתיתו או לאסהודי אתיתו – הכא לא שייל, דפשיטא דחתמו לדעת הבעלים. **אמרי** לה פסול דאתי לאיחלופי(ב) בקיום שטרות דעלמא. וא"ת: מאי שנא מגט מקושר, דאמר לקמן בסוף "הזורק" (דף פב.): אי בעי חתים קרוב, בין בתחילה בין באמצע בין בסוף! וי"ל: דשאני גט מקושר דעדיו שלשה, ושנים מהן הכשרין חתומין עליו לשם עדות, הלכך לא אתי לאיחלופי. אבל הכא, שאין צריך כי אם שנים משום עדות – יאמרו דשנים הראשונים ודאי הם לשם עדות, ואתי לאיחלופי. אבל קשה, דאמר חזקיה: מלאוהו בקרובים – כשר, ומשמע בהדיא בפ' "המגרש" (לקמן פז:) דמילתיה דחזקיה גבי מילוי שני שיטין שהרחיק מן הכתב איתמר! ואומר ר"ת: כיון דעדי הגט אין חותמין זה בלא זה – סברי שהראשונים הם עיקר עדות, לפי שחתמו הראשונים לפני כל העדים. אבל התם, בשאר שטרות, כשרואים שקרובים חתומין תחילה – יאמרו: אותם שמלאו תחילה החתימו תחילה, או אחרי כן חתמו למילוי. ואור"ת: דאפילו מאן דפסיל הכא – לא פסיל אלא בתחילה, אבל באמצע וסוף – כשר. דכיון דלא הוי בתחילה – לא אתי לאיחלופי. והא דתניא בתוספתא, ומייתי לה בריש "גט פשוט" (ב"ב דף קסב:): היו לו ארבעה וחמשה עדים חתומים על השטר, ונמצאו שנים הראשונים קרובים או פסולים – תתקיים העדות בשאר – כך היא הגירסא בתוספתא; אומר ר"ת: דנקט "שנים הראשונים" לרבותא, דאע"פ שנראה יותר שהם עיקר העדות, וכ"ש אם נמצאו אמצעיים או אחרונים קרובים או פסולים, תתקיים העדות בשאר. ואין נראה לר"י; דאי כשר בשטרות שנים קרובים, בין בתחלה בין באמצע בין בסוף – ניחוש דלמא אתי לקיומיה בשנים קרובים, או בחד קרוב וחד כשר. וליכא למימר דלעולם לא מקיים עד שיכירו כל החתימות שבשטר, ואע"ג דבגט מקושר מקיימינן מכל תלתא דאית ביה – התם משום דאטרחוה רבנן להחתים על כל קשר, לא אטרחוה לקיים כולם, אבל הכא, דכמה דבעי מחתים – בעי קיום בכולהו. דהא אמרינן ב"גט פשוט" *לא שנו אלא בין העדים לכתב, אבל בין העדים לאשרתא, אפי' הרחיק שיטה אחת – פסול. ופריך: [ב"ב קסג.] בין העדים לכתב נמי ליחוש, דלמא כתב הוא ועדיו בשיטה אחת, ואמר לרבות בעדים הוא דעבדי! ומשני: כל כי ה"ג אין מקיימין אותו מעדים של מטה, אלא מעדים של מעלה. משמע דבעלמא מכל תרי דאית ביה מקיימין. ואי הוה צריך לקיים כל החתימות – לא הוה פריך מידי. וחזר בו ר"ת, ומפרש כמו שמפרש בהלכות גדולות: דדוקא נקט בברייתא "שנים הראשונים קרובים" כו', דתלינן דחתמו לכבוד או למילוי – לכך תתקיים העדות בשאר. אבל נמצא מן האמצעיים או מן האחרונים קרוב או פסול – עדותו בטלה, דודאי לשם עדות חתמו. והכי קאמר ב"גט פשוט" (ב"ב דף קסג.): כל כי האי גוונא אין מקיימים מעדים של מטה אלא מעדים של מעלה, אבל בעלמא – אדרבה, הוי איפכא, דאין מקיימין מעדים שלמעלה אלא מעדים של מטה. ומאן דמכשיר הכא – לא מכשיר אלא בתחילה, אבל בסוף – פסול לכולי עלמא. וא"ת: למאן דאמר משום עדים, דדעת בעל השטר להחתים משום עדים, והם חותמים לפי דעתו, אמאי תלינן בשאר שטרות שחתמו למילוי? לישיילינהו כי היכי דשיילינן התם: למיחזי אתיתו כו'! ואמר רבינו תם: דשאני שטר, דעדים החתומים נעשה כמו שנחקרה עדותם בב"ד.
דיו

עין משפט נר מצוה

כט א ב ג ד מיי' פ"ט מהל' גירושין הלכה כז סמג עשין נ טוש"ע אה"ע סי' קל סעיף ע:

תוספות רי"ד

לקלא והלכך אין כותבין לו אלא מאייר בשעה שחותמין ואם קדמה כתיבתו לחתימתו פסול מפני שהוא מוקדם וטורף שלא כדין. כתובתיה דרבי חייא בר רב איכתיבא ביממא ואיחתמא בליליא הוה רב התם ולא אמר להו ולא מידי לימא כשמואל סבירא ליה לא עסוקין באותו ענין היו דתניא א"ר אלעזר בר צדוק ל"ש אלא שאין עסוקים באותו ענין אבל עסוקים באותו ענין אפילו בשאר שטרות נמי כשר והלכתא כשמואל דכתובה כמעשה ב"ד דמיא ואע"ג שקדמה כתיבתה לחתימת' כשרה: ור"ש מכשיר מ"ט דר"ש קסבר כיון דנתן עיניו לגרשה שוב אין לו פירות. פי' והלכך המוקדם כשר דמשעת כתיבת הגט אע"פ שלא חתמו הפסיד הפירות ואי טרפא משעת כתיבה בדין טרפא: אר"ל לא הכשיר ר"ש אלא לאלתר אבל מיכן ועד י' ימים לא חיישנן שמא פיים. פי' שמא יתפיים עמה ואינו רוצה לגרשה ולא הפסיד הפירות דאימתי אמרינן משעה שנתן עיניו לגרשה אין לו פירות בשאינו מתחרט וגמר ומגרש אבל אם מתחרט ואינו רוצה לגרש לא הפסיד הפירות ואם נמלך עוד וגירשה בגט זה לא הפסיד הפירות אלא משעת נתינה והלכך זה הגט פסול דאתיא למיטרף ביה לקוחות שלא כדין ולקוחות לא ידעו שנתפיים עמה וחזרו הפירות לבעל ור' יוחנן אמר אפילו מיכן ועד י' ימים [אם] איתא דפיים קלא אית לה למילתא. פי' שהשכנים יודעים התגר והקטטה שבין איש לאשתו וכשמתפייסים הכל יודעים והלכך ליכא למיחש דאי ידעי שנתפייסו ואח"כ גירשה בגט זה ואתיא למיטרף לקוחות מזמן כתיבת הגט אמרי' לה הבא ראיה אימת מטא גיטה לידך ואע"פ שר' יוחנן ור"ל פרשו דברי ר"ש אין הלכה כמותו דיחיד ורבים הלכה כרבים ולא הפסיד בעל הפירות עד שעת נתינה דהא אינהו דפרשי מילתיה דר"ש לא סברי כותיה דר"ל אמר משעת חתימה ולא משעת כתיבה ור' יוחנן אמר משעת נתינה: איתמר אמר לעשרה כתבו גט לאשתי ר' יוחנן אמר שנים משום עדים וכולן משום תנאי ור"ל אמר כולן משום עדים ה"ד אילימא דלא אמר להו כולכם והתנן אמר לעשרה כתבו גט לאשתי אחד כותב ושנים חותמין אלא דאמר להו כולכם ותנן לקמן בפ' התקבל אמר לעשרה כתבו גט לאשתי א' כותב ושנים חותמין. כולכם כתובו אחד כותב וכולן חותמין. לפיכך אם מת א' מהן הרי הגט בטל מאי בינייהו א"ב דחתים חד מינייהו ביומיה ואידך מכאן ועד י' ימים מאן דאמר משום תנאי כשר ומ"ד משום עדים פסול אי נמי כגון שנמצא א' מהן קרוב או פסול מ"ד משום תנאי כשר ומ"ד משום עדים פסול וקי"ל ר"ל ור' יוחנן הלכה כר' יוחנן ומשום דקי"ל כר' יוחנן שמכשיר קרוב או פסול בעי מחתם בתחלה קרוב או פסול מאי. אמרי לה כשר ואמרי לה פסול אמרי לה כשר דמשום תנאי הוא ואמרי לה פסול דלמא אתי לאיחלופי בקיום שטרא דעלמא פי' כשיראו שהקרוב [או] הפסול חותם תחלה יבואו להכשירו בשאר והא אפילו בשאר שטרות נמי אמרינן בגט פשוט אמר חזקיה מלאהו בקרובים כשר ומסייעים ליה ממתניתא דתניא היו חתומים עליו ארבעה וחמשה עדים ונמצא א' מהן קרוב או פסול תתקיים העדות בשאר ואמאי לא גזרינן התם דילמא אתו למיחתם קרובים בלחוד כדגזרינן הכא תשובה התם כשמלאוהו בקרובים הכשרים חתומים תחילה והרואה עכשיו שחותמים הקרובים אחריהם לא יכשירם לעלמא שאומר בלבו על הכשרים הן סומכים אבל כשחתם תחילה קרוב או פסול דילמא מאן דחזי ליה לא ממתין עד דליחזי דחתמי נמי בו כשרים דמיקיים על פומייהו אלא סבור שעל יד זה מתקיים הגט ויבא להכשיר קרוב או פסול לכל עדות דעלמא. אי נמי התם דיעבד דהא מילאהו קאמר דמשמע דיעבד והכא לכתחלה דמיחתם לכתחלה משמע אבל לעולם אי מיקרי וחתם לכתחלה קרוב או פסול כשר ותתקיים העדות בשאר כדכתיב התם בגט פשוט. ההוא דאמר להו לעשרה

הגהות הב"ח

(א) תוס' ד"ה שמא וכו' שאעבור מנגד פניך: (ב) ד"ה אמרי לה פסול דאתי לאיחלופי בשטרות כצ"ל ותיבת בקיום נמחק:

כְּדַאי הוּא רַבִּי שִׁמְעוֹן. דְּמַתְנִיתִין, דְּקָמַר: נִכְתַּב בַּיּוֹם וְנֶחְתַּם בַּלַּיְלָה – כָּשֵׁר. לִסְמוֹךְ עָלָיו בִּשְׁעַת הַדְּחָק. שֶׁהָלַךְ זֶה לְדַרְכּוֹ, אוֹ נִיסֵּת כְּבָר בְּגֵט זֶה. סְבִירָא לֵיהּ. לְרַבִּי יְהוֹשֻׁעַ בֶּן לֵוִי. וְכוּלָּן מִשּׁוּם תְּנַאי. וְאֵין כָּאן הַקְדָּמָה, דִּתְנַאי נִינְהוּ, וַאֲפִילּוּ לְרַבָּנַן כָּשֵׁר. **מתני'** עַל הֶעָלֶה שֶׁל זַיִת. תְּלוּשָׁה. וְנוֹתֵן לָהּ אֶת הַפָּרָה.

*כְּדַאי הוּא ר"ש לִסְמוֹךְ עָלָיו בִּשְׁעַת הַדְּחָק. וְהָאָמַר רֵישׁ לָקִישׁ: לֹא הִכְשִׁיר ר"ש אֶלָּא לְאַלְתַּר, אֲבָל מִכָּאן וְעַד עֲשָׂרָה יָמִים לֹא! בְּהַהִיא כְּרַבִּי יוֹחָנָן סְבִירָא לֵיהּ. וְהָאָמַר ר' יוֹחָנָן: שְׁנַיִם מִשּׁוּם עֵדִים, וְכוּלָּן מִשּׁוּם תְּנַאי! בְּהַהִיא כְּרֵישׁ לָקִישׁ סְבִירָא לֵיהּ.§ **מתני'** [א]בַּכֹּל כּוֹתְבִים; בִּדְיוֹ, [ב]בְּסַם, בְּסִיקְרָא, וּבְקוֹמוֹס, וּבְקַנְקַנְתּוֹם, וּבְכָל דָּבָר שֶׁהוּא שֶׁל *קַיָּימָא. אֵין כּוֹתְבִין לֹא בְּמַשְׁקִין, וְלֹא בְּמֵי פֵירוֹת, וְלֹא בְּכָל דָּבָר שֶׁאֵינוֹ מִתְקַיֵּים. [ג]עַל הַכֹּל כּוֹתְבִין, *עַל הֶעָלֶה שֶׁל זַיִת, וְעַל הַקֶּרֶן שֶׁל פָּרָה וְנוֹתֵן לָהּ אֶת הַפָּרָה, עַל יָד שֶׁל עֶבֶד וְנוֹתֵן לָהּ אֶת הָעֶבֶד; רַבִּי יוֹסֵי הַגְּלִילִי אוֹמֵר: אֵין כּוֹתְבִין לֹא עַל דָּבָר שֶׁיֵּשׁ בּוֹ רוּחַ חַיִּים, וְלֹא עַל הָאוֹכָלִים.§ **גמ'** *דְּיוֹ – דְּיוֹתָא; סַם – סַמָּא. סִיקְרָא – אָמַר רַבָּה בַּר בַּר חָנָה: סִקְרְתָא שְׁמָהּ. קוֹמוֹס – קוּמָא. קַנְקַנְתּוֹם – אָמַר רַבָּה בַּר [בַּר חָנָה אָמַר] שְׁמוּאֵל: חַרְתָּא דְּאוּשְׁכָּפֵי.§ "וּבְכָל דָּבָר שֶׁהוּא מִתְקַיֵּים" וכו'.§ לְאַתּוּיֵי מַאי? לְאַתּוּיֵי הָא דְּתָנֵי ר' חֲנִינָא: [ג]כְּתָבוֹ בְּמֵי טְרִיָּא וְאַפְצָא – כָּשֵׁר. *תָּנֵי ר' חִיָּיא: [ד]כְּתָבוֹ בַּאֲבָר, בִּשְׁחוֹר, וּבְשִׁיחוֹר – כָּשֵׁר. אִיתְּמַר: הַמַּעֲבִיר דְּיוֹ עַל גַּבֵּי סִיקְרָא בְּשַׁבָּת, רַבִּי יוֹחָנָן וְרֵישׁ לָקִישׁ דְּאָמְרִי תַּרְוַיְיהוּ: [ה]חַיָּיב שְׁתַּיִם, אַחַת מִשּׁוּם כּוֹתֵב, וְאַחַת מִשּׁוּם מוֹחֵק. דְּיוֹ ע"ג דְּיוֹ, סִיקְרָא עַל גַּבֵּי סִיקְרָא – [ו]פָּטוּר. סִיקְרָא ע"ג דְּיוֹ, אָמְרִי לָהּ: חַיָּיב, וְאָמְרִי לָהּ: [ז]פָּטוּר. אָמְרִי לָהּ חַיָּיב – מוֹחֵק הוּא; אָמְרִי לָהּ פָּטוּר – מְקַלְקֵל הוּא. בְּעָא מִינֵּיהּ *רֵישׁ לָקִישׁ מֵר' יוֹחָנָן: עֵדִים שֶׁאֵין יוֹדְעִים לַחֲתּוֹם, מַהוּ שֶׁיִּכְתְּבוּ לָהֶם בְּסִיקְרָא וְיַחְתְּמוּ? כְּתָב עֶלְיוֹן כְּתָב, אוֹ אֵינוֹ כְּתָב? א"ל: אֵינוֹ כְּתָב. א"ל: וַהֲלֹא לִימַּדְתָּנוּ רַבֵּינוּ, כְּתָב עֶלְיוֹן כְּתָב לְעִנְיַן שַׁבָּת! א"ל: *וְכִי מִפְּנֵי שֶׁאָנוּ מְדַמִּין נַעֲשֶׂה מַעֲשֶׂה? אִיתְּמַר: עֵדִים שֶׁאֵין יוֹדְעִים לַחֲתּוֹם, רַב אָמַר: מְקָרְעִין לָהֶם נְיָיר חָלָק וּמְמַלְּאִים אֶת הַקְּרָעִים דְּיוֹ; וּשְׁמוּאֵל אָמַר: בַּאֲבָר. בַּאֲבָר סָלְקָא דַּעְתָּךְ? וְהָתָנֵי רַבִּי חִיָּיא: כְּתָבוֹ בַּאֲבָר, בִּשְׁחוֹר, וּבְשִׁיחוֹר – כָּשֵׁר! לָא קַשְׁיָא: [ח]הָא בְּאַבְרָא, הָא בְּמַיָּא דְאַבְרָא. רַבִּי אַבָּהוּ אָמַר: בְּמֵי מִילִין. וְהָתָנֵי רַבִּי חֲנִינָא: כְּתָבוֹ בְּמֵי טְרִיָּא וְאַפְצָא – כָּשֵׁר! ל"ק: [ט]הָא דַּאֲפִיץ, הָא [י]דְּלָא אֲפִיץ, שֶׁאֵין מֵי מִילִין ע"ג מֵי מִילִין. רַב פַּפָּא אָמַר: [י]בְּרוֹק. וְכֵן אוֹרֵי לֵיהּ רַב פַּפָּא לְפַפָּא תּוֹרָאָה: בְּרוֹק. וְה"מ בְּגִיטִּין, [כ]אֲבָל בִּשְׁטָרוֹת – לָא, דְּהַהוּא דַּעֲבַד עוּבְדָא בִּשְׁאָר שְׁטָרוֹת, [ל]וְנַגְּדֵיהּ רַב כָּהֲנָא.

תַּנְיָא

רש"י

בַּגְּמָרָא מְפָרֵשׁ טַעְמָא. **גמ'** סַמָּא. אוֹרפִימנ"ט. סִקְרְתָא. לֶבַע אָדוֹם שֶׁקּוֹרִין מיניא"ו. קוּמָא. שְׂרַף הָאִילָן. חַרְתָּא דְאוּשְׁכָּפֵי. אדרמינ"ט. בְּמֵי טְרִיָּא. מֵי גְשָׁמִים. לְשׁוֹן מוֹרִי: מֵי טְרִיָּא – מַיִם שֶׁשּׁוֹרִים בּוֹ פְּרִי שֶׁהוּא כְּעֵין עֲפָצִים, גל"ש בְּלַעַ"ז. בַּאֲבָר. שֶׁשָּׁף הָעוֹפֶרֶת בְּמַיִם וּמַשְׁחִירִים. בִּשְׁחוֹר. פֶּחָמִין. וּבְשִׁיחוֹר. חַרְתָּא דְּאוּשְׁכָּפֵי. עַל גַּבֵּי סִיקְרָא. שְׁתֵּי אוֹתִיּוֹת שֶׁל סִיקְרָא, וְהֶעֱבִיר עֲלֵיהֶם דְּיוֹ בְּשַׁבָּת. מוֹחֵק. ע"מ לִכְתּוֹב שְׁתֵּי אוֹתִיּוֹת בְּשַׁבָּת – חַיָּיב. וְזֶה מוֹחֵק הַתַּחְתּוֹנוֹת סִיקְרָא, וְכָתַב הָעֶלְיוֹנוֹת דְּיוֹ. פָּטוּר. שֶׁהֲרֵי הוּא (א) בַּתְּחִילָּה, לֹא כָּתַב וְלֹא מָחַק. מוֹחֵק הוּא. וְלֹא כּוֹתֵב, שֶׁמִּתְּחִילָּה הָיָה כָּתוּב הָגוּן מֵעַתָּה. מְקַלְקֵל הוּא. וַהֲוָה לֵיהּ כְּמוֹחֵק ע"מ שֶׁלֹּא לִכְתּוֹב, וּלְמַאן דְּמִיחַיֵּיב – לָא הֲוָה מְקַלְקֵל כָּל כָּךְ, שֶׁהֲרֵי כְּתָבוֹ נִיכָּר. כְּתָב עֶלְיוֹן כְּתָב לְעִנְיַן שַׁבָּת. דְּהָא אָמְרַתְּ לְעֵיל: חַיָּיב שְׁתַּיִם. וְכִי מִפְּנֵי שֶׁאָנוּ מְדַמִּין. שֶׁאָנוּ אוֹמְדִים וּסְבוּרִים, וְאוֹמְדִין מֵאוֹמֶד לִבֵּנוּ לְהַחְמִיר. נַעֲשֶׂה מַעֲשֶׂה. לְהָקֵל? אֲפִי' לְעִנְיַן שַׁבָּת, אִם בָּא מַעֲשֶׂה לְיָדֵינוּ בִּזְמַן בֵּית הַמִּקְדָּשׁ – לֹא הָיִיתִי סוֹמֵךְ עַל דְּבָרַי לְהָבִיא חוּלִּין לָעֲזָרָה. מְדַמִּין. שׁוּספלי"ר, כְּמוֹ: כִּמְדוּמִּים. מְקָרְעִין. מְסָרְטִין. וְהָתָנֵי רַבִּי חִיָּיא כְּתָבוֹ בַּאֲבָר כָּשֵׁר. וְכֵיוָן דִּכְתָב גָּמוּר הוּא – הֲוָה לֵיהּ כִּדְיוֹ עַל גַּבֵּי סִיקְרָא, דְּקָא אָסְרִינַן לְעֵיל. בַּאֲבָר. לְשַׁפְשֵׁף בַּחֲתִיכָה שֶׁל אֲבָר עַל הַקְּלָף וּמַשְׁחִירוֹ – אֵינוֹ כְּתָב. בְּמַיָּא דְאַבְרָא. מַיִם שֶׁשָּׁרָה בָּהֶן שְׁחִיקַת אֲבָר. בְּמֵי מִילִין. מַיִם שֶׁשָּׁרָה בָּהֶן עֲפָצִים שְׁחוּקִים. הָא דַּאֲפִיצָא. הַקְּלָפִים מְעוּבָּדִים בַּעֲפָצִים – רוֹשְׁמִין עֲלֵיהֶן אֶת הָעֵדִים בְּמֵי מִילִין. דְּלָא הָוֵי כְּתָב, שֶׁהֲרֵי מַרְאֵה הַקְּלָפִים כְּמַרְאֵה הַכְּתָב וְאֵינוֹ נִיכָּר, הִלְכָּךְ אֵין מֵי מִילִין עַל גַּבֵּי* מִילִין. וּמַתְנִיתִ' – בִּדְלָא אֲפִיצָן. בְּרוֹק. רוֹשְׁמִין לָהֶם בְּרוֹק. (ב) תּוֹרָאָה. *סַפְסָר שֶׁל שְׁוָורִים. בְּגִיטִּין. מִשּׁוּם עִיגּוּנָא, כִּדְלְקַמָּן, דְּלָא מַשְׁכְּחִינַן' סָהֲדֵי בְּקִיאֵי, וּבְתוֹךְ כָּךְ יִפָּרֵשׁ זֶה לַיָּם, אוֹ יָמוּת, וְתִיזָּקֵק לְיָבָם. אֲבָל בִּשְׁאָר שְׁטָרוֹת. יַחֲזִיר אַחַר הָעֵדִים בְּקִיאִים לַחְתּוֹם.

כְּוָותֵיהּ

תוספות

דיו דיותא. אומר ר"ת: דדיו שלנו הוא קרוי דיו, ולא אותו שעושין מעפצים, דההוא לא מיקרי דיו. מדתני רבי חנינא: כתבו במי טריא ואפצא כשר – משמע דלאו היינו דיו, דלא תני אלא הנך דלא תני במתני'. ובסמוך דפריך ארבי אבהו דאמר במי מילין מרבי חנינא, אמאי לא פריך מדיו דמתניתין? ועוד: דספר תורה בעי דיו, כדאמרינן ב"הבונה" (שבת דף קג:): כתבה שלא בדיו – יגנז. ואספר תורה קאי, כדמשמע ב"הקומץ רבה" (מנחות דף לא:), והיכי כתבינן בדיו של עפצים על קלף של ספר תורה שהוא מעופץ? והא אין מי מילין על גבי מי מילין! ועוד מדקדק ר"ת מהא דאמרי' בפ"ב דנדה (דף כ.): רבי אמי פלי קורטא דדיותא ובדיק – והיינו דיו שלנו, שהוא יבש, ושייך לומר בו "פלי קורטא". והא דאמר בפרק "במה מדליקין" (שבת דף כג.): כל השרפים יפים לדיו, ושרף קטף יפה מכולן – ההוא שרף לאו היינו גומי, דאין דרך לתת גומי אלא בדיו של עפצים. אלא אומר ר"ת: דשרף הוא לחלוחית קליפת העץ שעושין ממנו דיו שלנו, כמו "זו שירפה מלוי" דפ"ק דנדה (דף י:) דהיינו לחלוחית דמים שבאשה. ובפ' "כל שעה" (פסחים דף לט.): ירק מר יש לו שרף. וירק אין לו גומי, אלא לחלוחית. ומתוך כך אוסר ר"ת לכתוב ספר תורה בדיו של עפצים. ומה שמשמע בפרק "כל כתבי" (שבת דף קטו:) דכל ספרים לא בעו דיו חוץ ממגילה, פירשתי בפ' "כל כתבי"*.

קנקנתום חרתא דאושכפי. פי' בקונט': אדרמנ"ט. וב"שיחור" דקתני בברייתא פירש נמי בקונט' דהוא אדרמנ"ט. ואין נראה, דלא תני בברייתא אלא הנך דלא תני במתניתין. ואומר ר"י: דשיחור הוא אדרמנ"ט, וקנקנתום הוא כמו שפירש רבינו שמואל בעירובין (דף יג.), דהיא קרקע ירוקה שקורין וידרוי"ל בלע"ז, ובערוך לועזו ויטריאול"ו. ור"ת נמי פירש בתיקון ספר תורה שעשה: אדרמנ"ט מותר לתת לתוך הדיו לכולי עלמא, דלאו היינו קנקנתום דאיכא למאן דאסר בפ"ק דעירובין (דף יג.). ואם תאמר: דבמסכת נדה (דף כ.) תנן: שחור כחרת', *ומפרש דהיינו חרת' דאושכפי, ואילו וידריאול"ו ירוקה היא כזוכית, ועל שם כך נקרא וידריאול"ו! וי"ל: כשמתקנין אותה לתת לתוך הדיו – אז היא משחרת.

דיו על גבי דיו פטור. תימה: דהכא משמע דדיו על גבי דיו לא כלום הוא לענין שבת, וה"ה לענין גט, דמדמי בסמוך לשבת, ומשמע דליכא מאן דפליג. ולקמן (דף כ.) אמרינן: כתבו שלא לשמה והעביר עליו קולמוס לשמה – באנו למחלוקת רבי יהודה ורבנן, דלר' יהודה הוי כתב! ועוד: דרב אחא מסיק לקמן דאפילו רבנן מודו גבי גט דהוי כשר! ואומר רבינו יצחק: דלקמן, ודאי שכתב הראשון היה שלא לשמה, וכתב השני עושהו לשמה – חשיב כתב לרבי יהודה, ולרב אחא – אפילו לרבנן חשיב כתב גבי גט. אבל הכא, שכתב שני אינו מתקן כלום – אפילו רבי יהודה מודה דלא חשיב כתב. ובפרק "הבונה" (שבת דף קד:) דתנן: כתב על גבי כתב – פטור. ואמר רב חסדא: מתניתין דלא כר' יהודה – לא בעי לאוקמי כשאין כתב השני מתקן כלום, דאפילו רבי יהודה מודה דאינו כתב. משום דמתניתין משמע ליה דבכל ענין פטור, אפי' כתב גט או ספר תורה שלא לשמה, והעביר עליו בשבת קולמוס לשמה – להכי מוקי כרבנן. אבל לרב אחא בר יעקב ע"כ לא מיתוקמא מתני' בכל ענין, דהא בגט אפילו רבנן מודו דהוי כתב, ולדידיה אתיא מתניתין נמי כר' יהודה, וכגון שאינו מתקן בכתב השני כלום. **מוחק** הוא. וחשיב ליה מוחק על מנת לכתוב, דמסתמא עומד לחזור ולכתוב עליו בדיו. ומקלקל לא הוי, דעל הכתיבה העליונה רישומה ניכר טפי משאם היתה תחתונה לבדה.

טעמא

תוספות רי"ד

לעשרה כולכם כתבו גט לאשתי חתום בי תרי מינייהו ביומיה ואינך מכאן ועד י' ימים אתא לקמיה דריב"ל אמר כדאי הוא ר"ש לסמוך עליו בשעת הדחק פי' לאחר שנשאת והאר"ל לא הכשיר ר"ש אלא לאלתר אבל מיכן ועד עשרה ימים לא בההוא כר' יוחנן ס"ל דאמר אפילו מכאן ועד עשרה ימים והא"ר יוחנן שנים משום עדים וכולן משום תנאי בההוא כר"ל ס"ל ואפ"ה הלכה כר' יוחנן כדקי"ל בכל דוכתא ותו דבעיא לעיל אתיא כר' יוחנן: **מתני'** בכל כותבים בדיו בסם בסיקרא בקומוס בקנקנתום ובכל דבר שהוא רושם ומתקיים אין כותבים לא במשקים ולא במי פירות ולא בכל דבר שאינו של קיימא. פי' המורה ואפילו על איסורי הנאה ועל הכל כותבין על העלה של זית ועל הקרן של פרה ונותן לה את הפרה על יד של עבד ונותן לה את העבד ר' יוסי הגלילי אומר אין כותבים לא על דבר שיש בו רוח חיים ואף לא על האוכלין: ובבל דבר שהוא מתקיים לאתויי מאי לאתויי הא דא"ר חנינא כתבו במי טרייא ואפצא כשר. פי' מין פרי הוא ששמו טריא ממיני העפצים: תני ר' חייא כתבו באבר בשחור ובשיחור כשר. פי' שפשף האבר על הנייר והשחירו והשחור הוא הפחם כדתנן בפ' ג' דפרה שחור שיש בו אפר כותשים אותו ושיחור הוא מין צבע שחור: איתמר המעביר דיו על גבי סיקרא בשבת ר' יוחנן ור"ל דאמרי תרווייהו חייב שתים א' משום כותב וא' משום מוחק. דיו על גבי דיו וסקרא על גבי סקרא פטור בעא מיניה ר"ל מר' יוחנן עדים שאין יודעין לחתום מהו שיכתבו להם בסקרא ויחתמו כתב עליון כתב או אינו כתב א"ל אינו כתב והלא למדתנו רבינו כתב עליון כתב הוא לענין שבת א"ל וכי מפני שאנו מדמין נעשה מעשה פי' אם אנו מדמין סברא להחמיר לענין שבת נסמוך עליה להקל ולהכשיר החתימה: איתמר עדים שאין יודעין לחתום רב אמר מקרעין להן נייר חלק וממלאין את הקרעים דיו ושמואל אמר באבר באבר ס"ד והתני ר' חייא כתבו באבר בשחור ובשיחור כשר לא ק' הא באברא הא במיא דאברא. פי' המורה מקרעין להן נייר חלק ומשרט' ואינו נ"ל שהרי שריטת הסכין דבר המתקיים הוא ולקמן בעי' למימר שאם חקק על גבי טבלא (סקרא) כתב הוא ומה לי חקיקה מה לי שריטה גם לשרט ולחרוק מלמטה שיראה בולט מלמעלה אמרינן לקמן דהיא כתיבה והיכי מכשרינן בגט בענין זה ודברי שמואל שאמר באבר פי' לשפשף בחתיכה של אבר על הקלף ומשחיר ואינו כתב ואינו נ"ל דכיון דהוא דבר המתקיים למה אינו כתב וכל סברת המורה (הלכך) [בכאן משמע] שלא יקרא כתב כ"א הוא כענין דיו שמסדר האותיות על הקלף אבל שריטת הסכין ורושם האבר לא יקרא כתב ולא הוא משום דק' חקיקת הטבלא ורושם הציץ דבעי לקמן למימר דהוי כתב וי"ל לפרש מקרעין להן נייר חלק לא שיהו נוגעים בנייר שהגט כתוב בו אלא נייר אחד חלק שאין בו כלום מקרעים שם בסכין שמות העדים שנמצא הנייר שלם ושמות העדים הוא החלל ואח"כ משכיבים אותו הנייר על הנייר שהגט כתוב בו ואומרים להדיוטות מלאו אלה הקרעים דיו וישארו האותיות של דיו על נייר הגט ובכי האי גוונא כשר שלא נגעו אנחנו במקום החתימת העדים כלל והכי נמי מסתברא מדקאמר נייר חלק ושמואל נמי לא הכשיר אלא במיא דאברא מפני שאינו דבר המתקיים והרי הוא כדיו בעלמא אבל באבר עצמו לא שדבר המתקיים הוא וכדברי מצאתי שפי' בשניהם גם ר"ח ז"ל: ר' אבהו אומר במי מילין. פי' מים ששרה בהן עפצים כתושים והתני ר' חייא כתבו במי טרייא ועפצא כשר לא ק' הא דעפיצן הא דלא עפיצן שאין מי מילין על גבי מילין רב פפא אמר ברוק. והני מילי בגיטין אבל בשאר שטרות לא ההוא דעביד עובדא בשאר שטרות נגדיה רב פפא

תניא

עין משפט נר מצוה

ל א מיי' פ"ד מהל' גירושין הלכה א סמג עשין נ טוש"ע אה"ע סימן קכה סעיף א:
לא ב מיי' שם הלכה ב סמג שם טוש"ע אה"ע סימן קכה סעיף ב:
לב ג מיי' וסמג שם טוש"ע אה"ע סימן קכה סעיף ג:
לג ד מיי' שם טוש"ע שם סעיף ב:
לד ה ו ז מיי' פי"א מהלכות שבת הלכ' טז סמג לאוין סה:
לה ח מיי' פ"ד מהל' גירושין הלכה א סמג עשין נ טוש"ע אה"ע סימן קכה סעיף ב בהגה"ה:
לו ט מיי' שם הלכה ב טוש"ע שם סעיף ג:
לז י מיי' פ"א מהל' גירושין הלכה כג סמג שם טוש"ע אה"ע סימן קל סעיף טז:
לח כ ל מיי' שם ופכ"ד מהל' מלוה ולוה הלכה ו סמג שם וסי' לד טוש"ע ח"מ סי' מה סעיף ז:

מסורת הש"ס

ברכות ט. שבת מה. נדה ו. ט:
ס"א רושם
[עי' תוס' לקמן כח: ד"ה על עלה]
שבת קד: מגילה יח:
שבת שם
[עי' תוספות חולין קכב: ד"ה עור הראש וכו' ותבין הכא]
[לקמן לז.]
[נ"ל מי מילין]
פי' סרסר
[ד"ה מגילה]
[וכ"כ תוספות בעירובין יג. ואולי דבגרס' בנדה היה כתוב כך אבל לפנינו לא נמצא]:

הגהות הב"ח

(א) רש"י ד"ה פטור שהרי הוא בתחלה: (ב) ד"ה תוראה ספסר נ"ב עיין בב"מ ד' נא ע"א.

גליון הש"ס

מתני' בכל כו'. עי' מנחות דף לד ע"א תד"ה כמו שנאמר: גמ' הא דלא אפיץ. עי' מנחות דף לא ע"ב תוד"ה הא דלאפיץ:

תַּנְיָא כְּוָותֵיהּ דְּרַב: עֵדִים שֶׁאֵין יוֹדְעִין לַחֲתוֹם, מְקָרְעִין לָהֶן נְיָיר חָלָק וּמְמַלְּאִים אֶת הַקְּרָעִים דְּיוֹ; אָמַר רַבָּן שִׁמְעוֹן בֶּן גַּמְלִיאֵל: בד"א — בְּגִיטֵּי נָשִׁים, אֲבָל בְּשִׁחְרוּרֵי עֲבָדִים וּשְׁאָר כָּל הַשְּׁטָרוֹת, אִם יוֹדְעִין לִקְרוֹת וְלַחֲתוֹם — חוֹתְמִין, וְאִם לָאו — אֵין חוֹתְמִין. קְרִיָּיה מַאן דְּכַר שְׁמָהּ? חַסּוּרֵי מִיחַסְּרָא וְהָכִי קָתָנֵי: עֵדִים שֶׁאֵין יוֹדְעִין לִקְרוֹת — קוֹרִין לִפְנֵיהֶם וְחוֹתְמִים, וְשֶׁאֵין יוֹדְעִין לַחֲתוֹם כו'; אָמַר ר"ש בֶּן גַּמְלִיאֵל: בַּמֶּה דְּבָרִים אֲמוּרִים — בְּגִיטֵּי נָשִׁים, אֲבָל שִׁחְרוּרֵי עֲבָדִים וּשְׁאָר כָּל הַשְּׁטָרוֹת, אִם יוֹדְעִין לִקְרוֹת וְלַחֲתוֹם — חוֹתְמִין, וְאִם לָאו — אֵין חוֹתְמִין. א"ר אֶלְעָזָר: מ"ט דְּרַבָּן שִׁמְעוֹן בֶּן גַּמְלִיאֵל? שֶׁלֹּא יְהוּ בְּנוֹת יִשְׂרָאֵל עֲגוּנוֹת. אָמַר רָבָא: אהֲלָכָה כְּרשב"ג, וְרַב גַּמְדָּא מִשְּׁמֵיהּ דְּרָבָא אָמַר: אֵין הֲלָכָה. וְאֶלָּא כְּמַאן — כְּרַבָּנַן? וְהָא הַהוּא דַּעֲבַד עוֹבָדָא בִּשְׁאָר שְׁטָרוֹת וְנַגְדֵיהּ רַב כָּהֲנָא! תַּרְגְּמָא: אַקְּרִיאָה. רַב יְהוּדָה מִיצְטַעַר קָרֵי וְחָתֵים. א"ל עוּלָּא: לָא צְרִיכַתְּ, דְּהָא *ר' אֶלְעָזָר מָרָא דְּאֶרֶץ יִשְׂרָאֵל קָרוּ קַמֵּיהּ וְחָתֵים, וְרַב נַחְמָן קָרוּ קַמֵּיהּ סָפְרֵי דַּיָּינֵי וְחָתֵים. בוְדַוְקָא רַב נַחְמָן וְסָפְרֵי דַּיָּינֵי, דְּאִית לְהוּ אֵימָתָא, אֲבָל רַב נַחְמָן וְסָפְרֵי אַחֲרִינֵי, סָפְרֵי דַּיָּינֵי וְאִינִישׁ אַחֲרִינָא — לָא. רַב פַּפָּא כִּי הֲוָה אָתֵי לְקַמֵּיהּ שְׁטָרָא פַּרְסָאָה דַּעֲבִיד בְּעַרְכָּאוֹת שֶׁל כּוּתִים, גמַקְרֵי לְהוּ לִשְׁנֵי כוּתִים זֶה שֶׁלֹּא בִּפְנֵי זֶה *בְּמֵסִיחַ לְפִי תוּמוֹ, וּמַגְבֵּי בֵּיהּ מִמְּשַׁעְבְּדֵי. אֲמַר רַב אַשִׁי: אֲמַר לִי רַב הוּנָא בַּר נָתָן, הָכִי אֲמַר אַמֵּימָר: דהַאי שְׁטָרָא פַּרְסָאָה דַּחֲתִימִי עֲלֵיהּ סָהֲדֵי יִשְׂרָאֵל, מַגְבִּינַן בֵּיהּ מִמְּשַׁעְבְּדֵי. *וְהָא לָא יָדְעִי לְמִיקְרֵי! בִּדְיָדְעִי. וְהָא בָּעֵינַן כְּתָב שֶׁאֵינוֹ יָכוֹל לְהִזְדַּיֵּיף, וְלֵיכָּא! בְּדַאֲפִיצָן. וְהָא בָּעֵינַן צָרִיךְ לַחֲזוֹר מֵעִנְיָנוֹ שֶׁל שְׁטָר בְּשִׁיטָה אַחֲרוֹנָה, וְלֵיכָּא! בִּדְמַהֲדַר. וְאֶלָּא מַאי קמ"ל — דְּכָל לָשׁוֹן כָּשֵׁר? *תְּנֵינָא: גֵּט שֶׁכְּתָבוֹ עִבְרִית וְעֵדָיו יְוָנִית, יְוָנִית וְעֵדָיו עִבְרִית — כָּשֵׁר! אִי מֵהַהִיא הֲוָה אָמִינָא: הָנֵי מִילֵּי בְּגִיטִּין, אֲבָל בִּשְׁאָר שְׁטָרוֹת לָא, קמ"ל. אָמַר שְׁמוּאֵל: נָתַן לָהּ נְיָיר חָלָק וְאָמַר לָהּ "ה"ז גִּיטֵּיךְ" — מְגוֹרֶשֶׁת, *חָיְישִׁינַן שֶׁמָּא בְּמֵי מִילִין כְּתָבוֹ. מֵיתִיבֵי: *"הֲרֵי זֶה גִּיטֵּךְ", וּנְטָלַתּוּ וּזְרָקַתּוּ לַיָּם אוֹ לָאוּר אוֹ לְכָל דָּבָר הָאָבֵד, וְחָזַר וְאָמַר "שְׁטַר פַּסִּים הוּא" "שְׁטַר אֲמָנָה הוּא" — מְגוֹרֶשֶׁת, וְלֹא כָּל הֵימֶנּוּ לְאוֹסְרָהּ; טַעֲמָא דְּאִיכָּא כְּתָב, הָא לֵיכָּא כְּתָב — לָא! כִּי קָאָמַר שְׁמוּאֵל — הדְּבָדְקִינַן לֵיהּ בְּמַיָּא דְּגָרָא, אִי פָּלֵיט — פָּלֵיט, וְאִי לָא פָּלֵיט — לָאו כְּלוּם הוּא. וְכִי פָּלֵיט מַאי הָוֵי? הָשְׁתָּא הוּא דְּפָלֵיט! שְׁמוּאֵל נַמִי ו"חָיְישִׁינַן" קָאָמַר. אֲמַר רָבִינָא: אֲמַר לִי אַמֵּימָר, הָכִי אֲמַר מָרֵימָר מִשְּׁמֵיהּ דְּרַב דִּימִי: זהָנֵי בֵּי תְּרֵי דְּיָהֵיב גִּיטָּא קַמַּיְיהוּ, צְרִיכֵי לְמִיקְרְיֵיהּ. מֵיתִיבֵי: ח"ה"ז גִּיטֵּךְ", וּנְטָלַתּוּ וּזְרָקַתּוּ לַיָּם אוֹ לָאוּר אוֹ לְכָל דָּבָר הָאָבֵד, וְחָזַר וְאָמַר "שְׁטַר פַּסִּים הוּא", "שְׁטַר אֲמָנָה הוּא" — מְגוֹרֶשֶׁת, וְלֹא כָּל הֵימֶנּוּ לְאוֹסְרָהּ; וְאִי אָמְרַתְּ צְרִיכֵי לְמִיקְרְיֵיהּ, בָּתַר דְּקַרְיוּהָ מִי מָצֵי אָמַר לָהּ הָכִי? טלָא צְרִיכָא, דְּבָתַר דְּקַרְיוּהָ עַיְילֵיהּ לְבֵי יְדֵיהּ וְאַפְּקֵיהּ; מַהוּ דְּתֵימָא: חֲלוּפֵי חַלְּפֵיהּ, קמ"ל. הַהוּא גַּבְרָא דִּזְרַק לָהּ גִּיטָּא לִדְבֵיתְהוּ לְבֵינֵי דָּנֵי, אִשְׁתַּכַּח מְזוּזְתָא; אָמַר רַב נַחְמָן: ימְזוּזְתָא בֵּינֵי דָּנֵי לָא שְׁכִיחָא. וה"מ דְּאִשְׁתַּכַּח חֲדָא, אֲבָל ב' ג', מִדְּהָא הֲוַאי — הָא נַמִי הֲוַאי, וְגִיטָּא — אֵימוּר עַכְבָּרִים שְׁקַלוּהּ. הַהוּא גַּבְרָא דְּעָל לְבֵי כְּנִישְׁתָּא, שְׁקַל סֵפֶר תּוֹרָה יָהֵיב לָהּ לִדְבֵיתְהוּ, וַאֲמַר לָהּ "הָא גִּיטֵּךְ"; אֲמַר רַב יוֹסֵף: לְמַאי לֵיחוּשׁ לָהּ? אִי מִשּׁוּם מֵי מִילִין — אֵין מֵי מִילִין עַל גַּבֵּי מֵי מִילִין,
אִי

כְּוָותֵיהּ דְּרַב. דְּאָמַר: מְקָרְעִין לָהֶן נְיָיר. כְּרַבָּנַן. דְּמַכְשִׁירֵי לְכוּלְּהוּ. תַּרְגְּמָא. לְהָא דְּרַב גַּמְדָּא. אַקְּרִיאָה. שֶׁאִם יוֹדְעִין לַחְתּוֹם, אַע"פ שֶׁאֵין יוֹדְעִין לִקְרוֹת — שַׁפִּיר דָּמֵי. וְקָרוּ קַמַּיְיהוּ אַחֲרִינֵי, כְּרַבָּנַן. וּדְרַב כָּהֲנָא — בְּשֶׁאֵין יוֹדְעִין לַחְתּוֹם, וְגַבֵּי חֲתִימָה אָמְרַן לִדְרַב כָּהֲנָא לְעֵיל. רַב יְהוּדָה. זָקֵן הָיָה וְעֵינָיו כֵּהוֹת, וּכְשֶׁהָיָה צָרִיךְ לַחְתּוֹם כְּעֵד אוֹ כְּדַיָּין מִצְטַעֵר בִּקְרִיאַת שְׁטָר, וְקוֹרְאֵהוּ וְחוֹתֵם. מָרָא דְּאַרְעָא דְּיִשְׂרָאֵל. בָּקִי מִכָּל חֲבֵירָיו. וּבְמַס' נִדָּה מְפָרֵשׁ אַמַּאי קָרֵי לֵיהּ "מָרָא דְּאַרְעָא דְּיִשְׂרָאֵל", בְּפֶרֶק שֵׁנִי (דף כ:). רַב נַחְמָן. דַּיָּין הָיָה, מְמוּנֶּה מִפִּי רֵישׁ גָּלוּתָא, וַחֲתָנָא דְּבֵי נְשִׂיאָה, כִּדְאָמְרִינַן בְּ"הָעוֹר וְהָרוֹטֵב" (חולין קכד:). וְסוֹפְרֵי הַדַּיָּינִים יְרֵאִים מִמֶּנּוּ, וְלָא מְשַׁקְּרֵי. דַּעֲבִיד בְּעַרְכָּאוֹת. וְחוֹתְמֵיהֶם גּוֹיִם, דְּאַכְשְׁרָנָא לְהוּ לְעֵיל (י:): מִמְּשַׁעְבְּדֵי. וְהָא דְּאָמְרִינַן בְּפ' קַמָּא*: מִבְּנֵי חוֹרֵי וְלָא מִמְּשַׁעְבְּדֵי — בְּנַעֲשָׂה בְּהֶדְיוֹט, דְּלֵית לֵיהּ קָלָא. דַּחֲתִימוּ עֲלֵיהּ סָהֲדֵי יִשְׂרָאֵל. וְיִשְׂרָאֵל עֲשָׂאוּהוּ, אֶלָּא שֶׁכְּתָבוּהוּ לְשׁוֹן פַּרְסִי. שֶׁכְּתָבוֹ. כְּתָב שֶׁלּוֹ. בְּגִיטִּין. מִשּׁוּם תַּקָּנַת עֲגוּנוֹת. שֶׁמָּא בְּמֵי מִילִין כְּתָבוּהוּ. וְנִבְלְעוּ. וְאָמְרַן לְעֵיל: כְּתָבוֹ בְּמֵי טְרִיָּא וְאַפְצָא — כָּשֵׁר. נְיָיר. חָלָק נְיָיר שֶׁל עֲשָׂבִים הוּא, וְלֹא קְלָף מְעוּבָּד עֲפָצִים. דְּאִי עָפִיץ — הָא אָמְרַן: אֵין מֵי מִילִין עַל גַּבֵּי מֵי מִילִין. שְׁטַר פַּסִּים. שְׁטַר פִּיּוּסִים, שֶׁאוֹמֵר לַחֲבֵירוֹ אוֹהֲבוֹ וּמַאֲמִינוֹ שֶׁיִּכְתּוֹב לוֹ עַל עַצְמוֹ שְׁטַר חוֹב, כְּדֵי שֶׁיֵּרָאֶה עָשִׁיר. שְׁטַר אֲמָנָה. שֶׁכָּתַב לִלְוֹת וְלֹא לָוָה, וְהֶאֱמִינוֹ לֹוֶה לַמַּלְוֶה שֶׁלֹּא יִתְבָּעֶנּוּ אֶלָּא אִם כֵּן יַלְוֶנּוּ, וּמָסַר לוֹ אֶת הַשְּׁטָר. לְאוֹסְרָהּ. מִשּׁוּם אִשְׁתּוֹ. הָא לֵיכָּא כְּתָב לָא. דְּאִי בִּנְיָיר חָלָק נַמִי אָמְרִינַן מְגוֹרֶשֶׁת, מִכְּדִי תַּנָּא אָתָא לְאַשְׁמוּעִינַן דְּאַע"ג דְּלָא אַקְרְיָא אִי גִּיטָּא הָוֵי אִי לָא, כֵּיוָן דַּאֲמַר לָהּ "גִּיטָּא הוּא" — לָא הָדַר בֵּיהּ תּוּ, וּמַחְזְקִינַן דְּגִיטָּא הוּא. וְאִי בִּנְיָיר חָלָק נַמִי סְבִירָא לֵיהּ הָכִי — לְאַשְׁמוּעִינַן רְבוּתָא יְתֵירְתָּא דִּנְיָיר חָלָק! כִּי אָמַר שְׁמוּאֵל. נַמִי שֶׁמְּגוֹרֶשֶׁת — לָא בִּסְתָמָא, אֶלָּא בַּדְקִינָא לֵיהּ לַנְּיָיר. בְּמַיָּא דְּגָרָא. לֶגֶע שֶׁקּוֹרִין פויל"י, וּמַעֲבִירִים מֵי הַלֶּגַע עָלָיו, וּפוֹלֵט אוֹתִיּוֹת שֶׁבָּלַע, וְנִרְאוֹת. הָשְׁתָּא הוּא דְּפָלֵט. וּכְשֶׁהָיוּ בְּלוּעוֹת לֹא הָיָה כְּתָב. חָיְישִׁינַן. שֶׁמָּא לֹא נִבְלְעוּ יָפֶה, וְאִם מֵת — אֲסוּרָה לְכֹהֵן. וְחוֹלֶצֶת וְלֹא מִתְיַיבֶּמֶת, דִּסְפֵק גְּרוּשָׁה הִיא. הָנֵי בֵּי תְרֵי. עֵדֵי מְסִירָה. לְבֵי יְדֵיהּ. תַּחַת כְּנָפָיו. לָא שְׁכִיחַ. וְזוֹ הִיא שֶׁזָּרַק זֶה, וְאֵין לָחוּשׁ שֶׁמָּא גֵּט זָרַק לָהּ וְאָבַד. אֲבָל תַּרְתֵּי תְּלָת. וְאָנוּ רָאִינוּ שֶׁזֶּה לֹא זָרַק אֶלָּא כְּתָב אֶחָד. מִדְּהָא הֲוַאי. עַל כָּרְחָךְ חֲדָא הָוְיָא הָתָם מֵעִיקָּרָא, וּמִדְּהָא הֲוַאי — חֲבֶרְתָּהּ נַמִי אָמְרִינַן הֲוַאי הָתָם, וְזֶה גֵּט זָרַק, וְאֵימָא עַכְבָּרִים שְׁקָלוּהָ. מִשּׁוּם מֵי מִילִין. שֶׁמָּא כָּתַב לָהּ גֵּט מִבַּחוּץ, וְאֵינוֹ נִיכָּר. אֵין מֵי מִילִין כו'. וְכָל גְּוִילִים שֶׁל ס"ת שֶׁלָּהֶם עֲבוּדִים בַּעֲפָצִים.
כְּרִיתוּת

טעמא דאיכא כתב הא ליכא כתב לא. וא"ת: הא דבעי' דאיכא כתב – משום דחזר ואמר: שטר פסים הוא, וכי האי גוונא הכא גבי נייר חלק, אם חזר ואמר: נייר חלק הוא – היה נאמן. אבל לעולם כ"ז שאמר: גט הוא – מגורשת, ולא קשה מידי לשמואל! וי"ל: [דכיון] דס"ד השתא ד"מגורשת ודאי" קאמר שמואל – א"כ לא חשיב ריעותא במאי שהוא נייר חלק, וא"כ כשחזר ואמר נמי: נייר חלק הוא – אית לן למימר דלאו כל הימנו לאוסרה, כמו היכא דאיכא כתב. וא"ת: והיכי ס"ד ד"מגורשת ודאי" קאמר, כיון דנראה שהוא נייר חלק? וי"ל: כיון דאמר "ה"ז גיטך" – בדבר מועט מהימנינן לבעל, כי היכי דאמרינן: *בעל שאמר "גירשתי אשתי" – נאמן, הואיל ובידו לגרשה. א"נ: דאיירי דקריוה בי תרי מעיקרא, ועיילי' לבי ידיה ואפקיה, דלא חיישינן דלמא חלפיה. ו"נייר חלק" דקאמר שמואל – לא בשעת נתינה ראו שהוא נייר חלק, דא"כ אפילו היה ודאי כתוב במי מילין – אינו גט, כיון דבשעת נתינה כבר נבלעו האותיות, כדאמר בסמוך: כי פליט מאי הוי? השתא הוא דפליט. אלא, שעה אחת אחר נתינה, כשיעור שהאותיות יכולות להבלע, ראו שהיה נייר חלק. ועוד י"ל: דבשעת נתינה ראו מרחוק, ודומה להם נייר חלק, ושמא אם היו מעיינין – היו האותיות ניכרים. **מיא** דגרא. פי' ר"ח: מי קליפת רימון, וכן בערוך*. **ושמואל** נמי חיישינן קאמר. השתא לא צריכי לאוקמי דבדקיניה, דכי לא בדקיניה נמי איכא למיחש. ומיהו, ודאי אי בדקיניה ולא פליט – לאו כלום הוא. **צריכי** למיקרייה. קודם נתינה איירי, מדמשני בסמוך: לא צריכא דלבתר דקריוה עייליה כו'. ואי לא קרייה – נראה דלא הוי גט, מדלא משני: הכ"ע דלא קרייה, משמע דאי לא קרייה – אינה מגורשת. וא"ת: דתנן לקמן ב"הזורק" (דף פ.): כתב גט לאיש ושובר לאשה וטעה ונתן כו' ולאחר זמן גט יוצא מתחת ידי האיש ושובר מיד האשה – תצא מזה ומזה. ודייק עלה ב"האשה רבה" (יבמות דף צא:): מאי הוה לה למעבד? ומשני: איבעי לה לאקרויי גיטא. והשתא, אי לא קרייה, אפי' לא הוחלפה להם – אינה מגורשת! וי"ל: דנהי דאסורה לינשא בדלא קרייה, מ"מ אם נשאת – לא תצא. אי נמי, התם – בעייליה לבי ידיה. וקנסינן לה, דאיבעי (א) למיהדר מיד לאקרויי או לאחר נתינה, מאחר שבאה לידי קלקול. ומיהו, אינה אסורה לינשא אי לא קראה שנית, כדאמר הכא: לאו כל הימנו לאוסרה, אע"ג דעל כרחך לא קראה בתר הכי. והיה רגיל ר"י לקרות קודם הנתינה ולאחר הנתינה. ומיהו, פשיטא דאי לא קראה קודם הנתינה, וקראה לאחר הנתינה – דבר פשוט הוא דמגורשת.
אי

לט א מיי' פכ"ד מהל' מלוה הלכה ז סמג עשין צד טוש"ע חו"מ סימן מה סעי' ב:
מ ב מיי' שם טוש"ע שם:
מא ג מיי' פכ"ז מהל' מלוה הלכה א סמג עשין צד טוש"ע ח"מ סי' סח סעיף ב:
מב ד מיי' שם טוש"ע שם סעיף א:
מג ה ו טוש"ע אה"ע סימן קלה סעיף ז:
מד ז מיי' פ"א מהל' גירושין הלכה יט סמג עשין נ טור ש"ע שם סעיף א:
מה ח מיי' שם הלכה כ טוש"ע שם סעיף ב:
מו ט מיי' שם טוש"ע שם:
מז י מיי' שם הלכה כב טוש"ע שם סעי' ה:

[ב"ב קלד:]
[ערך גרא א' ע"ש]
[תוספ' פ"ו ה"ב]

[לעיל ט:]
[דף יח.]
[יומא ע: נדה כ:]
[לקמן כח: וש"נ]
[לעיל יח.]
[לקמן פז:]
[עי' תוספות קדושין ג: ד"ה כ"ג מקדשי וכו' ותוס' לקמן מ: ד"ה חיישינן]

הגהות הב"ח

(א) תוס' ד"ה צריכי וכו' דאיבעי לה למיהדר:

גליון הש"ס

גמ' שמואל נמי חיישינן קאמר. ע' לקמן דף מ' ע"ב תד"ה חיישינן.

תוספות רי"ד

תניא כותיה דרב עדים שאין יודעים לחתום מקרעין להם נייר חלק וממלאים הקרעים דיו אמר רשב"ג בד"א בגיטי נשים אבל בשחרורי עבדים ושאר שטרות אם יודעים לקרות ולחתום חותמין ואם לאו אין חותמין קרייה מאן דכר שמיה חסורי מחסרא והכי קתני ושאין יודעין לקרות קורין לפניהם והן חותמין אמר רשב"ג בד"א בגיטי נשים וכו' כדלעיל. א"ר אלעזר מ"ט דרשב"ג שלא יהו בנות ישראל עגונות אמר רבא הלכה כרשב"ג ורב גמדא משמיה דרבא אמר אין הלכה כרשב"ג ואלא כמאן כרבנן והא ההוא דעבד עובדא בשא' שטרות ונגדיה רב פפא תרגימו אקריאה. פי' רב גמדא דאמר הלכה כרבנן אקריאה שאם יודעים לחתום ואף ע"פ שאינן יודעים לקרוא שפיר דמי וקרו קמייהו אחריני וחתמי כרבנן ורב פפא בשאין יודעין לחתום. רב יהודה קרי וחתים. פי' זקן היה וקמו עיניו וכשהיה צריך לחתום עד או דיין היה מצער בקריאת השטר וקוראהו וחותם א"ל עולא לא צריכת דהא ר' אלעזר מרה דארעא דישראל הוא מקרי קמיה וחתים. פי' בשלהי' פ' כל היד מפרש למה יקרא מרה דארעא דישראל שהיה בקי להכיר דם הנדה רב נחמן קרו קמיה סופרי דייני וחתים ודוקא רב נחמן וסופרי דייני דאית להו אימתא אבל רב נחמן וסופרי אחריני לא אי נמי סופרי דייני ואיניש אחרינא לא. פי' רב נחמן הוה חתנא דבי נשיאה והיה ממונה דיין מפי ראש הגלות וסופרי הדיינים יראים ממנו ולא משקרי: רב כהנא כי הוה אתי לקמיה שטרא פרסאה דעביד בערכאות של גוים קרי ליה לשני גוים זה שלא בפני זה במסיח לפי תומו ומגביה ביה מבני חרי על [ידי] חותמיו שהיו גוים דלא מפקי ליה לקלא ומ"ה לא גבי ביה אלא מבני חרי: אמר רב אמי אמר לי הונא בר נתן הכי אמר אמימר האי שטרא פרסאה דחתימי עליה סהדי ישראל מגבינא ביה ממשעבדי. פי' דכיון דישראל חתימי ביה מפיק ליה לקלא והא לא ידעי למקרי בדידעי והא בעינא כתב שאינו יכול להזדייף וליכא בדעפיצן והא בעינן שיחזור מעניינו של שטר בשיטה אחרונה וליכא בדמהדר ואלא מאי קמ"ל דבבל לשון כשר אמר אמימר משמיה דרב דימי מנהרדעא הני בי תרי דיהבי גיטא קמיהו צריכי למקרייה מיתיבי הרי זה גיטך נטלתו וזרקתו לים או לאור או לכל דבר האבד וחזר ואמר שטר פסים הוא שטר אמנה הוא מגורשת לא כל הימנו לאוסרה ואי אמרת צריכי למקרייה לבתר דקרייה מי מצי א"ל הכי לא צריכא דבתר דקריוה עייליה לבי ידיה ואפקיה מהו דתימא ליחוש דילמא חלופי' חלפיה קמ"ל:
שלחו

אי משום כריתות דאית בה — הא בעינא "וכתב לה"* — אלשמה, וליכא; וכי תימא, ליחוש דילמא אקדים ויהב ליה זוזא לספרא מעיקרא — הא בעינן[א] שינה שמו ושמה שם עירו ושם עירה, וליכא. ורב יוסף מאי קמ"ל? שאין מי מילין על גבי מי מילין. אמר רב חסדא: בגט שכתבו שלא לשמה והעביר עליו קולמוס לשמה, באנו למחלוקת רבי יהודה ורבנן; דתניא: *הרי שהיה צריך לכתוב את השם, ונתכוין לכתוב "יהודה" וטעה ולא הטיל בו דלת — מעביר עליו קולמוס ומקדשו, דברי רבי יהודה. וחכמים אומרים: גאין השם מן המובחר. אמר רב אחא בר יעקב: דילמא לא היא. עד כאן לא קאמרי רבנן התם (א) — דבעינא "זה אלי ואנוהו" וליכא, אבל הכא — לא. אמר רב חסדא: יכילנא למיפסלינהו לכולי גיטי דעלמא. אמר ליה רבא: מאי טעמא? ◎אילימא משום דכתיב "וכתב", והכא איהי קא כתבה ליה? ודילמא אקנויי אקנו ליה רבנן! ואלא משום דכתיב "ונתן", והכא לא יהיב לה מידי? דלמא נתינת גט היא! תדע, דשלחו מתם: כתבו על איסורי הנאה — כשר.§ גופא, שלחו מתם: דכתבו על איסורי הנאה — כשר. אמר רב אשי, אף אנן נמי תנינא: על העלה של זית! דילמא שאני עלה של זית, דחזי לאיצטרופי. תניא, רבי אומר: כתבו על איסורי הנאה — כשר. נפק לוי *דרשה משמיה דרבי ולא קלסוה, משמיה דרבים וקלסוה. אלמא הלכתא כותיה. תנו רבנן: ה"וכתב" — ולא חקק. למימרא, דחקיקה לאו כתיבה היא? ורמינהו: עבד שיצא בכתב שעל גבי טבלא ופינקס — יצא לחירות, אבל לא בכתב שעל גבי *כיפא *ואנדוכתרי! אמר עולא אמר רבי אלעזר, לא קשיא: והא דחק תוכות, הא דחק יריכות. ותוכות לא? ורמינהו: זלא היה כתבו שוקע, אלא בולט כדינרי זהב; והא דינרי זהב תוכות הן! כדינרי זהב ולא כדינרי זהב. כדינרי זהב — דבולט, ולא כדינרי זהב — דאילו התם תוכות, הכא יריכות. אמר ליה רבינא לרב אשי: רושמא, מיחרץ חריץ או כנופי מכניף? אמר ליה: חמיחרץ חריץ. איתיביה: לא היה כתבו שוקע, אלא בולט כדינרי זהב; ואי סלקא דעתך מיחרץ חריץ — הא

דברים כד | שמות טו | דברים כד | [קדושין נח:]

כריתות דאית בה. שכתובה בה פרשת "וכתב לה ספר כריתות". לה. לשמה. יהב זוזא לספרא. לכתוב אותה פרשה לשם גירושיה. הא בעינן שינה שמו ושמה. דתנן לקמן (דף פ.) דפסול, אלמא צריך לכתוב שמו ושמה. ואית דלא גרסי "שינה". ומאן דגריס ליה — משום מתני' דלקמן, ואגב גררא גריס ליה. מאי קמ"ל. כל הני? פשיטא לן דפרשה שבתורה אינה גט! עליו קולמוס. על כל אות ואות. ונתכוין לכתוב יהודה. שהיה טועה, וסבור שהוא צריך לכתוב יהודה. וטעה ולא הטיל בו דלת. הרי השם כתוב, אלא שהוא שלא לשמו. ואנוהו. התנאה לפניו במצות. איהי כתבה ליה. נותנת שכר הסופר, כדאמרינן בגמרא ד"גט פשוט" (ב"ב דף קסח.), משום תקנת עגונות. אקנויי אקנו ליה רבנן. ההוא זוזא מדידה, והוי כמאן דיהיב ליה איהו, דהפקר ב"ד היה הפקר. ונתן. בר נתינה, שיהא שוה פרוטה. העלה של זית. שאינו שוה כלום. דחזי לאיצטרופי. עם עלין הרבה, לשכוב עליהן או למאכל בהמה, ואע"ג דלא שוה פרוטה. אבל איסורי הנאה — לא. ולא קלסוה. משום דאמר לה משמא דיחידאה. דרשה. זימנא אחריתי משמיה דרבים, כי היכי דליקבלוה מיניה. אלמא. מדטרח כולי האי דליקבלוה — אלמא הלכתא כוותיה. חקק. בטבלא בסכין. עבד שיצא. לחירות. בכתב שחקק על גבי טבלא. דף. ופינקס. כעין אותן של סוחרים, שחוקקים עליהן בעט. ולא בכתב שעל גבי כיפה. כעין כובע של צמר, ועושות הנשים תחת צעיף קישוריהן, כדאמרי' ב"במה אשה יוצאה" (שבת דף נז:). אנדוכתרי. תכשיט, ורוקמין עליו צורות במחט כעין ברושדי"ר בלע"ז. ואם רקמו עליהן אותיות הגט — אינו כתב, לפי שאינו כתוב וקבוע, אלא מוטל על הבגד וב' ראשיו תחובים. הא דחק תוכות. של אותיות, ולידיהן, והאותיות בולטות — אינו כתב, לפי שלא צייר את האותיות אלא חקק סביבותיהם, והעץ נשאר כמו שהיה בדפוס האותיות מאליה. הא דחק ירכותיהן. של אותיות, דהיינו הן ממש, שישקע הכתב — זו היא כתיבה. לא היה כתבו. של ציץ שוקע, אלא בולט, כצורות של דינרי זהב. והא דינרי זהב תוכות הוא. דקא סלקא דעתיה, כשהוא מכה בקורנס חותם המטבע על הדינר, תוכות וסביבות צורת החותם — שהיא שוקעת, והם מלאים — דוחקין את תוכו וסביבות צורת הדינר, וכנגד שקיעת רושם החותם אין הדינר של זהב נדחק, ומאליה הצורה עומדת במקומה. וגבי ציץ כתיב (שמות לט): "מכתב פתוחי חותם" — אלמא כתיבה היא. ואילו הכא יריכות. שהיה הציץ דק כעין טס, וצר האותיות מעבר האחד, ודוחק ירכותיהן והן בולטות מעבר השני, כמו שמציירים כסף וזהב העשוי ליקבע בכלי עץ ששותים בהם יין. רושמא. חותם המטבע, שקורין קויי"ן. מיחרץ חריץ. התוכות והסביבות של צורתו שהיא שוקעת, חורצין ודוחקין תוכות וסביבות של צורת הדינר, עד שעומדת צורת הדינר בולטת כמו שהיתה. ונפקא מינה, שאם חקק את הגט בחותם וכתבו על גבי טס — לא הוי כתב, דתוכות הוא. או כנופי מיכנף. צורת החות' שהיא שוקעת, כשתוכותיה דוחקים את תוכות של דינר, ונכנס הזהב קצת בדוחק בתוך שקיעת הצורה, ונמתח מתוך דוחקו ונכנס לתוך הצורה. ולאו מאילא הן, אלא ע"י מכת הקורנס הצורה עצמה נמתחת לתוך הרושם, והרי כתבה בידים.
הא

אי משום כריתות דאית בה הא בעינן וכתב לה לשמה וליכא. תימה: דלענין מגילת סוטה משמע בפ"ק דעירובין (דף יג.) דמוחקין לה מן התורה, אפי' למאן דבעי כתיבה לשמה, דקאמר רב פפא דלמ"ד אין מגילתה כשרה להשקות בה סוטה אחרת — תורה דסתמא כתיבה — ה"נ דמחקינן! וי"ל: דרב יוסף דשמעתין לא סבר לה כוותיה. א"נ, סבר כאידך תנא, דסבר: אין מוחקין לה מן התורה, וכמתני' דפ' "כל הגט" (לקמן דף כו.) דתנן: הכותב טופסי גיטין — צריך שיניח מקום האיש כו', ודייק מהתם בריש מס' זבחים (דף ג:) דסתמא פסול, וכ"ש ספר תורה דלא איכתוב לשם גירושין כלל. ועוד נראה, דאפי' מאן דמכשיר במגילת סוטה למחוק מן התורה, אע"ג דבעי לשמה — מודה לענין גט דפסול. דבעירובין בפ"ק (דף יג.) משמע דכולהו תנאי מודו בהנך דפרק "כל הגט" דחשיבי שלא לשמה, מדפריך התם: ולית ליה לרב אחא בר יאשיה כתב לגרש את אשתו ונמלך כו'? ובמגילת סוטה סתמא כשר, משום דמסתמא שאין הכהן שעליו לכתוב מקפיד, ומסתמא ניחא ליה. אבל גבי גט — בעל סתמא לא ניחא ליה. אע"ג דפריך ממתני' דגט ארבי אחא בר יאשיה דאיירי במגילת סוטה — לענין שלא לשמה לא משמע ליה לחלק. הא בעינן שמו ושמה. אע"ג דמתני' דפרק "הזורק" (לקמן דף פ.) ד"שינה שמו ושמה" מוקמינן לה דהאי "הולד ממזר" כרבי מאיר, משמע דלרבנן לא הוי בשינה שמו אלא פסולא דרבנן. ומדנקט "שינה" ולא נקט "לא כתבו כלל" — משמע דבלא כתבו כלל כשר אפי' מדרבנן — הא ליתא, דעל כרחך לא כתבו כלל לר"מ פסול מה"ת, דהא בעינן שיהא מוכיח מתוכו שהוא מגרש את אשתו, ובלא כתבו כלל — אין מוכיח. אלא אומר ר"י דלא מיירי בשינה שמו ממש — דא"כ הוה ליה למינקט "לא כתבו כלל", דפסול לרבי מאיר, דמתני' ר' מאיר כדאמרי' התם, דהוי רבותא טפי. אלא שינה שמו — היינו שכתב שם דגליל ביהודה, והשתא קאמר הכא שפיר: הא בעינן שמו ושמה וליכא, [וכ"ש] דבלא כתבו כלל הוא דפסול.

דילמא נתינת גט הוא. וכן "שלף איש נעלו ונתן לרעהו" (רות ד) לא בעינן שוה פרוטה, אע"ג דכתיב "ונתן", ◎וכן גבי תרומה *חטה אחת פוטרת את הכרי, אע"ג דכתיב (דברים יח) "תתן לו" ובמתנות דם חטאת ובמתנות בהונות אין בו שיעור. והא דאמר אבא שאול בפ' "כל שעה" (פסחים דף לב:) דזר שאכל תרומה לא מיחייב בפחות משוה פרוטה משום דכתיב (ויקרא כב) "ונתן לכהן" וגו' ואין נתינה בפחות משוה פרוטה — היינו משום דתשלומי תרומה ילפינן מתשלומי מעילה, דתרוייהו תשלומי קדש מיקרו, וגמרי ב"חטא" "חטא" מהדדי. ולמאן דבעי בכריתות (דף ו:) "ואשר יתן ממנו על זר" שתהא נתינה בכזית — היינו משום דסיכה היא, ואפקה בלשון נתינה לאפוקי ממשמעות דסיכה קאתי, דמשמע כל שהוא, וצריך נתינה חשובה כמו "ונתן לכהן את הקדש" (ויקרא כב) דהוי בכזית *לרבנן דאבא שאול. וכן "לא יתן עליה לבונה" דבפרק "כל המנחות" (דף ס.) מצריך כזית — היינו משום דשני מלשון שימה דאתחיל בה "לא ישים עליה שמן", או משום דומיא דהקטרת לבונה בחוץ, דהויא נמי הקטרת איסור, דהוי בכזית*).

משמיה דרבים וקלסוה אלמא הילכתא כוותיה. פי' בקונטרס: מדטרח עלה דלקלסוה. ובפ' "מי שאחזו" (לקמן דף עז.) לא יתכן לפרש כן, דקאמר: נפק רבי חייא דרשה משמיה דרבי — וקלסוה, משמיה דרבים — ולא קלסוה, אלמא לית הלכתא כוותיה. ואומר ר"ת: דהכא דייק מדקלסוה כי אמר משמיה דרבים, ולפיכך נמי לא קלסוה כי אמר משמיה דיחיד מעיקרא. ולקמן איפכא.

למימרא דחקיקה לאו כתיבה היא. הוה מצי לאקשויי מלוחות, דכתיב בהו כתיבה בכמה קראי, והיה כתבם חקוק, כדכתיב (שמות לב) "חרות על הלוחות", אלא דניחא ליה למיפרך מגט אגט:

*) [ועי' תוס' פסחים לב: ד"ה ואין ותוס' מנחות ס. ד"ה מי בעינן ותוס' ב"מ מז. ד"ה קונים]

התקבלי

תוספות רי"ד

שלחו מתם כתבו על איסורי הנאה כשר פי' דהא כתיב ונתן בידה על נתינת הגט מיירי ולא דליתיב לה מידי דשוה הוא: ת"ר ונתן ולא וחקק למימרא דחקיקה לאו כתיבה היא ורמינהו עבד שיצא בכתב שע"י טבלא ופנקס יצא לחירות אבל לא בכתב שע"ג כיפה ואנדרכתן פי' שחקק בסכין הגט ע"ג טבלא או ע"ג פנקס שהם מלאים שעוה וחוקקין עליהם בעט ברזל זו היא חשובה כתיבה אבל מה שרוקמין במחט ע"ג כיפה שהיא כמין כובע של צמר על ראש הנשים ואנדרכתי מין תכשיט הוא ורוקמין אותו במחט ורקמת המחט לא חשיבא כתיבה לפי שאין האותיות קבועות אלא תחובות ובעי' כתב קבוע על הדבר שהוא מגרש בו אמר עולא אמר ר' אלעזר לא קשיא הא דחק קורות הא דחק ירידות פי' הא דחק קורות של אותיות וצידיהן והאותיו' בולטות אינו כתב לפי שלא צייר את האותיות ולא חקק [אלא] סביבותיו והעץ נשאר כמות שהיה ונמצאו האותיות בולטות מאליהן והא דחק ירידותיהן שהאותיות שוקעין בטבלא וזהו חשובה כתב וגופי האותיות קורא ירידות: ת"ר

עין משפט נר מצוה

מח א מיי' פ"א מהלכות גירושין הל' ג ופ"ג שם הלכה א סמג עשין נ טוש"ע אה"ע סי' קלא סעיף א:
מט ב מיי' פ"ג מהל' גירושין הלכה ד סמג שם טוש"ע שם סעיף ה:
נ ג מיי' פ"א מהל' תפילין הלכה טו סמג לאוין ג טוש"ע י"ד סי' רעו סעיף ב:
נא ד מיי' פ"ד מהל' גירושין הלכה ב סמג עשין נ טוש"ע אה"ע סי' קכד סעיף א:
נב ה ו מיי' שם הל' ו סמג שם טוש"ע אה"ע סי' קכה סעי' ד:
נג ז מיי' פ"ט מהלכו' כלי המקדש הלכה ב סמג עשין קעג:
נד ח מיי' פ"ד מהל' גירושין הל' ו סמג עשין נ טוש"ע שם:

ערוך ערך כפה [פירוש מביאין הוצין וצובעין אותן ומציירין בהן כתב כמו שעושין הישמעאלים במחצלאות כותבין אותיות ונקראות. עכ"ל]

מסורת הש"ס: [לקמן כג. כד: כה. כו. סוטה כ:] | שבת קד: לקמן נג: [מסכ' סופרים פ"ה ה"ג] | לקמן עז.

הגהות הב"ח
(א) גמ' התם אלא דבעינא זה אלי:

[פי' כיפה לשון אל ארוגה אם רקם בארוגה גט אשה או גט חירות אינו גט.]

הגהות הגר"א
[א] גמ' הא בעינן שמו ושמה וליכא כו' כל"ל:

גליון הש"ס
גמ' אילימא משום דכתי' וכתב. עי' לקמן דף כב ע"ב תד"ה והא לאו: תוס' ד"ה דילמא וכו' וכן גבי תרומה. עיין שבת דף כה ע"ב תוד"ה תתן לו:

נה א מיי' פ"ט מהל' כלי המקדש הלכה ב סמג עשין קעג:

נו ב מיי' פ"ח מהלכות גירושין הל' טו סמג עשין נ טוש"ע אה"ע סי' קכד סעיף ח:

נז ג מיי' שם טוש"ע אה"ע שם סעיף ח בהג"ה:

נח ד מיי' שם הל' יד סמג שם טוש"ע אה"ע סי' קמג סעיף יא:

נט ה טואה"ע סי' קמג:

ס ו ז ח מיי' פ"ד מהל' גירושין הל' ד סמג שם טוש"ע אה"ע סי' קכד סעיף ו:

סא ט מיי' שם ופ"י מהל' טוען ונטען הל' ה סמג עשין צה טוש"ע שם וטוש"ע ח"מ סי' קלה סעיף א:

הָא בָּעֵינָא "מִכְתָּב" וְלֵיכָּא! כְּדִינָרֵי זָהָב וְלֹא כְּדִינָרֵי זָהָב. כְּדִינָרֵי זָהָב – דְּבוֹלֵט, וְלָא כְּדִינָרֵי זָהָב – דְּאִילּוּ הָתָם מִגַּוַּאי, אוְהָכָא מֵאַבְּרַאי. בְּעָא מִינֵּיהּ רָבָא מֵרַב נַחְמָן: כָּתַב לָהּ גֵּט עַל טַס שֶׁל זָהָב, וְאָמַר לָהּ: "הִתְקַבְּלִי גִּיטֵּךְ וְהִתְקַבְּלִי כְּתוּבָּתֵךְ", מַהוּ? אֲמַר לֵיהּ: בנִתְקַבְּלָה גִּיטָּהּ וְנִתְקַבְּלָה כְּתוּבָּתָהּ. אֵיתִיבֵיהּ: "הִתְקַבְּלִי גִּיטֵּךְ וְהַשְּׁאָר לִכְתוּבָּתֵךְ" – נִתְקַבְּלָה גִּיטָּהּ וְהַשְּׁאָר לִכְתוּבָּתָהּ; טַעֲמָא דְּאִיכָּא שְׁאָר, הָא לֵיכָּא שְׁאָר – לָא! הוּא הַדִּין אע"ג דְּלֵיכָּא שְׁאָר, וְהָא קמ"ל, דְּאע"ג דְּאִיכָּא שְׁאָר, גאִי אֲמַר לָהּ – אִין, אִי לָא – לָא. מַאי טַעֲמָא? אֲוִירָא דִּמְגִילְּתָא הוּא. *ת"ר: ד"הֲרֵי זֶה גִּיטֵּךְ וְהַנְּיָר שֶׁלִּי" – אֵינָהּ מְגוֹרֶשֶׁת, "עַל מְנָת שֶׁתַּחֲזִירִי לִי אֶת הַנְּיָר" – הֲרֵי זוֹ מְגוֹרֶשֶׁת. הבָּעֵי רַב פַּפָּא: °בֵּין שִׁיטָּה לְשִׁיטָּה וּבֵין תֵּיבָה לְתֵיבָה, מַאי? תֵּיקוּ. וְתֵיפּוּק לֵיהּ, *°ד"סֵפֶר" אֶחָד אָמַר רַחֲמָנָא – וְלֹא שְׁנַיִם וּשְׁלֹשָׁה סְפָרִים! (דברים כד) לָא צְרִיכָא, דִּמְעוּרֶה. ובָּעֵי רָמִי בַּר חָמָא: הָיוּ מוּחְזָקִים בְּעֶבֶד שֶׁהוּא שֶׁלּוֹ וְגֵט כָּתוּב עַל יָדוֹ, וַהֲרֵי הוּא יוֹצֵא מִתַּחַת יָדָהּ, מַהוּ? מִי אָמְרִינַן אַקְנוּיֵי אַקְנֵי לָהּ, אוֹ דִּלְמָא הוּא מִנַּפְשֵׁיהּ עָיֵיל? אֲמַר רָבָא: וְתֵיפּוּק לֵיהּ, דִּכְתָב שֶׁיָּכוֹל לְהִזְדַּיֵּיף הוּא! וּלְרָבָא, קַשְׁיָא מַתְנִיתִין: עַל הַיָּד שֶׁל עֶבֶד! בִּשְׁלָמָא מַתְנִי' לְרָבָא לָא קַשְׁיָא – *בְּעֵדֵי מְסִירָה, וְרַבִּי אֶלְעָזָר הִיא. אֶלָּא לְרָמִי בַּר חָמָא קַשְׁיָא! לְרָמִי בַּר חָמָא נַמִי לָא קַשְׁיָא – יבִּכְתוֹבֶת קַעֲקַע. הָשְׁתָּא דְּאָתֵית לְהָכִי, מַתְנִיתִין (לְרָבָא) נַמִי לָא תִּיקְשֵׁי – (ר"מ מ"ז) חבִּכְתוֹבֶת קַעֲקַע. מַאי הָוֵי עֲלָהּ? תָּא שְׁמַע, *דְּאָמַר רֵישׁ לָקִישׁ: טהַגּוֹדְרוֹת אֵין לָהֶן חֲזָקָה. בָּעֵי רָמִי בַּר חָמָא: הָיוּ מוּחְזָקִין בְּטַבְלָא שֶׁהִיא שֶׁלָּהּ וְגֵט כָּתוּב עָלֶיהָ, וַהֲרֵי הִיא יוֹצְאָה מִתַּחַת יָדוֹ, מַהוּ? מִי אָמְרִינַן אַקְנוּיֵי אַקְנֵיתָא לֵיהּ, אוֹ דִּלְמָא (אִשָּׁה) לָא יָדְעָה (רש"ל מ"ז) לְאַקְנוּיֵי? אֲמַר אַבָּיֵי, *ת"ש, אַף הוּא הֵעִיד עַל כְּפָר קָטָן שֶׁהָיָה בְּצַד יְרוּשָׁלַיִם, וְהָיָה בּוֹ זָקֵן אֶחָד וְהָיָה מַלְוֶה לְכָל בְּנֵי הַכְּפָר, וְכוֹתֵב בִּכְתַב יָדוֹ וַאֲחֵרִים חוֹתְמִים, וּבָא מַעֲשֶׂה לִפְנֵי חֲכָמִים וְהִכְשִׁירוּהוּ; וְאַמַּאי? הָא בָּעֵינָא °"סֵפֶר מִקְנָה" וְלֵיכָּא! (ירמיה לב) אֶלָּא לָאו מִשּׁוּם דְּאָמְרִינַן אַקְנוּיֵי מַקְנֶה לְהוּ. אֲמַר רָבָא: וּמַאי קוּשְׁיָא? דִּילְמָא זָקֵן

רש"י

הָא בָּעֵינָא מִכְתָּב. פִּתּוּחֵי חוֹתָם. מְגַוָּאי. מַכֶּה הָרוֹשֵׁם בְּאוֹתוֹ צַד שֶׁהַצּוּרָה בּוֹלֶטֶת בּוֹ. אֲבָל לִין – דּוֹחֵק מֵאַבְּרַאי, וְהִיא בּוֹלֶטֶת מִגַּוָּאי. הָא לֵיכָּא שְׁאָר לָא. דִּמְקוֹם גֵּט בָּעֵי לְמֵיתַב לָהּ מַתָּנָה גְּמוּרָה מִשּׁוּם גֵּירוּשִׁין, וְלֹא לְשֵׁם פֵּרָעוֹן, דִּכְתִיב "וְנָתַן". אִי אֲמַר לָהּ. "לִכְתוּבָּתֵיךְ". אֲוִירָא. גִּלָּיוֹן. וְהַנְּיָר. כָּל הַנְּיָר אֲנִי מְעַכֵּב לְעַצְמִי. אֵינָהּ מְגוֹרֶשֶׁת. דְּכֵיוָן דְּהַנְּיָר שֶׁלּוֹ – לֹא נָתַן לָהּ כְּלוּם, דְּנִמְצְאוּ אוֹתִיּוֹת פּוֹרְחוֹת בָּאֲוִיר. הֲרֵי זוֹ מְגוֹרֶשֶׁת. וְתַחֲזִיר, דְּמַתָּנָה ע"מ לְהַחֲזִיר שְׁמָהּ מַתָּנָה. נְיָיר שֶׁבֵּין שִׁיטָּה לְשִׁיטָּה. שֶׁלִּי, מַהוּ? דִּמְעוּרֶה. מְעוּרֶה בְּמִקְלַט, שֶׁהָיוּ בּוֹ אוֹתִיּוֹת אֲרוּכִּין הַמַּגִּיעִין מִשִּׁיטָּה לְשִׁיטָּה בְּרָאשֵׁי כָּל תֵּיבָה וְתֵיבָה. וַהֲרֵי הוּא. הָעֶבֶד. יוֹצֵא מִתַּחַת יָדָהּ. שֶׁהֱבִיאַתּוּ לְפָנֵינוּ, וְאָמְרָה: בַּעְלִי נָתַן לִי הָעֶבֶד הַזֶּה, וְגֵירְשַׁנִי בּוֹ, כְּדִתְנַן בְּמַתְנִי': וְנוֹתֵן לָהּ הָעֶבֶד. מַהוּ. מִי מְהֵימְנָה בְּלֹא עֵדֵי מְסִירָה, הוֹאִיל וְעַכְשָׁיו הוּא בִּרְשׁוּתָהּ, אוֹ דִּילְמָא הוּא מִנַּפְשֵׁיהּ אֲזַל? לְהִזְדַּיֵּיף הוּא. דִּילְמָא תְּנָאָה הֲוָה בְּגִיטָּא וּמְחַקְתֵּיהּ, וַהֲדַר כְּתָבֵיהּ. בְּעֵדֵי מְסִירָה. שֶׁקְּרָאוּהוּ. וְר' אֶלְעָזָר הִיא. דְּאָמַר: אִי אֶפְשָׁר לְגֵט בְּלֹא עֵדֵי מְסִירָה. אֶלָּא לְרָמִי בַּר חָמָא קַשְׁיָא. דְּבָעֲיָא דִּידֵיהּ בִּדְלֵיכָּא עֵדֵי מְסִירָה הִיא. כְּתוֹבֶת קַעֲקַע. אֵינָהּ נִמְחֶקֶת עוֹלָמִית. הַגּוֹדְרוֹת. בְּהֵמוֹת, עַל שֵׁם "גִּדְרוֹת צֹאן" (במדבר לב). אֵין לָהֶן חֲזָקָה. אָדָם שֶׁתְּפָסָן אֵינוֹ יָכוֹל לִטְעוֹן לְבַעֲלֵיהֶם "מְכַרְתָּם לִי", דְּאִיכָּא לְמֵימַר מֵעַצְמָן הָלְכוּ אֶצְלוֹ. וַהֲרֵי הִיא יוֹצְאָה מִתַּחַת יָדוֹ. שֶׁהוּא בָּא לְגָרְשָׁהּ. לָא יָדְעָה לְאַקְנוּיֵי. לֹא גָּמְרָה וּמַקְנְיָיה דָּבָר שֶׁאֵין בְּלִבָּהּ לָתֵת מַתָּנָה גְּמוּרָה, וְלֹא גֵּירְשָׁהּ אֶלָּא בְּשֶׁלָּהּ, וַאֲנַן בָּעֵינַן "וְנָתַן". אַף הוּא הֵעִיד. רַבִּי יְהוּדָה בֶּן בָּבָא, בְּמַסֶּ' עֵדֻיּוֹת. ה"ג: וְהָא בָּעֵינָא סֵפֶר מִקְנָה וְלֵיכָּא. שֶׁהַמַּקְנֶה צָרִיךְ לִכְתּוֹב אֶת הַשְּׁטָר "שָׂדִי מְכוּרָה לָךְ", דְּמֵהַאי קְרָא נָפְקָא לָן בְּפ"ק דְּקִידּוּשִׁין (דף כו.). אֶלָּא לָאו. ש"מ: כִּי מַקְנֵי לֵיהּ – שַׁפִּיר דָּמֵי, וְאַף עַל גַּב דְּאֵין בְּדַעְתּוֹ שֶׁל נוֹתֵן שֶׁיְּשַׁעְבְּדוּ הַמְקַבֵּל אֶצְלוֹ.

תוספות

התקבלי גיטיך והתקבלי כתובתיך מהו. אע"ג דכתבו על איסורי הנאה כשר – היינו משום דיהיב לה מיהא כל הגט, אבל הכא לא יהיב לה אלא בתורת פרעון. **על** מנת שתחזירי לי הנייר מגורשת. בפרק "מי שאחזו" (לקמן דף עה.) קבעי: מ"ש רישא ומ"ש סיפא? ומפרש לשון אחד: משום דסיפא הוי תנאי ומעשה בדבר אחד, והוי תנאי בטל ומעשה קיים. דקסבר ההוא לישנא דאומר "ע"מ" לאו כאומר "מעכשיו" דמי, ואין גט יכול לחול עד שתחזירהו, ואז א"א להתגרש, שאין הגט בידה, הילכך, אע"פ שלא החזירתו – מגורשת. ורבא דקאמר בפ"ק דקידושין (דף ו:): "הילך אתרוג זה במתנה ע"מ שתחזירו לי", החזירו יצא כו' – לא סבר כההוא לישנא. אלא רבא לטעמיה, דמפרש בפ' "מי שאחזו" – משום דהוי מעשה קודם לתנאי. ואע"ג דבהיא דאתרוג נמי מעשה קודם לתנאי – לא דק רבא במילתיה למינקט התנאי כמו שצריך להתנות. ולההוא לישנא דמפרש ב"מי שאחזו" (לקמן עד.) משום דכל האומר "ע"מ" כאומר "מעכשיו" דמי – לא הוי גט אלא אם כן החזירתו לבסוף, שנתקיים התנאי, ואז הוי גט משעה שבא לידה. **ספר** אחד אמר רחמנא ולא שנים ושלשה ספרים. אע"ג דלקמן (דף כא:) דרשי רבנן "ספר" – לספירת דברים, מכל מקום דרשי' נמי הך דרשה דהכא. וא"ת: היכי מכשירין בפ' בתרא (לקמן דף פז:) שייר מקצת הגט וכתבו בדף השני? הוה לן למיפסל בשני דפין משום "ספר אחד אמר רחמנא ולא שנים ושלשה ספרים", כדאמרי' בפ"ב דסוטה (דף יח.): כתבה בשני דפין – פסולה, ספר אחד אמר רחמנא כו'! ואור"י: דשני דפים דסוטה איירי בשתי חתיכות, ולקמן איירי בקלף אחד בשני עמודים. **לא** צריכא דמעורה. מכאן מדקדק ר' יצחק בר מרדכי דאין צריך בגט שתהא כל אות ואות מוקפת גויל מארבע רוחותיה, כדאמר הכא דמעורה. ור"י אומר: דאין מכאן ראיה, דהא דקאמר דמעורה – היינו רגל ד' של שיטה עליונה בט' של שיטה שתחתיה, או ראש ל' בה' או בח' שלמעלה הימנה. ומ"מ נראה לר"י דאין צריך ראיה להכשיר, דדוקא בס"ת תפילין ומזוזות בעינן שיהו האותיות מוקפות גויל, כדאמר בפרק "הקומץ" (מנחות דף לד.) משום דכתיב בהו "וכתבתם" – כתיבה תמה, אבל בגט – ליכא קפידא, דאפי' ספר ודיו לא בעינן בגט, ד"ספר" דכתב בגט – לספירת דברים הוא דאתא (לקמן כא:). **בכתובת** קעקע. מדאורייתא ליכא איסורא עד שיכתוב ויקעקע בדיו ובכחול, כדתנן בפ"ג דמכות (דף כא.), ולר' שמעון אינו חייב אפי' כתב וקעקע עד שיכתוב את השם – פי': שם דע"ז, כדמפרש התם בגמרא. ומיהו, איסורא דרבנן איכא הכא, דאפי' אפר מקלה אסור ליתן על גבי מכתו מפני שנראה ככתובת קעקע. ואפי' הויא הכא איסורא דאורייתא – מ"מ הוי גט, כדאמרי' לעיל: כתבו על איסורי הנאה – כשר, אע"ג דאסור לכתוב, דהא מיתהני באיסורי הנאה. **ת"ש** דאמר ריש לקיש הגודרות **אין** להם חזקה. פי': לאלתר, אלא עד ג' שנים יש להם חזקה, כדאמרינן ב"חזקת הבתים" (ב"ב דף לו.). וא"ת: מתני' הוה ליה לאתויי, דתנן התם (דף כח.): העבדים חזקתן ג' שנים מיום ליום, אבל לאלתר – לא! ועוד: מאי קמ"ל ריש לקיש? מתני' היא! ודוחק לומר כמו שפי' הרב ר' יהודה מקורבי"ל, דריש לקיש אתא לאשמועינן אפי' בכה"ג דאיירי הכא, שהגט כתוב על ידו או על קרן של פרה, דאיכא הוכחה קצת דיהביה לאשה – אפ"ה אין לה חזקה, ולהכי מייתי מר"ל. דא"כ הוה ליה לפרושי בהדיא, כיון דלא איצטריך לאשמועינן אלא בכי האי גוונא. אלא י"ל: דממתני' לא שמעינן גודרות, דה"א דוקא עבדים דבני דעת, ועיילי מנפשייהו, אבל גודרות – אין דרכם לילך לבית איש נכרי, ולהכי ה"א: הכא שהגט כתוב על ידו, ומוכח קצת שהוא שלה – יש לה חזקה, להכי מייתי מגודרות דאין להם חזקה, אע"פ שיש הוכחה דלא עיילי מנפשייהו כמו עבדים. **אשה** לא ידעה לאקנויי. פירוש: בדבר שהוא מחזיר לה, ולא גמרה ומיקניא ליה. אלא בתורת שאילה משאילתו לו. אע"ג דאמרי' לעיל דדמי כתיבת סופר אקנו ליה רבנן מדידה, מ"מ טבלא דידה לא מקנו ליה. וא"ת: וכי לא ידע מתני' [דכותבת] דפשיט מינה בסמוך דהאשה כותבת את גיטה? וי"ל: דמלי לדחוי, דכותבת על קלף דבעל, אלא שנותנת שכר הכתיבה. ורב אשי דפשיט מינה – משמע ליה דאיירי בקלף שלה. **וכותב** בכתב ידו ואחרים חותמים. ואם תאמר: מה ענין שטרי הלואה לגט? דאינם אלא לראיה, ואפי' במלוה על פה היה גובה ממשעבדי אי לאו משום דאין לה קול, כדאמרינן ב"חזקת הבתים" (ב"ב מב.) דמאן דיזיף – בצנעה יזיף, ומכר שיש לו קול אמרינן (שם מא:) המוכר שדהו בעדים גובה מנכסים משועבדים! ונראה לפרש: דנראה לגמרא, דמסתמא, כיון שהיה מלוה לכל בני העיר – גם הם היו עושים לו טובה ונותנים לו במתנה, או מוכרים לו שדות, דפעמים שלא היו קונין לו אלא בשטר, כגון "שדי נתונה לך" או "מכורה לך", וגם השטרות האלו היה כותב אותם ואחרים חותמים.

אלא

תוספות רי"ד

ת"ר הרי זה גיטיך והנייר שלי אינה מגורשת פי' דכיון שהנייר שלו לא יתן לה כלום ונמצאו אותיות פורחות באויר ע"מ שתחזירי לי את הכתב מגורשת פי' והיא תחזור לו את הנייר כדי לקיים תנאו ותקרא נתינה דמתנה ע"מ להחזיר שמה מתנה: בעי רמי בר חמא היו מוחזקים בטבלה שהיא שלה וגט כתוב עליה והרי היא יוצאה מתחת ידו מהו פי' והוא רוצה ליתנה לאשה ולגרשה בגט הכתוב עלי' והתורה אמרה וכתב ונתן על הבעל מוטל לכתוב וליתן ובעי' שיהא הנייר או כל חפץ הכתוב עליו הגט שלו מי אמרינן אקנויי אקניתיה ניהליה או דלמא אשה לא ידעה לאקנויי פי' לא ידעה לאקנויי דבר שאין בלבה לתת מתנה גמורה כזה שעתיד לחזור לה ולא גמרה ואקנויי' ליה אלא כעין שאלה נתנה לו והוא פסול דבעי ליתן בידה שיהא החפץ של בעל וליכא ת"ש אף הוא העיד על כפר קטן שהיה בירושלים והיה שם זקן אחד והיה מלוה לכל בני כפר וכותב בכתב ידו ואחרים חותמים ובא מעשה לפני חכמים והכשירו ואמאי הא בעי' ספר מקנה וליכא פי' בעי' שהלוה יקנה לו קרקעותיו וישעבדם לו בספר וימסור לו למלוה הספר כתוב וליכא אלא לאו משום דההוא זקן הוה מקנה להו א) ויהיב להו מקנה והם הכי נמי האשה ודילמא זקן שאני דידע לאקנויי אבל אשה לא:

א) אולי צ"ל ויהיב לו וספיר הוי ספר מקנה וא"כ הכי נמי:

(תוספתא פ"ב) לקמן עה.

[סוטה יח.]

[לעיל ע: וש"נ]

כתובות פה: ב"ב לו.

עדיות פ"ב מ"ג

גליון הש"ס

גמ' בין שיטה לשיטה. עי' לקמן דף כא ע"ב תוס' ד"ה יצא זה:

גי' מגדל דוד

זָקֵן שָׁאנֵי, דְּיָדַע לְאַקְנוּיֵי! אֶלָּא אָמַר רָבָא, מֵהָכָא: *עָרֵב אהַיּוֹצֵא לְאַחַר חִיתּוּם שְׁטָרוֹת, גּוֹבֶה מִנְּכָסִים בְּנֵי חוֹרִין. אָמַר רַב אַשִׁי: מַאי קוּשְׁיָא? דִּלְמָא גַּבְרָא שָׁאנֵי, דְּיָדַע לְאַקְנוּיֵי! אֶלָּא אָמַר רַב אַשִׁי, במֵהָכָא: *אִשָּׁה גכּוֹתֶבֶת אֶת גִּיטָּהּ, וְהָאִישׁ כּוֹתֵב אֶת שׁוֹבְרוֹ, שֶׁאֵין קִיּוּם הַגֵּט אֶלָּא בְּחוֹתְמָיו. אָמַר רָבָא: דכָּתַב לָהּ גֵּט וּנְתָנוֹ בְּיַד עַבְדּוֹ, וְכָתַב לָהּ שְׁטַר מַתָּנָה עָלָיו – קְנָאַתְהוּ וּמִתְגָּרֶשֶׁת בּוֹ. וְאַמַּאי? *חָצֵר מְהַלֶּכֶת הִיא, וְחָצֵר מְהַלֶּכֶת לֹא קָנָה! וְכִי תֵּימָא: בְּעוֹמֵד – *וְהָאָמַר רָבָא: כֹּל שֶׁאִילּוּ מְהַלֵּךְ לֹא קָנָה, עוֹמֵד וְיוֹשֵׁב לֹא קָנָה! הוְהִלְכְתָא: בִּכְפוּת. וְאָמַר רָבָא: וכָּתַב לָהּ גֵּט וּנְתָנוֹ בַּחֲצֵרוֹ, וְכָתַב לָהּ שְׁטַר מַתָּנָה עָלָיו – קְנָאַתְהוּ וּמִתְגָּרֶשֶׁת בּוֹ. וּצְרִיכָא; דְּאִי אַשְׁמַעִינַן עֶבֶד, הֲוָה אָמִינָא: דַּוְקָא עֶבֶד, אֲבָל חָצֵר – לִיגְזַר *מִשּׁוּם חֲצֵרָהּ הַבָּאָה לְאַחַר מִכָּאן; וְאִי אַשְׁמַעִינַן חָצֵר, ה"א: דַּוְקָא חָצֵר, אֲבָל עֶבֶד – לִיגְזַר כָּפוּת אַטּוּ שֶׁאֵינוֹ כָּפוּת, קמ"ל. אָמַר אַבָּיֵי: מִכְּדִי חָצֵר מֵהֵיכָא אִיתְרַבַּי? *מִיָּדָהּ, מַה יָּדָהּ דְּאִיתָא בֵּין מִדַּעְתָּהּ וּבֵין בְּעַל כּוֹרְחָהּ – אַף חֲצֵרָהּ דְּאִיתָא בֵּין מִדַּעְתָּהּ וּבֵין בְּעַל כּוֹרְחָהּ. וְהָא מַתָּנָה – זמִדַּעְתָּהּ אִיתָא, בְּעַל כּוֹרְחָהּ לֵיתָא! מַתְקִיף לָהּ רַב שִׁימִי בַּר אַשִׁי: וְהָא שְׁלִיחוּת לְקַבָּלָה, דְּמִדַּעְתָּהּ אִיתָא, בְּעַל כּוֹרְחָהּ לֵיתָא, וְקָא הָוֵי שָׁלִיחַ לְקַבָּלָה! וְאַבָּיֵי? אַטּוּ שְׁלִיחוּ' מִ"יָּדָהּ" אִיתְרַבַּי? *מִ"וְשִׁלַּח" °"וְשִׁלְּחָהּ" אִיתְרַבַּי. וְאב"א: שְׁלִיחוּת לְקַבָּלָה נַמִי אַשְׁכַּחַן בְּעַל כּוֹרְחָהּ, שֶׁכֵּן חאָב מְקַבֵּל גֵּט לְבִתּוֹ קְטַנָּה בְּעַל כּוֹרְחָהּ.§ "עַל הֶעָלֶה שֶׁל זַיִת" וכו'.§ בִּשְׁלָמָא יַד דְּעֶבֶד לָא

רש"י

זָקֵן שָׁאנֵי דְּיָדַע לְאַקְנוּיֵי. שֶׁהוּא חָכָם, וְיָדַע שֶׁאֵינוֹ שְׁטָר אֶלָּא אִם כֵּן מַקְנֵהוּ לוֹ לְגַמְרֵי, וְגָמַר דַּעְתֵּיהּ וּמַקְנֵי. אֲבָל אִשָּׁה לָא יָדְעָה כּוּלֵּי הַאי, וְלָא גָּמְרָה לְאַקְנוּיֵי בְּדַעְתָּהּ, אֶלָּא בִּשְׁאֵלָה בְּעָלְמָא. לְאַחַר חִיתּוּם שְׁטָרוֹת. לְאַחַר שֶׁנֶּחְתַּם הַשְּׁטָר כָּתַב הֶעָרֵב כְּתַב יָדוֹ "וַאֲנִי עָרֵב". גּוֹבֶה. הַמַּלְוֶה מִמֶּנּוּ. מִנְּכָסִים בְּנֵי חוֹרִין. אֲבָל לֹא מִמְּשֻׁעְבְּדֵי. כֵּיוָן דְּלֵיכָּא שְׁטָר בְּעֵדִים – לֵית לֵיהּ קָלָא, וַהֲוָה לֵיהּ כְּמִלְוֶה עַל פֶּה. אַלְמָא: כָּל אָדָם נַמִי מַקְנֶה, דְּהָא הַאי שְׁטָרָא כְּשֶׁחָתַם בּוֹ הֶעָרֵב לְאַחַר זְמַן כְּבָר הָיָה מָסוּר לַמַּלְוֶה, וְהֵיאָךְ נִכְסֵי הֶעָרֵב הַזֶּה מִשְׁתַּעְבְּדִים בּוֹ? וְהָא בָּעֵינַן "סֵפֶר מִקְנָה", אִי לָאו דְּאַקְנְיֵיהּ נִיהֲלֵיהּ מַלְוֶה לֶעָרֵב וְחָתַם, וַהֲדַר מְסָרֵיהּ נִיהֲלֵיהּ. כּוֹתֶבֶת אֶת גִּיטָּהּ. וּמַקְנְיָא לֵיהּ לַבַּעַל, וְיָהֵיב לָהּ נִיהֲלָהּ. וְהָאִישׁ כּוֹתֵב אֶת שׁוֹבְרוֹ. פֵּרָעוֹן הַכְּתוּבָּה שֶׁפָּרַע, וּמַקְנֵהוּ לָאִשָּׁה, וְהִיא מַחְתֶּמֶת עֵדִים וּמוֹסַרְתּוֹ לוֹ לִרְאָיָה בְּיָדוֹ. עָלָיו. עַל הָעֶבֶד. קְנָאַתְהוּ. לָעֶבֶד בִּשְׁטַר מַתָּנָה זֶה, וְהַגֵּט שֶׁבְּיָדוֹ. דַּהֲוָה לֵיהּ הַאי עֶבֶד כַּחֲצֵרָהּ, וְגִיטָּהּ וַחֲצֵירָהּ בָּאוּ לָהּ כְּאֶחָד. וְחָצֵר מְהַלֶּכֶת לֹא קָנָה. דְּכִי אָמוּר רַבָּנַן: חֲצֵרוֹ שֶׁל אָדָם קוֹנָה לוֹ – לָאו בְּחָצֵר מְהַלֶּכֶת אָמוּר, דְּשָׁאנֵי מְקַרְקְעֵי דְּנָיְידֵי מִמְּקַרְקְעֵי דְּלָא נָיְידֵי. וְרָבָא גּוּפֵיהּ אֲמָרָהּ דְּלָא קָנֵי, בְּ"שְׁנַיִם אוֹחֲזִין" (ב"מ דף ט:). בִּכְפוּת. דְּאֵינוֹ רָאוּי לַהֲלֹךְ. חֲצֵרָהּ הַבָּאָה לְאַחַר מִכָּאן. כְּגוֹן נָתַן לָהּ גֵּט בַּחֲצַר חֲבֵירוֹ, וְהָלַךְ בַּעַל חָצֵר וּמָכַר לָהּ אֶת הֶחָצֵר, אוֹ נָתַן לָהּ בְּמַתָּנָה. וְהָא וַדַּאי אֵינָהּ מְגוֹרֶשֶׁת, דְּמַאן מְגָרֵשׁ לָהּ? דִּכְשֶׁנָּתַן הַבַּעַל הַגֵּט בֶּחָצֵר – לֹא שֶׁלָּהּ הָיְתָה, דְּתִקְנֵי לָהּ חֲצֵרָהּ כְּאִילּוּ נוֹתְנוֹ בְּיָדָהּ. וְכִי אָתָא הַאי חָצֵר לְיָדָהּ – לָאו מִכֹּחַ הַבַּעַל אָתְיָא לָהּ דְּנֶיהֱוֵי נוֹתֵן לָהּ הֶחָצֵר וְהַגֵּט בְּיַחַד. מַה יָּדָהּ דְּאִיתָא. בְּגֵירוּשִׁין עַל כָּרְחָהּ. אַף חֲצֵרָהּ. בָּעֵינַן נַמִי דְּלֶהֱוֵי בֵּין מִדַּעְתָּהּ בֵּין בְּעַל כָּרְחָהּ, כְּגוֹן חָצֵר שֶׁהָיְתָה שֶׁלָּהּ קוֹדֶם שֶׁזָּרַק הַגֵּט לְתוֹכָהּ. בְּעַל כָּרְחָהּ לֵיתָא. דְּאִי אָמְרָה "אִי אֶפְשִׁי לְקַבֵּל מַתָּנָה מִמֶּנּוּ" – לָא קָנְיָא לָהּ לְהָא חָצֵר, וְלָא מִיגָּרְשָׁה בֵּיהּ, דְּהָא אָמְרָה "לָא נִיחָא לִי לְמִיקְנֵי". [וְהָא שְׁלִיחוּת]. אִשָּׁה עוֹשָׂה שָׁלִיחַ לְקַבָּלָה מִדַּעְתָּהּ, אֲבָל בְּעַל כָּרְחָהּ – אֵינוֹ נַעֲשֶׂה שְׁלוּחָהּ שֶׁתִּתְגָּרֵשׁ בְּקַבָּלָתוֹ. אֲבָל הַבַּעַל עוֹשֶׂה שָׁלִיחַ לְהוֹלָכָה, וְנוֹתֵן לָהּ עַל כָּרְחָהּ. וְקַמְשַׁוֵּי שָׁלִיחַ לְקַבָּלָה. בְּפִרְקִין דִּלְקַמָּן (דף סב:), דְּנָפְקָא לָן מִ"וְשִׁלַּח" "וְשִׁלְּחָהּ" – קְרֵי בֵּיהּ וְשִׁלְּחָה בְּלֹא מַפִּיק הֵ"א. קְטַנָּה. אָבִיהָ מְקַבֵּל גִּיטָּהּ, כִּדְנָפְקָא לָן בִּכְתוּבּוֹת בְּפֶרֶק "נַעֲרָה" (דף מז.) מִ"וְיָצְאָה וְהָיְתָה". לָא

תוספות

אלא מהכא ערב היוצא כו'. קשה לר"י: דבריש "הנושא" (כתובות דף קב.*) פליג ר' יוחנן וריש לקיש ב"חייב אני לך מנה בשטר", וקאמר התם: כתנאי, מהך דערב, ופי' בקונט' דפליגי אי חשיבא הודאה. א"כ משמע דערב מחייב ליה משום הודאה, שמודה דנעשה ערב בשעת מתן מעות, מדמייתי לה עלה. והכא משמע בההיא שטרא הוא משעבד נפשיה להתחייב מעתה. ולפי' ר"ת דהתם, דלא מפרש משום הודאה – ניחא. וי"ל: דבתרתי פליגי בן ננס ור' ישמעאל, בין שכתב בשטר "ואני מודה שאני ערב" בין שכתב בו "ואני נעשה ערב מעכשיו". דרישא דקתני: ערב היוצא אחר חיתום שטרות – משמע דפליגי בהודאה, מדלא נקט בהאי לישנא: ערב שלא בשעת מתן מעות חייב. ומדמהדר ליה בסיפא: הרי שהיה חונק חבירו, משמע דפליגי נמי בחנוק. ומייתי הכא מחנוק, דמשתעבד אע"פ שלא היה השטר שלו. ולפי' הקונטרס דפליגי בהודאה, אע"ג דתנן: הוציא עליו כתב ידו גובה כו' – התם בכתב וחתם תחתיו, ופלוגתייהו – שלא חתם, וערב נמי איירי כשלא חתם, אלא שכתב "אני ערב" [ומסר לו השטר בפני עדים].

והילכתא בכפות. כפות וישן בעינן, כדמשמע לקמן ב"הזורק" (דף עח.). דאמר(א): כתב לה גט ונתנו ביד עבדה, ישן ומשמרתו – הרי זה גט, ניעור – אינו גט, דהויא חצר המשתמרת שלא לדעתה. ופריך: בישן אמאי הוי גט? חצר מהלכת היא! וכ"ת ישן שאני – והאמר רבא: כל שאילו מהלך לא קנה – עומד ויושב לא קנה! והילכתא בכפות. ופי' בקונטרס: בההיא קאמר רבא דניעור אינו גט. וכן פסקו הלכות גדולות דכפות וישן בעינן. וליכא למימר דהכי פירושו: והילכתא בכפות – לא חשיב חצר מהלכת, דלא דמי לעומד ויושב, וכיון דכפות מועיל – ישן לחוד נמי מועיל, ולעולם רבא לא איירי בכפות. דא"כ – אמאי קאמר רבא: ניעור אינו גט, דהוי חצר המשתמרת שלא מדעתה? אפילו הוי משתמר לדעתה, כגון שידיו כפותות בחבל ואוחזתו בידה – לא הוי גט, דחצר מהלכת היא. דומיא דקלתה, דאי לאו דקאמר התם בפ"ק דב"מ (דף ט:) דמינח נייח ואיהי דקא מסגיא תותה – לא הוי גט, אע"ג דמשתמרת לדעתה. אלא ודאי רבא בכפות איירי, וכי לא ידע אכתי דאיירי בכפות – הוה מצי למיפרך: מאי איריא דניעור אינו גט משום דמשתמרת שלא לדעתה? אפי' משתמרת לדעתה נמי, דחצר מהלכת היא. אלא דעדיפא מינה פריך.

אבל בחצר לגזור משום חצרה הבאה לאחר מכאן. וא"ת: והא שמעינן שפיר מעבד דלא גזרינן משום חצרה הבאה לאחר מכאן! וי"ל: דבעבד ודאי לא גזרינן, דאיירי בכפות, ומילתא דלא שכיחא היא, ולא גזרו בה רבנן.

אטו שליחות מידה איתרבאי כו'. וא"ת: דבפ"ק דב"מ (דף י:) אמרי' דחצר משום ידה אתרבאי ולא גרע משליחות, ובמציאה דזכות הוא – קני אע"פ שאינו עומד בצד חצירו ולא הוי דומיא דיד, דקני מכח שליחות דזכין לאדם שלא בפניו. א"כ הכא, דכתב לה שטר מתנה עליו, אע"ג דלא הויא דומיא דידה, דמתנה ליתא בעל כרחה – תתגרש מכח שליחות! וי"ל: דדוקא לענין שלא בפניו אמרינן דלא גרע משליחות, לקנות במידי דזכות הוא לו, אבל בשאר דברים – בעינן דומיא דידה. דאל"כ – חצר מהלכת אמאי לא קנה? תקנה מטעם שליחות, כמו שליח מהלך, אע"ג דמטעם יד לא קני! וא"ת: רב שימי מאי קשיא ליה? אטו לא ידע דשליחות מ"ושלח" "ושלחה" איתרבאי? הא ברייתא היא בפ"ב דקידושין (דף מא.) ומילתא דפשיטא היא לכ"ע! וי"ל: דרב שימי סבר: כיון דאשכחן בשליחות דמתגרשת בלא הגעת גט לידה, אע"ג דליתא בעל כרחה – לענין חצר נמי, דאיתרבאי משום יד – לא מיסתבר ליה למימר דקפיד קרא אהכי, דליהוי דומיא דיד. ואביי מהדר ליה דאין להביא ראיה משליחות לחצר, כיון דשליחות איתרבאי מ"ושלח" וחצר איתרבאי משום יד.

ואיבעית אימא שליחות לקבלה נמי אשכחן בעל ברחה. משמע שרוצה לומר דאפי' איתרבאי שליחות מידה – ניחא. כיון דאשכחן שליחות בע"כ ע"י אב, אע"ג דשאר שליח לא הוי אלא מדעתיה – חשיב שפיר דומיא דידה. ותימה: דחצר מתנה נמי, אע"ג דליתא בעל כרחה – ניהוי דומיא דידה, כיון דאשכחן חצר בעל כרחה, כגון חצר שהיה לה קודם לכן, דתנן ב"הזורק" (לקמן עז.) דמגורשת! ואומר רבינו יצחק: דחצרה דמקודם לכן לא הוי בעל כרחה כמו שליחות דאב, דיכולה להפקירו ולא תתגרש עוד על ידו, אבל שליחות דאב אי אפשר לה לעכב בשום ענין שלא יקבל גט בעל כרחה. ודוקא. **שכן** אב מקבל גט לבתו קטנה בעל ברחה. ואפי' בעל כרחו של אב מתגרשת, כשנותן לו בעל כרחו, כדמוכח בפ"ב דקדושין (דף מד.) דאמר: קדושין דמדעת – אביה ולא היא, גירושין דבע"כ – בין היא בין אביה. פירוש: כיון דבעל כרחו של אב מתגרשת – יכולה היא לקבל כמוהו. וכן פירש שם בקונט'. ועוד אמרינן התם: נערה מהו שתעשה שליח לקבל גיטה מיד בעלה, כיד אביה דמיא או כחצר אביה דמיא? משמע דע"י חצר אביה מתגרשת כמו שהיא מקבלת שלא מדעתו, אפילו אם כחצר אביה דמיא. על

מסורת הש"ס

ב"ב קעה: כתובות קב.
לקמן כב: ע"ש [עדיות פ"ב מ"ג]
[לקמן עח. ב"ק יב. ב"מ ט:]
ב"ק יב. ב"מ ט: לקמן עח.
[לקמן כד. סג:]
[לקמן עז: ב"מ י:]
[קדושין מה.]
דברים כד
תורה אור

עין משפט נר מצוה

[וכס ד"ה כתנאי]
סב א מיי' פכ"ו מהל' מלוה הלכה א סמג עשין לג טוש"ע ח"מ סי' קכט סעיף ד:
סג ב ג מיי' פ"ד מהל' גירושין הלכה ה סמג עשין נ טוש"ע אה"ע סי' קכד סעיף ז:
סד ד ה ו מיי' פ"ה מהלכות גירושין הל' יז סמג עשין נ טוש"ע אה"ע סי' קלט סעיף יח:
סה ז מיי' פ"ד מהלכות זכיה הלכה א סמג עשין פב טוש"ע ח"מ סי' רמה סעיף י:
סו ח מיי' פ"ב מהל' גירושין הלכה יח סמג עשין נ טוש"ע אה"ע סי' קמא סעיף ד:

תוספות רי"ד

ת"ש האשה כותבת את גיטה והאיש כותב את שוברו שאין קיום הגט אלא בחותמיו. פי' אלמא האשה כותבת גיטה בנייר שלה ונותנו לבעל והבעל מחתימתו ונותנו לה ומגרשה בו וש"מ שגם האשה יודעת להקנות. ומהכא מוכיח שצריך הסופר להקנות הנייר והדיו והקולמוס לבעל כדי שיהא הכל שלו: ועל היד של עבד ונותן לה את העבד ותיפוק דכתב שיכול להזדייף הוא בעדי מסירה ור' אלעזר היא אי בעית אימא אפילו תימא ר' מאיר ובכתובת קעקע:

הגהות הב"ח

(א) תום' ד"ה והלכתא וכו' דאמר רבא כתב וכו' דהויא ליה חצר:

גליון הש"ס

תום' ד"ה ואב"א וכו' דיכולה להפקירו. קשה לי הא מ"מ משכחת בחצר דקטנה שהוא בע"כ דא"י להפקיר:

[שייך לעיל במשנה יט.]
סז א מיי' פ"א מהל' גירושין הל' ו סמג עשין נ טוש"ע אה"ע סי' קכד סעיף א:
סח ב מיי' פ"א מהל' גירושין הל' א והל' ג סמג שם:
סט ג ד מיי' שם ופ"ח שם הלכה י סמג שם טוש"ע אה"ע סי' קמג סעיף כ:
ע ה מיי' פ"א שם הלכה ו סמג שם טוש"ע אה"ע סימן קכד סעיף ד:
עא ו מיי' שם פ"ד הל' ג סמג שם טוש"ע שם סעיף ב:
עב ז מיי' שם פ"א הל' ז סמג שם טוש"ע שם סעיף ה:
עג ח ט מיי' שם הל' ח טוש"ע אה"ע שם סעיף ד:

לָא אֶפְשָׁר לְמִקְצְיֵיהּ, אֶלָּא קֶרֶן שֶׁל פָּרָה – לִיקַצְיֵיהּ וְלֵיתְבֵיהּ לָהּ! אָמַר קְרָא: °"וְכָתַב וְנָתַן לָהּ", אמִי שֶׁאֵינוֹ מְחוּסָּר אֶלָּא כְּתִיבָה וּנְתִינָה, יָצָא זֶה שֶׁמְּחוּסָּר כְּתִיבָה, קְצִיצָה, וּנְתִינָה. § "רַבִּי יוֹסֵי הַגְּלִילִי אוֹמֵר" וכו'. § מ"ט דְּרַבִּי יוֹסֵי הַגְּלִילִי? *דְּתַנְיָא: "סֵפֶר", אֵין לִי אֶלָּא "סֵפֶר", מִנַּיִן לְרַבּוֹת כָּל דָּבָר? ת"ל: "וְכָתַב לָהּ", מִכָּל מָקוֹם; אִם כֵּן, מַה ת"ל "סֵפֶר"? מַה סֵּפֶר דָּבָר שֶׁאֵין בּוֹ רוּחַ חַיִּים וְאֵינוֹ אוֹכֶל, אַף כָּל דָּבָר שֶׁאֵין בּוֹ רוּחַ חַיִּים וְאֵינוֹ אוֹכֶל. בוְרַבָּנַן? אִי כְּתִיב "בְּסֵפֶר" – כִּדְקָאָמְרַתְּ, הַשְׁתָּא דִּכְתִיב "סֵפֶר" – לִסְפִירַת דְּבָרִים הוּא דְּאָתָא. וְרַבָּנַן, הַאי "וְכָתַב" מַאי עָבְדִי לֵיהּ? מִיבָּעֵי לְהוּ: גבִּכְתִיבָה מִתְגָּרֶשֶׁת, וְאֵינָהּ מִתְגָּרֶשֶׁת בְּכֶסֶף. ס"ד אָמִינָא *אַקִּישׁ יְצִיאָה לַהֲוָיָה, מָה הֲוָיָה בְּכֶסֶף – אַף יְצִיאָה נַמִי בְּכֶסֶף, קמ"ל. וְאִידָּךְ? נָפְקָא לֵיהּ °מִ"סֵּפֶר כְּרִיתוּת", *סֵפֶר כּוֹרְתָהּ, וְאֵין דָּבָר אַחֵר כּוֹרְתָהּ. וְאִידָּךְ? מִיבָּעֵי לֵיהּ: דדָּבָר הַכּוֹרֵת בֵּינוֹ לְבֵינָהּ. *כִּדְתַנְיָא: ה"הֲרֵי זֶה גִּיטֵּיךְ עַל מְנָת שֶׁלֹּא תִּשְׁתִּי יַיִן", "עַל מְנָת שֶׁלֹּא תֵּלְכִי לְבֵית אָבִיךְ", "לְעוֹלָם" – אֵין זֶה כְּרִיתוּת. "עַד שְׁלֹשִׁים יוֹם" – הֲרֵי זֶה כְּרִיתוּת. וְאִידָּךְ? מִ"כָּרֵת" "כְּרִיתוּת". וְאִידָּךְ? "כָּרֵת", "כְּרִיתוּת" לָא דָּרְשִׁי. §

מתני' *ואֵין כּוֹתְבִין בִּמְחוּבָּר לַקַּרְקַע. כְּתָבוֹ בִּמְחוּבָּר, תְּלָשׁוֹ וַחֲתָמוֹ וּנְתָנוֹ לָהּ – כָּשֵׁר; *רַבִּי יְהוּדָה פּוֹסֵל, עַד שֶׁתְּהֵא כְּתִיבָתוֹ וַחֲתִימָתוֹ בְּתָלוּשׁ. ר' יְהוּדָה בֶּן בְּתֵירָא אוֹמֵר: אֵין כּוֹתְבִין *לֹא עַל הַנְּיָיר הַמָּחוּק וְלֹא עַל הַדִּיפְתְּרָא, מִפְּנֵי שֶׁהוּא יָכוֹל לְהִזְדַּיֵּיף, וַחֲכָמִים זמַכְשִׁירִין. §

גמ' "כְּתָבוֹ עַל הַמְחוּבָּר". וְהָאָמַרְתְּ רֵישָׁא: אֵין כּוֹתְבִין! אָמַר רַב יְהוּדָה אָמַר שְׁמוּאֵל: וְהוּא שֶׁשִּׁיֵּיר מְקוֹם הַתּוֹרֶף; וְכֵן אָמַר ר' אֶלְעָזָר א"ר אוֹשַׁעְיָא: וְהוּא שֶׁשִּׁיֵּיר מְקוֹם הַתּוֹרֶף; וְכֵן *אָמַר רַבָּה בַּר בַּר חָנָה א"ר יוֹחָנָן: וְהוּא שֶׁשִּׁיֵּיר מְקוֹם הַתּוֹרֶף. וְר' אֶלְעָזָר הִיא, *דְּאָמַר: עֵדֵי מְסִירָה כָּרְתִי. וְה"ק: אֵין כּוֹתְבִין טוֹפֶס שֶׁמָּא יִכְתּוֹב תּוֹרֶף. כְּתָבוֹ לַטּוֹפֶס וּתְלָשׁוֹ, כְּתָבוֹ לַתּוֹרֶף וּנְתָנוֹ לָהּ – כָּשֵׁר. וְרֵישׁ לָקִישׁ אָמַר: "חֲתָמוֹ" שָׁנִינוּ, וְרַבִּי מֵאִיר הִיא, *דְּאָמַר: עֵדֵי חֲתִימָה כָּרְתִי. וְהָכִי קָאָמַר: זאֵין כּוֹתְבִין תּוֹרֶף גְּזֵירָה שֶׁמָּא יַחְתּוֹם, כְּתָבוֹ לַתּוֹרֶף, תְּלָשׁוֹ, חֲתָמוֹ וּנְתָנוֹ לָהּ – כָּשֵׁר. חכְּתָבוֹ עַל חֶרֶס שֶׁל עָצִיץ נָקוּב – כָּשֵׁר, דְּשָׁקֵיל לֵיהּ וְיָהֵיב לֵיהּ נִיהֲלָהּ. עַל עָלֶה שֶׁל עָצִיץ נָקוּב – אַבַּיֵי אָמַר: כָּשֵׁר, וְרָבָא אָמַר: טפָּסוּל. אַבַּיֵי אָמַר כָּשֵׁר, דְּשָׁקֵיל

לָא אֶפְשָׁר לְמִקְצְיֵיהּ. דְּשַׁיָּיךְ בְּמִלְוֹת, וְאֵינוֹ רַשַּׁאי לְחַבֵּל בּוֹ, וְאִם חָבַל בּוֹ – יוֹצֵא לְחֵירוּת בְּרָאשֵׁי אֵבָרִים. אַלְמָא: אֵינוֹ רַשַּׁאי לְחַבֵּל בּוֹ. סֵפֶר. מַשְׁמַע קְלָף. וְכָתַב לָהּ מִכָּל מָקוֹם. מִדְּלָא כָּתַב "וְנָתַן סֵפֶר כְּרִיתוּת בְּיָדָהּ". אִי כָּתַב בְּסֵפֶר. מַשְׁמַע יִכְתּוֹב בִּקְלָף, וּמָצֵית לְמֵימַר דְּכִי רַבִּי מִ"וְכָתַב לָהּ" – דּוּמְיָא דִּקְלָף הוּא דְּרַבִּי. הַשְׁתָּא דִּכְתִיב סֵפֶר. אֵין זוֹ אֶלָּא "וְכָתַב סְפִירַת דִּבְרֵי כְרִיתוּת", וְעַל כָּל מַה דְּבָעֵי לִכְתּוֹב. וְכָתַב לָהּ מַאי עָבְדִי לֵיהּ. לְדִידְהוּ לָא אִיצְטְרִיךְ לְרַבּוֹת כָּל דָּבָר, שֶׁהֲרֵי לֹא קָבַע הַכָּתוּב דָּבָר לִכְתִיבָתוֹ, וּמִ"וְנָתַן סֵפֶר כְּרִיתוּת" שָׁמְעִינַן. וְאֵינָהּ מִתְגָּרֶשֶׁת בְּכֶסֶף. אִם אָמַר לָהּ: הֵילָךְ פְּרוּטָה וְהִתְגָּרְשִׁי לִי בָּהּ. אַקִּישׁ יְצִיאָה לַהֲוָיָה. כִּדְכְתִיב: "וְיָצְאָה וְהָיְתָה לְאִישׁ אַחֵר"*. הֲוָיָה. קִידּוּשִׁין, שֶׁמְּהַוָּה בָּהֶן עַצְמָהּ לַבַּעַל. מִסֵּפֶר כְּרִיתוּת. מִדְּסָמַךְ "כְּרִיתוּת" לְ"סֵפֶר". דָּבָר הַכּוֹרֵת. שֶׁלֹּא יְהֵא בּוֹ תְּנַאי הַמְקַשְּׁרָן יַחַד, אֶלָּא תְּנַאי הַכּוֹרֵת וּמַבְדִּיל בֵּינֵיהֶם. לְעוֹלָם אֵין זֶה כְּרִיתוּת. שֶׁהֲרֵי כָּל יָמֶיהָ קְשׁוּרָה בּוֹ. מִכָּרֵת כְּרִיתוּת. דְּמָצֵי לְמִיכְתַּב "סֵפֶר כָּרֵת". **מתני'** אֵין כּוֹתְבִין בִּמְחוּבָּר. דִּכְתִיב "וְכָתַב וְנָתַן", שֶׁאֵינוֹ מְחוּסָּר קְצִיצָה. כָּתַב עַל הַמְחוּבָּר כו'. בַּגְּמָ' פָּרֵיךְ: הָא אָמְרַתְּ אֵין כּוֹתְבִין! נְיָיר הַמָּחוּק. יָכוֹל לַחֲזוֹר וּלְמוֹחְקוֹ עַד הָעֵדִים, וְלִכְתּוֹבוֹ, וְיַעֲבִיר תְּנַאי שֶׁהָיָה בּוֹ. וְלָא מוֹכְחָא מִילְּתָא, דְּהָא עֵדִים נַמִי עַל הַמָּחָק חֲתוּמִים. וְכֵן דִּיפְתְּרָא, אֵין מַחַק שֶׁלּוֹ נִיכָּר. וּבַגְּמָ' מְפָרֵשׁ מַאי דִּיפְתְּרָא. וַחֲכָמִים מַכְשִׁירִין. בַּגְּמָ' מְפָרֵשׁ לָהּ. **גמ'** וְהוּא שֶׁשִּׁיֵּיר. סֵיפָא דְּקָתָנֵי "כָּשֵׁר" – וְהוּא שֶׁשִּׁיֵּיר מְקוֹם הַתּוֹרֶף, וּכְתָבוֹ לְאַחַר תְּלִישָׁה. תּוֹרֶף. גּוּפוֹ שֶׁל שְׁטָר, מְקוֹם הָאִישׁ וְהָאִשָּׁה וְהַזְּמַן. וְר' אֶלְעָזָר הִיא. מַתְנִי' דְּבָעֵי כְּתִיבָה בְּתָלוּשׁ, דְּדָרֵישׁ "וְכָתַב" דִּקְרָא אַכְּתַב הַגֵּט וְלָא אַחֲתִימַת עֵדִים – רַבִּי אֶלְעָזָר הִיא, דְּאָמַר: חֲתִימַת הַגֵּט אֵינָהּ מִן הַתּוֹרָה, אֶלָּא מִפְּנֵי תִּיקּוּן הָעוֹלָם, הִילְכָּךְ "וְכָתַב" דִּקְרָא – אַכְּתַב הַגֵּט קָאֵי. חֲתָמוֹ שָׁנִינוּ. בְּסֵיפָא דְּמַתְנִי': תְּלָשׁוֹ חֲתָמוֹ וּנְתָנוֹ לָהּ – כָּשֵׁר, וְאע"פ שֶׁנִּכְתַּב כּוּלּוֹ בִּמְחוּבָּר. דְּכִי כְּתִיב "וְכָתַב" דִּקְרָא – אַחֲתִימַת עֵדִים שֶׁהִיא עִיקָּר, וְר' מֵאִיר הִיא. דְּשָׁקֵיל לֵיהּ. לְכוּלֵּיהּ עָצִיץ וְאֵין כָּאן מְחוּסָּר קְלִילָה. וְאֵין לָחוּשׁ שֶׁמָּא יִשְׁבֹּר הַחֶרֶס וְיִתֵּן לָהּ הַחֲתִיכָה, וְהָוְיָא לֵיהּ קְלִילָה – דְּלָא מַפְסִיד לֵיהּ לְעָצִיץ. דְּשָׁקֵיל

תורה אור

דברים כד

סס

עירובין טו: סוכה כד:

דברים כד

קדושין ה.

[סוכה כד: וש"נ]

יומא יג. קדושין ה. וש"נ לקמן פג:

לעיל ג:

לעיל דף ד.

[עי' לקמן כב. תוס' ד"ה לא על]

[לקמן כג.]

[לעיל ט: וש"נ]

[לקמן כג. כו. כז: קדושין מח. כתובות לז. בבא בתרא קע.]

*על עלה של זית. דוקא עלה של זית וכיוצא בו, דמתקיים. כדתניא בתוספתא: על עלה של זית וחרוב ודלעת, וכל דבר שהוא של קיימא – כשר, אבל עלה של כרישין ובצלים, ועלה ורדים, ועלה ירקות, וכל דבר שאינו של קיימא – פסול. **יצא** זה שמחוסר כתיבה קציצה כו'. פי' רבינו שמואל: דוקא בבעלי חיים או במחובר לקרקע, שעוקר דבר מגידולו – חשיב מחוסר קלילה. ותדע, דבסמוך איפליגו אביי ורבא כשכתבו על עלה של עציץ נקוב, דרבא גזר שמא יקטום, אבל כשאינו נקוב – משמע אפי' יקטום כשר. וכן פירש הרב רבי שמעיה בפירושו. ואם כתב גט בקלף גדול, ואח"כ חתכו – לפי זה כשר. ומעשה היה בימי ה"ר יצחק ברבי מנחם ופסלו, ונחלקו עליו גדולי הדור. ובה"ג פוסל, וכן ר"ת היה מחמיר, מדקאמר בסמוך: כתבו על חרס של עציץ נקוב – כשר, דשקיל ליה ויהיב לה ניהליה. והא דלא פליג עלה רבא – משום דליכא למיגזר שמא ישבר העציץ, דאין דרך לשוברו, כמו בקרן של פרה דלא גזרי' שמא יקצץ, דאין דרך ליקצץ. ודוקא בעלה גזרי' שמא יקטום. ולאו דוקא נקט עלה של עציץ נקוב, דהוא הדין כשאינו נקוב, אלא משום רבותא דאביי נקטיה, דאפילו בנקוב מכשיר. ועוד אור"י: דמסתבר דאין האשה קונה את הגט שכתוב על עלה של עציץ נקוב במשיכת העציץ או בהגבהתו כל זמן שלא פסקה יניקת העלה, כדאמרינן בסמוך: מכר בעל זרעים לבעל עציץ – לא קנה עד שיחזיק בזרעים, אבל במשיכת העציץ לא קנה, דאכתי חשיבי מחוברין בשעת משיכה. והא דמכשיר אביי משום דשקיל ליה ויהיב לה – היינו דהניחתו במקום שפוסקת יניקת העציץ, דהשתא הוי רבותא טפי דמכשיר אביי בעציץ נקוב, דלא גזרי' דיהיב לה בפסיקת היניקה אטו בלא פסיקת היניקה. וקמ"ל נמי אע"פ שצריך ליתן לה בפסיקת היניקה – לא חשיב בהכי מחוסר קלילה. ור"י מייתי ראיה לפי' ר"ת: דחשיב בפ' "כסוי הדם" (חולין דף פט.) עפר עיר הנדחת מחוסר תלישה קלילה ושריפה, ויותר נחשב מחובר גט בקלף גדול מחיבור עפר עיר הנדחת. והא דלא חשיב לקורה הנעוצה בארץ מחוסר תלישה בפ' "נגמר הדין" (סנהדרין דף מו:) – משום דלא חשיב חיבור לקרקע כולי האי. ולר"ת דוקא נחתך מקלף גדול חשיב מחוסר קלילה, אבל חותך מן הגט דבר מועט, כמו שעושין לייפותו – לא חשיב בהכי מחוסר קלילה, כדאמרי' לעיל: גזייה לזמן ויהבי' ניהלה כו', בין שיטה לשיטה בין תיבה לתיבה מהו, גבי "והנייר שלי" – משמע דדבר מועט לא חשיב מחוסר קלילה. **תלמוד** לומר וכתב לה מ"מ. וא"ת: ואימא "וכתב" – כלל, "ספר" – פרט, ואין בכלל אלא מה שבפרטו! וי"ל: "ונתן" – חזר וכלל. אע"ג דלא מייתי אלא כללא קמא – הכי נמי אשכחן בפ"ק דקידושין (דף כא:): "מרצע", אין לי אלא מרצע, מנין לרבות הסול וכו' – ת"ל "ולקחת" – כל דבר הניקח ביד, ולא מייתי בברייתא כללא בתרא. ובסוגיא דהתם מוכח דכלל ופרט וכלל קא דריש, "ונתת באזנו" – חזר וכלל. **מה** ספר דבר שאין בו רוח חיים. לא בעי למימר: מה ספר דבר הבא מב"ח כו' – לאפוקי עלה וטבלא ופינקס. אף ע"ג דבפ"ק דקידושין (דף יז.) גבי הענקה, אמרי' דאי כתיב "לאן" – ה"א דוקא ב"ח אין, אבל גדולי קרקע – לא, שמא לא חשיב כל כך לב חשוב דבר הבא מב"ח כמו לב של בעלי חיים עצמו. ועוד: דהכל כפי מה שדומה לחכמים נקיט בכל א' ענין הראוי לו, דבפ' "בכל מערבין" (עירובין דף כז:) נקט פירי מפרי וגידולי קרקע, ובסוכה (דף יא:): מה חגיגה דבר שאינו מקבל טומאה [וגידולו מן הארץ] (ואינו אוכל). **בכתיבה** מתגרשת. תרי "וכתב לה" כתיב, אחד דרשינן "וכתב לה" – לשמה, ומ"וכתב" אחרינא – בכתיבה מתגרשת, ומ"לה" – לה, ולא לה ולחברתהא). **ואינה** מתגרשת בכסף. הך דרשה – לרבאב), אבל לאביי נפקא ליה דאינה מתגרשת בכסף מסברא, דיאמרו: כסף מכניס כו'. ומ"מ איצטריך לדידיה נמי "וכתב" למעוטי חליצה. והתםג) ממעט חליצה מספר כורתה – היינו דרשה דר' יוסי הגלילי, ונקט לה לפי שהיא פשוטה, וכן רגיל בכמה דוכתיד). **שלא** תלכי לבית אביך לעולם אין זה כריתות. תימה: הא אם מת אביה, או אם מכר – לא חשיב תו "בית אביה", כדתנן ב"השותפין" (נדרים דף מו.): "קונם לביתך שאיני נכנס" "שדך שאיני לוקח" – מת, או מכר לאחר – מותר! ויש לומר: דכל יוצאי חלציו קרויס "בית אביו", ואפילו שמת, כדכתיב (בראשית לח) "שבי אלמנה בית אביך" גבי תמר, וכבר מת אביה, כדמוכחי קראיה).

ורבי יוסי הגלילי מכרת כריתות כו'. קשה לרבינו תם: דבפ' "המגרש" (לקמן פג:) קאמר על רבנן דרבי אלעזר בן עזריה ד"כרת" "כריתות" לא דרשי, ור' יוסי הגלילי הוא בכלל רבנן דהתם! ויש לומר: דלא דרשי "כרת" "כריתות" להאי דרשה דהתם, ולא בעי למימר דלא דרשי כלל.

עציץ

א) [לקמן פז.] ב) [קדושין ה.] ג) [קידושין ג:] ד) [עי' תוס' עירובין טו: ד"ה בכתיבה ותוס' מ"ק ח. ד"ה נפקא ותוס' מגילה כ. ותוס' סנהדרין לד: ד"ה דכתיב ותוס' זבחים קיז. ד"ה והתורה ותוס' כריתות טו. ד"ה ערות] ה) [עי' תוס' עירובין טו: ד"ה ע"מ ותוס' סוכה כב: ד"ה ע"מ]

תוספות רי"ד

ועל הקרן של פרה וכו' בשלמא יד עבד אי אפשר למקצייה אלא קרן של פרה נקצייה וליתביה (וניכתביה ניהלי') [לה] אמר קרא וכתב ונתן מי שאינו מחוסר אלא כתיבה ונתינה יצא זה שמחוסר כתיבה קציצה ונתינה: ר' יוסי הגלילי אומר וכו' מ"ט דר' יוסי הגלילי דתניא ספר אין לי אלא ספר מניין לרבות כל דבר ת"ל וכתב מ"מ א"כ מה ת"ל ספר מה ספר שאין בו רוח חיים ואינו אוכל אף כל שאין בו רוח חיים ואינו אוכל. פי' אותן בידה קסמיך דה"ל כלל ופרט א) ורבנן אי כתב בספר כדקאמרת השתא דכתיב ספר לספירת דברים בעלמא הוא דאתא פי' אי כתב בספר הוה משמע יכתוב בקלף ומצית למימר דכי נמי מרבית מוכתב לה דומיא דקלף הוא דרבי השתא דכתב ספר אין זה אלא וכתב ספר כריתות ספירת דברי כריתות על כל מה דבעי לכתוב וקי"ל יחיד ורבים הלכה כרבים: **מתני'** אין כותבין במחובר לקרקע כתבו על המחובר תלשו וחתמו ונתנו לה כשר ור' יהודה פוסל עד שתהא כתיבתו וחתימתו בתלוש ר' יהודה בן בתירא אומר אין כותבין לא על הנייר המחוק ולא על הדפתרא מפני שהוא יכול להזדייף וחכמים מכשירין. פי' אין כותבין במחובר לקרקע משום דבעי' וכתב ונתן מי שאינו מחוסר אלא כתיב' ונתינה יצא מחובר שמחוסר קציצה והילכך אי כתביה במחובר פסול הוא. כתבו על המחובר וכו' ופריך והאמרת אין כותבין וכו' פי' דמשמע שהמחובר פסול והדר מכשיר ליה אמר רב יהודה אמר שמואל והוא ששייר מקום התורף וכן אמר רב הושעיא והוא ששייר מקום התורף וכן אמר רבה בר רב חנה והוא ששייר מקום התורף ור' אלעזר היא דאמר עדי מסירה כרתי וה"ק אין כותבין תופס גזירה שמא יכתוב תורף כתבו לתופס ותלשו וכתבו לתורף ונתנו לה כשר פי' ר' אלעזר סבר עידי מסירה כרתי והם הם העיקר שמוסר בפניהם הגט ועידי חתימה בלא עידי מסירה לא יועילו כלום שיתן לה גט חתום בלא עידי מסירה והיכא דאיכא עידי מסירה אע"ג דליכא עידי חתימה כשר שהעיקר עידי מסירה הן והכריתות נגמר עליהם וקרא דכתיב וכתב לה ספר כריתות לאו על חתימת העדים קאמר אלא על כתב הגט וגופו של גט הוא שמו ושמה שם עירו ושם עירה והזמן והרי את מותרת לכל אדם יקרא תורף והשאר תופס וה"ק אין כותבין התופס במחובר גזירה שמא יכתוב גם התורף הילכך אסרו חכמים לכתוב התופס במחובר לכתחילה ואם כתבו לתופס על המחובר ותלשו ואח"כ סיימו וכתב התורף בתלוש כשר והאי דקתני חתמו לאו דוקא חתימת עדים אלא כמו סיימו שסיים (חתמו שזייף) התורף בתלוש ור' יהודה פוסל עד שתהא כתיבתו של תופס וסיימו של תורף בתלוש דגזר תופס אטו תורף ופסל אפילו בדיעבד: ור"ל אמר חתמו שנינו ור"מ (אמר) היא דאמר עידי חתימה כרתי וה"ק אין כותבין תורף גזירה שמא יחתום כתבו לתורף תלשו חתמו ונתנו לה כשר. פי' ר"מ סבר עידי חתימה כרתי הם הם העיקר וגט שיש עדים חתומים בו אע"פ שנתנו בינו לבינה כשר ונשאת בו אחרי שהגט יוצא חתום מתחת ידה ומקויים בחותמיו ולא בעי' עידי מסירה והאי וכתב לה על חתימת עדים קאי שהיא העיקר והלכך אם כתבו כולו ואפילו התורף במחובר ותלשו וחתמו ונתנו לה כשר ור' יהודה פוסל דבעי' כתיבת הגט וגם חתימתו בכשרות כדאמרן בשמעתא קמייתא בפ"ק דמסכתין מאן האי תנא דבעי כתיבה וחתימה לשמה ר' יהודה הוא וקי"ל הלכה כרבי אלעזר בגיטין וכדאמרינן לקמן הלכה כרבי אלעזר. כתבו על חרס של עציץ נקוב [כשר] דשקיל ליה ויהיב ליה ניהלה. על עלה של עציץ נקוב אביי אמר כשר דשקיל ליה ויהיב ליה ניהלה:

ורבא

א) אולי צ"ל דהו"ל כלל ופרט וכלל ורבנן וכו'. ועי' בתוס' ד"ה תלמוד לומר:

גליון הש"ס

גמ' מי שאינו מחוסר. כעין זה חולין דף קלה ע"א וגם נסמן. שם ורבנן אי כתיב בספר. עי' סוטה דף טז ע"א: שם כתבו על חרס של עציץ נקוב. עי' לעיל דף ז ע"ב תוד"ה עציץ נקוב:

גמרא

דְּשָׁקֵיל לֵיהּ וְיָהֵיב לֵיהּ נִיהֲלָהּ; רָבָא אָמַר: פָּסוּל, גְּזֵרָה שֶׁמָּא יִקְטוֹם.§ אעָצִיץ שֶׁל אֶחָד וּזְרָעִים שֶׁל אַחֵר, מָכַר בַּעַל עָצִיץ לְבַעַל זְרָעִים, כֵּיוָן שֶׁמָּשַׁךְ — קָנָה. במָכַר בַּעַל זְרָעִים לְבַעַל עָצִיץ — לֹא קָנָה, עַד שֶׁיַּחֲזִיק בַּזְּרָעִים. געָצִיץ וּזְרָעִים שֶׁל אֶחָד וּמְכָרָן לְאַחֵר, הֶחֱזִיק בַּזְּרָעִים — קָנָה עָצִיץ. וְזוֹ הִיא שֶׁשָּׁנִינוּ: *נְכָסִים דשֶׁאֵין לָהֶם אַחֲרָיוּת נִקְנִין עִם נְכָסִים שֶׁיֵּשׁ לָהֶן אַחֲרָיוּת — בְּכֶסֶף, וּבִשְׁטָר, וּבַחֲזָקָה. ההֶחֱזִיק בֶּעָצִיץ — אַף עָצִיץ לֹא קָנָה, עַד שֶׁיַּחֲזִיק בַּזְּרָעִים. נִקְבוֹ בָּאָרֶץ וְנוֹפוֹ בְּחוּצָה לָאָרֶץ, אַבַּיֵי אָמַר: בָּתַר נִקְבוֹ אָזְלִינַן, רָבָא אָמַר: בָּתַר ונוֹפוֹ אָזְלִינַן. בִּדְאַשְׁרוּשׁ כ"ע לָא פְּלִיגִי, כִּי פְּלִיגִי — זבִּדְלָא אַשְׁרוּשׁ. וּבִדְאַשְׁרוּשׁ לָא פְּלִיגִי? וְהָתְנַן: *שְׁתֵּי גִּנּוֹת זוֹ עַל גַּב זוֹ וְיָרָק בֵּינְתַיִם, ר"מ אוֹמֵר: שֶׁל עֶלְיוֹן, ר' יְהוּדָה אוֹמֵר: שֶׁל תַּחְתּוֹן! הָתָם כִּדְקָתָנֵי טַעֲמָא: א"ר מֵאִיר: מָה אִם יִרְצֶה עֶלְיוֹן לִיטּוֹל אֶת עֲפָרוֹ, אֵין כָּאן יָרָק; אָמַר רַבִּי יְהוּדָה: מָה אִם יִרְצֶה הַתַּחְתּוֹן לְמַלֹּאות אֶת גִּנָּתוֹ עָפָר, אֵין כָּאן יָרָק. וְאַכַּתִּי בִּדְאַשְׁרוּשׁ לָא פְּלִיגִי? וְהָא תַּנְיָא: *חאִילָן מִקְצָתוֹ בָּאָרֶץ וּמִקְצָתוֹ בְּחוּצָה לָאָרֶץ — טֶבֶל וְחוּלִּין מְעוֹרָבִין זֶה בָּזֶה, דִּבְרֵי רַבִּי; *רשב"ג אוֹמֵר: הַגָּדֵל בְּחִיּוּב — חַיָּיב, וְהַגָּדֵל בִּפְטוּר — פָּטוּר; מַאי לָאו מִקְצָת נוֹפוֹ בָּאָרֶץ וּמִקְצָת נוֹפוֹ בְּחוּצָה לָאָרֶץ? לָא, טמִקְצָת שָׁרָשִׁין בָּאָרֶץ וּמִקְצָת שָׁרָשִׁין בְּחוּצָה לָאָרֶץ. וּמַאי טַעְמָא דְּרשב"ג? דְּמַפְסִיק צוּנְמָא. מַאי טַעְמָא דְּרַבִּי? דְּהָדְרִי עָרְבִי. בְּמַאי קָמִיפַּלְגִי? מָר סָבַר: אֲוִירָא מְבַלְבֵּל, וּמ"ס: הַאי לְחוּדֵיהּ קָאֵי וְהַאי לְחוּדֵיהּ קָאֵי.§ "ר' יְהוּדָה בֶּן בְּתֵירָא אוֹמֵר" כו'.§ א"ר חִיָּיא בַּר אַסִּי מִשְּׁמֵיהּ דְּעוּלָּא: יג' עוֹרוֹת הֵן: *מַצָּה, חִיפָּה, וְדִיפְתְּרָא. מַצָּה — כְּמַשְׁמָעוֹ, דְּלָא מְלִיחַ וּדְלָא קְמִיחַ וּדְלָא אֲפִיץ. לְמַאי הִלְכְתָא? לְהוֹצָאַת שַׁבָּת. וְכַמָּה שִׁיעוּרוֹ? כִּדְקָתָנֵי רַב שְׁמוּאֵל בַּר יְהוּדָה: כְּדֵי לָצוּר מִשְׁקָל קְטַנָּה. וְכַמָּה? אָמַר אַבַּיֵי: כִּי רִיבְעָא דְּרִיבְעָא דְּפוּמְבְּדִיתָא. חִיפָּה — דִּמְלִיחַ וְלָא קְמִיחַ וְלָא אֲפִיץ. לְמַאי הִילְכְתָא? לְהוֹצָאַת שַׁבָּת. וְכַמָּה שִׁיעוּרוֹ? כִּדְתְנַן: *עוֹר — כְּדֵי לַעֲשׂוֹת קָמֵיעַ. דִּיפְתְּרָא — דִּמְלִיחַ וּקְמִיחַ וְלָא אֲפִיץ. לְמַאי הִילְכְתָא? לְהוֹצָאַת שַׁבָּת. וְכַמָּה שִׁיעוּרוֹ? כְּדֵי לִכְתּוֹב עָלָיו אֶת הַגֵּט.§ "וַחֲכָמִים מַכְשִׁירִין".§ *מַאן חֲכָמִים? אָמַר *)רַבִּי אֶלְעָזָר: רַבִּי

רש"י

דְּשָׁקֵיל לֵיהּ. לְעָצִיץ, וְיָהֵיב נִיהֲלָהּ. שֶׁמָּא יִקְטוֹם. הֶעָלֶה, וְהָוְיָא קְצִיצָה מִן הַמְחוּבָּר. עַד שֶׁיַּחֲזִיק בַּזְּרָעִים. עָצִיץ הָוֵי תָּלוּשׁ, וּמִיקְנֵי בִּמְשִׁיכָה. זְרָעִים הָוֵי מְחוּבָּרִין, וְדִינָן כְּקַרְקַע, וְנִקְנִים בְּכֶסֶף בִּשְׁטָר וּבַחֲזָקָה, וְ"עַד שֶׁיַּחֲזִיק" — כְּגוֹן דְּנִיכֵּשׁ אוֹ עִידֵּר, דְּהָוְיָא חֲזָקָה. וּבְלָא יָהֵיב מָעוֹת קָמַיְירֵי, דְּאִי יָהֵיב זוּזֵי — מִיקְנוּ בְּכֶסֶף. הֶחֱזִיק בֶּעָצִיץ. וְלֹא מְשָׁכוֹ לִקְנוֹת, אֶלָּא עָשָׂה בּוֹ שׁוּם מְלָאכָה בִּמְקוֹמוֹ. אַף עָצִיץ לֹא קָנָה. דְּמִטַּלְטְלִין לָא מִיקְנוּ בַּחֲזָקָה. נִקְבוֹ בָּאָרֶץ וְנוֹפוֹ בְּחוּצָה לָאָרֶץ. שֶׁהָיָה מוּנָּח עַל הַגְּבוּל, וְנוֹף הַזְּרָעִים נוֹטֶה חוּץ לֶעָצִיץ חוּץ לַגְּבוּל. בָּתַר נִקְבוֹ אָזְלִינַן. שֶׁמִּשָּׁם הוּא יוֹנֵק, וְחַיָּיב בְּמַעֲשֵׂר. בָּתַר נוֹפוֹ אָזְלִינַן. וּפָטוּר מִן הַמַּעֲשֵׂר מִן הַתּוֹרָה בְּחוּצָה לָאָרֶץ. בִּדְאַשְׁרוּשׁ. חוּץ לַנֶּקֶב בְּתוֹךְ קַרְקַע אֶרֶץ יִשְׂרָאֵל. כּוּלֵּי עָלְמָא לָא פְּלִיגִי. דְּלָא אָזְלִי' תּוּ בָּתַר נוֹף, הוֹאִיל וּמְחוּבָּר מַמָּשׁ בָּאָרֶץ. וּבִדְאַשְׁרוּשׁ לָא פְּלִיגִי. לֵיכָּא לְמַאן דְּאָזֵיל בָּתַר נוֹף. שְׁתֵּי גִּנּוֹת זוֹ עַל גַּב זוֹ. וְזוֹ אֵצֶל זוֹ, וְקַרְקָעִית הָאַחַת גְּבוֹהָה מֵחֲבֶרְתָּהּ, וְגִידּוּר שֶׁלָּהּ זָקוּף, וְהַיָּרָק בֵּינְתַיִם בְּגִידּוּר הַגְּבוֹהָה, דְּעַכְשָׁיו הוּא נִשְׁרָשׁ בְּקַרְקָעוֹ שֶׁל עֶלְיוֹן, וְנוֹפוֹ בַּאֲוִירוֹ שֶׁל תַּחְתּוֹן. שֶׁל תַּחְתּוֹן. אָזְלִי' בָּתַר נוֹף. כִּדְקָתָנֵי טַעְמָא. שֶׁאִם יִרְצֶה תַּחְתּוֹן לְמַלֹּאות גִּנָּתוֹ כו'. וְהוֹאִיל וְיָדוֹ לִמְחוֹת וְגוֹרֵם לַיָּרָק הַזֶּה — זוֹכֶה בּוֹ, וְלָאו מִשּׁוּם הַטָּיַית נוֹף. טֶבֶל וְחוּלִּין מְעוֹרָבִין זֶה בָּזֶה. אֵין לְךָ פֵּירֵי בְּאִילָן הַזֶּה שֶׁאֵין מִקְצָתוֹ מִן הָאָרֶץ שֶׁהוּא טֶבֶל, וּמִקְצָתוֹ מְחוּצָה לָאָרֶץ שֶׁהוּא חוּלִּין, לְפִי שֶׁהַיְּנִיקָה מִתְעָרֶבֶת. וְנָפְקָא מִינָּהּ — שֶׁאֵין מְעַשְּׂרִין מִטֶּבֶל וַדַּאי עָלָיו, דְּהָוֵי מִן הַחִיּוּב עַל הַפְּטוּר, וְלֹא מִמֶּנּוּ עַל טֶבֶל וַדַּאי. הַגָּדֵל בְּחִיּוּב. מַה שֶּׁבְּתוֹךְ אֶרֶץ יִשְׂרָאֵל. מִקְצָת נוֹפוֹ כו'. וְאע"פ שֶׁכָּל שָׁרָשָׁיו בָּאָרֶץ אוֹ בְּחוּ"ל. אַלְמָא: אָזְלִינַן בָּתַר נוֹף. מ"ט דְּרַבָּן שִׁמְעוֹן. מַהוּ הַגָּדֵל בְּחִיּוּב חַיָּיב? וַהֲלֹא הַיְּנִיקָה שֶׁל שָׁרָשִׁין מַעֲלָה שֶׁרֶף בְּכָל הַפְּרִי, וְשׁוֹרְשֵׁי עֵבֶר זֶה מַעֲלִים שֶׁרֶף לַפְּרִי שֶׁבְּעֵבֶר זֶה! דְּמַפְסִיק צוּנְמָא. אֶבֶן חַלָּמִישׁ מַבְדִּיל בְּאֶמְצַע הַשָּׁרָשִׁים, וּמַפְסִיקִין עַד הַגֶּזַע. הִלְכָּךְ לְרַבָּן שִׁמְעוֹן לָא יָנְקִי מֵהֲדָדֵי. דְּהָדְרִי עָרְבִי. שֶׁהָעֵץ מִן הַגֶּזַע וּלְמַעְלָה שָׁלֵם. מָר סָבַר אֲוִירָא מְבַלְבֵּל. אע"פ שֶׁכָּל מַה שֶּׁיֵּשׁ מִן הַשָּׁרָשִׁין בַּקַּרְקַע הָוֵי מוּבְדָּל, הוֹאִיל וּכְשֶׁיָּצָא לָאֲוִיר הוּא מְעוֹרָב וּמְבַלְבֵּל, וְיָנְקִי מֵהֲדָדֵי. וּמ"ס. אֲוִירָא לָא מְבַלְבֵּל, הוֹאִיל וּבְתוֹךְ הַקַּרְקַע מוּבְדָּל בְּסֶלַע שֶׁאֵינוֹ מַלְחִים. וּמִיהוּ, הֵיכָא דְּכָל שָׁרָשָׁיו בְּא"י — לֵיכָּא מַאן דְּאָזֵיל בָּתַר נוֹף. שָׁלֹשׁ עוֹרוֹת הֵן. חֲלוּקִין בִּשְׁמוֹתֵיהֶן וּבְשִׁיעוּרֵיהֶן. כְּמַשְׁמָעוֹ. כְּמַצָּה זוֹ שֶׁלֹּא נִתְקְנָה בְּחִימּוּץ כְּדַת הַלֶּחֶם. קְמִיחַ. מְעוּבָּד בְּקֶמַח. לְמַאי הִלְכְתָא. שִׁיעוּרֵיהֶן חֲלוּקִין. מִשְׁקוֹלֶת. שֶׁל עוֹפֶרֶת. עֲשׂוּיָה לִהְיוֹת פּוֹחֶתֶת, וּמְחַפִּין אוֹתָהּ בְּעוֹר שֶׁלֹּא תְּהֵא נְשׁוּפֶת וּפוֹחֶתֶת. רִבְעָא דְּרִבְעָא. מִשְׁקָל קָטָן שֶׁלָּהֶן הָיָה. חִיפָּה. מְתוּקָּן קְצָת, וְרָאוּי לְחַפּוֹת בּוֹ קְמִיעִין. לִכְתּוֹב עָלָיו אֶת הַגֵּט. כְּרַבָּנַן דְּמַכְשְׁרִי. וּמִיהוּ, קְלָף גָּמוּר דִּמְלִיחַ וּקְמִיחַ וַאֲפִיץ — לָא שְׁמֵיהּ עוֹר, מִשּׁוּם הָכִי לָא מָנֵי בַּהֲדַיְיהוּ. וְשִׁיעוּרֵיהּ תְּנַן בְּ"הַמּוֹצִיא יַיִן" (שבת דף עט:): קְלָף — כְּדֵי לִכְתּוֹב בּוֹ פָּרָשָׁה קְטַנָּה שֶׁבִּתְפִילִּין. אֲבָל דִּיפְתְּרָא — אֵינוֹ כָּשֵׁר לִתְפִילִּין, הִילְכָּךְ שִׁיעוּרוֹ בְּגֵט. מַאן חֲכָמִים. כְּלוֹמַר, מַאן נִינְהוּ, וּמַאי טַעֲמַיְיהוּ דְּמַכְשְׁרִי? רַבִּי

תוספות

עציץ של אחד וזרעים של אחר. ה"ה דהוה מצי לאשמועי' הכל בעציץ וזרעים של אחד, אלא לרבותא נקט הכי, דאע"ג דבעל עציץ קונה — זרעים לא קנה, אע"פ שהם בתוך העציץ שלו. **החזיק** בזרעים קנה עציץ. צריך עיון אם צריך לומר "אגב וקני" כמו בעלמא, כדאמרי' בפ"ק דקידושין (דף כז.), או שמא הכא לא צריך, דכיון דצריך עציץ לזרעים — בטל אגב זרעים. וכן גבי שטר, כיון שהחזיק בקרקע נקנה השטר בכל מקום שהוא. ושמא התם לא בעינן "אגב", משום דשטר אפסרא דארעא הוא.

בתר נקבו אזלינן. ◉למאן דאמר ב"העור והרוטב" (חולין קכח.) (א)בדלעת הנטוע בעציץ שאינו נקוב ויצאה חוץ לעציץ, הטמא בטומאתו והטהור בטהרתו — ה"ה אם עציץ בחוצה לארץ ונופו נוטה לארץ, דמהני יניקת הנוף לענין נוף גופיה, וחייב במעשר. מכל מקום, לא חשיבא יניקת הנוף כיניקת שורש — דהא לא מטהרה יניקת הנוף מה שבתוך העציץ, והכא מחייב נוף מחמת יניקת העיקר.

ובדאשרוש לא פליגי והתנן שתי גנות כו'. קס"ד דהא דקתני סיפא: א"ר מאיר ומה אם ירצה העליון כו' — שאין זה עיקר הטעם. מדקתני נמי התם: א"ר מאיר מאחר ששניהן יכולין למחות זה על זה רואין מהיכן ירק זה חי — משמע דבסברא פליגי, אי זה מהן עיקר. ואמרי' נמי התם בגמרא בפ' "הבית והעלייה" (ב"מ דף קיח:): ואזדו לטעמייהו, אילן היוצא מן הגזע כו'. ותנן נמי גבי ערלה כי האי גוונא. ותימה דלא מייתי הכא מערלה.

לא על נייר מחוק. שהכתב על הנייר שאינו מחוק ועדיו על המחק. אבל שניהם על המחק — כשר, כדאמרי' בריש "גט פשוט" (ב"ב קסד.): דאינו דומה נמחק פעם אחת לנמחק שתי פעמים.

שלש עורות הן. פי' בקונטרס: דקלף גמור לא חשיב בהדייהו, דלא שמיה עור. ועוד אומר ר"י: דלא מני בהדייהו קלף — משום דבהדיא תנן ששיעורו כדי לכתוב פרשה קטנה שבתפילין. ואף על גב דשיעור חיפה דהוי כדי לעשות קמיע שנוי במשנה — מ"מ לא הזכיר חיפה בהדיא במתני'.

כדי לכתוב עליו את הגט. היינו כרבנן דמכשרי אדיפתרא, ולהכי מייתי לה הכא. ואלו השיעורין אינן לפי חשיבות העור, דיש שהוא חשוב ושיעורו גדול מן הגרוע ממנו. אלא כל א' שיעורו במה שרגילין לעשות ממנו.

מאן חכמים ר' אלעזר. פי' בקונטרס: דאמר עדי מסירה עיקר, והבאה להנשא צריכה להביא עדי מסירה. ודוקא הכא, על דבר שיכול להזדייף אומר רש"י דצריכה עדי מסירה בשעה שבאת להנשא, אבל בגיטין הכתובים בדבר שאינו יכול להזדייף — יכולה להנשא ע"י עדי חתימה, ואפילו לר' אלעזר, כדתנן בפ' בתרא (לקמן פו.), ומייתי ליה בריש מכילתין: שאין העדים חותמין על הגט אלא מפני תיקון העולם. אבל מה שפי' בקונטרס דלר' מאיר אשה הבאה לינשא בגט הכתוב על דבר שיכול להזדייף — אינה צריכה עדי מסירה, ועדים החתומים בו אינה מביאה לפנינו אם יש מכירין חתימתן, ואי הוה ביה תנאה וזייפתיה — ליכא דידע. משמע דאי הוי סהדי קמן — הוה כשר. ואי אפשר לומר כן, דלר' מאיר בעינן שיהא מוכח מתוכו, כדמשמע בריש "כל הגט" (לקמן כד:) ובדבר שיכול להזדייף — אין מוכיח מתוכו כלום. אבל

עין משפט נר מצוה

עד א מיי' פ"ג מהלכות מכירה הל' טו סמג עשין פב טוש"ע ח"מ סימן רב סעיף י:

עה ב מיי' שם הל' טז טוש"ע שם סעיף יא:

עו ג מיי' שם הל' טז טוש"ע שם סעיף יב:

עז ד מיי' שם טוש"ע שם סעי' ח:

עח ה מיי' שם טוש"ע שם סעי' יב:

עט ו ז מיי' פ"ו מהל' תרומות הלכה כב:

פ ח ט מיי' שם הל' כד:

פא י מיי' פי"ח מהל' שבת הלכה טז:

מסורת הש"ס

קדושין כו. וש"נ

ב"מ קיח:

ב"ב כז:

גז"ש נדרים נט:

שבת עט. ע"ש

[שם עח:]

[עירובין פג. וש"נ]

[עי' פרש"י לקמן לה: ד"ה ר"א]

תוספות רי"ד

ורבא אמר פסול גזירה שמא יקטום ודוקא בעציץ נקוב דחשיב כמחובר פסלי קטימה והמורה כתב א) כתבו על החרס עד דיהיב לכולו עציץ ואין לחוש שמא ישבר החרס ויתן לה החתיכה והויא ליה קציצה דלא מפסיד ליה לעציץ ואינו נ"ל שאפי' אם ישבר החרס כשר שאעפ"י שהוא נקוב הזרעים חשובים מחוברים ולא גוף העציץ ולא חשיבא קציצה אלא כשיקצץ מן המחובר ולא מן התלוש דאם איתא אמאי נקט עציץ נקוב אפילו כשאינו נקוב נמי יפסול רבא אלא לאו ש"מ לא פסלה קטימה אלא במחובר ולא בתלוש והאי דקאמר גבי עציץ דשקיל ליה ויהיב ליה ניהלה לאו למימרא דלא מיתכשר אלא בהכי דאפילו אם ישברנו נמי כשר ולהכי נקט האי לישנא כלומר דלא מיחסר מידי דשקיל ליה אי נמי אידי דאמר אביי גבי עלה נקט האי לישנא נמי גבי חרס ואם כתב הגט בראש המגילה ואח"כ חתכו והפסיקו ממנה כשר וכ"כ גם ר"ח ז"ל ודייקי' מינה מדגזרינן בעלה של עציץ נקוב ש"מ בנייר כי האי גוונא אפילו קצץ כשר אבל בעל ה"ג כתב מאן דכתיב גיטא ליפסוק מגילתא שיעור גט והדר ליכתביה ואי כתב מקמיה דליפסוק מגילתא ופסיק ליה בתר דכתב גיטא (מינה) מיפסל גיטא דכתיב ונתן מה שאינו וכו' ואינו נ"ל דהא לא פסק במתני' אלא מחובר לקרקע ובעלי חיים אבל מחובר בתלוש לא: רבי יהודה בן בתירא אומר וכו' פי' המורה מפני שיכול לחזור ולמחוק עד העדים ולכותבו ויעביר תנאי שהיה בו ולא מוכחא מילתא דהא עדים נמי על המחק חתומים ואינו נ"ל מדאמרי' בגט פשוט אמר רב שטר הבא הוא ועידיו על המחק כשר וא"ת מוחק וחוזר וכותב אינו דומה מי שנמחק פעם אחד למי שנמחק שני פעמים ואינו פוסל שם אלא שטר הבא על המחק ועידיו על הנייר דמחיק ליה לשטרא וכתיב מאי דבעי והכי נמי דפסיל נייר מחוק לא פסיל ליה אלא גט הבא על המחק ועידיו על הנייר: ג' עורות הן מצה וחיפה ודפתרא מצה כמשמעו דלא מליח ולא קמיח ולא עפיץ וחיפה דמליח ולא קמיח ולא עפיץ דפתרא דמליח וקמיח ולא עפיץ ומתוך כך אין המחק ניכר בו והקלפים שלנו המעובדים בסיד כך הם כמו המעופצים שבבבל לא היו רגילים אלא בעפץ וכך הוא הסיד לנו כמו העפץ להן ואינו יכול להזדייף: וחכמים מכשירין מאן חכמים רבי

א) נראה דצ"ל והמורה כתב בכתב על החרס דכשר משום דשקיל ויהיב לה לכולי עציץ ואין לחוש וכו'

הגהות הב"ח

(א) תוס' ד"ה בתר וכו' בהעור והרוטב בקישות הנטועה:

גליון הש"ס

תוס' ד"ה בתר נקבו אזלינן וכו'. עי' תשובת דברי ריבות סי' כב:

פב א ב מיי' פ"ד מהל' גירושין הלכה ג סמג עשין נ טוש"ע סי' קכד סעיף ב:
פג ג מיי' פכ"ז מהל' מלוה הל' א טוש"ע ח"מ סי' מב סעיף א:
פד ד מיי' פ"ג מהל' גירושין הלכה טו יח סמג עשין נ טוש"ע אה"ע סי' קכג סעיף א:
פה ה מיי' שם הל' טו ופ"ד שם הלכה ה סמג שם טוש"ע שם וסי' קכד סעיף ז:

*א ר' אֶלְעָזָר הִיא, דְּאָמַר: עֵדֵי מְסִירָה כָּרְתִי. וְאָמַר ר"א: לֹא הִכְשִׁיר ר"א אֶלָּא לְאַלְתַּר, אֲבָל מִכָּאן עַד עֲשָׂרָה יָמִים — לָא, חָיְישִׁי' דִּילְמָא הֲוָה בֵּיהּ תְּנָאָה וְזַיְיפְתֵּיהּ; וְר' יוֹחָנָן אָמַר: באֲפִי' מִכָּאן עַד עֲשָׂרָה יָמִים, דְּאִם אִיתָא דַּהֲוָה בֵּיהּ תְּנַאי — מִידְכַּר דְּכִירֵי. וְאָמַר ר"א: גלֹא הִכְשִׁיר ר"א אֶלָּא בְּגִיטִּין, אֲבָל בִּשְׁאָר שְׁטָרוֹת — לָא, דִּכְתִי': ○"וּנְתַתֶּם בִּכְלִי חֶרֶשׂ לְמַעַן יַעַמְדוּ יָמִים רַבִּים"; וְרַבִּי יוֹחָנָן אָמַר: אֲפִי' בִּשְׁטָרוֹת. וְהָכְתִיב: "לְמַעַן יַעַמְדוּ יָמִים רַבִּים"! הָתָם *עֵצָה טוֹבָה קמ"ל.§ מתני' דהַכֹּל כְּשֵׁרִין לִכְתּוֹב אֶת הַגֵּט, אֲפִי' חֵרֵשׁ, שׁוֹטֶה וְקָטָן. *הָאִשָּׁה הכּוֹתֶבֶת אֶת גִּיטָּהּ, וְהָאִישׁ כּוֹתֵב אֶת שׁוֹבְרוֹ, שֶׁאֵין קִיּוּם הַגֵּט אֶלָּא בְּחוֹתְמָיו.§ גמ' וְהָא לָאו בְּנֵי דֵיעָה נִינְהוּ! אָמַר רַב הוּנָא: וְהוּא

ירמיה לב

תורה אור

ר' אֶלְעָזָר הִיא. דְּאָמַר: חֲתִימַת הַגֵּט אֵינָהּ מִן הַתּוֹרָה, וְלָא סַגֵּי לְמֵיתְבֵיהּ בְּלָא עֵדֵי מְסִירָה, דְּאִינְהוּ הוּא דְּעָבְדֵי כְּרִיתוּת. דְּעַל כָּרְחִיךְ בָּעֵינַן עֵדִים, דְּיָלְפִינַן (לקמן דף ה.) עֶרְוָה "דָּבָר" "דָּבָר" מִמָּמוֹן. וְהִלְכָּךְ לָא חָיְישִׁינַן לְדִלְמָא מְזַיְּיפָא, דְּהָא אֲמַרַן צְרִיכֵי לְמִיקְרְיֵיהּ, וְאִי הֲוָה בֵּיהּ תְּנָאָה — אִינְהוּ יָדְעֵי, ומ"ד: עֵדֵי מְסִירָה עִיקָּר — הַבָּאָה לִינָּשֵׂא צְרִיכָה לְהָבִיא עֵדִים שֶׁנִּמְסַר לִפְנֵיהֶם. אֲבָל לְר' מֵאִיר, דְּאָמַר: לָא בָּעֵינַן עֵדֵי מְסִירָה — אִיכָּא לְמֵיחַשׁ לְזִיּוּפָא. דְּמַאן דְּסָמֵיךְ אַעֵדֵי חֲתִימָה — אִשָּׁה הַבָּאָה לִינָּשֵׂא בְּגֵט אֵינָהּ מְבִיאָה לְפָנֵינוּ עֵדִים הַחֲתוּמִים בּוֹ אִם יֵשׁ מַכִּירִים בַּחֲתִימָתָן, וְאִם יֵשׁ תְּנָאָה וְזַיְּיפְתֵּיהּ — לֵיכָּא דְּיָדַע. אֶלָּא לְאַלְתַּר. שֶׁהֱבִיאַתּוּ לְבֵ"ד בַּיּוֹם שֶׁנִּמְסַר לָהּ, לְהוֹדִיעַ שֶׁהִיא גְּרוּשָׁה וְיַתִּירוּהָ לִינָּשֵׂא. דְּכֵיוָן דְּהָאִידָנָא הֲוָה, וּבְעֵדֵי מְסִירָה — לָא חָיְישִׁינַן לְזִיּוּפָא. וְזַיְּיפְתֵּיהּ. וּכְבָר שְׁכָחוּהָ הָעֵדִים. אֶלָּא בְּגִיטִּין. דְּאֵינָן עֲשׂוּיִין אֶלָּא לְהַתִּירָהּ, וִיכוֹלָה לַהֲבִיאוֹ לְבֵ"ד לְאַלְתַּר וְיַתִּירוּהָ, וְשׁוּב אֵינָהּ צְרִיכָה לְגֵט. דְּכֵיוָן שֶׁהוּתְּרָה בְּבֵ"ד — יֵשׁ זִכָּרוֹן וְקוֹל לַדָּבָר. אֲבָל בִּשְׁטָרוֹת. דְּקָיְימִי לְגוּבַיְינָא — וְדִילְמָא לָא מַפֵּיק לֵיהּ עַד זְמַן אָרוֹךְ, וְיִשְׁכְּחוּ עֵדֵי מְסִירָה אֶת הַדָּבָר, וְסָמְכִי' אַעֵדֵי חֲתִימָה, וְהוּא מְזַיֵּיף כְּתָב הָעֶלְיוֹן, וְחוֹתַם הָעֵדִים עוֹמֵד בִּמְקוֹמוֹ. יָמִים רַבִּים. אַלְמָא בָּעֵינַן דָּבָר הָרָאוּי לַעֲמוֹד וּלְהִתְקַיֵּים, וְהַאי קְרָא בְּיִרְמְיָה, בִּשְׁטָרֵי מֶכֶר. מתני' וַאֲפִי' חֵרֵשׁ שׁוֹטֶה וְקָטָן. בַּגְּמָ' מְפָרֵשׁ לָהּ. כּוֹתֶבֶת אֶת גִּיטָּהּ. וּמַקְנַתּוּ לַבַּעַל, וְחוֹזֵר וּמוֹסְרוֹ לָהּ לְגֵירוּשִׁין. שׁוֹבְרוֹ. שׁוֹבֵר פֵּרָעוֹן כְּתוּבָּה. שֶׁהָאִשָּׁה הָיָה לָהּ לְכוֹתְבוֹ וּלְמוֹסְרוֹ לוֹ, לִהְיוֹת לוֹ לִרְאָיָה. גמ' וְהָא לָאו בְּנֵי דֵיעָה נִינְהוּ. וְלָא יָדְעוּ לִכְתּוֹב לִשְׁמָהּ. וְהוּא

[לעיל ט: וש"נ]

[עירובין לט. וש"נ]

לעיל כח. [עדיות פרק ב מ"ג]

אבל בשטרות לא. פי' בקונטרס: דקיימי לגוביינא, ודילמא לא מפיק ליה עד זמן ארוך, וישכחו עדי מסירה את הדבר, וסמכינן אעדי חתימה, והוא מזייף כתב העליון וחותם העדים עומד במקומו. ופירושו דחוק, דלמה יש לנו לטעות ולסמוך על עדי חתימה בדבר שיכול לזייף? ונראה לרבינו יצחק: דטעמא משום דגזירת הכתוב הוא, דלא מכשרי בשטרות אפילו לאלתר, דבעינן ראוי לעמוד ימים רבים. ורבי יוחנן אמר אפילו בשטרות — דר' יוחנן לטעמיה, דאפילו עד עשרה ימים מידכר דכירי. והא דפריך: והא כתיב "למען יעמדו ימים רבים" — היינו משום דסלקא דעתין דקרא למעוטי שטרות קאתי, דאי לאו הכי — למאי אתא? ומשני: לעצה טובה אתא. ועוד י"ל: דדוקא בגיטין קאמר רבי יוחנן דעד עשרה ימים דכירי, אבל בשטרות שיש רוב תנאים — לא דכירי, ודוקא לאלתר מכשיר. והשתא פריך שפיר: והא בעינן ראוי לעמוד ימים רבים! ואפילו לאלתר אין להכשיר. וא"ת: לר' אלעזר, דאמר: אבל בשטרות לא, מאי שנא מאין עליו עדים, דתנן בפ' בתרא (לקמן פו.) דלר' אלעזר גובה מנכסים משועבדים, והיינו בשטרות כדפי' בקונטרס! וי"ל: דשאני אין עליו עדים, כיון דכתוב על דבר שאינו יכול לזייף, והעדים מכירין לעולם שטר המסור לפניהם, ואם היו מזייפין שום דבר — היה ניכר הזיוף. אבל עוד קשה: דבהדיא תניא בפ"ק דקדושין (דף כו.): כתב לו על הנייר או על החרס "שדי מכורה לך" "שדי נתונה לך" — הרי זו מכורה ונתונה, אלמא מכשיר ר' אלעזר אף בשטרות דבר שיכול להזדייף! וי"ל: דהא דקאמר הכא "אבל בשטרות לא" — ה"מ בשטרות העומדים לראייה, אבל שטר מכר ומתנה שעשוי לקנות בו לפי שעה — הוי כמו גיטא. וי"מ: דאין חילוק בין דבר שיכול להזדייף לאין יכול, בעדי מסירה לר"א. והכא הכי פירושו: לא הכשיר ר"א כו', כלומר ר"א איירי ודאי בכל שטרות, ו"לא הכשיר" — היינו דלא ס"ל כוותיה אלא בגיטין ולא בשטרות, כדאמר רב בפ' בתרא (לקמן פו:): הלכה כר' אלעזר בגיטין, ומפרש התם: דר"א איירי אף בשטרות, ורב סבר לה כוותיה בחדא, ופליג עליה בחדא. ואין נראה, דא"כ הוה ליה למינקט הכא כלישנא דנקט ר"א גופיה בפרק בתרא (גז"ש): הלכה כר"א בגיטין, כיון דהך שמעתין ודפ' בתרא ענין אחד. ועוד: דהוה ליה לאיתויי התם פלוגתייהו דרבי יוחנן ור"א דהכא. ועוד: אמאי פריך אר' יוחנן טפי: והכתיב "למען יעמדו ימים רבים"? לכ"ע הוה ליה למיפרך, דכולהו מודו דר"א לא פליג בין גיטין לשטרות!

והא לאו בני דיעה נינהו. לר' אלעזר פריך. דר' מאיר לא חייש בכתיבה לשמה. ומשני: כשגדול עומד על גביו. והא דתנן בפ"ק דחולין: וכולן ששחטו ואחרים רואין אותן כו', ואמרי' בגמ' (שם יב:): מאן תנא דלא בעי כוונה לשחיטה כו' — התם איירי כשאינו מלמדו לכוין לשחוט, אלא ראיה בעלמא. אבל הכא איירי שגדול עומד על גביו ומלמדו ומזהירו לעשות לשמה. ולהכי נמי בפ' "מצות חליצה" (יבמות קד:) ממעט מחליצה חרש וחרשת לפי שאינן בני קריאה, וקטן משום ד"איש" כתוב בפרשה. אבל מטעם דלאו בני כוונה נינהו לא פסיל להו, אע"ג דאמר התם דחליצתו פסולה עד שיתכוונו שניהם — משום דב"ד מזהירין אותן לעשות לשמה, והוי כגדול עומד על גביו. ומיהו הכא, בגדול עומד על גביו כשר אפי' בשוטה, משום דמוכחא מילתא דקא עביד לשמה, שכותב שמו ושמה ושם עירו ושם עירה. אבל לענין חליצה אמרו בתוספתא דיבמות (פי"א) דשוטה לאו בר חליצה הוא, אע"פ שב"ד מלמדין אותו — דלא מינכרא מילתא דעביד לשמה כמו גבי גט. וא"ת: ואכתי הא לאו בני שליחות נינהו, מאי מהני דגדול עומד על גביו? וי"ל: דלא בעינן שליחות בכתיבה, ד"וכתב" לאו אבעל קאי, אלא אסופר. והא דאמרינן לקמן (דף עא:): צריך שיאמר לסופר "כתוב" ולעדים "חתומו" — לאו משום שליחות, אלא משום דכשלא צוה הבעל — לא חשיב לשמה, אלא חשיב סתמא, ופסול, דאשה לאו לגירושין קיימא, כדאמרינן בריש זבחים (דף ב:). והא דאמר בריש "כל הגט" (לקמן כד:): ואי כתב רחמנא "וכתב" הוה אמינא למעוטי האי, פירוש: כתב לגרש את אשתו ונמלך, דלאו איהו קא כתיב לה — לא משום דהבעל צריך לכתוב, אלא לפי שלא נכתב לגירושי דידהו אלא לאחר. והא דאמר לעיל (דף כ.): יכילנא למיפסל לכולהו גיטא. מ"ט? אילימא משום דכתיב "וכתב" והכא איהי קא כתבה ליה — התם א"ונתן" סמיך, דבעינן שיכתוב בציוויו ויתן, והכא אפילו נכתב בציוויו — לא יהיב לה מידי, דשלה הוא. וא"ת: והא לאו בני כריתות נינהו! וי"ל: דחשיבי בני כריתות, הואיל ואם הגדיל הקטן ונשתפה השוטה — הוו בני כריתות. אבל קשה: דמשמע דלא פסיל גוי אלא משום דלדעתא דנפשיה קא עביד, ותיפוק ליה דלאו בני כריתות נינהו! ומה צריך נמי לאיתויי ברייתא דגוי פסול? ונראה דלא שייך למיפסל משום דלאו בני כריתות נינהו במידי דלא בעי שליחות ולא לשם עדות. דבמידי דשליחות הוא דאמרי' לקמן הכי דאין העבד נעשה שליח כו', או חתימה לר' מאיר שהיא לשם עדות פריך לעיל בפ"ק (ד' י:) גבי גיטין שחותמיהן גוים: והא לאו בני כריתות נינהו. אבל כתיבה לר"א, דלא לשום עדות ולא לשם שליחות הוא — אין לפסול משום דלאו בני כריתות נינהו, דהא לא פסלי בפ"ב דע"ז (ד' כז.) מילה בגוי משום דלאו בני מילה נינהו. ועוד אומר רבינו יצחק: דמלינן למימר דסוגיא זו אליבא דר"מ, וס"ד דלר"מ נמי בעינן כתיבה לשמה מדרבנן, דגזרי' כתיבה אטו חתימה. ומוקי לה רב הונא בגדול עומד על גביו, ומהני אפילו בשוטה, טפי מבחליצה, כיון דלא הוה אלא מדרבנן. אבל לר' אלעזר דבעי כתיבה מדאורייתא לשמה — לא מהני בשוטה גדול עומד על גביו, כמו בחליצה. ופריך רב נחמן מברייתא, דקתני: גוי פסול, ומשמע ליה דאתא כר' מאיר, מדלא נקט לפסול אלא גוי. ומשני: דגוי לדעתיה דנפשיה הוא דקא עביד, ופסול אפי' גדול עומד על גביו אפילו לרבי מאיר. הדר אמר רב נחמן כו', וברייתא דקתני: גוי פסול — רבי אלעזר היא, ונקט גוי לרבותא: דאע"פ שהוא בן דעת יותר, וה"ה דחרש שוטה וקטן דפסולין אי בעינן שליחות. ואי לא בעינן שליחות — נקט גוי דפסול בכל ענין, דאילו חרש שוטה וקטן כשרים בגדול עומד על גביו. ומיהו, שוטה ודאי פסול, כמו בחליצה. וכן משמע דאפילו לר' מאיר ס"ד דבעי כתיבה לשמה מדרבנן, דהא לבתר דאוקי נמי מתניתין כר' מאיר, פריך: והא ודאי גוי לדעתא דנפשיה קא עביד. ועוד נראה: דהשתא ס"ד דאפי' ר' מאיר בעי כתיבה לשמה מדאורייתא, ובחתימה הוא דפליגי, רבי מאיר סבר: ד"וכתב" דקרא קאי אחתימה נמי, ור' אלעזר סבר דאכתיבה לחודה קאי. מדפריך רבא לרב נחמן: "וכתב לה" לשמה, מאי לאו כתיבת הגט כו' — משמע דרבא היה בא להעמיד דברי רב הונא דאפילו כתיבה בעי ר' מאיר מ"וכתב", ולפי זה פסול נמי כתיבה במחובר. והא דתנן לעיל: תלשו וחתמו ונתנו לה כשר — מיירי כששייר מקום התורף. והשתא פריך: והא לאו בני דעה נינהו לכו"ע! ומסיק: רב נחמן דברייתא דקתני גוי פסול — כר' אלעזר, ומתניתין — רבי מאיר, דלא בעי כתיבה לשמה, ונקט חרש שוטה וקטן — והוא הדין גוי. אי נמי: לא נקט גוי — משום דרישא אתיא נמי כר' אלעזר, ולדידיה דוקא חש"ו כשרין בגדול עומד על גביו. אבל סיפא דדייקינן מדפסיל גוי לענין הבאה, מכלל דלענין כתיבה כשר — אתיא כרבי מאיר. ואתי שפיר, דלא תיקשי: אדדייק מדפסיל לגוי לענין כו', אדרבה, לידוק מדלא תני ליה ברישא דפסול! אלא משום דרישא אתיא נמי לר' אלעזר כמו לרבי מאיר. ופריך: והא ודאי גוי אדעתא דנפשיה קא עביד, והוה ליה ליפסל לרבי מאיר, לכל הפחות מדרבנן, בגדול עומד על גביו. אלא

תוספות רי"ד

רבי אלעזר הוא דאמר עדי מסירה כרתי. פי' אע"פ שיש עדי חתימה לא סגי בלא עדי מסירה וכיון דצריכי למיקרייה ליכא למיחש למידי. ואמר רבי אלעזר לא הכשיר [ר"א] אלא לאלתר אבל מכאן ועד י' ימים לא דלמא הוה ביה תנאה וזייפתיה פי' ואע"פ שבאין עדי מסירה לב"ד ומעידים שבפניהם מסרו לה חיישינן שמא שכחו העדים התנאי ואינן זוכרים אותו ורבי יוחנן אמר אפילו מכאן ועד י' ימים אם איתא דהוה ביה תנאה מידכר דכירי ולא חיישינן לשכחה וקי"ל ר' אלעזר ור' יוחנן הלכה כר' יוחנן דהוה רביה: מתני' הכל כשרים לכתוב את הגט אפילו חרש שוטה וקטן. בגמ' פריך והא לאו בני דעה נינהו: האשה כותבת את גיטה פי' ומקנתו לבעל וחוזר ומוסרו לה לשם גירושין והאיש כותב את שוברו פי' שובר פירעון כתובה שהאשה היה לה לכותבו ולמוסרו לו להיות לו לראייה: שאין קיום הגט אלא בחותמיו: הכל כשרים להביא את הגט חוץ מחרש שוטה וקטן סומא וגוי פי' דגבי שליחות איש (בעל) [כתיב] ולא קטן ובשליחות נפקא לן בפ"ב בקידושין בשמעתא קמייתא מויקחו איש שה לבית אבות דאחד לוקח לכולן. גוי נמי לאו בר התירא נינהו דאין להן תורת גיטין וקדושין ובמידי דלנפשיה לא חזי לא מצי למיעבד שליחותא לאחריני: קבל הקטן והגדיל חרש ונתפקח סומא ונתפתח שוטה ונשתפה גוי ונתגייר פסול אבל פקח ונתחרש וחזר ונתפקח פתוח ונסתמא וחזר ונתפתח שפוי ונשתטה וחזר ונשתפה כשר זה הכלל כל שתחילתו וסופו לדעת כשר: והא לאו בני דעה נינהו פי' ורחמנא אמר וכתב לה לשמה והני לית להו כונה אמר רב הונא והוא

אוְהוּא שֶׁהָיָה גָּדוֹל עוֹמֵד עַל גַּבָּיו. א"ל רַב נַחְמָן: אֶלָּא מֵעַתָּה, גּוֹי וְיִשְׂרָאֵל עוֹמֵד עַל גַּבָּיו הָכִי נַמִי דְּכָשֵׁר? וְכִי תֵּימָא ה"נ – וְהָתַנְיָא: גּוֹי פָּסוּל! גּוֹי לְדַעְתֵּיהּ דְּנַפְשֵׁיהּ עָבֵד. הֲדַר אֲמַר רַב נַחְמָן: לָאו מִילְּתָא הִיא דַּאֲמַרִי, דְּמִדְּקָא פָּסֵיל לֵיהּ לְגוֹי לְעִנְיַן הֲבָאָה, מִכְּלָל דִּלְעִנְיַן כְּתִיבָה – כָּשֵׁר. וְהָתַנְיָא: גּוֹי פָּסוּל! הַהִיא *ר"א הִיא, דְּאָמַר: עֵדֵי מְסִירָה כָּרְתִי, וּבָעֵינַן כְּתִיבָה לִשְׁמָהּ, בוְהָא וַדַּאי גּוֹי אַדַּעְתֵּיהּ דְּנַפְשֵׁיהּ קָעָבֵיד. אָמַר רַב נַחְמָן, אוֹמֵר הָיָה ר"מ: *אֲפִי' מְצָאוֹ בָּאַשְׁפָּה, חֲתָמוֹ וּנְתָנוֹ לָהּ – כָּשֵׁר. אֵיתִיבֵיהּ רָבָא לְרַב נַחְמָן: °*"וְכָתַב לָהּ" – לִשְׁמָהּ; מַאי לָאו כְּתִיבַת הַגֵּט? לָא, חֲתִימַת עֵדִים. אֵיתִיבֵיהּ רָבָא: *כָּל גֵּט שֶׁנִּכְתַּב שֶׁלֹּא לְשׁוּם אִשָּׁה – פָּסוּל! אֵימָא: שֶׁנֶּחְתַּם שֶׁלֹּא לְשׁוּם אִשָּׁה – פָּסוּל. אֵיתִיבֵיהּ: כְּשֶׁהוּא כּוֹתְבוֹ – כְּאִילּוּ כּוֹתְבוֹ לִשְׁמָהּ; מַאי לָאו כְּשֶׁהוּא כּוֹתְבוֹ לַתּוֹרֶף לִשְׁמָהּ – כְּאִילּוּ כּוֹתְבוֹ לַטּוֹפֶס לִשְׁמָהּ? לָא, כְּשֶׁהוּא חוֹתְמוֹ לִשְׁמָהּ – כְּאִילּוּ כּוֹתְבוֹ לִשְׁמָהּ. וְאִיבָּעֵית אֵימָא: הָנֵי מַתְנִי' מַנִּי? ר"א הִיא, דְּאָמַר: עֵדֵי מְסִירָה כָּרְתִי. וְרַב יְהוּדָה אָמַר שְׁמוּאֵל: גוְהוּא שֶׁשִּׁיֵּיר מְקוֹם הַתּוֹרֶף; וְכֵן א"ר חַגָּא מִשְּׁמֵיהּ דְּעוּלָּא: וְהוּא שֶׁשִּׁיֵּיר מְקוֹם הַתּוֹרֶף, וְר"א הִיא. וְרַבִּי זְרִיקָא אָמַר רַבִּי יוֹחָנָן: אֵינָהּ תּוֹרָה. מַאי "אֵינָהּ תּוֹרָה"? אָמַר רַבִּי אַבָּא: כָּאן הוֹדִיעֲךָ שֶׁאֵין כֹּחַ לִשְׁמָהּ, *וְר"מ הִיא, דְּאָמַר: עֵדֵי חֲתִימָה כָּרְתִי. וְהָאָמַר *רַבָּה בַּר בַּר חָנָה אָמַר רַבִּי יוֹחָנָן: ר"א הִיא! אֲמוֹרָאֵי נִינְהוּ, וְאַלִּיבָּא דְּר' יוֹחָנָן.§

דברים כד

מתני' * דהַכֹּל כְּשֵׁרִין לְהָבִיא אֶת הַגֵּט, חוּץ מֵחֵרֵשׁ, שׁוֹטֶה, וְקָטָן, וְסוּמָא, וְגוֹי. הקִיבֵּל הַקָּטָן וְהִגְדִּיל, חֵרֵשׁ וְנִתְפַּקֵּחַ, סוּמָא וְנִתְפַּתֵּחַ, שׁוֹטֶה וְנִשְׁתַּפָּה, גּוֹי וְנִתְגַּיֵּיר – פָּסוּל; אֲבָל פִּקֵּחַ וְנִתְחָרֵשׁ וְחָזַר וְנִתְפַּקֵּחַ, פָּתוּחַ וְנִסְתַּמֵּא וְחָזַר וְנִתְפַּתֵּחַ, שָׁפוּי וְנִשְׁתַּטָּה וְחָזַר וְנִשְׁתַּפָּה – כָּשֵׁר. זֶה הַכְּלָל: כָּל שֶׁתְּחִילָּתוֹ וְסוֹפוֹ בְּדַעַת – כָּשֵׁר.§

גמ' בִּשְׁלָמָא *חֵרֵשׁ, שׁוֹטֶה וְקָטָן – דְּלָאו בְּנֵי דֵיעָה נִינְהוּ. גּוֹי נַמִי – דְּלָאו בַּר הֶיתֵּירָא הוּא. אֶלָּא סוּמָא אַמַּאי לָא? אָמַר רַב שֵׁשֶׁת: לְפִי שֶׁאֵינוֹ יוֹדֵעַ מִמִּי נוֹטְלוֹ וּלְמִי נוֹתְנוֹ. מַתְקִיף לָהּ רַב יוֹסֵף: הֵיאָךְ *סוּמָא מוּתָּר בְּאִשְׁתּוֹ? הֵיאָךְ בְּנֵי אָדָם מוּתָּרִים בִּנְשׁוֹתֵיהֶם בַּלַּיְלָה? אֶלָּא בִּטְבִיעוּת עֵינָא דְּקָלָא; הָכָא נַמִי בִּטְבִיעוּת עֵינָא דְּקָלָא! אֶלָּא א"ר יוֹסֵף: והָכָא בְּחוּצָה לָאָרֶץ עָסְקִינַן, דְּבָעֵי לְמֵימַר "בְּפָנַי נִכְתַּב וּבְפָנַי נֶחְתַּם", וְלָא מָצֵי לְמֵימַר. א"ל אַבַּיֵי: אֶלָּא מֵעַתָּה, פָּתוּחַ וְנִסְתַּמֵּא, דְּמָצֵי אָמַר – הָכִי נַמִי דְּכָשֵׁר? וְהָא קָתָנֵי: פָּתוּחַ וְנִסְתַּמֵּא וְחָזַר וְנִתְפַּתֵּחַ – כָּשֵׁר; חָזַר וְנִתְפַּתֵּחַ – אִין; לֹא חָזַר וְנִתְפַּתֵּחַ – לָא! זה"ה דְּאַף עַל גַּב דְּלֹא חָזַר וְנִתְפַּתֵּחַ, וְאַיְּידֵי דְּקָתָנֵי שָׁפוּי וְנִשְׁתַּטָּה וְחָזַר וְנִשְׁתַּפָּה, טַעְמָא דְּחָזַר וְנִשְׁתַּפָּה, הָא לָא חָזַר וְנִשְׁתַּפָּה – לָא, תָּנָא נַמִי פָּתוּחַ וְנִסְתַּמֵּא וְחָזַר וְנִתְפַּתֵּחַ. אָמַר רַב אָשֵׁי: דַּיְקָא נַמִי, דְּקָתָנֵי, זֶה הַכְּלָל: כָּל שֶׁתְּחִילָּתוֹ וְסוֹפוֹ בְּדַעַת – כָּשֵׁר, וְלָא קָתָנֵי: כָּל שֶׁתְּחִילָּתוֹ וְסוֹפוֹ בְּכַשְׁרוּת – כָּשֵׁר. ש"מ. בָּעוּ מִינֵּיהּ מֵרַבִּי אַמֵּי: *עֶבֶד, מַהוּ שֶׁיֵּעָשֶׂה שָׁלִיחַ לְקַבֵּל גֵּט אִשָּׁה מִיַּד בַּעְלָהּ? אֲמַר לְהוּ: מִדְּקָא פָּסֵיל לֵיהּ לְגוֹי, מִכְּלָל

רש"י

וְהוּא שֶׁהָיָה גָּדוֹל עוֹמֵד עַל גַּבָּיו. וְאוֹמֵר לוֹ: כְּתוֹב לְצוֹרֶךְ פְּלוֹנִי. דְּקָסָבַר ר"ה: מַתְנִי' ר"א הִיא, דְּבָעֵי כְּתִיבָה לִשְׁמָהּ. וְסֵיפָא דְּקָאָמַר: שֶׁאֵין קִיּוּם הַגֵּט אֶלָּא בְּחוֹתְמָיו – הַיְינוּ עֵדֵי מְסִירָה, דְּרוֹב גִּיטִּין נִמְסָרִין בִּפְנֵי הַחוֹתְמִים. וְאַמְּלִיעֲתָא קָאֵי, וְלָא אַרֵישָׁא, לְאַכְשׁוּרֵי כְּתִיבַת חֵרֵשׁ בְּלָא גָּדוֹל עַל גַּבָּיו. לְדַעְתֵּיהּ דְּנַפְשֵׁיהּ עָבֵד. דְּהָא גָּדוֹל הוּא, וְיֵשׁ בּוֹ דַּעַת. וְאע"פ שֶׁזֶּה אוֹמֵר לוֹ כֵּן – שֶׁמָּא הוּא גָּמַר בְּלִבּוֹ לְשֵׁם אַחֵר. אֲבָל קָטָן – אֵין בּוֹ דַּעַת, אֶלָּא לְמָה שֶׁזֶּה מְלַוֵּוהוּ. לָאו מִילְּתָא הִיא דַּאֲמָרִי. אֶלָּא מֵעַתָּה גּוֹי וְיִשְׂרָאֵל עוֹמֵד כו', דַּהֲוָה ס"ל דְּפָסוּל – וַדַּאי כָּשֵׁר הוּא, וַאֲפִילּוּ אֵין יִשְׂרָאֵל עוֹמֵד עַל גַּבָּיו. וְגַבֵּי חֵרֵשׁ שׁוֹטֶה וְקָטָן נַמִי לֵיתָא לְדְרַב הוּנָא. דְּאע"ג דְּאֵין גָּדוֹל עוֹמֵד עַל גַּבָּיו – נַמִי כָּשֵׁר, דְּמַתְנִי' ר"מ הִיא, דְּלָא בָּעֵי כְּתִיבָה לִשְׁמָהּ, דְּדָרֵישׁ "וְכָתַב" דִּקְרָא אַחֲתִימַת עֵדִים. דְּמִדְּקָפָסֵיל לֵיהּ לְגוֹי. בְּסֵיפָא דְּמַתְנִי'. לְעִנְיַן הֲבָאָה. לְפִי שֶׁאֵינוֹ בְּתוֹרַת גִּיטִּין וְקִידּוּשִׁין, וְאֵין אָדָם נַעֲשֶׂה שָׁלִיחַ לְדָבָר שֶׁאֵינוֹ שַׁיָּיךְ בּוֹ, וְגַבֵּי כְּתִיבָה שַׁיְּירֵיהּ – ש"מ דַּוְקָא קָתָנֵי בַּהֲבָאָה. וּבִכְתִיבָה כָּשֵׁר, כִּדְקָתָנֵי טַעְמָא: שֶׁאֵין קִיּוּם הַגֵּט אֶלָּא בְּחוֹתְמָיו, וְלָא אִיכְפַּת לָן אִם נִכְתַּב שֶׁלֹּא לִשְׁמָהּ. דְּאִי תָּנָא וְשַׁיֵּיר – הֲוֵי לֵיהּ נַמִי לְשַׁיּוּרֵי בְּסֵיפָא. הַהִיא. דְּתַנְיָא: פָּסוּל. ר"א הִיא דְּאָמַר עֵדֵי מְסִירָה כָּרְתִי. וַחֲתִימַת עֵדִים אֵינָהּ מִן הַתּוֹרָה, הִילְכָּךְ "וְכָתַב לָהּ" – אַכְּתַב הַגֵּט, וּבָעֵינַן כְּתִיבָה לִשְׁמָהּ. וְהָא וַדַּאי. כִּי כָּתְבֵיהּ גּוֹי – לָאו לִשְׁמָהּ הוּא, דְּגוֹי אַדַּעְתָּא דְּנַפְשֵׁיהּ קָעָבֵיד, וּמִשּׁוּם הָכִי תַּנְיָא: פָּסוּל. אָמַר רַב נַחְמָן אוֹמֵר הָיָה כו'. אַתְחַלְתָּא דְּמִילְּתָא הִיא. וְכֵן מִסְתַּבֵּר, דְּהָא כְּבָר מוֹקְמֵיהּ רַב נַחְמָן כְּר"מ. וְאִית דְּגָרְסִי: וְהָא וַדַּאי גּוֹי כו'! בִּלְשׁוֹן קוּשְׁיָא. וּפָרְכִינַן אַהָא דְּקָאָמַר רַב נַחְמָן גּוֹי כָּשֵׁר. אָמַר רַב נַחְמָן כו' – פֵּירוּקָא הוּא. כְּשֶׁהוּא כּוֹתְבוֹ כְּאִילּוּ כּוֹתְבוֹ לִשְׁמָהּ. הָכִי מַשְׁמַע: כְּשֶׁהוּא כּוֹתֵב קָלְתּוֹ לִשְׁמָהּ – כְּאִילּוּ כּוֹתְבוֹ כּוּלּוֹ לִשְׁמָהּ, אַלְמָא לִשְׁמָהּ בָּעֵינַן. מַאי לָאו כְּשֶׁהוּא כּוֹתֵב לַתּוֹרֶף לִשְׁמָהּ כְּאִילּוּ כּוֹתְבוֹ לַטּוֹפֶס לִשְׁמָהּ. דְּתוֹרֶף הוּא עִיקָּר. וְהוּא שֶׁשִּׁיֵּיר. חֵרֵשׁ שׁוֹטֶה וְקָטָן. מְקוֹם הַתּוֹרֶף. וְכָתַב בֶּן דַּעַת אֶת הַתּוֹרֶף. וְלָא בָּעֵי לְאוֹקְמָא כְּשֶׁגָּדוֹל עוֹמֵד עַל גַּבָּיו, וְלָא לְאוֹקְמָא כְּר"מ. אֵינָהּ תּוֹרָה. אֵין שׁוֹמְעִין לְךָ. כָּאן הוֹדִיעֲךָ. בְּמִשְׁנָתֵינוּ שֶׁזִּילְזְלוּ בִּכְתִיבַת גִּיטִּין, הוֹדִיעֲךָ שֶׁאֵין שׁוּם כֹּחַ לִשְׁמָהּ בִּכְתִיבָה אֶלָּא בַּחֲתִימָה. וְהָאָמַר רַבָּה בַּר בַּר חָנָה. לְעֵיל (דף כח:) גַּבֵּי "אֵין כּוֹתְבִין בִּמְחוּבָּר": ר' אֶלְעָזָר הִיא. אֲמוֹרָאֵי. רַבָּה בַּר בַּר חָנָה וְרַבִּי זְרִיקָא. **מתני'** חוּץ מֵחֵרֵשׁ שׁוֹטֶה וְקָטָן כו'. בַּגְּמָ' מְפָרֵשׁ לְכוּלְּהוּ. קִיבֵּל הַקָּטָן. מִיַּד הַבַּעַל לְהוֹלִיכוֹ. וְהִגְדִּיל. קוֹדֶם שֶׁמְּסָרוֹ לָהּ. **גמ'** דְּלָאו בְּנֵי דֵעָה נִינְהוּ. וְגַבֵּי שְׁלִיחוּת "אִישׁ" בָּעֵינַן, וְלֹא קָטָן, דִּשְׁלִיחוּת נָפְקָא לָן (בקדושין ד' מב.) מִ"וְּיִקְחוּ לָהֶם אִישׁ שֶׂה לְבֵית אָבוֹת" – אֶחָד לוֹקֵחַ לְכוּלָּן. לָאו בַּר הֶיתֵּירָא הוּא. דְּאֵין לָהֶן קִידּוּשִׁין, וְאֵין גִּיטִּין נוֹהֲגִין בָּהֶם. וּבְמִידֵי דִּלְנַפְשֵׁיהּ לָא חֲזֵי – לָא מָצֵי לְמֶיעְבַּד שְׁלִיחוּתָא לַאֲחֲרִינֵי. הָא לֹא חָזַר וְנִשְׁתַּפָּה לָא. דְּטַעְמָא מִשּׁוּם דֵּעָה הוּא, וְצָרִיךְ לִהְיוֹת בֶּן דַּעַת לַעֲשׂוֹת שְׁלִיחוּתוֹ. דַּיְקָא נַמִי. דִּלְגַבֵּי "פָּתוּחַ וְנִסְתַּמֵּא" לָא תָּנָא דַּוְקָא "חָזַר וְנִתְפַּתֵּחַ". מִדְּקָתָנֵי סֵיפָא כו'. אַלְמָא, הֵיכָא דְּטַעְמָא מִשּׁוּם דֵּעָה הוּא – בָּעֵינַן תְּחִלָּה וָסוֹף, אֲבָל סוּמָא – לָא הֲוֵי טַעְמָא מִשּׁוּם דֵּעָה, וְלָא בָּעֵינַן תְּחִלָּה וָסוֹף, אֶלָּא תְּחִלָּה לְחוּדֵיהּ(א), דְּלָא מָצֵי לְמֵימַר "בְּפָנַי נִכְתַּב". דְּאִי בְּסוּמָא נַמִי דַּוְקָא – נִיתְנֵי: כָּל שֶׁתְּחִילָּתוֹ וְסוֹפוֹ בְּכַשְׁרוּת. מַהוּ שֶׁיֵּעָשֶׂה שְׁלִיחַ. לְאִשָּׁה. עֶבֶד שֶׁל כָּל אָדָם, מַהוּ שֶׁיֵּעָשֶׂה שָׁלִיחַ לְאִשָּׁה בְּעָלְמָא? לְקַבֵּל גֵּט מִיַּד בַּעְלָהּ. וּתְהֵא מְגוֹרֶשֶׁת בְּקַבָּלָתוֹ. וה"ה נַמִי לְהוֹלָכָה, דְּכוּלָּהּ חֲדָא טַעְמָא הִיא, אֶלָּא כָּךְ הָיְתָה הַשְּׁאֵלָה בְּבֵית הַמִּדְרָשׁ. מִדְּקָפָסֵיל לְגוֹי. בְּמַתְנִי' בַּהֲבָאָה, וְלָא תָּנָא: עֶבֶד.

תוספות

אלא מעתה גוי וישראל עומד כו'. פי': בשלמא בלא עומד על גביו – ניחא, דקסבר רב נחמן דאיכא היכרא דכותבין לשמה ע"פ הבעל. אבל בגוי – ליכא היכרא דלשמה בהכי. אבל למאי דאוקמא בגדול עומד על גביו – אפי' גוי נמי! אלא ודאי בלא גדול עומד על גביו מיירי. וא"כ הדרא קושיא לדוכתין, דהא לאו בני דעה נינהו.

גוי לדעתיה דנפשיה קעביד. תימה לר"י: דבפ' "אין מעמידין" (ע"ז דף כז.) בעי רבי יהודה מילה לשמה, ואפ"ה קתני: ימול ארמאי, ולא אמר דלדעתיה דנפשיה קא עביד! ואומר ר"י: דהא דאמר דלדעתיה דנפשיה עביד – היינו שעושה סתם, וגבי גט – סתם לאו לשמה קאי, כדאמר בריש זבחים (דף ב:) משום דסתם אשה לאו לגירושין עומדת. אבל מילה – סתמא לשמה קיימא, כדאמר בזבחים: סתמן לשמן קיימי.

אימא שנחתם שלא לשם אשה. אע"ג דסיפא קתני: יתר על כן כו', ומוקי לה בגמרא כר"א – מ"מ מה שיכול לדחוק ולהעמיד כר"מ מעמיד, משום דקי"ל דסתם מתני' ר"מ היא. וא"ת: והיכי קאמר שנחתם? והא קתני: כילד? שמע קול סופרים מקרין, ובגמ' מפרש: בסופרים העשויין להתלמד! וי"ל: דדרך סופרים לכתוב ולחתום גט כדי להתלמד.

והוא ששייר מקום התורף. אמאי דאקשי לעיל "והא לאו בני דעה נינהו" אתא לשנויי:

גוי נמי דלאו בר היתרא הוא. הוה מצי למימר: משום דבעינן שלוחכם בני ברית. אלא ניחא ליה למימר האי טעמא דשייך אף בעבד.

ממי נוטלו ולמי נותנו. מכאן משמע דצריך שיכיר השליח שזהו הבעל וזו היא אשתו. ושמא יש לחלק, דדוקא סומא, שיכול להטעותו ויש לחוש יותר שמא יטעוהו.

הוא הדין אע"ג דלא חזר ונתפתח כו'. והא דאמר ב"יש נוחלין" (ב"ב דף קכח.): היה יודע לו עדות עד שלא נסתמא, ונסתמא – פסול לעדות. שאני הכא, דגבי גט אפי' אשה נאמנת, ◦תדע, דאפילו סומא מעיקרא קאמר הכא: אלא סומא אמאי לא?.

לעיל ט: וש"נ
לעיל ג: לקמן כו: כתובות פה.
[לעיל כ. וש"נ]
[לעיל כח: וש"נ]
[שם]
לעיל ה. [ט.]
[חגיגה ב: יבמות צט: ערכין ב: מנחות נג.]
חולין נו.
קדושין מח:
לקמן כד. [זבחים ב:]

עין משפט נר מצוה

פו א ב ג מיי' פ"ג מהל' גירושין הל' טז יז יח סמג עשין נ טור ש"ע אה"ע סי' קכג סעיף ג ד וע"ש בכ"מ ובמ"מ:
פז ד מיי' פ"ו מהלכות גירושין הל' ו סמג עשין נ טוש"ע אה"ע סי' קמא סעיף לג:
פח ה מיי' שם הלכה ח טוש"ע שם סעיף לב:
פט ו ז מיי' שם פ"ז הלכה יט סמג שם טוש"ע אה"ע סי' קמב סעיף יח:

תוספות רי"ד

והוא שיהא גדול עומד על גביו. פי' ור' אלעזר הוא דאמר עדי מסירה כרתי והאי וכתב לה על כתיבת הגט קאמר ובעי' דליהוי לשמה וכיון דגדול עומד על גביו ואומר להן כתבוהו לשם פלוני ופלונית כשר א"ל רב נחמן אלא מעתה גוי וישראל עומד על גביו הכי נמי דכשר וכ"ת הכי נמי והתניא גוי פסול גוי אדעתא דנפשיה קעביד פי' ולא מהני ביה ישראל עומד על גביו ורב יהודה אמר שמואל והוא ששייר מקום התורף ור' אלעזר הוא וסיפא דקתני שאין קיום הגט אלא בחותמיו היינו עדי מסירה דרוב גיטין נמסרין בפני החותמין: הכל כשרים וכו' בשלמא חרש שוטה וקטן לאו בני דעה נינהו ובעינן שיהא השליח בר דעת דומיא דשולחו וכמו שאין הקטן עושה שליח לעצמו כך אינו נעשה שליח לאחרים ואפילו למ"ד לקמן בפ' התקבל דקטן זוכה לעצמו התם הוא משום דזכייה קטן מדרבנן אבל לאחרים אינו זוכה עד שיביא שתי שערות ונכרי נמי לאו בר בריתה הוא ובמידי דלנפשיה לא חזי לא מצי למיעבד לאחריני אלא סומא מ"ט לא ואסיק רב יוסף הכא בחוצה לארץ עסקינן ומשום דבעי למימר בפני נכתב ובפני נחתם ולא מצי. א"ל אביי אלא מעתה פקח ונסתמא דמצי אמר הכי נמי דכשר וכ"ת הכי נמי והא קתני פקח ונסתמא וחזר ונתפתח חזר ונתפתח אין לא חזר ונתפתח לא. ה"ה דאע"ג דלא חזר ונתפתח ואיידי דקתני שפוי ונשתטה וחזר ונשתפה דטעמא דחזר ונשתפה הא לא חזר ונשתפה לא תנא נמי פקח ונסתמא וחזר ונתפתח אמר רב אשי דייקא נמי דקא תני כל שתחלתו וסופו בדעת ולא קתני כל שתחלתו וסופו בכשרות כשר ש"מ פי' סומא בר דעת הוא ואינו נכלל בכלל זה ש"מ לא קאי האי כללא אלא אשארא בלא סומא: אמר

הגהות הב"ח

(א) רש"י ד"ה מדקתני סיפא וכו' תחילה לחודיה מאי כו"ל ותיבת דלא נמחק:

גליון הש"ס

תוס' ד"ה הוא וכו' תדע וכו'. עי' תשובת מהרי"ט ח"ג סי' עה:

עין משפט נר מצוה

צ א מיי' פ"ו מהל' גירושין הלכה ו סמג עשין נ טוש"ע אה"ע סי' קמא סעיף לג:

צא ב מיי' פ"ד מהלכות תרומות הל' כא:

צב ג מיי' שם הל' כ:

צג ד מיי' שם ופ"ב מהל' שלוחין הל' א סמג עשין פב טוש"ע ח"מ סי' קפח סעיף א:

צד ה מיי' פ"ו מהל' עבדים הלכה ח טוש"ע י"ד סימן רסז סעיף נה:

צה ו מיי' פ"ו מהלכות גירושין הלכה ו סמג עשין נ טוש"ע אה"ע סי' קמב סעיף א:

צו ז מיי' שם הל' כג טור ש"ע שם סעיף יג:

צז ח מיי' שם הל' כ:

צח ט מיי' שם הלכה ו סמג שם טוש"ע שם סעיף א:

מִכְּלָל דְּעֶבֶד כָּשֵׁר. *אָמַר רַב אַסִי אָמַר רַבִּי יוֹחָנָן: אאֵין הָעֶבֶד נַעֲשֶׂה שָׁלִיחַ לְקַבֵּל גֵּט לָאִשָּׁה מִיַּד בַּעְלָהּ, לְפִי שֶׁאֵינוֹ בְּתוֹרַת גִּיטִּין וְקִדּוּשִׁין. מַתְקִיף לַהּ ר' אֶלְעָזָר: טַעְמָא בְּמִילְּתָא דְּלֵיתֵיהּ, הָא בְּמִילְּתָא דְּאִיתֵיהּ — כָּשֵׁר? וְהָא גּוֹי וְהָא כּוּתִי דְּאִיתְנְהוּ בְּתוֹרַת תְּרוּמָה דְּנַפְשַׁיְיהוּ, דִּתְנַן: *בהַגּוֹי וְהַכּוּתִי שֶׁתָּרְמוּ מִשֶּׁלָּהֶם — תְּרוּמָתָם תְּרוּמָה, וּתְנַן: *גגּוֹי שֶׁתָּרַם שֶׁל יִשְׂרָאֵל אֲפִי' בִּרְשׁוּת — אֵין תְּרוּמָתוֹ תְּרוּמָה, מַאי טַעְמָא? לָאו מִשּׁוּם דִּכְתִיב: *("אַתֶּם"), °"גַּם אַתֶּם", מָה אַתֶּם יִשְׂרָאֵל — אַף שְׁלוּחֲכֶם יִשְׂרָאֵל? *אָמְרִי דְּבֵי ר' יַנַּאי: לָא, דמָה אַתֶּם בְּנֵי בְרִית — אַף שְׁלוּחֲכֶם בְּנֵי בְרִית. אָמַר ר' חִיָּיא בַּר אַבָּא א"ר יוֹחָנָן: אֵין הָעֶבֶד נַעֲשֶׂה שָׁלִיחַ לְקַבֵּל גֵּט אִשָּׁה מִיַּד בַּעְלָהּ, לְפִי שֶׁאֵינוֹ בְּתוֹרַת גִּיטִּין וְקִידּוּשִׁין, וְאע"פ שֶׁשָּׁנִינוּ: *"הֲרֵי אַתְּ שִׁפְחָה וּוְלָדֵךְ בֶּן חוֹרִין", אִם הָיְתָה עוּבָּרָה — זָכְתָה לוֹ. מַאי "אִם הָיְתָה עוּבָּרָה זָכְתָה לוֹ"? כִּי אֲתָא רַב שְׁמוּאֵל בַּר יְהוּדָה אֲמַר, ר' יוֹחָנָן תַּרְתֵּי אֲמַר: הנִרְאִים דְּבָרִים *שֶׁהָעֶבֶד מְקַבֵּל גֵּט לַחֲבֵירוֹ מִיַּד רַבּוֹ שֶׁל חֲבֵירוֹ, אֲבָל לֹא מִיַּד רַבּוֹ שֶׁלּוֹ. וְאִם לַחְשׁוֹךְ אָדָם לוֹמַר: זוֹ הֲלָכָה שְׁנוּיָה: אִם הָיְתָה עוּבָּרָה — זָכְתָה לוֹ! אֱמוֹר לוֹ: שְׁנֵי גְּדוֹלֵי הַדּוֹר פֵּירְשׁוּ אֶת הַדָּבָר, ר' זֵירָא וְר' שְׁמוּאֵל בַּר רַב יִצְחָק; חַד אָמַר: הָא מַנִּי? רַבִּי הִיא, דְּאָמַר: *הַמְשַׁחְרֵר חֲצִי עַבְדּוֹ — קָנָה; וְחַד אָמַר: מַאי טַעְמָא דְּרַבִּי בְּהָא? קָסָבַר: *עוּבָּר יֶרֶךְ אִמּוֹ הוּא, וְנַעֲשָׂה כְּמִי שֶׁהִקְנָה לָהּ אֶחָד מֵאֵבָרֶיהָ.§ **מתני'** *ואַף הַנָּשִׁים שֶׁאֵינָן נֶאֱמָנוֹת לוֹמַר "מֵת בַּעְלָהּ", נֶאֱמָנוֹת לְהָבִיא אֶת גִּיטָּהּ: חֲמוֹתָהּ, וּבַת חֲמוֹתָהּ, וְצָרָתָהּ, וִיבִמְתָּהּ, וּבַת בַּעְלָהּ. *מַה בֵּין גֵּט לְמִיתָה? שֶׁהַכְּתָב מוֹכִיחַ. *הָאִשָּׁה זעַצְמָהּ מְבִיאָה אֶת גִּיטָּהּ, וּבִלְבַד שֶׁהִיא צְרִיכָה לוֹמַר "בְּפָנַי נִכְתַּב וּבְפָנַי נֶחְתַּם".§ **גמ'** וְהָתַנְיָא: חכְּשֵׁם שֶׁאֵין נֶאֱמָנוֹת לוֹמַר "מֵת בַּעְלָהּ", כָּךְ אֵין נֶאֱמָנוֹת לְהָבִיא גִּיטָּהּ! אָמַר רַב יוֹסֵף, לָא קַשְׁיָא: כָּאן בָּאָרֶץ, כָּאן בְּחו"ל; בָּאָרֶץ, דְּלָאו אַדִּיבּוּרָהּ דִּידָהּ קָא סָמְכִינַן — מְהֵימְנָא. בְּחו"ל, דְּאַדִּיבּוּרָהּ דִּידָהּ קָא סָמְכִינַן — לָא מְהֵימְנָא. א"ל אַבַּיֵי: אַדְּרַבָּה, טאִיפְּכָא מִסְתַּבְּרָא! בָּאָרֶץ דְּאִי אָתֵי בַּעַל מְעַרְעֵר מַשְׁגְּחִינַן בֵּיהּ, דְּאִיכָּא לְמֵימַר לְקִלְקוּלָא קָא מִיכַּוְּונָה — לָא מְהֵימְנָא. בְּחוּצָה לָאָרֶץ, דְּאִי אָתֵי בַּעַל מְעַרְעֵר לָא מַשְׁגְּחִינַן בֵּיהּ — מְהֵימְנָא! תַּנְיָא כְּוָותֵיהּ דְּאַבַּיֵי: ר"ש בֶּן אֶלְעָזָר אוֹמֵר מִשּׁוּם ר"ע: *אִשָּׁה נֶאֱמֶנֶת לְהָבִיא גִּיטָּהּ, מִקַּ"ו: וּמַה נָּשִׁים שֶׁאָמְרוּ חֲכָמִים אֵין נֶאֱמָנוֹת לוֹמַר "מֵת בַּעְלָהּ" — נֶאֱמָנוֹת לְהָבִיא גִּיטָּהּ, הִיא שֶׁנֶּאֱמֶנֶת לוֹמַר "מֵת בַּעְלָהּ" — אֵינוֹ דִּין שֶׁנֶּאֱמֶנֶת לְהָבִיא גִּיטָּהּ?

וּמִמָּקוֹם

תורה אור: במדבר יח

רש"י

מִכְּלָל דְּעֶבֶד כָּשֵׁר. וְכִי הֵיכִי דְּכָשֵׁר לַהֲבָאָה, לִהְיוֹת שָׁלִיחַ לְהִתְגָּרֵשׁ – כָּךְ כָּשֵׁר לְקַבָּלָה, לִהְיוֹת שָׁלִיחַ לְהִתְגָּרֵשׁ, שֶׁאֵין חִילּוּק טַעַם בֵּינֵיהֶם. **הָא בְּמִילְּתָא** דְּאִיתֵיהּ. כְּגוֹן תְּרוּמָה, שֶׁאָסוּר לְעֶבֶד לֶאֱכוֹל טֶבֶל. וְאִם יֵשׁ לוֹ טֶבֶל שֶׁנִּיתַּן לוֹ ע"מ שֶׁאֵין לְרַבּוֹ רְשׁוּת בּוֹ – מַפְרִישׁ תְּרוּמָה הֵימֶנּוּ, וּתְרוּמָתוֹ תְּרוּמָה, דְּעֶבֶד כְּאִשָּׁה בְּכָל מִצְוֹת. וְתֵימָא נַמִי דְּכָשֵׁר לִהְיוֹת שָׁלִיחַ לִתְרוֹם. **שֶׁתָּרְמוּ** **אֶת** שֶׁלָּהֶן תְּרוּמָתָן תְּרוּמָה. וַאֲסוּרָה לְזָרִים, דְּסָבַר: אֵין קִנְיָן לְגוֹי בְּאֶרֶץ יִשְׂרָאֵל לְהַפְקִיעַ מִקְּדוּשַּׁת מַעֲשֵׂר. וְהֶקְדֵּשׁ הַגּוֹי הֶקְדֵּשׁ, כִּדְיָלְפִי' (חולין דף יג:) מֵ"אִישׁ אִישׁ" – לְרַבּוֹת אֶת הַגּוֹיִם שֶׁנּוֹדְרִים נְדָרִים וּנְדָבוֹת כְּיִשְׂרָאֵל. **אֲפִילּוּ** בִּרְשׁוּתוֹ. שֶׁל יִשְׂרָאֵל שֶׁעֲשָׂאוֹ שָׁלִיחַ – אֵין תְּרוּמָתוֹ תְּרוּמָה. **מַאי טַעְמָא.** אֵינָהּ תְּרוּמָה. **לָאו מִשּׁוּם.** דִּשְׁלִיחוּת דִּתְרוּמָה, דִּכְתִיב: "כֵּן תָּרִימוּ גַם אַתֶּם", וְדָרְשִׁינַן: מִדְּמָצֵי לְמִכְתַּב "אַתֶּם" וְכָתַב "גַּם אַתֶּם" – לְרַבּוֹת שְׁלוּחֲכֶם, וְאִיתְקַשׁ שָׁלִיחַ לְשׁוֹלְחוֹ בְּהַאי קְרָא, לְמֵימַר: דְּמָה אַתֶּם בְּנֵי יִשְׂרָאֵל – אַף שְׁלוּחֲכֶם יִשְׂרָאֵל. וּמֵהַאי מִיעוּטָא אִיכָּא לְמַעוּטֵי נַמִי לְעֶבֶד שֶׁתָּרַם אֶת שֶׁל יִשְׂרָאֵל בִּרְשׁוּת. **לֹא מָה אַתֶּם בְּנֵי** בְרִית. מְהוּלִים, וּבָאוּ בִּבְרִית מִצְוֹת. **אַף** שְׁלוּחֲכֶם בְּנֵי בְרִית. לְאַפּוּקֵי גּוֹי. אֲבָל עֶבֶד – בֶּן בְּרִית הוּא, דִּכְתִיב (דברים כט): "מֵחוֹטֵב עֵצֶיךָ" וגו'. **וְאַף** **ע"פ** שֶׁשָּׁנִינוּ. בַּבָּרַיְיתָא, בְּמַסֶּ' תְּמוּרָה: הָאוֹמֵר לְשִׁפְחָתוֹ "הֲרֵי אַתְּ שִׁפְחָה וּוְלָדֵךְ בֶּן חוֹרִין", אִם הָיְתָה עוּבָּרָה – זָכְתָה לוֹ לְעוּבָּר בְּקַבָּלַת גֵּט זֶה, לִהְיוֹת מְשׁוּחְרָר. **מַאי אִם הָיְתָה עוּבָּרָה.** מָה עִנְיַן שִׁחְרוּר אֵצֶל גֵּט אִשָּׁה, דְּקָאָמַר "אַף עַל פִּי שֶׁשָּׁנִינוּ"? הָא וַדַּאי בְּתוֹרַת שִׁחְרוּר אִיתֵיהּ! **ר' יוֹחָנָן תַּרְתֵּי אָמַר.** חֲדָא – הָא דְּגֵט אִשָּׁה, וְעוֹד אַחֲרִיתִי. וְאַמִּילְּתָא אַחֲרִיתִי קָאָמַר "אַף עַל פִּי", וְהַיְינוּ מִילְּתָא אַחֲרִיתִי: נִרְאִין דְּבָרִים שֶׁהָעֶבֶד מְקַבֵּל גֵּט שִׁחְרוּר לַחֲבֵירוֹ. **מִיַּד רַבּוֹ שֶׁל** חֲבֵירוֹ. שֶׁאֵין רַבּוֹ שֶׁלּוֹ. דְּכֵיוָן דְּעֶבֶד אִיתֵיהּ בְּתוֹרַת שִׁחְרוּר – שָׁלִיחַ נַמִי מָצֵי מֶיהֱוֵי. **אֲבָל לֹא מִיַּד רַבּוֹ שֶׁלּוֹ.** אִם שְׁנֵיהֶם שֶׁל אִישׁ אֶחָד, דְּיַד עֶבֶד כְּיַד רַבּוֹ דָּמֵי, וּכְשֶׁמְּסָרוֹ גֵּט בְּיָדוֹ – לֹא יָצָא גֵּט מֵרְשׁוּתוֹ. וְאַע"ג דְּעֶבֶד מְקַבֵּל גֵּט לְעַצְמוֹ – הָתָם הוּא דְּגִיטּוֹ וְיָדוֹ בָּאִים כְּאֶחָד, דְּשִׁיחְרוּרָא דִּידֵיהּ הוּא, אֲבָל לַאֲחֵרִינָא – לָא. **וְאִם לַחְשׁוֹךְ אָדָם.** בָּא לְהִזְדַּקֵּק, לְהַקְשׁוֹת, וְלוֹמַר: הֲרֵי שְׁנוּיָה הִיא שֶׁאַף מִיַּד רַבּוֹ שֶׁלּוֹ מְקַבְּלוֹ לַחֲבֵירוֹ, שֶׁשָּׁנִינוּ: אִם הָיְתָה עוּבָּרָה – זָכְתָה לוֹ. אַלְמָא, שִׁפְחָה זוֹ מְקַבַּלְתּוֹ לְצוֹרֶךְ עוּבָּרָהּ מִיַּד רַבָּהּ! **הַמְשַׁחְרֵר חֲצִי עַבְדּוֹ קָנָה.** הָעֶבֶד, אוֹתוֹ חֵצִי. **וְחַד אָמַר.** מוֹסִיף וּמְסַיֵּים פֵּירוּשׁ הַדָּבָר. **מַאי טַעְמָא** **דְּרַבִּי בְּהָא.** הָא לָא חֲצִי עַבְדּוֹ הוּא, דִּתְרֵי גּוּפֵי נִינְהוּ. **קָסָבַר עוּבָּר יֶרֶךְ** **אִמּוֹ הוּא.** וַהֲוָה לֵיהּ כַּחֲצִי גּוּפָהּ. **מתני'** חֲמוֹתָהּ וּבַת חֲמוֹתָהּ כו'. בְּכוּלְּהוּ מְפָרֵשׁ בִּיבָמוֹת דְּסָנְיָין לָהּ וּמִתְכַּוְּונוֹת לְקַלְקְלָהּ, וְאֵין נֶאֱמָנוֹת לְהָעִידָהּ שֶׁמֵּת בַּעְלָהּ. **יְבִמְתָּהּ.** אֵשֶׁת אֲחִי בַּעְלָהּ, שׂוֹנְאָה אוֹתָהּ וִירֵאָה מִמֶּנָּה, שֶׁמָּא יָמוּת אֶחָד מִשְּׁנֵי בַּעְלֵיהֶן בְּלֹא בָּנִים וִיהוּ צָרוֹת זוֹ לָזוֹ. **וּמָה בֵּין גֵּט לְמִיתָה.** דְּאַמִּיתָה לָא מְהֵימְנָן, וְאַגֵּט מְהֵימְנָן. **גמ'** **בָּאָרֶץ.** שֶׁאֵינָהּ צְרִיכָה לוֹמַר "בְּפָנַי נִכְתַּב". **דְּאִי אָתֵי בַּעַל מְעַרְעֵר.** וְאָמַר: לֹא כְּתַבְתִּיו. **מַשְׁגְּחִינַן בֵּיהּ.** שֶׁהֲרֵי לֹא נִתְקַיֵּים בְּבֵית דִּין, וְאִיכָּא לְמֵימַר שֶׁזּוֹ מִתְכַּוֶּונֶת לְכָךְ שֶׁתִּתְקַלְקֵל. **בְּחוּצָה לָאָרֶץ.** שֶׁהִצְרִיכוּהָ לוֹמַר "בְּפָנַי נִכְתַּב" וְזֶהוּ קִיּוּמוֹ, וְתוּ לָא חָיְישִׁינַן לְעִרְעוּר, וְאִי מְעַרְעֵר לָא מְהֵימָן.

וּמִמָּקוֹם

תוספות

אין העבד נעשה שליח כו'. וא"ת: ומתניתין ליתני עבד, וכל שכן גוי! וללישנא דאמר ר' יוחנן לעיל "זו אין תורה" – ניחא, דנקט גוי למידק דלענין כתיבה אפילו גוי כשר. אבל להך לישנא דמוקי ר' יוחנן כר"א – קשה מהך דר' יוחנן דהכא! ואור"ת: דנקט גוי לאשמועי': גוי ונתגייר – פסול, אע"פ שבאותה שעה היתה דעתו להתגייר. דהוי בגוי רבותא טפי מבעבד, שאין בידו להשתחרר.

לפי שאינו בתורת גיטין וקדושין. והא דמתגרשת בעבד שלה – היינו מטעם חצר:

הגוי והכותי שתרמו כו'. פי' בקונט': דקסבר אין קנין לגוי. ונראה לר"י, דאפילו למ"ד: יש קנין – משכחת לה, כשגדלה שליש ביד ישראל וקנה ממנו גוי, ולא מיפטר מטעם לוקח, ד"תבואת זרעך" קרינא ביה, כיון שגדלה הרבה ביד גוי. אי נמי, כשזרעה הגוי ומכרה לישראל, וגדלה שליש, וחזר וקנאה ממנו. ועוד: דפי' ר"ת בספ"ק דבכורות (דף יא: ד"ה טבלים) דלא מיפטר לוקח היכא דלקח קודם שנתמרח, אי נמי במכר שדה מישראל חייב הגדל בו בתרומה, ואפי' יש קנין לגוי:

תרומתו תרומה. והא דאמרי' בזבחים בפ' "ב"ש" (דף מה.) ופ"ק דתמורה (דף ג:) דקדשי גוים אין בהן משום מעילה, ומפרש טעמא משום דילפינן "חטא" "חטא" מתרומה, ובתרומה כתיב "בני ישראל" – אתיא כר' שמעון, דפליג הכא בסיפא, וברים פרק שני דקידושין (דף מא:) מייתי לה. **ותנן** גוי שתרם את של ישראל כו'. הוה מצי לשנויי דאתיא כרבי שמעון, דסבר דליתא בתרומה דנפשיה, בפרק שני דקדושין (דף מא:). אלא דעדיפא מיניה משני. **מה** אתם בני ברית. וא"ת: דבפ"ב דקידושין (גז"ש) משמע דלרבי שמעון לא איצטריך ליה למידרש "מה אתם בני ברית", ומוקי לה לדרשא אחריתי, וא"כ לדידיה מנא לן הא דקי"ל בכל דוכתי דגוי לאו בר שליחות הוא לענין זכיה ורבית, בפ' "איזהו נשך" (ב"מ דף עא:)? וי"ל: דמ"מ, כיון דדרשי' שליחות מתרומה מ"גם אתם", ומינה ילפינן בעלמא – מסתמא דלא מרבינן בעלמא אלא דומיא ד"אתם". **מאי** טעמא דרבי גרסי'. ולא גרסי': דר' יוחנן, דב"הערל" (יבמות דף עח.) סבר ר' יוחנן דעובר לאו ירך אמו הוא, וכן מוכח סוגיא התם:

ונעשה כמי שהקנה לה אחד מאבריה. תימה לר"י: היתה עוברה היאך זכתה לו? אע"ג דירך אמו הוא, כיון דידה היא כיד רבה, שלא שיחרר אלא העובר. ואפילו שיחרר כולה חוץ מידה – לא הוה לה לזכות לו, דכשמשחרר כולה – יש לה כח לזכות משום דגיטה וידה באין כאחד, כדאמרינן בפרק קמא דקידושין (דף כג.).

אדרבה איפכא מיסתברא. ורב יוסף סבר דמ"מ *)יכולה לקלקלה בחו"ל, ע"י עדים וראיה שלא שלה הגט:

*) [נ"ל יכולים]

והא

תוספות רי"ד

אמר רב אסי אמר רבי יוחנן אין העבד נעשה שליח לקבל גט אשה מיד בעלה לא שליח להולכה ולא שליח לקבלה לפי שאינו בתורת גיטין וקידושין ומתני' דקתני גוי לאו למעוטי עבד דעבד וגוי לענין גיטין וקידושין שוין הם וראיתי כתוב במקצת ספרים עבד דעלמא דלאו דידיה ולאו דידה ולכאורה נ"ל דהיא גירסא יפה דדוקא עבד דעלמא לא חזי למיהוי שליח לא לקבלה ולא להולכה אבל עבד דאשה הוי שליח לקבלה דיד עבד כיד אשה דמיא וכשקבלו העבד כאילו קבלתו האשה ועבד דאיש נמי הוי שליח להולכה דידו כיד רבו דמי וכשנותנו לאשה כאילו רבו נתנו לה אבל לאו מילתא היא דאע"ג דאמרי' דעבד כיד רבו דמיא לא שיהא שלוחו אלא כחצירו דומה ואילו שם הבעל הגט בחצירו ואמר לאשה טלי גיטך מחצרי כלום היא מגורשת גם מיד עבדו נמי אינה מגורשת. ועבד דאשה כחצרה דמי וקי"ל חצר מהלכת לא קנה אך אם היה כפות ואשה עומדת בצדו דומיא דחצר דבעי' והיא שעומדת בצד חצר כדאמרי' לקמן בפרק הזורק הוא דהויא מגורשת אבל שאמר לו האשה קבל לי גיטי בלא כפות ובלא שתעמוד בצדו בתורת שליח אינה מגורשת הלכך גירסא משבשתא היא דבכל עבד אמרי' דאינו נעשה שליח לא לקבלה ולא להולכה ואפילו בעבד דידהו. א"ר יוחנן נראין הדברים שהעבד מקבל גט שחרור לחבירו מיד רבו של חבירו שאינו רבו שלו שלא היו שניהם עבדים לרב אחד דכיון דעבד איתיה בתורת שחרור שלוחא נמי מצי אבל לא מיד רבו שלו אם שניהם של איש אחד דיד עבד כיד רבו דמיא וכשמסרו בידו לא יצא גט מרשותו דדמי כאילו מונח בתיבתו ואע"ג דעבד מקבל גט לעצמו התם הוא דגיטו וידו באין כא' דשחרורא דידיה הוא אבל לאחרים לא: **מתני'** אף הנשים שאין נאמנות לומר מת בעלה נאמנות להביא גיטה חמותה ובת חמותה וצרתה ויבמתה ובת בעלה מה בין גט למיתה שהגט כתב מוכיח: האשה עצמה מביאה גיטה ובלבד שהיא צריכה לומר בפני נכתב ובפני נחתם: פי' ביבמות בהאשה שלום מפרש למה אלו הנשים שונאות אותה ומתכוונות לקלקלה ובעבור זה אינן נאמנות לומר מת בעלה אבל לגבי גט שכתבו מוכיח והוא ראיה בידם שהבעל נתנו להן הן נאמנות ולכולי האי לא חיישינן שמא הם זייפוהו וכתבוהו שאפילו אם הם זייפוהו הרי הן מתקיימות אותו ואי אתי בעל ומערער לא משגחי' ביה כדאמרינן א"כ לא יוכלו לקלקלה ומ"ה הן נאמנות: והתניא כשם שאין נאמנות לומר מת בעלה כך אין נאמנות להביא גיטה ואסיק אביי בארץ שאינן צריכין לומר בפני נכתב ובפני נחתם אלו לא מהימני שמא הם זייפוהו וכתבוהו אותו כדי לקלקלה אבל בחו"ל שהן צ"ל בפני נכתב ובפני נחתם ואי אתי בעל ומערער לא משגחי' ביה שכבר נתקיים הגט על פיהן נאמנות שהרי אינן יכולות לקלקלה וכל זמן שאינן יכולות לקלקלה הרי הן נאמנות בכל הנשים והימנוה רבנן כבי תרי כדרין כל שליח: תניא כותיה דאביי דמוקי מתני' בחו"ל. ר"ש בן אלעזר אומר משום ר' עקיבא אשה נאמנת להביא גיטה מקו"ו ומה נשים שאמרו חכמים אין נאמנות לומר מת בעלה נאמנות להביא גיטה זו שנאמנת לומר מת בעלה אינו דין שנאמנת להביא גיטה:

וממקום

מסורת הש"ס

קדושין מא.

שם מא: תרומות פרק ג משנה ט

שם פ"א מ"א [שבת קנג:]

[נראה כמיותר]

קדושין מא:

תמורה כה.

שם כה: ע"ש קדושין כג:

תמורה כה: ע"ש לקמן מא:

[חולין נח. וש"נ]

[לקמן סב.]

יבמות כה. קיז.

לעיל ה. לקמן סב:

[תוספ' פ"ב] יבמות קכב.

ומקום שבאת, מה להלן צריכות שיאמרו "בפנינו נכתב ובפנינו נחתם", אף היא צריכה שתאמר "בפני נכתב ובפני נחתם". אמר רב אשי: מתניתין נמי דיקא, דקתני: האשה עצמה מביאה גיטה, ובלבד שתהא צריכה לומר כו', ש"מ. ורב יוסף, רישא וסיפא בחוצה לארץ, מציעתא בארץ? אין, רישא וסיפא בחו"ל, מציעתא בארץ. ממאי? מדקתני: *מה בין גט למיתה – שהכתב מוכיח, ולא קתני: שהכתב ופה מוכיח.§ "האשה עצמה מביאה" וכו'.§ אשה מכי מטי גיטה לידה איגרשה לה! אמר רב הונא: באומר "לא תתגרשי בו אלא בפני ב"ד פלוני". סוף סוף כי מטיא התם איגרשה בה! אלא אמר רב הונא בר מנוח משמיה דרב אחא בריה דרב איקא: דאמר לה: כי מטית התם אתנחיה אארעא ושקליה. אי הכי, הוה ליה *"טלי גיטך מעל גבי קרקע", ואמר רבא: א"טלי גיטך מעל גבי קרקע" – לא אמר כלום! אלא, דאמר לה: הוי שליח להולכה עד דמטית התם, וכי מטית התם הוי שליח לקבלה וקבלי את גיטך. והא *לא חזרה שליחות אצל הבעל! דאמר לה: הוי שליח להולכה עד דמטית התם, וכי מטית התם שוי שליח לקבלה. הניחא למ"ד: *אשה בעושה שליח לקבל גיטה מיד שליח בעלה, אלא למ"ד: אין האשה עושה שליח לקבל גיטה מיד שליח בעלה, מאי איכא למימר? טעמא מאי – משום דאיכא *בזיון דבעל, והכא בעל לא קפיד. הניחא למ"ד: משום בזיון דבעל, אלא למ"ד: *משום חצרה הבאה לאחר מיכן, מאי איכא למימר? דאמר לה: הוי שליח להולכה עד דמטית התם, וכי מטית התם שוי שליח להולכה וקבלי את גיטך מיניה. ואיבעית אימא, גדאמר לה: הוי שליח להולכה עד דמטית התם, וכי מטית התם אימר קמי בי דינא "בפני נכתב ובפני נחתם", ומשוי בי דינא שליח וליתבוה ניהליך.§

הדרן עלך המביא גט

כל *גט דשנכתב שלא לשום אשה – פסול. כיצד? *היה עובר בשוק, ושמע קול סופרים מקרין: "איש פלוני מגרש את פלונית ממקום פלוני", ואמר: זה שמי וזה שם אשתי – פסול לגרש בו. היתר מיכן, *כתב לגרש את אשתו ונמלך, מצאו בן עירו ואמר לו: "שמי כשמך ושם אשתי כשם אשתך" – פסול לגרש בו. יתר

רש"י

ומקום שבאת. כלומר הואיל ומיניהו גמרינן – נגמור נמי להא דמה הן צריכות לומר כו'. ומדקתני בברייתא: מה להלן צריכות שיאמרו כו', שמע מינה בחוצה לארץ עסקינן, כאביי. ורב יוסף. מאי דעתיה. רישא וסיפא בחוצה לארץ. "הכל כשרין להביא את הגט" אוקימנא בחוצה לארץ, מדקתני: סומא. וסיפא "האשה עצמה" כו' – בחוצה לארץ, דקתני: ובלבד שתהא צריכה לומר. ומציעתא. אף הנשים כו' מוקי רב יוסף בארץ. כתב ופה. צריכה לומר "בפני נכתב". ולאביי לא איצטריך למיתני "כתב ופה", דהכי משמע: מה בין פה דגט לפה דמיתה? אלא שהכתב מוכיח עמו. מכי מטא גט לידה. במקום שקבלתו, במדינת הים. איגרשה לה. ואי בעיא למיקבליה לגט – מגורשת היא, ואינה צריכה להביאו לפנינו אלא לראייה בעלמא. ולמה לה לומר "בפני נכתב"? הא לאו שליח היא! סוף סוף כי מטיא להתם איגרשה לה. ע"י קבלה ראשונה, דתנאה בעלמא הוה דלא תתגרש עד אותו מקום, והרי נתקיים התנאי, ולאו שליח היא! אתנחיה אארעא. דהויא שליח להולכה עד התם. ובמאי דשקלתה ליה תו מארעא – הוא דמגרשה. הא דרבא. לקמן (עח.). לא אמר כלום. דבעינן "ונתן". וכי מטית התם הוי. אף גופיך שליח דידך לקבלה, וקבלי מידך. והא לא חזרה שליחות אצל הבעל. שליח לא מיקרי אלא המשתלח מזה לזה, שראוי לחזור אצל שולחו ולומר: עשיתי שליחותך לחבירך. וזו אינה ראויה לחזור, שהרי לא נשתלחה אלא לעצמה, ואח"כ נעשית היא בעל המעשה, ובטל השליחות קודם שתחזור. שוי. אינש אחרינא שליח לקבלה, דהשתא לא פסק שליחותה מינה, וראויה לחזור. הניחא למ"ד כו'. לקמן בפרק "התקבל" (סג.), וטעמייהו מפרשי הכא בסמוך. טעמא מאי. מילתא היא: טעמא מאי אמרי' אין אשה עושה שליח לקבל גיטה מיד שליח בעלה. משום בזיון דבעל. דסבור: מבזה אותי, שאין היא עצמה מקבלתו. הלכך לא ניחא ליה שיהא שלוחו מוסר לשלוחה, ואי מסר – לא הוי גיטא, דלאו להכי שדרוהו להאי. דבשלמא מיד הבעל עצמו, כיון דאיהו גופיה מסר לשליח אשתו – הא קא חזינן דלא קפיד, אבל כל כמה דלא חזינן – אמרי' קפיד. הכא בעל לא קפיד. שהרי כן צוה לה. ומשום חצרה הבאה לאחר מכאן. דדמיין להדדי, שכשזורק גט לחצר חבירו ואחר כך קנתה היא החצר – הרי הוא עושה את החצר שליח להוליך, והיא כשקנאתו – עשאתו שליח לקבלה, ואתי לאכשורי מהאי טעמא. ושלא כדין הוא, דחצר לאו משום שליחות אתרבאי, אלא משום ידה, והאי שעתא דנתינה לאו ידה הוא. שוי שליח. אחרינא להולכה, כדי שתהא שליחותה חוזרת אצל הבעל, ולאחר זמן קבלי גיטיך מיניה. ושליח שעשה שליח אמרינן ב"כל הגט" (לקמן דף כט:) שהשליח הראשון עושה את השני בבית דין, ואומר לפניהם "בפני נכתב ובפני נחתם". הדרן עלך המביא שני

כל הגט: קול סופרים. כותבי גיטין. יתר מיכן. בגמרא מפרש מאי יתרא דכולהו. ונמלך. חזר בו מלגרש. גדולה

תוספות

והא לא חזרה שליחות כו'. שליח לא מיקרי אלא המשתלח מזה לזה, שראוי לחזור לשולחו, לומר "עשיתי שליחותך" קודם שיעשה שליח לאחרים. ובקונטרס לא פירש כן. חצרה הבאה לאחר מכאן. פירש בקונט': שנתן הגט בחצר חברו. ואין נראה, דחצר חברו לא דמי לשליח להולכה. אלא אומר ר"י: שנתנו הבעל בחצר של עצמו ומכרו לאחרים, והאשה קנאתו מאותו אחר. וא"ת: למה לי למינקט: משום חצרה הבאה לאחר מכאן? הוה ליה למימר: משום שליחות עצמה, שהבעל עשה שליח להולכה, והאשה תעשה אותו שליח עצמו שליח לקבלה. וכי האי גוונא לא מהני, משום דלא חזרה שליחות אצל הבעל! ואומר ר"י: משום דאותו טעם שלא חזרה שליחות אצל הבעל – אינו ברור כל כך, דאיכא דמספקא ליה לקמן בפרק "התקבל" (דף סג:). ול"ע: דאמאי לא משני הכא: כגון דשוייה איהי שליח מעיקרא והדר שוי איהו שליח? דליכא למיגזר משום חצרה הבאה לאחר מיכן, כדאמר בפרק "התקבל" (שם).

וכי מטית התם שוי שליח להולכה. וא"ת: שליח שלא ניתן לגירושין הוא, ולא מצי משוי שליח, כדאמר בפ' "כל הגט" (לקמן דף כט:) גבי ההוא דשדר גיטא לדביתהו, ואמר ליה: יהביה לאבא בר מניומי. אתא ולא אשכחיה. יתיב רבי יצחק ור' חנינא ור' אבהו, אמרו ליה: מסור מילך קמן. אמר להו *רב ספרא: והא שליח שלא ניתן לגירושין הוא! וי"ל: דהתם פריך שפיר, דכיון שלא ניתן לגירושין – אין לו לעשות אלא כמו שאמר לו הבעל, ליתנו לאבא בר מניומי. אבל הכא – הרי הבעל צוה לה לעשות שליח להולכה.

אימר קמי בי דינא בפני נכתב. קצת תימה: מה לי היא ומה לי בית דין? ואמאי קאמר "ואב"א"? ושמא לשון זה חלוק מלשון ראשון, דבלישנא קמא אינה אומרת "בפני נכתב" אלא בשעה שתקבלנו. אע"ג דבפ' "כל הגט" (לקמן דף כט.) ובכל דוכתא משמע שצריך לומר בשעה שהגט יוצא מיד השליח – שמא הכא, שיכולה לומר בשעת גירושין – עדיף טפי.

הדרן עלך המביא שני

כל הגט. ושמע קול סופרים מקרין כו'. בסופרים העשויים להתלמד עסקינן, כדאמרינן בגמרא. ואפי' למ"ד בפרק קמא דעירובין (דף יג.) דמגילת סוטה מותקין לה מן התורה, אע"ג דבעינן לשמה, ותורה להתלמד עבידא, כדאמר התם – לענין גט מודה, כדפרשינן בפ' שני (לעיל דף כ.), וספר תורה נמי פסלינן בפ' שני. יתר מיכן כתב לגרש את אשתו כו'. בגמ' מפרש: לא זה שנכתב שלא לשם גירושין, אלא אף זה שנכתב לשם גירושין. להכי תנא "יתר מיכן". וא"ת: והיכי שייך למיתני הכא "יתר מיכן", כיון דמהאי נמי לא הוה שמעינן בקמייתא

תוספות רי"ד

וממקום שבאת מה הן צריכות לומר בפני נכתב ובפני נחתם אף היא צריכה שתאמר בפני נכתב ובפני נחתם: האשה עצמה מביאה גיטה ובלבד שתהא צ"ל בפני נכתב ובפני נחתם: ומתמה מכי מטי גיטא לידה מיגרשה לה פי' הלא אתה מאמין את האשה בגיטה מק"ו שהיא נאמנת לומר מת בעלי א"כ כשאומרת נמי האשה בעלי גירשני בגט זה תאמן מק"ו שהרי כשאומרת בפני נכתב ובפני נחתם למה אתה מאמינה ואינך מצריכה לעדים שיקיימוהו [וע"כ] מחמת ק"ו זה א"כ הנאמנות עליה היא ומה צורך להטעינה שתאמר בפני נכתב ובפני נחתם וכי שליח היא [הא] משעה שנתן לה גיטה נתגרשה והיא נאמנת בדבר זה לומר בעלי נתנו לי מק"ו ומה צורך שתאמר בפני נכתב ובפני נחתם אם אינך מאמינה לומר בעלי נתנו לי אלא קמהימנא לומר בפני נכתב ובפני נחתם וכיון שחכמים האמינוה בק"ו א"כ נאמנת לומר בעלי נתנו לי והיום ומחר אי אתי בעל ומערער לא משגחי' ביה שכך היא נאמנת בעצמה כאילו היו שנים שהביאו גיטה ואמרו שהבעל נתנו לנו שהן נאמנים ושוב אין הבעל יכול לערער כדאמרי' לעיל גם האשה היא נאמנת בק"ו לומר בעלי גרשני בזה ומה צורך שתאמר בפני נכתב ובפני נחתם. ואסיקנא כגון דא"ל הוי שליח להולכה עד דמטית לב"ד של פלוני וכי מטית להתם שוי שליח להולכה בפני אותו ב"ד וקבלי גיטיך מיניה אי נמי כי מטית להתם אימא קמי בי דינא בפני נכתב ובפני נחתם ולישוי שליח וליתביה ניהליך ומכאן מוכח כי כל אשה הבאה ומביאה גיטה בידה ואומרת בעלי גירשני ביה שהיא נאמנת אע"פ שידענו שהיתה א"א ואין אנו צריכין שתביא ראיה בפנינו בפני מי נתנו לה או לקיים עידי הגט אלא היא נאמנת לומר נתנו לי בפני עדי מסירה אבל אמרה בעלי נתנו לי ביני לבינו אינו כלום דהלכה כר' אלעזר דאמר עדי מסירה כרתי ואם היו עדיה בעיר כגון שנתגרשה כאן בודאי שהיינו מצריכים אותה להביאה בפנינו אבל אחרי שהיא באה ממדינת הים ואומרת בעלי גירשני בגט זה בפני עדי מסירה נאמנת מק"ו שנאמנת לומר מת בעלי כדאמרן לעיל אבל אם היא אומרת גירשני בעלי ואינה מראה גיטה בפנינו בודאי אינה נאמנת שהרי ק"ו מחמש נשים למדנו והתם בלא גט בידם אינן נאמנות אף היא נמי בלא גיטה בידה אינה נאמנת עיין לקמן בפרק המגרש: **סליק פרקא**

כל גט שנכתב שלא לשם אשה פסול כיצד היה עובר בשוק ושמע קול הסופרים מקרין איש פלוני מגרש את פלונית ממקום פלוני ואמר זה שמי וזה שם אשתי פסול מלגרש בו יתר מיכן כתב לגרש את אשתו ונמלך מצאו

מסורת הש"ס

יבמות כה. קיז. | לקמן עח. | [לקמן סג:] | שם | שם | [לעיל כא. לקמן סג:] | לעיל כג. זבחים ב: | זבחים שם | עירובין יג. סוטה כ: זבחים ג.

גליון הש"ס

תוס' ד"ה וכי מטית כו' וא"ת שליח. עיין שו"ת תשב"ץ ח"א סימן כה באריכות:

עין משפט נר מצוה

צט א מיי' פ"ז מהל' גירושין הלכה יז סמג עשין נ טוש"ע אה"ע סי' קלט סעי' ח:

ק ב מיי' שם פ"ו הלכה ט סמג שם טוש"ע שם סימן קמא סעיף ח:

קא ג מיי' שם פ"ג הלכ"ג סמג שם טוש"ע אה"ע סימן קלא סעיף יג:

א ד מיי' שם פ"ג הל"א סמג שם טוש"ע שם סימן קלא סעיף א:

ב ה מיי' שם הל' ב טוש"ע שם סעיף ב:

רב ספרא ור' חנינא כצ"ל רש"ל

Koren Talmud Bavli
THE NOÉ EDITION

GITTIN

Steinsaltz Center

KOREN

תלמוד בבלי

KOREN TALMUD BAVLI

THE NOÉ EDITION

גיטין

GITTIN

Daf 2a through Daf 24a

COMMENTARY BY

Rabbi Adin Even-Israel Steinsaltz

EDITOR-IN-CHIEF

Rabbi Dr Tzvi Hersh Weinreb

SENIOR CONTENT EDITOR

Rabbi Dr Shalom Z Berger

EXECUTIVE EDITOR

Rabbi Joshua Schreier

STEINSALTZ CENTER

KOREN PUBLISHERS JERUSALEM

Supported by the Matanel Foundation

Koren Talmud Bavli, The Noe Edition
Vol. 19a: Tractate Gittin, Daf 2a through Daf 24a
Paperback, ISBN, 978-965-7765-86-9

First Hebrew/English paperback edition, 2021

Koren Publishers Jerusalem Ltd.
PO Box 4044, Jerusalem 91040, ISRAEL
PO Box 8531, New Milford, CT 06776, USA
www.korenpub.com

Steinsaltz Center

Steinsaltz Center is the parent organization of institutions established by Rabbi Adin Even-Israel Steinsaltz

PO Box 45187, Jerusalem 91450 ISRAEL
Telephone: +972 2 646 0900, Fax +972 2 624 9454
www.steinsaltz-center.org

הִנֵּה יָמִים בָּאִים, נְאֻם אֲדֹנָי יֱהוִה, וְהִשְׁלַחְתִּי רָעָב בָּאָרֶץ,
לֹא־רָעָב לַלֶּחֶם וְלֹא־צָמָא לַמַּיִם, כִּי אִם־לִשְׁמֹעַ אֵת דִּבְרֵי יהוה.

Behold, days are coming – says the Lord God – I will send a hunger to the land, not a hunger for bread nor a thirst for water, but to hear the words of the Lord. (AMOS 8:11)

The Noé edition of the Koren Talmud Bavli
with the commentary of Rabbi Adin Even-Israel Steinsaltz
is dedicated to all those who open its covers
to quench their thirst for Jewish Knowledge,
in our generation of Torah renaissance.

This beautiful edition is for the young, the aged,
the novice and the savant alike,
as it unites the depth of Torah knowledge
with the best of academic scholarship.

Within its exquisite and vibrant pages,
words become worlds.

It will claim its place in the library of classics,
in the bookcases of the Beit Midrash,
the classrooms of our schools,
and in the offices of professionals and business people
who carve out precious time to grapple with its timeless wisdom.

For the Student and the Scholar

DEDICATED BY LEO AND SUE NOÉ

Steinsaltz Center

Executive Director, Steinsaltz Center

Rabbi Meni Even-Israel

Managing Editor

Rabbi Jason Rappoport

Senior Content Editor

Rabbi Dr. Shalom Z. Berger

Editors

Rabbi Dr. Joshua Amaru, *Coordinating Editor*
Rabbi Avishai Magence, *Content Curator*
Menucha Chwat
Rabbi Yehoshua Duker
Betzalel Philip Edwards
Rabbi Yonatan Shai Freedman
Nechama Greenberg
Rabbi Adin Krohn
Sholom Licht
Elisha Loewenstern
Sally Mayer
Rafi Miller
Rabbi David Sedley
Shira Shmidman
Avi Steinhart
Rabbi David Strauss

Language Consultants

Dr. Stephanie E. Binder, *Greek & Latin*
Rabbi Yaakov Hoffman, *Arabic*
Dr. Shai Secunda, *Persian*
Shira Shmidman, *Aramaic*

Copy Editors

Aliza Israel, *Coordinator*
Bracha Hermon
Ita Olesker
Debbie Ismailoff
Shira Finson
Ilana Sobel
Deena Nataf
Eliana Kurlantzick Yorav
Erica Hirsch Edvi
Nava Wieder

KOREN

Design & Typesetting

Dena Landowne Bailey, *Typesetting*
Tani Bayer, *Jacket Design*
Raphaël Freeman, *Design & Typography*

Images

Eliahu Misgav, *Illustration & Image Acquisition*
Daniel Gdalevich, *Illustration & Image Acquisition*

Introduction by the Publisher

The Talmud has sustained and inspired Jews for thousands of years. Throughout Jewish history, an elite cadre of scholars has absorbed its learning and passed it on to succeeding generations. The Talmud has been the fundamental text of our people.

Beginning in the 1960s, Rabbi Adin Even-Israel Steinsaltz שליט״א created a revolution in the history of Talmud study. His translation of the Talmud, first into modern Hebrew and then into other languages, as well the practical learning aids he added to the text, have enabled millions of people around the world to access and master the complexity and context of the world of Talmud.

It is thus a privilege to present the *Koren Talmud Bavli*, an English translation of the talmudic text with the brilliant elucidation of Rabbi Steinsaltz. The depth and breadth of his knowledge are unique in our time. His rootedness in the tradition and his reach into the world beyond it are inspirational.

Working with Rabbi Steinsaltz on this remarkable project has been not only an honor, but a great pleasure. Never shy to express an opinion, with wisdom and humor, Rabbi Steinsaltz sparkles in conversation, demonstrating his knowledge (both sacred and worldly), sharing his wide-ranging interests, and, above all, radiating his passion. I am grateful for the unique opportunity to work closely with him, and I wish him many more years of writing and teaching.

Our intentions in publishing this new edition of the Talmud are threefold. First, we seek to fully clarify the talmudic page to the reader – textually, intellectually, and graphically. Second, we seek to utilize today's most sophisticated technologies, both in print and electronic formats, to provide the reader with a comprehensive set of study tools. And third, we seek to help readers advance in their process of Talmud study.

To achieve these goals, the *Koren Talmud Bavli* is unique in a number of ways:

- The classic *tzurat hadaf* of Vilna, used by scholars since the 1800s, has been reset for great clarity, and opens from the Hebrew "front" of the book. Full *nikkud* has been added to both the talmudic text and Rashi's commentary, allowing for a more fluent reading with the correct pronunciation; the commentaries of *Tosafot* have been punctuated. Upon the advice of many English-speaking teachers of Talmud, we have separated these core pages from the translation, thereby enabling the advanced student to approach the text without the distraction of the translation. This also reduces the number of volumes in the set. At the bottom of each *daf*, there is a reference to the corresponding English pages. In addition, the Vilna edition was read against other manuscripts and older print editions, so that texts which had been removed by non-Jewish censors have been restored to their rightful place.
- The English translation, which starts on the English "front" of the book, reproduces the *menukad* Talmud text alongside the English translation (in bold) and commentary and explanation (in a lighter font). The Hebrew and Aramaic text is presented in logical paragraphs. This allows for a fluent reading of the text for the non-Hebrew or non-Aramaic reader. It also allows for the Hebrew reader to refer easily to the text alongside. Where the original text features dialogue or poetry, the English text is laid out in a manner appropriate to the genre. Each page refers to the relevant *daf*.

- Critical contextual tools surround the text and translation: personality notes, providing short biographies of the Sages; language notes, explaining foreign terms borrowed from Greek, Latin, Persian, or Arabic; and background notes, giving information essential to the understanding of the text, including history, geography, botany, archaeology, zoology, astronomy, and aspects of daily life in the talmudic era.
- Halakhic summaries provide references to the authoritative legal decisions made over the centuries by the rabbis. They explain the reasons behind each halakhic decision as well as the ruling's close connection to the Talmud and its various interpreters.
- Photographs, drawings, and other illustrations have been added throughout the text – in full color in the Standard and Electronic editions, and in black and white in the Daf Yomi edition – to visually elucidate the text.

This is not an exhaustive list of features of this edition, it merely presents an overview for the English-speaking reader who may not be familiar with the "total approach" to Talmud pioneered by Rabbi Steinsaltz.

Several professionals have helped bring this vast collaborative project to fruition. My many colleagues are noted on the Acknowledgments page, and the leadership of this project has been exceptional.

RABBI MENACHEM EVEN-ISRAEL, DIRECTOR OF THE STEINSALTZ CENTER, was the driving force behind this enterprise. With enthusiasm and energy, he formed the happy alliance with Koren and established close relationships among all involved in the work.

RABBI DR. TZVI HERSH WEINREB שליט״א, EDITOR-IN-CHIEF, brought to this project his profound knowledge of Torah, intellectual literacy of Talmud, and erudition of Western literature. It is to him that the text owes its very high standard, both in form and content, and the logical manner in which the beauty of the Talmud is presented.

RABBI JOSHUA SCHREIER, EXECUTIVE EDITOR, assembled an outstanding group of scholars, translators, editors, and proofreaders, whose standards and discipline enabled this project to proceed in a timely and highly professional manner.

RABBI MEIR HANEGBI, EDITOR OF THE HEBREW EDITION OF THE STEINSALTZ TALMUD, lent his invaluable assistance throughout the work process, supervising the reproduction of the Vilna pages.

RAPHAËL FREEMAN, EXECUTIVE EDITOR OF KOREN, created this Talmud's unique typographic design which, true to the Koren approach, is both elegant and user friendly.

It has been an enriching experience for all of us at Koren Publishers Jerusalem to work with the Steinsaltz Center to develop and produce the *Koren Talmud Bavli*. We pray that this publication will be a source of great learning and, ultimately, greater *avodat Hashem* for all Jews.

Matthew Miller, Publisher
Koren Publishers Jerusalem
Jerusalem 5772

Contents

Introduction to Gittin **1**

Gittin **5**

Image Credits **124**

For the vocalized Vilna Shas layout, please open as a Hebrew book.

Introduction to **Gittin**

Tractate *Gittin*, according to the accepted arrangement of the tractates of the Mishna, is the penultimate tractate in the order of *Nashim*. This tractate deals mainly with a single topic, the manner in which divorce is performed. The situations in which divorce is permitted, justified, or even obligatory are discussed in other tractates, especially *Ketubot*.

The uniqueness of divorce is that it cancels the marriage bond, a bond that created the severe prohibition against sexual intercourse with a married woman. This prohibition differs from the prohibition against forbidden relatives, in that it does not result from a blood relationship but is created via an action, i.e., betrothal. In the same way, this prohibition can be canceled by means of an action, i.e., divorce. Admittedly, a divorce does not entirely nullify the marriage bond, as there are several categories of forbidden relatives created by marriage that are not negated by a bill of divorce, e.g., a man is permanently forbidden to his wife's mother and daughter, even if the latter is not his daughter, and he is also forbidden to his wife's sister during his wife's lifetime. Likewise, after divorce the woman remains forbidden to his corresponding relatives. Nevertheless, the main prohibition, which is due to the married status of the woman herself, is canceled by a divorce.

One fundamental aspect of the *halakhot* of bills of divorce is the juxtaposition of betrothal to divorce, which is derived from: "And she departs out of his house, and goes and becomes another man's wife" (Deuteronomy 24:2; see 82b). Due to the severity of the consequences of a woman remarrying without having received a proper divorce, the Sages devoted an entire tractate to the clarification of the act of divorce and demanded that it be performed with great precision.

The manner of a divorce is discussed in the Torah (Deuteronomy 24:1–4) but is treated with extreme brevity, and the Sages derived the many and varied requirements of a bill of divorce both by expounding every word and even every letter of these verses and through applying the detailed traditions of the Oral Law.

The central feature of a divorce, as stated explicitly in the Torah and clarified by the Sages, is that the husband gives the wife a document that is called a bill of divorce in the language of the Sages. This document serves to release her from the marriage bond with him. In a betrothal, it is the man who betroths and marries the woman; so too, a divorce is performed by transmission of the document from the husband to his wife.

Since the transmission of the bill of divorce from husband to wife effects the divorce and the consequent halakhic change in the woman's status, the document itself is

an essential part of an act of divorce. Unlike bills of sale or other contracts, the main purpose of this document is not to serve as a written record of an act that was performed but rather to make that very act occur. Consequently, a bill of divorce must be written in the form of a declaration on the part of the husband: I hereby divorce. It is not written as a testimony. Furthermore, the document must be composed specifically for the particular couple undergoing the divorce. Although the Sages dispute whether this latter principle refers to the stage of writing, signing, or transmission, the principle itself is accepted unanimously.

As stated above, the content of a bill of divorce is a declaration on the part of the husband that he is releasing his wife from all ties to him. The Torah states that this must be a "severance" (Deuteronomy 24:1), i.e., it must completely sever the marriage bond. Problems arise if the husband adds conditions to a bill of divorce, as the imposition of certain conditions can prevent the full severance of the ties between husband and wife.

A bill of divorce effects the divorce itself and also serves as a document of proof, both with regard to matters involving prohibitions, e.g., from when is the woman considered divorced and permitted to all men apart from priests, and with regard to monetary obligations. The woman becomes entirely responsible for her own finances upon her divorce, and any property of hers that was held by her former husband reverts to her possession. Consequently, a bill of divorce must include a date and witnesses, like other legal documents.

The requirement of a "scroll of severance" (Deuteronomy 24:1) entails that the written document be authentic and reliable. To this end, it is necessary to define carefully the act of writing that fulfills the verse "And he writes her" (Deuteronomy 24:1). Similarly, it is important to determine what is considered a bill for the purposes of this *halakha*. Due to the possibly grave consequences of a bill of divorce, the Sages were particular about its wording and manner of composition. These details are significant both so that the divorce will in fact be effective and to prevent the husband or anyone else from contesting the validity of the document.

The second part of the act of divorce is the transmission of the bill of divorce from husband to wife. The Torah states: "And gives it in her hand" (Deuteronomy 24:1). The Sages derived from the verses that the bill of divorce need not literally be given into her hand. Rather, in this context her hand means her domain. Therefore, a bill of divorce can be transmitted via an agent, both an agent appointed by the husband to give the document to his wife, i.e., an agent for delivery, as well as an agent appointed by the woman to receive the bill of divorce from her husband on her behalf, i.e., an agent for receipt. The option to transmit a bill of divorce through the medium of an agent is important, as this enables a woman to be released from her ties to her husband even if she is located far from him. However, the possibility of divorce through an agent can also lead to many complications. For example, the husband might wish to nullify the bill of divorce or the agency, or he might later contest the validity of the document by claiming that it is a forgery. For the betterment of the world and to help deserted wives, the Sages instituted various ordinances whose requirements have become part of the act of divorce. These ordinances include the requirement that agents who deliver a bill of divorce to a different country must state the declaration: It was written in my presence and it was signed in my presence, and the *halakha* is that a husband can nullify a bill of divorce he has sent only if he makes his decision known to the agent to whom he gave the document.

Mainly in the fourth and fifth chapters, tractate *Gittin* includes a long list of rabbinic decrees and ordinances that relate to all walks of life and that are designed for the betterment of the world, i.e., to prevent certain mishaps and stumbling blocks, and for the betterment of people, i.e., to establish various social arrangements to prevent interpersonal quarrels and disputes.

As do other tractates, *Gittin* includes aggadic portions, some of which elucidate issues discussed in the tractate, while others are cited incidentally. Two large sections of *aggada* are unrelated to the main topic of the tractate. The first section, in the fifth chapter, is a discussion of the destruction of the Temple and the devastation of Eretz Yisrael, and the second section, in the seventh chapter, provides a list of medical treatments and folk remedies. At the end of the tractate, there is an aggadic section that deals with divorce in general. Although halakhically a husband may divorce his wife even for superficial reasons, the Gemara stresses that it is important to avoid divorce whenever possible, especially from the wife of one's youth.

There are nine chapters in this tractate. Generally, they all address various matters relating to divorce. While there is some overlap between the chapters concerning the topics they discuss, each chapter has a primary focus:

Chapter One deals with bills of divorce sent via an agent when the husband and wife are in different locations. Additionally, it compares and contrasts the *halakhot* of bills of divorce and bills of manumission.

Chapter Two delineates additional *halakhot* concerning agency with regard to bills of divorce. It also mentions stringencies associated with the writing of a bill of divorce.

Chapter Three explains the requirement that a bill of divorce be written for the sake of the husband and wife using it. Another topic discussed in this chapter is the application of the following presumption: One who was alive, remains alive; an item that was in existence, remains in existence.

Chapter Four analyzes several ordinances that the Sages instituted for the betterment of the world, both with regard to divorce and with regard to other matters. Another topic discussed in this chapter is the emancipation of slaves.

Chapter Five discusses the *halakhot* and ordinances associated with collecting payment of a marriage contract. Other ordinances, primarily relating to avoiding monetary disputes, are mentioned as well.

Chapter Six explains matters concerning the appointment of an agent, particularly with regard to the writing, delivery, and reception of bills of divorce.

Chapter Seven discusses who is fit to grant a divorce. It also enumerates stipulations that are often included in bills of divorce.

Chapter Eight reviews the manner by which one must transmit a bill of divorce in order for the divorce to take effect. Additionally, it discusses bills of divorce that are disqualified for a variety of reasons, e.g., the way they were written, the disqualification of the witnesses, or because they were given before they should have been given.

Chapter Nine discusses qualifications and limitations added to the text of a bill of divorce. It also specifies the manner in which witnesses sign a bill of divorce and explains under which circumstances one is permitted or even encouraged to divorce.

Introduction to **Perek I**

When a man takes a wife, and marries her, and it comes to pass, if she finds no favor in his eyes, because he has found some unseemly matter in her, and he writes her a scroll of severance, and gives it in her hand, and sends her out of his house.

(Deuteronomy 24:1)

And whoever lies carnally with a woman who is a bondmaid, designated for a man, and not at all redeemed, nor was freedom given her; there shall be inquisition; they shall not be put to death, because she was not free.

(Leviticus 19:20)

This chapter focuses on several of the *halakhot* that distinguish a bill of divorce and a slave's bill of manumission from other legal documents. Some of these differences stem from the very nature of these bills, while others are based on special rabbinic decrees.

To prevent anyone from contesting the validity of the document, the Sages enacted that an agent who delivers a bill of divorce outside of Eretz Yisrael must pronounce the following declaration: It was written in my presence and it was signed in my presence. The Gemara in this chapter analyzes at length the function of this enactment. One possible reason given for the declaration is that it serves as testimony that the bill of divorce was written with the proper intent, in case the residents of the place where it was drafted are not experts in the requirement that a bill of divorce must be written specifically for the sake of the woman in question. Another possibility is that the declaration affirms the authenticity of the document and ratifies the signatures of its witnesses in places where there are no witnesses available to ratify it. One issue that must be clarified for the purposes of this *halakha* is the definition of the borders of Eretz Yisrael, as well as the question of whether there are other places that have the same status as Eretz Yisrael with regard to the need for the witnesses to state the declaration.

There are a number of similarities between bills of divorce and bills of manumission. In addition to a verbal analogy in the Torah that links these two types of documents, they share several characteristics. Both bills of divorce and bills of manumission are not mere documents of proof, as the very acts of their composition and delivery have halakhic ramifications. Furthermore, in both cases the documents effect a change in the personal status of the recipient. Consequently, it is clear that many of the features that differentiate bills of divorce from other documents apply equally to bills of manumission. However, in addition to addressing the slave's change of status, the Gemara inquires as to whether or not emancipation is in his interest. This inquiry has halakhic ramifications, e.g., if his emancipation is in his interests then an agent can accept his bill of manumission in his absence and his master cannot later retract his decision.

The fact that a bill of divorce functions as more than just a document of proof has consequences with regard to the validity of its witnesses, specifically concerning whether gentiles or Samaritans are eligible to sign a document of this kind. These

matters are particularly important in light of the fact that a woman will be likely to need this document if she wishes to marry again in the future.

Since bills of divorce and bills of manumission must be composed by a particular individual, the husband and master, respectively, a further problem arises: To what extent do these documents take effect after this individual's death?

These questions are the main topics of discussion in this chapter.

מתני׳ הַמֵּבִיא גֵּט מִמְּדִינַת הַיָּם, צָרִיךְ שֶׁיֹּאמַר ״בְּפָנַי נִכְתַּב וּבְפָנַי נֶחְתַּם״.

MISHNA An agent **who brings a bill of divorce** [*get*][L] from a husband to his wife **from a country overseas,**[B] i.e., from outside of Eretz Yisrael to Eretz Yisrael, **is required to state** the following formula when he hands over the bill of divorce: This bill of divorce **was written in my presence and it was signed in my presence.**

רַבָּן גַּמְלִיאֵל אוֹמֵר: אַף הַמֵּבִיא מִן הָרֶקֶם וּמִן הַחֶגֶר. רַבִּי אֱלִיעֶזֶר אוֹמֵר: אֲפִילּוּ מִכְּפַר לוּדִים לְלוֹד.

Rabban Gamliel says: Even one who brings a bill of divorce **from Rekem**[B] **or from Ḥeger,**[B] which are on the periphery of Eretz Yisrael, must make this declaration. **Rabbi Eliezer says: Even** one who brings a bill of divorce **from the village of Ludim**[B] **to Lod** must also make this declaration, despite the fact that these places are only a short distance apart. The reason is that the village of Ludim was not part of the main area settled by Jews in Eretz Yisrael.

וַחֲכָמִים אוֹמְרִים: אֵינוֹ צָרִיךְ שֶׁיֹּאמַר ״בְּפָנַי נִכְתַּב וּבְפָנַי נֶחְתַּם״ אֶלָּא הַמֵּבִיא מִמְּדִינַת הַיָּם וְהַמּוֹלִיךְ. וְהַמֵּבִיא מִמְּדִינָה לִמְדִינָה בִּמְדִינַת הַיָּם, צָרִיךְ שֶׁיֹּאמַר ״בְּפָנַי נִכְתַּב וּבְפָנַי נֶחְתַּם״. רַבָּן שִׁמְעוֹן בֶּן גַּמְלִיאֵל אוֹמֵר: אֲפִילּוּ מֵהֶגְמוֹנְיָא לְהֶגְמוֹנְיָא.

And the Rabbis say that **one is required to say: It was written in my presence**[H] **and it was signed in my presence, only** if he **brings** a bill of divorce **from a country overseas** to Eretz Yisrael, **and** the same applies to **one who delivers** a bill of divorce from Eretz Yisrael to a country overseas. **And** likewise an agent **who brings** a bill of divorce **from** one **region to** another **region within** the **overseas countries is** also **required to say: It was written in my presence and it was signed in my presence. Rabban Shimon ben Gamliel says:** This *halakha* applies not only to an agent who brings a bill of divorce from one country to another, but **even** to one who takes it **from** one **district** [*hegmonya*][L] **to** another **district** in the same country.

BACKGROUND

The borders of Eretz Yisrael with regard to a bill of divorce – גְּבוּלוֹת הָאָרֶץ לְגִטִּין:

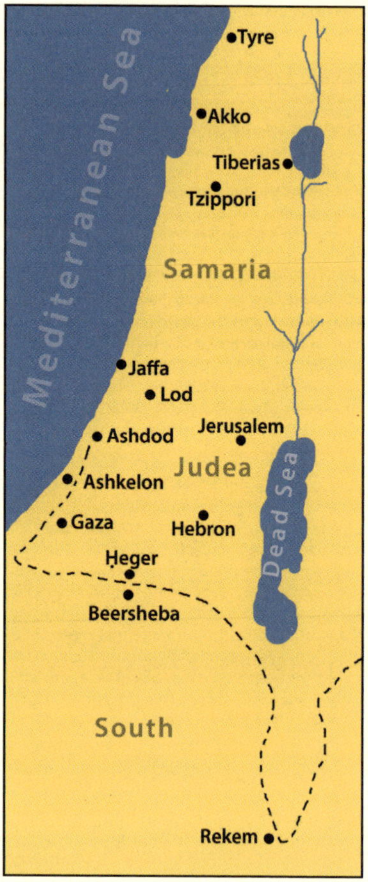

Borders of Eretz Yisrael with regard to a bill of divorce

Rekem – רֶקֶם: The location of Rekem is not entirely clear from the sources, as it is mentioned infrequently. Nevertheless, most Aramaic translations of the Torah render Kadesh Barnea (see Deuteronomy 1:2) as Rekem. If so, Rekem is a city in the southeastern part of Eretz Yisrael, near the ancient Nabatean site of Petra.

Ḥeger – חֶגֶר: The precise location of this city is also unknown. Various Aramaic translations render Shur as Ḥeger (see Genesis 16:7). However, other translations identify Shur with Ḥalutza, an ancient city south of Beersheba, founded and inhabited by Nabateans.

The village of Ludim – כְּפַר לוּדִים: This place is also mentioned very infrequently. The Gemara indicates that the village of Ludim was located roughly 20 km from the city of Lod. If the village of Ludim was north of Lod, politically it was Samaritan territory, and it is perhaps for this reason that it is not considered part of Eretz Yisrael for the purposes of the *halakhot* of bills of divorce. Its name is possibly derived from the fact that it was founded by former residents of Lod who wanted a village of their own. This would also explain why bills of divorce were sent from the village of Ludim to Lod, as it stands to reason that the inhabitants of these two places maintained ties of marriage.

LANGUAGE

Bill of divorce [*get*] – גֵּט: From the Syriac *gitetu*, which refers to all types of legal contracts. Although in the language of the Sages the term sometimes retains its original meaning of any bona fide contract, it is typically used in reference to the document given to a woman by her husband to terminate their marriage.

District [*hegmonya*] – הֶגְמוֹנְיָא: From the Greek ἡγεμονία, *hēgemonia*, meaning district, princedom, and the like. It is conceptually similar to the Latin provincia, a small state whose borders were sometimes based on an independent state of the past. Small states of this kind were ruled by a Roman official, either a proconsul or a procurator, and they maintained their own legal system and government.

HALAKHA

One is required to say: It was written in my presence, etc. – אֵינוֹ צָרִיךְ שֶׁיֹּאמַר בְּפָנַי נִכְתַּב וכו׳: With regard to one who brings a bill of divorce from one place to another outside of Eretz Yisrael; and one who brings a bill of divorce from Eretz Yisrael to outside of Eretz Yisrael; and one who brings a bill of divorce from outside of Eretz Yisrael to Eretz Yisrael, all of these individuals must state before two people: It was written in my presence and it was signed in my presence. This is in accordance with the opinion of the Rabbis, whose statement serves to clarify the opinion of the anonymous *tanna* at the beginning of the mishna (*Maggid Mishne*). The Rema adds, citing *Tosafot*, that today even one who brings a bill of divorce from one place to another in the same city must say: It was written in my presence and it was signed in my presence (Rambam *Sefer Nashim*, *Hilkhot Geirushin* 7:5; *Shulḥan Arukh*, *Even HaEzer* 142:1).

BACKGROUND

Ashkelon – אַשְׁקְלוֹן: Ashkelon was originally a major Philistine city. Later, it became a Greek settlement of political, commercial, and cultural importance. This city was always located outside of the actual boundaries of Jewish settlement both in the periods of the First and Second Temples and even more so afterward. Even when the Hasmoneans controlled the lands to its south, Ashkelon remained an independent gentile enclave, as it did throughout the Roman conquest. Although Jews settled in Ashkelon as early as the Second Temple period, and there was a Jewish community there for hundreds of years, the city and its environs were considered outside of Eretz Yisrael according to all opinions.

Akko – עַכּוֹ: Although this important and ancient port city is included in the biblical boundaries of Eretz Yisrael, it was never actually conquered by the tribes of Israel but remained under the control of the Sidonians. Even in the Second Temple period, at the height of the Hasmonean Kingdom, Akko remained outside of the borders of Eretz Yisrael and was basically a Greek city.

For this reason, despite the fact that this city had an important Jewish community that was home to many Torah scholars, Akko was considered outside the boundaries of Eretz Yisrael and was classified as a country overseas. However, the so-called boundary of Akko, the portion that was under the control of the central authorities of the city, was largely Jewish and was therefore considered part of the boundaries of Eretz Yisrael established by those who returned from the Babylonian exile.

רַבִּי יְהוּדָה אוֹמֵר: מֵרֶקֶם לַמִּזְרָח, וְרֶקֶם – כַּמִּזְרָח; מֵאַשְׁקְלוֹן לַדָּרוֹם, וְאַשְׁקְלוֹן – כַּדָּרוֹם; מֵעַכּוֹ לַצָּפוֹן, וְעַכּוֹ – כַּצָּפוֹן. רַבִּי מֵאִיר אוֹמֵר: עַכּוֹ – כְּאֶרֶץ יִשְׂרָאֵל לְגִיטִּין.

Rabbi Yehuda says: With regard to the borders of Eretz Yisrael, **from Rekem eastward** is considered to be part of the overseas country, **and Rekem** itself **is like east** of Eretz Yisrael, i.e., it is outside of Eretz Yisrael. **From Ashkelon**[B] **southward** is outside of Eretz Yisrael, **and Ashkelon** itself **is like south** of Eretz Yisrael. Likewise, **from Akko**[B] **northward** is outside of Eretz Yisrael, **and Akko** itself **is like north** of Eretz Yisrael. **Rabbi Meir says: Akko is like Eretz Yisrael with regard to the** *halakhot* **of bills of divorce.**

הַמֵּבִיא גֵּט בְּאֶרֶץ יִשְׂרָאֵל, אֵינוֹ צָרִיךְ שֶׁיֹּאמַר ״בְּפָנַי נִכְתַּב וּבְפָנַי נֶחְתַּם״. וְאִם יֵשׁ עָלָיו עוֹרְרִים – יִתְקַיֵּים בְּחוֹתְמָיו.

One who brings a bill of divorce from one place to another **within Eretz Yisrael**[H] **is not required to say: It was written in my presence and it was signed in my presence. And if there are those who contest it,** i.e., if the husband objects by saying that the bill of divorce is a forgery, **it should be ratified through its signatories.** The court must authenticate the signatures of the witnesses in order to ratify the document.

גמ׳ מַאי טַעֲמָא? רַבָּה אָמַר:

GEMARA The mishna teaches that one who brings a bill of divorce from a country overseas to Eretz Yisrael must say: It was written in my presence and it was signed in my presence. The Gemara asks: **What is the reason** for this declaration? **Rabba says:**

HALAKHA

One who brings a bill of divorce within Eretz Yisrael, etc. – הַמֵּבִיא גֵּט בְּאֶרֶץ יִשְׂרָאֵל וכו׳: One who brings a bill of divorce from one place to another within Eretz Yisrael is not required to say: It was written in my presence and it was signed in my presence. Instead, it is sufficient for the agent to deliver the bill of divorce to the woman in the presence of two witnesses. Some authorities maintain that today even in Eretz Yisrael one must say: It was written in my presence and it was signed in my presence (Rambam *Sefer Nashim, Hilkhot Geirushin* 7:1; *Shulḥan Arukh, Even HaEzer* 142:1).

Perek **I**
Daf **2** Amud **b**

HALAKHA

Because there are no witnesses available to ratify it – לְפִי שֶׁאֵין עֵדִים מְצוּיִין לְקַיְּימוֹ: Why did the Sages require an agent bringing a bill of divorce to say: It was written in my presence and it was signed in my presence? This declaration is necessary when witnesses are not available to ratify the bill of divorce, as if the husband contests the validity of the bill of divorce it will not be easy for the woman to find witnesses to attest to the validity of the bill of divorce. The *halakha* is accordance with the opinion of Rava, based on the conclusion of the Gemara (4b) that Rabba agrees with him that there is a concern that it will not be easy for the woman to find witnesses to attest to the validity of the bill of divorce (Rambam *Sefer Nashim, Hilkhot Geirushin* 7:8; *Shulḥan Arukh, Even HaEzer* 142:1).

לְפִי שֶׁאֵין בְּקִיאִין לִשְׁמָהּ.

It is **because** the people who live overseas **are not experts**[N] in writing a bill of divorce **for her sake.**[N] It is not sufficient for a bill of divorce to be written in a technically correct manner. It must also be written for the sake of the man and the woman who are divorcing. Therefore, when the witness comes before the court and says that it was written and signed in his presence, he is testifying that the writing and the signing of the bill of divorce were performed for the sake of the man and woman in question.

רָבָא אָמַר: לְפִי שֶׁאֵין עֵדִים מְצוּיִין לְקַיְּימוֹ.

Rava says a different reason: It is **because there are no witnesses available to ratify it.**[H] Since the bill of divorce was written in a distant place, it is possible that the husband, or someone else, might later claim that the bill of divorce is a forgery. For this reason the agent must say that the bill of divorce was written and signed in his presence, a declaration that bars any subsequent objection on the part of the husband.

NOTES

They are not experts – שֶׁאֵין בְּקִיאִין: Even if an agent says that it was written and signed in his presence, how does this indicate that the bill of divorce was written for her sake? Rashi explains that after the agent testifies that the writing was performed in his presence, the court proceeds to ask him whether the document was written for her sake. Most early commentaries reject this explanation for several reasons. Instead, these commentaries explain that this declaration itself indicates that the bill of divorce was written and signed for her sake in his presence.

They are not experts in writing a bill of divorce for her sake – שֶׁאֵין בְּקִיאִין לִשְׁמָהּ: The early commentaries point out that there several other ways in which a bill of divorce can be invalidated, e.g., it is prohibited to write a bill of divorce on something attached to the ground and detach it afterward, and the date must be correct. Why then, are the Sages concerned about this particular issue of writing the document for her sake? Some commentaries say that the Sages are concerned about all these invalidating factors and the Gemara mentioned this specific *halakha* merely as an example (Meiri). According to this explanation, after the agent says: It was written in my presence and it was signed in my presence, the court expressly asks him if it was written for her sake, and proceeds to clarify additional details as well.

The Ra'avad, in his commentary on the Rif, suggests that the issue of writing for her sake was a common problem, as those who wrote bills of divorce would prepare them in advance. Some answer that those other potential problems are well known to those who write bills of divorce, and only they deal with those matters. However, with regard to this *halakha* it is possible that a man might find a bill of divorce with the names of himself and his wife, and use it, especially as this would save him money (Meiri). Additionally, most of those other factors that invalidate a bill of divorce apply equally to other documents, and therefore they are well known. This is not the case with regard to writing the document for her sake, which is unique to bills of divorce (Ramban).

מאי בינייהו? איכא בינייהו, דאתיוהו בי תרי; אי נמי, ממדינה למדינה בארץ ישראל.

The Gemara asks: **What is** the difference **between** these two explanations? The Gemara answers: **There is** a difference **between them** with regard to a case **where two** people **brought**[NH] the bill of divorce. In this case, two witnesses are available to ratify the bill of divorce if someone objects to its validity. **Alternatively,** the difference concerns a case where the agent brings the bill of divorce **from** one **region to** another **region within Eretz Yisrael.** Here there is no concern that the bill of divorce might not have been written for her sake, as the residents of Eretz Yisrael are aware of this requirement. However, witnesses are not necessarily available to confirm the document.

אי נמי, באותה מדינה במדינת הים.

Alternatively, there is a difference between the two explanations in a case where the agent brings the bill of divorce **within that** same **region in a country overseas.** According to the opinion of Rabba, who says the concern is that the people there might not know that the document must be written for her sake, this problem is equally relevant in this case. However, according to the opinion of Rava, who says that the reason is because witnesses are not available, if the bill of divorce is brought in the same region then the witnesses will be available to ratify it.

ולרבה, דאמר לפי שאין בקיאין לשמה – ליבעי תרי, מידי דהוה אכל עדיות שבתורה! עד אחד נאמן באיסורין.

The Gemara asks: **And according to** the opinion of **Rabba, who said** that the reason is **because they are not experts** in writing a bill of divorce **for her sake, let us require two**[N] witnesses to testify about this, **just as is the case with regard to all testimonies in the Torah.** The Gemara answers: **One witness is deemed credible with regard to prohibitions.**[NH] In other words, if there is uncertainty as to whether a matter is prohibited or permitted, in the case of the heretofore married woman, the testimony of one witnesses is sufficient.

אימור דאמרינן עד אחד נאמן באיסורין – כגון חתיכה ספק של חלב ספק של שומן, דלא איתחזק איסורא.

The Gemara asks: One can **say that we say one witness is deemed credible with regard to prohibitions** in a case **such as** where there is **a piece** of fat, and it is **uncertain** if it is forbidden **fat** [*ḥelev*][B] and **uncertain** if it is permitted **fat.**[B] In this situation the piece can be rendered permitted by a single witness, **as there is no presumption** that it is **forbidden.** Therefore, as there is an uncertainty, and one witness said it is permitted fat, he is deemed credible.

NOTES

Where two brought – דאתיוהו בי תרי: Rashi explains that according to the opinion of Rava, when two individuals bring the bill of divorce they will be available to ratify it if the husband contests its validity. Several difficulties have been raised against this interpretation. First, these agents are free to travel elsewhere; there is no guarantee they will be present when needed. Additionally, as these agents do not have to be familiar with the witnesses' signatures, perhaps they will not be able to ratify them. In light of these questions, some commentaries explain that the two agents do not ratify the document. Rather, they simply testify that the husband sent them to bring the bill of divorce, and therefore he can no longer object that it is a forgery (*Tosafot*).

Let us require two – ליבעי תרי: Generally, two witnesses are required to testify that someone owes money, as well as to convict someone of violating a crime deserving of corporal or capital punishment. The source for this principle is the verse: "One witness shall not rise up against a man for any iniquity, or for any sin, in any sin that he sins; at the mouth of two witnesses, or at the mouth of three witnesses, shall a matter be established" (Deuteronomy 19:15).

One witness is deemed credible with regard to prohibitions – עד אחד נאמן באיסורין: One proof for this principle is the case of forbidden food, as one can eat in the house of another without concern that his food might contain a mixture of forbidden fat and blood, or that the animal was not properly slaughtered (Rashi). Others suggest a proof for this from the *halakha* of a menstruating woman, as the Torah states that she examines herself and counts her days of ritual impurity, without the need for witnesses (*Tosafot*).

HALAKHA

Where two brought – דאתיוהו בי תרי: If a husband appointed two agents to divorce his wife, as soon as they give her the bill of divorce she is divorced, even if the bill was not written and signed in their presence. This is the case provided that these agents are valid witnesses, as the husband cannot object to a bill of divorce given in this manner. The *Tur* maintains that even in this case the bill of divorce must be ratified if its validity is contested (Rambam *Sefer Nashim, Hilkhot Geirushin* 7:14; *Shulḥan Arukh, Even HaEzer* 142:18).

One witness is deemed credible with regard to prohibitions – עד אחד נאמן באיסורין: Even a single witness is deemed credible to say that an item is permitted, but not that it is prohibited. The *Beit Yosef*, citing *Tosafot*, says that if the matter can be clarified, one must take into account the testimony of this witness that the item is prohibited until the matter is clarified (Rambam *Sefer Shofetim, Hilkhot Edut* 11:7; *Shulḥan Arukh, Yoreh De'a* 127:3).

BACKGROUND

Forbidden fat [*ḥelev*] – חלב: This term refers to animal fats forbidden by Torah law, in contrast to *shuman*, permitted fat. One who partakes of forbidden fats of a kosher domesticated animal is liable to receive *karet*, excision from the World-to-Come (Leviticus 7:22–25). A sin-offering must be brought by one who partakes of it unwittingly. It is permitted to eat the fats of non-domesticated kosher animals and of kosher birds. Most forbidden fats of an offering were burned on the altar.

Forbidden fat…permitted fat – חלב...שומן: From a physiological perspective there is no difference between forbidden and permitted fats. Forbidden fats are usually a concentration of fat in certain places in the animal's body that takes the form of a single unit and does not cleave to the muscles, or in the language of the Gemara, they are covered with a membrane and are easily peeled off. For this reason, after a piece of forbidden fat has been removed from an animal it is impossible to determine if it is forbidden or permitted, save for testimony of one who saw it being removed from the animal.

אֲבָל הָכָא דְּאִיתַּחְזַק אִיסּוּרָא דְּאֵשֶׁת אִישׁ – הָוֵי דָּבָר שֶׁבְּעֶרְוָה, וְאֵין דָּבָר שֶׁבְּעֶרְוָה פָּחוֹת מִשְּׁנַיִם!

However, here, where there is a presumption that this woman is **forbidden,**[H] as she is **a married woman,** a status she retains until it is established that she has received a bill of divorce, if so, this **is a matter of forbidden sexual relations, and** the general principle is that **there is no matter** of testimony **for forbidden sexual relations** that can be attested to by **fewer than two**[H] witnesses.

רוֹב בְּקִיאִין הֵן. וַאֲפִילּוּ לְרַבִּי מֵאִיר דְּחָיֵישׁ לְמִיעוּטָא, סְתַם סָפְרֵי דְּדַיָּינֵי מִיגְמַר גְּמִירִי, וְרַבָּנַן הוּא דְּאַצְרוּךְ, וְהָכָא

The Gemara answers: Rabba's concern is not equivalent to a case of uncertainty, as **most** Jewish people **are experts** in the requirement that a bill of divorce must be written for the woman's sake. **And** this is so **even according to** the opinion of **Rabbi Meir, who is** generally **concerned about a minority** in a matter of forbidden sexual relations. In this case Rabbi Meir concedes that one need not be concerned for the minority, as **ordinary judicial scribes,**[N] who write bills of divorce, **are learned** in this *halakha*, and know that a bill of divorce must be written for the woman's sake. **And it is the Sages who required**[N] testimony about this matter, as an extra precaution. **And here,** with regard to this testimony,

HALAKHA

There is a presumption that this woman is forbidden – דְּאִיתַּחְזַק אִיסּוּרָא: If there are two pieces of fat, one of which is forbidden while the other is permitted, a single witness is deemed credible to say which is permitted and which is forbidden. However, once an item has already been established as forbidden, a single witness is no longer deemed credible to declare it permitted, unless he himself could alter its forbidden status, e.g., by separating *teruma* from produce (*Shulḥan Arukh, Yoreh De'a* 127:3).

There is no matter of testimony for forbidden sexual relations by fewer than two – אֵין דָּבָר שֶׁבְּעֶרְוָה פָּחוֹת מִשְּׁנַיִם: If one witness tells a man that his wife committed adultery, the husband need not pay heed to him, as two witnesses are required to testify concerning this matter. However, if one witness testified that she committed adultery and the husband believes this witness, and the wife does not deny the accusation, he should divorce her and pay her the value of her marriage contract (Rambam *Sefer Nashim, Hilkhot Ishut* 24:18; *Shulḥan Arukh, Even HaEzer* 11:1, 178:9).

NOTES

Ordinary judicial scribes, etc. – סְתַם סָפְרֵי דְּדַיָּינֵי וכו׳: When the Gemara states that the majority are experts, this indicates that a minority are not familiar with the *halakha*, whereas the statement: Ordinary judicial scribes, means that one can make an almost categorical statement that scribes are knowledgeable in this regard. Any scribe found to be unfamiliar with the requirement that a bill of divorce must be written for her sake represents such a small minority that even Rabbi Meir would not be concerned about this individual (*Tosafot*; see *Tosefot Ḥakhmei Angliyya*).

And it is the Sages who required – וְרַבָּנַן הוּא דְּאַצְרוּךְ: Rashi writes that the Sages are concerned that the husband may not even have hired the services of a scribe, but simply found a bill of divorce that was written for someone else and happens to contain his name and that of his wife. Other commentaries challenge this explanation at length, and they explain that the concern is that the husband might say that the scribe wrote this bill of divorce as a teaching aid, and the names in it happened to fit those of himself and his wife (*Tosafot*).

Perek **I**
Daf **3** Amud **a**

מִשּׁוּם עִיגּוּנָא אַקִילוּ בָּהּ רַבָּנַן.

due to the possibility of **desertion,** i.e., that she may become like a deserted wife, **the Sages were lenient with her** by saying that the agent who brought the bill of divorce is deemed credible, despite the fact that he is a single witness. This is to prevent women from becoming uncertain of their marital status as a result of the lack of testimony needed to ratify the bill of divorce.

הַאי קוּלָּא הוּא? חוּמְרָא הוּא, דְּאִי מַצְרְכַתְּ לֵיהּ תְּרֵי – לָא אָתֵי בַּעַל מְעַרְעֵר וּפָסֵיל לֵיהּ; חַד – אָתֵי בַּעַל וּמְעַרְעֵר וּפָסֵיל לֵיהּ!

The Gemara asks: **Is this** ruling **a leniency? It is a stringency, since if you require two** witnesses to testify **with regard to** the bill of divorce, her **husband cannot come to contest and invalidate it,** as his testimony will not be accepted against that of the two witnesses. However, if only **one** agent brings the bill of divorce, the **husband can come and contest**[N] **and invalidate** the document.

כֵּיוָן דְּאָמַר מָר: בִּפְנֵי כַּמָּה נוֹתְנוֹ לָהּ? רַבִּי יוֹחָנָן וְרַבִּי חֲנִינָא חַד אָמַר: בִּפְנֵי שְׁנַיִם, וְחַד אָמַר: בִּפְנֵי שְׁלֹשָׁה – מֵעִיקָּרָא מֵידָק דָּיֵיק וְלָא אָתֵי לְאוֹרוּעֵי נַפְשֵׁיהּ.

The Gemara answers: **Since the Master says: In the presence of how many** people must the agent who brings the bill of divorce **give it to** the woman? **Rabbi Yoḥanan and Rabbi Ḥanina** disagreed with regard to this issue. **One said** that he must deliver it to her **in the presence of** at least **two** people, **and one said** that he must deliver it to her **in the presence of** at least **three** people, as three individuals are considered a court. Therefore, **at the outset** the agent is **careful**[N] to clarify the matter fully, **and he will not act to his own detriment** by bringing an invalid bill of divorce.

וּלְרָבָא דְּאָמַר לְפִי שֶׁאֵין עֵדִים מְצוּיִין לְקַיְּימוֹ – לִיבָּעֵי תְּרֵי, מִידֵּי דַּהֲוָה אַקִּיּוּם שְׁטָרוֹת דְּעָלְמָא! עֵד אֶחָד נֶאֱמָן בְּאִיסּוּרִין.

The Gemara asks: **And according to** the opinion of **Rava, who said** that the agent must say: It was written in my presence and it was signed in my presence, **because there are no witnesses available to ratify it, let us require two** witnesses, **just as is** the practice with regard to the **typical** case of **ratification of** legal **documents,**[B] which must be performed via two witnesses. The Gemara answers as above: **One witness is deemed credible with regard to prohibitions.**

NOTES

The husband can come and contest, etc. – אָתֵי בַּעַל וּמְעַרְעֵר וכו׳: In that case it would be the statement of one man against that of another. Therefore, the testimony of the agent would be nullified (Rashi). Other commentaries question this interpretation: Can the husband invalidate a bill of divorce merely by claiming that it is invalid? Some answer that although the husband cannot invalidate the bill of divorce by speech alone, he can still object and cast aspersions with regard to the woman's status (*Tosafot*, citing Rabbeinu Yitzḥak). Similarly, others write that some men will be reluctant to marry this woman due to the husband's objection (Rabbeinu Crescas Vidal).

At the outset he is careful, etc. – מֵעִיקָּרָא מֵידָק דָּיֵיק וכו׳: Some commentaries explain that this refers to the agent, who will avoid bringing a bill of divorce whose validity might be questioned (Rashi; Rid). Others maintain that it means that the husband will be careful. Since he knows that the declaration will be stated in the presence of witnesses, from the outset he will ensure that the bill of divorce is written in the correct manner so that later he will not be viewed as a liar (Rashba).

BACKGROUND

Ratification of documents – קִיּוּם שְׁטָרוֹת: Any contract that was written correctly and signed by at least two witnesses is a valid contract that can be used as proof in a court of law to collect payment or mortgage property. However, an individual sued by virtue of a contract can question its validity or authenticity. For this reason the Sages established a procedure for ratifying legal documents: The document is brought before the court and verified either by the testimony of the witnesses to the document or by matching their signatures to other documents already deemed authentic. At this stage the court will write a document of certification [*asharta*] for that document, confirming that it was brought, examined, and ratified by the court.

אֵימַר דְּאָמְרִינַן עֵד אֶחָד נֶאֱמָן בְּאִיסּוּרִין, כְּגוֹן חֲתִיכָה סָפֵק שֶׁל חֵלֶב סָפֵק שֶׁל שׁוּמָּן, דְּלָא אִיתַּחְזַק אִיסּוּרָא. אֲבָל הָכָא אִיתַּחְזַק אִיסּוּרָא דְּאֵשֶׁת אִישׁ – הָוֵי דָּבָר שֶׁבְּעֶרְוָה, וְאֵין דָּבָר שֶׁבְּעֶרְוָה פָּחוֹת מִשְּׁנַיִם!

Again the Gemara asks: One can **say that we say** that **one witness is deemed credible with regard to prohibitions** in a case **such as** where there is **a piece** of fat, and it is **uncertain** if it is forbidden **fat** and **uncertain** if it is permitted **fat.** In this situation, the piece can be permitted by a single witness, **as there is no presumption** that it is **forbidden. However, here there is a presumption** that this woman is **forbidden as a married woman.** If so, this **is a matter of forbidden sexual relations, and there is no matter** of testimony **for forbidden sexual relations** that can be attested to by **fewer than two** witnesses.

בְּדִין הוּא דִּבְקִיּוּם שְׁטָרוֹת נַמִּי לָא לִיבָּעֵי, כִּדְרֵישׁ לָקִישׁ. דְּאָמַר רֵישׁ לָקִישׁ עֵדִים הַחֲתוּמִים עַל הַשְּׁטָר – נַעֲשׂוּ כְּמִי שֶׁנֶּחְקְרָה עֵדוּתָן בְּבֵית דִּין. וְרַבָּנַן הוּא דְּאַצְרוּךְ, וְהָכָא מִשּׁוּם עִיגּוּנָא אַקִילוּ בָּהּ רַבָּנַן.

The Gemara answers: **By right** it should be **that with regard to the ratification of** legal **documents as well,** the court **should not require** two witnesses, **in accordance with** the opinion **of Reish Lakish. As Reish Lakish says: Witnesses signed on** a legal **document become like** a pair of witnesses **whose testimony has been examined**[NH] **in court,** and the document should be accepted without further ratification. **And it is the Sages who required** the court to ratify documents. **And here,** with regard to bills of divorce, **the Rabbis were lenient with her** by allowing the document to be ratified through the agent's testimony alone, **due to** the possibility of **desertion.**

הַאי קוּלָּא הוּא? חוּמְרָא הוּא, דְּאִי מַצְרְכַתְּ לֵיהּ תְּרֵי – לָא אָתֵי בַּעַל מְעַרְעֵר וּפָסֵיל לֵיהּ; חַד – אָתֵי בַּעַל וּמְעַרְעֵר וּפָסֵיל לֵיהּ! כֵּיוָן דְּאָמַר מָר: בִּפְנֵי כַּמָּה נוֹתְנוֹ לָהּ? רַבִּי יוֹחָנָן וְרַבִּי חֲנִינָא חַד אֲמַר: בִּפְנֵי שְׁנַיִם, וְחַד אֲמַר: בִּפְנֵי שְׁלֹשָׁה – מֵעִיקָּרָא מֵידָק דָּיֵיק וְלָא אָתֵי לְאוֹרוּעֵי נַפְשֵׁיהּ.

The Gemara again asks: **Is this** ruling **a leniency? It is a stringency, since if you require two** witnesses to testify **with regard to** the bill of divorce, then her **husband cannot come** to **contest and invalidate it,** whereas if there is only **one** agent, her **husband can come and contest and invalidate it.** Once again the Gemara answers: **Since the Master says: In the presence of how many** people must the agent who brings the bill of divorce **give it to the** woman? **Rabbi Yoḥanan and Rabbi Ḥanina** disagreed with regard to this issue. **One said** that he must deliver it to her **in the presence of** at least **two** people, **and one said** that he must deliver it to her **in the presence of** at least **three** people, as three individuals are considered a court. Therefore, **at the outset** the agent is **careful** to clarify the matter fully, **and he will not act to his own detriment** by bringing an invalid bill of divorce.

וְרָבָא מַאי טַעֲמָא לָא אֲמַר כְּרַבָּה? אָמַר לָךְ: מִי קָתָנֵי "בְּפָנַי נִכְתַּב לִשְׁמָהּ, בְּפָנַי נֶחְתַּם לִשְׁמָהּ"?

After clarifying the basic dispute, the Gemara discusses the reasons for each opinion. **And** as for **Rava, what is the reason** that **he did not say like Rabba,** that the reason the agent must declare: It was written in my presence and it was signed in my presence, is due to the concern that the bill of divorce was not written for the woman's sake? The Gemara answers that Rava could have **said to you: Is it taught** in the mishna that the agent must say: **It was written in my presence for her sake,** and **it was signed in my presence for her sake?** Since the agent does not testify that it was written for her sake, this indicates that the Sages did not institute the requirement that he state this declaration to ensure that it was written for her sake.

וְרַבָּה: בְּדִין הוּא דְּלִיתְנֵי הָכִי, אֶלָּא דְּאִי מַפְּשַׁתְּ לֵיהּ דִּיבּוּרָא אָתֵי לְמִגְזְיֵיהּ.

The Gemara asks: **And** how does **Rabba** respond to this claim? The Gemara answers: **By right** it is so **that** the mishna should **teach** in **this** manner. **However,** the Sages did not require him to say this, **as if you increase** the agent's requirement to **speak,** by obligating him to state this lengthy declaration, **he will** likely **come to shorten it.** If he has too much to remember, he might forget some of the formula, and his error will render the bill of divorce invalid.

הַשְׁתָּא נַמִּי אָתֵי לְמִגְזְיֵיהּ! חֲדָא מִתְּלָת גָּאֵיז; חֲדָא מִתַּרְתֵּי לָא גָּאֵיז.

The Gemara asks: **Now too,** with regard to the formula as it stands, **he will come to shorten it** by omitting either it was written in my presence or it was signed in my presence. The Gemara answers: He is likely to **shorten** it by omitting **one** term out **of three,**[B] such as: For her sake, from the three-term clause: It was written, in my presence, for her sake. However, **he will not shorten** his declaration by omitting **one** term **of two.** Consequently, when asked if it was written in his presence, he will answer with the full statement, and the same is true when he is asked if it was signed in his presence.

NOTES

Become like those whose testimony has been examined – **נַעֲשׂוּ כְּמִי שֶׁנֶּחְקְרָה עֵדוּתָן:** This is because the Sages are not concerned that someone will be so brazen as to forge documents (Rashi). Alternatively, there is a general presumption that a document is valid (Rabbeinu Ḥananel).

HALAKHA

Become like those whose testimony has been examined – **נַעֲשׂוּ כְּמִי שֶׁנֶּחְקְרָה עֵדוּתָן:** When witnesses sign a document it is considered as though their testimony has been examined in a court, and they cannot retract or deny what is written in the document, provided that their signatures can be confirmed by others (Rambam *Sefer Shofetim, Hilkhot Edut* 3:6; *Shulḥan Arukh, Ḥoshen Mishpat* 46:38).

BACKGROUND

He will shorten by omitting one of three – **חֲדָא מִתְּלָת גָּאֵיז:** This claim is based on the observation that if one has to say a certain sentence containing several words, the longer the sentence the more likely he is to err, either in the enunciation of the words themselves or by omitting words. The assumption is that one is unlikely to err in a clause that consists of only two terms.

ורבה מאי טעמא לא אמר כרבא? אמר לך: אם כן ניתני "בפני נחתם" ותו לא. "בפני נכתב" למה לי? שמע מינה בעינן לשמה.

The Gemara asks concerning the other opinion: **And** as for **Rabba, what is the reason** that **he did not say like Rava**, that the reason for the decree is because witnesses may not be available to ratify the bill of divorce? The Gemara answers that Rabba could have **said to you: If so, let** the mishna **teach: It was signed in my presence, and nothing more,** as this is a confirmation that the signatures of the witnesses on the document are valid. **Why do I need** the agent to add: **It was written in my presence? Conclude from it** that the reason for this decree is because **we need** the bill of divorce to be written **for her sake.**

ורבא: בדין הוא דליתני הכי, אלא דאם כן אתי לאיחלופי בקיום שטרות דעלמא בעד אחד.

The Gemara asks: **And** how does **Rava** respond to this claim? The Gemara answers: Rava would answer that **by right** it is so **that** the mishna should **teach** in **this** manner. **But if** this were to be **so,** that the agent declares merely: It was signed in my presence, people **will come to confuse** the matter **with the typical** case of **ratification of** legal **documents.** In other words, they will think it is possible to ratify other documents via the testimony **of one witness.** Consequently, the Sages added that the agent must also declare: It was written in my presence, which is not generally stated with regard to the confirmation of other documents.

ורבה: מי דמי? התם "ידעינן", הכא "בפני";

The Gemara comments: **And Rabba** would respond as follows: There is no concern that people will confuse the ratification of a bill of divorce with the typical case of the ratification of legal documents, as **are** the two cases **comparable** at all? **There,** with regard to the ratification of other documents, the witnesses need only say: **We know**[N] that these are the signatures of the witnesses on the document. By contrast, **here,** in the case of a bill of divorce, the agent must say: It was signed **in my presence.**

התם אשה לא מהימנא, הכא אשה מהימנא; התם בעל דבר לא מהימן, הכא בעל דבר מהימן.

Additionally, **there,** in the case of other documents, **a woman is not deemed credible,**[N] whereas **here, a woman is deemed credible** when she brings a bill of divorce and declares that it was written and signed in her presence. Additionally, **there,** in the case of other documents, **an interested party is not deemed credible** to testify concerning the validity of the document. However, **here, an interested party is deemed credible,** as even the woman herself can bring her bill of divorce and testify that it was drafted in the correct manner.

ורבא? אמר לך: אטו הכא כי אמרי "ידעינן", מי לא מהימני? וכיון דכי אמרי "ידעינן" מהימני, אתי לאיחלופי בקיום שטרות דעלמא בעד אחד.

And Rava, how would he respond to this claim? He could have **said to you: Is that to say** that **here,** in the case of a bill of divorce, **if** the witnesses of ratification **say:**[N] **We know, they are not deemed credible?** They would be deemed credible even if they used that formula. **And since when** they **say: We know, they are deemed credible,** people **will come to confuse it with the typical** case of **ratification of** legal **documents,** which they will perform **via one witness.**

ולרבה, דאמר לפי שאין בקיאין לשמה, מאן האי תנא דבעי כתיבה לשמה ובעי

The Gemara asks: **And according to** the opinion of **Rabba, who said** that the reason for the declaration: It was written in my presence and it was signed in my presence, is **because they are not experts** in writing a bill of divorce **for her sake, who is this *tanna* who requires** that the **writing** of the bill of divorce must be performed **for her sake, and** also **requires**

NOTES

There we know, etc. – התם ידעינן וכו׳: In other words, witnesses who ratify a document must state that they recognize the signatures included therein. However, in the case of a bill of divorce they are merely required to say: It was signed in our presence (Rashi). Others explain that those who witness the ratification of a document do not need to know if the witnesses in question signed that specific document; they simply have to say that they recognize the witnesses' signatures (Rav Hai Gaon; see *Otzar HaGe'onim*).

A woman is not deemed credible – אשה לא מהימנא: A woman is not qualified to serve as a witness in a case where the testimony of two witnesses is required. The Gemara derives this from the verse: "Then both the men, between whom the controversy is, shall stand before the Lord" (Deuteronomy 19:17). However, when the testimony of one witness is acceptable, e.g., with regard to prohibitions, then a woman's testimony is valid as well. There are other instances, which appear throughout the Talmud, in which a woman's testimony is also accepted.

Is that to say that here if they say, etc. – אטו הכא כי אמרי וכו׳: Rashi explains that Rava is consistent here, as Rava maintains that the agent's statement serves to ratify the bill of divorce, and therefore it is sufficient if the witness says: I know. Other early commentaries challenge this explanation, as nowhere is it stated in the mishna, or even explicitly by Rava, that a bill of divorce is valid if the agent failed to say: It was written in my presence and it was signed in my presence. For this reason, some commentaries explain that this does not refer to the agents who bring the bill of divorce. Rather, if two other individuals say that they recognize the witnesses' signatures this is a proper ratification and nothing more is required, as indicated at the end of the mishna (*Tosafot*, citing Rabbeinu Meshullam).

חֲתִימָה לִשְׁמָהּ? אִי רַבִּי מֵאִיר, חֲתִימָה בָּעֵי, כְּתִיבָה לָא בָּעֵי! דִּתְנַן: אֵין כּוֹתְבִין בִּמְחוּבָּר לְקַרְקַע. כְּתָבוֹ עַל הַמְחוּבָּר לְקַרְקַע, תְּלָשׁוֹ, חֲתָמוֹ וּנְתָנוֹ לָהּ – כָּשֵׁר!

that the **signing** must be performed **for her sake? If** it is in accordance with the opinion of **Rabbi Meir, he requires signing** for her sake; however, **he does not require** that the **writing**[N] must be for her sake. **As we learned** in a mishna (21b): **One may not write** a bill of divorce **on** anything that is **attached**[N] **to the ground,** e.g., a leaf attached to a tree. However, if **he wrote it on** something that is **attached to the ground,** and then he **detached it, signed it, and gave it to her,** it is **valid.** This indicates that the essential stage of writing a bill of divorce is when it is signed by witnesses. The Gemara says that this is Rabbi Meir's opinion, as an unattributed ruling in the mishna typically follows the opinion of Rabbi Meir.

אִי רַבִּי אֶלְעָזָר, כְּתִיבָה בָּעֵי, חֲתִימָה לָא בָּעֵי! וְכִי תֵּימָא, לְעוֹלָם רַבִּי אֶלְעָזָר הִיא, וְכִי לָא בָּעֵי רַבִּי אֶלְעָזָר חֲתִימָה לִשְׁמָהּ – מִדְּאוֹרַיְיתָא, מִדְּרַבָּנַן בָּעֵי, וְהָא שְׁלֹשָׁה גִּיטִּין פְּסוּלִין דְּרַבָּנַן, וְלָא בָּעֵי רַבִּי אֶלְעָזָר חֲתִימָה לִשְׁמָהּ!

If it is in accordance with the opinion of **Rabbi Elazar,** who disagrees with Rabbi Meir and **requires** that the **writing** must be for her sake, **he does not require** that the **signing** must be for her sake. **And if you would say** that **actually** the mishna **is** in accordance with the opinion of **Rabbi Elazar, and when Rabbi Elazar does not require signing for her sake,** he means **by Torah law,** whereas **by rabbinic law he requires** that bills of divorce must be signed for her sake; **but** that is untenable, as the Sages listed **three bills of divorce** that are valid by Torah law but are **invalid by rabbinic law, and** when he disputes that ruling **Rabbi Elazar does not require** that the **signing** must be **for her sake.**

דִּתְנַן: שְׁלֹשָׁה גִּיטִּין פְּסוּלִין, וְאִם נִיסֵּת – הַוָּלָד כָּשֵׁר: כָּתַב בִּכְתַב יָדוֹ וְאֵין עָלָיו עֵדִים, יֵשׁ עָלָיו עֵדִים וְאֵין בּוֹ זְמָן, יֵשׁ בּוֹ זְמַן וְאֵין בּוֹ אֶלָּא עֵד אֶחָד – הֲרֵי אֵלּוּ שְׁלֹשָׁה גִּיטִּין פְּסוּלִין, וְאִם נִיסֵּת – הַוָּלָד כָּשֵׁר.

As we learned in a mishna (86a): **Three bills of divorce** are **invalid** *ab initio*, **but if** the woman **married** another man after having received one of these bills of divorce **the offspring** is of **unflawed** lineage. In other words, she is not considered to be a married woman who engaged in sexual intercourse with another man, which would render their child as one born from an adulterous relationship [*mamzer*]. And these three are: A bill of divorce that the husband **wrote in his handwriting but there are no** signatures of **witnesses on** the document; and if **there are** the signatures of **witnesses on** the document **but there is no date** written **on it;** and if **there is a date** written **on it but it has only one witness** signed on it. **These are the three invalid bills of divorce** concerning which the Sages said: **And if she married, the offspring** is of **unflawed** lineage.

רַבִּי אֶלְעָזָר אוֹמֵר: אַף עַל פִּי שֶׁאֵין עָלָיו עֵדִים אֶלָּא שֶׁנְּתָנוֹ לָהּ בִּפְנֵי עֵדִים – כָּשֵׁר, וְגוֹבָה מִנְּכָסִים מְשׁוּעְבָּדִים, שֶׁאֵין הָעֵדִים חוֹתְמִים עַל הַגֵּט אֶלָּא מִפְּנֵי תִּיקּוּן הָעוֹלָם!

The mishna continues: **Rabbi Elazar says: Even though there are no** signatures of **witnesses on** the document,[N] **but he gave it to her in the presence of** two **witnesses,** it is **a valid** bill of divorce. **And** on the basis of this bill of divorce the woman **can collect** the amount written to her in her marriage contract even **from liened property,**[N] as Rabbi Elazar maintains **that witnesses sign the bill of divorce only for the betterment of the world.**[B] If no witnesses sign a bill of divorce the husband could contest its validity at any time by denying that he wrote it. In any case, it can be seen from this mishna that according to Rabbi Elazar the signatures of the witnesses are not an essential part of a bill of divorce. Consequently, it does not need to be signed for her sake, even by rabbinic law.

NOTES

He requires signing, he does not require writing – חֲתִימָה בָּעֵי כְּתִיבָה לָא בָּעֵי: The commentaries point out that the requirement that a bill of divorce must be for her sake is derived from the phrase: "He writes her" (Deuteronomy 24:1). How then, can Rabbi Meir deviate from the literal meaning of this phrase by saying that it refers to the signing of the document, not to its writing? One explanation is that the Torah does not require the husband to write the bill of divorce himself. Rather, it is sufficient for him to express his desire that the bill of divorce should be written. If so, it is not the actual writing that must be performed for her sake, but the husband's intention must be for her sake. Rabbi Meir maintains that the witnesses' signatures on the document serve to testify that the husband expressed this will (*Naḥalat Moshe*; see *Ḥatam Sofer*).

One may not write a bill of divorce on anything that is attached – אֵין כּוֹתְבִין בִּמְחוּבָּר: In other words, one may not write a bill of divorce in this manner *ab initio*. The reason is due to a concern that one may forget and sign it when it is still attached, as the mishna proceeds to explain (Rashi).

Even though there are no signatures of witnesses on the document – אַף עַל פִּי שֶׁאֵין עָלָיו עֵדִים: The commentaries add that it cannot be suggested that Rabbi Elazar is dealing only with the cases mentioned in that mishna, i.e., if the bill of divorce was written in the husband's handwriting, as Rabbi Elazar formulates his opinion in a general manner, without referring to any specific case. Additionally, the reason specified by Rabbi Elazar: For the betterment of the world, indicates that the witnesses of transmission alone are sufficient according to the *halakha* (*Tosafot*).

And she can collect from liened property – וְגוֹבָה מִנְּכָסִים מְשׁוּעְבָּדִים: Rashi offers two explanations: The first is that this refers to a bill of divorce, and this collection refers to the *halakha* that a woman who is not in possession of a marriage contract can collect the main sum of the marriage contract by presenting her bill of divorce. Alternatively, the document referred to here is not necessarily a bill of divorce. Rather, it means any bill of debt, as one can also collect from liened property via the witnesses of transmission in a regular document of a loan.

BACKGROUND

The betterment of the world – תִּיקּוּן הָעוֹלָם: This term refers to various *halakhot* enacted by the Sages in order to improve general Jewish society. It is not related to the concept of improvement of the world that is central to Jewish mysticism.

The Mishna in the fourth chapter of *Gittin* records a series of these *halakhot*. Although many of them were intended to protect women from becoming chained to their husbands or to prevent the birth of *mamzerim*, perhaps the most well-known of these enactments is the document that prevents the Sabbatical Year from abrogating an outstanding debt [*prosbol*], an ordinance introduced by Hillel. Although by Torah law all loans are abrogated at the end of the Sabbatical Year, by signing this document, it would be permitted for a lender to collect his loan even after that time. In this way, Hillel ensured that people would continue to provide loans even as the Sabbatical Year was approaching.

וְאֶלָּא רַבִּי מֵאִיר הִיא, וְכִי לָא בָּעֵי רַבִּי מֵאִיר כְּתִיבָה לִשְׁמָהּ – מִדְּאוֹרַיְיתָא, מִדְּרַבָּנַן בָּעֵי. וְהָא אָמַר רַב נַחְמָן, אוֹמֵר הָיָה רַבִּי מֵאִיר: אֲפִילּוּ מְצָאוֹ בָּאַשְׁפָּה,

But rather, you can say that the mishna **is** in accordance with the opinion of **Rabbi Meir, and when Rabbi Meir does not require** that the **writing** must be **for her sake,** he meant **by Torah law,** whereas **by rabbinic law he does require** that the writing must be for her sake. However, the Gemara raises a difficulty against this explanation as well: **But didn't Rav Naḥman say** that **Rabbi Meir would say:** A bill of divorce need not be written for her sake, and **even** if a husband **found** a bill of divorce **in the garbage,** and the names of the man and woman in the bill of divorce are the same as his name and that of his wife,

וַחֲתָמוֹ וּנְתָנוֹ לָהּ – כָּשֵׁר! וְכִי תֵּימָא: אֲנַן מִדְּאוֹרַיְיתָא קָא מַתְנִינַן לָהּ, אִי הָכִי, "אוֹמֵר הָיָה רַבִּי מֵאִיר דְּבַר תּוֹרָה" מִיבְּעֵי לֵיהּ!

and he signed it and gave it to his wife, it is **a valid** bill of divorce? **And if you would say** that **we learned** that **this** statement of Rav Naḥman applies **by Torah law,** whereas by rabbinic law Rabbi Meir concedes that a bill of divorce must be written for her sake, **if so,** Rav Naḥman **should have** said: **Rabbi Meir would say** that **by Torah law**[N] if a husband found a document in the garbage he may use it.

אֶלָּא לְעוֹלָם רַבִּי אֶלְעָזָר הִיא, וְכִי לָא בָּעֵי רַבִּי אֶלְעָזָר חֲתִימָה – הֵיכָא דְּלֵיכָּא עֵדִים כְּלָל; הֵיכָא דְּאִיכָּא עֵדִים – בָּעֵי. דְּאָמַר רַבִּי אַבָּא: מוֹדֶה רַבִּי אֶלְעָזָר בִּמְזוּיָּיף מִתּוֹכוֹ שֶׁהוּא פָּסוּל.

Rather, the Gemara retracts the previous answer and states: **Actually,** the mishna **is** in accordance with the opinion of **Rabbi Elazar, and when does Rabbi Elazar not require** that the **signing** must be for her sake? **Where there are no witnesses at all** on the bill of divorce. However, **where there are witnesses, he does require** that all their signatures must be for her sake. The proof for this is **that Rabbi Abba says: Rabbi Elazar concedes with regard to** a document whose **falsification is inherent in it,**[H] i.e., a document that is signed by disqualified witnesses, **that it is invalid.** This shows that although Rabbi Elazar maintains that a lack of signatures does not invalidate a bill of divorce, all signatures included in the bill of divorce must be valid; otherwise the document is rendered invalid.

רַב אָשֵׁי אָמַר: הָא מַנִּי? רַבִּי יְהוּדָה הִיא, דִּתְנַן: רַבִּי יְהוּדָה פּוֹסֵל, עַד שֶׁתְּהֵא כְּתִיבָתוֹ וַחֲתִימָתוֹ בְּתָלוּשׁ.

Rav Ashi said a different explanation: In accordance with **whose** opinion **is this** mishna? **It is** in accordance with a third opinion, that of **Rabbi Yehuda. As we learned** in a mishna (21b): **Rabbi Yehuda invalidates** a bill of divorce **unless its writing and signing** are performed **on** an item that is **detached**[N] from the ground. According to this opinion, both the writing and the signing must be done for her sake.

וּמֵעִיקָּרָא מַאי טַעְמָא לָא מוֹקְמִינַן לַהּ כְּרַבִּי יְהוּדָה?

The Gemara asks: **And initially, what is the reason we did not establish** the mishna **in accordance with** the opinion of **Rabbi Yehuda?** Since Rabbi Yehuda's opinion is explicitly stated in a mishna, isn't it obvious that this mishna also follows his ruling?

מְהַדְּרִינַן אַרַבִּי מֵאִיר – דִּסְתַם מַתְנִיתִין רַבִּי מֵאִיר, מְהַדְּרִינַן אַרַבִּי אֶלְעָזָר – דְּקַיְימָא לַן הִילְכְתָא כְּווֹתֵיהּ בְּגִיטִּין.

The Gemara answers: **We seek** to explain the mishna **in accordance with** the opinion of **Rabbi Meir,** as there is a general principle **that** a ruling in **an unattributed mishna** is in accordance with the opinion of **Rabbi Meir.**[B] Likewise, **we seek** to interpret the mishna in accordance with the ruling of **Rabbi Elazar, as we maintain** in general that **the *halakha* is in accordance with his** opinion **with regard to bills of divorce.** For these reasons, the Gemara first attempted to interpret the mishna in accordance with the opinion of one of these *tanna'im,* not that of Rabbi Yehuda.

NOTES

Should have said, Rabbi Meir would say that by Torah law – אוֹמֵר הָיָה רַבִּי מֵאִיר דְּבַר תּוֹרָה מִיבְּעֵי לֵיהּ: Rashi and other commentaries explain that this question applies only according to the opinion of Rav Naḥman. This is because Rabbi Meir himself, in the manner of *tanna'im,* will issue a statement in a concise manner, whereas the *amora* who cites and explains his statement must clarify it unambiguously.

Its writing and signing are performed on an item that is detached – כְּתִיבָתוֹ וַחֲתִימָתוֹ בְּתָלוּשׁ: *Tosafot* ask: If a bill of divorce was written on a detached item, isn't it obvious that it will also be detached when it is signed? Why is it necessary to add that the signing be performed while it is detached? They answer that there could be a case where a bill of divorce was initially detached and afterward became attached, e.g., it was written on a tree that was then planted.

HALAKHA

With regard to a document whose falsification is inherent in it, etc. – בִּמְזוּיָּיף מִתּוֹכוֹ וכו׳: A document that was delivered in the presence of two witnesses can be used to collect from mortgaged property, even if it does not contain the signatures of the witnesses. However, if even one of the witnesses who signed it was disqualified, the document is invalid, as it is a document whose falsification is inherent in it (Rambam *Sefer Nashim, Hilkhot Geirushin* 1:17, 3:8 and *Sefer Shofetim, Hilkhot Edut* 14:6; *Shulḥan Arukh, Even HaEzer* 130:17 and *Ḥoshen Mishpat* 51:7).

BACKGROUND

An unattributed mishna is in accordance with the opinion of Rabbi Meir – סְתַם מַתְנִיתִין רַבִּי מֵאִיר: Rabbi Yehuda HaNasi edited the Mishna approximately in the year 200 CE. One of the largest collections of material that he utilized consisted of statements and halakhic rulings of Rabbi Meir. Rav Sherira Gaon explains that this phrase: An unattributed mishna is in accordance with the opinion of Rabbi Meir, does not indicate that the words themselves are Rabbi Meir's; rather, it means that its *halakhot* were taught in the study hall of Rabbi Meir.

תְּנַן, רַבָּן גַּמְלִיאֵל אוֹמֵר: אַף הַמֵּבִיא מִן הָרֶקֶם וּמִן הַחֶגֶר; רַבִּי אֱלִיעֶזֶר אוֹמֵר: אֲפִילּוּ מִכְּפַר לוּדִים לְלוֹד. וַאֲמַר אַבָּיֵי: בַּעֲיָירוֹת הַסְּמוּכוֹת לְאֶרֶץ יִשְׂרָאֵל וּמוּבְלָעוֹת בִּתְחוּם אֶרֶץ יִשְׂרָאֵל עָסְקִינַן.

§ The Gemara continues to explain the mishna in light of the dispute between Rabba and Rava. **We learned** in the mishna that **Rabban Gamliel says: Even one who brings** a bill of divorce **from Rekem or from Ḥeger** must say: It was written in my presence and it was signed in my presence. **Rabbi Eliezer says: Even** one who brings a bill of divorce **from the village of Ludim to Lod. And Abaye said** in explanation of this matter: **We are dealing with towns** that are not part of the land itself, but **are near Eretz Yisrael and within**[NB] **the boundary of Eretz Yisrael.**

וַאֲמַר רַבָּה בַּר בַּר חָנָה: לְדִידִי חָזֵי לִי הַהוּא אַתְרָא, וְהָוֵי כְּמִבֵּי כּוּבֵי לְפוּמְבְּדִיתָא.

And Rabba bar bar Ḥana said: I myself saw that place, i.e., the distance between the village of Ludim and Lod, **and it was similar** to the distance **from Bei Kuvei**[B] **to Pumbedita,** which is only a short distance.

מִכְּלָל דְּתַנָּא קַמָּא סָבַר: הָנֵי לָא צְרִיךְ. מַאי לָאו בְּהָא קָמִיפַּלְגִי, דְּמָר סָבַר: לְפִי שֶׁאֵין בְּקִיאִין לִשְׁמָהּ, וְהָנֵי גְּמִירִי, וּמָר סָבַר: לְפִי שֶׁאֵין עֵדִים מְצוּיִין לְקַיְּימוֹ, וְהָנֵי נַמִי לָא שְׁכִיחִי?

The Gemara analyzes the mishna: One can derive **by inference that the first *tanna*** of the mishna **holds** that in **these** places the agent **is not required** to testify that the bill of divorce was written and signed for the woman's sake. **What, is it not** the case that **they disagree with regard to this** principle, as one Sage, the first *tanna*, **holds** that the reason for saying: It was written in my presence and it was signed in my presence, is **because** people living overseas **are not experts** in writing a bill of divorce **for her sake, and** the residents of **these** places **are learned** in this matter, as they are near Eretz Yisrael. **And one Sage,** Rabban Gamliel, **holds:** The reason is **because there are no witnesses available to ratify it, and** the residents of **these** places **are also not frequently** available, as they live on the other side of the border, and it is difficult to bring witnesses from one place to another.

לָא, רַבָּה מְתָרֵץ לְטַעֲמֵיהּ, וְרָבָא מְתָרֵץ לְטַעֲמֵיהּ. רַבָּה מְתָרֵץ לְטַעֲמֵיהּ, דְּכוּלֵּי עָלְמָא – לְפִי שֶׁאֵין בְּקִיאִין לִשְׁמָהּ, וְהָכָא בְּהָא קָמִיפַּלְגִי: תַּנָּא קַמָּא סָבַר: הָנֵי כֵּיוָן דִּסְמוּכוֹת מִיגְמַר גְּמִירִי,

The Gemara rejects this suggestion: **No,** there is no proof that this issue is a dispute among *tanna'im*, as **Rabba resolves** the different opinions in the mishna according **to his** line of **reasoning, and Rava resolves** them according **to his** line of **reasoning.** The Gemara elaborates: **Rabba resolves** them according **to his** line of **reasoning, as everyone** agrees that the reason is **because they are not experts** in writing a bill of divorce **for her sake. And here they disagree with regard to this** issue: **The first *tanna* holds** that **since** the residents of **these** cities **are** located **near** Eretz Yisrael, they **are** assumed to be **learned** in this *halakha*.

וַאֲתָא רַבָּן גַּמְלִיאֵל לְמֵימַר: מוּבְלָעוֹת גְּמִירִי, סְמוּכוֹת לָא גְּמִירִי, וַאֲתָא רַבִּי אֱלִיעֶזֶר לְמֵימַר: מוּבְלָעוֹת נַמִי לָא, שֶׁלֹּא תַּחֲלוֹק בִּמְדִינַת הַיָּם.

And Rabban Gamliel came to say: Granted, the residents of those cities that **are within** the boundary of Eretz Yisrael **are learned** in this *halakha*, however, the residents of these cities that are only **near** Eretz Yisrael **are not learned. And Rabbi Eliezer came to say,** when he mentioned the village of Ludim and the town of Lod, that the residents of those cities that **are within** the boundary of Eretz Yisrael are **also not** treated as learned, so **that you should not make a distinction within** separate areas of **the country overseas.** In other words, anywhere that is not part of the Jewish settlement of Eretz Yisrael is classified as outside, even if they are familiar with the *halakhot* of bills of divorce.

רָבָא מְתָרֵץ לְטַעֲמֵיהּ, דְּכוּלֵּי עָלְמָא – לְפִי שֶׁאֵין עֵדִים מְצוּיִין לְקַיְּימוֹ, וְתַנָּא קַמָּא סָבַר: הָנֵי כֵּיוָן דִּסְמוּכוֹת מִישְׁכַּח שְׁכִיחִי,

Likewise, **Rava resolves** the various opinions in the mishna according **to his** line of **reasoning.** He maintains **that everyone** agrees that the reason for the declaration: It was written in my presence and it was signed in my presence, is **because there are no witnesses available to ratify it. And the first *tanna* holds: Since the** residents of **these** cities **are nearby** they **are frequently** available.

וַאֲתָא רַבָּן גַּמְלִיאֵל לְמֵימַר: מוּבְלָעוֹת שְׁכִיחִי, סְמוּכוֹת לָא שְׁכִיחִי, וַאֲתָא רַבִּי אֱלִיעֶזֶר לְמֵימַר: מוּבְלָעוֹת נַמִי לָא, שֶׁלֹּא תַּחֲלוֹק בִּמְדִינַת הַיָּם.

And Rabban Gamliel came to say: The residents of cities **within** the boundary of Eretz Yisrael **are frequently** available. However, the residents of places that are merely **near** Eretz Yisrael **are not frequently** available. **And Rabbi Eliezer came to say** that the residents of those cities that **are within** the boundary of Eretz Yisrael are **also not** considered to be like Eretz Yisrael in this matter, despite their proximity to the Jewish settlement, so **that you should not make a distinction within** separate areas of **a country overseas.**

NOTES

And within – וּמוּבְלָעוֹת: Some commentaries explain that although these cities are on the other side of the border, the border is not a straight line. Consequently, they are closer to the settled areas of Eretz Yisrael than the border, and are therefore called: Within (Rashi; Rid). Others explain that this refers to places that were considered to be within the boundary of an adjacent town with regard to the laws of Shabbat (*Tosefot HaRosh*).

BACKGROUND

Near…and within – סְמוּכוֹת...וּמוּבְלָעוֹת: Although the mishna mentions various locations as the extremities of Eretz Yisrael, from a halakhic standpoint Eretz Yisrael is not defined as the area between these locations. Even when a sizable portion of the land was organized under a uniform system of government by the Romans, the length of this land was not populated entirely by Jews. Consequently, within the halakhic Eretz Yisrael, i.e., the section of the land connected by contiguous Jewish settlement, there were pockets of gentile settlements.

Just north of Judea was the land of the Samaritans, which was not considered part of Eretz Yisrael with regard to the *halakhot* of bills of divorce. Similarly, the coastline, which at times included sizable areas of the coastal plain, was for the most part settled by gentiles. For this reason, the Gemara refers to Jewish cities within gentile areas that are considered to be near Eretz Yisrael. Conversely, there were areas that were largely gentile despite the fact they were located in the vicinity of Jewish cities, and which also contained Jewish communities. These separated areas are the places within the boundary mentioned here.

Bei Kuvei – בֵּי כּוּבֵי: Bei Kuvei was a village located about six parasangs, approximately 24 km, from the city of Pumbedita in Babylonia.

תְּנַן, וַחֲכָמִים אוֹמְרִים: אֵינוֹ צָרִיךְ שֶׁיֹּאמַר "בְּפָנַי נִכְתַּב וּבְפָנַי נֶחְתַּם" אֶלָּא הַמֵּבִיא מִמְּדִינַת הַיָּם וְהַמּוֹלִיךְ; מִכְּלָל דְּתַנָּא קַמָּא סָבַר: מוֹלִיךְ לָא צָרִיךְ. מַאי לָאו בְּהָא קָמִיפַּלְגִי, דְּמָר סָבַר: לְפִי שֶׁאֵין בְּקִיאִין לִשְׁמָהּ,

§ **We learned** in the mishna: **And the Rabbis say** that **one is required to say: It was written in my presence and it was signed in my presence, only** if he **brings** a bill of divorce **from a country overseas** to Eretz Yisrael, **and** the same applies to **one who delivers** a bill of divorce from Eretz Yisrael to a country overseas. The Gemara analyzes this statement: One can learn **by inference that the first** ***tanna*** of the mishna **holds** that **one who delivers** a bill of divorce from Eretz Yisrael to a country overseas **is not required** to say this declaration. **What, is it not** the case that **they disagree with regard to this** principle, **as one Sage,** the first *tanna,* **holds** that the reason for the declaration is **because they are not experts** in writing a bill of divorce **for her sake,**

Perek **I**
Daf **4** Amud **b**

וְהָנֵי גְּמִירִי, וּמָר סָבַר: לְפִי שֶׁאֵין עֵדִים מְצוּיִין לְקַיְּימוֹ, וְהָנֵי נַמִּי לָא שְׁכִיחִי!

and these people **are learned** with regard to this *halakha,* as a bill of divorce sent from Eretz Yisrael was certainly written in the correct manner. **And** one **Sage,** the Rabbis, **holds:** The reason for the testimony is **because there are no witnesses available to ratify it, and these** witnesses who travel from Eretz Yisrael overseas **are also not frequently** available.

רַבָּה מְתָרֵץ לְטַעֲמֵיהּ, וְרָבָא מְתָרֵץ לְטַעֲמֵיהּ. רַבָּה מְתָרֵץ לְטַעֲמֵיהּ: דְּכוּלֵּי עָלְמָא – לְפִי שֶׁאֵין בְּקִיאִין לִשְׁמָהּ, וְהָכָא בִּגְזֵירַת מוֹלִיךְ אַטּוּ מֵבִיא קָמִיפַּלְגִי,

The Gemara again rejects the suggestion: One cannot prove that this issue is a dispute of the *tanna'im,* as **Rabba resolves** the different opinions in the mishna according **to his** line of **reasoning, and Rava resolves** them according **to his** line of **reasoning. Rabba resolves** them according **to his** line of **reasoning,** as follows: It may be **that everyone** agrees that the reason is **because they are not experts** in writing a bill of divorce **for her sake, and here they disagree with regard to a decree** applied in the case of **one who delivers** a bill of divorce to Eretz Yisrael **due to** the concern that it will be confused with the case of **one who brings** a bill of divorce from Eretz Yisrael.

וְתַנָּא קַמָּא סָבַר: לָא גָּזְרִינַן מוֹלִיךְ אַטּוּ מֵבִיא,

The Gemara explains **that the first** ***tanna*** **holds:** The Sages **do not decree** with regard to **one who delivers due to one who brings.** In other words, although one who delivers a bill of divorce from overseas to Eretz Yisrael must say: It was written in my presence and it was signed in my presence, one who brings a bill of divorce from Eretz Yisrael to a country overseas need not state this declaration.

וְרַבָּנַן בַּתְרָאֵי סָבְרִי: גָּזְרִינַן מוֹלִיךְ אַטּוּ מֵבִיא.

And the later Rabbis hold: The Sages **do decree** with regard to **one who delivers due to one who brings** the bill of divorce from overseas. The reason for this decree is that one might err and think that just as an agent who delivers a bill of divorce from Eretz Yisrael to a country overseas is not required to testify that it was written and signed in his presence, so too, one who brings a bill of divorce from a country overseas to Eretz Yisrael need not state this declaration. Consequently, the Sages decreed that even one who delivers a bill of divorce from Eretz Yisrael to a country overseas must declare: It was written in my presence and it was signed in my presence.

וְרָבָא מְתָרֵץ לְטַעֲמֵיהּ: דְּכוּלֵּי עָלְמָא – לְפִי שֶׁאֵין עֵדִים מְצוּיִין לְקַיְּימוֹ, וְרַבָּנַן בַּתְרָאֵי לְפָרוּשֵׁי טַעֲמֵיהּ דְּתַנָּא קַמָּא הוּא דְּאָתוּ.

And Rava also **resolves** the different opinions in the mishna according **to his** line of **reasoning.** How so? He maintains **that everyone** agrees that the reason for the declaration: It was written in my presence and it was signed in my presence, is **because there are no witnesses available to ratify it, and the later Rabbis** do not disagree with the previous opinion. Rather, **they come to explain the reasoning of the first** ***tanna.*** In other words, the first *tanna* agrees that one who takes a bill of divorce from Eretz Yisrael to a country overseas must state the declaration, and he simply taught the *halakha* in a concise manner.

תנן: המביא גט ממדינה למדינה במדינת הים – צריך לומר "בפני נכתב ובפני נחתם", הא באותה מדינה במדינת הים – לא צריך. לרבא ניחא, לרבה קשיא!

§ The Gemara attempts to cite another proof: **We learned** in the mishna: **One who brings** a bill of divorce **from one region to** another **region within a country overseas must** also **say: It was written in my presence and it was signed in my presence.** The Gemara infers: **But** if he brought a bill of divorce **within** one **region in a country overseas he is not required** to state this declaration. This **works out well according to** the opinion of **Rava,** as witnesses are available in the same region. However, **according to** the opinion of **Rabba,** the matter is **difficult,** as overseas residents are not experts in the *halakha* and therefore it does not matter how closely they are located to each other.

לא תימא: הא באותה מדינה במדינת הים – לא צריך, אלא אימא: ממדינה למדינה בארץ ישראל – לא צריך.

The Gemara answers: According to the opinion of Rabba, **do not say** that the correct inference is: **Within** one **region in a country overseas, he is not required** to state the declaration. **Rather, say** that one should infer from the mishna: **From region to region within Eretz Yisrael, he is not required** to do so.

הא בהדיא קתני לה: המביא גט בארץ ישראל, אינו צריך לומר "בפני נכתב ובפני נחתם"! אי מההיא, הוה אמינא הני מילי דיעבד, אבל לכתחילה לא. קא משמע לן.

The Gemara raises a difficulty with regard to this answer: **But** that *halakha* need not be derived by inference, as the mishna **is teaching it explicitly: One who brings a bill of divorce** from one place to another **within Eretz Yisrael is not required to say: It was written in my presence and it was signed in my presence.** The Gemara answers: **If** this *halakha* were to be derived **from that** statement alone, **I would say: This applies** only **after the fact,** i.e., if someone acted in this manner then the bill of divorce is not invalidated. **However,** it might have been thought that one should **not** act in this manner ***ab initio***; rather, the agent should state the declaration. Therefore, the mishna **teaches us** by means of this inference from its first section that he need not state the declaration even *ab initio*.

ואיכא דמותיב לה הכי: הא ממדינה למדינה בארץ ישראל – לא צריך.

The Gemara offers an alternate version of this discussion: **And some raise** this **objection**[N] **like this,** by inferring differently from that ruling of the mishna. The mishna teaches: One who brings a bill of divorce from one region to another region within a country overseas must also say: It was written in my presence and it was signed in my presence. The Gemara infers from here that if he brings the document **from region to region within Eretz Yisrael, he is not required** to state the declaration.

לרבה ניחא, לרבא קשיא! לא תימא: ממדינה למדינה בארץ ישראל – לא צריך, אלא אימא: הא באותה מדינה במדינת הים – לא צריך.

This **works out well according to** the opinion of **Rabba,** as the residents of Eretz Yisrael are aware of the *halakha* that a bill of divorce must be written for the woman's sake. However, it is **difficult according to** the opinion of **Rava.** The Gemara rejects this inference: **Do not say** that the mishna is teaching that **from** one **region to** another **region within Eretz Yisrael, he is not required. Rather, say: Within** one **region in a country overseas he is not required** to state the declaration.

אבל ממדינה למדינה בארץ ישראל, מאי? צריך? ליתני המביא ממדינה למדינה סתם!

The Gemara questions this interpretation: **However,** if that is so, with regard to an agent who brings a bill of divorce **from region to region within Eretz Yisrael, what** is the *halakha*? Is **he required** to state the declaration? If so, **let** the mishna **teach** simply: **One who brings** a bill of divorce **from** one **region to** another **region** must state the declaration, **without specification,** and this would apply both overseas and in Eretz Yisrael.

לעולם ממדינה למדינה בארץ ישראל נמי לא צריך, דכיון דאיכא עולי רגלים מישכח שכיחי.

The Gemara answers: **Actually,** one who brings **from region to region within Eretz Yisrael is also not required** to state the declaration even according to the opinion of Rava, for the following reason: **Since there are** those **who ascend** to Jerusalem **for the pilgrimage Festival,**[N] witnesses **are frequently** available and they can come even from one region to another.

תינח בזמן שבית המקדש קיים; בזמן שאין בית המקדש קיים מאי איכא למימר? כיון דאיכא בתי דינין דקביעי – מישכח שכיחי.

The Gemara raises a difficulty: This **works out well when the Temple is standing,** as there are those who ascend to Jerusalem for the pilgrimage Festival at that time. However, **when the Temple is not standing what can be said?** The Gemara answers: **Since there are** central **courts that are fixed** in a permanent location where everyone goes, witnesses **are frequently** available to ratify the bill of divorce.

NOTES

And some raise this objection, etc. – ואיכא דמותיב וכו׳: Rashi asks: According to this version of the discussion, why is this ruling inferred from the first clause of the mishna? After all, it is explicitly stated in the last clause. Rashi answers that since the mishna does not specify in the last clause that the bill of divorce is taken from city to city in Eretz Yisrael, it might have been claimed that it is referring only to a document taken to a different place within the same city. Rashi adds that although one could have said that even according to this explanation the mishna supports the opinion of Rabba, as it indicates that an agent who transfers a bill of divorce within a single city overseas must state the declaration, this too is an inference and is in no manner preferable to the inference from the first clause.

There are those who ascend to Jerusalem for the pilgrimage Festival – דאיכא עולי רגלים: Some commentaries ask: Since those who ascend to Jerusalem for the pilgrimage Festival also come from outside of Eretz Yisrael, wouldn't witnesses for ratification be available for a document that comes from overseas as well? The commentaries explain that there is a difference between the cases. Those who come from overseas remain in Jerusalem only for a brief period of time. By contrast, residents of Eretz Yisrael are required to eat second tithe and animal tithe in Jerusalem. Consequently, they stay there for an extended period, and therefore it is easy to find witnesses for ratification from among them (Meiri). Others cite this passage as proof for the opinion of *Tosafot* in tractate *Pesaḥim* (3b) that those who reside outside of Eretz Yisrael are not required to ascend to Jerusalem for the pilgrimage Festivals (*Ḥeshek Shlomo*).

BACKGROUND

Asasiyyot – עֲסַסְיוֹת: The location of this city is unknown. Like other places in Eretz Yisrael, it is possible that this city was named after the *asasit*, a kind of a legume, which may have been the source of the income of its residents.

Two districts that were particular – שְׁנֵי הֶגְמוֹנִיּוֹת שֶׁהָיוּ מַקְפִּידִין: The territory of Eretz Yisrael was divided many times in different ways. Even when the Romans reigned over the land there were still parts of Eretz Yisrael that were under the direct rule of the Syrian governor, while other parts were under the control of the governor of Palestine, a term first used by the Greeks during the twelfth century BCE and later by the Romans during the second century CE. Later, Eretz Yisrael was divided into three major provinces: Palestina Prima, or First Palestine; Palestina Secunda, or Second Palestine; and Palestina Tertia, or Third Palestine, with a special military leader in charge of each province. In certain periods there was an arrangement by which the governor of Judea, although lower in rank than the governor of Syria, was not subordinate to him but took his orders directly from the central government in Rome. This situation created the conditions for personal disputes between governors of adjacent provinces and disputes over the precise borders between them. These squabbles even led to the closure of access between two provinces.

NOTES

Rather what is the difference between them – אֶלָּא מַאי בֵּינַיְיהוּ: Some commentaries maintain that this question is posed according to both answers of the Gemara to the respective challenges to the opinions of Rava and Rabba, i.e., that in Eretz Yisrael there are those who ascend to Jerusalem for the pilgrimage Festivals and courts are available, and that Rabba accepts the opinion of Rava (Rashi; *Tosefot Ḥakhmei Angliyya*). The Ramban maintains that it refers only to the latter conclusion. According to this interpretation, the statement: Rather what is between them, indicates that although initially there were clear differences between the opinions, now that it has been established that Rabba agrees with Rava's reason, their point of dispute requires clarification.

תְּנַן, רַבָּן שִׁמְעוֹן בֶּן גַּמְלִיאֵל אוֹמֵר: אֲפִילּוּ מֵהֶגְמוֹנְיָא לְהֶגְמוֹנְיָא, וְאָמַר רַבִּי יִצְחָק: עִיר אַחַת הָיְתָה בְּאֶרֶץ יִשְׂרָאֵל וַעֲסַסְיוֹת שְׁמָהּ, וְהָיוּ בָּהּ שְׁנֵי הֶגְמוֹנִיּוֹת שֶׁהָיוּ מַקְפִּידִין זֶה עַל זֶה, לְפִיכָךְ הוּצְרְכוּ לוֹמַר מֵהֶגְמוֹנְיָא לְהֶגְמוֹנְיָא.

The Gemara suggests a different proof: **We learned** in the mishna that **Rabban Shimon ben Gamliel says** that **even** an agent who brings a bill of divorce **from** one **district to** another **district** must say that it was written and signed in his presence. **And Rabbi Yitzḥak said: There was one city in Eretz Yisrael, and Asasiyyot**[B] **was its name, and it contained two districts that** divided the city. And its two governors **were** so **particular**[B] **with each other** that they enacted travel restrictions that made it impossible to cross through the city, and **consequently they were required to say** the declaration when bringing a bill of divorce **from district to district.**

לְרָבָא נִיחָא, לְרַבָּה קַשְׁיָא! רַבָּה אִית לֵיהּ דְּרָבָא.

The Gemara comments: This **works out well according to** the opinion of **Rava,** who holds that the reason is due to witnesses, as the witnesses could not pass from one district to another. However, it is **difficult according to** the opinion of **Rabba,** as he maintains that there is no need to state the declaration in Eretz Yisrael because its residents are aware of the *halakha* that a bill of divorce must be written for the woman's sake. The Gemara answers: **Rabba is of** the opinion that the reason is also in accordance with the opinion **of Rava,** i.e., Rabba agrees that one of the reasons for this *halakha* is because witnesses are not available to ratify the bill of divorce. He adds another reason, that they are not experts in the *halakha* of writing the document for her sake.

אֶלָּא מַאי בֵּינַיְיהוּ? אִיכָּא בֵּינַיְיהוּ, דְּאַתְיוּהּ בֵּי תְּרֵי,

The Gemara asks: **Rather, what** then **is** the difference **between them,**[N] i.e., between Rava's explanation and that of Rabba? The Gemara answers: **There is** a difference **between them** with regard to a case **where two** people **bring** the bill of divorce from a country overseas. According to the opinion of Rava they do not need to say: It was written in my presence and it was signed in my presence, as additional witnesses are not needed to confirm this bill of divorce. However, it is still necessary to declare that the document was written for the sake of the wife.

אִי נָמֵי, בְּאוֹתָהּ מְדִינָה בִּמְדִינַת הַיָּם.

Alternatively, the difference between the two explanations involves a case where one agent brought the bill of divorce from one place to another **within** a single **region in a country overseas,** where witnesses are available to ratify it. According to Rabba it is still necessary for the agent to utter the declaration so that he can confirm that the bill of divorce was written for her sake. According to Rava, he does not have to say: It was written in my presence and it was signed in my presence, as witnesses are readily available if needed.

תְּנַן: הַמֵּבִיא גֵּט מִמְּדִינַת הַיָּם, וְאֵינוֹ יָכוֹל לוֹמַר ״בְּפָנַי נִכְתַּב וּבְפָנַי נֶחְתַּם״, אִם יֵשׁ עָלָיו עֵדִים – יִתְקַיֵּים בְּחוֹתְמָיו; וְהָוֵינַן בָּהּ, מַאי ״וְאֵינוֹ יָכוֹל לוֹמַר״?

§ **We learned** in a mishna (9a): With regard to an agent **who brings a bill of divorce from a country overseas, and he is unable to say: It was written in my presence and it was signed in my presence, if** the bill of divorce **has witnesses** signed **on it** then **it shall be ratified by its signatories,** i.e., it can be ratified by validating the witnesses' signatures. **And we discussed** this *halakha*: **What** is the meaning of the phrase: **And he is unable to say?**

Perek I
Daf 5 Amud a

NOTES

If we say a deaf-mute, etc. – אִילֵימָא חֵרֵשׁ וכו׳: The Ran (9a) explains that the Gemara does not suggest that this refers to a mute, as this type of testimony can be delivered in writing. However, the Rambam states this *halakha* with regard to a mute. The commentaries explain that the Rambam's ruling is indeed based on the Gemara here, as he claims there is no difference between a deaf-mute and a mute in this particular case, as the decisive factor is his inability to speak (*Maggid Mishne*; see *Tosafot*).

אִילֵימָא חֵרֵשׁ, חֵרֵשׁ בַּר אִיתּוּיֵי גִּיטָּא הוּא? וְהָתְנַן: הַכֹּל כְּשֵׁרִים לְהָבִיא אֶת הַגֵּט, חוּץ מֵחֵרֵשׁ שׁוֹטֶה וְקָטָן!

If we say that this is referring to **a deaf-mute,**[N] **is a deaf-mute fit to bring a bill of divorce? But didn't we learn** in a mishna (23a): **Anyone is fit** to serve as an agent **to bring a bill of divorce** to a woman **except for a deaf-mute, an imbecile, and a minor,** all of whom may not be appointed as agents at all, as they are not intellectually competent according to *halakha*.

וַאֲמַר רַב יוֹסֵף: הָכָא בְּמַאי עָסְקִינַן – כְּגוֹן שֶׁנְּתָנוֹ לָהּ כְּשֶׁהוּא פִּקֵּחַ, וְלֹא הִסְפִּיק לוֹמַר "בְּפָנַי נִכְתַּב וּבְפָנַי נֶחְתַּם" עַד שֶׁנִּתְחָרֵשׁ; לְרָבָא נִיחָא, לְרַבָּה קַשְׁיָא!

And Rav Yosef said: **With what are we dealing here?** This is a case **where** the agent **gave** the bill of divorce **to her when he was** halakhically **competent,**[H] **but he did not manage to say: It was written in my presence and it was signed in my presence, before he became a deaf-mute.** In other words, although at the time he was appointed he was fit to be appointed as an agent, he is currently unable to say anything. This **works out well according to** the opinion of **Rava.** However, it is **difficult according to** the opinion of **Rabba,** as he requires testimony that the bill of divorce was written for the woman's sake.

הָכָא בְּמַאי עָסְקִינַן – לְאַחַר שֶׁלָּמְדוּ. אִי הָכִי, יָכוֹל נַמִּי! גְּזֵירָה שֶׁמָּא יַחֲזוֹר דָּבָר לְקִלְקוּלוֹ.

The Gemara answers: **With what are we dealing here?** This does not refer to the main period of the decree. Rather, it is speaking of later generations, **after** the residents of countries overseas **learned** that a bill of divorce must be written for her sake, so there is no need for the declaration. The Gemara raises a difficulty: **If so,** meaning that this is referring to a situation where everyone is assumed to be knowledgeable, even if the agent **is able** to testify he should **also** not be required to say: It was written in my presence, as it should be sufficient to confirm the witnesses' signatures. The Gemara explains: Nevertheless, Rabba maintains that the agent must testify, due to a rabbinic **decree lest the matter return to its corrupt state,** i.e., they might forget that a bill of divorce must be written for the woman's sake.

אִי הָכִי, אֵינוֹ יָכוֹל נַמִּי! פִּקֵּחַ וְנִתְחָרֵשׁ מִילְּתָא דְּלָא שְׁכִיחָא, וּמִילְּתָא דְּלָא שְׁכִיחָא לָא גְּזוּר בָּהּ רַבָּנַן.

The Gemara asks: **If** it is **so,** that the Sages decreed that the statement must be issued even in this case, then one who **is unable** to speak should **also** be obligated to state the declaration, and be disqualified from serving as an agent due to his inability to speak. The Gemara answers: This case of a halakhically **competent** individual **who became a deaf-mute is an uncommon matter,**[N] **and the Sages did not decree with regard to an uncommon matter.**

וְהָא אִשָּׁה דְּלָא שְׁכִיחָא, וּתְנַן: הָאִשָּׁה עַצְמָהּ מְבִיאָה גִּיטָּהּ, וּבִלְבַד שֶׁצְּרִיכָה לוֹמַר בְּפָנַי נִכְתַּב וּבְפָנַי נֶחְתַּם – שֶׁלֹּא תַּחֲלוֹק בִּשְׁלִיחוּת.

The Gemara asks: **But** the case of **a woman** who brings her own bill of divorce is also **an uncommon** matter, **and yet we learned** in a mishna (23a): **The woman herself may bring her** own **bill of divorce, provided that she** too **is required to say: It was written in my presence and it was signed in my presence.** Why do the Sages obligate her to state this declaration when it is uncommon for a woman to be the agent of delivery for her own bill of divorce? The Gemara answers: The Sages instituted this ordinance so **that you will not distinguish with regard to** different types of **agency.** To avoid confusion, the Sages decreed that all agents who bring a bill of divorce must state the declaration, even the woman herself.

אִי הָכִי, בַּעַל נַמִּי! אַלְמָּה תַּנְיָא: הוּא עַצְמוֹ שֶׁהֵבִיא גִּיטּוֹ, אֵין צָרִיךְ לוֹמַר "בְּפָנַי נִכְתַּב וּבְפָנַי נֶחְתַּם"!

The Gemara asks: **If so,** then **a husband** who brings his wife's bill of divorce should **also**[N] be required to say that it was written and signed in his presence, as the Sages do not differentiate between different agents. **Why** then, **is it taught** in a *baraita*: In the case of the husband **himself who brought his** own **bill of divorce,**[H] **he is not required to say: It was written in my presence and it was signed in my presence?**

HALAKHA

Where he gave it to her when he was halakhically competent, etc. – **כְּגוֹן שֶׁנְּתָנוֹ לָהּ כְּשֶׁהוּא פִּקֵּחַ וכו׳**: If an agent gave a bill of divorce to a woman and before he managed to say: It was written in my presence and it was signed in my presence, he lost the ability to speak, the bill of divorce is invalid until it can be ratified through the verification of the witnesses' signatures (Rambam *Sefer Nashim, Hilkhot Geirushin* 7:18; *Shulḥan Arukh, Even HaEzer* 142:6).

The husband himself who brought his bill of divorce – **הוּא עַצְמוֹ שֶׁהֵבִיא גִּיטּוֹ**: With regard to a man who brought a bill of divorce to his wife, and he himself delivered it from the place where it was written to where it was transmitted to her, according to the basic *halakha* he is not required to say anything. Nevertheless, the *Beit Yosef* rules that he should still give it to her in the manner of an agent and say to her: It was written in my presence and it was signed in my presence, so that people will not err in other cases. The reason is that nowadays people are not considered knowledgeable in Torah matters (*Shulḥan Arukh, Even HaEzer* 142:14, and in the comment of Rema).

NOTES

An uncommon matter – **מִילְּתָא דְּלָא שְׁכִיחָא**: Rabba does not retract his explanation that this refers to the period after they became halakhically competent. Rather, he explains that as the reason the declaration must be issued even after the people became experts is only due to a decree lest matters return to the previous state of affairs, the Sages therefore did not apply the decree to such an uncommon occurrence. However, prior to this period, when the *halakha* was not widely known, it was a real concern that a bill of divorce might not be written for the woman's sake, and therefore the declaration must be stated in all situations, even in uncommon cases (*Penei Yehoshua*).

If so a husband should also, etc. – **אִי הָכִי בַּעַל נַמִּי וכו׳**: Some commentaries maintain that this difficulty applies also to the opinion of Rava as well as to that of Rabba (Rosh). Others claim that this is not difficult for Rava, as according to his opinion the sole concern is that the husband himself might have forged the bill of divorce, and the Gemara has already stated above that a husband would not intentionally cause his wife to violate a serious transgression in this manner. By contrast, according to the opinion of Rabba there is a concern about the requirement that the document must be written for her sake, and in this regard the husband could claim that he was unaware of this *halakha* (*Tosafot*). The Gemara proceeds to answer that as the only problem resulting from the validity of the document being contested is that people will cast aspersions on the wife, since the husband himself is the one who delivers the bill of divorce there is no concern that this will occur.

HALAKHA

Two who brought a bill of divorce from a country overseas – שְׁנַיִם שֶׁהֵבִיאוּ גֵּט מִמְּדִינַת הַיָּם: If a husband appointed two people as his agents to deliver a bill of divorce to his wife, even if the document was not written and signed in their presence they should give it to her. She is divorced via this bill of divorce and may remarry. This is the case provided that the agents are fit to bear witness. The husband cannot object to this bill of divorce, as his agents serve as witnesses (Rambam). Some say that in any case if the husband comes and contests the validity of the document it must be ratified through the verification of the signatures (*Tur*; *Beit Yosef*, citing Ran). The Rosh claims that even if he appointed only one of them as an agent, while the other testifies that the husband gave the bill of divorce to the agent in his presence, the agent is not required to say that it was written and it was signed in his presence (Rambam *Sefer Nashim, Hilkhot Geirushin* 7:14; *Shulḥan Arukh, Even HaEzer* 142:18).

NOTES

Two who bring a bill of divorce, etc. – בֵּי תְּרֵי דְּמַיְיתוּ גִּיטָּא וכו׳: According to this answer it can be claimed that this case should be omitted from the list of differences between Rabba and Rava. If so, the difference between them is only with regard to the case of an agent who delivers a bill of divorce after its signatures have been ratified. According to the opinion of Rabba he is still required to say: It was written in my presence, due to the concern that it was not written for the woman's sake (*Tosafot*).

טַעֲמָא מַאי אֲמוּר רַבָּנַן: צָרִיךְ לוֹמַר ״בְּפָנַי נִכְתַּב וּבְפָנַי נֶחְתַּם״? דִּילְמָא אָתֵי בַּעַל מְעַרְעֵר וּפָסֵיל לֵיהּ; הָשְׁתָּא מִינְקַט נָקֵיט לֵיהּ בִּידֵיהּ וְעַרְעוּרֵי קָא מְעַרְעֵר עֲלֵיהּ?

The Gemara explains: **What is the reason** that **the Sages said** that the agent of a bill of divorce **is required to say: It was written in my presence and it was signed in my presence?** The reason for the decree is that **perhaps** the **husband will come** to **contest and invalidate** the bill of divorce. However, here the husband himself **now holds** the document **in his hand, and** yet you are concerned that **he will contest it?** If he does not wish to give the bill of divorce to the woman he can simply tear it up. Therefore, the Sages did not apply their decree to this case.

תָּא שְׁמַע, דִּבְעָא מִינֵּיהּ שְׁמוּאֵל מֵרַב הוּנָא: שְׁנַיִם שֶׁהֵבִיאוּ גֵּט מִמְּדִינַת הַיָּם, צְרִיכִין שֶׁיֹּאמְרוּ ״בְּפָנֵינוּ נִכְתַּב וּבְפָנֵינוּ נֶחְתַּם״ אוֹ אֵין צְרִיכִין? אֲמַר לֵיהּ: אֵין צְרִיכִין, וּמָה אִילּוּ יֹאמְרוּ בְּפָנֵינוּ גֵּרְשָׁהּ, מִי לָא מְהֵימְנֵי?

§ The Gemara attempts to cite an additional proof: **Come** and **hear, as Shmuel raised a dilemma before Rav Huna:** With regard to **two** people **who brought a bill of divorce from a country overseas,**[H] **are they required to say: It was written in our presence and it was signed in our presence, or are they not required** to state this declaration? Rav Huna **said to him: They are not required** to say it. Rav Huna explained his ruling: **And if these** two individuals would **say,** testifying: **She was divorced in our presence,** even without bringing a bill of divorce, **aren't they deemed credible** and isn't she considered divorced? Therefore, in this case too, they are deemed credible when they claim that the bill of divorce was written correctly.

לְרָבָא נִיחָא, לְרַבָּה קַשְׁיָא! הָכָא בְּמַאי עָסְקִינַן – לְאַחַר שֶׁלָּמְדוּ.

The Gemara comments: This **works out well according to** the opinion of **Rava,** as the matter depends on the availability of witnesses to ratify the bill of divorce, and there are two witnesses in this case. However, **according to** the opinion of **Rabba,** it is **difficult,** as he requires the additional testimony that the document was written for the woman's sake. The Gemara explains: According to the opinion of Rabba, **with what are we dealing here?** He maintains that this ruling is referring to the period **after** the people living overseas **learned** the *halakha* that a bill of divorce must be written for the woman's sake.

אִי הָכִי, חַד נַמִי! גְּזֵרָה שֶׁמָּא יַחֲזוֹר דָּבָר לְקִלְקוּלוֹ.

The Gemara raises a difficulty: **If so, one** person who brings a bill of divorce should **also** not be required to say that it was written and signed in his presence. The Gemara explains: One witness is still required to state the declaration for the aforementioned reason: It is a rabbinic **decree lest the matter return to its corrupt state.**

אִי הָכִי, בֵּי תְּרֵי נַמִי! בֵּי תְּרֵי דְּמַיְיתוּ גִּיטָּא מִילְּתָא דְּלָא שְׁכִיחָא, וּמִילְּתָא דְּלָא שְׁכִיחָא לָא גְּזוּר בָּהּ רַבָּנַן.

The Gemara further asks: **If so, two** who bring a bill of divorce should **also** be required to say that it was written and signed in their presence, due to this same decree. The Gemara answers: **Two** people **who bring a bill of divorce**[N] **is an uncommon matter, and the Sages did not decree with regard to an uncommon matter.**

וְהָא אִשָּׁה דְּלָא שְׁכִיחָא, וּתְנַן: הָאִשָּׁה עַצְמָהּ מְבִיאָה גִּיטָּהּ, וּבִלְבַד שֶׁהִיא עַצְמָהּ צְרִיכָה לוֹמַר ״בְּפָנַי נִכְתַּב וּבְפָנַי נֶחְתַּם״! שֶׁלֹּא תַּחֲלוֹק בִּשְׁלִיחוּת.

The Gemara asks: **But** the case of **a woman** who brings her own bill of divorce is also **an uncommon** matter, **and** yet **we learned** in a mishna (23a): **The woman herself may bring her** own **bill of divorce, provided that she** too **is required to say: It was written in my presence and it was signed in my presence.** Why do the Sages obligate her to state this declaration when it is uncommon for a woman to be the agent of delivery for her own bill of divorce? The Gemara answers: The Sages instituted this decree so **that you will not distinguish with regard to** different types of **agency.**

אִי הָכִי, בַּעַל נַמִי! אַלְמָה תַּנְיָא: הוּא עַצְמוֹ שֶׁהֵבִיא גִּיטּוֹ, אֵינוֹ צָרִיךְ לוֹמַר ״בְּפָנַי נִכְתַּב וּבְפָנַי נֶחְתַּם״! טַעֲמָא מַאי אֲמוּר רַבָּנַן: צָרִיךְ לוֹמַר ״בְּפָנַי נִכְתַּב וּבְפָנַי נֶחְתַּם״? דִּילְמָא אָתֵי בַּעַל מְעַרְעֵר וּפָסֵיל לֵיהּ, הָשְׁתָּא מִינְקַט נָקֵיט לֵיהּ בִּידֵיהּ וְעַרְעוּרֵי קָא מְעַרְעֵר עֲלֵיהּ?

The Gemara asks: **If so,** then **a husband** who brings his wife's bill of divorce should **also** be required to say that it was written and signed in his presence, as the Sages do not differentiate between different agents. **Why** then, **is it taught** in a *baraita*: If the husband **himself brings his** own **bill of divorce he is not required to say: It was written in my presence and it was signed in my presence?** The Gemara explains: **What is the reason** that **the Sages said** that the agent of a bill of divorce **is required to say: It was written in my presence and it was signed in my presence?** The reason for the decree is that **perhaps** the **husband will come** to **contest and invalidate** the bill of divorce. However, here the husband himself **now holds** the document **in his hand, and** yet you are concerned that **he will contest it?**

תָּא שְׁמַע: הַמֵּבִיא גֵּט מִמְּדִינַת הַיָּם, וּנְתָנוֹ לָהּ וְלֹא אָמַר לָהּ בְּפָנַי נִכְתַּב וּבְפָנַי נֶחְתַּם אִם נִתְקַיֵּים בְּחוֹתְמָיו – כָּשֵׁר, וְאִם לָאו – פָּסוּל. הֱוֵי, לֹא הוּצְרְכוּ לוֹמַר בְּפָנַי נִכְתַּב וּבְפָנַי נֶחְתַּם לְהַחְמִיר עָלֶיהָ אֶלָּא לְהָקֵל עָלֶיהָ;

§ The Gemara suggests: **Come and hear** a proof from the *Tosefta* (1:1): With regard to an agent **who brings a bill of divorce from a country overseas and gave it to** the woman, **but did not say to her: It was written in my presence**[H] **and it was signed in my presence, if** the bill of divorce **is ratified through its signatories,** i.e., other people testify about the witnesses' signatures, it is **valid, but if not** it is **invalid.** This **is** because the Sages **did not require him to say: It was written in my presence and it was signed in my presence,** so as **to be stringent with her. Rather,** they required the agent to state this declaration so as **to be lenient with her,** to spare the court from having to ratify the bill of divorce.

לְרָבָא נִיחָא, לְרַבָּה קַשְׁיָא! הָכָא בְּמַאי עָסְקִינַן – לְאַחַר שֶׁלָּמְדוּ.

The Gemara explains the proof: This **works out well according to** the opinion of **Rava,** as according to him the statement of the agent is to avoid the need for the court to ratify the bill of divorce, which is a leniency for her. However, **according to** the opinion of **Rabba** it is **difficult,** as he holds that the agent is required to state the declaration due to the concern that the bill of divorce may not have been written for her sake, which is a stringency for her. The Gemara answers: **With what are we dealing here?** With the period **after they learned** the *halakha* that a bill of divorce must be written for the woman's sake.

וְהָאָמְרַתְּ: גְּזֵירָה שֶׁמָּא יַחֲזוֹר הַדָּבָר לְקִלְקוּלוֹ! כְּשֶׁנִּיסֵּת. אִי הָכִי, הֱוֵי לֹא הוּצְרְכוּ לוֹמַר "בְּפָנַי נִכְתַּב וּבְפָנַי נֶחְתַּם" לְהַחְמִיר עָלֶיהָ אֶלָּא לְהָקֵל עָלֶיהָ? מִשּׁוּם דְּנִיסֵּת הוּא!

The Gemara asks: **But didn't you say** that there is a rabbinic **decree lest the matter return to its corrupt state?** Why didn't the Sages enforce their decree in this case? The Gemara answers: This is referring to a case **where** the woman **had** already **married** again after having received the bill of divorce, and the Sages did not want to enforce their decree at the expense of forcing her to get divorced. The Gemara questions this explanation: **If so,** the explanation provided by the *Tosefta* for the ruling in the mishna, that the reason **is** because the Sages **did not require him to say: It was written in my presence and it was signed in my presence,** so as **to be stringent with her. Rather,** they required the agent to state this declaration so as **to be lenient with her,** is not accurate. Instead, the true reason for this leniency **is because she had** already **married** someone else.

הָכִי קָאָמַר: וְכִי תֵּימָא לְהַחְמִיר עֲלָהּ וְלַפְּקָהּ – הֱוֵי לֹא הוּצְרְכוּ לוֹמַר בְּפָנַי נִכְתַּב וּבְפָנַי נֶחְתַּם לְהַחְמִיר עָלֶיהָ אֶלָּא לְהָקֵל עָלֶיהָ,

The Gemara answers: **This is what** the *tanna* of the *baraita* **is saying: And if you would say** that one should **be stringent with her and remove her** from her new husband, to counter that claim the *tanna* adds: This **is** because the Sages **did not require him to say: It was written in my presence and it was signed in my presence,** so as **to be stringent with her. Rather,** they required the agent to state this declaration so as **to be lenient with her.**

HALAKHA

He did not say to her: It was written in my presence, etc. – לֹא אָמַר לָהּ בְּפָנַי נִכְתַּב וכו׳: If an agent brings a bill of divorce from a country overseas and delivers it to a woman when they are alone, or in the presence of two witnesses, and he does not say: It was written in my presence and it was signed in my presence, the situation can be remedied if the bill of divorce can be ratified through its signatures. If it is ratified then it is a valid bill of divorce, but if not, it is invalid (Rambam *Sefer Nashim, Hilkhot Geirushin* 7:7, 17; *Shulḥan Arukh, Even HaEzer* 142:8).

Perek **I**
Daf **5** Amud **b**

טַעֲמָא מַאי? דִּילְמָא אָתֵי בַּעַל מְעַרְעֵר וּפָסֵיל לֵיהּ, הָשְׁתָּא בַּעַל לָא קָא מְעַרְעֵר, אֲנַן נֵיקוּם וּנְעַרְעֵר עֲלַהּ?

What is the reason[N] that the Sages required this testimony at all? **Perhaps the husband will come to contest, and invalidate** the bill of divorce. **Now,** in this case, where **the husband is not contesting** its validity, **will we,** the court, **arise and contest it?**

בִּפְלוּגְתָּא דְּרַבִּי יוֹחָנָן וְרַבִּי יְהוֹשֻׁעַ בֶּן לֵוִי, חַד אֲמַר: לְפִי שֶׁאֵין בְּקִיאִין לִשְׁמָהּ, וְחַד אֲמַר: לְפִי שֶׁאֵין עֵדִים מְצוּיִין לְקַיְּימוֹ.

§ The Gemara comments: Rabba and Rava disagree **with regard to the dispute between Rabbi Yoḥanan and Rabbi Yehoshua ben Levi. One said** that the reason the Sages required an agent to say: It was written in my presence and it was signed in my presence, is **because they are not experts** in writing a bill of divorce **for her sake. And one said** that the reason is **because there are no witnesses available to ratify it.**

NOTES

What is the reason, etc. – טַעֲמָא מַאי וכו׳: According to Rashi's version of the text the question beginning with the words: What is the reason, is a continuation of the previous statement. However, others had a version of the text which reads: And if you wish, say instead that what is the reason, etc. According to the latter this is an additional claim, as there is no substantial concern that the bill of divorce was not written for her sake even before they learned about this requirement. Rather, the Sages sought to avoid the husband's casting aspersions, and as the husband himself brings the bill of divorce in this case this concern does not arise (*Tosafot*).

תִּסְתַּיֵּים, דְּרַבִּי יְהוֹשֻׁעַ בֶּן לֵוִי הוּא, דַּאֲמַר לְפִי שֶׁאֵין בְּקִיאִין לִשְׁמָהּ. דְּרַבִּי שִׁמְעוֹן בַּר אַבָּא אַיְיתֵי גִּיטָּא לְקַמֵּיהּ דְּרַבִּי יְהוֹשֻׁעַ בֶּן לֵוִי, וַאֲמַר לֵיהּ: צְרִיכְנָא לְמֵימַר ״בְּפָנַי נִכְתַּב וּבְפָנַי נֶחְתַּם״, אוֹ לָא?

The Gemara suggests: **It may be concluded that Rabbi Yehoshua ben Levi is the one who said** that the reason is **because they are not experts** in writing a bill of divorce **for her sake, as Rabbi Shimon bar Abba**[P] **brought a bill of divorce before Rabbi Yehoshua ben Levi, and said to him: Am I required to say: It was written in my presence and it was signed in my presence, or not?**

אֲמַר לֵיהּ: לָא צְרִיכַתְּ, לֹא אָמְרוּ אֶלָּא בְּדוֹרוֹת הָרִאשׁוֹנִים, שֶׁאֵין בְּקִיאִין לִשְׁמָהּ, אֲבָל בְּדוֹרוֹת הָאַחֲרוֹנִים דִּבְקִיאִין לִשְׁמָהּ – לֹא. תִּסְתַּיֵּים.

Rabbi Yehoshua ben Levi **said to him: You are not required** to do so, as **they said** that one was required to state this declaration **only in the earlier generations, when they were not experts** in writing a bill of divorce **for her sake. However, in the later generations, when they are experts** about writing it **for her sake, no,** this declaration is no longer necessary. The Gemara states: **It may be concluded** from here that Rabbi Yehoshua ben Levi was of this opinion.

וְתִסְבְּרָא? וְהָא רַבָּה אִית לֵיהּ דְּרָבָא! וְעוֹד, הָא אָמְרִינַן שֶׁמָּא יַחֲזוֹר דָּבָר לְקִלְקוּלוֹ!

The Gemara asks: **And can you understand**[N] that an individual agent does not need to say: It was written in my presence and it was signed in my presence? **But** it was demonstrated earlier that **Rabba is of** the opinion that the reason is also in accordance with the opinion **of Rava,** and the issue of the availability of witnesses cannot be resolved by the fact that later generations are knowledgeable about writing a bill of divorce for the woman's sake. **And furthermore, we said** that according to the opinion of Rabba an agent must still say that it was written and signed in his presence, **lest the matter return to its corrupt state.**

אֶלָּא, רַבִּי שִׁמְעוֹן בַּר אַבָּא אִינִישׁ אַחֲרִינָא הֲוָה בַּהֲדֵיהּ, וְהָא דְּלָא חֲשִׁיב לֵיהּ – מִשּׁוּם כְּבוֹדוֹ דְּרַבִּי שִׁמְעוֹן.

Rather, Rabbi Shimon bar Abba had another person with him, who served as a second witness, **and** the reason **that** the account of the incident **did not mention him** was **due to the honor of Rabbi Shimon** bar Abba, as that man was unlearned. As for the *halakha*, since there were two witnesses the concern for ratification does not apply in this case. As stated above, in this situation the Sages did not apply their decree due to a concern that the matter would return to its corrupt state.

אִיתְּמַר: בִּפְנֵי כַּמָּה נוֹתְנוֹ לָהּ? רַבִּי יוֹחָנָן וְרַבִּי חֲנִינָא, חַד אָמַר: בִּפְנֵי שְׁנַיִם, וְחַד אָמַר: בִּפְנֵי שְׁלֹשָׁה

§ **It was stated** that the *amora'im* disagreed with regard to the following question: **In the presence of how many** people must an agent who delivers a bill of divorce from overseas **give it to the** woman?[H] **Rabbi Yoḥanan and Rabbi Ḥanina** disagreed with regard to this matter. **One says** that he must give it **in the presence of** at least **two** witnesses, **and one says** that he must give it **in the presence of** at least **three** witnesses.

תִּסְתַּיֵּים, דְּרַבִּי יוֹחָנָן הוּא דַּאֲמַר בִּפְנֵי שְׁנַיִם, דְּרָבִין בַּר רַב חִסְדָּא אַיְיתֵי גִּיטָּא לְקַמֵּיהּ דְּרַבִּי יוֹחָנָן, וַאֲמַר לֵיהּ: זִיל הַב לָהּ בְּאַפֵּי תְּרֵי וְאֵימָא לְהוּ ״בְּפָנַי נִכְתַּב וּבְפָנַי נֶחְתַּם״. תִּסְתַּיֵּים.

The Gemara suggests: **It may be concluded that Rabbi Yoḥanan is** the one **who said** that the agent must give the bill of divorce **in the presence of two** witnesses, **as Ravin bar Rav Ḥisda brought a bill of divorce before Rabbi Yoḥanan, and** Rabbi Yoḥanan **said to him: Go** and **give** the bill of divorce **to her in the presence of two** witnesses, **and say to them: It was written in my presence and it was signed in my presence.** The Gemara states: **It may be concluded** from here that Rabbi Yoḥanan was of this opinion.

לֵימָא בְּהָא קָמִיפַּלְגִי, דְּמַאן דַּאֲמַר בִּפְנֵי שְׁנַיִם, קָסָבַר: לְפִי שֶׁאֵין בְּקִיאִין לִשְׁמָהּ; וּמַאן דַּאֲמַר בִּפְנֵי שְׁלֹשָׁה, קָסָבַר: לְפִי שֶׁאֵין עֵדִים מְצוּיִין לְקַיְּימוֹ!

The Gemara suggests: **Let us say that they disagree about this** issue, **as the one who said** that the agent must deliver the bill of divorce **in the presence of two** witnesses **holds** that the reason is: **Because they are not experts** in writing a bill of divorce **for her sake.** Therefore, it is sufficient for there to be testimony that it was written for her sake. **And the one who said** that he must testify **in the presence of three** people **holds** that the reason is: **Because there are no witnesses available to ratify it.** Consequently, he must testify in the presence of three people, who are considered a court, as is the *halakha* for the ratification of all documents.

PERSONALITIES

Rabbi Shimon bar Abba – רַבִּי שִׁמְעוֹן בַּר אַבָּא: This is Rabbi Shimon, or Shemen, bar Abba HaKohen from the second generation of *amora'im* in Eretz Yisrael. Rabbi Shimon bar Abba emigrated from Babylonia where he had studied under Shmuel, who was also his relative. Although he came to Eretz Yisrael apparently while still young and was therefore able to study under Rabbi Ḥanina, he was primarily the outstanding disciple of his beloved teacher Rabbi Yoḥanan.

Much is stated in praise of Rabbi Shimon bar Abba's righteousness and wisdom. He lived a life of great hardship, and the verse: "Neither bread to the wise" (Ecclesiastes 9:11), was applied to him, not only in reference to his poverty but also due to the fact that an unfortunate set of circumstances prevented him from being ordained by Rabbi Yoḥanan, despite the fact that he was unquestionably one of the halakhic masters of his generation.

It is taught that Rabbi Shimon bar Abba married, one after another, the daughters of his first teacher Shmuel after they were captured and subsequently redeemed in Eretz Yisrael. Virtually all the disciples of Rabbi Yoḥanan were Rabbi Shimon bar Abba's colleagues, and the Sages of the next generation would regularly cite statements in Rabbi Shimon's name. Rabbi Shimon had a son, Rav Amram, who quoted halakhic rulings in the name of his father.

NOTES

And can you understand, etc. – וְתִסְבְּרָא וכו׳: Rashi says that this phrase should be omitted, as the Gemara is not challenging the prior assumption that Rabbi Yehoshua ben Levi is the one who says that the reason is because they are not experts in writing a bill of divorce for her sake. Even according to those who include this term it should not be interpreted as a challenge to that assumption. Rather, it refers to the details of the story itself, which indicates that Rabbi Shimon bar Abba was an individual agent, and yet Rabbi Yehoshua ben Levi did not require him, at any point in time, to say: It was written in my presence and it was signed in my presence.

HALAKHA

In the presence of how many must he give it to the woman – בִּפְנֵי כַּמָּה נוֹתְנוֹ לָהּ: An agent who brings a bill of divorce from a country overseas must give it to the woman in the presence of at least two people, and say before them: It was written in my presence and it was signed in my presence, in accordance with the opinion of Rabbi Yoḥanan, whose ruling is supported by the *baraita* (Rambam *Sefer Nashim*, *Hilkhot Geirushin* 7:5; *Shulḥan Arukh*, *Even HaEzer* 142:1).

וְתִסְבְּרָא? הָא מִדְּרַבִּי יְהוֹשֻׁעַ בֶּן לֵוִי אָמַר לְפִי שֶׁאֵין בְּקִיאִין לִשְׁמָהּ – רַבִּי יוֹחָנָן אָמַר לְפִי שֶׁאֵין עֵדִים מְצוּיִין לְקַיְּימוֹ; וְהָכָא הֵיכִי קָאָמַר רַבִּי יוֹחָנָן בִּפְנֵי שְׁנַיִם!

The Gemara rejects this argument: **And can you understand** it that way? **But from the fact that Rabbi Yehoshua ben Levi said,** as proven above, that the reason for the decree is **because they are not experts** in writing a bill of divorce **for her sake,** it follows that **Rabbi Yoḥanan,** who disagrees with him, **said** the reason is **because there are no witnesses available to ratify it. And** if so, **here, how can Rabbi Yoḥanan say** that it can be delivered **in the presence of two** people? If a court is needed to ratify the document, Rabbi Yoḥanan should require three people.

וְעוֹד, הָא רַבָּה אִית לֵיהּ דְּרָבָא!

And furthermore, it was demonstrated earlier that **Rabba is of** the opinion that the reason is also in accordance with the opinion **of Rava.** Consequently, even the one who says that this decree was enacted because they are not experts in writing a bill of divorce for the woman's sake still requires witnesses to ratify the document. If a court is necessary for this purpose, the presence of two people is not enough.

אֶלָּא, דְּכוּלֵּי עָלְמָא – בָּעֵינַן עֵדִים מְצוּיִין לְקַיְּימוֹ. וְהָכָא בְּשָׁלִיחַ נַעֲשֶׂה עֵד וְעֵד נַעֲשֶׂה דַּיָּין קָמִיפַּלְגִי, מַאן דַּאֲמַר בִּפְנֵי שְׁנַיִם, קָסָבַר: שָׁלִיחַ נַעֲשֶׂה עֵד וְעֵד נַעֲשֶׂה דַּיָּין, וּמַאן דַּאֲמַר בִּפְנֵי שְׁלֹשָׁה, קָסָבַר: שָׁלִיחַ נַעֲשֶׂה עֵד וְאֵין עֵד נַעֲשֶׂה דַּיָּין.

Rather, everyone agrees **that we require witnesses** who are **available to ratify it, and here they disagree** with regard to whether **an agent can become a witness**[H] to testify about the matter of his agency, **and** whether **a witness can become a judge**[N] for the matter about which he testified. The Gemara explains: **The one who said** that the agent must state the declaration **in the presence of two** witnesses **holds** that **an agent can become a witness, and a witness can become a judge.** Consequently, this agent can join with the other two people to form a court that ratifies the document. **And the one who said** that it must be delivered **in the presence of three holds** that **an agent can become a witness, but a witness cannot become a judge.** Therefore, the agent must issue his statement in the presence of three other people.

וְהָא קַיְימָא לַן בִּדְרַבָּנַן דְּעֵד נַעֲשֶׂה דַּיָּין!

The Gemara raises a difficulty: **But don't we maintain with regard to** matters **of rabbinic law that a witness can become a judge,**[H] and the ratification of documents is a requirement by rabbinic law?

אֶלָּא, הָכָא בְּהָא קָמִיפַּלְגִי, דְּמָר סָבַר: כֵּיוָן דְּאִשָּׁה כְּשֵׁירָה לְהָבִיא אֶת הַגֵּט, זִמְנִין דְּמַיְיתָא לֵיהּ אִיתְּתָא וְסָמְכִי עֲלַהּ.

Rather, the Gemara suggests that **here they disagree with regard to this** issue: **As one Sage,** Rabbi Ḥanina, who rules that a bill of divorce must be given in the presence of three people, **holds** that **since a woman** is also **fit to bring the bill of divorce** there is a concern that **sometimes a woman will bring it, and** those to whom the bill of divorce is delivered will **rely upon her.** They will not know that ordinarily an agent can testify in the presence of two people only because the agent himself joins with them. In this situation, as a woman cannot join the court, there is no court to receive the testimony and ratify the bill of divorce. Consequently, the Sages required the presence of three people in all cases.

וְאִידָךְ: אִשָּׁה – מֵידַע יָדְעִי וְלָא סָמְכִי עֲלַהּ.

And the other Sage, Rabbi Yoḥanan, holds that with regard to a **woman,** people **know** that a woman cannot serve as a judge **and they** would **not rely on her.** Instead they would bring a third person, and therefore there is no need to enact a decree due to this case.

תַּנְיָא כְּוָותֵיהּ דְּרַבִּי יוֹחָנָן: הַמֵּבִיא גֵּט מִמְּדִינַת הַיָּם, וּנְתָנוֹ לָהּ וְלֹא אָמַר לָהּ "בְּפָנַי נִכְתַּב וּבְפָנַי נֶחְתַּם" – יוֹצִיא, וְהַוָּלָד מַמְזֵר, דִּבְרֵי רַבִּי מֵאִיר;

The Gemara comments: It **is taught** in a *baraita* **in accordance with** the opinion of **Rabbi Yoḥanan,** who says that it is sufficient that the agent state his declaration before an additional two people: With regard to **one who brings a bill of divorce from a country overseas, and gave it to** the woman **but did not say to her: It was written in my presence and it was signed in my presence,** and she remarries, her second husband **must divorce** her, **and the offspring** of the second marriage **is a** ***mamzer***.[B] This is **the statement of Rabbi Meir.**

HALAKHA

An agent can become a witness – שָׁלִיחַ נַעֲשֶׂה עֵד: An agent can become a witness if he is not affected by his testimony, i.e., it does not relate to him personally, and if he does not have to take an oath to the one who sent him to exempt himself from any ensuing monetary obligations (Rambam *Sefer Nashim, Hilkhot Ishut* 3:16; *Shulḥan Arukh, Even HaEzer* 35:2 and *Ḥoshen Mishpat* 121:9).

With regard to matters of rabbinic law a witness can become a judge – בִּדְרַבָּנַן עֵד נַעֲשֶׂה דַּיָּין: A witness can become a judge in a matter involving rabbinic law (Rambam *Sefer Shofetim, Hilkhot Edut* 5:9; *Shulḥan Arukh, Ḥoshen Mishpat* 7:5, and in the comment of Rema).

NOTES

A witness can become a judge – עֵד נַעֲשֶׂה דַּיָּין: Some explain that the reason a witness cannot become a judge, which is certainly the case with regard to matters of Torah law, is due to the verse: "Then both the men, between whom the controversy is, shall stand before the Lord" (Deuteronomy 19:17), i.e., before the judges. This indicates that a witness himself cannot be a judge, as all the other men in court must stand before the judge (Rashbam on *Bava Batra* 114a; *Tosafot* on *Ketubot* 21b). Others say that since a judge will not allow the disqualification of his own testimony, it is testimony that cannot be rendered as false or conspiratory testimony, which is not valid (*Tosafot* on *Ketubot* 21b).

BACKGROUND

***Mamzer* – מַמְזֵר:** A *mamzer* is a child born from an adulterous or incestuous relationship, i.e., a child born from sexual intercourse between a married woman and a man other than her husband, or between relatives who are subject to a prohibition by Torah law carrying the punishment of *karet* for engaging in sexual intercourse. An exception to this *halakha* is offspring conceived with a menstruating woman, with whom sexual intercourse is subject to a prohibition by Torah law carrying the punishment of *karet*. The offspring of an unmarried couple is not a *mamzer*.

A *mamzer* is halakhically considered a child of his parents in all respects. A *mamzer* may marry only a female *mamzeret* or a convert to Judaism. Likewise, a female *mamzeret* may marry only a *mamzer* or a convert. The offspring of that union is a *mamzer* as well.

וַחֲכָמִים אוֹמְרִים אֵין הַוָּלָד מַמְזֵר. כֵּיצַד יַעֲשֶׂה? יִטְּלֶנּוּ הֵימֶנָּה, וְיַחֲזוֹר וְיִתְּנֶנּוּ לָהּ בִּפְנֵי שְׁנַיִם וְיֹאמַר ״בְּפָנַי נִכְתַּב וּבְפָנַי נֶחְתַּם״.

And the Rabbis say: The offspring is not a *mamzer*.[N] **How should** the agent **act**[N] to remedy the situation? He should return, **take** the bill of divorce **from her,**[N] **and again give it to her**[H] **in the presence of two** witnesses, **and he should say: It was written in my presence and it was signed in my presence.** Although the dispute in this *baraita* is referring to a different issue, it mentions incidentally that the document must be transmitted in the presence of two people, not three.

וְרַבִּי מֵאִיר מִשּׁוּם דְּלָא אָמַר ״בְּפָנַי נִכְתַּב וּבְפָנַי נֶחְתַּם״ יוֹצִיא וְהַוָּלָד מַמְזֵר?

After citing the *baraita* the Gemara asks: **And Rabbi Meir,** does he maintain that merely **because** the agent **did not say: It was written in my presence and it was signed in my presence,** the second husband **must divorce** her **and the offspring is a *mamzer*?** Is the *halakha* so strict that the divorce is invalidated even if the witness actually saw the writing and signing of the bill of divorce, and simply neglected to state the declaration?

אִין, רַבִּי מֵאִיר לְטַעֲמֵיהּ, דַּאֲמַר רַב הַמְנוּנָא מִשְּׁמֵיהּ דְּעוּלָּא: אוֹמֵר הָיָה רַבִּי מֵאִיר כׇּל הַמְשַׁנֶּה מִמַּטְבֵּעַ שֶׁטָּבְעוּ חֲכָמִים בְּגִיטִּין – יוֹצִיא, וְהַוָּלָד מַמְזֵר.

The Gemara answers: **Yes,** as **Rabbi Meir** conforms **to his** own line of **reasoning** with regard to this issue. **As Rav Hamnuna said in the name of Ulla: Rabbi Meir would say** that in **any** case where **one who deviates from the formula coined by the Sages with regard to bills of divorce,** and the woman married despite this, the second husband **must divorce** the woman who married him on the basis of that bill of divorce, **and the offspring is a *mamzer*.**

בַּר הַדָּיָא בָּעֵי לְאַתּוּיֵי גִּיטָּא, אֲתָא לְקַמֵּיהּ דְּרַבִּי אַחַי דַּהֲוָה מְמוּנֶּה אַגִּיטֵּי. אֲמַר לֵיהּ צָרִיךְ אַתָּה לַעֲמוֹד עַל כׇּל אוֹת וְאוֹת. אֲתָא לְקַמֵּיהּ דְּרַבִּי אַמִי וְרַבִּי אַסִי. אָמְרִי לֵיהּ: לָא צְרִיכַתְּ.

§ The Gemara relates: **Bar Haddaya**[P] **sought to bring a bill of divorce** from one country to another. **He came before Rabbi Aḥai, who was appointed over bills of divorce**[B] in his location to ask him how to proceed. Rabbi Aḥai **said to him: You are required to stand over each and every letter** when the scribe writes the bill of divorce, to see that everything is performed in the correct manner. Bar Haddaya **came before Rabbi Ami and Rabbi Asi** to ask if this is required, and **they said to him: You are not required** to do this; rather, it is enough for you to be present and oversee in general that it is done in the proper manner.

וְכִי תֵּימָא אַעֲבֵיד לְחוּמְרָא, נִמְצָא אַתָּה מוֹצִיא לַעַז עַל גִּיטִּין הָרִאשׁוֹנִים.

And if you would say: I will act stringently, in accordance with the opinion of Rabbi Aḥai, then **you are casting aspersions on the earlier bills of divorce,** i.e., bills of divorce written in previous generations, as the agents who delivered them did not examine them to this extent.

רַבָּה בַּר בַּר חָנָה אַיְיתֵי גִּיטָּא, פַּלְגָּא אִיכְּתַב קַמֵּיהּ וּפַלְגָּא לָא אִיכְּתַב קַמֵּיהּ. אֲתָא לְקַמֵּיהּ דְּרַבִּי אֶלְעָזָר, אֲמַר לֵיהּ: אֲפִילּוּ לֹא כָּתַב בּוֹ אֶלָּא שִׁיטָה אַחַת לִשְׁמָהּ, שׁוּב אֵינוֹ צָרִיךְ. רַב אַשִׁי אֲמַר:

The Gemara further relates: **Rabba bar bar Ḥana brought a bill of divorce, half of** which **was written in his presence and half of** which **was not written in his presence. He came before Rabbi Elazar** to clarify the *halakha* in this case. Rabbi Elazar **said to him: Even** if the scribe **wrote only one line of it**[H] **for her sake** in the presence of the agent, **he is no longer required** to observe further, as it can be assumed that he wrote all of it for her sake. **Rav Ashi said:**

NOTES

The offspring is not a *mamzer* – אֵין הַוָּלָד מַמְזֵר: According to the Rambam, not only is the child of fit lineage but the second husband is not even required to divorce her. *Tosafot* indicate that if there is no other testimony that ratifies the bill of divorce, then if she remarried she must be divorced.

How should he act – כֵּיצַד יַעֲשֶׂה: Some commentaries maintain that this advice is stated according to the opinion of both the Rabbis and Rabbi Meir. According to the Rabbis this is an instruction as to how the agent should proceed so that the woman can remarry *ab initio*, whereas according to Rabbi Meir it explains what one should do before the marriage so that the child will not be a *mamzer*, despite the fact that after the mother's remarriage nothing can be done (*Tosafot*). Others cite opinions that maintain that even after the marriage he can give the bill of divorce a second time according to the opinion of Rabbi Meir, provided that she has not become pregnant (Meiri). Yet others state even more than this, that even if she gave birth to a *mamzer*, if the agent subsequently gives her the bill of divorce a second time it is not necessary for her to leave her husband (Rabbeinu Crescas Vidal).

He should take it from her – יִטְּלֶנּוּ הֵימֶנָּה: The early commentaries learn from here that this statement must be issued specifically at the time that the bill of divorce is given, or immediately afterward. Therefore, the agent cannot say that it was written and signed in his presence, without first taking the bill of divorce and giving it to her again. The Rid explains that he must state the declaration when acting in the capacity of an agent. The Ramah writes that it must be said specifically in the presence of the woman herself. Some early commentaries cite the Ramah as stating that if witnesses of transmission were present, and the bill of divorce was given in their presence, the agent does not need to take it from her and give it to her again. Rather, he can simply declare: It was written in my presence and it was signed in my presence, before two other witnesses. This indicates that the requirement to take it from her and give it to her a second time is due to a different reason, which is that the declaration must be issued in the presence of the witnesses of transmission (Rabbeinu Crescas Vidal).

HALAKHA

He should take it from her and again give it to her, etc. – יִטְּלֶנּוּ הֵימֶנָּה וְיַחֲזוֹר וְיִתְּנֶנּוּ לָהּ וכו׳: With regard to an agent who brings a bill of divorce from outside of Eretz Yisrael and gave it to the woman when they are alone, or gave it to her in the presence of two witnesses, but did not say: It was written in my presence and it was signed in my presence, or he did not state this declaration in the presence of the woman, or he did not say it immediately after he gave her the bill of divorce, in all of these cases he should take the bill of divorce from her, even if she has already remarried, and give it to her again in the presence of two witnesses. At this stage he should say: It was written in my presence and it was signed in my presence, in accordance with the opinion of the Rabbis (Rambam *Sefer Nashim, Hilkhot Geirushin* 7:17; *Shulḥan Arukh, Even HaEzer* 142:7).

Even if he wrote only one line of it, etc. – אֲפִילּוּ לֹא כָּתַב בּוֹ אֶלָּא שִׁיטָה אַחַת וכו׳: It is not necessary for an agent to be present for the entire writing of a bill of divorce. Provided that part of the initial composition of the document was performed in his presence, even if it was only one line, he can say: It was written in my presence and it was signed in my presence, when he delivers the bill of divorce. The *halakha* is in accordance with the opinion of Rabbi Elazar. An agent may not act stringently by insisting on being present for the entire writing of the bill of divorce, so as not to cast aspersions on the bills of divorce used in the previous generations, in accordance with the opinions of Rabbi Ami and Rabbi Asi (Rambam *Sefer Nashim, Hilkhot Geirushin* 7:12; *Shulḥan Arukh, Even HaEzer* 142:15).

PERSONALITIES

Bar Haddaya – בַּר הַדָּיָא: There was a man named bar Haddaya who interpreted dreams for Abaye and Rava (see *Berakhot* 56b) and who met a gruesome death. While it is plausible that he bore this name as the son of Haddaya, there is evidence that the entire name, bar Haddaya, was his moniker. A *bar haddaya* is a type of hawk (see *Arukh*, citing *Ḥullin* 63a) that is noted for its exceptional vision and, therefore, its ability to spot prey from a great distance. Perhaps his name indicates that as an interpreter of dreams he possessed the ability to see the fulfillment of others' dreams, far into the future. However, the end of the incident related in tractate *Berakhot* indicates that his skill was actually to declare one's future and have it come true. While it is unlikely that the bar Haddaya mentioned here is the same man mentioned in tractate *Berakhot*, some suggest that the person mentioned in this Gemara was referred to by this name because he was known for his great vision.

BACKGROUND

Appointed over bills of divorce – מְמוּנֶּה אַגִּיטֵּי: There are many essential details involved in writing a bill of divorce. Even a minor mistake in the writing of a name can render this document invalid. For this reason, and due to the severity of the prohibition of engaging in sexual intercourse with a married woman, and in light of the damage that could be caused if a woman remarried on the basis of an invalid bill of divorce, organized communities would seek out Sages who were experts in the details of the *halakhot* of bills of divorce. These Sages were appointed by the community or the court to deal with all matters involving divorce. Over the generations it eventually became established that only qualified courts were allowed to handle divorce cases *ab initio*.

אֲפִילּוּ קַן קוּלְמוּסָא וְקַן מְגִילְתָּא.

Even if he **heard the sound of the quill** [*kulmusa*][NHL] **and the sound of the scroll** when the scribe was writing the bill of divorce for the sake of that woman, this is sufficient.

תַּנְיָא כְּוָותֵיהּ דְּרַב אַשִׁי: הַמֵּבִיא גֵּט מִמְּדִינַת הַיָּם, אֲפִילּוּ הוּא בַּבַּיִת וְסוֹפֵר בַּעֲלִיָּיה, הוּא בַּעֲלִיָּיה וְסוֹפֵר בַּבַּיִת, אֲפִילּוּ נִכְנָס וְיוֹצֵא כָּל הַיּוֹם כּוּלּוֹ – כָּשֵׁר.

It **is taught** in a *baraita* **in accordance with** the opinion of **Rav Ashi:** With regard to **one who brings a bill of divorce from a country overseas, even if he** was **in the house but the scribe** was **in the loft** writing the bill of divorce, or if **he** was **in the loft and the scribe** was **in the house** writing the bill of divorce, and **even if he** was **entering and exiting the entire day** the bill of divorce is **valid** and he can testify that it was written properly.

הוּא בַּבַּיִת וְסוֹפֵר בַּעֲלִיָּיה הָא לָא קָא חָזֵי לֵיהּ! אֶלָּא לָאו כְּגוֹן דִּשְׁמַע קַן קוּלְמוּסָא וְקַן מְגִילְתָּא.

The Gemara notes: If **he** was **in the house and the scribe** was **in the loft, he does not see him**[N] at all. **Rather, is it not** correct to say that the *baraita* is speaking about a case **where he heard the sound of the quill and the sound of the scroll?** This is a proof which supports the statement of Rav Ashi.

אָמַר מָר: אֲפִילּוּ נִכְנָס וְיוֹצֵא כָּל הַיּוֹם כּוּלּוֹ – כָּשֵׁר. מַאן? אִילֵימָא שָׁלִיחַ, הַשְׁתָּא הוּא בַּבַּיִת וְסוֹפֵר בַּעֲלִיָּיה דְּלָא חָזֵי לֵיהּ – אָמְרַתְּ כָּשֵׁר, נִכְנָס וְיוֹצֵא מִיבָּעֲיָא? אֶלָּא סוֹפֵר? פְּשִׁיטָא! מִשּׁוּם דְּנִכְנָס וְיוֹצֵא נִפְסְלִינֵיהּ?

The Master said above, in the *baraita*: **Even if he** was **entering and exiting the entire day,** the bill of divorce is **valid.** The Gemara asks: **Who** is the one entering and exiting? **If we say** that this is referring to the **agent,** who is required to later testify about the bill of divorce, **now** that in the case where **he** was **in the house and the scribe** was **in the loft, when** the agent **does not see** the scribe at all and nevertheless **you said** that the bill of divorce is **valid, is it necessary** to say that it is valid when **he** was **entering and exiting** the place where the bill of divorce was written? **Rather,** perhaps this is referring to the **scribe** himself, i.e., he enters and exits all day and does not write the bill of divorce in one uninterrupted act. The Gemara asks: This *halakha* **is obvious,** as **would we render** the bill of divorce **invalid** merely **because he** was **entering and exiting?**

לָא צְרִיכָא, דִּנְפַק לְשׁוּקָא וַאֲתָא. מַהוּ דְּתֵימָא? אִינִישׁ אַחֲרִינָא אַשְׁכְּחֵיהּ וַאֲמַר לֵיהּ. קָא מַשְׁמַע לָן.

The Gemara answers: **No,** it is **necessary** to teach the *halakha* in a case **where** the scribe **exited** the house **to** go to **the market and returned**[H] to continue writing the bill of divorce. **Lest you say** that perhaps while he was in the market **another person found him and told him** to write a bill of divorce on his behalf, and he is now writing a bill of divorce for the sake of a woman other than the one for which he was writing it at the outset, the *baraita* therefore **teaches us** that this possibility is disregarded and the bill of divorce is valid.

אִיתְּמַר: בָּבֶל – רַב אָמַר: כְּאֶרֶץ יִשְׂרָאֵל לְגִיטִּין, וּשְׁמוּאֵל אָמַר: כְּחוּצָה לָאָרֶץ.

§ **It was stated** that the *amora'im* disagreed concerning the status of Babylonia with regard to the *halakhot* of bills of divorce: **Rav says** that **Babylonia** is considered to be **like Eretz Yisrael**[N] **with regard to bills of divorce,**[H] **and Shmuel says** that it is considered **like outside of Eretz** Yisrael.

לֵימָא בְּהָא קָא מִיפַּלְגִי, דְּמָר סָבַר: לְפִי שֶׁאֵין בְּקִיאִין לִשְׁמָהּ, וְהָנֵי גְּמִירִי, וּמָר סָבַר לְפִי שֶׁאֵין עֵדִים מְצוּיִין לְקַיְּימוֹ, וְהָנֵי נַמִי לָא שְׁכִיחִי!

The Gemara suggests: **Shall we say** that Rav and Shmuel **disagree with regard to this, that** one Sage, Rav, **holds** that the reason an agent is required to say: It was written in my presence and it was signed in my presence, is **because they are not experts** in writing a bill of divorce **for her sake, and these** Babylonians **are learned.**[N] **And** one Sage, Shmuel, **holds** that the reason is **because there are no witnesses available to ratify it, and these** Babylonians **are also not frequently** available.

וְתִסְבְּרָא? הָא רַבָּה אִית לֵיהּ דְּרָבָא!

The Gemara rejects this suggestion: **And can you understand it** that way? **But** it was already stated above that **Rabba,** who says that the concern is whether the document was written for her sake, **is of** the opinion that the reason is also in accordance with the opinion **of Rava,** who maintains that witnesses are also required to ratify the bill of divorce. Therefore, even if Babylonians are knowledgeable about writing a bill of divorce for the woman's sake, Babylonia should be treated like anywhere else outside of Eretz Yisrael because witnesses are not readily available.

NOTES

The sound of the quill – קַן קוּלְמוּסָא: According to one explanation of Rashi this refers to the preparation of the quill. Others maintain that the reference is to the preparation of both the quill and the scroll (Rav Hai Gaon). The commentaries explain that this does not mean that this preparation must be for the woman's sake. Rather, it can be assumed that because the scribe began preparing the bill of divorce for her sake, he did everything in the correct manner (Rosh). Alternatively, it means that he hears the sound of the scraping of the quill and the rustling of the scroll as the document is written (Rashi; Rid).

He does not see him – הָא לָא קָא חָזֵי לֵיהּ: Some early commentaries note that the Gemara focuses on the case where the agent is in the house and the scribe is in the loft, as it can be assumed that he cannot see who is above him. The opposite example cannot serve as a proof, as someone in the loft can look down and observe (Rid; Rabbeinu Crescas Vidal). With regard to the difference between this case and that of a blind person, who may not deliver a bill of divorce (see 23a), the commentaries explain that a blind man cannot state: It was written in my presence (*Tosefot HaRosh*; see *Tosafot*).

Babylonia is like Eretz Yisrael – בָּבֶל...כְּאֶרֶץ יִשְׂרָאֵל: Nearly all the early commentaries explain that this means that when one brings a bill of divorce from one country to another within the Babylonian Empire he does not need to state the declaration. However, Rav's statement does not apply to one who brings a bill of divorce from Babylonia to Eretz Yisrael or the reverse.

And these are learned – וְהָנֵי גְּמִירִי: The commentaries explain that there is no concern that the matter will return to its corrupt state in Babylonia, as Babylonia differs from other places overseas. In the latter Torah study was relatively uncommon, whereas Babylonia was a Torah center equivalent to Eretz Yisrael (*Tosefot Ḥakhmei Angliyya*).

HALAKHA

The sound of the quill – קַן קוּלְמוּסָא: Even if the agent heard only the sound of the writing of the bill of divorce, provided that the witnesses signed in his presence he can declare: It was written in my presence and it was signed in my presence, in accordance with the opinion of Rav Ashi (Rambam *Sefer Nashim, Hilkhot Geirushin* 7:12; *Shulḥan Arukh, Even HaEzer* 142:15).

Where he exited to the market and returned – דִּנְפַק לְשׁוּקָא וַאֲתָא: If the scribe left for the market and returned, there is no concern that another person might have found him and instructed him to write a bill of divorce for the sake of his wife (Rambam *Sefer Nashim, Hilkhot Geirushin* 7:12; *Shulḥan Arukh, Even HaEzer* 142:15).

Babylonia is like Eretz Yisrael with regard to bills of divorce – בָּבֶל...כְּאֶרֶץ יִשְׂרָאֵל לְגִיטִּין: Babylonia is treated like Eretz Yisrael with regard to bills of divorce. Therefore, one who brings a bill of divorce from one place to another within Babylonia is not required to say: It was written in my presence and it was signed in my presence. This ruling is due to the general principle that the *halakha* is in accordance with the opinion of Rav in cases involving prohibitions (Rambam *Sefer Nashim, Hilkhot Geirushin* 7:10).

LANGUAGE

Quill [*kulmusa*] – קוּלְמוּסָא: From the Greek κάλαμος, *kalamos*, meaning reed, especially a reed used for writing or a kind of quill.

אֶלָּא, דְּכוּלֵּי עָלְמָא בָּעֵינַן לְקַיְּימוֹ, רַב סָבַר: כֵּיוָן דְּאִיכָּא מְתִיבָתָא – מִישְׁכַּח שְׁכִיחִי, וּשְׁמוּאֵל סָבַר: מְתִיבָתָא בְּגִירְסַיְיהוּ טְרִידִי.

Rather, everyone agrees that **we require** witnesses **to ratify it,** and they disagree with regard to this: **Rav holds** that **since there are** central **academies** where people study, witnesses **are frequently** available to ratify bills of divorce. **And Shmuel holds** that those studying in the **academies are preoccupied by their studies;** therefore, they cannot be used as witnesses to confirm a bill of divorce, as they will not recognize peoples' signatures.

אִיתְּמַר נַמִי, אָמַר רַבִּי אַבָּא אָמַר רַב הוּנָא: עָשִׂינוּ עַצְמֵינוּ בְּבָבֶל כְּאֶרֶץ יִשְׂרָאֵל לְגִיטִּין, מִכִּי אֲתָא רַב לְבָבֶל.

It was also stated that **Rabbi Abba says** that **Rav Huna says: We made ourselves in Babylonia like Eretz Yisrael with regard to bills of divorce, from** the time **when Rav came to Babylonia.**[N]

מְתִיב רַבִּי יִרְמְיָה, רַבִּי יְהוּדָה אוֹמֵר: מֵרֶקֶם לַמִּזְרָח, וְרֶקֶם – כַּמִּזְרָח; מֵאַשְׁקְלוֹן לַדָּרוֹם, וְאַשְׁקְלוֹן – כַּדָּרוֹם; מֵעַכּוֹ לַצָּפוֹן, וְעַכּוֹ – כַּצָּפוֹן; וְהָא בָּבֶל לִצְפוֹנָהּ דְּאֶרֶץ יִשְׂרָאֵל קַיְימָא, דִּכְתִיב: "וַיֹּאמֶר ה׳ אֵלָי מִצָּפוֹן תִּפָּתַח הָרָעָה",

Rabbi Yirmeya raises an objection from the mishna: **Rabbi Yehuda says: From Rekem eastward** is considered to be part of the overseas country, **and Rekem** itself **is like east** of Eretz Yisrael. **From Ashkelon southward** is outside of Eretz Yisrael, **and Ashkelon** itself **is like south** of Eretz Yisrael. **From Akko northward** is outside of Eretz Yisrael, **and Akko** itself **is like north** of Eretz Yisrael. Rabbi Yirmeya explains his objection: **But Babylonia is situated north of Eretz Yisrael, as it is written** with regard to the destruction that will come through Babylonia: **"Then the Lord said to me: Out of the north the evil shall break forth"** (Jeremiah 1:14).

וּתְנַן, רַבִּי מֵאִיר אוֹמֵר: עַכּוֹ – כְּאֶרֶץ יִשְׂרָאֵל לְגִיטִּין. וַאֲפִילּוּ רַבִּי מֵאִיר לָא קָאָמַר אֶלָּא בְּעַכּוֹ דְּמִקַּרְבָא, אֲבָל בָּבֶל דְּמִרַחֲקָא – לָא! הוּא מוֹתִיב לָהּ, וְהוּא מְפָרֵק לָהּ: לְבַר מִבָּבֶל.

And we further **learned** in the mishna that **Rabbi Meir says: Akko is like Eretz Yisrael with regard to bills of divorce, and even Rabbi Meir said** this **only with regard to Akko, which is close** to Eretz Yisrael. **However,** with regard to **Babylonia, which is far** from Eretz Yisrael, **no,** he did not dispute the ruling that it is not considered part of Eretz Yisrael. The Gemara explains: Rabbi Yirmeya **raised** the objection **and he resolved it** himself: This border of Eretz Yisrael was stated **with the exception of Babylonia.**

עַד הֵיכָן הִיא בָּבֶל? אָמַר רַב פַּפָּא: כְּמַחֲלוֹקֶת לְיוּחֲסִין כָּךְ מַחֲלוֹקֶת לְגִיטִּין. וְרַב יוֹסֵף אָמַר: מַחֲלוֹקֶת לְיוּחֲסִין, אֲבָל לְגִיטִּין דִּבְרֵי הַכֹּל עַד אַרְבָּא תִּנְיָינָא דְּגִישְׁרָא.

The Gemara inquires: **Until where is Babylonia?**[B] In other words, what are the boundaries of Babylonia with regard to this issue? **Rav Pappa says:** Just as there is **a dispute** concerning the boundaries of Babylonia **with regard to lineage** (*Kiddushin* 72a), as Babylonian Jews were considered to have a more prestigious lineage than those of Eretz Yisrael, **so is** there the same **dispute with regard to bills of divorce. And Rav Yosef says:** The **dispute** that is stated there applies only **to lineage. However, with regard to bills of divorce, everyone agrees** that the boundary of Babylonia is **until the second arch**[N] **of the bridge** over the Euphrates River.

NOTES

From when Rav came to Babylonia – מִכִּי אֲתָא רַב לְבָבֶל: Rashi explains that when Rav immigrated to Babylonia he established a large academy there, which led to a significant increase in Torah study. Consequently, Babylonia could be considered like Eretz Yisrael. *Tosafot* question this explanation, as if the key factor was the presence of Rav himself, why is an objection raised against this opinion from the mishna, which was taught before Rav arrived in Babylonia? *Tosafot* explain that when Rav came to Babylonia he ruled that as Babylonia was a large and ancient Torah center from the time of King Jehoiachin, no distinction can be made between Babylonia and Eretz Yisrael. Some explain that the phrase: From when Rav came, does not refer to the *amora* Rav. Rather, it means when rabbis in general came, i.e., from the exile of Jehoiachin (see *Tosafot* and *Tosefot Ḥakhmei Angliyya*).

The second arch – אַרְבָּא תִּנְיָינָא: Rashi explains that this refers to the second arch near the bridge. Others explain: Until the place where the second ship is tied on the side of the bridge (*Arukh*).

BACKGROUND

Until where is Babylonia – עַד הֵיכָן הִיא בָּבֶל: The Jewish community in Babylonia, founded when King Jehoiachin was sent into exile to Babylonia by Nebuchadnezzar, was initially comprised of several noble and learned families that were exiled there together with Jehoiachin (see II Kings, chapter 24). For this reason Babylonian Jewry was held in very high esteem, both in terms of its lineage and its Torah scholarship.

Over the generations the Jewish population of Babylonia grew and was joined by emigrants from different countries. Furthermore, the Jewish communities spread to different regions. The Sages of Babylonia defined in great detail which parts of Babylonian Jewry preserved the purity of their lineage and were considered to be of the noblest descent (see *Kiddushin* 71b). This careful preservation of lineage was largely due to the existence of courts of a certain stature that could guard the records of their ancestry. For this reason it can be said that the borders of Babylonia with regard to ancestry are the same as its borders with regard to the extent of Torah knowledge in these areas.

רַב חִסְדָּא מַצְרִיךְ מֵאַקְטֵיסְפוֹן לְבֵי אַרְדְּשִׁיר, וּמִבֵּי אַרְדְּשִׁיר לְאַקְטֵיסְפוֹן לָא מַצְרִיךְ. לֵימָא, קָסָבַר: לְפִי שֶׁאֵין בְּקִיאִין לִשְׁמָהּ, וְהָנֵי גְּמִירִי!

The Gemara relates: **Rav Ḥisda required** even those who delivered bills of divorce **from Akteisfon to Bei Ardeshir**[B] to say: It was written in my presence and it was signed in my presence. **But** for bills of divorce brought **from Bei Ardeshir to Akteisfon he did not require** this declaration. The Gemara asks: **Shall we say** that **he holds** that the reason an agent is required to say that it was written and it was signed in his presence, is **because they are not experts** in writing a bill of divorce **for her sake, and these** residents of Bei Ardeshir are **learned** in this matter?

וְתִסְבְּרָא? וְהָא רַבָּה אִית לֵיהּ דְּרָבָא! אֶלָּא, דְּכוּלֵּי עָלְמָא בָּעֵינַן לְקַיְּימוֹ, וְהָנֵי כֵּיוָן דְּאָזְלִי לְשׁוּקָא לְהָתָם – הָנָךְ יָדְעִי בַּחֲתִימוֹת יָדָא דְּהָנֵי,

The Gemara asks: **And can you understand** it that way? **But Rabba is of** the opinion that the reason is also in accordance with the opinion **of Rava,** that it is necessary to ratify a bill of divorce. **Rather, everyone** agrees **that we require** the presence of two witnesses **to ratify** the document, **and** with regard to **these** residents of Bei Ardeshir, **since they go to the market there,** in Akteisfon, **these** residents of Akteisfon **recognize the signatures of these** inhabitants of Bei Ardeshir.

וְהָנֵי בִּדְהָנָךְ לָא יָדְעִי, מַאי טַעֲמָא בְּשׁוּקַיְיהוּ טְרִידִי.

But these residents of Bei Ardeshir **do not recognize** the signatures **of these** residents of Akteisfon. **What is the reason** for this? **They are preoccupied by their market** business, as they are buying and selling their merchandise, and therefore they are not familiar with the signatures of the residents of Akteisfon.

רַבָּה בַּר אֲבוּהּ מַצְרִיךְ מֵעַרְסָא לְעַרְסָא. רַב שֵׁשֶׁת מַצְרִיךְ מִשְּׁכוּנָה לִשְׁכוּנָה. וְרָבָא מַצְרִיךְ בְּאוֹתָהּ שְׁכוּנָה.

§ The Gemara relates that **Rabba bar Avuh would require** that an agent state the declaration even when transmitting a bill of divorce **from** one **side** of the public domain **to** the other **side** [*me'arsa le'arsa*].[L] **Rav Sheshet required** that an agent state the declaration even when transmitting a bill of divorce **from** one **group** of houses **to** another **group** of houses on the same side of the public domain. **And Rava required** that an agent state the declaration even when transmitting a bill of divorce **within the same group** of houses.

וְהָא רָבָא הוּא דְּאָמַר לְפִי שֶׁאֵין עֵדִים מְצוּיִין לְקַיְּימוֹ! שָׁאנֵי בְּנֵי מְחוֹזָא, דְּנַיְידִי.

The Gemara asks: **But Rava is** the one **who said** that the reason an agent must state the declaration is **because there are no witnesses available to ratify it,** so why would he require the declaration even when transmitting a bill of divorce within the same group of houses? The Gemara explains: Rava issued this decree only with regard to his city of Meḥoza. The reason is that **the residents of Meḥoza**[B] **are different, as they are** constantly **mobile,**[NH] and do not stay in one place. Therefore, it is possible that the witnesses who were present when the bill of divorce was written have already moved elsewhere.

רַב חָנִין מִישְׁתַּעֵי: רַב כָּהֲנָא אַיְיתֵי גִּיטָּא, וְלָא יָדַעְנָא אִי מִסּוּרָא לִנְהַרְדְּעָא אִי מִנְּהַרְדְּעָא לְסוּרָא. אֲתָא לְקַמֵּיהּ דְּרַב, אֲמַר לֵיהּ: צְרִיכְנָא לְמֵימַר ״בְּפָנַי נִכְתַּב וּבְפָנַי נֶחְתַּם״ אוֹ לָא צְרִיכְנָא? אֲמַר לֵיהּ: לָא צְרִיכַתְּ,

Rav **Ḥanin relates: Rav Kahana brought a bill of divorce, and I do not know if** he brought it **from Sura to Neharde'a** or **if** he brought it **from Neharde'a to Sura. He came before Rav** and **said to him: Am I required to say: It was written in my presence and it was signed in my presence, or am I not required** to state this declaration? Rav **said to him: You are not required** to do so.

BACKGROUND

From Akteisfon to Bei Ardeshir – מֵאַקְטֵיסְפוֹן לְבֵי אַרְדְּשִׁיר: These two cities, situated approximately 25 km southeast of Baghdad, faced each other on either side of the Tigris River. Apparently, they were ancient cities whose names had been changed. According to the Talmud, Akteisfon, or Ctesiphon, Κτησφών, is the biblical Resen. Ardeshir is Sikikiya, or Salvikiya, on the Tigris River. This city was called Ardeshir after the Persian king Ardeshir, the first leader of the Sassanid dynasty.

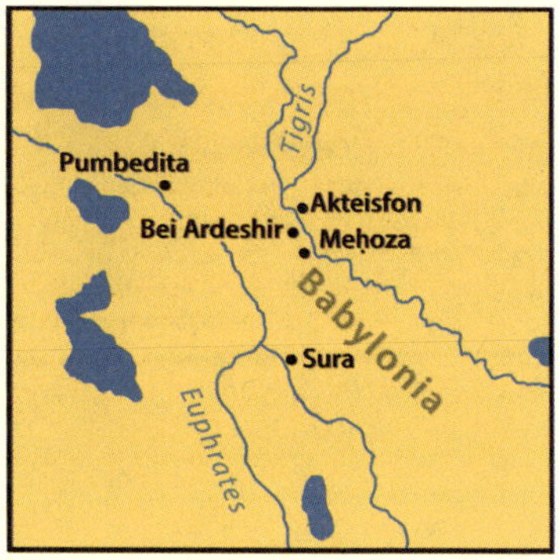

Location of Akteisfon and Bei Ardeshir

The residents of Meḥoza – בְּנֵי מְחוֹזָא: During the talmudic period the city of Meḥoza was an important commercial center. Many of its Jewish residents were merchants, some even very wealthy ones. Their involvement in business led them to move around between various places both near and far, unlike the more stationary Jews of other places, who were farmers or artisans.

LANGUAGE

From one side to the other side [*me'arsa le'arsa*] – מֵעַרְסָא לְעַרְסָא: The source of the term *arsa* is unclear, and its definition is also a matter of dispute. Everyone agrees that an *arsa* is larger than a *shekhuna*, a group of houses, as the latter refers to several houses alongside each other while the former is either a row of houses (Rashi) or a city quarter (*Arukh*).

NOTES

The residents of Meḥoza are different as they are mobile – שָׁאנֵי בְּנֵי מְחוֹזָא דְּנַיְידִי: Rashi explains that as they are preoccupied by their business and are constantly traveling, they are unfamiliar with their neighbors' signatures. Others state that as they are constantly traveling it is likely that those witnesses who are familiar with these signatures will be absent, and the woman will be unable to find the witnesses when they are needed (*Tosafot*).

HALAKHA

The residents of Meḥoza are different as they are mobile – שָׁאנֵי בְּנֵי מְחוֹזָא דְּנַיְידִי: In the present, people everywhere travel from place to place, as they generally do not have an established ancestral land. Therefore, it is necessary to state: It was written in my presence and it was signed in my presence, everywhere, including Eretz Yisrael. The Rema, citing Rabbeinu Tam, maintains that it is even necessary to state the declaration when transferring a bill of divorce within the same city (*Shulḥan Arukh, Even HaEzer* 142:1).

וְאִי עָבְדַתְּ אַהֲנִית. מַאי "אִי עָבְדַתְּ אַהֲנִית"? דְּאִי אָתֵי בַּעַל מְעַרְעֵר – לָא מַשְׁגְּחִינַן בֵּיהּ.

But if you do this then **you provide benefit.** The Gemara asks: **What** is the meaning of the expression: **If you do** this **you provide benefit?** This means **that if the husband comes** to **contest**[H] the validity of the bill of divorce, **we pay no attention to him** and his claim.

כִּדְתַנְיָא: מַעֲשֶׂה בְּאָדָם אֶחָד שֶׁהֵבִיא גֵּט לִפְנֵי רַבִּי יִשְׁמָעֵאל. אָמַר לוֹ: צָרִיךְ אֲנִי לוֹמַר "בְּפָנַי נִכְתַּב וּבְפָנַי נֶחְתַּם" אוֹ אֵינִי צָרִיךְ? אָמַר לוֹ: בְּנִי, מֵהֵיכָן אַתָּה? אָמַר לוֹ: רַבִּי, מִכְּפַר סִיסַאי אֲנִי. אָמַר לוֹ: צָרִיךְ אַתָּה לוֹמַר "בְּפָנַי נִכְתַּב וּבְפָנַי נֶחְתַּם", שֶׁלֹּא תִּיזָּקֵק לְעֵדִים.

As it is taught in the *Tosefta* (1:3): **An incident** occurred **involving a man who brought a bill of divorce before Rabbi Yishmael,**[P] and **said to him: Am I required to say: It was written in my presence and it was signed in my presence, or am I not required** to state that declaration? Rabbi Yishmael **said to him: My son, where are you from? He said to** Rabbi Yishmael: **My teacher, I am from the village of Sisai.**[B] Rabbi Yishmael **said to him: You are required to say: It was written in my presence and it was signed in my presence, so** that **you will not** cause the woman to **need to** find **witnesses** if the husband contests its validity.

לְאַחַר שֶׁיָּצָא נִכְנַס לְפָנָיו רַבִּי אֶלְעַאי. אָמַר לוֹ: רַבִּי, וַהֲלֹא כְּפַר סִיסַאי מוּבְלַעַת בִּתְחוּם אֶרֶץ יִשְׂרָאֵל, וּקְרוֹבָה לְצִיפּוֹרִי יוֹתֵר מֵעַכּוֹ! וּתְנַן, רַבִּי מֵאִיר אוֹמֵר: עַכּוֹ – כְּאֶרֶץ יִשְׂרָאֵל לְגִיטִּין. וַאֲפִילּוּ רַבָּנַן לָא פְּלִיגִי עֲלֵיהּ דְּרַבִּי מֵאִיר – אֶלָּא בְּעַכּוֹ דִּמְרַחֲקָא, אֲבָל כְּפַר סִיסַאי דִּמְקָרְבָא – לָא!

After that man **left, Rabbi Elai**[P] **entered before** Rabbi Yishmael and **said to him: My teacher, but isn't the village of Sisai** located **within the boundary of Eretz Yisrael, and** it is even **closer to Tzippori,** which is within the main portion of Eretz Yisrael, **more** so **than Akko. And we learned** in the mishna that **Rabbi Meir says: Akko is like Eretz Yisrael with regard to bills of divorce. And even the Rabbis disagree with Rabbi Meir only with regard to Akko, which is distant. However,** with regard to **the village of Sisai, which is close, no,** they do not dispute the ruling of Rabbi Meir.

אָמַר לוֹ: שְׁתוֹק, בְּנִי, שְׁתוֹק, הוֹאִיל וְיָצָא הַדָּבָר בְּהֶיתֵּר – יָצָא.

Rabbi Yishmael **said to** Rabbi Elai: **Be silent my son, be silent. Since the matter** of her divorce **was issued as permitted, it was issued,** and her divorce is valid. This incident proves that the declaration: It was written in my presence and it was signed in my presence, is effective to the extent that the divorce is considered to have been performed in an entirely permitted manner, and the husband cannot contest its validity at a later stage.

הָא אִיהוּ נַמִי שֶׁלֹּא תִּיזָּקֵק לְעֵדִים קָאָמַר לֵיהּ! לָא סִיְּימוּהָ קַמֵּיהּ.

The Gemara asks: Why was it necessary for Rabbi Yishmael to explain the meaning of his ruling to Rabbi Elai? **But** after all, when he issued his ruling Rabbi Yishmael **also** stated his reason, as he **said to** the man: Do this **so** that **you will not** cause the woman to **need to** find **witnesses.** The Gemara answers: Those who were present **did not conclude** Rabbi Yishmael's statement **before** Rabbi Elai. Rabbi Elai was unaware of Rabbi Yishmael's reasoning, and therefore he questioned him.

שָׁלַח לֵיהּ רַבִּי אֶבְיָתָר לְרַב חִסְדָּא: גִּיטִּין הַבָּאִים מִשָּׁם לְכָאן, אֵין צָרִיךְ לוֹמַר "בְּפָנַי נִכְתַּב וּבְפָנַי נֶחְתַּם". לֵימָא, קָסָבַר: לְפִי שֶׁאֵין בְּקִיאִין לִשְׁמָהּ, וְהָנֵי גְּמִירִי!

§ The Gemara relates that **Rabbi Evyatar sent** a letter from Eretz Yisrael to Babylonia **to Rav Ḥisda** in which he wrote the following: With regard to **bills of divorce that come from there,** Babylonia, **to here,** Eretz Yisrael, the agent **is not required to say: It was written in my presence and it was signed in my presence.** The Gemara asks: **Shall we say** that Rabbi Evyatar **holds** that the reason for the declaration: It was written in my presence and it was signed in my presence, is **because they are not experts** in writing a bill of divorce **for her sake, and these** residents of Babylonia **are learned** with regard to this issue?

וְתִסְבְּרָא? וְהָא רַבָּה אִית לֵיהּ דְּרָבָא! אֶלָּא, דְּכוּלֵּי עָלְמָא בָּעֵינַן לְקַיְּימוֹ, וְכֵיוָן דְּאִיכָּא רַבִּים דְּסָלְקֵי וְנָחֲתֵי, מִישְׁכַּח שְׁכִיחִי.

The Gemara challenges: **And can you understand** it in this way? After all, **Rabba is of** the opinion that the reason is also in accordance with the opinion **of Rava,** that the declaration serves to ratify the bill of divorce. **Rather, everyone agrees that we require** the declaration **to ratify** the document. **But since there are many** people **who ascend** to Eretz Yisrael **and descend** from there to Babylonia, witnesses **are frequently** available, and there is no reason to be concerned about the ratification of the bill of divorce.

HALAKHA

That if the husband comes to contest, etc. – דְּאִי אָתֵי בַּעַל מְעַרְעֵר וכו׳: If after an agent delivers a bill of divorce in the proper manner and says: It was written in my presence and it was signed in my presence, the husband contests its validity, the court pays no attention to him, in accordance with the conclusion of the Gemara (Rambam *Sefer Nashim, Hilkhot Geirushin* 7:6; *Shulḥan Arukh, Even HaEzer* 142:1).

PERSONALITIES

Rabbi Yishmael – רַבִּי יִשְׁמָעֵאל: Rabbi Yishmael ben Elisha the second is the Rabbi Yishmael widely quoted in the Mishna and the Talmud. As related in the Gemara, he was taken into captivity, and was later redeemed by Rabbi Yehoshua for a significant ransom. He then became a student of Rabbi Yehoshua and one of the prominent speakers in Yavne. Rabbi Yishmael was a friend of Rabbi Akiva, with whom he engaged in many disputes. Each established significant halakhic-exegetical schools of thought. The thirteen hermeneutic principles of the Torah, as articulated by Rabbi Yishmael, are the foundations of midrash and *halakha*. Many statements are attributed to him in the Mishna and a large number of his opinions appear in the Gemara under the general rubric: The school of Rabbi Yishmael taught. The Sages of the following generation studied from him, and Rabbi Yoshiya and Rabbi Yonatan were his primary students.

Apparently, Rabbi Yishmael died before the bar Kokheva revolt. His sons and daughters are mentioned in the Gemara and it is possible that the *tanna*, Rabbi Eliezer, son of Rabbi Yishmael, was his son.

Rabbi Elai – רַבִּי אֶלְעַאי: Rabbi Elai was a third generation *tanna* who studied under many of the great Sages in Yavne, such as Rabban Gamliel, Rabbi Eliezer, and Rabbi Yishmael. From the fact that Rabbi Yishmael called him: My son, it is clear that they had a close relationship.

BACKGROUND

The village of Sisai – כְּפַר סִיסַאי: According to most sources, this should be read as the village of Simai or the village of Samai. This place is identified with Kefar Somi in the northern Galilee. Apparently, from an administrative perspective this village was under the jurisdiction of the city of Akko. According to the statement of Rabbi Elai, the village was considered part of Akko only according to the administrative division imposed by the authorities, whereas from a geographic and cultural perspective it belonged to greater Eretz Yisrael.

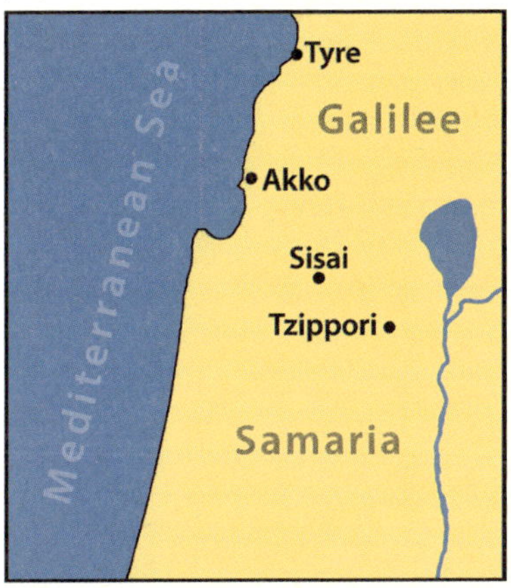

Location of the village of Sisai

אֲמַר רַב יוֹסֵף: מַאן לֵימָא לַן דְּרַבִּי אֶבְיָתָר בַּר סָמְכָא הוּא? וְעוֹד, הָא אִיהוּ דִּשְׁלַח לֵיהּ לְרַב יְהוּדָה: בְּנֵי אָדָם הָעוֹלִין מִשָּׁם לְכָאן הֵן קִיְּימוּ בְּעַצְמָן: ״וַיִּתְּנוּ (אֶת) הַיֶּלֶד בַּזּוֹנָה וְהַיַּלְדָּה מָכְרוּ בַיַּיִן וַיִּשְׁתּוּ״, וּכְתַב לֵיהּ בְּלָא שִׂירְטוּט.

Rav Yosef said: Who will tell us that **Rabbi Evyatar is a reliable** authority? **And furthermore,** there is good reason to question his statement: **He is the one who sent** a letter **to Rav Yehuda,** and wrote: **People who ascend from there,** Babylonia, **to here,**[B] Eretz Yisrael, **fulfill by themselves** the verse: **"And they have given a boy**[N] **for a prostitute, and sold a girl for wine, and have drunk"** (Joel 4:3), i.e., these people abandon their families. **And** Rabbi Evyatar **wrote him** this verse **without scoring,**[H] i.e., etching lines into, the parchment upon which he wrote the letter.

וְאָמַר רַבִּי יִצְחָק: שְׁתַּיִם כּוֹתְבִין, שָׁלֹשׁ אֵין כּוֹתְבִין. בְּמַתְנִיתָא תָּנָא: שָׁלֹשׁ כּוֹתְבִין, אַרְבַּע אֵין כּוֹתְבִין!

And Rabbi Yitzḥak says with regard to the writing of a verse from the Torah: **One may write two** words without scoring the parchment, but **one may not write three** words without scoring the parchment. Instead, one scores the parchment before writing the verse, as one does when writing a Torah scroll. This ensures that the writing will be done on a straight line, thereby rendering it more beautiful. **And it was taught in a** ***baraita*****: One may write three,** but **one may not write four.** Since Rabbi Evyatar wrote more than three words from a verse without scoring the parchment, his halakhic rulings are evidently unreliable.

אֲמַר לֵיהּ אַבַּיֵי: אַטּוּ כָּל דְּלָא יָדַע הָא דְּרַבִּי יִצְחָק לָאו גַּבְרָא רַבָּה הוּא? בִּשְׁלָמָא מִילְּתָא דְּתַלְיָא בִּסְבָרָא – לְחַיֵּי; הָא – גְּמָרָא הִיא, וּגְמָרָא לָא שְׁמִיעַ לֵיהּ.

Abaye said to him: Is that to say that anyone who does not know this ***halakha*** **of Rabbi Yitzḥak**[N] **is not a great man? Granted,** with regard to **a matter that depends on reasoning, it is well,** as it is possible to say that an individual who does not know a *halakha* that can be inferred by logical reasoning cannot be considered a reliable authority. However, **this** ***halakha*** **is a tradition, and** it is possible that Rabbi Evyatar simply **did not hear** this **tradition.**

וְעוֹד, הָא רַבִּי אֶבְיָתָר הוּא דְּאַסְכִּים מָרֵיהּ עַל יָדֵיהּ, דִּכְתִיב: ״וַתִּזְנֶה עָלָיו פִּילַגְשׁוֹ״, רַבִּי אֶבְיָתָר אָמַר: זְבוּב מָצָא לָהּ, רַבִּי יוֹנָתָן אָמַר: נִימָא מָצָא לָהּ,

And furthermore, Rabbi Evyatar is the one **that his Master,** the Holy One, Blessed be He, **agreed with** in his interpretation of a verse, **as it is written** with regard to the episode involving the concubine in Gibeah: **"And his concubine went away from him"** (Judges 19:2). The Sages discussed what occurred that caused her husband to become so angry with her that she left him, and **Rabbi Evyatar says: He found her** responsible for a **fly**[N] in the food that she prepared for him, while **Rabbi Yonatan says: He found her** responsible for a **hair** [***nima***].[L]

וְאַשְׁכְּחֵיהּ רַבִּי אֶבְיָתָר לְאֵלִיָּהוּ, אֲמַר לֵיהּ: מַאי קָא עָבֵיד הַקָּדוֹשׁ בָּרוּךְ הוּא? אֲמַר לֵיהּ: עָסֵיק בְּפִילֶגֶשׁ בְּגִבְעָה. וּמַאי קָאָמַר? אֲמַר לֵיהּ: אֶבְיָתָר בְּנִי כָּךְ הוּא אוֹמֵר, יוֹנָתָן בְּנִי כָּךְ הוּא אוֹמֵר.

And Rabbi Evyatar found Elijah[P] the prophet and **said to him: What is the Holy One, Blessed be He, doing** now? Elijah **said to him: He is** currently **engaged in** studying the episode of **the concubine in Gibeah.** Rabbi Evyatar asked him: **And what is He saying** about it? Elijah **said to him** that God is saying the following: **Evyatar, My son, says this** and **Yonatan, My son, says that.** It is seen here that God saw fit to cite the statement of Rabbi Evyatar.

NOTES

And they have given a boy, etc. – וַיִּתְּנוּ הַיֶּלֶד וכו׳: Rashi explains that this means that they turned their wives into deserted women and did not engage in procreation, thereby demonstrating that having children is not important to them. Alternatively, Rabbi Evyatar associates the term *zona*, prostitute, with the word *mazon*, sustenance, i.e., they cause their children to lack food. Other commentaries explain that Rabbi Evyatar was saying to the residents of Babylonia that they should act like those who live in Eretz Yisrael, i.e., they should first study Torah and afterward marry (see *Kiddushin* 29b). One who does not act in this manner will inevitably leave his family members in dire straits when he travels to study (Rabbeinu Tam, *Sefer HaYashar*). Yet others write the opposite, that Rabbi Evyatar meant this as praise: How strong-willed are those who go to study Torah, as they are willing even to abandon their family members for this purpose (Meiri).

Who does not know this ***halakha*** **of Rabbi Yitzḥak** – דְּלָא יָדַע הָא דְּרַבִּי יִצְחָק: The later commentaries ask: But aside from Rabbi Yitzḥak's statement, Rabbi Evyatar was also apparently unaware of the *baraita*; why doesn't Abaye address this point? Several answers are suggested. According to one opinion this *baraita* was not taught in the study halls of Rabbi Ḥiyya and Rabbi Oshaya, and it was not reviewed by them (see *Tosafot*). Therefore, Rabbi Evyatar's ignorance of the *baraita* is not held against him (Maharatz Ḥayyut). Furthermore, it is not considered a deficiency for an *amora* to not know a particular *baraita*, as not all *baraitot* were organized, written, and available to everyone.

He found her responsible for a fly, etc. – זְבוּב מָצָא לָהּ וכו׳: The commentaries explain why this verse is not interpreted according to its plain meaning, that she was unfaithful to him. The reason is that although as a concubine she would not be forbidden to him if she were unfaithful, nevertheless he would not have attempted to save her in these circumstances (*Tosafot*).

BACKGROUND

People who ascend from there to here – בְּנֵי אָדָם הָעוֹלִין מִשָּׁם לְכָאן: Various sources indicate that this period saw a sizable population emigration from Babylonia to Eretz Yisrael. Most of the great disciples of Rabbi Yoḥanan were from Babylonia, and likewise many other Sages ascended from Babylonia at that time. The reason for this wave of immigration is unknown, and it may well be connected to the development and growth of Rabbi Yoḥanan's yeshiva, as he was the outstanding Sage in that generation, universally renowned for his wisdom.

Although there were no harsh decrees in Eretz Yisrael in that period and the Jews were treated properly, from an economic perspective the residents of Eretz Yisrael suffered from the great pressures of numerous taxes on the one hand and political instability and a failing economy plaguing the entire Roman Empire on the other. For this reason those who came from Babylonia could not easily find work and certainly could not send financial assistance back to their families in Babylonia. Since in Babylonia, unlike Eretz Yisrael, men would marry relatively early before going off to study Torah, this led to a situation in which those who ascended to Eretz Yisrael exposed their families in Babylonia, including their children, to poverty and suffering.

HALAKHA

And he wrote him this verse without scoring – וּכְתַב לֵיהּ בְּלָא שִׂירְטוּט: The Rambam, in *Sefer Ahava*, rules in accordance with the *baraita* that it is prohibited to write more than three words from a verse without scoring the parchment. However, in *Sefer Nashim* he rules in accordance with the opinion of Rabbi Yitzḥak that one may not write more than two words without scoring the parchment. The *Shulḥan Arukh* rules in accordance with the more stringent opinion. In the present, it is not customary to be careful in this regard, in accordance with the opinion that this *halakha* applies only to writing in Assyrian script (Rosh, citing Ramban). Furthermore, even in this case some are lenient if one line is scored above the writing (Rema, citing *Tur*). The *Shakh* adds that scoring the parchment is not necessary for verses written as eloquent language in a letter or as part of a greeting, while other disagree (Rambam *Sefer Ahava, Hilkhot Tefillin UMezuza VeSefer Torah* 7:16 and *Sefer Nashim, Hilkhot Yibbum VaḤalitza* 4:35; *Shulḥan Arukh, Yoreh De'a* 284:2).

LANGUAGE

Hair [*nima*] – נִימָא: From the Greek νῆμα, *nēma*, meaning string or thread.

PERSONALITIES

Elijah – אֵלִיָּהוּ: In many places in the Talmud and the Midrash, Elijah the prophet appears, especially to the Sages, and resolves their dilemmas. As stated in the Prophets (II Kings 2:11), Elijah did not die, and he continues to serve as an emissary of God.

אָמַר לֵיהּ: חַס וְשָׁלוֹם, וּמִי אִיכָּא סְפֵיקָא קַמֵּי שְׁמַיָּא? אֲמַר לֵיהּ: אֵלּוּ וָאֵלּוּ דִּבְרֵי אֱלֹהִים חַיִּים הֵן; זְבוּב מָצָא וְלֹא הִקְפִּיד, נִימָא מָצָא וְהִקְפִּיד.

Rabbi Evyatar **said to him: God forbid, is there uncertainty before Heaven?** Doesn't God know what happened? Why does He mention both opinions? Elijah **said to him:** Both **these and those are the words of the living God,** i.e., both incidents happened. The incident occurred in the following manner: **He found a fly** in his food **and did not take umbrage,** and later **he found a hair and took umbrage.**

אָמַר רַב יְהוּדָה: זְבוּב בִּקְעָרָה, וְנִימָא בְּאוֹתוֹ מָקוֹם; זְבוּב – מְאִיסוּתָא, וְנִימָא – סַכַּנְתָּא. אִיכָּא דְּאָמְרִי: אִידִי וְאִידִי בִּקְעָרָה; זְבוּב – אוּנְסָא, וְנִימָא – פְּשִׁיעוּתָא.

Rav Yehuda says a different explanation: The man found **a fly in the dish** that she cooked for him, **and** he found **a hair in that place,** i.e., in her genital area. When he found **a fly** it produced a reaction of **disgust,** and he did not grow angry with her, **but the hair**[B] was a matter of **danger,** as he might be hurt by it, and therefore he became angry with her. **There are those who say: This and that** were found **in a dish.** The difference is that the **fly** was a result of **circumstances beyond** her **control,** as it fell into the dish on its own, **but the hair** was found in the dish due to her **negligence.**

אָמַר רַב חִסְדָּא: לְעוֹלָם אַל יַטִּיל אָדָם אֵימָה יְתֵירָה בְּתוֹךְ בֵּיתוֹ, שֶׁהֲרֵי פִּילֶגֶשׁ בְּגִבְעָה הִטִּיל עָלֶיהָ בַּעְלָהּ אֵימָה יְתֵירָה, וְהִפִּילָה כַּמָּה רִבְבוֹת מִיִּשְׂרָאֵל.

Rav Ḥisda says: A person should never impose excessive fear[H] upon the members **of his household, as the husband of the concubine of Gibeah imposed excessive fear upon her and** this ultimately **caused the downfall of many tens of thousands of Jews** in the resulting war (see Judges 19–20).

אָמַר רַב יְהוּדָה אָמַר רַב: כָּל הַמַּטִּיל אֵימָה יְתֵירָה בְּתוֹךְ בֵּיתוֹ, סוֹף הוּא בָּא לִידֵי שָׁלֹשׁ עֲבֵירוֹת: גִּילּוּי עֲרָיוֹת, וּשְׁפִיכוּת דָּמִים, וְחִילּוּל שַׁבָּת.

Rav Yehuda says that **Rav says: Anyone who imposes excessive fear upon** the members of **his household** will **ultimately come** to commit **three sins: Engaging in forbidden sexual intercourse,** as the wife will be so fearful of her husband that she will sometimes tell him that she has immersed in a ritual bath after her menstruation has ended when she has not done so; **and** he will also end up committing **bloodshed,** as she is likely to run away from him and expose herself to dangers; **and desecration of Shabbat,** as she will cook for him on Shabbat because she is scared that he will be angry with her for neglecting to do so beforehand.

אָמַר רַבָּה בַּר בַּר חָנָה, הָא דְּאָמְרִי רַבָּנַן: שְׁלֹשָׁה דְּבָרִים צָרִיךְ אָדָם לוֹמַר בְּתוֹךְ בֵּיתוֹ עֶרֶב שַׁבָּת עִם חֲשֵׁיכָה, עִשַּׂרְתֶּם? עֵרַבְתֶּם? הַדְלִיקוּ אֶת הַנֵּר: צָרִיךְ

Rabba bar bar Ḥana said a *halakha* with regard to **this** statement **that the Sages said:** There are **three matters a person must say**[H] **in his home on Shabbat eve at nightfall.** He should ask the members of his household: **Have you tithed** the produce that required tithing? **Have you placed the *eiruv***[N] for joining the courtyards? If you have already done so, **light the lamp** in honor of Shabbat. Rabba bar bar Ḥana said that one **must**

Perek **I**
Daf **7** Amud **a**

לְמֵימְרִינְהוּ בְּנִיחוּתָא, כִּי הֵיכִי דְּלִיקַבְּלוּ מִינֵּיהּ. אָמַר רַב אָשֵׁי: אֲנָא לָא שְׁמִיעָא לִי הָא דְּרַבָּה בַּר בַּר חָנָה, וְקִיַּימְתִּיהָ מִסְּבָרָא.

say them with calmness so that they will accept instruction **from him. Rav Ashi said: I did not hear this** statement **of Rabba bar bar Ḥana, and** yet **I fulfilled it through** my own **reasoning.**

אָמַר רַבִּי אַבָּהוּ: לְעוֹלָם אַל יַטִּיל אָדָם אֵימָה יְתֵירָה בְּתוֹךְ בֵּיתוֹ, שֶׁהֲרֵי אָדָם גָּדוֹל הִטִּיל אֵימָה יְתֵירָה בְּתוֹךְ בֵּיתוֹ וְהֶאֱכִילוּהוּ דָּבָר גָּדוֹל,

Rabbi Abbahu says: A person should never impose excessive fear upon the members **of his household,** as **a great man imposed excessive fear upon his household and they fed him something** that carried **a great** prohibition.

BACKGROUND

Hair – נִימָא: In the days of the Talmud, women were accustomed to remove their pubic hair by means of various treatments. This was performed mostly for cosmetic reasons, as well as to prevent the danger of damage to the penis, which could be injured by a pubic hair during intercourse, a rare possibility that was nevertheless a particular concern when just a single hair remained.

HALAKHA

A person should never impose excessive fear, etc. – לְעוֹלָם אַל יַטִּיל אָדָם אֵימָה יְתֵירָה וכו׳: The Sages instructed that one may not impose excessive fear on the members of his household, in accordance with the opinion of Rav Ḥisda (Rambam *Sefer Nashim, Hilkhot Ishut* 15:19).

There are three matters a person must say, etc. – שְׁלֹשָׁה דְּבָרִים צָרִיךְ אָדָם לוֹמַר וכו׳: On Friday afternoon near the onset of darkness a man must ask the members of his household two questions in a calm manner: Have you tithed the crop that required tithing and have you placed the *eiruv*. Maharam Rothenberg adds that one should also ask if they separated *ḥalla*. He should instruct them to light the lamp in honor of Shabbat, in accordance with the mishna cited here, as stated by Rabba bar bar Ḥana. The *Baḥ* rules that in the present, when an *eiruv* is placed only once a year, it is not necessary to ask: Have you placed the *eiruv* (Rambam *Sefer Zemanim, Hilkhot Shabbat* 5:3; *Shulḥan Arukh, Oraḥ Ḥayyim* 260:2).

NOTES

Have you placed the *eiruv* – עֵרַבְתֶּם: Rashi explains that this refers to the *eiruv* that joins courtyards so that residents may carry from their houses into the courtyard. Others cite a proof from tractate *Shabbat* (34a) that this refers to the joining of Shabbat boundaries (*Tosafot*). Some commentaries accept Rashi's explanation, both because one cannot establish a joining of boundaries near dusk, and because the joining of boundaries is uncommon, whereas the joining of courtyards was performed by virtually everyone (*Penei Yehoshua*).

וּמַנּוּ? רַבִּי חֲנִינָא בֶּן גַּמְלִיאֵל. הֶאֱכִילוּהוּ סָלְקָא דַעְתָּךְ? הַשְׁתָּא בְּהֶמְתָּן שֶׁל צַדִּיקִים אֵין הַקָּדוֹשׁ בָּרוּךְ הוּא מֵבִיא תַּקָּלָה עַל יָדָם, צַדִּיקִים עַצְמָן לֹא כׇּל שֶׁכֵּן!

The Gemara asks: **And who was** this individual? The Gemara answers: **Rabbi Ḥanina ben Gamliel.**[P] The Gemara asks: **Would it enter your mind** to say that **they** actually **fed him** forbidden food? **Now** consider that **the Holy One, Blessed be He, does not cause an error** to be performed **through the animals of the righteous.**[N] With regard to **the righteous themselves** is it **not all the more so?** How can you say that Rabbi Ḥanina ben Gamliel ate forbidden food?

אֶלָּא בִּקְּשׁוּ לְהַאֲכִילוֹ דָּבָר גָּדוֹל, וּמַאי נִיהוּ? אֵבֶר מִן הַחַי.

Rather, it means that **they sought to feed him** something that carried **a great** prohibition. **And what was this? A limb from a living** animal.[N] One day the animal they brought him was missing a limb, and as the members of his household were very fearful they severed a limb from a living animal to make his meal appear whole, and he almost ate it.

שְׁלַח לֵיהּ מָר עוּקְבָא לְרַבִּי אֶלְעָזָר: בְּנֵי אָדָם הָעוֹמְדִים עָלַי וּבְיָדִי לְמׇסְרָם לַמַּלְכוּת, מַהוּ?

§ After mentioning letters sent from Eretz Yisrael to Babylonia and the issue of scoring parchment, the Gemara relates: **Mar Ukva,** the Exilarch in Babylonia, **sent** a letter **to Rabbi Elazar,** who was in Eretz Yisrael, in which the following was written: With regard to **people who stand over** and torment **me, and I have the power to deliver them into** the hands of **the government, what is** the *halakha*? May I hand them over to the authorities or not?

שִׂרְטֵט וְכָתַב לֵיהּ: ״אָמַרְתִּי אֶשְׁמְרָה דְרָכַי מֵחֲטוֹא בִלְשׁוֹנִי אֶשְׁמְרָה לְפִי מַחְסוֹם בְּעוֹד רָשָׁע לְנֶגְדִּי״. אַף עַל פִּי שֶׁ״רָשָׁע לְנֶגְדִּי״ – ״אֶשְׁמְרָה לְפִי מַחְסוֹם״.

Rabbi Elazar **scored** parchment **and wrote to him** the following verse: **"I said: I will take heed to my ways, that I do not sin with my tongue; I will keep a curb upon my mouth, while the wicked is before me"** (Psalms 39:2). Rabbi Elazar quoted this verse to allude to the following response: **Even though "the wicked is before me,"**[H] **"I will keep a curb upon my mouth."**

שְׁלַח לֵיהּ: קָא מְצַעֲרִי לִי טוּבָא, וְלָא מָצֵינָא דְאֵיקוּם בְּהוּ! שְׁלַח לֵיהּ: ״דּוֹם לַה׳ וְהִתְחוֹלֵל לוֹ״, דּוֹם לַה׳ וְהוּא יַפִּילֵם לְךָ חֲלָלִים חֲלָלִים, הַשְׁכֵּם וְהַעֲרֵב עֲלֵיהֶן לְבֵית הַמִּדְרָשׁ וְהֵן כָּלִין מֵאֵילֵיהֶן. הַדָּבָר יָצָא מִפִּי רַבִּי אֶלְעָזָר, וּנְתָנוּהוּ לְגֵנִיבָא בְּקוֹלָר.

Mar Ukva **sent** word to **him** again: **They are tormenting me a great deal and I cannot stand them.** Rabbi Elazar **sent to him** in response: **"Resign yourself to the Lord,**[N] **and wait patiently [*hitḥolel*] for Him;** do not fret yourself because of he who prospers in his way, because of the man who brings wicked devices to pass" (Psalms 37:7). This verse indicates: **"Resign yourself to the Lord,"** i.e., do not do anything, **and He will strike them down as many corpses [*ḥalalim*]. Rise before and stay later than them** in your visits **to the study hall,**[N] **and they will disappear on their own.** The Gemara relates: **The matter emerged from the mouth of Rabbi Elazar, and Geneiva,**[P] Mar Ukva's tormentor, **was placed in a neck iron [*kolar*],**[BL] as one sentenced by the government.

PERSONALITIES

Rabbi Ḥanina ben Gamliel – רַבִּי חֲנִינָא בֶּן גַּמְלִיאֵל: Rabbi Ḥanina ben Gamliel was the son of Rabban Gamliel of Yavne. His lifetime spanned the fourth and fifth generation of *tanna'im*. He probably learned Torah from both his father and Rabbi Tarfon, although Rabbi Ḥanina ben Gamliel would also discuss matters of *halakha* with the students of Rabbi Akiva. Some of his statements are cited in the Mishna, while others appear in *baraitot* in both the Babylonian Talmud and the Jerusalem Talmud. The Gemara here indicates that as the son of a distinguished family he was very strict with the members of his household.

Geneiva – גֵּנִיבָא: Geneiva was from the first and second generation of Babylonian *amora'im*. He was one of the exceptional figures of this generation. A figure of some prestige, Geneiva was close to the great *amora*, Rav, who would visit him in his home. Many statements are transmitted in his name, and the second generation *amora'im* in Eretz Yisrael discussed his statements on the Torah. However, Geneiva was also rich and powerful, and he was a notoriously quarrelsome and contentious individual, as can be inferred from the episode recounted here, despite the lack of details.

Ultimately, he was convicted of a crime, perhaps of involvement in a conspiracy against the monarchy, and he was sentenced to death, or as the Talmud states: Placed in a neck iron. The Sages who followed him in the third generation transmit statements in his name and have a mixed attitude toward him, comprised of appreciation of his knowledge of Torah on the one hand and distaste for his behavior on the other.

HALAKHA

Even though the wicked is before me, etc. – אַף עַל פִּי שֶׁרָשָׁע לְנֶגְדִּי וכו׳: It is prohibited for one to deliver another Jew to the gentile authorities. This applies both to the other's body and to his property, even if he is wicked and is tormenting him. The Rema, citing the Rosh and the Mordekhai, rules that if one Jew has delivered another Jew to the hands of the government once, and there is a concern that he will do so again, it is permitted for others to deliver that Jew to the government if there is no other way to prevent him from doing so again (Rambam *Sefer Nezikin*, *Hilkhot Ḥovel UMazik* 8:9; *Shulḥan Arukh*, *Ḥoshen Mishpat* 388:9).

NOTES

The animals of the righteous – בְּהֶמְתָּן שֶׁל צַדִּיקִים: The event alluded to here is related both in the Babylonian Talmud (*Ḥullin* 7a) and in the Jerusalem Talmud. When they placed untithed produce before the donkey of Rabbi Pineḥas ben Ya'ir it refused to eat until the food was tithed. Some commentaries maintain that this statement applies only to non-kosher food, not to other prohibitions, as eating forbidden food is a particularly repulsive act (Rabbeinu Tam).

And what was this, a limb from a living animal – וּמַאי נִיהוּ, אֵבֶר מִן הַחַי: Some commentaries explain since this prohibition applies not only to Jews, but to all descendants of Noah, it is certainly a disgrace to eat a limb severed from a living animal (Maharsha).

Resign yourself [*dom*] to the Lord – דּוֹם לַה׳: Some commentaries associate the term *dom*, with: *Dimdumei ḥama*, the reddening of the sun at sunrise and sunset. This indicates that one should rise before and stay later than these people at the house of study (*Tosafot*). Others state that *dom* is an expression of praise and gratitude, as in the Jerusalem Talmud the phrase: "And Aaron held his peace [*vayyiddom*]" (Leviticus 10:3), is translated as: And Aaron gave praise (Meiri). This term also refers to Torah study, in accordance with the Sages' explanation of the verse: "Let him sit alone and keep silence [*veyiddom*]" (Lamentations 3:28), as referring to the study of Torah (see *Avot* 3:2).

To the study hall – לְבֵית הַמִּדְרָשׁ: *Tosafot* offer two explanations. The first maintains that this does not refer specifically to the study hall. Rather, it means that he should pray over this matter, and Torah scholars would typically pray in the study hall. Although the Sages say that one should not request from God to perform judgment on his behalf, as this invites scrutiny of his own actions, this *halakha* applies only when the court can punish the sinner, whereas if there is no one who can perform justice it is permitted to pray in this manner. Alternatively, *Tosafot* explain that Rabbi Elazar was telling Mar Ukva that he should increase the time he devotes to studying Torah, as through the power of the Torah he will be avenged upon his enemies.

BACKGROUND

Neck iron – קוֹלָר:

Bronze figurine of slave with a neck iron dating back to 200 BCE

LANGUAGE

Neck iron [*kolar*] – קוֹלָר: From the Latin collare, which was a chain or shackle placed around the necks of prisoners and animals.

PERSONALITIES

Mar Ukva – מר עוקבא: Mar Ukva served as Exilarch during the first generation of the Babylonian *amora'im*. Apart from his official capacity, which may not have carried the same weight in his days as in later generations, Mar Ukva was one of the important Sages of his generation. He was principally a student of Shmuel, but since he was only slightly younger than Shmuel he was regarded as his student-colleague. Mar Ukva lived in the residence of the *Nasi* in the town of Kafri. He is mentioned many times in the Talmud as he engaged in frequent exchanges with the Sages of his generation. Furthermore, his statements are transmitted by the next generation of *amora'im*. He enjoyed a close relationship with the Sages of Eretz Yisrael, with whom he regularly corresponded through the exchange of letters. Just as he was noted for his Torah knowledge, Mar Ukva was also praised for his piety, in particular for his acts of charity and kindness. It is possible that the Sages Rav Natan bar Mar Ukva and Mar bar Mar Ukva were his sons.

שלחו ליה למר עוקבא: זמרא מנא לן דאסיר? שרטט וכתב להו: "אל תשמח ישראל אל גיל בעמים".

The Gemara further relates: **They sent** the following question **to Mar Ukva:**[P] **From where do we** derive that **song is forbidden**[H] in the present, following the destruction of the Temple? **He scored** parchment **and wrote to them: "Rejoice not, O Israel, to exultation, like the peoples"** (Hosea 9:1).

ולישלח להו מהכא: "בשיר לא ישתו יין ימר שכר לשותיו"! אי מההוא, הוה אמינא הני מילי זמרא דמנא, אבל דפומא שרי. קא משמע לן.

The Gemara asks: **And let him send them** a response **from here: "They do not drink wine with a song; strong drink is bitter to them who drink it"** (Isaiah 24:9), indicating that song is no longer allowed. The Gemara answers: **If** he had answered **by** citing **that** verse, **I would say** that **this matter** applies only to **instrumental music,** in accordance with the previous verse: "The mirth of tabrets ceases, the noise of them who rejoice ends, the joy of the harp ceases" (Isaiah 24:8); **however, vocal** song **is permitted.** Therefore, Mar Ukva **teaches us** that all types of song are forbidden.

אמר ליה רב הונא בר נתן לרב אשי, מאי דכתיב: "קינה ודימונה ועדעדה"? אמר ליה: מתוותא דארץ ישראל קחשיב.

In connection to the incident in which Mar Ukva was instructed not to take revenge against his tormentors, the Gemara relates similar discussions. **Rav Huna bar Natan said to Rav Ashi: What** is the meaning of that **which is written: "Kina, and Dimonah, and Adadah"** (Joshua 15:22)? **He said to him:** The verse **is listing the cities of Eretz Yisrael.**[N]

אמר ליה: אטו אנא לא ידענא דמתוותא דארץ ישראל קא חשיב? אלא רב גביהא מארגיזא אמר בה טעמא: כל שיש לו קנאה על חבירו, ודומם – שוכן עדי עד עושה לו דין.

Rav Huna **said to him: Is that to say** that you think **I don't know that** the verse **is listing the cities of Eretz Yisrael?** This is certainly the straightforward meaning of the verse. **Rather, Rav Geviha from Argiza said an explanation of** this verse, suggesting that it is an allusion to the following idea: **Anyone who harbors jealousy** [*kina*] **toward another, and** yet remains **silent** [*domem*], **He who dwells for all eternity** [*adei ad*] **performs judgment on his behalf.**

אמר ליה: אלא מעתה, "צקלג ומדמנה וסנסנה" הכי נמי?! אמר ליה: אי הוה רב גביהא מבי ארגיזא הכא, הוה אמר בה טעמא. רב אחא מבי חוזאה אמר בה הכי: כל מי שיש לו צעקת לגימא על חבירו, ודומם – שוכן בסנה עושה לו דין.

Rav Ashi **said to him: If that is so,** you should **also** expound the verse: **"Ziklag, and Madmannah, and Sansannah"** (Joshua 15:31), in a similar manner. Rav Huna **said to him: If Rav Geviha from Bei Argiza was here, he would say an explanation for it.** The Gemara relates: **Rav Aḥa from Bei Ḥoza'a said this about that** verse: **Anyone who has a complaint against another over a sip** [*tza'akat legima*], i.e., he has a claim that someone did not give him food, **and** remains **silent** [*domem*], **the One who dwells in the burning bush** [*seneh*] **performs judgment on his behalf.**

HALAKHA

From where do we derive that song is forbidden – זמרא מנא לן דאסיר: After the destruction of the Temple the Sages prohibited the playing of musical instruments. All forms of music are prohibited, as is vocal music sung at a meal in which wine is served. The Rema rules that this prohibition applies only to one who does so habitually, or in a gathering of people. He notes that the accepted custom is to sings songs of praise and thanks for God's acts of kindness, and rules, citing Rav Hai Gaon, that it is permitted to play all types of songs to gladden a groom and bride (Rambam *Sefer Zemanim, Hilkhot Ta'anit* 5:14; *Shulḥan Arukh, Oraḥ Ḥayyim* 560:3).

NOTES

The cities of Eretz Yisrael – מתוותא דארץ ישראל: Some commentaries explain Rav Huna's question as follows: For what reason were the names of these places mentioned together? This is certainly for the sake of an exposition (*She'iltot deRav Aḥai Gaon*). Others state that although thirty-five cities are listed in that chapter of Joshua, it concludes by saying that they are twenty-nine cities. Since six cities are left over, they are certainly intended to be interpreted homiletically (*Tosefot HaRosh*, citing Rabbi Moshe HaDarshan). The commentaries on Joshua explain that according to the straightforward meaning of the text, the reason for this discrepancy is that these cities, listed in the inheritance of Judah, actually belonged to the portion of the tribe of Simon, which was incorporated within the area allotted to Judah.

אָמַר לֵיהּ רֵישׁ גָּלוּתָא לְרַב הוּנָא: כְּלִילָא מְנָא לַן דַּאֲסוּר? אָמַר לֵיהּ: מִדְּרַבָּנַן, דִּתְנַן: בְּפוּלְמוּס שֶׁל אַסְפַּסְיָינוּס גָּזְרוּ עַל עַטְרוֹת חֲתָנִים וְעַל הָאֵירוּס.

The Exilarch[B] said to Rav Huna: From where do we derive that it is prohibited to place a garland[N] on a groom's head? Rav Huna said to him: It is prohibited by rabbinic law, as we learned in a mishna (*Sota* 49a): In the war [*pulmus*][L] of Vespasian[B] they decreed upon the garlands of bridegrooms,[HB] meaning that bridegrooms may no longer wear garlands, and they decreed upon the drum [*irus*],[L] meaning they also banned the playing of drums.

אַדְּהָכִי קָם רַב הוּנָא לְאַפְנוּיֵי. אֲמַר לֵיהּ רַב חִסְדָּא, קְרָא כְּתִיב: "כֹּה אָמַר ה' אֱלֹהִים הָסֵר הַמִּצְנֶפֶת וְהָרֵם הָעֲטָרָה זֹאת לֹא זֹאת הַשָּׁפָלָה הַגְבֵּהַ וְהַגָּבוֹהַּ הַשְׁפִּיל".

In the meantime Rav Huna stood to relieve himself, and after he left, Rav Ḥisda, who had not spoken up to that point out of reverence for his teacher, Rav Huna, said to the Exilarch: A verse is written with regard to this matter: "Thus says the Lord God: The mitre shall be removed, and the garland taken off; this shall no more be the same; that which is low shall be exalted, and that which is high abased" (Ezekiel 21:31).

וְכִי מָה עִנְיַן מִצְנֶפֶת אֵצֶל עֲטָרָה? אֶלָּא לוֹמַר לָךְ: בִּזְמַן שֶׁמִּצְנֶפֶת בְּרֹאשׁ כֹּהֵן גָּדוֹל – עֲטָרָה בְּרֹאשׁ כׇּל אָדָם; נִסְתַּלְּקָה מִצְנֶפֶת מֵרֹאשׁ כֹּהֵן גָּדוֹל – נִסְתַּלְּקָה עֲטָרָה מֵרֹאשׁ כׇּל אָדָם.

But in what way is a mitre connected to a garland? These two are not placed on the head of the same type of person. Rather, this verse serves to say to you: When the mitre is found on the head of the High Priest, i.e., when the Temple is standing, then a garland may be found on the head of every man at his wedding. However, once the mitre is removed from the head of the High Priest, the garland is removed from the head of every man.

אַדְּהָכִי אֲתָא רַב הוּנָא, אַשְׁכַּחִינְהוּ דְּהָווּ יָתְבִי, אֲמַר לֵיהּ: הָאֱלֹהִים! מִדְּרַבָּנַן, אֶלָּא חִסְדָּא שְׁמָךְ וְחִסְדָּאִין מִילָּךְ.

In the meantime, Rav Huna came back and he found them sitting and discussing this matter. He said to Rav Ḥisda in the form of an oath: By God! This prohibition applies by rabbinic law. However, your name is Ḥisda and your words find favor [*ḥisda'in*], as you have discovered a fine source for this *halakha*.

רָבִינָא אַשְׁכְּחֵיהּ לְמָר בַּר רַב אָשֵׁי דַּהֲוָה גָּדֵיל כְּלִילָא לִבְרַתֵּיהּ. אֲמַר לֵיהּ: לָא סָבַר לַהּ מָר "הָסֵר הַמִּצְנֶפֶת וְהָרֵם הָעֲטָרָה"? אֲמַר לֵיהּ: דּוּמְיָא דְּכֹהֵן גָּדוֹל – בְּגַבְרֵי, אֲבָל בִּנְשֵׁי לָא.

The Gemara relates: Ravina found Mar bar Rav Ashi braiding a garland for his daughter upon her marriage. He said to him: Doesn't the Master hold in accordance with the aforementioned *halakha* derived from the verse: "The mitre shall be removed and the garland taken off"? He said to him: This prohibition was stated in reference to one who is similar to a High Priest, and is only applicable with regard to men. However, with regard to women, the Sages did not issue this decree.

NOTES

Garland – כְּלִילָא: Rashi explains that this refers to a garland of metal or flowers that is placed on the head. Others maintain that the reference is to a decorated dome that was traditionally placed over brides and grooms (*Tosafot*).

LANGUAGE

War [*pulmus*] – פּוּלְמוּס: From the Greek πόλεμος, *polemos*, meaning war or army.

Drum [*irus*] – אֵירוּס: Similar terms for musical instruments are found in Arabic and other languages. Some say that the word *irus* is derived from its use at celebrations such as engagements [*erusin*] and weddings. According to most commentaries, the *irus*, *tavla*, and *tanbura* are slightly different versions of the same instrument, a drum with skin on only one side.

HALAKHA

They decreed upon the garlands of bridegrooms – גָּזְרוּ עַל עַטְרוֹת חֲתָנִים: The Sages decreed after the destruction of the Temple that the wearing of a garland by a groom or bride is prohibited. This decree applies only to a groom and bride, not to other men and women (Rambam *Sefer Zemanim*, *Hilkhot Ta'anit* 5:15; *Shulḥan Arukh*, *Oraḥ Ḥayyim* 560:4).

BACKGROUND

Exilarch – רֵישׁ גָּלוּתָא: The Exilarch, who descended from the house of David, was recognized by the Jews as the heir to the scepter of Judah and entrusted with broad official powers. He was the leader of the Jews of the Persian Empire and their representative to the gentile authorities, who regarded him as a member of a royal dynasty. Consequently, the Exilarch enjoyed a lofty position within the Persian court. During various periods, he was even considered third in the royal hierarchy. The Exilarch was responsible for the collection of a major portion of the government taxes from the Jewish community, and he could appoint leaders and judges whose powers included the imposition of corporal, and sometimes capital, punishment.

Adjacent to the Exilarch's home was a special rabbinical court appointed by him to deal with cases involving money, and property in particular. He also apparently had the authority to make certain appointments within the Jewish community throughout the country, although most of these were performed in consultation with the heads of the great academies. The Exilarchs were referred to in the Talmud by the honorific title Mar before or after their name, and they were devoted to the Torah. Some of them were indeed notable scholars in their own right.

War of Vespasian – פּוּלְמוּס שֶׁל אַסְפַּסְיָינוּס: This is a reference to the so-called Great Revolt, during which the Second Temple was destroyed. The war is named after Vespasian because he was the commander of the Roman army for virtually the entire duration of the war, from 67 CE until the war's conclusion, when he was crowned Emperor of Rome.

Garlands of bridegrooms – עַטְרוֹת חֲתָנִים: The Gemara in *Sota* (49b) explains that the Sages wanted to permit garlands for grooms made from various plants and flowers. However, it was accepted as *halakha* that these too are forbidden. The prohibition against the use of garlands for brides was instituted during the war of Titus, although this decree applied only to special crowns, the so-called cities of gold, whereas it was permitted to adorn brides with other kinds of garlands. Likewise, excessive decoration of the wedding canopy was prohibited.

מאי "זאת לא זאת"? דרש רבי עוירא, זימנין אמר לה משמיה דרב אמי, וזימנין אמר לה משמיה דרב אסי: בשעה שאמר הקדוש ברוך הוא לישראל: "הסר המצנפת והרם העטרה", אמרו מלאכי השרת לפני הקדוש ברוך הוא: רבונו של עולם, זאת להן לישראל, שהקדימו לפניך בסיני "נעשה" ל"נשמע"?

With regard to the above verse, the Gemara asks: **What is the** meaning of the expression: **"This shall no more be the same"? Rabbi Avira interpreted** this verse **homiletically. Sometimes he would say it in the name of Rav Ami, and sometimes he would say it in the name of Rav Asi: When the Holy One, Blessed be He, said to the Jewish people** at the time of the destruction of the Temple: **"Remove the mitre and take off the garland," the ministering angels said before the Holy One, Blessed be He: Master of the Universe, is this** the appropriate treatment **for the Jewish people, who,** at the giving of the Torah **at Sinai, preceded** the statement of: **"We will do" to** the statement: **"We will hear"** (Exodus 22:7)?

אמר להן: לא זאת להן לישראל, שהשפילו את הגבוה והגביהו את השפל והעמידו צלם בהיכל?

God **said to them:** Is **this not** appropriate **for the Jewish people, who lowered the exalted and who exalted the lowly,** i.e., they did not serve God, **and** instead worshiped idols when **they established an idol in the Sanctuary?** This response is alluded to in the verse: "This shall no more be the same."

דרש רב עוירא, זימנין אמר לה משמיה דרב אמי, וזימנין אמר לה משמיה דרב אסי, מאי דכתיב: "כה אמר ה׳ אם שלמים וכן רבים וכן נגוזו ועבר" וגו׳? אם רואה אדם שמזונותיו מצומצמין יעשה מהן צדקה, וכל שכן כשהן מרובין.

The Gemara cites another statement by the same Sages. **Rav Avira interpreted** a verse **homiletically. Sometimes he would say it in the name of Rav Ami, and sometimes he would say it in the name of Rav Asi: What** is the meaning of that **which is written: "Thus says the Lord: Though they be in full strength** [*shelemim*], **and likewise many, even so shall they be cut down, and he shall pass away;** and though I have afflicted you, I will afflict you no more" (Nahum 1:12). This means: **If a person sees that his sustenance is limited he should use it for charity, and all the more so when it is plentiful.** In other words, if his livelihood has finished [*nishlam*] he should perform charity, and he should certainly act in this manner if his means are plentiful.

מאי "וכן נגוזו ועבר"? תנא דבי רבי ישמעאל: כל הגוזז מנכסיו ועושה מהן צדקה – ניצל מדינה של גיהנם. משל לשתי רחילות שהיו עוברות במים, אחת גזוזה ואחת אינה גזוזה, גזוזה עברה, ושאינה גזוזה לא עברה.

The Gemara asks: **What** is the meaning of the phrase: **"Even so shall they be cut down** [*nagozzu*], **and he shall pass away"?** A Sage from **the school of Rabbi Yishmael taught: Anyone who shears off** [*gozez*] some **of his property and performs charity with it will be saved from the judgment of Gehenna.** The Gemara offers **a parable** that compares this case **to two sheep that were passing through the water. One** of them was **shorn and** the other **one was unshorn.** The **shorn** sheep **crossed** to the other side, **but the unshorn** sheep **did not cross,** as its wool absorbed the water and it drowned. Similarly, one who shears off his property and gives it as charity will not descend to Gehenna.

Perek **I**
Daf **7** Amud **b**

"ועניתך", אמר מר זוטרא: אפילו עני המתפרנס מן הצדקה יעשה צדקה. "לא אענך עוד", תני רב יוסף: שוב אין מראין לו סימני עניות.

The Gemara addresses the continuation of the verse: **"And though I have afflicted you** [*ve'innitikh*]" (Nahum 1:12). **Mar Zutra says:** This means that **even a poor person** [*ani*] **who is sustained from charity**[H] must also **perform charity.** With regard to the expression: **"And I will afflict you** [*a'anekh*] **no more," Rav Yosef teaches:** This means that if he gives charity to others, God **will no longer show him signs of poverty** [*aniyyut*].

HALAKHA

Even a poor person who is sustained from charity, etc. – אפילו עני המתפרנס מן הצדקה וכו׳: Everyone is obligated to give charity. Even a pauper who himself is sustained from charity is obligated to give a portion of what he receives. The *Shakh* notes that this is the *halakha* only provided that he is left with the minimum requirements to provide basic sustenance (Rambam *Sefer Zera'im*, *Hilkhot Mattenot Aniyyim* 7:5; *Shulḥan Arukh*, *Yoreh De'a* 248:1).

״רַבִּי יְהוּדָה אוֹמֵר: מֵרֶקֶם לַמִּזְרָח״ כו׳. לְמֵימְרָא, דְּעַכּוֹ לִצְפוֹנָהּ דְּאֶרֶץ יִשְׂרָאֵל קַיְימָא. וּרְמִינְהוּ: הָיָה מְהַלֵּךְ מֵעַכּוֹ לִכְזִיב, מִימִינוֹ לְמִזְרַח הַדֶּרֶךְ – טְמֵאָה מִשּׁוּם אֶרֶץ הָעַמִּים, וּפְטוּרָה מִן הַמַּעֲשֵׂר וּמִן הַשְּׁבִיעִית, עַד שֶׁיִּוָּדַע לְךָ שֶׁהִיא חַיֶּיבֶת.

§ The mishna teaches that **Rabbi Yehuda says: From Rekem and eastward** is considered to be a country overseas, from Akko and northward is also outside of Eretz Yisrael, and Akko itself is like north of Eretz Yisrael. The Gemara asks: **Is this to say that Akko is located to the north of Eretz Yisrael? And** the Gemara **raises a contradiction** from a *baraita* (*Tosefta, Oholot* 18:14) that indicates that Akko is not on the northern border of Eretz Yisrael: If one **was traveling from Akko to Keziv,**[H] the area **on his right, to the east**[N] **of the road,** is **impure**[N] **due to** the impurity of **the land of the nations, and** that area **is exempt from the** obligation to separate **tithe**[B] from its produce **and from** the mitzvot of **the Sabbatical** Year,[B] as it is assumed to be outside of Eretz Yisrael, **until** he arrives at a place **where it is known to you that it is obligated.**

מִשְּׂמֹאלוֹ לְמַעֲרַב הַדֶּרֶךְ – טְהוֹרָה מִשּׁוּם אֶרֶץ הָעַמִּים, וְחַיֶּיבֶת בְּמַעֲשֵׂר וּבַשְּׁבִיעִית, עַד שֶׁיִּוָּדַע לְךָ שֶׁהִיא פְּטוּרָה, עַד הֵיכָן? עַד כְּזִיב, רַבִּי יִשְׁמָעֵאל בְּרַבִּי יוֹסֵי אוֹמֵר מִשּׁוּם אָבִיו: עַד לַבְלְבוּ!

The *baraita* continues: Conversely, the territory **on his left, to the west of the road,** is **pure with regard to** the impurity of **the land of the nations,** as it is assumed to be within Eretz Yisrael, **and obligated in the** mitzva to separate **tithe** from its produce **and in** the mitzvot of **the Sabbatical Year, until** he arrives at a place **where it is known to you that it is exempt. Until where** does this *halakha* apply? **Until Keziv.**[H] **Rabbi Yishmael, son of Rabbi Yosei, said in the name of his father: Until** the place known as **Lavlevu.**[B] In any case, this indicates that Akko is not considered the northern border of Eretz Yisrael, as the description in the *baraita* indicates that Keziv is further north than Akko.

HALAKHA

One was traveling from Akko to Keziv, etc. – הָיָה מְהַלֵּךְ מֵעַכּוֹ לִכְזִיב וכו׳: If one was walking from Akko to Keziv, all of the places to his right, on the east side of the path, are assumed to be outside of Eretz Yisrael. The places to the east are ritually impure, as they are considered the land of the nations, and one is exempt from separating tithe and the obligations of the Sabbatical Year in those lands, unless he knows for sure that a specific place is part of Eretz Yisrael. Any place on his left is assumed to be part of Eretz Yisrael, and all the *halakhot* of Eretz Yisrael apply there (Rambam *Sefer Zera'im, Hilkhot Terumot* 1:7).

Until Keziv – עַד כְּזִיב: The Jews who returned from the Babylonian exile repossessed Eretz Yisrael up to, but not including Keziv, and not from Keziv northward (Rambam *Sefer Zera'im, Hilkhot Terumot* 1:8).

NOTES

On his right to the east – מִימִינוֹ לְמִזְרָח: The early commentaries discuss the correct version of this statement, as some read the opposite, i.e., from the right, east of the path, is Eretz Yisrael, while the strip on the left, toward the sea, is the land of the nations (*Tosafot*).

The road is impure, etc. – הַדֶּרֶךְ טְמֵאָה וכו׳: The Sages decreed that land outside of Eretz Yisrael is ritually impure, which means that anyone who passes through it is rendered ritually impure and requires purification. As summarized by the Gemara in *Shabbat* (15b), this decree was formulated in stages, as over the course of the generations the Sages declared impurity upon both the land itself and its air. The Sages suggest different reasons for this impurity. However, the Bible already alludes to the idea that areas outside of Eretz Yisrael are considered impure (see Amos 7:17).

BACKGROUND

Tithe – מַעֲשֵׂר: After *teruma* is separated from the crop and given to the priests, one-tenth of the remaining produce is given to the Levites. The owner gives this produce, called first tithe, to any Levite of his choice. A Levite who received first tithe is required to set aside one-tenth of this tithe, called *teruma* of the tithe, and give it to a priest. The produce of the remaining first tithe remains the Levite's property. It has no sanctity, and may be eaten by anyone. Produce from which first tithe was not set aside has the status of untithed produce, and may not be eaten. Since not everyone was conscientious about setting aside first tithe, the Sages instituted that one must separate this tithe from doubtfully tithed produce as well. In that case, however, it is not given to a Levite.

The second tithe was one-tenth of the produce that remained after *teruma* had been given to the priests and the first tithe had been given to the Levites. The second tithe was separated during the first, second, fourth, and fifth years of the Sabbatical cycle. After the second tithe was set aside, it was brought to Jerusalem to be consumed there by its owner. If the journey to Jerusalem was long enough that it would be difficult to carry the entire amount of second tithe there, or if the produce became ritually impure, it could be redeemed for an equivalent sum of money. If the owner redeemed his own produce he had to add one-fifth of its value. This redemption money was brought to Jerusalem, where it could be spent only on food.

The poor man's tithe is a special tithe set aside from agricultural produce and distributed to the poor. During the third and sixth years of the Sabbatical cycle, after the *teruma* and the first tithe have been set aside, one-tenth of the remaining produce is distributed to the poor. This tithe is called the poor man's tithe. The poor man's tithe is not sacred, but until it has been set aside the produce is deemed untithed produce, and it may not be eaten.

All of these tithes must be given only from produce that grows in Eretz Yisrael

The Sabbatical Year – שְׁבִיעִית: The Sabbatical Year is the last year in the seven-year Sabbatical cycle. The first such cycle began after the conquest of Eretz Yisrael by Joshua. Although the *halakhot* of the Sabbatical Year are based on Torah law (Leviticus 25:1–7), most authorities maintain that the conditions enabling the performance of the mitzva by Torah law do not currently exist, and therefore present-day observance is based on rabbinic decree.

The Hebrew term for the Sabbatical Year, *shemitta*, means abandonment or release. During the Sabbatical Year, all agricultural land must lie fallow. It is prohibited to work the land, except for what is necessary to keep existing crops alive. All produce that does grow is ownerless and must be left unguarded in the fields so that any creature, including wild animals and birds, can have ready access to it. As long as produce can still be found in the fields, it may be eaten, although it may not be bought and sold in the normal manner or used for purposes other than food. After the last remnants of a crop have been removed from the field, the harvested parts of that crop may no longer be eaten.

Lavlevu – לַבְלְבוּ: An alternative reading is Lavlevan. In any case, this place is identified with the northern part of the so-called ladder of Tyre, which begins at its southernmost point at Rosh HaNikra and ends where the terrain juts into the ocean. Nowadays this place is called Ras El Bayada, meaning: The head of the white mountain, due to its white limestone cliffs that can be seen from afar.

White cliffs of Ras El Bayada

אֲמַר אַבַּיֵי: רְצוּעָה נָפְקָא. וְיָהֵיב תַּנָּא סִימָנָא הָכִי? אִין, קְרָא נַמִּי יָהֵיב סִימָנָא, דִּכְתִיב: ״וַיֹּאמְרוּ הִנֵּה חַג ה׳ בְּשִׁילוֹ מִיָּמִים יָמִימָה אֲשֶׁר מִצְּפוֹנָה לְבֵית אֵל מִזְרְחָה הַשֶּׁמֶשׁ לִמְסִלָּה הָעוֹלָה מִבֵּית אֵל שְׁכֶמָה וּמִנֶּגֶב לִלְבוֹנָה״, וַאֲמַר רַב פַּפָּא: לְמִזְרְחָהּ שֶׁל מְסִלָּה.

Abaye said: A strip extends[B] northward from Akko, which is still considered part of Eretz Yisrael, but the general border is at the latitude of Akko. The Gemara asks: **But would the *tanna* of** the *baraita* **provide a sign**[N] **in this** manner for an area of a strip of land? The Gemara answers: **Yes, and a verse also provides a sign** in this manner, **as it is written: "And they said: Behold, there is the feast of the Lord from year to year in Shiloh, which is on the north of Bethel, on the east side of the highway that goes up from Bethel to Shechem, and on the south of Lebonah"** (Judges 21:19). **And Rav Pappa said:** The expression: "On the east side," should be understood as meaning **to the east of the highway.**[N] This verse demonstrates that an area as narrow as a road can be used as a sign.

תָּנָא חֲדָא: הַמֵּבִיא גֵּט בִּסְפִינָה – כְּמֵבִיא בְּאֶרֶץ יִשְׂרָאֵל, וְתַנְיָא אִידָךְ: כְּמֵבִיא בְּחוּצָה לָאָרֶץ!

§ The Gemara presents a contradiction between two *baraitot*. **It was taught** in **one** *baraita*: **One who brings a bill of divorce** that was written **on a boat** in Eretz Yisrael is considered to be **like one who brings** it **in Eretz Yisrael,** and therefore he is not required to say: It was written in my presence and it was signed in my presence. **And it is taught** in **another** *baraita* (*Tosefta* 1:1) that one who brings a bill of divorce written on a boat in Eretz Yisrael **is like one who brings** a bill of divorce **outside of Eretz** Yisrael.

אָמַר רַבִּי יִרְמְיָה, לָא קַשְׁיָא: הָא רַבִּי יְהוּדָה, הָא רַבָּנַן. דִּתְנַן: עֲפַר חוּצָה לָאָרֶץ הַבָּא בִּסְפִינָה לָאָרֶץ חַיָּיב בְּמַעֲשֵׂר וּבַשְּׁבִיעִית.

Rabbi Yirmeya says: This is **not difficult,** as one can say that **this** *baraita* is in accordance with the opinion of **Rabbi Yehuda,** and **that** *baraita* is in accordance with the opinion of **the Rabbis. As we learned** in a mishna (*Ḥalla* 2:2): With regard to **soil from outside of Eretz** Yisrael[H] **that is brought on a boat to Eretz** Yisrael, anything that grew in that soil **is obligated in tithe and in** the mitzvot of **the Sabbatical** Year. According to this opinion, soil is considered part of Eretz Yisrael once it arrives there, which means that the plants growing in it are considered to be in Eretz Yisrael.

אָמַר רַבִּי יְהוּדָה: אֵימָתַי? בִּזְמַן שֶׁהַסְּפִינָה גּוֹשֶׁשֶׁת, אֲבָל אֵין הַסְּפִינָה גּוֹשֶׁשֶׁת – פָּטוּר.

Rabbi Yehuda said: When did the Sages say this ruling? **When the boat is skimming** [*gosheshet*][BL] the sea floor, as it is weighed down in the water. **However,** when **the boat is not skimming** the sea floor, the soil is **exempt.** The Sage who maintains that the boat is considered to be like Eretz Yisrael with regard to a bill of divorce holds in accordance with the Rabbis of this mishna, and the one who maintains that the boat is not like Eretz Yisrael for the purposes of a bill of divorce holds in accordance with the opinion of Rabbi Yehuda.

אַבַּיֵי אֲמַר: הָא וְהָא רַבִּי יְהוּדָה הִיא, וְלָא קַשְׁיָא: כָּאן בִּזְמַן שֶׁאֵין הַסְּפִינָה גּוֹשֶׁשֶׁת, כָּאן בִּזְמַן שֶׁהַסְּפִינָה גּוֹשֶׁשֶׁת.

Abaye said: It is possible to say that both **this** *baraita* **and that** *baraita* are in accordance with the opinion of **Rabbi Yehuda, and** it is **not difficult: Here,** the *baraita* where the soil is considered outside of Eretz Yisrael, deals with a situation **when the boat is not skimming** the sea floor; and **there,** in the *baraita* that states that the soil is considered to be like Eretz Yisrael, it is referring to a case **when the boat is skimming** the sea floor.

אָמַר רַבִּי זֵירָא: עָצִיץ נָקוּב הַמּוּנָּח עַל גַּבֵּי יְתֵדוֹת, בָּאנוּ לְמַחֲלוֹקֶת רַבִּי יְהוּדָה וְרַבָּנַן.

Rabbi Zeira says: In the case of **a perforated pot**[B] **that is resting on pegs,** if something grew in it, **we have arrived at the dispute** of **Rabbi Yehuda and the Rabbis** concerning the soil on the boat. Just as the Rabbis maintain that the soil is considered attached to Eretz Yisrael even if the boat does not actually touch the sea floor, the same applies to a perforated flowerpot on pegs, whereas Rabbi Yehuda holds that in both cases the soil must actually be in contact with the earth for it to be considered part of Eretz Yisrael.

אֲמַר רָבָא: דִּילְמָא לָא הִיא; עַד כָּאן לָא קָאָמַר רַבִּי יְהוּדָה הָתָם אֶלָּא בִּסְפִינָה,

Rava said, in rejection of this claim: **Perhaps** that **is not so,** as **Rabbi Yehuda says** his opinion **only there, with regard to a boat,**

HALAKHA

Soil from outside of Eretz Yisrael, etc. – עֲפַר חוּצָה לָאָרֶץ וכו׳: If soil from outside of Eretz Yisrael was brought to Eretz Yisrael on a boat, and the boat was skimming the ground, anything growing in the soil is obligated in tithes and the mitzvot of the Sabbatical Year (Rambam *Sefer Zera'im*, *Hilkhot Terumot* 1:23).

BACKGROUND

A strip extends – רְצוּעָה נָפְקָא: Based on the geography of Eretz Yisrael, the correct version of the text is: From his right to the east the path is pure. In other words, there was another strip of land along the coast that was considered gentile territory. However, the area to the right, to the east of this path, was within the boundaries of the Jewish Galilee and was classified as part of Eretz Yisrael in all respects.

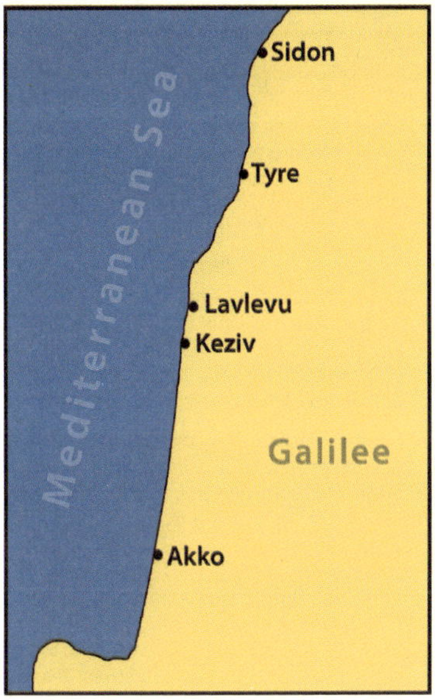

Strip extending northward from Akko

The boat is skimming – הַסְּפִינָה גּוֹשֶׁשֶׁת: In the talmudic period many of the shipping vessels were coastal boats, whose sailors tried to keep them as close to the shore as possible. The shipping docks were not always located in deep water, and quite often the boats would come so close to the land that their hulls would skim the sands of the shore.

Pot – עָצִיץ: Apparently, this type of simple pot was an earthenware vessel that was not fully processed in a furnace or kiln. People would use this pot for basic purposes when the most minimal collection vessel was needed, without concern for fine craftsmanship or durability. It was used for potted plants, as a tub for waste, or as a chamber pot. Occasionally, it was even made simply from the bottom of a broken pitcher.

NOTES

But would the *tanna* provide a sign, etc. – וְיָהֵיב תַּנָּא סִימָנָא וכו׳: Rashi explains: Is one strip of land so important that the *tanna* would provide signs for its status? Many other early commentaries question this interpretation, as the size of the strip is not specified in the Gemara, and it could be very large. Others claim that the Gemara's question refers to the path itself, not the strip of land (Rashbam, cited in *Tosafot*). In other words, the question is as follows: Is the path significant enough that it can be used as a sign for what is found on its east and on its west? The Gemara proceeds to answer that the Bible itself provides signs in reference to a road (see *Tosefot HaRosh* and Rashba).

To the east of the highway – לְמִזְרְחָהּ שֶׁל מְסִלָּה: One might have understood the verse as saying that Shiloh is east, or southeast, of Bethel. Therefore, Rav Pappa emphasizes that the verse means that Bethel is found on the east side of the highway (Rashi).

LANGUAGE

Skimming [*gosheshet*] – גּוֹשֶׁשֶׁת: From the verb *legashesh*, meaning to touch lightly.

הָעֲשׂוּיָה לִבְרוֹחַ, אֲבָל עָצִיץ שֶׁאֵינוֹ עָשׂוּי לִבְרוֹחַ – לָא.

which is made to move, i.e., it is not set in one place. Consequently, one can argue that the soil in the boat is not considered attached to the ground. **However,** with regard to **a flowerpot, which is not made to move,** as ordinarily a flowerpot remains in one place, **no,** one cannot reasonably claim that the fixed soil in it is not part of the ground, even when the pot itself is not touching the ground.

אִי נַמִי, עַד כָּאן לָא קָאָמְרִי רַבָּנַן הָתָם אֶלָּא בִּסְפִינָה, דְּלָא מַפְסִיק אֲוִירָא, דְּמַיָּא כִּי אַרְעָא סְמִיכְתָּא דָּמְיָא, אֲבָל עָצִיץ דְּמַפְסִיק אֲוִירָא – לָא.

Alternatively, one can say the opposite: Perhaps **the Rabbis state** their opinion, that the soil in the boat is considered to be like the land itself, **only there,** in the case of **a boat, where there is no barrier of airspace** between the soil in the boat and the land below, **as water is considered to be like solid earth.** Therefore, the soil in the boat is viewed as connected to the earth, and has the status of Eretz Yisrael. **But** in the case of a perforated **pot, where there is a barrier of airspace, no,** the soil is not connected to the ground.

רַב נַחְמָן בַּר יִצְחָק אֲמַר: בִּנְהָרוֹת דְּאֶרֶץ יִשְׂרָאֵל – דְּכוּלֵּי עָלְמָא לָא פְּלִיגִי, אֶלָּא כִּי פְּלִיגִי – בַּיָּם הַגָּדוֹל.

Rav Naḥman bar Yitzḥak said: With regard to the **rivers that are in Eretz Yisrael**[H] on which a boat is sailing, **everyone agrees** that a bill of divorce written on that boat is considered to be written in Eretz Yisrael. **However, when they disagree** it is **with regard to the Great Sea,** i.e., the Mediterranean Sea. In other words, is a boat located in the Mediterranean Sea considered to be in Eretz Yisrael or not?

דְּתַנְיָא: אֵיזֶהוּ אֶרֶץ וְאֵיזֶהוּ חוּצָה לָאָרֶץ? כָּל שֶׁשּׁוֹפֵעַ וְיוֹרֵד מִטּוּרֵי אַמְנוֹן וְלִפְנִים – אֶרֶץ יִשְׂרָאֵל, מִטּוּרֵי אַמְנוֹן וְלַחוּץ – חוּצָה לָאָרֶץ. הַנִּסִּין שֶׁבַּיָּם, רוֹאִין אוֹתָן כְּאִילּוּ חוּט מָתוּחַ עֲלֵיהֶם מִטּוּרֵי אַמְנוֹן עַד נַחַל מִצְרַיִם, מִן הַחוּט וְלִפְנִים – אֶרֶץ יִשְׂרָאֵל, מִן הַחוּט וְלַחוּץ – חוּצָה לָאָרֶץ.

As it is taught in the *Tosefta* (*Terumot* 2:12): **What is Eretz** Yisrael[HB] **and what is outside of Eretz** Yisrael? **Any slope that descends**[N] **at an angle from Turei Amnon**[B] in Syria **and inward** toward Eretz Yisrael is part of **Eretz Yisrael. From Turei Amnon and outward,** northward, is considered **outside of Eretz** Yisrael. With regard to **the islands** [*nissin*][L] **that are in the sea,**[B] **one views them as though a string were pulled taut over them from Turei Amnon** in the north **to the River of Egypt,**[B] Wadi el-Arish, in the south. **From the string and inward,** i.e., east, is **Eretz Yisrael; from the string and outward,** west, is considered **outside of Eretz** Yisrael. This is the opinion of the Rabbis.

HALAKHA

Rivers that are in Eretz Yisrael – נְהָרוֹת דְּאֶרֶץ יִשְׂרָאֵל: Rivers in Eretz Yisrael are considered part of Eretz Yisrael with regard to bills of divorce (Rambam *Sefer Nashim*, *Hilkhot Geirushin* 7:10).

What is Eretz Yisrael – אֵיזֶהוּ אֶרֶץ: From the descent of Turei Amnon southward, the land is considered part of Eretz Yisrael as conquered by the Jews who left Egypt, while from this point northward is outside of Eretz Yisrael. With regard to the islands in the sea, one envisions a string pulled taut from Turei Amnon to the River of Egypt. Anything within this demarcated area is considered Eretz Yisrael, and anything beyond it is outside of Eretz Yisrael, in accordance with the anonymous opinion in the *baraita* (Rambam *Sefer Nashim*, *Hilkhot Geirushin* 7:10 and *Sefer Zera'im*, *Hilkhot Terumot* 1:7).

LANGUAGE

Islands [*nissin*] – נִסִּין: This is the Hebrew form of the Greek νῆσος, *nēsos*, meaning island.

NOTES

Any slope that descends – כָּל שֶׁשּׁוֹפֵעַ: Rashi explains that this notion of descending serves to pinpoint the precise location of the border in Turei Amnon, as the foot of the mountain is horizontally very far from its peak, and the northern border of Eretz Yisrael is the peak of the mountain. Others claim that the issue is not the northern border, but the eastern and western borders, as mountains branch out to all sides (*Tosafot*). According to this opinion, anything eastward from the top of Turei Amnon is considered part of Eretz Yisrael, whereas the land that lies westward is outside of Eretz Yisrael.

BACKGROUND

What is Eretz Yisrael – אֵיזֶהוּ אֶרֶץ: This is a discussion of the boundaries of Eretz Yisrael as established by the Jewish People when they ascended from Egypt, i.e., the boundaries stated in the Torah (Numbers, chapter 34) and the book of Joshua. From a practical halakhic standpoint, the boundaries established by those who returned from the Babylonian exile are more important, as they define the actual borders of the Jewish community in the period of the *tanna'im*. These boundaries, similar in many respects to the boundaries for bills of divorce, encompass a much smaller area than those stated in the Torah, at least in the north.

Turei Amnon – טוּרֵי אַמְנוֹן: These mountains are sometimes called Taurus Amanus. Turei Amnon is a large mountain range that starts in the northern parts of Syria and Asia Minor. From a geographical and geological perspective this mountain range is the border between the large area that includes Syria and Israel and the territory to its north.

The islands that are in the sea – הַנִּסִּין שֶׁבַּיָּם: This question is the same in many respects to the contemporary problem of international law with regard to territorial waters. Every country claims either partial or complete sovereignty over the waters adjacent to it. For certain matters these territorial waters are considered fully part of the country. The dispute between the Sages and Rabbi Yehuda is whether the border of the sea by Eretz Yisrael is only the narrow area formed by the shoreline, which includes some very small islands, or if it stretches out to the other end of the Mediterranean.

The River of Egypt – נַחַל מִצְרַיִם: There is an ancient dispute over the exact location of the River of Egypt, mentioned in many places in the Bible as the southern border of Eretz Yisrael (see Numbers 34:5 and I Kings 8:65). Some identify it as Wadi el-Arish, which for generations served as the natural border between the Sinai desert and Eretz Yisrael. Some say that the southern border is the western branch of the Nile (see Joshua 13:3 and I Chronicles 13:5).

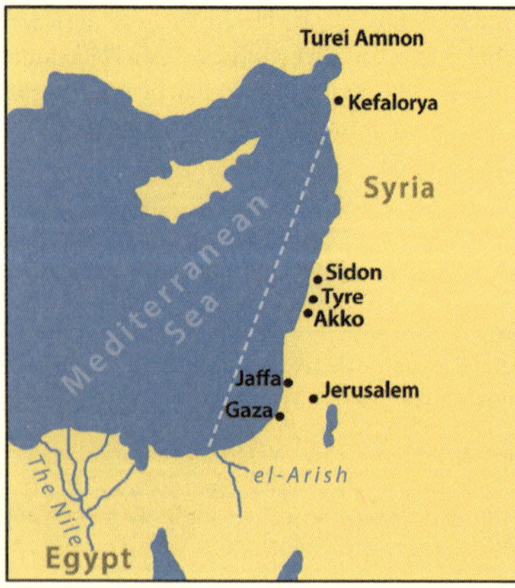

Far left: Border of the sea according to the Sages
Below: Border of the sea according to Rabbi Yehuda

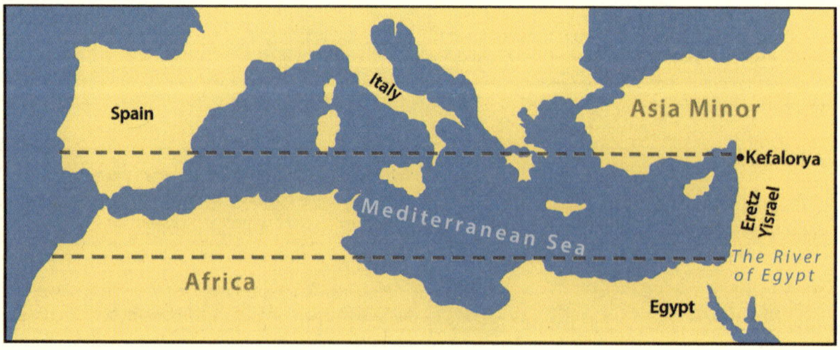

רַבִּי יְהוּדָה אוֹמֵר: כׇּל שֶׁכְּנֶגֶד אֶרֶץ יִשְׂרָאֵל הֲרֵי הוּא כְּאֶרֶץ יִשְׂרָאֵל, שֶׁנֶּאֱמַר: ״וּגְבוּל יָם וְהָיָה לָכֶם הַיָּם הַגָּדוֹל וּגְבוּל זֶה יִהְיֶה לָכֶם גְּבוּל יָם״.

Rabbi Yehuda says: Any place **that** is directly **across from Eretz Yisrael,** including the sea itself, **is considered** part **of Eretz Yisrael, as it is stated: "And for the western border, you shall have the Great Sea for a border,**[N] **this shall be your west border"** (Numbers 34:6). According to this opinion, the entire territory directly across from Eretz Yisrael is considered part of Eretz Yisrael.

וְהַנִּסִּין שֶׁבַּצְּדָדִין, רוֹאִין אוֹתָן כְּאִילּוּ חוּט מָתוּחַ עֲלֵיהֶן מִקֶּפַלּוֹרְיָא וְעַד יַם אוֹקְיָינוֹס וּמִנַּחַל מִצְרַיִם וְעַד יַם אוֹקְיָינוֹס, מִן הַחוּט וְלִפְנִים – אֶרֶץ יִשְׂרָאֵל, מִן הַחוּט וְלַחוּץ – חוּצָה לָאָרֶץ.

And with regard to **the islands that are on the sides,** which do not exactly line up on the north or the south, **one views them as though a string were pulled taut over them** in the north **from Kefalorya,**[L] west of Turei Amnon, **to the Atlantic Ocean, and** in the south **from the River of Egypt** westward **until the Atlantic Ocean.** Those islands that lie **from the string and inward** are part of **Eretz Yisrael,** whereas those **from the string and outward** are **outside of Eretz** Yisrael.[B]

וְרַבָּנַן, הַאי ״וּגְבוּל״ מַאי עָבְדִי לֵיהּ? מִיבָּעֵי לֵיהּ לְנִסִּין. וְרַבִּי יְהוּדָה: נִסִּין לָא צְרִיכִי קְרָא.

The Gemara asks: **And the Rabbis, what do they do with this** verse:[N] **"And for the border"?** Rabbi Yehuda's opinion that the border of Eretz Yisrael extends into the sea is apparently supported by this verse. The Gemara answers: **They require it to** teach that the **islands** themselves are considered to be within Eretz Yisrael. **And Rabbi Yehuda** would respond that an additional **verse is not required** to teach the *halakha* concerning the **islands,** as it is clear that they are part of Eretz Yisrael.

״רַבִּי מֵאִיר אוֹמֵר: עַכּוֹ – כְּאֶרֶץ יִשְׂרָאֵל״ וכו׳. בָּעוּ מִינֵּיהּ מֵרַבִּי חִיָּיא בַּר אַבָּא: הַמּוֹכֵר עַבְדּוֹ לְסוּרְיָא, כְּמוֹכֵר בְּחוּצָה לָאָרֶץ דָּמֵי אוֹ לָא?

§ The mishna teaches that **Rabbi Meir says: Akko is like Eretz Yisrael** with regard to bills of divorce. The Sages **raised a dilemma before Rabbi Ḥiyya bar Abba: One who sells his slave to a** master in **Syria,**[H] is **he considered like one who sells** his slave **outside of Eretz** Yisrael, in which case the seller is penalized by the emancipation of his slave, **or not?**

אֲמַר לְהוּ: תְּנֵיתוּהָ, רַבִּי מֵאִיר אוֹמֵר: עַכּוֹ – כְּאֶרֶץ יִשְׂרָאֵל לְגִיטִּין; לְגִיטִּין – אִין, לַעֲבָדִים – לָא, וְכׇל שֶׁכֵּן סוּרְיָא דְּמִרַחֲקָא טוּבָא.

Rabbi Ḥiyya bar Abba **said to them: You learned** a resolution for this dilemma from the mishna: **Rabbi Meir says** that **Akko is like Eretz Yisrael with regard to bills of divorce,** from which it may be inferred: **With regard to bills of divorce, yes, but with regard to slaves, no,** it is not considered part of Eretz Yisrael, **and all the more so Syria, which is far more distant** than Akko from the main areas of Eretz Yisrael. Therefore, this owner has sold his slave outside of Eretz Yisrael.

תָּנוּ רַבָּנַן: בִּשְׁלֹשָׁה דְּרָכִים שָׁוְותָה סוּרְיָא לְאֶרֶץ יִשְׂרָאֵל, וּבִשְׁלֹשָׁה לְחוּצָה לָאָרֶץ. (סִימָן: ע״ב ב״ר ר״ק). עֲפָרָהּ טָמֵא – כְּחוּצָה לָאָרֶץ. וְהַמּוֹכֵר עַבְדּוֹ לְסוּרְיָא – כְּמוֹכֵר בְּחוּצָה לָאָרֶץ. וְהַמֵּבִיא גֵּט מִסּוּרְיָא – כְּמֵבִיא מִחוּצָה לָאָרֶץ;

Having mentioned the status of Syria, the Gemara cites a related *halakha*. **The Sages taught** (*Tosefta, Kelim* 1:5): **In three ways Syria is equal to Eretz Yisrael, and in three** ways it is similar **to outside of Eretz** Yisrael. The Gemara inserts **a mnemonic device**[NB] for the ways in which Syria is different than Eretz Yisrael and is similar to Eretz Yisrael: ***Ayin beit, beit reish, reish kuf.*** Syria has the status of land that is outside of Eretz Yisrael in the following respects: First, **its soil is ritually impure like** that of land **outside of Eretz** Yisrael.[NH] **And** the second is that **one who sells his slave to** a master in **Syria**[N] **is like one who sells** him to a master **outside of Eretz** Yisrael, and the second master is obligated to emancipate the slave. **And** third, **one who brings a bill of divorce from Syria is like one who brings** it **from outside of Eretz** Yisrael, in that he must say: It was written in my presence and it was signed in my presence.

NOTES

The Great Sea for a border – הַיָּם הַגָּדוֹל וּגְבוּל: This indicates that the Great Sea, i.e., the Mediterranean, is considered part of the border itself, i.e., within Eretz Yisrael.

What do they do with this verse, etc. – הַאי מַאי עָבְדִי וכו׳: Rashi explains the dispute as follows: Rabbi Yehuda maintains that the sea itself is considered part of Eretz Yisrael. Consequently, boats that are in the sea across from Eretz Yisrael are themselves considered within Eretz Yisrael. According to the Rabbis, the sea itself is not considered part of Eretz Yisrael; rather, only the islands in the sea are part of Eretz Yisrael. If so, boats in the sea are considered to be outside of Eretz Yisrael.

A mnemonic device, etc. – סִימָן וכו׳: This mnemonic device is not found in all manuscripts, and there are different versions of it. According to the standard version it is a combination of certain Hebrew letters from the following headings of the cases discussed below: Ritually impure soil; one who sells his slave; one who brings a bill of divorce; obligated in tithes; enters in purity; and acquires a field.

Its soil is ritually impure like that of outside of Eretz Yisrael – עֲפָרָהּ טָמֵא כְּחוּצָה לָאָרֶץ: Although this *tanna* holds that Syria is treated like Eretz Yisrael with regard to *terumot* and tithes, nevertheless the Sages decreed that it is impure like the land of the nations (Rashi). This indicates that the decree of impurity held by the lands of the nations is not based on whether the mitzvot of Eretz Yisrael are observed in those places. Rather, it is due to a concern about gentile graves that are present everywhere in those lands.

And one who sells his slave to a master in Syria, etc. – וְהַמּוֹכֵר עַבְדּוֹ לְסוּרְיָא וכו׳: Since the slave is obligated in certain mitzvot, by selling him to a person who lives outside of Eretz Yisrael his master effectively prevents him from fulfilling those mitzvot that apply in Eretz Yisrael (Rashi). The commentaries ask: This *baraita* itself states that the mitzvot of Eretz Yisrael apply in Syria as well. If so, the master does not exclude his slave from these mitzvot. Why, then, is it prohibited to sell him there (*Tosefot Ḥakhmei Angliyya*)? Some explain that as the soil is ritually impure, he removes his slave from a place of purity where he can keep the *halakhot* of purity with regard to eating and other matters (*Tashbetz*).

LANGUAGE

Kefalorya – קֶפַלּוֹרְיָא: Apparently from the Greek κεφαλώδης, *kefalodes*, meaning like a head. This name derives from the Greek root κεφαλή, *kefalē*, meaning head.

Some identify Kefalorya with the southern portion of Taurus Amanus, the Amnon Mountains, referred to in the Gemara as Turei Amnon. It is also called Kizildag. This mountain range literally juts out into the sea and is often used as an observable landmark. Since the Amnon mountain range is very long, some 180 km, it was necessary to be more precise when defining the northern border of Eretz Yisrael.

HALAKHA

One who sells his slave to a master in Syria – הַמּוֹכֵר עַבְדּוֹ לְסוּרְיָא: If an owner sells his slave to a place near Eretz Yisrael, e.g., Akko or Syria, it is considered as though he sold him outside of Eretz Yisrael (Rambam *Sefer Kinyan, Hilkhot Avadim* 8:6; *Shulḥan Arukh, Yoreh De'a* 267:82).

Its soil is ritually impure like that of outside of Eretz Yisrael – עֲפָרָהּ טָמֵא כְּחוּצָה לָאָרֶץ: The soil of Syria is ritually impure like the lands outside of Eretz Yisrael (Rambam *Sefer Tahara, Hilkhot Tumat Met* 11:6).

BACKGROUND

The sea borders of Eretz Yisrael – גְּבוּלוֹת הַיָּם שֶׁל אֶרֶץ יִשְׂרָאֵל: According to the opinion of the Rabbis, Eretz Yisrael includes those islands located within the boundary of an imaginary line stretching from Kefalorya in northwest Syria down to the River of Egypt, Wadi el-Arish.

Rabbi Yehuda accepts the opinion of the Sages with regard to the land borders of Eretz Yisrael. However, according to one explanation, Rabbi Yehuda holds that the border in the sea stretches in a straight line, and all of the islands that are located across from Eretz Yisrael are considered part of it.

A mnemonic device – סִימָן: Because the Talmud was studied orally for many generations, mnemonic devices were necessary to remember the order in which a series of *halakhot* were taught.

וּבִשְׁלֹשָׁה לְאֶרֶץ יִשְׂרָאֵל: חַיֶּיבֶת בְּמַעֲשֵׂר וּבִשְׁבִיעִית – כְּאֶרֶץ יִשְׂרָאֵל. וְהָרוֹצֶה לִיכָּנֵס לָהּ בְּטׇהֳרָה – נִכְנָס. וְהַקּוֹנֶה שָׂדֶה בְּסוּרְיָא

And in three ways Syria is similar **to Eretz Yisrael:** Its produce is **obligated in tithe**[H] **and in** the mitzvot of **the Sabbatical Year like Eretz Yisrael. And one who wishes to enter it** while remaining **in** a state of **ritual purity may** so **enter,** as though it were part of Eretz Yisrael. **And one who acquires a field in Syria**

HALAKHA

Its produce is obligated in tithe, etc. – **חַיֶּיבֶת בְּמַעֲשֵׂר וכו׳:** One who acquires a field in Syria is obligated in *terumot*, tithes, and the mitzvot of the Sabbatical Year, according to rabbinic law (Rambam *Sefer Zera'im, Hilkhot Terumot* 1:4, 15; *Shulḥan Arukh, Yoreh De'a* 331:1).

Perek **I**
Daf **8** Amud **b**

כְּקוֹנֶה בְּפַרְוָארֵי יְרוּשָׁלַיִם. חַיֶּיבֶת בְּמַעֲשֵׂר וּבִשְׁבִיעִית כְּאֶרֶץ יִשְׂרָאֵל – קָסָבַר: כִּיבּוּשׁ יָחִיד שְׁמֵיהּ כִּיבּוּשׁ.

is like one who purchases a field **in the outskirts** [*parvarei*][L] **of Jerusalem.** The Gemara clarifies: The *tanna* who says Syria is **obligated in tithe and** the mitzvot of **the Sabbatical Year like Eretz Yisrael holds** that the **conquest of an individual**[N] **is called a conquest.** Once Syria was conquered by King David, who is considered an individual in this regard, the sanctity of Eretz Yisrael applied to it and its residents became obligated in the mitzvot of Eretz Yisrael.

וְהָרוֹצֶה לִיכָּנֵס לָהּ בְּטׇהֳרָה – נִכְנָס. וְהָאָמְרַתְּ: עֲפָרָהּ טָמֵא! בְּשִׁידָּה תֵּיבָה וּמִגְדָּל.

The *baraita* teaches: **And one who wishes to enter it** and remain **in** a state of **ritual purity may** so **enter.** The Gemara asks: **But didn't you say** that **its soil is ritually impure?** How then is it possible for one to enter it in a state of ritual purity? The Gemara answers: The *baraita* means that one enters it **in a chest, a box, or a cabinet.**[H] In this case he remains pure, as he did not come into contact with the ground itself.

דְּתַנְיָא: הַנִּכְנָס לְאֶרֶץ הָעַמִּים בְּשִׁידָּה תֵּיבָה וּמִגְדָּל – רַבִּי מְטַמֵּא, רַבִּי יוֹסֵי בְּרַבִּי יְהוּדָה מְטַהֵר; וַאֲפִילּוּ רַבִּי לָא קָא מְטַמֵּא – אֶלָּא בְּאֶרֶץ הָעַמִּים, דְּגָזְרוּ עַל גּוּשָׁהּ וְעַל אֲוִירָהּ, אֲבָל סוּרְיָא – עַל גּוּשָׁהּ גָּזְרוּ, עַל אֲוִירָהּ לֹא גָּזְרוּ.

As it is taught in a *baraita*: With regard to **one who enters the land of the nations,** i.e., any territory outside of Eretz Yisrael, **in a chest,**[H] **a box, or a cabinet, Rabbi** Yehuda HaNasi **deems** him ritually **impure,** and **Rabbi Yosei, son of Rabbi Yehuda, deems** him **pure. And even Rabbi** Yehuda HaNasi **deems** one who did not touch the ground itself **impure only in the land of the nations,** concerning **which they decreed** impurity **upon** both **its clumps**[N] of soil **and upon its air. However,** with regard to **Syria,** everyone agrees that **they decreed** impurity **upon its clumps** of soil, but **they did not decree** impurity **upon its air.** Therefore, it is possible to enter Syria and remain in a state of ritual purity if one does not touch the ground itself.

וְהַקּוֹנֶה שָׂדֶה בְּסוּרְיָא – כְּקוֹנֶה בְּפַרְוָארֵי יְרוּשָׁלַיִם; לְמַאי הִילְכְתָא? אָמַר רַב שֵׁשֶׁת: לוֹמַר, שֶׁכּוֹתְבִין עָלָיו אוֹנוֹ וַאֲפִילּוּ בְּשַׁבָּת.

The *baraita* further teaches: **And one who purchases a field in Syria is like one who purchases** a field **in the outskirts of Jerusalem.** The Gemara asks: With regard **to which *halakha*** was this stated? What practical ruling is taught by this statement? **Rav Sheshet says:** This serves **to say that one writes a bill of sale** [*ono*][L] **for this**[NH] purchase, **and** one may write a bill of sale **even on Shabbat.**

LANGUAGE

Outskirts [*parvarei*] – **פַּרְוָארֵי:** The word seems to come from the Middle Persian parwār, meaning suburb.

Bill of sale [*ono*] – **אוֹנוֹ:** Apparently from the Greek ὠνή, *onē*, meaning a bill of sale or a contract. The word ὦνος, *onos*, which means purchase or, literally, the price paid, is from the same root. Sometimes, as is the case here, the Sages used this word as a general term for agreements of sale. However, *ono* can also have the specific meaning of a contract that includes a special condition whereby the sale will be rendered null and void in certain situations.

NOTES

The conquest of an individual – **כִּיבּוּשׁ יָחִיד:** Rashi explains that in this context the expression: Conquest of an individual, means that this land was not conquered by the Jewish people acting for national purposes. Rather, King David conquered it alone. Therefore, this type of conquest does not consecrate the territory that was captured. Alternatively, David's conquest was deficient because he conquered Syria before he finished capturing all of Eretz Yisrael and removing its inhabitants (*Tosafot*, citing *Sifrei*, *Ekev* 15).

They decreed upon its clumps, etc. – **גָּזְרוּ עַל גּוּשָׁהּ וכו׳:** As explained by Rashi, this means that the Sages decreed ritual impurity imparted by touch and ritual impurity imparted by carrying upon the land of the nations. However, they did not did decree the ritual impurity imparted in a tent, as stated explicitly in tractate *Oholot* (2:3).

That one writes a bill of sale for this, etc. – **שֶׁכּוֹתְבִין עָלָיו אוֹנוֹ וכו׳:** Some authorities hold that everyone agrees that the acquisition itself may not be performed on Shabbat, despite the fact that performing an act of acquisition is prohibited by rabbinic law, not Torah law. However, if the act of acquisition was completed before Shabbat, it is permitted to tell a gentile to write the bill of sale on Shabbat. This is because the Sages are lenient with regard to prohibitions of Shabbat by rabbinic law that are violated by mere speech. Most early commentaries maintain that it is permitted even to perform the act of acquisition itself on Shabbat.

HALAKHA

In a chest, a box, or a cabinet – **בְּשִׁידָּה תֵּיבָה וּמִגְדָּל:** The Sages did not decree ritual impurity upon the air of Syria. Therefore, one can enter it in a state of purity if he stays inside a chest, a box, or a cabinet, provided that he does not touch its soil (Rambam *Sefer Tahara, Hilkhot Tumat Met* 11:6).

One who enters the land of the nations in a chest, etc. – **הַנִּכְנָס לְאֶרֶץ הָעַמִּים בְּשִׁידָּה וכו׳:** One who enters the land of the nations in a chest, a box, or a cabinet that is held in the air is rendered ritually impure, despite the fact that he did not touch its soil, in accordance with the opinion of Rabbi Yehuda HaNasi (Rambam *Sefer Tahara, Hilkhot Tumat Met* 11:5).

That one writes a bill of sale for this, etc. – **שֶׁכּוֹתְבִין עָלָיו אוֹנוֹ וכו׳:** One who acquires a house or field from a gentile in Eretz Yisrael is permitted to instruct a gentile to write the bill of sale on Shabbat. Although it is generally prohibited by rabbinic law to instruct a gentile to violate a Shabbat prohibition, the Sages did not apply the decree in this case due to the importance of the mitzva of settling Eretz Yisrael. The same applies to one who acquires land or a house in Syria, in accordance with the opinion of Rav Sheshet (Rambam *Sefer Zemanim, Hilkhot Shabbat* 6:11; *Shulḥan Arukh, Oraḥ Ḥayyim* 306:11, and in the comment of Rema).

בְּשַׁבָּת סָלְקָא דַּעְתָּךְ? כְּדְאָמַר רָבָא: אוֹמֵר לְגוֹי וְעוֹשֶׂה, הָכָא נַמִי – אוֹמֵר לְגוֹי וְעוֹשֶׂה. וְאַף עַל גַּב דַּאֲמִירָה לְגוֹי שְׁבוּת, מִשּׁוּם יִשּׁוּב אֶרֶץ יִשְׂרָאֵל לָא גְּזוּר רַבָּנַן.

The Gemara asks: Can it **enter your mind** that one may write this bill of sale **on Shabbat?** Writing on Shabbat is a prohibited labor for which one is liable to receive court-imposed capital punishment. The Gemara explains: This is **as Rava says** with regard to a similar issue, that **one tells a gentile** that he should do it, **and he does** so. **Here too,** it is referring to a situation where **one tells a gentile** that he should write a bill of sale, **and he does** so. **And even though** the *halakha* generally is **that telling a gentile** to perform an action that is prohibited for a Jew on Shabbat violates **a rabbinic decree,** since the Sages prohibited instructing a gentile to perform prohibited labor on behalf of a Jew on Shabbat, here **the Sages did not** impose this **decree, due to** the mitzva of **settling Eretz Yisrael.**[N]

תָּנוּ רַבָּנַן: עֶבֶד שֶׁהֵבִיא גִּיטּוֹ, וְכָתוּב בּוֹ ״עַצְמְךָ וּנְכָסַיי קְנוּיִין לָךְ״ – עַצְמוֹ קָנָה, נְכָסִים לֹא קָנָה.

§ **The Sages taught:** With regard to **a slave who brought his bill** of manumission to a court, **and it is written in it: You and my property are transferred to you,**[H] **he acquires himself**[N] via this document, and he is emancipated. However, **he does not acquire** the **property** unless the document is confirmed in court through its witnesses, like other documents.

אִיבַּעְיָא לְהוּ: ״כָּל נְכָסַיי קְנוּיִין לָךְ״, מַהוּ? אָמַר אַבַּיֵי: מִתּוֹךְ שֶׁקָּנָה עַצְמוֹ – קָנָה נְכָסִים.

A dilemma was raised before the Sages: If the bill of manumission stated: **All of my property is transferred to you, what is** the *halakha*? **Abaye said: Since he acquired himself** as a freeman, as he is included in the property mentioned in the document, **he acquires** the rest of the **property** as well.

אֲמַר לֵיהּ רָבָא: בִּשְׁלָמָא עַצְמוֹ לִיקְנֵי – מִידֵּי דַּהֲוָה אַגֵּט אִשָּׁה, אֶלָּא נְכָסִים לָא לִיקְנֵי – מִידֵּי דַּהֲוָה אַקִּיּוּם שְׁטָרוֹת דְּעָלְמָא!

Rava said to Abaye: **Granted, he should acquire himself, just as it is in** the case of **a bill of divorce** of **a woman,** who is divorced when she brings the document herself. **However, he should not acquire** the **property, just as it is in** the case of the **ratification of typical** legal **documents.** If someone brings a typical document that deals with monetary matters that has not been ratified, the court will not rely on that document. So too here, as the bill of manumission, which includes a transfer of property, has not been ratified, he should not acquire the property.

הֲדַר אֲמַר אַבַּיֵי: מִתּוֹךְ שֶׁלֹּא קָנָה נְכָסִים – לֹא קָנָה עַצְמוֹ. אֲמַר לֵיהּ רָבָא: בִּשְׁלָמָא נְכָסִים לָא לִיקְנֵי – מִידֵּי דַּהֲוָה אַקִּיּוּם שְׁטָרוֹת דְּעָלְמָא, אֶלָּא עַצְמוֹ לִיקְנֵי – מִידֵּי דַּהֲוָה אַגֵּט אִשָּׁה!

After hearing Rava's objection, **Abaye then said** the opposite: **Since he did not acquire the property, he does not acquire himself** either. **Rava said to him: Granted, he does not acquire the property, just as it is in** the case of the **ratification of typical** legal **documents; however, he should acquire himself, just as it is in** the case of **a bill of divorce** of **a woman,** who can bring her own bill of divorce and testify about it.

אֶלָּא אָמַר רָבָא: אֶחָד זֶה וְאֶחָד זֶה – עַצְמוֹ קָנָה, נְכָסִים לֹא קָנָה. אֲמַר לֵיהּ רַב אַדָּא בַּר מַתָּנָה לְרָבָא: כְּמַאן? כְּרַבִּי שִׁמְעוֹן, דַּאֲמַר פָּלְגִינַן דִּיבּוּרָא.

Rather, Rava says: With regard to **both this and that,** both in the case when the bill of manumission states: You and my property, and when it says: All of my property, **he acquires himself** but **he does not acquire** the **property. Rav Adda bar Mattana said to Rava: In accordance with whose** opinion do you say this? **In accordance with** the opinion of **Rabbi Shimon, who said** that **we divide the statement.** In other words, even if there is only one document or a single testimony, containing one general statement, it can be divided so that the court accepts it in part and rejects the rest.

דִּתְנַן: הַכּוֹתֵב כָּל נְכָסָיו לְעַבְדּוֹ – יָצָא בֶּן חוֹרִין. שִׁיֵּיר קַרְקַע כָּל שֶׁהוּא – לֹא יָצָא בֶּן חוֹרִין. רַבִּי שִׁמְעוֹן אוֹמֵר:

As we learned in a mishna (*Pe'a* 3:8): **One who writes,** i.e., gives via a document, **all of his property to his slave,**[H] the slave **has been emancipated,** but if he **reserved** for himself even **any amount of land,**[N] then he **has not been emancipated,** as perhaps he reserved the slave for himself as well. **Rabbi Shimon says:**

NOTES

Due to the mitzva of settling Eretz Yisrael – מִשּׁוּם יִשּׁוּב אֶרֶץ יִשְׂרָאֵל: The early commentaries explain at length that this does not mean that in general the Sages permitted the violation of a rabbinic decree for the sake of a mitzva. Rather, this is a unique case because it involves the settling of Eretz Yisrael (*Tosafot*).

He acquires himself – עַצְמוֹ קָנָה: A bill of manumission does not require ratification if the agent delivering it declared: It was written in my presence and it was signed in my presence, as the Sages applied the same decree to bills of manumission as they did to bills of divorce (Rashi).

He reserved for himself even any amount of land – שִׁיֵּיר קַרְקַע כָּל שֶׁהוּא: Rashi explains that as the master did not transfer everything to the slave but instead reserved something, perhaps he also reserved the slave himself. Therefore, the statement that he gives him all of his property is legally meaningless, and merely serves to give the appearance that the slave is receiving something. The Ri Migash (*Bava Batra* 150a) explains this case as follows: According to this opinion, the concept of: We divide the statement, is rejected, and therefore all the property, including the slave himself, is considered a single entity. Consequently, his exclusion of any part of the property applies to the slave as well, and it is as though he were not entirely freed, which means that he is not emancipated at all. By contrast, Rabbi Shimon maintains that the different parts of the document are treated separately, which means that the status of the slave is considered by itself, without reference to the rest of the property.

HALAKHA

You and my property are transferred to you – עַצְמְךָ וּנְכָסַיי קְנוּיִין לָךְ: If a slave brings a document in which it is written: You and my property are transferred to you, or: All of my property is transferred to you, the slave is emancipated. However, he acquires the property only if the document is ratified though its signatures, like other documents conferring gifts (Rambam *Sefer Kinyan*, *Hilkhot Avadim* 7:2; *Shulḥan Arukh*, *Yoreh De'a* 267:56).

One who writes all of his property to his slave, etc. – הַכּוֹתֵב כָּל נְכָסָיו לְעַבְדּוֹ וכו׳: If a master gives all of his property to his slave, the slave goes free. However, if he reserves for himself any part of his property, regardless of whether or not he specified the portion he excluded, and even if he wrote in the document: You and my property are acquired to you except for such-and-such an object, the slave is not emancipated and he does not acquire the property. The Rosh maintains that in this last case he is emancipated and acquires the property (Rambam *Sefer Kinyan*, *Hilkhot Avadim* 7:2; *Shulḥan Arukh*, *Yoreh De'a* 267:57).

לְעוֹלָם הוּא בֶּן חוֹרִין, עַד שֶׁיֹּאמַר ״כָּל נְכָסַיי נְתוּנִין לִפְלוֹנִי עַבְדִּי חוּץ מֵאֶחָד מֵרִיבּוֹא שֶׁבָּהֶן״.

He always becomes **a freeman**[N] regardless of the wording of the document, even if the owner reserved land for himself, **unless it says** in the document: **All of my property is given to so-and-so my slave, except for one ten-thousandth of it,** as in that case it is possible that the master meant to include the slave in the portion that he is not giving. Consequently, the slave is not emancipated. In any case, according to the opinion of Rabbi Shimon, when the document states: All my property, a distinction is drawn between the emancipated slave and the property, as claimed by Rava.

וְהָאָמַר רַב יוֹסֵף בַּר מִנְיוּמִי אָמַר רַב נַחְמָן: אַף עַל פִּי שֶׁקִּילֵּס רַבִּי יוֹסֵי אֶת רַבִּי שִׁמְעוֹן, הֲלָכָה כְּרַבִּי מֵאִיר. דְּתַנְיָא: כְּשֶׁנֶּאֶמְרוּ דְּבָרִים לִפְנֵי רַבִּי יוֹסֵי, קָרָא עָלָיו הַמִּקְרָא הַזֶּה: ״שְׂפָתַיִם יִשָּׁק מֵשִׁיב דְּבָרִים נְכוֹחִים״!

The Gemara asks: **But didn't Rav Yosef bar Minyumi say** that **Rav Naḥman said: Even though Rabbi Yosei praised** the ruling of **Rabbi Shimon** with regard to this issue, **the** ***halakha*** **is in accordance with** the opinion of **Rabbi Meir,** the first *tanna* in that mishna. The Gemara elaborates how Rabbi Yosei bestowed praise. **As it is taught** in the *Tosefta* (*Pe'a* 1:13): **When** these **matters were said** by the Sages **before Rabbi Yosei, he recited this verse about him: "He kisses the lips**[N] **that give the right answer"** (Proverbs 24:26). Despite this praise, the *halakha* is not in accordance with the opinion of Rabbi Shimon.

וּמִי אֲמַר רַב נַחְמָן הָכִי? וְהָאָמַר רַב יוֹסֵף בַּר מִנְיוּמִי אָמַר רַב נַחְמָן: שְׁכִיב מְרַע שֶׁכָּתַב כָּל נְכָסָיו לְעַבְדּוֹ וְעָמַד, חוֹזֵר בַּנְּכָסִים וְאֵינוֹ חוֹזֵר בָּעֶבֶד.

With regard to Rav Adda bar Mattana's proof, the Gemara asks: **And did Rav Naḥman** actually **say this,** that we do not divide the statement? **But didn't Rav Yosef bar Minyumi say** that **Rav Naḥman said:** With regard to a person **on his deathbed who wrote all of his property to his slave,**[H] and afterward he recuperated **and arose** from his illness, **he can retract** his transfer of property **with regard to** the gift of **the property** to the slave, **but he cannot retract** his transfer **with regard to** the emancipation of **the slave.**[N]

חוֹזֵר בַּנְּכָסִים – מַתְּנַת שְׁכִיב מְרַע הוּא, וְאֵינוֹ חוֹזֵר בָּעֶבֶד – שֶׁהֲרֵי יָצָא עָלָיו שֵׁם בֶּן חוֹרִין!

The Gemara clarifies: **He can retract** the transfer of **the property,** as **it is the gift** of a person **on his deathbed.**[B] By rabbinic decree, no formal act of acquisition is required for a gift of this kind, as it was given based on the assumption that the owner is about to die. If he does survive, the gift is canceled. **But he cannot retract** the transfer **with regard to** the emancipation of **the slave, as it has been publicized about** the slave that he has the **status** of **a freeman.** This shows that Rav Naḥman accepts the principle that we divide the statement, as one portion of this document is accepted while the other part is rejected.

אֶלָּא אֲמַר רַב אַשִׁי: הָתָם הַיְינוּ טַעְמָא – מִשּׁוּם דְּלָאו כְּרוּת גִּיטָּא הוּא.

Rather, Rav Ashi said: There, where Rav Naḥman ruled in accordance with the opinion of Rabbi Meir, he did not do so because he holds that we do not divide the statement, as this is not the issue in dispute. Instead, **this is the reason: Because it is not a document that** fully **severs**[N] the ownership of the slave. A bill of manumission must fully sever the bond between slave and master. Since the master left over some property, which may include the slave, for himself, the bill of manumission does not fully sever their relationship. However, with regard to the basic issue of whether or not we divide a single statement, Rav Naḥman agrees with Rava that we do divide a statement.

״אִם יֵשׁ עָלָיו עוֹרְרִין – יִתְקַיֵּים בְּחוֹתְמָיו״. עַרְעָר כַּמָּה? אִילֵימָא עַרְעָר חַד – וְהָאָמַר רַבִּי יוֹחָנָן: דִּבְרֵי הַכֹּל אֵין עַרְעָר פָּחוֹת מִשְּׁנַיִם!

§ The mishna teaches that **if there are those who contest** a bill of divorce that was brought within Eretz Yisrael, where it is not necessary to state the declaration: It was written in my presence and it was signed in my presence, **it should be ratified through its signatories.** The Gemara asks: **How many** people raise this **contestation? If we say** that this **contestation** is by **one** person, who claims that the bill of divorce is a forgery, **but didn't Rabbi Yoḥanan say: Everyone agrees** that a **contestation** to a document may be brought by **no fewer than two** people?

NOTES

He always becomes a freeman, etc. – לעולם הוא בן חורין וכו׳: Rashi explains: If the master reserved some parcel of land and did not state explicitly what he omitted, the slave has no claim to any of the property, as he cannot prove which property was included and which was excluded. Nevertheless, Rabbi Shimon maintains that the slave himself becomes a freeman, which indicates that we divide the statement, as the phrase: All my property, is not accepted in full. Others explain that even in a case where the master wrote that he is giving everything he owns as a gift to his slave except for a specific part of his property, and the master in fact owned only that specific property, although one can reasonably claim that he gave the slave nothing, even so we divide his statement and say that the slave himself is emancipated (*Tosafot*).

He kisses the lips – שפתים ישק: Rashi explains that one who issues a correct statement should be kissed. Alternatively, all his listeners would shut their lips due to their inability to respond (*Tosafot*).

But he cannot retract with regard to the slave – ואינו חוזר בעבד: The commentaries ask: Why can't he later retract the manumission, like any other gift of a dying person? Most early commentaries explain that this is an enactment of the Sages, that a slave who has become known as a freeman can no longer be enslaved (*Tosafot*).

Because it is not a document that severs – משום דלאו כרות גיטא הוא: Rashi explains that as the master did not define what exactly was left out, he did not finalize the severance between himself and the slave, as perhaps he also excluded some part of the slave himself. And, as derived from the *halakhot* of bills of divorce, if there is not absolute severance between the two parties it is not a valid bill of manumission. Others maintain that the mere fact that he wrote a phrase of exclusion is enough to prevent the severance of ties between slave and master (*Tosafot*).

HALAKHA

A person on his deathbed who wrote all of his property to his slave – שכיב מרע שכתב כל נכסיו לעבדו: If a dying person gave all of his property to his slave and subsequently regained his health, he can retract these gifts but not the manumission, as the slave has become known as a freeman. The *halakha* is in accordance with the opinion of Rav Naḥman. The Ran writes that if he explicitly wrote that the document should take effect only when he dies, he can retract everything (Rambam *Sefer Kinyan, Hilkhot Avadim* 7:9; *Shulḥan Arukh, Ḥoshen Mishpat* 250:15 and *Yoreh De'a* 267:78).

BACKGROUND

The gift of a person on his deathbed – מתנת שכיב מרע: By rabbinic ordinance, gifts given by a person on his deathbed differ from those given under normal circumstances in several ways. The gift of a person on his deathbed is valid even if no formal act of acquisition was performed, as the verbal commitment of the dying person is sufficient. Likewise, a mortally ill person may retract his gift as many times as he wishes, provided that he is of sound mind at the time. All gifts given by a person on his deathbed are invalidated if he recovers.

ואלא ערער תרי – תרי ותרי נינהו, מאי חזית דסמכת אהני? סמוך אהני! אלא ערער דבעל.

But rather, you will say that the **contestation** involves **two** people claiming that the bill of divorce is a forgery, who are subsequently countered by two others who ratify it. If so, **they are two and two. What did you see that you relied on these** witnesses? **Rely** instead **on these.**[H] Why does the court accept the testimony of the witnesses who ratify the bill of divorce rather than those who contest its validity? The Gemara therefore concludes that this is referring to a case in which one person contests, **however,** the **contestation** is raised **by** the **husband**[H] himself, who claims that the bill of divorce is a forgery.

מתני׳ המביא גט ממדינת הים, ואינו יכול לומר ״בפני נכתב ובפני נחתם״, אם יש עליו עדים – יתקיים בחותמיו.

MISHNA With regard to **one who brings a bill of divorce from a country overseas and is unable to say: It was written in my presence and it was signed in my presence, if** the bill of divorce **has witnesses** signed **on it,**[N] **it should be ratified through its signatories.** The witnesses themselves or someone who recognizes their signatures should ratify it, in the manner of typical documents.

אחד גיטי נשים ואחד שחרורי עבדים שוו למוליך ולמביא, וזו אחת מן הדרכים ששוו גיטי נשים לשחרורי עבדים.

Both bills of divorce and bills **of manumission are the same with regard to** the *halakhot* of **delivering** the document from Eretz Yisrael to a country overseas **and with regard to bringing** it from a country overseas to Eretz Yisrael, i.e., the agents for both types of documents must declare that it was written and signed in their presence, and their statement is accepted. **And this is one of the ways in which** the *halakhot* of **bills of divorce are equal to** the *halakhot* of bills **of manumission.**

גמ׳ מאי ״אינו יכול לומר״? אילימא חרש, חרש בר אתויי גיטא הוא? והתנן: הכל כשרין להביא את הגט, חוץ מחרש שוטה וקטן!

GEMARA The Gemara asks: **What** is the meaning of the statement: **He is unable to say? If we say** that this is referring to **a deaf-mute,**[N] **is a deaf-mute fit to bring a bill of divorce? But didn't we learn** in a mishna (23a): **Anyone is fit** to serve as an agent **to bring a bill of divorce** to a woman **except for a deaf-mute, an imbecile, and a minor,** all of whom may not be appointed as agents at all, as they are not intellectually competent according to *halakha*?

אמר רב יוסף: הכא במאי עסקינן – כגון שנתנו לה כשהוא פיקח, ולא הספיק לומר ״בפני נכתב ובפני נחתם״ עד שנתחרש.

Rav Yosef said: With what are we dealing here? This is a case **where** the agent **gave** the bill of divorce **to her when he was** halakhically **competent,**[H] **but he did not manage to say: It was written in my presence and it was signed in my presence, before he became a deaf-mute.** In other words, although at the time he was appointed he was fit to be appointed as an agent, he is currently unable to say anything.

״אחד גיטי נשים ואחד שיחרורי עבדים״. תנו רבנן, בשלשה דרכים שוו גיטי נשים לשיחרורי עבדים: שוו למוליך ולמביא. וכל גט שיש עליו עד כותי – פסול, חוץ מגיטי נשים ושחרורי עבדים. וכל השטרות

§ The mishna teaches that **both bills of divorce and** bills **of manumission** are the same in that the agent who brings them is required to say: It was written in my presence and it was signed in my presence. **The Sages taught: In three ways** the *halakhot* of **bills of divorce are equal to** the *halakhot* of bills of **manumission: They are equal with regard to one who delivers and one who brings,**[H] i.e., if one takes a bill of divorce or a bill of manumission to a country overseas from Eretz Yisrael, or if he brings it from there, he is required to testify that it was written and signed in his presence. **And any document that has a Samaritan witness**[H] signed **on it is invalid, except for bills of divorce and bills of manumission,** as Samaritan witnesses are permitted to serve as witnesses for these documents. **And** with regard to **all documents**

HALAKHA

Rely on these – סמוך אהני: If an agent brings a bill of divorce in a place where he is not required to say: It was written in my presence and it was signed in my presence, and two people came and contested the validity of the document, even if the woman remarried she must leave her second husband (*Shulḥan Arukh, Even HaEzer* 141:53).

The contestation is raised by the husband – ערער דבעל: With regard to a husband who comes and says that he did not divorce his wife and the bill of divorce that was brought is a forgery, in a place where an agent who brings a bill of divorce is not required to say: It was written in my presence and it was signed in my presence, the bill of divorce should be ratified by its signatories. If the bill of divorce cannot be ratified she must leave her second husband and any offspring they have together have the status of a *mamzer* (Rambam *Sefer Nashim, Hilkhot Geirushin* 7:2; *Shulḥan Arukh, Even HaEzer* 141:53).

The agent gave the bill of divorce to her when he was halakhically competent – שנתנו לה כשהוא פיקח: If an agent brought a bill of divorce but was unable to say to the woman: It was written in my presence and it was signed in my presence, before he lost his ability to speak, the bill of divorce is valid only if it is ratified by its signatories (Rambam *Sefer Nashim, Hilkhot Geirushin* 7:18; *Shulḥan Arukh, Even HaEzer* 142:6).

They are equal with regard to one who delivers and one who brings – שוו למוליך ולמביא: One who brings a bill of manumission outside of Eretz Yisrael must say: It was written in my presence and it was signed in my presence, just like a bill of divorce. However, if he transfers it within Eretz Yisrael he is not required to state this declaration. The *Shakh* notes that in the present every agent must declare: It was written in my presence and it was signed in my presence (Rambam *Sefer Kinyan, Hilkhot Avadim* 6:7; *Shulḥan Arukh, Yoreh De'a* 267:51).

A Samaritan witness – עד כותי: A document that includes a Samaritan witness is invalid. However, if a bill of manumission or a bill of divorce has the signature of a one Samaritan it is valid. In the present, Samaritans are considered like gentiles in all regards (Rambam *Sefer Kinyan, Hilkhot Avadim* 6:6; *Shulḥan Arukh, Ḥoshen Mishpat* 250:15 and *Yoreh De'a* 267:47).

NOTES

If the bill of divorce has witnesses signed on it – אם יש עליו עדים: The commentaries ask: Doesn't every bill of divorce require witnesses? Why does the mishna state: If there are witnesses signed on it? Some explain that according to the opinion of Rabbi Elazar, a bill of divorce is validated via the witnesses who observe its transmission, and it is possible that no witnesses signed the actual bill of divorce (*Tosefot Yom Tov*).

If we say a deaf-mute – אילימא חרש: The early commentaries ask: Why doesn't the Gemara suggest that the mishna is referring to a mute, who is halakhically competent despite the fact that he cannot speak? They answer that if the agent is a mute he may testify in writing, as in this case written testimony is acceptable (Ramban; Rabbeinu Crescas Vidal; Ran).

הָעוֹלִים בְּעַרְכָּאוֹת שֶׁל גּוֹיִם, אַף עַל פִּי שֶׁחוֹתְמֵיהֶן גּוֹיִם – כְּשֵׁירִין, חוּץ מִגִּיטֵּי נָשִׁים וְשִׁחְרוּרֵי עֲבָדִים. וּכְדִבְרֵי רַבִּי מֵאִיר בְּאַרְבָּעָה. הָאוֹמֵר ״תֵּן גֵּט זֶה לְאִשְׁתִּי״ וְ״שְׁטַר שִׁחְרוּר זֶה לְעַבְדִּי״, רָצָה לַחֲזוֹר בִּשְׁנֵיהֶם – יַחֲזוֹר, דִּבְרֵי רַבִּי מֵאִיר.

that are produced in gentile courts [*arkaot*],[HL] **even though their signatories** are **gentiles,** they are **valid, except for bills of divorce and bills of manumission.**[N] These documents are not valid when prepared by gentiles. **And according to the statement of Rabbi Meir,** bills of divorce and manumission are equal **in four** ways, the three aforementioned *halakhot* and also with regard to a man **who says: Give this bill of divorce to my wife, or:** Give **this bill of manumission to my slave.** They are equal in that if he **desires to retract** his instruction **with regard to both of these** documents, before they have reached the woman or slave, **he can retract.** This is **the statement of Rabbi Meir.**

בִּשְׁלָמָא לְרַבָּנַן, מִנְיָנָא לְמַעוּטֵי הָא דְּרַבִּי מֵאִיר, אֶלָּא לְרַבִּי מֵאִיר, מִנְיָנָא לְמַעוּטֵי מַאי?

The Gemara asks: **Granted, according to** the opinion of **the Rabbis,** they state **the number** three **to exclude this** opinion **of Rabbi Meir,** by emphasizing that there are only three ways, not four. **However, according to** the opinion of **Rabbi Meir, what** does **the number** four serve **to exclude?** Wouldn't it have been enough to say that Rabbi Meir adds another case?

לְמַעוּטֵי הָא, דְּתַנְיָא: עֵדִים שֶׁאֵין יוֹדְעִים לַחֲתוֹם, מְקָרְעִין לָהֶם נְיָיר חָלָק וּמְמַלְּאִים אֶת הַקְּרָעִים דְּיוֹ.

The Gemara answers: The Sages mention this number **to exclude that which is taught** in a *baraita*: With regard to **witnesses who do not know** how **to sign,**[H] i.e., they do not know how to write their names, **one tears blank paper for them,**[N] meaning that a stencil of their names is fashioned from blank paper and placed on the bill of divorce. **And** the witnesses **fill in the gaps** with **ink** so that their names appear on the document.

אָמַר רַבָּן שִׁמְעוֹן בֶּן גַּמְלִיאֵל: בַּמֶּה דְּבָרִים אֲמוּרִים – בְּגִיטֵּי נָשִׁים, אֲבָל שִׁחְרוּרֵי עֲבָדִים וּשְׁאָר כׇּל הַשְּׁטָרוֹת, אִם יוֹדְעִין לִקְרוֹת וְלַחֲתוֹם – חוֹתְמִין, וְאִם לָאו – אֵין חוֹתְמִין.

Rabban Shimon ben Gamliel said: In what case **is this statement said?** It is said **with regard to bills of divorce.**[N] **However,** with regard to bills of **manumission and all other documents,**[H] if the witnesses **know** how **to read and sign, they sign, and if not, they do not sign.** Rabbi Meir agrees with the opinion of Rabban Shimon ben Gamliel that bills of divorce and bills of manumission are different with regard to this issue, and he mentioned the number to exclude the possibility that the *halakha* stated by the first *tanna* of this *baraita* applies to both types of documents.

קְרִיָּיה מַאן דְּכַר שְׁמֵיהּ? חַסּוּרֵי מִחַסְּרָא וְהָכִי קָתָנֵי: עֵדִים שֶׁאֵין יוֹדְעִין לִקְרוֹת – קוֹרִין לִפְנֵיהֶם וְחוֹתְמִין, וְשֶׁאֵין יוֹדְעִין לַחֲתוֹם – מְקָרְעִין לָהֶם.

With regard to Rabban Shimon ben Gamliel's statement, the Gemara asks: **Reading, who mentioned anything about it?** Why does Rabban Shimon ben Gamliel mention a need for the witnesses to be able to read when the discussion is about a witness who does not know how to sign? The Gemara answers: The *baraita* **is incomplete, and this** is what **it is teaching:**[B] **If witnesses do not know** how **to read,** then **one reads in their presence and they sign. And** if **they do not know** how **to sign,** then one **tears** paper **for them** and they sign. Once the *baraita* is emended, it is clear that Rabban Shimon ben Gamliel was responding to the statement of the previous *tanna*.

HALAKHA

That are produced in gentile courts – הָעוֹלִים בְּעַרְכָּאוֹת שֶׁל גּוֹיִם: Although certain documents may be prepared by gentile courts under certain circumstances, bills of divorce and bills of manumission prepared by these courts are not valid (Rambam *Sefer Kinyan, Hilkhot Avadim* 6:5; *Shulḥan Arukh, Yoreh De'a* 267:46).

Witnesses who do not know how to sign – עֵדִים שֶׁאֵין יוֹדְעִים לַחֲתוֹם: The witnesses on a bill of divorce should know how to read and sign *ab initio*. If they do not know how to read, the document is read out in their presence. If it had to be translated for them, this is valid after the fact (*Be'er Heitev*). If they do not know how to sign then one marks their signatures on the document with saliva or some other substance that does not leave a mark, which they fill in with ink. The Rema writes that according to many legal authorities one should not act in this manner *ab initio*; rather, a blank page is torn for the witnesses to create a stencil and they fill in the empty space (Rambam *Sefer Nashim, Hilkhot Geirushin* 1:23; *Shulḥan Arukh, Even HaEzer* 130:16).

And all other documents, etc. – וּשְׁאָר כׇּל הַשְּׁטָרוֹת וכו׳: Witnesses should sign legal documents only if they know how to read and sign. If they do not know how to sign, and blank paper is torn for them to enable them to sign, they are given lashes for rebelliousness. The Rambam holds that the document is invalid, as the Sages permitted one to sign in this manner only in the case of a bill of divorce, to prevent the woman from becoming a deserted wife. Others maintain that the document is valid (Rambam *Sefer Mishpatim, Hilkhot Malve VeLoveh* 24:5–6; *Shulḥan Arukh, Ḥoshen Mishpat* 45:4).

LANGUAGE

Courts [*arkaot*] – עַרְכָּאוֹת: Apparently from the Greek ἀρχεῖον, *arkeion*, which means, among other things, the place where the magistrate is, i.e., either his residence or his office, or the place of the council of a local ruler. It is likely that this word was combined with the Hebrew *erekh* to make it sound more like Hebrew. The Sages use it in reference to a gentile court of law to distinguish between it and a Jewish court.

BACKGROUND

It is incomplete and this is what it is teaching – חַסּוּרֵי מִיחַסְּרָא וְהָכִי קָתָנֵי: This method of explanation is often found in the Gemara. The addition introduced by the Gemara is an elaboration upon that which is written in a tannaitic source, based on various difficulties raised in the Gemara that render the tannaitic source in its original form incoherent or inconsistent with another authoritative source. The addition provides the necessary clarification.

NOTES

Except for bills of divorce and bills of manumission – חוּץ מִגִּיטֵּי נָשִׁים וְשִׁחְרוּרֵי עֲבָדִים: The reason for this exception in the case of bills of divorce is because the *halakhot* of bills of divorce do not apply to gentiles, and therefore gentiles cannot serve as witnesses in this matter. Alternatively, the acceptance of signatures is based on the principle of agency, and gentiles cannot become agents for a bill of divorce. With regard to bills of manumission, Rashi explains that as this document is compared to a bill of divorce in many other ways, it may not be prepared in a gentile court either.

One tears blank paper for them – מְקָרְעִין לָהֶן נְיָיר חָלָק: Nearly all of the commentaries explain that this means that one takes a blank piece of paper and tears out the shape of the letters so that the witnesses can fill them with ink. It is stated in the Jerusalem Talmud that the shapes of the letters were made especially wide so that the witnesses had to form the letters on their own to a certain extent, and they could not simply rely on the stencil (Rabbeinu Crescas Vidal). Rashi explains that they would etch the shape of the letters into the bill of divorce itself, and the witnesses would write on top of the etching (see Rashba).

Bills of divorce – גִּיטֵּי נָשִׁים: The reason why the Sages were lenient in allowing witnesses to sign bills of divorce in this manner is due to the concern that the woman will be left a deserted wife. If one cannot find a valid witness who knows how to sign, and the husband travels far away, perhaps he will never return and his wife will remain deserted forever (Rashi).

וְתוּ לֵיכָּא? וְהָאִיכָּא: הָאוֹמֵר ״תְּנוּ גֵּט זֶה לְאִשְׁתִּי וּשְׁטַר שִׁחְרוּר זֶה לְעַבְדִּי״, וּמֵת – לֹא יִתְּנוּ לְאַחַר מִיתָה. ״תְּנוּ מָנֶה לִפְלוֹנִי״, וּמֵת – יִתְּנוּ לְאַחַר מִיתָה!

The Gemara asks: **And is there nothing else** that can be added to the list of ways in which bills of divorce and bills of manumission are equal? **But isn't there** a case taught in the mishna (13a): If a person on his deathbed **says: Give this bill of divorce to my wife, or this bill of manumission to my slave, and he dies,**[H] **they** should **not give** the bill **after** his **death.** However, if he said: **Give one hundred dinars to so-and-so, and he dies,**[H] **they** should **give** it **after** his **death.** Apparently, this is another *halakha* in which bills of divorce and bills of manumission share equal status.

כִּי קָתָנֵי – מִילְּתָא דְּלֵיתֵיהּ בִּשְׁטָרוֹת, מִילְּתָא דְּאִיתֵיהּ בִּשְׁטָרוֹת לָא קָתָנֵי.

The Gemara answers: **When** the *baraita* **teaches** the ways in which bills of divorce and bills of manumission are equal, it is referring only to **a matter that** does **not** apply **to** typical **documents** and **it does not teach** any **matter that is** equally applicable **to** typical **documents.**

דְּשָׁלַח רָבִין מִשְּׁמֵיהּ דְּרַבִּי אַבָּהוּ: הֱווּ יוֹדְעִין שֶׁשָּׁלַח רַבִּי אֶלְעָזָר לַגּוֹלָה מִשּׁוּם רַבֵּינוּ: שְׁכִיב מְרַע שֶׁאָמַר ״כִּתְבוּ וּתְנוּ מָנֶה לִפְלוֹנִי״, וּמֵת – אֵין כּוֹתְבִין וְנוֹתְנִין,

The Gemara explains: **As Ravin sent** from Eretz Yisrael **in the name of Rabbi Abbahu: You should know that Rabbi Elazar sent** this teaching **to the Diaspora**, i.e., Babylonia, **in the name of our teacher**, Rabbi Yoḥanan: With regard to the case of a person **on his deathbed who says: Write** a deed of transfer **and give** with it **one hundred dinars to so-and-so,**[H] **and** then **dies** before they had the opportunity to write the document, **one does not write and give** the document. Why not?

שֶׁמָּא לֹא גָּמַר לְהַקְנוֹתוֹ אֶלָּא בִּשְׁטָר, וְאֵין שְׁטָר לְאַחַר מִיתָה.

The Gemara explains: **Perhaps he resolved to transfer** these one hundred dinars to him **only with a deed** of transfer, **and a deed** of transfer of property **is not** written **after the death** of the owner. This shows that other documents are also not written after one's death, which means that this *halakha* is not specific to bills of divorce and bills of manumission. Therefore, it is not listed among the ways in which these two documents are similar.

וְהָאִיכָּא לִשְׁמָהּ!

The Gemara raises another difficulty: **But isn't there** the *halakha* that both bills of divorce and bills of manumission must be written **for her sake,**[H] i.e., for the sake of the particular woman or slave to whom they are given? Why isn't this *halakha* included in the list?

בִּשְׁלָמָא לְרַבָּה, הַיְינוּ מוֹלִיךְ וּמֵבִיא, אֶלָּא לְרָבָא קַשְׁיָא!

The Gemara comments: **Granted,** according to the opinion of **Rabba, this is** included in the statement: The two documents are similar with regard to the *halakhot* of **delivering and bringing,** as he maintains that this requirement to write the document for the sake of the recipient is the primary reason why the agents must state that it was written and signed in their presence. **However, according to** the opinion of **Rava,** who holds that the reason for this statement is to ratify the bill of divorce, this is **difficult.**

וְתוּ, בֵּין לְרַבָּה בֵּין לְרָבָא הָאִיכָּא מְחוּבָּר! כִּי קָתָנֵי – פְּסוּלָא דְּרַבָּנַן, דְּאוֹרַיְיתָא לָא קָתָנֵי.

And furthermore, both according to the opinion of **Rabba and according to** the opinion of **Rava, there is** the case of bills which were written and signed while they were **attached**[H] to the ground, e.g., on a leaf attached to a tree, which invalidates both bills of divorce and bills of manumission. The Gemara explains: **When** the *baraita* **teaches** its list it is referring solely to issues that cause the documents to be rendered **invalid by rabbinic law.** It **does not teach** cases involving invalidation **by Torah law.** Since these two cases, i.e., documents not written for the recipient's sake or when they are attached to the ground, are not valid by Torah law, the *baraita* did not mention these cases.

וְהָא עַרְכָּאוֹת שֶׁל גּוֹיִם, דִּפְסוּלָא דְּאוֹרַיְיתָא הוּא, וְקָתָנֵי! בְּעֵדֵי מְסִירָה, וּכְרַבִּי אֶלְעָזָר, דְּאָמַר: עֵדֵי מְסִירָה כָּרְתֵי.

The Gemara challenges this response: **But** there is the example of documents written in **gentile courts, which is an invalidation** of documents that applies **by Torah law, and** yet the *baraita* **teaches** this *halakha*. The Gemara answers: This is referring **to** a bill of divorce that was given with valid **witnesses who observe the transmission of a legal document, and** this is **in accordance with** the opinion of **Rabbi Elazar,**[N] **who says** in a mishna (10b): **Witnesses of the transmission** of a bill of divorce **effect** the divorce. In his opinion, the effectiveness of the document depends on the witnesses who observe its transmission, not those who sign the bill of divorce. Consequently, a bill of divorce that was signed in a gentile court is rendered invalid by rabbinic law.

HALAKHA

This bill of manumission to my slave, and he dies – שְׁטַר שִׁחְרוּר זֶה לְעַבְדִּי וּמֵת: If a master says: Give this bill of manumission to my slave, and then he dies, the bill should not be given after his death. The Rema, citing the *Tur* and the Rashba, rules that if the master transferred the document to the agent and said to him: Give this document, the agent has acquired it on behalf of the slave and he is freed (Rambam *Sefer Kinyan*, *Hilkhot Avadim* 6:1; *Shulḥan Arukh*, *Yoreh De'a* 267:76).

Give one hundred dinars to so-and-so, and he dies – תְּנוּ מָנֶה לִפְלוֹנִי וּמֵת: If a dying man said: Give one hundred dinars to so-and-so, his instruction is obeyed whether he said explicitly: These one hundred dinars, or whether he simply said: One hundred dinars. This *halakha* applies only when he so instructed due to his impending death (Rambam *Sefer Kinyan*, *Hilkhot Zekhiya UMattana* 10:1; *Shulḥan Arukh*, *Ḥoshen Mishpat* 253:18).

Write and give one hundred dinars to so-and-so, etc. – כִּתְבוּ וּתְנוּ מָנֶה לִפְלוֹנִי וכו׳: If a dying person instructed that a deed should be written for the recipient of a gift, and he died before this was performed, the deed is not written, nor is it handed over if it was written. This is because his instructions indicate that he wanted the gift to be effected via a deed, and a deed cannot be written on behalf of a person after his death (Rambam *Sefer Kinyan*, *Hilkhot Zekhiya UMattana* 8:12; *Shulḥan Arukh*, *Ḥoshen Mishpat* 250:18).

But isn't there the *halakha* that both must be written for her sake – וְהָאִיכָּא לִשְׁמָהּ: A bill of manumission must be written for the sake of the particular slave to whom it is given, just as a bill of divorce must be written for the sake of the woman to whom it is given (Rambam *Sefer Kinyan*, *Hilkhot Avadim* 6:5–6; *Shulḥan Arukh*, *Yoreh De'a* 267:48).

There is the case of bills written and signed while they were attached – הָאִיכָּא מְחוּבָּר: A bill of manumission for a slave may be written only on a surface that is detached from the ground. If it was written on a surface that is attached to the ground it is invalid, just as is the *halakha* with regard to a bill of divorce (Rambam *Sefer Kinyan*, *Hilkhot Avadim* 6:5–6; *Shulḥan Arukh*, *Yoreh De'a* 267:49).

NOTES

With witnesses who observe the transmission of a legal document and in accordance with the opinion of Rabbi Elazar – בְּעֵדֵי מְסִירָה וּכְרַבִּי אֶלְעָזָר: The early commentaries ask: The *baraita* states: And according to Rabbi Meir, bills of divorce and manumission are equal in four ways, and yet it is established that Rabbi Meir does not hold in accordance with the opinion of Rabbi Elazar with regard to witnesses of transmission. If so, and the case of a gentile court does not apply according to his opinion, how does Rabbi Meir have a list of four differences between the two types of documents? They answer that the *baraita* does not mean that Rabbi Meir himself would list four differences. Rather, if there is a *tanna*, perhaps even Rabbi Elazar himself, who holds in accordance with the opinion of Rabbi Meir with regard to the case of retraction, then that *tanna* would extend the list to include four differences (*Tosafot*; Ramban).

וְהָא מִדְּקָתָנֵי סֵיפָא, רַבִּי שִׁמְעוֹן אוֹמֵר: אַף אֵלּוּ כְּשֵׁירִין, וְאָמַר רַבִּי זֵירָא: יָרַד רַבִּי שִׁמְעוֹן לְשִׁיטָתוֹ שֶׁל רַבִּי אֶלְעָזָר דְּאָמַר עֵדֵי מְסִירָה כָּרְתִי, מִכְּלָל דְּתַנָּא קַמָּא סָבַר: לָא!

The Gemara raises a difficulty: **But from the fact that it teaches in the latter clause** of that mishna that **Rabbi Shimon says: Even these,** bills of divorce and bills of manumission, **are valid, and Rabbi Zeira said: Rabbi Shimon accepted the opinion of Rabbi Elazar, who said** that **witnesses of the transmission** of the bill of divorce **effect** the divorce, one can learn **by inference that the first** ***tanna*** **does not hold** in accordance with the opinion of Rabbi Elazar. Instead, he holds that the witnesses who sign effect a divorce. Yet even so, this *tanna* listed the cases where bills of divorce from gentile courts are invalidated, despite the fact that they are invalid by Torah law.

Perek **I**
Daf **10** Amud **a**

אִיכָּא בֵּינַיְיהוּ: שֵׁמוֹת מוּבְהָקִין.

The Gemara explains: It is possible that even the first *tanna* holds in accordance with the opinion of Rabbi Elazar that the witnesses who observe its transmission effect the divorce, and he does not dispute Rabbi Shimon on this point. Instead, **the** difference **between** the first *tanna* and Rabbi Shimon concerns a case where the signatures on the bill of divorce are **unambiguous** [***muvhakin***][L] gentile **names.**[N] The first *tanna* holds that although a bill of divorce is valid if it was transmitted in the presence of valid witnesses, there is always a concern that it might have been transmitted in the presence of the same gentile witnesses who signed it. Therefore, it is rendered invalid by rabbinic law. Conversely, Rabbi Shimon holds that if it contained names that clearly belonged to gentiles it can be assumed that the bill of divorce was transmitted in the presence of two valid witnesses, and therefore it is valid.

וְהָא חֲזָרָה – דְּאוֹרָיְיתָא, וְקָתָנֵי!

The Gemara raises another difficulty: **But** the *halakha* of **retraction** applies **by Torah law,** as according to the opinion of Rabbi Meir the husband can retract his instruction to give the bill of divorce and the master can retract his instruction to give the bill of manumission by Torah law, thereby canceling the agency. **And** yet the *baraita* **teaches** it among the ways in which bills of divorce are equal to bills of manumission. This indicates that the *tanna* does not distinguish between a case that applies by Torah law and one that applies by rabbinic law.

אֶלָּא, כִּי קָתָנֵי – מִילְּתָא דְּלֵיתָא בְּקִידּוּשִׁין, מִילְּתָא דְּאִיתָא בְּקִידּוּשִׁין – לָא קָתָנֵי.

Rather, the Gemara retracts from the previous explanation in favor of the following: **When** the *baraita* **teaches** the ways in which the two are equal it teaches only **a matter that does not** apply **with regard to** the *halakhot* of **betrothal;** however, **it does not teach a matter that does** apply **with regard to** the *halakhot* **of betrothal.**

וְהָא חֲזָרָה גּוּפַהּ אִיתָא בְּקִידּוּשִׁין! בִּשְׁלִיחוּת בְּעַל כּוֹרְחָהּ, דִּבְגֵירוּשִׁין אִיתָא וּבְקִידּוּשִׁין לֵיתָא.

The Gemara challenges: **But retraction itself is** also applicable **with regard to betrothal,** as one who sent a betrothal document with an agent can retract it. The Gemara says: The *halakha* of agency in the case of betrothal is not the same as that of divorce, as there is a difference **with regard to agency** undertaken to enact a matter **against** the recipient's **will.** If one appointed an agent for a matter that the recipient does not want, e.g., to betroth a woman against her will or to free a slave against his will, **as with regard to divorce, it is** a valid agency, as a bill of divorce need not be given with the woman's consent, **but with regard to betrothal it is not** a valid agency, as a woman can be betrothed only with her consent.

LANGUAGE

Unambiguous [*muvhakin*] – מוּבְהָקִין: From the Hebrew root *beit, heh, kuf*, meaning shining. From here *muvhakin* came to mean something evident and well known, as though the sun shines on the matter rendering it clear to all.

NOTES

The difference between them is unambiguous gentile names – אִיכָּא בֵּינַיְיהוּ שֵׁמוֹת מוּבְהָקִין: The first *tanna* applies a decree in a case of unambiguous gentile names due to a situation where the identity of the names is unclear, whereas Rabbi Shimon does not apply this decree (Rabbeinu Crescas Vidal).

מתני׳ כָּל גֵּט שֶׁיֵּשׁ עָלָיו עֵד כּוּתִי – פָּסוּל, חוּץ מִגִּיטֵּי נָשִׁים וְשִׁחְרוּרֵי עֲבָדִים. מַעֲשֶׂה שֶׁהֵבִיאוּ לִפְנֵי רַבָּן גַּמְלִיאֵל לִכְפָר עוֹתְנַאי גֵּט אִשָּׁה, וְהָיוּ עֵדָיו עֵדֵי כּוּתִים, וְהִכְשִׁיר.

MISHNA **Any document that has a Samaritan**[B] **witness**[N] signed **on it is invalid, except for bills of divorce and bills of manumission. An incident** occurred in **which they brought a bill of divorce before Rabban Gamliel in the village of Otnai, and its witnesses were Samaritan witnesses, and he deemed it valid.**

גמ׳ מַנִּי מַתְנִיתִין? לָא תַּנָּא קַמָּא, וְלָא רַבִּי אֶלְעָזָר, וְלָא רַבָּן שִׁמְעוֹן בֶּן גַּמְלִיאֵל.

GEMARA The Gemara asks: **Whose** opinion is expressed in **the mishna?** It is **not** the opinion of **the first** ***tanna*****, nor** that of **Rabbi Elazar, nor** that of **Rabban Shimon ben Gamliel,** cited in the following *baraita*.

דְּתַנְיָא: מַצַּת כּוּתִי – מוּתֶּרֶת, וְאָדָם יוֹצֵא בָּהּ יְדֵי חוֹבָתוֹ בְּפֶסַח; רַבִּי אֶלְעָזָר אוֹסֵר, לְפִי שֶׁאֵין בְּקִיאִין בְּדִקְדּוּקֵי מִצְוֹת. רַבָּן שִׁמְעוֹן בֶּן גַּמְלִיאֵל אוֹמֵר: כָּל מִצְוָה שֶׁהֶחְזִיקוּ בָּהּ כּוּתִים, הַרְבֵּה מְדַקְדְּקִין בָּהּ יוֹתֵר מִיִּשְׂרָאֵל.

As it is taught in a *baraita* (*Tosefta, Pesaḥim* 1:15): The ***matza*** **of a Samaritan is permitted** on Passover, as there is no concern that it might be leaven, **and a person fulfills his obligation**[N] to eat *matza* **on** the first night of **Passover with it. Rabbi Elazar prohibits** the consumption of the *matza* of a Samaritan **because** the Samaritans **are not well-versed in the details of mitzvot. Rabban Shimon ben Gamliel says:** On the contrary, with regard to **any mitzva that the Samaritans embraced** and accepted, **they are more exacting in its** observance **than** are **Jews.**

מַנִּי? אִי תַּנָּא קַמָּא, אֲפִילּוּ שְׁאָר שְׁטָרוֹת נַמִּי! אִי רַבִּי אֶלְעָזָר, אֲפִילּוּ גֵּט אִשָּׁה נַמִּי לָא!

The Gemara elaborates: **Whose** opinion is expressed in the mishna? **If** it is the opinion of **the first** ***tanna*** in the *baraita*, then **even other documents** should be valid when signed by Samaritan witnesses. By ruling that one can fulfill his obligation with Samaritan *matza*, this *tanna* apparently holds that the status of Samaritans is the same as that of Jews. If so, that should be their status with regard to their testimony on any document. **If** the opinion in the mishna is that of **Rabbi Elazar,** who expresses the concern that Samaritans are not well versed in the details of mitzvot, they should **not** be fit to sign **even a bill of divorce.**

וְאִי רַבָּן שִׁמְעוֹן בֶּן גַּמְלִיאֵל, אִי דְּאַחֲזוּק, אֲפִילּוּ שְׁאָר שְׁטָרוֹת נַמִּי! אִי דְּלָא אַחֲזוּק, אֲפִילּוּ גֵּט אִשָּׁה נַמִּי לָא!

And if the opinion in the mishna is that of **Rabban Shimon ben Gamliel,** the *halakha* should depend on the following consideration: **If they embrace** and accept the mitzva associated with the subject of the document, **even** with regard to **other documents** their testimony should be valid; **if they do not embrace** and accept the mitzva associated with the subject of the document, they should **not** be rendered fit to sign **even a bill of divorce.**

וְכִי תֵּימָא: רַבָּן שִׁמְעוֹן בֶּן גַּמְלִיאֵל הִיא, וּדְאַחֲזוּק בְּהָא וְלָא אַחֲזוּק בְּהָא, אִי הָכִי מַאי אִירְיָא חַד? אֲפִילּוּ תְּרֵי נַמִּי! אַלְּמָה אָמַר רַבִּי אֶלְעָזָר: לֹא הִכְשִׁירוּ בּוֹ אֶלָּא עֵד אֶחָד כּוּתִי בִּלְבַד!

And if you would say that the opinion in the mishna **is** that of **Rabban Shimon ben Gamliel, and** the Samaritans **embrace this** mitzva of bills of divorce, **but** they **do not embrace this** mitzva associated with the subject of other documents, **if so, why** is a bill of divorce valid **specifically** in a case where only **one** Samaritan witness signed it? The same would hold true **even** if **two** Samaritan witnesses signed the bill of divorce **as well. Why,** then, **does Rabbi Elazar say:** The Sages **deemed it valid only** when there is **just one Samaritan witness** signed on the bill of divorce?

לְעוֹלָם רַבִּי אֶלְעָזָר, וּכְגוֹן דְּחָתֵים יִשְׂרָאֵל לְבַסּוֹף,

The Gemara answers: **Actually,** the opinion expressed in the mishna is that of **Rabbi Elazar,** and as a rule, one may not rely on the testimony of a Samaritan on a document. **And** the mishna is referring to a case **where a Jew signed** the document **last,**

BACKGROUND

Samaritans [*Kutim*] – **כּוּתִים**: The term *Kutim*, Cutheans, actually refers to members of a community that included several nations and was only partly populated by Cutheans (II Kings 17:24). With the destruction of the First Temple, Cutheans were brought to Eretz Yisrael by the Assyrians to replace the Jews who had recently been exiled to Babylonia. They settled in Samaria, and for this reason they are also called Samaritans. The Bible relates how these nations partially accepted the Jewish faith out of fear that they would be attacked by the wild lions prevalent in Samaria as a Divine punishment (II Kings, chapter 17). This lead to the expression: Converts of lions. Although their conversion was suspect, it did inspire the Samaritans to abandon idol worship by and large.

In the beginning of the Second Temple period, hostility escalated between Jews and Samaritans and their allies. The Samaritans resorted to informing, incitement, and even military actions to prevent the construction of the walls of Jerusalem and the Temple. Some Jewish families in Judea, including the priestly class, intermarried and assimilated with the Samaritans. This clearly aggravated the already deep animosity between the two peoples, to the extent that Yoḥanan Hyrcanus, leader of Judea and the High Priest, traveled to Samaria and destroyed their temple on Mount Gerizim. Nevertheless, there were also occasions in which Jews and Samaritans allied themselves together somewhat, e.g., during the bar Kokheva revolt.

There are various opinions among the Sages not just with regard to marriages between Jews and Samaritans but concerning their overall status in *halakha*. After much deliberation, the Sages decided that due to the prevalence of idolatry on their community, fostered by Greek and Roman influences, Samaritans should be considered gentiles in all regards. In the past several hundred years there has been a reawakening of similar dilemmas and conflicts of opinion.

NOTES

A Samaritan witness – **עֵד כּוּתִי**: In the Jerusalem Talmud this mishna is explained as follows: Samaritans are considered genuine converts, and therefore they should be valid witnesses with regard to any document. However, the Sages disqualified them due to a concern that they will provide false testimony concerning monetary law. However, they were not suspected of falsehood in cases of forbidden sexual relations or murder.

His obligation – **יְדֵי חוֹבָתוֹ**: In other words, not only may this *matza* be eaten, and there is no concern that it might be leaven, but one may even use it to fulfill his obligation to eat *matza* on the first night of Passover, despite the additional requirement that *matzot* must be specifically guarded for this purpose (Rashi). This indicates that Samaritans are well-versed in this mitzva, as they guard the flour for the sake of using it as *matza* (*Tosafot*).

דְּאִי לָאו דְּכוּתִי חָבֵר הָוָה, לָא מַחְתִּים לֵיהּ מִקַּמֵּיהּ. אִי הָכִי, אֲפִילּוּ שְׁאָר שְׁטָרוֹת נָמֵי!

as, if not for the fact **that the Samaritan was one devoted to the meticulous observance of mitzvot** [*ḥaver*],[NB] the Jew would **not** have allowed **him** to **sign** the document **before him.** Therefore, one may rely on this Samaritan in this particular case. The Gemara asks: **If so,** that the mishna is referring to that case, then **even other documents** should be valid **as well,** if a Jew signed after the Samaritan.

אֶלָּא אָמְרִינַן: רְווּחָא שְׁבַק לְמַאן דְּקָשִׁישׁ מִינֵּיהּ, הָכָא נָמֵי – רְווּחָא שְׁבַק לְמַאן דְּקָשִׁישׁ מִינֵּיהּ!

Rather, this is not the case with regard to other documents, as **we say** that the fact that the Jew signed last does not prove that this Samaritan was a *ḥaver*, as perhaps in signing last **he was leaving space** above his signature **for one who was older than he is** in deference to the elder, and instead, a Samaritan came and signed the document. The Gemara asks: **Here too,** in the case of a bill of divorce, perhaps he **was leaving space** above his signature **for one who was his elder.** Why, then, are bills of divorce and bills of manumission valid while other documents are not?

אָמַר רַב פָּפָּא, זֹאת אוֹמֶרֶת: עֵדֵי הַגֵּט אֵין חוֹתְמִין זֶה בְּלֹא זֶה.

Rav Pappa says: That is to say, in explanation of the difference between bills of divorce and manumission and other documents, that **the witnesses of a bill of divorce** and a bill of manumission **may not sign one without the other;**[H] rather, each witness signs in the presence of the other. A Jew would be aware that a Samaritan was signing with him, and he would not sign unless he knew that the Samaritan was a valid witness. However, with regard to other documents, witnesses are not required to sign such documents in each other's presence. Therefore, the signature of the Jew indicates nothing about the fitness of the Samaritan witness.

מַאי טַעְמָא? אָמַר רַב אַשִׁי: גְּזֵירָה מִשּׁוּם "כּוּלְּכֶם".

The Gemara asks: **What is the reason** that the witnesses must sign a bill of divorce and a bill of manumission together? **Rav Ashi says:** It is a rabbinic **decree** issued **due to** a case where the husband says: **All of you** are witnesses on this bill of divorce. In that case, if any one of them fails to sign the bill of divorce, it is invalid. Therefore, the Sages decreed that the witnesses must sign a bill of divorce together in all cases.

גּוּפָא, אָמַר רַבִּי אֶלְעָזָר: לֹא הִכְשִׁירוּ בּוֹ אֶלָּא עֵד אֶחָד כּוּתִי בִּלְבַד. מַאי קָא מַשְׁמַע לַן? תְּנֵינָא: כׇּל גֵּט שֶׁיֵּשׁ עָלָיו עֵד כּוּתִי – פָּסוּל כו׳!

§ Since the Gemara mentioned the *halakha* stated by Rabbi Elazar, it analyzes **the matter itself. Rabbi Elazar says: They deemed** a bill of divorce **valid only** when **just one witness** is **a Samaritan.** The Gemara asks: **What is he teaching us** by this statement? **We** already **learned** in the mishna: **Any document that has a Samaritan witness on it is invalid** except for bills of divorce and bills of manumission. This indicates that those are valid only if they have the signature of one Samaritan witness, not two.

אִי מִמַּתְנִיתִין, הֲוָה אָמֵינָא אֲפִילּוּ תְּרֵי נָמֵי, וְהַאי דְּקָתָנֵי חַד – מִשּׁוּם דְּבִשְׁטָרוֹת אֲפִילּוּ חַד נָמֵי לָא. קָא מַשְׁמַע לַן.

The Gemara responds: **If** it is learned **from the mishna** alone **I would have said** that **even two** Samaritan witnesses are **also** valid for a bill of divorce or a bill of manumission. **And** the fact **that** the mishna **teaches one** witnesses is **because** it wants to emphasize **that for** other **documents even one** Samaritan witness **is also not** valid. Therefore, Rabbi Eliezer **teaches us** that in the case of bills of divorce only one Samaritan witness is valid, but if both witnesses are Samaritans the bill of divorce is not valid.

וּתְרֵי לָא? וְהָא קָתָנֵי: מַעֲשֶׂה וְהֵבִיאוּ לִפְנֵי רַבָּן גַּמְלִיאֵל לִכְפַר עוֹתְנַאי גֵּט אִשָּׁה, וְהָיוּ עֵדָיו עֵדֵי כוּתִים וְהִכְשִׁיר! אָמַר אַבָּיֵי, תְּנִי: עֵדוֹ.

The Gemara asks: **And** are **two** Samaritan witnesses **not** accepted on a bill of divorce? **But** the mishna **teaches: An incident** occurred **in which they brought a bill of divorce before Rabban Gamliel in the village of Otnai, and its witnesses were Samaritan witnesses, and he deemed it valid. Abaye said** that one should **teach** the mishna so that it does not read: Its witnesses, but rather: **Its witness,** i.e., Rabban Gamliel deemed valid a bill of divorce that had the signature of one Samaritan witness, as even he would invalidate a bill of divorce that included the signatures of two Samaritans.

NOTES

As if not for the fact that the Samaritan was a *ḥaver* – דְּאִי לָאו כּוּתִי חָבֵר הָוָה: *Tosafot* ask: Since the acceptance of the Samaritan's signature depends on the confirmation of the Jewish witness, in effect the document is validated by only one witness, but don't documents need to be authenticated by the signature of two witnesses? They answer that since by Torah law Samaritans are genuine converts and can serve as witnesses, there are in fact two witnesses here.

BACKGROUND

A Samaritan *ḥaver* – כּוּתִי חָבֵר: The basic definition of a *ḥaver*, literally a colleague, is one who has aligned himself with the Sages and vowed before three Jews to fulfill certain mitzvot scrupulously, especially the observance of ritual purity and the separation of *terumot* and tithes.

Clearly, *ḥaverim* included different kinds of people. There were Torah scholars and simple people, men and women, and even Samaritans. Apparently, the Samaritans that had this status not only accepted upon themselves the scrupulous observance of particular mitzvot but also the general obligation to fulfill mitzvot.

HALAKHA

May not sign one without the other – אֵין חוֹתְמִין זֶה בְּלֹא זֶה: Witnesses for a bill of divorce must sign in each other's presence, and if they fail to do so the bill of divorce is invalid. The *Tur*, citing Rabbeinu Tam, says that if there were three signatories on the bill of divorce, it is valid if two of the three people who signed it did so in each other's presence. The same applies to bills of manumission, as these documents are compared to bills of divorce with regard to all matters (Rambam *Sefer Nashim*, *Hilkhot Geirushin* 1:24 and *Sefer Kinyan*, *Hilkhot Avadim* 6:5; *Shulḥan Arukh*, *Even HaEzer* 130:13 and *Yoreh De'a* 267:50).

רָבָא אֲמַר: לְעוֹלָם תְּרֵי, וְרַבָּן גַּמְלִיאֵל מִיפְלַג פָּלֵיג. וְחַסּוּרֵי מִיחַסְּרָא וְהָכִי קָתָנֵי: וְרַבָּן גַּמְלִיאֵל מַכְשִׁיר בִּשְׁנַיִם, וּמַעֲשֶׂה נַמִּי שֶׁהֵבִיאוּ לִפְנֵי רַבָּן גַּמְלִיאֵל לִכְפַר עוֹתְנַאי גֵּט אִשָּׁה, וְהָיוּ עֵדָיו עֵדֵי כּוּתִים וְהִכְשִׁיר.

Rava said: Actually, you do not need to say that the case was concerning one Samaritan witness, as it indeed is referring to **two** Samaritans witnesses, **and Rabban Gamliel disagrees** with the opinion of the first *tanna*. **And** the mishna **is incomplete and this** is what **it is teaching: And Rabban Gamliel deems valid** a bill of divorce **that** contains the signatures of **two** Samaritans, **and an incident** occurred in **which they brought a bill of divorce before Rabban Gamliel in the village of Otnai, and its witnesses were Samaritan witnesses, and he deemed it valid.**

מתני׳ כָּל הַשְּׁטָרוֹת הָעוֹלִים בְּעַרְכָּאוֹת שֶׁל גּוֹיִם, אַף עַל פִּי שֶׁחוֹתְמֵיהֶם גּוֹיִם – כְּשֵׁירִים, חוּץ מִגִּיטֵּי נָשִׁים וְשִׁחְרוּרֵי עֲבָדִים; רַבִּי שִׁמְעוֹן אוֹמֵר: אַף אֵלּוּ כְּשֵׁירִין, לֹא הוּזְכְּרוּ אֶלָּא בִּזְמַן שֶׁנַּעֲשׂוּ בְּהֶדְיוֹט.

MISHNA With regard to **all documents produced in gentile courts,**[B] **even though their signatures** are those of **gentiles** they are all **valid, except for bills of divorce**[H] **and** bills **of manumission.**[H] **Rabbi Shimon says: Even these are valid,** as these two types of documents are **mentioned only when they are prepared by a common person,** not in court.

גמ׳ קָא פָּסֵיק וְתָנֵי, לָא שְׁנָא מֶכֶר לָא שְׁנָא מַתָּנָה.

GEMARA With regard to the ruling of the mishna that all documents written in gentile courts are valid, the Gemara comments: The *tanna* **categorically teaches** a general *halakha* in the mishna, and it **is no different** if it is a document concerning **a sale** and it **is no different** if it is a document concerning **a gift,** the document is valid in both cases.

בִּשְׁלָמָא מֶכֶר – מִכִּי יָהֵיב זוּזֵי קַמַּיְיהוּ הוּא דְּקָנָה, וּשְׁטָרָא רְאָיָה בְּעָלְמָא הוּא, דְּאִי לָא יָהֵיב זוּזֵי קַמַּיְיהוּ, לָא הָווּ מַרְעֵי נַפְשַׁיְיהוּ וְכָתְבִין לֵיהּ שְׁטָרָא.

The Gemara asks: **Granted,** in the case of **a sale** this is reasonable, as **from when** the buyer **gave money** to the seller in the presence of the gentile judges **he has acquired** the property, since he has performed an act of acquisition. **And the document is merely a proof** for the acquisition. It must be that he already acquired the property in question, **as if he had not given money in their presence** the court **would not act to its own detriment and write a document for him,** as the document detailing the sale would not be accurate, and writing such a document would reflect poorly on them. Therefore, the document clearly serves as proof that the acquisition was performed in the correct manner.

אֶלָּא מַתָּנָה בְּמַאי קָא קָנֵי – לָאו בְּהַאי שְׁטָרָא? וְהַאי שְׁטָרָא חַסְפָּא בְּעָלְמָא הוּא! אֲמַר שְׁמוּאֵל: דִּינָא דְּמַלְכוּתָא דִּינָא.

However, with regard to **a gift, by what** means does the one who receives the gift **acquire** it from the giver? Is it **not via this document? And** yet **this document is merely a shard,**[N] as a document written by gentiles is not considered a legal document according to *halakha*. **Shmuel said: The law of the kingdom is the law,**[B] i.e., Jews must obey the laws of the state in which they live. Consequently, every form of property transfer accepted by local law is valid according to *halakha* as well.

וְאִיבָּעֵית אֵימָא, תְּנֵי: חוּץ מִכְּגִיטֵּי נָשִׁים.

And if you wish, say that one should emend the text of the mishna, and **teach:** They are all valid **except for** documents that are **like bills of divorce.**[H] In other words, the distinction is between different types of documents: Documents that are meant to serve only as proof are valid even if they were produced in gentile courts, whereas documents that effect a legal act, such as bills of divorce, are invalid if they were written in a gentile court.

HALAKHA

Except for bills of divorce, etc. – חוּץ מִגִּיטֵּי נָשִׁים וכו׳: If a bill of divorce was written in a gentile court, and it was signed by gentile witnesses, it is invalid even if the scribe was a Jew, and even if the names of the witnesses are clearly those of gentiles, which will not lead to error. This is the *halakha* even if the bill was transferred via valid witnesses. This is in accordance with the opinion of first *tanna*, as accepted by most early commentaries (Ran, citing Rif; *Maggid Mishne*, citing Rambam). However, others maintain that the discussion in the Gemara follows the opinion of Rabbi Shimon (Ra'avad). Consequently, the *halakha* is in accordance with Rabbi Shimon's ruling that this bill of divorce is valid even *ab initio*. Others hold that the bill of divorce is valid after the fact (Rabbeinu Ḥananel). Similarly, the Ran states that as this issue is based on a rabbinic decree, if the woman remarried on the basis of this bill of divorce her second husband is not required to divorce her (*Shulḥan Arukh, Even HaEzer* 130:19).

And bills of manumission – וְשִׁחְרוּרֵי עֲבָדִים: A bill of manumission written in a gentile court is invalid (Rambam *Sefer Kinyan, Hilkhot Avadim* 6:5; *Shulḥan Arukh, Yoreh De'a* 267:45–46).

Except for documents that are like bills of divorce – חוּץ מִכְּגִיטֵּי נָשִׁים: Business documents and documents of loans that were produced in a gentile court and that are signed by gentile witnesses are valid. However, in the case of a document of a gift, or any other document in which the document itself performs the acquisition and does not merely serve as a proof, if it was produced in a gentile court it is rendered invalid (Rambam *Sefer Mishpatim, Hilkhot Malve VeLoveh* 27:1; *Shulḥan Arukh, Ḥoshen Mishpat* 68:1).

NOTES

Is merely a shard – חַסְפָּא בְּעָלְמָא הוּא: The early commentaries explain that this document is invalid because gentiles cannot serve as witnesses (*Tosafot* on 9b; Rid). Furthermore, the signing of witnesses is based on the concept of agency, and a gentile cannot be appointed an agent (*Tosafot*). Others add that even according to the opinion of Rashi that gentiles can serve as witnesses by Torah law, they cannot effect the acquisition of a document (*Ketzot HaḤoshen*). Yet others suggest that testimony in writing is considered a valid form of testimony only for Jewish witnesses (*Netivot Mishpat*).

BACKGROUND

Gentile courts – עַרְכָּאוֹת: The Sages prohibited Jews from using gentile courts to settle disputes, even in cases where the gentile law accords with *halakha* (see 88b). They based this prohibition on the verse: "Now these are the ordinances that you shall set before them" (Exodus 21:1), indicating that judgments must be adjudicated before them, i.e., Jewish courts, and not before gentile ones. Extremely harsh terms were used to refer to violators of this *halakha*. Various sources accuse them of heresy, betraying the Torah, and of profaning God's name. This attitude apparently stems from the need to maintain the last bastion of Jewish autonomy during the exile, when the Jews were no longer sovereign in their own state.

Nevertheless, there were certain unusual circumstances in which the later authorities did permit the use of gentile courts, primarily when the secular government had authority over the issue at hand, e.g., land ownership and physical assaults. Although there were communities in which this *halakha* was neglected, in general the religious leadership managed to preserve the integrity of Jewish courts, both through the institution of communal ordinances as well as by taking special measures against violators.

The law of the kingdom is the law – דִּינָא דְּמַלְכוּתָא דִּינָא: The early authorities offer several explanations for the basis of this *halakha* stated by Shmuel, which is accepted by all of the Sages. Some suggest that citizens of a land inherently accept the law of its ruler by virtue of the fact that they choose to live there (Rashbam). Others maintain that as the land belongs to the king, he has the right to impose his laws on its residents (Rashba; Rosh; Ran). Another possibility is that this *halakha* is derived from the rights of a king as listed in I Samuel (8:11–17). Just as these *halakhot* apply to Jews living under the reign of a Jewish king, they also apply to Jews living under the rule of a gentile king (see Mabit).

"רַבִּי שִׁמְעוֹן אוֹמֵר: אַף אֵלּוּ כְּשֵׁירִין" וכו׳. וְהָא לָאו בְּנֵי כְּרִיתוּת נִינְהוּ!

§ The mishna taught that **Rabbi Shimon says: Even these** bills of divorce and bills of manumission **are valid** if they were written in a gentile court and were signed by gentiles. The Gemara asks: How can Rabbi Shimon rule in this manner? **But** gentiles are not fit for this role, as **they are not subject to** the *halakhot* concerning scrolls of **severance.**[N] Since the *halakhot* of marriage and divorce in the Torah are stated exclusively with regard to Jews, gentiles cannot serve in any capacity in cases of this kind.

אָמַר רַבִּי זֵירָא: יָרַד רַבִּי שִׁמְעוֹן לְשִׁיטָתוֹ שֶׁל רַבִּי אֶלְעָזָר, דְּאָמַר עֵדֵי מְסִירָה כָּרְתֵי.

Rabbi Zeira says: Rabbi Shimon follows the opinion of Rabbi Elazar, who says that **the witnesses of the transmission** of the bill of divorce **effect** the divorce. In other words, the signing of the bill of divorce is not essential to its effectiveness. Rather, the transfer of the bill of divorce completes the act of divorce, and therefore no attention is paid to who the signatories were.

וְהָאָמַר רַבִּי אַבָּא: מוֹדֶה רַבִּי אֶלְעָזָר, בִּמְזוּיָּף מִתּוֹכוֹ – שֶׁפָּסוּל! הָכָא בְּמַאי עָסְקִינַן

The Gemara raises a difficulty: **But doesn't Rabbi Abba say** that although he considers a bill of divorce valid even without the signature of witnesses, **Rabbi Elazar concedes with regard to** a document **whose falsification is inherent in it that** it is **invalid** despite the fact that it was properly transferred. In other words, notwithstanding the *halakha* that the signatures on a bill of divorce are unnecessary, a document that includes invalid signatures is thereby invalidated. The reason is that there is a concern that people will rely upon these witnesses. The Gemara answers: **With what are we dealing here?**

NOTES

Not subject to the *halakhot* concerning scrolls of severance – לָאו בְּנֵי כְּרִיתוּת: The commentaries note that the Gemara could equally have stated that gentiles are invalid to serve as witnesses (*Tosafot*). Other early and later commentaries note other reasons why this bill of divorce is invalid. Some explain that the phrase: Are not subject to the *halakhot* concerning scrolls of severance, is a general expression that refers to all of the reasons gentiles are disqualified in cases of divorce (Ramban).

Perek **I**
Daf **11** Amud **a**

בְּשֵׁמוֹת מוּבְהָקִין.

We are dealing **with unambiguous** gentile **names,**[NB] in which case there is no need to be concerned that people might rely on these individuals as witnesses for the transfer, as it is evident that they are gentiles.

הֵיכִי דָּמֵי שֵׁמוֹת מוּבְהָקִין? אֲמַר רַב פַּפָּא: כְּגוֹן הוּרְמִיז, וְאַבּוּדִינָא, בַּר שִׁיבְּתַאי, וּבַר קִידְרִי, וּבָאטִי, וְנָקִים אוּנָא.

The Gemara clarifies: **What are the circumstances of unambiguous** gentile **names? Rav Pappa said:** This is referring to names **such as Hurmiz, and Abbudina, bar Shibbetai, and bar Kidri, and Bati, and Nakim Una.**

אֲבָל שֵׁמוֹת שֶׁאֵין מוּבְהָקִים מַאי – לָא? אִי הָכִי, אַדְּתָנֵי סֵיפָא: לֹא הוּזְכְּרוּ אֶלָּא בִּזְמַן שֶׁנַּעֲשׂוּ בְּהֶדְיוֹט, לִפְלוֹג וְלִיתְנֵי בְּדִידָהּ: בַּמֶּה דְּבָרִים אֲמוּרִים – בְּשֵׁמוֹת מוּבְהָקִין, אֲבָל שֵׁמוֹת שֶׁאֵין מוּבְהָקִין – לֹא!

The Gemara infers: **However,** if the bill of divorce or manumission was signed by gentile witnesses with **ambiguous names, what** is the *halakha*? Is this **not** a valid document? **If so, instead of teaching** in **the latter clause** of the mishna: These two types of documents are **mentioned only when they are prepared by a common person,** not in court, **let him distinguish and teach** the distinction **within** the case of gentile courts **itself,** as follows: **In what** case **is this statement,** that gentile signatures are valid for a bill of divorce or manumission, **said? With regard to unambiguous names. However,** in a case of **ambiguous names, no,** gentile witnesses are not valid.

NOTES

With unambiguous gentile names – בְּשֵׁמוֹת מוּבְהָקִין: Most commentaries define the concept of unambiguous names as those that everyone knows are not Jewish. According to this opinion, no one will think that the document was signed by Jews, and there is consequently no concern that these witnesses will be relied upon as witnesses for the transmission of the document. However, some explain this concept entirely differently. According to these commentaries, the Gemara is referring to gentile judges who are known as trustworthy people who do not accept bribes and who judge in an upright manner. Consequently, they can be relied upon (Rabbeinu Ḥananel, cited in *Arukh* and *Or Zarua*).

BACKGROUND

Unambiguous gentile names – שֵׁמוֹת מוּבְהָקִין: Even in places where Jews assumed gentile names, there were still some names that Jews would not use at all. Therefore, a signature with one of these names was clearly that of a gentile. These names were usually associated with idolatry. At times and in places where the meaning of such names was widely understood they were not used by the Jews.

Some of the names mentioned here are Babylonian, while others are Persian. However, not all the meanings of these names are clear. Hurmiz is a form of the name of the Zoroastrian god Ohrmazd. Bar Shibbetai is associated with the planet Saturn and idolatry, as opposed to the Jewish name Shabbetai, which refers to Shabbat. Bati is the name of a non-kosher fish, as well as a term for impure fish in general.

NOTES

Like one that was prepared by a common person – **כמי שנעשו בהדיוט**: Legal documents prepared by common people are invalid, because these individuals are suspected of accepting bribes (Rid; see Rashi).

Financial documents were mentioned as invalid only…by a common person – **לא הוזכרו גיטי ממון דפסולים אלא...בהדיוט**: One cannot rely on the document of a common person, because unlike a gentile judge he is not concerned about his reputation. However, bills of divorce are valid even when produced by common people if they are delivered in the presence of valid witnesses, provided that the signatures on the bill of divorce clearly belong to gentiles. The reason is that one relies on the witnesses of transmission (Rashi).

Confuse one name with another name – **שמא בשמא מחליף**: The commentaries explain that a name that clearly belongs to a gentile might be confused with one that is ambiguous, as the classification of these two categories is not entirely clear. However, one place will not be confused with another place (Rabbeinu Crescas Vidal).

By a group of gentiles – **בכנופיאתה דארמאי**: According to one opinion, this refers to a gathering of common people (*Tosefot Ḥakhmei Angliyya*). Others explain that it refers to a group of gentile judges who did not assemble in the format of a court (*Arukh*).

הכי נמי קאמר: במה דברים אמורים – בשמות מובהקין, אבל בשמות שאין מובהקין – נעשה כמי שנעשו בהדיוט, ופסולין.

The Gemara answers: **That is also what he is saying**, i.e., Rabbi Shimon's statement that these bills of divorce and bills of manumission are also valid should be understood in this very manner: **In what case is this statement said? With regard to unambiguous names. However, with regard to ambiguous names,** the document **becomes like one that was prepared by a common person,**[N] **and** therefore such documents **are invalid.**

ואיבעית אימא: סיפא אתאן לגיטי ממון, והכי קאמר: לא הוזכרו גיטי ממון דפסולים – אלא בזמן שנעשו בהדיוט.

And if you wish, say a different answer: In the **last clause** of the mishna, which states: These types of documents are mentioned only when they are prepared by a common person, we are no longer discussing bills of divorce; rather, **we arrive at** the case of **financial documents.** Furthermore, this clause of the mishna is not a continuation of Rabbi Shimon's statement, as it returns to the opinion of the first *tanna*. **And this is what** the mishna **is saying: Financial documents were mentioned as invalid only when they were prepared by a common person,**[N] whereas if they were produced by a court they are valid.

תניא: אמר רבי אלעזר ברבי יוסי, כך אמר רבי שמעון לחכמים בצידן: לא נחלקו רבי עקיבא וחכמים על כל השטרות העולין בערכאות של גוים, שאף על פי שחותמיהן גוים – כשרים, ואפילו גיטי נשים ושחרורי עבדים. לא נחלקו אלא בזמן שנעשו בהדיוט, שרבי עקיבא מכשיר, וחכמים פוסלים, חוץ מגיטי נשים ושחרורי עבדים.

It is taught in a *baraita* (*Tosefta* 1:4): **Rabbi Elazar, son of Rabbi Yosei, said** that **Rabbi Shimon said this to the Sages in** the city of **Tzaidan: Rabbi Akiva and the Rabbis did not disagree with regard to all documents produced in gentile courts, that even though their signatories are gentiles,** these documents **are valid, even** in the case of **bills of divorce and** bills **of manumission. They disagreed only when they were prepared by a common person,** outside a court, **as Rabbi Akiva deems** a document of this kind **valid, and the Rabbis deem it invalid, except for bills of divorce and** bills **of manumission.**

רבן שמעון בן גמליאל אומר: אף אלו כשירין במקום שאין ישראל חותמין, אבל במקום שישראל חותמין – לא.

Rabban Shimon ben Gamliel says: Even these, bills of divorce and manumission, **are valid in a place where Jews do not sign.** In other words, the *halakha* that a document with gentile signatories is valid applies only in a place where Jews are not allowed to sign, as everyone knows that gentile documents are not signed by Jews. **However, in a place where Jews sign, no,** these documents are not valid either, as people might mistakenly think that Jews signed this bill of divorce. Therefore there is a concern that one might deliver this bill of divorce in the presence of those witnesses, who are actually gentiles, which would render the bill of divorce invalid.

מקום שאין ישראל חותמין נמי ליגזור אטו מקום שישראל חותמין! שמא בשמא מחליף, אתרא באתרא לא מחליף.

The Gemara suggests: **Let us also decree** in **a place where Jews do not sign due to a place where Jews do sign.** The Gemara answers: One might **confuse** one **name with** another **name.**[N] It is possible that one might think that a certain name is that of a Jew when it is actually that of a gentile. However, one is **not** likely to **confuse** one **place with** another **place.** Since everyone knows that all of the signatures in certain places belong to gentiles, they are careful not to transfer a bill of divorce in the presence of the witnesses who signed it, unless they are certain that the witnesses are Jews.

רבינא סבר לאכשורי בכנופיאתה דארמאי. אמר ליה רפרם: "ערכאות" תנן.

§ The Gemara relates that **Ravina thought to deem valid** a document that was written **by a group of gentiles** [*arma'ei*].[NL] **Rafram said to him** that **we learned:** Gentile **courts,**[H] in the mishna, i.e., these documents are valid only if they were produced in an important court, not by every group of gentiles.

LANGUAGE

Gentiles [*arma'ei*] – **ארמאי**: *Arma'ei* originally referred to speakers of Aramean or Aramaic. However, use of the term was broadened, perhaps because Babylonia, the principal place of settlement of the Jews in the Persian Empire, was officially called Bei Arma'ei. Eventually, the term came to signify not only gentile speakers of Aramaic but gentiles in general.

HALAKHA

We learned: Gentile courts – **ערכאות תנן**: Documents that were produced in gentile courts are valid for Jews only if they were prepared in actual courts. If they were produced by a gathering of people outside the judicial system they are of no effect at all (Rambam *Sefer Mishpatim*, *Hilkhot Malve VeLoveh* 27:1; *Shulḥan Arukh*, *Ḥoshen Mishpat* 68:1).

אָמַר רָבָא: הַאי שְׁטָרָא פָּרְסָאָה דִּמְסַרֵיהּ נִיהֲלֵיהּ בְּאַפֵּי סָהֲדֵי יִשְׂרָאֵל, מַגְבִּינַן בֵּיהּ מִבְּנֵי חָרֵי.

Similarly, **Rava said:** With regard to **this Persian document** [*shetara parsa'a*][NL] written by the Persian authorities **that was transferred**[H] to the recipient **in the presence of Jewish witnesses,** he **can collect with it non-liened** property,[B] i.e., property that is unencumbered by a mortgage. Although this is not considered a proper document by means of which one can collect from any land sold by the debtor, nevertheless, the facts in the document are considered accurate, and therefore one may at least collect non-liened property with it.

וְהָא לָא יָדְעִי לְמִיקְרָא! בְּדְיָדְעִי.

The Gemara asks: **But** the witnesses for the transmission of this document **do not know** how **to read** Persian, as most Jews did not read that language. If so, how can they serve as witnesses? The Gemara answers: Rava is referring to a situation **where** the witnesses **know** how to read Persian.

וְהָא בָּעֵינָא כְּתָב שֶׁאֵינוֹ יָכוֹל לְזַיֵּיף, וְלֵיכָּא! בִּדְאֲפִיצָן. וְהָא בָּעֵינָא צָרִיךְ שֶׁיַּחֲזִיר מְעַנְיָינוֹ שֶׁל שְׁטָר בְּשִׁיטָה אַחֲרוֹנָה, וְלֵיכָּא! בִּדְמְהַדַּר.

The Gemara questions how the court can rely upon such a document: **But I require** that the document be **written** in a manner **that cannot be forged, and it is not** so in this document, as the Persians were not particular about preparing their documents in this manner when writing their legal documents. The Gemara explains: Rava's statement applies **in** a case where the paper of the documents was processed **with gall.** Consequently, it is not possible to forge the writing (see 19b). **But I require that** a document **review the** essential **topic of the document in its last line, and it is not** so in the case of Persian documents. The Gemara answers: Rava's statement applies **in** a case **where it returned** to review the essential topic of the document in the final line.

אִי הָכִי, מִמְּשַׁעְבְּדֵי נַמִי! לֵית לֵיהּ קָלָא.

The Gemara asks: **If so,** he should be able to collect **from liened** property **as well,** as this document is equivalent to one written by a Jew. Why doesn't Rava say that it can be used to collect from liened property as well? The Gemara answers: The reason is that this document does **not** generate **publicity,** i.e., a legal matter that is performed in a Persian court will not become publicized among Jews. Therefore, this case is similar to a loan by oral agreement, where the transaction is not publicized. In this case the lender can collect only from non-liened property, as purchasers from the debtor would not have been aware of his debt and consequently taken sufficient measures to ensure that the money would not be claimed from their purchase.

בְּעָא מִינֵּיהּ רֵישׁ לָקִישׁ מֵרַבִּי יוֹחָנָן:

Reish Lakish raised a dilemma before Rabbi Yoḥanan:

NOTES

A Persian document, etc. – שְׁטָרָא פָּרְסָאָה וכו׳: According to Rashi, this refers to a document written in Persian, signed by common Persians. Others explain that this refers specifically to a document written in a court.

LANGUAGE

Persian document [*shetara parsa'a*] – שְׁטָרָא פָּרְסָאָה: Despite the fact that Babylonia was ruled for hundreds of years by the Persians, nevertheless, within Babylonia itself there were actually very few Persians. Consequently, although Persian was the official language used by the rulers, most of the residents, both Jews and gentiles, did not understand it. Even when the Persians wrote in Persian using Aramaic script, as they did for most documents, the language was not understood even by prominent Sages, who had contact with the Persian rulers. In any case, it is clear that some Jews knew how to speak and read Persian. This accounts for the *halakha* in this case of a Persian document that was drafted for Jews. It would not become known to the public, as most people were not capable of reading it.

HALAKHA

A Persian document that was transferred, etc. – שְׁטָרָא פָּרְסָאָה דִּמְסַרֵיהּ וכו׳: With regard to a document signed by gentiles, one may collect with it even if it was produced by a gentile court but was transferred in the presence of two Jewish witnesses, but only from non-liened property. Likewise, it may be used to collect only if the witnesses for the transfer know how to read the language of the document or if it was read in their presence before it is transferred. Furthermore, this document must be drafted in the manner of a Jewish document, to ensure that it cannot be forged, and to prevent someone from adding or removing any information from it. The *Tur*, citing the Ramah, writes that this *halakha* applies only when the names of the witnesses are clearly those of gentiles, or in a place where Jews do not sign documents at all (Rambam *Sefer Mishpatim*, *Hilkhot Malve VeLoveh* 27:1; *Shulḥan Arukh*, *Ḥoshen Mishpat* 68:1).

BACKGROUND

Non-liened property – בְּנֵי חָרֵי: If a debtor sells his mortgaged property, his creditor may seize that property from the purchaser. However, the creditor may not seize the property from the purchaser if the debtor possesses non-liened property, which is seized instead, even if it is inferior in quality to the mortgaged property.

Perek **I**
Daf **11** Amud **b**

עֵדִים הַחֲתוּמִין עַל הַגֵּט וּשְׁמוֹתָן כִּשְׁמוֹת גּוֹיִם, מַהוּ? אָמַר לֵיהּ: לֹא בָּא לְיָדֵינוּ אֶלָּא לוּקוֹס וְלוֹס וְהִכְשַׁרְנוּ.

With regard to **witnesses who signed**[N] **a bill of divorce and whose names are like the names of gentiles,**[B] **what is the** *halakha*? Rabbi Yoḥanan **said to him: There came before us** bills of divorce that were signed **only** with names such as **Lukos**[L] **and Los,**[L] **and we deemed** them **valid**[N] by means of the witnesses of transmission.

NOTES

Witnesses who signed, etc. – עֵדִים הַחֲתוּמִין וכו׳: According to Rashi and many other early commentaries, this refers to a bill of divorce transferred within Eretz Yisrael. According to this explanation, the question is as follows: In this case, where the witnesses' names on the bill of divorce are similar to those of gentiles, is it valid through the witnesses for transmission (Rashi), or because the court may assume that the signatories were in fact Jews, in accordance with the opinion of Rabbi Meir (*Tosafot*)?

And we deemed them valid – וְהִכְשַׁרְנוּ: The precise meaning of this statement depends on the interpretation of the question. Some commentaries explain that this means the document was deemed valid through the witnesses of transmission, in accordance with the opinion of Rabbi Shimon (see Ramban).

BACKGROUND

Whose names are like the names of gentiles – שְׁמוֹתָן כִּשְׁמוֹת גּוֹיִם: Some Greek names were used in Eretz Yisrael, even by some early Sages, e.g., Antigonus of Sokho. However, most Jewish names were either of Hebrew or Aramaic origin. Findings in the large Jewish cemetery in Beit She'arim, where Jews from many different lands were brought to rest, reveal a large number of names of gentile origin, either from Greece or Rome.

LANGUAGE

Lukos – לוּקוֹס: Apparently from the Greek λύκος, *lukos*, meaning wolf.

Los – לוֹס: Apparently from the Greek λίς, *lis*, a shortened form of a name meaning lion.

וְדַוְקָא לוּקוֹס וְלוֹס, דְּלָא שְׁכִיחִי יִשְׂרָאֵל דְּמַסְּקִי בִּשְׁמַהֲתַיְיהוּ, אֲבָל שְׁמָהָתָא אַחֲרִינֵי, דִּשְׁכִיחִי יִשְׂרָאֵל דְּמַסְּקִי בִּשְׁמַהֲתַיְיהוּ – לָא.

The Gemara infers: **And** this applies **specifically** to names such as **Lukos and Los,**[H] **as it is uncommon** to find **Jews who are called by these names. However,** with regard to **other** gentile **names,** concerning **which it is common** to find **Jews who are called by these names, no,** the documents are not valid, as people might mistakenly rely on the signatures of gentiles.

אֵיתִיבֵיהּ: גִּיטִּין הַבָּאִים מִמְּדִינַת הַיָּם וְעֵדִים חֲתוּמִים עֲלֵיהֶם, אַף עַל פִּי שֶׁשְּׁמוֹתֵיהֶן כִּשְׁמוֹת גּוֹיִם – כְּשֵׁירִין, מִפְּנֵי שֶׁרוֹב יִשְׂרָאֵל שֶׁבְּחוּצָה לָאָרֶץ שְׁמוֹתֵיהֶן כִּשְׁמוֹת גּוֹיִם!

Reish Lakish **raised an objection to** this ruling from a *baraita* (*Tosefta* 4:8): With regard to **bills of divorce that come from a country overseas,**[N] **and witnesses are signed upon them, even though the names** of the witnesses **are like the names of gentiles, they are valid, because the names of most Jews outside of Eretz** Yisrael **are like the names of gentiles.** This indicates that a bill of divorce is valid even when the names are not clearly those of gentiles.

הָתָם כִּדְקָתָנֵי טַעֲמָא – מִפְּנֵי שֶׁרוֹב יִשְׂרָאֵל שֶׁבְּחוּצָה לָאָרֶץ שְׁמוֹתֵיהֶן כִּשְׁמוֹת גּוֹיִם.

The Gemara answers: **There** the *halakha* is different, **as it teaches the reason** explicitly: **Because the names of most Jews outside of Eretz** Yisrael **are like the names of gentiles.** Consequently, it can be assumed that the court examined the matter at the time of the signing, and that the document was signed by Jews. However, in Eretz Yisrael it is more likely that ambiguous names are actually those of gentiles, and therefore a document of this kind is valid only when it is clear it was signed by gentiles, to avoid mistakes.

וְאִיכָּא דְּאָמְרִי: כִּי מַתְנִיתָא בְּעָא מִינֵּיהּ, וּפָשַׁט לֵיהּ מִמַּתְנִיתָא.

This was one version of the discussion. **And there are** those **who say** that Reish Lakish **asked** Rabbi Yoḥanan about the very **same** case as **in the *baraita*, and he resolved** the matter **for him from the *baraita*,** that even if the names signed on a bill of divorce brought from outside of Eretz Yisrael are like the names of gentiles, they are valid.

מתני׳ הָאוֹמֵר: תֵּן גֵּט זֶה לְאִשְׁתִּי וּשְׁטַר שִׁחְרוּר זֶה לְעַבְדִּי, אִם רָצָה לַחֲזוֹר בִּשְׁנֵיהֶן – יַחֲזוֹר, דִּבְרֵי רַבִּי מֵאִיר.

MISHNA With regard to **one who says** to another: **Give this bill of divorce to my wife, or:** Give **this bill of manumission to my slave, if** before the document reaches the woman or the slave the giver **wishes to retract**[H] his decision, then **with regard to both of them, he can retract.** This is **the statement of Rabbi Meir.**

וַחֲכָמִים אוֹמְרִים: בְּגִיטֵּי נָשִׁים אֲבָל לֹא בְּשִׁחְרוּרֵי עֲבָדִים, לְפִי שֶׁזָּכִין לְאָדָם שֶׁלֹּא בְּפָנָיו, וְאֵין חָבִין לוֹ אֶלָּא בְּפָנָיו,

And the Rabbis say: One can retract his decision **in the** case of **bills of divorce but not in** the case of bills **of manumission.**[HN] The Rabbis explain the reason for their ruling: This is **because one can act in a person's interest in his absence,**[HB] and therefore the agent acquires the document on behalf of the slave from the moment the owner hands the bill of manumission to the agent. **But one can act to a person's detriment only in his presence.** The receipt of a bill of divorce is considered to be to a woman's detriment, and therefore an agent cannot receive it for her without her consent.

שֶׁאִם יִרְצֶה שֶׁלֹּא לָזוּן אֶת עַבְדּוֹ – רַשַּׁאי, וְשֶׁלֹּא לָזוּן אֶת אִשְׁתּוֹ – אֵינוֹ רַשַּׁאי.

They explain further: The emancipation of a slave is in his interests, despite the fact that he receives sustenance from his master while a slave, **as, if** the master **wishes not to sustain his slave he is allowed** not to provide him with sustenance. This demonstrates that slavery is not in the interest of the slave, as he does not receive any guaranteed benefit. **But** if a husband wishes **not to sustain his wife, he is not allowed** to proceed in this manner. Consequently, marriage is in the interests of the woman.

אָמַר לָהֶם: וַהֲרֵי הוּא פּוֹסֵל אֶת עַבְדּוֹ מִן הַתְּרוּמָה כְּשֵׁם שֶׁהוּא פּוֹסֵל אֶת אִשְׁתּוֹ! אָמְרוּ לוֹ: מִפְּנֵי שֶׁהוּא קִנְיָנוֹ.

Rabbi Meir **said to** the Rabbis: **But** even so, it is not in the interest of a slave to be emancipated, **as,** if his master is a priest, he **disqualifies his slave from** partaking of *teruma* by emancipating him, **just as** a husband who is a priest **disqualifies his** Israelite **wife** from partaking of *teruma* by divorcing her. The Rabbis **said to him:** It is permitted for a priest's slave to partake of *teruma* not because he has a right to sustenance, but rather **because he is his** master's **acquisition.**

HALAKHA

And specifically Lukos and Los, etc. – וְדַוְקָא לוּקוֹס וְלוֹס וכו׳: If a woman brings a bill of divorce and the names of the witnesses are clearly those of gentiles, i.e., Jews are not generally called by these names at all, she may remarry on the basis of this bill of divorce. The reason is that the writers of the document would not have allowed these witnesses to sign unless they were certain that they were Jews. However, if these names were used by Jews as well, then there is a concern that those who signed it were gentiles and the writers of the bill of divorce allowed them to sign thinking they were Jews. Consequently, she cannot remarry with this bill of divorce, in accordance with the opinion of Rabbi Yoḥanan, as explained by the Rashbam (*Shulḥan Arukh, Even HaEzer* 130:19).

If he wishes to retract – אִם רָצָה לַחֲזוֹר: If a husband says to an agent: Give this bill of divorce to my wife, he can retract his decision before the document reaches his wife (Rambam *Sefer Nashim, Hilkhot Geirushin* 6:16; *Shulḥan Even HaEzer* 140:1).

But not in the case of bills of manumission – אֲבָל לֹא בְּשִׁחְרוּרֵי עֲבָדִים: A master who says to his agent: Give this bill of manumission to my slave, cannot retract his decision. The reason is that the slave is emancipated from the moment the agent takes possession of the document (Rambam *Sefer Kinyan, Hilkhot Avadim* 6:1; *Shulḥan Arukh, Yoreh De'a* 267:76).

One can act in a person's interest in his absence – זָכִין לְאָדָם שֶׁלֹּא בְּפָנָיו: If one appoints an agent to transfer a gift to another, the recipient of the gift becomes the owner of the property as soon as the agent takes possession of property or the land, or when the document reaches the recipient. This is true despite the fact that the gift has not yet reached his possession, as the giver cannot retract his decision. Nevertheless, the recipient still retains the right to reject the gift if he does not want it (Rambam *Sefer Kinyan, Hilkhot Avadim* 6:1 and *Hilkhot Zekhiya UMattana* 4:2; *Shulḥan Arukh, Ḥoshen Mishpat* 243:1).

NOTES

Bills of divorce that come from a country overseas, etc. – גִּיטִּין הַבָּאִים מִמְּדִינַת הַיָּם וכו׳: Rashi explains that these documents are entirely valid, even without special witnesses for transmission, as there is no concern that they are gentile witnesses.

But not in the case of bills of manumission – אֲבָל לֹא בְּשִׁחְרוּרֵי עֲבָדִים: Some authorities maintain that although the slave is entitled to his freedom and the master cannot retract his decision, nevertheless, the slave is freed only when the bill of manumission reaches his hand, not when it is given to the agent (Rif; Meiri). Other early commentaries disagree and maintain that the agent's receiving of the document and the slave's emancipation occur simultaneously (see Rosh).

BACKGROUND

One can act in a person's interest in his absence – זָכִין לְאָדָם שֶׁלֹּא בְּפָנָיו: One can acquire an item or conduct a transaction on behalf of another, even without the other's knowledge. If the result is objectively in the other's interest, it is assumed that he desires the outcome. Therefore, it is as though he appointed this individual as his agent. Conversely, with regard to outcomes that are objectively to one's detriment, e.g., receiving a bill of divorce on behalf of a woman, one may not conduct such a transaction for her without her explicit permission.

גמ׳ יָתֵיב רַב הוּנָא וְרַב יִצְחָק בַּר יוֹסֵף קַמֵּיהּ דְּרַבִּי יִרְמְיָה, וְיָתֵיב רַבִּי יִרְמְיָה וְקָא מְנַמְנֵם, וְיָתֵיב רַב הוּנָא וְקָאָמַר: שְׁמַע מִינָּהּ מִדְּרַבָּנַן, הַתּוֹפֵס לְבַעַל חוֹב – קָנָה.

GEMARA The Gemara relates: **Rav Huna**[P] **and Rav Yitzḥak bar Yosef were sitting before**[B] **Rabbi Yirmeya, and Rabbi Yirmeya was sitting and dozing** while the other two Sages conversed. **And Rav Huna was sitting and saying:** With regard to the statement **of the Rabbis** that a master cannot retract a bill of manumission once he has given it to an agent, one can **conclude from it that** if a third party **seizes** a debtor's property **on behalf of a creditor,** an act that is certainly in the interests of the creditor, he **acquires**[H] this property on his behalf. This is similar to the case here, where the agent acquires the bill of manumission on behalf of the slave.

אֲמַר לֵיהּ רַב יִצְחָק בַּר יוֹסֵף: וַאֲפִילּוּ בְּמָקוֹם שֶׁחָב לַאֲחֵרִים? אֲמַר לֵיהּ: אִין.

Rav Yitzḥak bar Yosef said to Rav Huna: Do you state this *halakha* **even in a case when** the seizure of property **is to the detriment of others,**[H] e.g., if there are other creditors who would lose the opportunity to seize the property? Rav Huna **said to him: Yes.**

אַדְּהָכִי אִיתְּעַר בְּהוּ רַבִּי יִרְמְיָה, אֲמַר לְהוּ: דַּרְדְּקֵי! הָכִי אָמַר רַבִּי יוֹחָנָן: הַתּוֹפֵס לְבַעַל חוֹב בְּמָקוֹם שֶׁחָב לַאֲחֵרִים – לֹא קָנָה; וְאִם תֹּאמַר: מִשְׁנָתֵינוּ!

In the meantime Rabbi Yirmeya woke up, due to their conversation, as he was not sleeping deeply. **He said to them: Children** [*dardekei*],[L] **this is what Rabbi Yoḥanan says: One who seizes** property on behalf **of a creditor in a case where it is to the detriment of others does not acquire.**[N] **And if you say** that **the mishna** apparently teaches the opposite, as the agent acquires the bill of manumission on behalf of the slave despite the fact that this causes a loss for the master, that case is different.

כָּל הָאוֹמֵר ״תְּנוּ״ כְּאוֹמֵר ״זְכוּ״ דָּמֵי.

Rabbi Yirmeya elaborates: The reason for the ruling in the mishna is that **anyone who says: Give** to so-and-so, **is like one who says: Acquire** on behalf of so-and-so. Since the master said: Give this bill of manumission to my slave, the agent immediately acquires it on the slave's behalf, despite the fact that the bill is to the detriment of the master. However, this *halakha* has no bearing on a case where a person independently seizes property on behalf of another, and by doing so acts to the disadvantage of others.

אָמַר רַב חִסְדָּא: הַתּוֹפֵס לְבַעַל חוֹב בְּמָקוֹם שֶׁחָב לַאֲחֵרִים, בָּאנוּ לְמַחְלוֹקֶת רַבִּי אֱלִיעֶזֶר וְרַבָּנַן. דִּתְנַן: מִי שֶׁלִּיקֵּט אֶת הַפֵּאָה וְאָמַר ״הֲרֵי זוֹ לִפְלוֹנִי עָנִי״, רַבִּי אֱלִיעֶזֶר אוֹמֵר: זָכָה לוֹ, וַחֲכָמִים אוֹמְרִים: יִתְּנֶנּוּ לֶעָנִי הַנִּמְצָא רִאשׁוֹן.

Rav Ḥisda says: With regard to this issue of **one who seizes** property **on behalf of a creditor in a case where it is to the detriment of others, we have arrived at the dispute between Rabbi Eliezer and the Rabbis.** What is this dispute? **As we learned** in a mishna (*Pe'a* 4:9): With regard to **one who** is not poor but **collected** produce **in the corner of the field, which is given to the poor** [*pe'a*],[BH] **and said: This** produce that I have collected **is for so-and-so,** who is **a poor person, Rabbi Eliezer said: He has acquired** it **on his behalf, and the Rabbis say:** He has not acquired it on his behalf; rather, **he gives** the produce he gathered **to** whichever **poor person appears first** before him. Apparently, Rabbi Eliezer holds that one can gather *pe'a* on behalf of a poor person, despite the fact that he acts to the detriment of other paupers, while the Rabbis disagree.

אֲמַר אַמֵּימָר, וְאִיתֵּימָא רַב פָּפָּא:

Ameimar said, and some say that it was actually **Rav Pappa** who said:

PERSONALITIES

Rav Huna – רַב הוּנָא: Many commentaries point out that this is not a reference to the renowned Rav Huna but rather to another *amora* with the same name (*Tosafot*). Both were from Babylonia, and the one mentioned here is the second Rav Huna. This *amora*, who was active mostly in Eretz Yisrael, is occasionally called Rav Ḥuna in the Jerusalem Talmud.

This Rav Huna, a priest, was originally from Babylonia and studied Torah under Rav Yosef, after which he immigrated to Eretz Yisrael and studied Torah under Rabbi Yirmeya. He eventually was considered one of the most prominent *amora'im* of Eretz Yisrael. It is related that he was appointed an emissary for the sanctification of the New Month and was a leading judge. Rav Huna transmitted numerous statements of the Sages of Babylonia, especially from his teachers there. Some of the Sages of the next generation in Eretz Yisrael cite rulings in his name.

BACKGROUND

Were sitting before – יָתֵיב...קַמֵּיהּ: In talmudic times Torah scholars customarily sat before their Masters in a particular order, with the most advanced students in the first rows and the lesser students behind them. A significant portion of time was dedicated to discussions between the rabbi and the more advanced students, especially when there was no *amora* present in the study hall to transmit the lecture to everyone present. Younger students would ask those older students seated in front of them for explanations of the rabbi's statements.

***Pe'a* – פֵּאָה:** The Torah states that it is prohibited for one to harvest the produce in the corner of his field and he must allow the poor to collect this produce for themselves. This mitzva appears in the Torah (see Leviticus 19:9, 23:22), and tractate *Pe'a* is devoted to its details. The Sages instituted that the area of the corner must be at least one-sixtieth of the field. By Torah law, fields, vineyards, and olive groves are included in this mitzva (*Tosafot*).

LANGUAGE

Children [*dardekei*] – דַּרְדְּקֵי: This term means children or young people. The *Targum* on the book of Job translates *tzeirim*, young people, as *dardakin* (see Job 30:1). This term was adopted in Hebrew with the same meaning and in Arabic with the meaning of small camels.

NOTES

In a case where it is to the detriment of others, does not acquire – בְּמָקוֹם שֶׁחָב לַאֲחֵרִים לֹא קָנָה: Rashi explains that this refers to a third party who is not the agent of the creditor but who attempts to do him a favor and seize property on his behalf. In Rashi's opinion, just as a creditor himself can seize property, one who was appointed as an agent may do so as well (see Rabbeinu Crescas Vidal). However, most early commentaries maintain that there is no difference between these two cases, as even if the creditor appointed an agent to seize property for him the agent may not do so (*Tosafot*).

HALAKHA

If a third party seizes on behalf of a creditor he acquires – הַתּוֹפֵס לְבַעַל חוֹב קָנָה: If a third party seizes property on behalf of a creditor from someone who owed the creditor money, the creditor acquires the property, provided that the debtor does not owe money to anyone else. The *Tur*, citing the Rif, writes that this *halakha* applies only if the creditor will incur a loss if his debt is not collected in this manner (Rambam *Sefer Mishpatim, Hilkhot Malve VeLoveh* 20:2; *Shulḥan Arukh, Ḥoshen Mishpat* 105:4).

In a case when the action is to the detriment of others – בְּמָקוֹם שֶׁחָב לַאֲחֵרִים: If a debtor who owes money to more than one creditor does not have enough to repay everyone, and a third party takes possession of movable property from the debtor on behalf of one of the creditors, that creditor does not acquire it. The reason is that the third party acted to the detriment of others (Rambam *Sefer Mishpatim, Hilkhot Malve VeLoveh* 20:2; *Shulḥan Arukh, Ḥoshen Mishpat* 105:1).

One who collected *pe'a*, etc. – מִי שֶׁלִּיקֵּט אֶת הַפֵּאָה וכו׳: With regard to one who collects *pe'a* and says: This is for so-and-so the poor person, if the one who collected the produce was himself poor, so that it is permitted for him to collect *pe'a* for himself, he can also acquire on behalf of another. However, if the one who gathered the *pe'a* was not poor he does not acquire it on another's behalf. Instead, he must give the produce he collected to the first poor person he encounters, in accordance with the opinion of the Rabbis in the mishna (Rambam *Sefer Zera'im, Hilkhot Mattenot Aniyyim* 2:19).

דִּלְמָא לָא הִיא. עַד כָּאן לָא קָאָמַר רַבִּי אֱלִיעֶזֶר הָתָם – אֶלָּא דְּמִיגּוֹ דְּאִי בָּעֵי מַפְקַר לְהוּ לְנִכְסֵיהּ וְהָוֵי עָנִי וַחֲזֵי לֵיהּ, וּמִיגּוֹ דְּזָכֵי לֵיהּ לְנַפְשֵׁיהּ זָכֵי לְחַבְרֵיהּ, אֲבָל הָכָא – לָא.

Perhaps that **is not so.** Perhaps this is not the point of dispute between Rabbi Eliezer and the Rabbis. There are two ways to explain why this might not be the case. First, it is possible that **Rabbi Eliezer states his opinion only there,** when the person took possession of the *pe'a* despite not being eligible to collect it for himself, **since if** the one who collected the produce **desired, he** could **declare his property ownerless and become a poor person, and** then the produce would have been **fit for him** to retain for himself. **And since** he could have **acquired** the *pe'a* **for himself,** he can likewise **acquire** it **for another** as well. **However, here,** where he seizes property on behalf of a creditor, he cannot seize this property for himself. Consequently, Rabbi Eliezer does **not** rule that he can do so when it is against the interests of another person.

וְעַד כָּאן לָא קָאָמְרִי רַבָּנַן הָתָם – אֶלָּא דִּכְתִיב: "לֹא תְלַקֵּט לֶעָנִי", לֹא תְּלַקֵּט לוֹ לֶעָנִי, אֲבָל הָכָא – לָא.

Second, one can argue from the opposite perspective: **The Rabbis state** their opinion **only there,** that one cannot acquire on behalf of the poor person, **as it is written:** "The corner of your field you shall not reap and the gleaning of your harvest **you shall not gather; for the poor** you shall leave them" (Leviticus 23:22), and the Sages expounded this verse by reading it as though there were no break in the middle: **You shall not gather for the poor,** i.e., the poor person must collect the produce for himself. **However, here,** where one seizes property on behalf of a creditor, this verse does not apply, and therefore the Rabbis did **not** rule that the action of the third party is ineffective. Consequently, it is possible that the dispute between Rabbi Eliezer and the Rabbis is not with regard to the issue of whether one can seize property on behalf of a creditor in a case where it is to the detriment of others.

וְרַבִּי אֱלִיעֶזֶר הַאי "לֹא תְלַקֵּט" מַאי עָבֵיד לֵיהּ? מִיבָּעֵי לֵיהּ לְהַזְהִיר לֶעָנִי עַל שֶׁלּוֹ.

The Gemara asks: **And** as for **Rabbi Eliezer,** with regard to **this** verse: **"You shall not gather," what does he do with it?** How does he interpret this phrase, from which the Rabbis derived that one may not collect *pe'a* on behalf of a poor person? The Gemara answers: **He requires it to warn a poor person with regard to his own**[H] field, i.e., if a poor person had a field of his own he is not permitted to gather *pe'a* from it for himself, his poverty notwithstanding.

"שֶׁאִם יִרְצֶה שֶׁלֹּא לָזוּן" כו'. שְׁמַעַתְּ מִינָּהּ: יָכוֹל הָרַב לוֹמַר לָעֶבֶד "עֲשֵׂה עִמִּי וְאֵינִי זָנְךָ"!

§ The mishna taught: **As, if** the master **wishes not to sustain** his slave he is allowed to act accordingly. The Gemara comments: **Conclude from** the mishna that **the master is** legally **able to say** to his **slave: Work for me but I will not sustain you.**[HN]

הָכָא בְּמַאי עָסְקִינַן – דְּאָמַר לֵיהּ "צֵא מַעֲשֵׂה יָדֶיךָ לִמְזוֹנוֹתֶיךָ".

The Gemara rejects this claim: This is not a conclusive proof, as **with what are we dealing here,** in the mishna? We are dealing with a case **where he said to** the slave: **Spend your earnings to sustain yourself.** In other words, I will not provide for you; rather, you must work and earn money for your sustenance on your own. However, this does not mean that a master can force his slave to work for him without providing him with sustenance.

דִּכְוָותָהּ גַּבֵּי אִשָּׁה, דְּאָמַר לָהּ "צְאִי מַעֲשֵׂה יָדַיִךְ בִּמְזוֹנוֹתַיִךְ", אִשָּׁה אַמַּאי לָא? אִשָּׁה בִּדְלָא סַפְקָא.

The Gemara asks: If so, **in the corresponding** situation in the mishna **with regard to a wife,** will one explain **that he** could have **said to her: Spend your earnings to sustain yourself?** The mishna rules that one cannot exempt himself from his obligation to provide sustenance for his wife. In the case of **a wife, why** may he **not** do so? It is certainly permitted for a husband to stipulate with his wife that she will keep her earnings and not receive sustenance from him, yet it is clear in the mishna that there is a difference between a slave and a wife with regard to his ability to refuse to provide sustenance. The Gemara answers: The **wife** mentioned in the mishna is one whose earnings **are not sufficient** for her sustenance, and in that case the husband may not stipulate in this manner.

HALAKHA

To warn a poor person with regard to his own – לְהַזְהִיר לֶעָנִי עַל שֶׁלּוֹ: All obligatory gifts to the poor, including *pe'a*, may be taken against the will of the owners and even from the poorest of Jews (Rambam *Sefer Zera'im, Hilkhot Mattenot Aniyyim* 1:8).

Work for me but I will not sustain you – עֲשֵׂה עִמִּי וְאֵינִי זָנְךָ: A master has the right to say to his Canaanite slave: Work for me but I will not sustain you, even if as a result the slave must go from door to door begging for charity. This *halakha* applies only to one's own slave. However, one is obligated to sustain slaves who are the usufruct property of his wife (Rambam *Sefer Kinyan, Hilkhot Avadim* 9:7; *Shulḥan Arukh, Yoreh De'a* 267:20).

NOTES

Work for me but I will not sustain you – עֲשֵׂה עִמִּי וְאֵינִי זָנְךָ: The later commentaries analyze this *halakha* at length. Some suggest that in essence the master is not obligated to sustain his slave because the mitzva to sustain him does not apply to the master any more than it does to any other Jew. Alternatively, by not sustaining his slave the master effectively obligates him to go from door to door collecting money, and this is within his rights as a master, i.e., he could command him directly to collect from door to door. Others claim that this *halakha* applies only if the master is not wealthy, but if he is wealthy, then due to the *halakhot* of charity he has a unique obligation to sustain his slave, just as every person has an obligation to give charity to those who are closest to him first (*Likkutei Ḥever ben Ḥayyim*).

עֶבֶד נַמִּי בִּדְלָא סַפֵּיק! עַבְדָּא דִּנְהוֹם כְּרֵסֵיהּ לָא שַׁוְיָא, לְמָרֵיהּ וּלְמָרְתֵּיהּ לְמַאי מִיתְבְּעֵי?

The Gemara raises a difficulty: If so, the case of the **slave also** is referring to a situation where his earnings **are not sufficient** for his sustenance, and he is unable to sustain himself. Nevertheless, his master can refuse to sustain him. Therefore, one can conclude from the mishna that a master can say to his slave: Work for me but I will not sustain you. The Gemara explains: **A slave who is not worth the bread that he consumes, for what is he needed by his master or his mistress?** If the value of his labor does not even pay for the cost of his sustenance why is he needed at all? The mishna certainly does not refer to a case of this kind. By contrast, with regard to a wife, the marriage does not depend on her ability to provide for herself by means of her earnings. Consequently, one cannot prove from the mishna that a master can say to his slave: Work for me but I will not sustain you.

תָּא שְׁמַע: עֶבֶד שֶׁגָּלָה לְעָרֵי מִקְלָט – אֵין רַבּוֹ חַיָּיב לְזוּנוֹ, וְלֹא עוֹד, אֶלָּא שֶׁמַּעֲשֵׂה יָדָיו לְרַבּוֹ; שְׁמַע מִינָּהּ: יָכוֹל הָרַב לוֹמַר לָעֶבֶד "עֲשֵׂה עִמִּי וְאֵינִי זָנְךָ"! הָכָא בְּמַאי עָסְקִינַן – דַּאֲמַר לוֹ "צֵא מַעֲשֵׂה יָדֶיךָ לִמְזוֹנוֹתֶיךָ".

The Gemara suggests another proof: **Come and hear** a *baraita* (*Tosefta, Makkot* 2:8): With regard to **a slave who** unintentionally killed someone and **was exiled to** one of the **cities of refuge,**[H] **his master is not required to sustain him. And not only that, but his earnings** in his city of refuge belong **to his master. Conclude from** the *baraita* that **a master can say to his slave: Work for me but I will not sustain you,** as in the case of a slave exiled to a city of refuge the master is entitled to his earnings despite not providing for him. The Gemara answers: **With what are we dealing here?** With a case **where** the master **said to him: Spend your earnings to sustain yourself.**

אִי הָכִי, מַעֲשֵׂה יָדָיו אַמַּאי לְרַבּוֹ? לְהַעֲדָפָה.

The Gemara raises a difficulty: **If so,** if the master said this to the slave, then **why do his earnings** belong **to his master?** After all, his master stipulated that he should sustain himself. The Gemara answers: This *halakha* is referring **to** his **surplus** earnings, i.e., if the slave works and earns more than the cost of his sustenance, his surplus income belongs to the master.

הַעֲדָפָה, פְּשִׁיטָא! מַהוּ דְּתֵימָא: כֵּיוָן דְּכִי לֵית לֵיהּ לָא יָהֵיב לֵיהּ, כִּי אִית לֵיהּ נַמִּי לָא לִישְׁקוֹל מִינֵּיהּ, קָא מַשְׁמַע לַן.

The Gemara asks: **Isn't** it **obvious** that any **surplus** belongs to the master, as he owns the slave? The Gemara answers: This ruling is necessary, **lest you say that since, when he does not** work enough the master does **not give him** all he needs to eat, then **when he has**[N] a surplus from his work the master **should also not take it.** Therefore, the *baraita* **teaches us** that despite this consideration the surplus belongs to the master.

וּמַאי שְׁנָא לְעָרֵי מִקְלָט? סָלְקָא דַּעְתָּךְ אָמִינָא: "וָחָי" – עֲבֵיד לֵיהּ חִיּוּתָא טְפֵי, קָא מַשְׁמַע לַן.

The Gemara asks: **And what is different** with regard to a slave who was exiled **to** one of the **cities of refuge,** concerning whom the *baraita* was stated? According to this reasoning, the surplus should belong to the master no matter where the slave is located. The Gemara answers: It might **enter your mind to say** that as the verse states with regard to one who is exiled to a city of refuge: "And that fleeing to one of these cities **he might live**" (Deuteronomy 4:42), one should **act for him** so that he has **extra life,** i.e., in this specific case the slave should be allowed to retain any additional amount he earns. Therefore, the *baraita* **teaches us** that no special obligation of this kind applies even if the slave had been exiled to a city of refuge.

וְהָא מִדְּקָתָנֵי סֵיפָא: אֲבָל אִשָּׁה שֶׁגָּלְתָה לְעָרֵי מִקְלָט – בַּעְלָהּ חַיָּיב בִּמְזוֹנוֹתֶיהָ – מִכְּלָל דְּלָא אֲמַר לָהּ, דְּאִי אֲמַר לָהּ, בַּעְלָהּ אַמַּאי חַיָּיב?

The Gemara raises another difficulty: **But from** the fact **that the latter clause** of that *baraita* **teaches: However,** with regard to a **woman who was exiled to** one of the **cities of refuge,**[H] **her husband is obligated in her sustenance, by inference** the *baraita* is dealing with a case **where he did not say to her:** Spend your earnings to sustain yourself, which is why he must sustain her. **As, if he said** this **to her, why is her husband obligated** to provide her with sustenance?

וּמִדְּסֵיפָא דְּלָא אֲמַר לָהּ, רֵישָׁא נַמִּי דְּלָא אֲמַר לֵיהּ!

And from the fact **that the latter clause** of the *baraita* is speaking about a case **where he did not say** this **to her,** it may be inferred that the **first clause** is **also** dealing with a situation **where he did not say to** the slave: Spend your earnings to sustain yourself. The two clauses of the *baraita* must be referring to similar cases or they would not be taught together.

HALAKHA

A slave who was exiled to one of the cities of refuge – **עֶבֶד שֶׁגָּלָה לְעָרֵי מִקְלָט:** If a slave was exiled to a city of refuge his master is not required to sustain him. Nevertheless, his earnings belong to his master (Rambam *Sefer Nezikin, Hilkhot Rotze'aḥ UShmirat HaNefesh* 7:2).

A woman who was exiled to one of the cities of refuge – **אִשָּׁה שֶׁגָּלְתָה לְעָרֵי מִקְלָט:** If a woman is exiled to a city of refuge her husband is required to sustain her and cannot say to her: Spend your earnings to sustain yourself, unless she earns enough to sustain herself, in accordance with the Gemara's interpretation of the *baraita* (Rambam *Sefer Nezikin, Hilkhot Rotze'aḥ UShmirat HaNefesh* 7:2).

NOTES

When he has – **כִּי אִית לֵיהּ:** Rashi explains that the master should leave the surplus with the slave, as at another time he might not earn enough to pay for his sustenance.

לְעוֹלָם דַּאֲמַר לֵיהּ, וְאִשָּׁה בִּדְלָא סָפְקָה.

The Gemara rejects this claim: **Actually,** the *baraita* is referring to a case **where** the master **said to** the slave: Spend your earnings to sustain yourself, and the husband issued a similar statement to his wife. However, in the case of **a woman** it is referring to a situation **when** her earnings are **not sufficient** for her sustenance.

וְהָא מִדְּקָתָנֵי סֵיפָא: וְאִם אָמַר לָהּ "צְאִי מַעֲשֵׂה יָדַיִךְ בִּמְזוֹנוֹתַיִךְ" – רַשַּׁאי, מִכְּלָל דְּרֵישָׁא דְּלָא אֲמַר לָהּ! הָכִי קָאָמַר: וְאִם מַסְפֶּקֶת, וְאָמַר לָהּ "צְאִי מַעֲשֵׂה יָדַיִךְ בִּמְזוֹנוֹתַיִךְ" – רַשַּׁאי.

The Gemara raises an objection: **But from** the fact **that the last clause teaches: And if** the husband **said to her: Spend your earnings to sustain yourself, he is permitted** to act accordingly, **it may be inferred that the first** half of the last **clause** is referring to a case **where he did not say** this **to her.** The Gemara explains that **this is what** the *baraita* **is saying: And if** her earnings **suffice** to pay for her sustenance, **and he said to her: Spend your earnings to sustain yourself, it is permitted** for him to say that.

מַסְפֶּקֶת, מַאי לְמֵימְרָא? מַהוּ דְּתֵימָא: "כָּל כְּבוּדָּה בַת מֶלֶךְ פְּנִימָה", קָא מַשְׁמַע לַן.

The Gemara asks: If the *baraita* is referring to a case where her earnings **suffice, what** is the purpose **of stating** this *halakha* with regard to one who was exiled to a city of refuge? The same *halakha* applies to all wives. The Gemara answers: It is necessary, **lest you say** that in light of the verse: **"All glorious is the king's daughter within the palace"** (Psalms 45:14), from which it is derived that it is improper for a wife to spend too much time outside her home, this woman's husband should be concerned that while his wife is in a city of refuge she should not work out of the home, but only in the home. Therefore, the *baraita* **teaches us** that there is no need to be concerned about this matter, and her husband may say to her: Spend your earnings to sustain yourself, even in a city of refuge.

לֵימָא כְּתַנָּאֵי; רַבָּן שִׁמְעוֹן בֶּן גַּמְלִיאֵל אוֹמֵר: יָכוֹל הָעֶבֶד לוֹמַר לְרַבּוֹ בִּשְׁנֵי בַצּוֹרֶת "אוֹ פַּרְנְסֵנִי אוֹ הוֹצִיאֵנִי לְחֵירוּת", וַחֲכָמִים אוֹמְרִים: הָרְשׁוּת בְּיַד רַבּוֹ.

With regard to the question of whether a master can decide to cease providing sustenance for his slave while the slave continues to serve him, the Gemara suggests: **Let us say** that this matter is the **subject of** a dispute between ***tanna'im***, as it was taught that **Rabban Shimon ben Gamliel says: A slave can say to his master**[H] **in years of famine: Either sustain me** from your property **or emancipate me. And the Rabbis say: His master has permission to** retain his ownership over him without sustaining him.

מַאי לָאו בְּהָא קָמִיפַּלְגִי, דְּמָר סָבַר: יָכוֹל, וּמָר סָבַר: אֵינוֹ יָכוֹל!

What, is it not correct to say that **they disagree** about **this** issue, **that** one **Sage,** the Rabbis, **holds** that a master **can** say to his slave that he should work for him and he will not sustain him. Consequently, he is not required to emancipate him even when he cannot provide for him. **And** one **Sage,** Rabban Shimon ben Gamliel, **holds** that the master **cannot** say this, and therefore he is required to free him.

וְתִיסְבְּרָא? הַאי "אוֹ פַּרְנְסֵנִי אוֹ הוֹצִיאֵנִי לְחֵירוּת"? "אוֹ פַּרְנְסֵנִי אוֹ תֵּן לִי מַעֲשֵׂה יָדַי בְּפַרְנָסָתִי" מִיבָּעֵי לֵיהּ! וְעוֹד, מַאי שְׁנָא בִּשְׁנֵי בַצּוֹרֶת?

The Gemara responds: **And can you understand** the dispute that way? If so, **this** expression: **Either sustain me or emancipate me,** is inaccurate, as the *baraita* **should have** said: **Either sustain me or give me my earnings for my sustenance. And furthermore,** if the dispute concerns this general issue, **what is different about years of famine?** The same dispute should apply in all years.

אֶלָּא הָכָא בְּמַאי עָסְקִינַן – דַּאֲמַר לוֹ "צֵא מַעֲשֵׂה יָדֶיךָ לִמְזוֹנוֹתֶיךָ", וּבִשְׁנֵי בַצּוֹרֶת לָא סַפֵּיק.

Rather, with what are we dealing here? This *baraita* is referring to a case where the master **said to** the slave: **Spend your earnings to sustain yourself, and** subsequently, **during years of famine,** the slave's earnings do **not suffice** to provide himself with sustenance, as prices are higher than usual.

רַבָּן שִׁמְעוֹן בֶּן גַּמְלִיאֵל סָבַר: אוֹ פַּרְנְסֵנִי אוֹ הוֹצִיאֵנִי לְחֵירוּת, כִּי הֵיכִי דְּחָזוּ לִי אִינָשֵׁי וּמְרַחֲמִין עֲלַי; וְרַבָּנַן סָבְרִי: מַאן דִּמְרַחֵם אַבְּנֵי חָרֵי, אַעֶבֶד נַמִּי רַחוּמֵי מְרַחֵם.

And **Rabban Shimon ben Gamliel holds** that in this case the slave can say to his master: **Either sustain me or emancipate me, so that people will see me** in my helpless state, **and they will have mercy on me** and provide me with charity. **And the Rabbis hold** that this is not a justification for emancipating a slave, as **those who have mercy on freemen will also have mercy on a slave.**[N] Consequently, it is not necessary for the slave to be emancipated for him to receive help from generous people. According to this interpretation, the *baraita* has no bearing on the question as to whether a master can say to his slave: Work for me but I will not sustain you.

HALAKHA

A slave can say to his master – יָכוֹל הָעֶבֶד לוֹמַר לְרַבּוֹ: Some (*Tosafot*; Rosh; Rashba) say that a master has the legal right to say to his Canaanite slave: Work for me but I will not sustain you, only in ordinary years, but not in years of famine, when people are less likely to have mercy on him. However, he can say to him: Spend your earnings to sustain yourself, even if he does not earn enough to sustain himself. The *halakha* is accordance with the opinion of the Rabbis, following the Gemara's interpretation of the *baraita*. Some commentaries (Rif; Rambam; see Gra) do not distinguish between years of famine and other years, in accordance with their interpretation of the conclusion of the Gemara (*Shulḥan Arukh, Yoreh De'a* 267:20, and in the comment of Rema).

NOTES

Will also have mercy on a slave – אַעֶבֶד נַמִּי רַחוּמֵי מְרַחֵם: According to the opinion of Rabban Shimon ben Gamliel, the slave wants to be emancipated so that people will have mercy on him, because Rabban Shimon ben Gamliel maintains that they will prefer to help a full-fledged Jew, while this man is a Canaanite slave. According to the opinion of the Rabbis, even one who prefers to sustain the members of his own nation includes slaves in this category, as they are obligated in the mitzvot and are therefore treated as members of the covenant (see Rashi).

תָּא שְׁמַע, דְּאָמַר רַב: הַמַּקְדִּישׁ יְדֵי עַבְדּוֹ, אוֹתוֹ הָעֶבֶד לֹוֶה וְאוֹכֵל וְעוֹשֶׂה וּפוֹרֵעַ; שְׁמַע מִינָּהּ: יָכוֹל הָרַב לוֹמַר לָעֶבֶד "עֲשֵׂה עִמִּי וְאֵינִי זָנְךָ"!

The Gemara offers another suggestion: **Come and hear** a proof from a statement **that Rav said:** In the case of **one who consecrates the hands of his slave,**[H] so that all the work he does becomes Temple property, preventing the slave from working on his own behalf, then **that slave borrows and eats, and** afterward **performs** work **and repays** what he borrowed, as will be explained. **Conclude from** Rav's statement that **the master is able to say to his slave: Work for me but I will not sustain you.** In this case the master has prevented his slave from working for himself, and yet he is not required to provide for him.

הָכָא בְּמַאי עָסְקִינַן – בְּמַעֲלֶה לוֹ מְזוֹנוֹת. אִי הָכִי, לְמַאי

The Gemara answers: **With what are we dealing here?** This is referring to a case **where** the master **provides sustenance for him.** The Gemara raises a difficulty: **If so, for what** reason

HALAKHA

One who consecrates the hands of his slave – **הַמַּקְדִּישׁ יְדֵי עַבְדּוֹ**: If one consecrates his slave's hands the slave must borrow in order to eat, and work so that he can repay his debt. Anything that remains after he has earned enough to cover his basic needs is consecrated, in accordance with the opinion of Rav (Rambam *Sefer Hafla'a*, *Hilkhot Arakhin VaHaramim* 6:19).

Perek **I**
Daf **12** Amud **b**

לֹוֶה וְאוֹכֵל? לְהַעֲדָפָה.

does he find it necessary to **borrow and eat?** After all, his master provides for him. The Gemara answers: This is referring **to surplus** food, i.e., additional food that the slave wants to eat.

וְלֵימָא לֵיהּ הֶקְדֵּשׁ: עַד הַשְׁתָּא סַגִּי לָךְ בְּלָא הַעֲדָפָה, וְהַשְׁתָּא נַמִּי תִּיסְגֵּי לָךְ בְּלָא הַעֲדָפָה! הֶקְדֵּשׁ גּוּפֵיהּ נִיחָא לֵיהּ, כִּי הֵיכִי דְּלִשְׁבַּח עַבְדֵּיהּ.

The Gemara raises a difficulty: **But** if so, **let the Temple** treasurer **say to him: Until now it was enough for you without a surplus; now too it should be enough for you without a surplus.** Why do you seek more now? Consequently, the consecration should apply to this surplus as well. The Gemara answers: **It is preferable to** the **Temple** treasury **itself** that he work and eat more, **so that** the value of **its slave will be enhanced** when he consumes this extra amount, as he will become stronger.

עוֹשֶׂה וּפוֹרֵעַ – קַמָּא קַמָּא קָדֵישׁ לֵיהּ! בְּפָחוֹת פָּחוֹת מִשָּׁוֶה פְּרוּטָה.

§ It was stated that the slave borrows and eats and afterward **performs** work **and repays** the loan. The Gemara asks: But his work **immediately becomes consecrated,** as his hands have been consecrated. How, then, can he repay this loan? The Gemara answers: The slave performs work **of less than the value of one** ***peruta***.[H] Anything worth less than one *peruta* does not become consecrated. Therefore he can collect these small sums and repay his debt little by little.

הָכִי נַמִּי מִסְתַּבְּרָא, דְּאָמַר רַב: הַמַּקְדִּישׁ יְדֵי עַבְדּוֹ – אוֹתוֹ הָעֶבֶד עוֹשֶׂה וְאוֹכֵל, דְּאִי לָא עָבְדָא מַאן פָּלַח לֵיהּ?

The Gemara comments: **So too, it is reasonable** that Rav is referring to a case where the master provides sustenance for him. **As Rav says:** With regard to **one who consecrates the hands of his slave, that slave works and eats, as, if** the slave does **not work** for himself, **who will work** and provide **for him?** This ruling indicates that Rav maintains that consecration does not apply to the slave's hands.

אִי אָמְרַתְּ בִּשְׁלָמָא הָךְ בְּמַעֲלֶה וְאֵינוֹ יָכוֹל, וְהָא בְּשֶׁאֵינוֹ מַעֲלֶה – שַׁפִּיר.

The Gemara explains: **Granted, if you say** that **this** earlier *halakha* that Rav said, that the slave borrows and repays, refers to a situation **where** his master **provides sustenance for him, and** this is because in general **he cannot** say to him: Work for me but I will not sustain you, **and this** second *halakha* is referring to a case **where** his master **does not provide** him with sustenance, and therefore he cannot consecrate the slave's hands, it **is well,** as there is no contradiction between the two statements of Rav.

אֶלָּא אִי אָמְרַתְּ הָךְ בְּשֶׁאֵינוֹ מַעֲלֶה וְיָכוֹל – "דְּאִי לָא עָבְדָא מַאן פָּלַח לֵיהּ"? מַאן דִּבְעֵי נִיפַלְחֵיהּ!

However, if you say that **this** first *halakha* is **also** speaking of a case **where** his master **does not provide** sustenance for him, and the consecration is effective because he **can** say to his slave: Work for me but I will not sustain you, then what is the meaning of the statement: **As, if** the slave **does not work** for himself **who will work for him?** Let **whoever desires work for him,** i.e., the slave will be compelled to sustain himself from charity, but this is not the master's concern.

HALAKHA

Less than the value of one ***peruta*** – **פָּחוֹת פָּחוֹת מִשָּׁוֶה פְּרוּטָה**: If a master consecrates his slave's hands, i.e., the value of the work he performs, the slave must borrow money to eat and perform work that is worth less than one *peruta* so that he can repay what he borrowed. The reason is that as soon as his work is worth one *peruta* the Temple treasury takes possession of it (Rambam *Sefer Hafla'a*, *Hilkhot Arakhin VaHaramim* 6:19).

אֶלָּא לָאו שְׁמַע מִינָּהּ אֵינוֹ יָכוֹל, שְׁמַע מִינָּהּ.

Rather, must one **not conclude from** here that Rav holds that a master **cannot** say to his slave: Work for me but I will not sustain you? The Gemara comments: Indeed **conclude from** here that this is the case.

תָּא שְׁמַע, דְּאָמַר רַבִּי יוֹחָנָן: הַקּוֹטֵעַ יַד עַבְדּוֹ שֶׁל חֲבֵירוֹ – נוֹתֵן שִׁבְתּוֹ וּרְפוּאָתוֹ לְרַבּוֹ, וְאוֹתוֹ הָעֶבֶד נִיזּוֹן מִן הַצְּדָקָה; שְׁמַע מִינָּהּ: יָכוֹל הָרַב לוֹמַר לָעֶבֶד ״עֲשֵׂה עִמִּי וְאֵינִי זָנְךָ״!

The Gemara suggests: **Come** and **hear** another source concerning the same dilemma, **as Rabbi Yoḥanan says: One who severs the hand of another's slave**[H] must **give** compensation for **his** loss of **livelihood,** i.e., compensation for the slave's inability to work as a result of his injury, **and** the slave's **medical costs to his master. And that slave,** who can no longer work, **is sustained from charity. Conclude from** Rabbi Yoḥanan's statement that **the master is able to say to his slave: Work for me but I will not sustain you,** as otherwise the master would not receive compensation for his time in the form of payment for the slave's earnings while the slave lives off of charity.

הָכָא בְּמַאי עָסְקִינַן – בִּמְעַלֶּה לוֹ מְזוֹנוֹת. אִי הָכִי, אַמַּאי נִיזּוֹן מִן הַצְּדָקָה? לְהַעֲדָפָה.

The Gemara answers: **With what are we dealing here?** This is referring to a case **where** his master **provides sustenance for him.** The Gemara asks: **If so, why is he sustained from charity?** He already has sustenance. The Gemara answers: This is referring **to surplus** food, i.e., additional food that the slave wants to eat.

אִי הָכִי, נִיזּוֹן?! מִתְפַּרְנֵס מִיבְּעֵי לֵיהּ! אֶלָּא לָאו שְׁמַע מִינָּהּ יָכוֹל, שְׁמַע מִינָּהּ.

The Gemara raises a difficulty: **If so,** the phrase: **Sustained** from charity, is imprecise, as it indicates that he is provided only with enough for his basic needs. **It should have** said: He **earns a living** from charity. **Rather,** must one **not conclude from** his statement that Rabbi Yoḥanan maintains that the master **can**[H] to say to his slave: Work for me but I will not sustain you? The Gemara comments: Indeed **conclude from** his statement that this is the case.

אָמַר מָר: נוֹתֵן שִׁבְתּוֹ וּרְפוּאָתוֹ לְרַבּוֹ. שִׁבְתּוֹ, פְּשִׁיטָא! רְפוּאָתוֹ אִיצְטְרִיכָא לֵיהּ.

The Gemara discusses the aforementioned *halakha*. **The Master says** earlier: **He** must **give** compensation for the slave's loss of **livelihood and his medical costs to his master.** The Gemara comments: With regard to compensation for loss of **livelihood, it is obvious**[N] that this is the *halakha*, as the master incurs the loss when his slave does not work, and therefore **it was necessary for** the Sages to mention only that the compensation for **his medical costs** goes to his master.

רְפוּאָתוֹ דִּידֵיהּ הִיא, דְּבָעֵי אִיתַּסּוּיֵי בֵּיהּ! לָא צְרִיכָא, דְּאַמְדוּהּ לְחַמְשָׁא יוֹמֵי, וְעַבְדוּ לֵיהּ סַמָּא חֲרִיפָא וְאִתַּסִּי בִּתְלָתָא יוֹמֵי; מַהוּ דְּתֵימָא: צַעֲרָא דִּידֵיהּ הוּא, קָא מַשְׁמַע לָן.

The Gemara comments: Why is the payment for his medical costs given to his master? Shouldn't the compensation for **his medical costs belong to him, as he needs to be healed with it?** The Gemara answers: **No,** it is **necessary** in a case **where** doctors **estimated** that the blow or wound **would heal in five days and they made a strong medicine**[B] **for him, and he was healed in three days** instead of five. **Lest you say:** Since **the pain** suffered by the slave by taking the strong medicine that caused a decrease in the costs of healing was his, the money should belong **to him,** Rabbi Yoḥanan therefore **teaches us** that this is not the case, as even this money belongs to the master, not the slave.

תַּנְיָא: אָמַר רַבִּי אֶלְעָזָר, אָמַרְנוּ לוֹ לְמֵאִיר: וַהֲלֹא זְכוּת הוּא לָעֶבֶד שֶׁיּוֹצֵא מִתַּחַת יְדֵי רַבּוֹ לְחֵירוּת! אָמַר לָנוּ: חוֹב הוּא לוֹ, שֶׁאִם הָיָה עֶבֶד כֹּהֵן – פּוֹסְלוֹ מִן הַתְּרוּמָה. אָמַרְנוּ לוֹ: וַהֲלֹא מָה אִם יִרְצֶה שֶׁלֹּא לְזוּנוֹ וְשֶׁלֹּא לְפַרְנְסוֹ – רַשַּׁאי!

§ With regard to the discussion in the mishna between Rabbi Meir and the Rabbis, **it is taught** in a *baraita* (*Tosefta* 1:5) that **Rabbi Elazar said: We said to Meir: But isn't it in the interest of a slave to leave his master to freedom? He said to us: It is to his detriment, as if he were the slave of a priest,** then by emancipating him the master thereby **disqualifies him from** partaking of ***teruma*****. We said to him: But what** would be **if** the master **wishes not to sustain him and not to provide him with a living?** He is **permitted** to do so. Therefore, the slave does not lose out when he is emancipated, as he was not guaranteed sustenance in any event.

HALAKHA

One who severs the hand of another's slave – הַקּוֹטֵעַ יַד עַבְדּוֹ שֶׁל חֲבֵירוֹ: If one severs the hand of another's Canaanite slave, he must pay the master the five types of indemnity, while the slave is sustained from charity. If the doctors estimate that he requires five days to heal, and they give him strong and painful medicine that speeds his recovery, the monetary value of the resultant decrease in the costs of healing goes to his master, despite the fact that the slave endured the pain caused by the treatment (Rambam *Sefer Nezikin, Hilkhot Hovel UMazik* 4:10; *Shulḥan Arukh, Yoreh De'a* 267:21 and *Ḥoshen Mishpat* 424:3).

Conclude from his statement that the master can, etc. – שְׁמַע מִינָּהּ יָכוֹל וכו׳: A master has the right to say to his Canaanite slave: Work for me but I will not sustain you. However, he cannot say this to any slaves his wife brought to their marriage, as he has rights only to their earnings. Therefore, he is required to sustain them (Rambam *Sefer Kinyan, Hilkhot Avadim* 9:7; *Shulḥan Arukh, Yoreh De'a* 267:20).

NOTES

It is obvious – פְּשִׁיטָא: The early commentaries ask: On the contrary, isn't this ruling necessary to teach that a master can say to his slave: Work for me but I will not sustain you? They answer that if this were the case, Rabbi Yoḥanan would not have needed to use an example of one who severs the hand of a slave. Instead, he would have stated this *halakha* explicitly (*Tosafot*; Rashba; see Rashi).

BACKGROUND

Strong medicine – סַמָּא חֲרִיפָא: Even in ancient times doctors established certain basic principles with regard to medicine. These included the idea that a medicine should not cause more harm than benefit. They also tried to minimize the pain the patient would suffer.

Certain medicines that heal an illness by killing bacteria and other infections were potentially dangerous or caused the patient a great deal of pain. In such cases smaller doses would be administered, and although the medicine worked more slowly, it would be easier for the patient to handle. In these cases, administering a strong medicine would in fact speed up the healing process but caused the patient suffering.

אמר לנו: ומה אילו עבד כהן שברח ואשת כהן שמרדה על בעלה – הלא אוכלין בתרומה, וזה אינו אוכל! אבל אשה חוב הוא לה, שכן פסלה מן התרומה ומפסידה מן המזונות.

Rabbi Meir **said to us:** Even if the master is not obligated to provide for him, it is still permitted for the slave to partake of *teruma*. The proof for this is the following case: **And what** would be **if** there were **the slave of a priest, who fled**[H] from his master, **or** in the case of **the wife of a priest, who rebelled against her husband,** i.e., she refused to fulfill her obligations as a married woman? Are **they not** permitted to **partake of** ***teruma***, although not the *teruma* belonging to the master or husband? They are permitted to partake of *teruma*. **But this** slave who was emancipated **may not partake** of *teruma* at all, even *teruma* that belongs to other priests. **But** in any event, in the case of **a woman,** a bill of divorce **is to her detriment,**[N] **as it disqualifies her from** partaking of ***teruma*** **and causes her to lose** her **sustenance.**

מאי קאמרו ליה, ומאי קא מהדר להו? הכי קאמר להו: השבתוני על המזונות, מה תשיבוני על התרומה?

The Gemara analyzes this *baraita*: **What did** the Rabbis **say to** Rabbi Meir, **and what** did he **respond to them?** In other words, the two sides do not appear to be discussing the same issue, as the Rabbis refer to sustenance while Rabbi Meir talks about *teruma*. The Gemara explains that **this is what** Rabbi Meir **is saying** to them: **You have answered me about sustenance,**[N] that the master is not required to provide for his slave. However, **what will you answer me about** ***teruma*****?**

וכי תימרו, אי בעי זריק ליה גיטא ופסיל ליה! שביק ליה ועריק ואזיל לעלמא.

And if you were to say that the acceptance of the document by the agent is not to the slave's detriment, as in any event **if** the master **desires, he can throw the bill** of manumission within four cubits of the slave **and** thereby **disqualify him** from partaking of *teruma*; the slave can prevent this from occurring by **leaving** his master, **and escaping**[N] **and going out to the world.** If he acts in this manner his master will be unable to emancipate him, and he can continue partaking of *teruma*.

HALAKHA

The slave of a priest, who fled, etc. – עבד כהן שברח וכו׳: If the slave of a priest fled from his master he may continue to partake of *teruma*. This *halakha* also applies to a priest's wife who rebelled against her husband (Rambam *Sefer Zera'im, Hilkhot Terumot* 6:1).

NOTES

But in the case of a woman it is to her detriment – אבל אשה חוב הוא לה: Rashi explains that this sentence is not part of Rabbi Meir's statement. Rather, it is said by the Rabbis, who hold that a bill of divorce is to the wife's detriment.

You have answered me about sustenance – השבתוני על המזונות: The commentaries explain the stages of this discussion as follows: When Rabbi Meir cites a proof from the fact that a slave may partake of *teruma*, the Rabbis understood that he meant that the slave loses the right to the plentiful sustenance he received from his master, a priest, and the Rabbis reject this proof. Rabbi Meir responds that the priest's slave may partake of not only his master's *teruma* but can even go elsewhere and receive *teruma* on his own account, as the slave of a priest (*Tosafot*).

Leaving his master and escaping – שביק ליה ועריק: The slave can run away and thereby prevent his master from emancipating him, as, if the bill of manumission does not fall within four cubits of the slave, the master has not emancipated him (Rashi). The commentaries note that this indicates that it is still permitted for a slave who leaves his master to partake of *teruma*. He need not be concerned that his master might have sold him to a non-priest, as it is unlikely that someone will purchase a slave who has fled.

Perek **I**
Daf **13** Amud **a**

ומה אילו עבד כהן שברח ואשת כהן שמרדה על בעלה הלא אוכלים בתרומה, וזה אינו אוכל.

And Rabbi Meir further said to the Rabbis: **And what** would **be if** there was the **slave of a priest, who fled** from his master, **or** the **wife of a priest who rebelled against her husband,** are **they not** permitted to **partake of** ***teruma***, although not the *teruma* belonging to the master or husband? They are permitted to partake of *teruma*. **But this** slave who was emancipated **may not partake** of *teruma* at all, even *teruma* that belongs to other priests. Evidently, emancipation is to his detriment.

שפיר קאמר להו! אמר רבא: היינו דקא מהדרי ליה במתניתין: מפני שהוא קנינו, דאי בעי – שקיל ארבעה זוזי מישראל, ופסיל ליה כל היכא דאיתיה.

The Gemara asks: If so, then Rabbi Meir **is saying** and responding **well** to the Rabbis. How do the Rabbis counter his claim? **Rava said: This is what** they **answered** and said **to him in the mishna:** The master can disqualify his slave from partaking of *teruma* in any event, **because he is his** master's **acquisition.** The implication of this statement is the following: **As, if** the master **desires** to disqualify his slave from partaking of *teruma* after he has fled, he can **take four dinars from** any **Israelite** in exchange for the slave, **and he** thereby **disqualifies** him from partaking of *teruma* **anywhere that he is** located.

ולרבי מאיר, תינח עבד כהן, עבד ישראל מאי איכא למימר? אמר רבי שמואל בר רב יצחק: מפני שמפסידו משפחה כנענית.

The Gemara asks: **And according to** the opinion of **Rabbi Meir,** his explanation **works out well** with regard to the **slave of a priest** whose emancipation causes him to be disqualified from partaking of *teruma*, and therefore it is possible to argue that his emancipation is to his detriment. However with regard to the **slave of an Israelite, what can be said? Rabbi Shmuel bar Rav Yitzhak says:** Emancipation is even to the detriment of a slave of an Israelite, **because** by freeing him his master **causes him to lose** the option **of** engaging in sexual intercourse with **a Canaanite maidservant.** Until this point it was permitted for him to engage in sexual intercourse with a Canaanite maidservant, but once he is emancipated these women are forbidden to him.

אַדְּרַבָּה, הֲרֵי הוּא מַתִּירוֹ בְּבַת חוֹרִין! עַבְדָּא בְּהֶפְקֵירָא נִיחָא לֵיהּ, זִילָא לֵיהּ, שְׁכִיחָא לֵיהּ, פְּרִיצָה לֵיהּ.

The Gemara raises a difficulty: **On the contrary,** by emancipating him the master renders it **permitted for him** to engage in sexual intercourse **with a free woman.** The Gemara answers: In the case of **a slave,** a life **of licentiousness is preferable for him.** Therefore, he would rather have the right to engage in sexual intercourse with a Canaanite maidservant, as **she is lowly to him, she is available for him, she is unrestricted for him.** None of these descriptions apply to a Jewish woman, and therefore he loses out on the benefit he could have received from being permitted to engage in sexual intercourse with a Canaanite maidservant. Consequently, Rabbi Meir maintains that his emancipation is to his detriment.

מתני׳ הָאוֹמֵר ״תְּנוּ גֵּט זֶה לְאִשְׁתִּי״, ״שְׁטַר שִׁחְרוּר זֶה לְעַבְדִּי״, וּמֵת – לֹא יִתְּנוּ לְאַחַר מִיתָה; ״תְּנוּ מָנֶה לְאִישׁ פְּלוֹנִי״, וּמֵת – יִתְּנוּ לְאַחַר מִיתָה.

MISHNA In the case of **one who says: Give this bill of divorce to my wife,**[H] or: Give **this bill of manumission to my slave, and** then **he dies,**[H] **one does not give it after** his **death.** The reason for this is that bills of divorce and manumission must be transferred by the husband or the master. Once he has died the document can no longer be given, and the agency he appointed for this purpose is likewise canceled. However, if he said: **Give one hundred dinars to so-and-so, and** then he **died, one does give** the recipient the money **after** his **death.**

גמ׳ אָמַר רַב יִצְחָק בַּר שְׁמוּאֵל בַּר מָרְתָא מִשְּׁמֵיהּ דְּרַב: וְהוּא שֶׁצְּבוּרִין וּמוּנָּחִין בְּקֶרֶן זָוִית.

GEMARA **Rav Yitzḥak bar Shmuel bar Marta says in the name of Rav: And this** ruling, that one gives the one hundred dinars after the death of the owner, is the *halakha* only **when** those dinars **are piled up and placed in a corner** at the time of the command.

בְּמַאי עָסְקִינַן? אִילֵימָא בְּבָרִיא, כִּי צְבוּרִין מַאי הָוֵי? הָא לָא מָשַׁךְ! וְאֶלָּא בִּשְׁכִיב מְרַע, מַאי אִירְיָא צְבוּרִין? כִּי אֵין צְבוּרִין נַמִי, דְּהָא קַיְימָא לַן דְּדִבְרֵי שְׁכִיב מְרַע כִּכְתוּבִים וְכִמְסוּרִין דָּמוּ!

The Gemara asks: **With what are we dealing? If we say** that we are dealing **with a healthy person** who instructs others to give one hundred dinars, then **when they are piled, what of it?** After all, the recipient **did not pull** the money, and one must perform an act of acquisition to take possession of movable property. **Rather,** say that we are dealing **with** a person **on his deathbed,** in which case verbal instructions suffice. However, if that is so, **why** does this *halakha* apply **specifically** when the money is **piled?** The same should be the case **when** the coins are **not piled as well, as we maintain** that **the statement of** a person **on his deathbed** who distributes his property **is considered as though it were written and delivered.**[H] If so, no other act of acquisition should be necessary.

אָמַר רַב זְבִיד: לְעוֹלָם בְּבָרִיא, וְכִדְרַב הוּנָא אָמַר רַב, דְּאָמַר רַב הוּנָא אָמַר רַב: ״מָנֶה לִי בְּיָדְךָ, תְּנֵהוּ לוֹ לִפְלוֹנִי״, בְּמַעֲמַד שְׁלָשְׁתָּן – קָנָה.

Rav Zevid says: Actually, the mishna is dealing **with a healthy person, and** this ruling is **in accordance with** that which **Rav Huna** says that **Rav says. As Rav Huna says** that **Rav says:** With regard to one who says to another: **I have one hundred dinars in your possession; give it to so-and-so,** if this occurred **in the presence of** all **three** parties, that third person has **acquired** it. This type of acquisition applies only to money that is similar to a deposit, e.g., piled money.

רַב פַּפָּא אָמַר: לְעוֹלָם בִּשְׁכִיב מְרַע, וּכְאִידָּךְ דְּרַב, דְּאָמַר רַב: שְׁכִיב מְרַע שֶׁאָמַר ״תְּנוּ מָנֶה לִפְלוֹנִי מִנְּכָסַי״; ״מָנֶה זֶה״ – נוֹתְנִין; ״מָנֶה״ סְתָם – אֵין נוֹתְנִין,

Rav Pappa said: Actually, the mishna is dealing **with** a person **on his deathbed, and it is in accordance with another** ruling **of Rav, as Rav says:** With regard to a person **on his deathbed who said: Give one hundred dinars to so-and-so from my property,** the *halakha* depends on his precise wording. If he said: Give him **this one hundred dinars,** where the money is in a particular place, **one gives** the money to him. However, if he merely said: **One hundred dinars, without specification, one does not give** it to him.

חָיְישִׁינַן שֶׁמָּא מָנֶה קָבוּר קָאָמַר.

Why does one not give the one hundred dinars if he did not add further specification? **We are concerned** that **perhaps he spoke** about **a buried one hundred dinars.** In other words, he might have been referring to a specific one hundred dinars whose location is unknown, and he did not intend to give him any other money. For this reason, Rav explains that the mishna is referring to money piled up in a designated place, which the one who gives the instruction is referring to explicitly.

HALAKHA

Give this bill of divorce to my wife – תְּנוּ גֵּט זֶה לְאִשְׁתִּי: If one sends an agent to deliver a bill of divorce to his wife, the bill of divorce does not take effect until it reaches her hands. If the husband dies before the document reaches his wife she is not divorced, as a bill of divorce is ineffective after one dies (*Shulḥan Arukh, Even HaEzer* 141:58).

This bill of manumission to my slave, and he dies – שְׁטַר שִׁחְרוּר זֶה לְעַבְדִּי, וּמֵת: If one instructs that a bill of manumission should be given to his slave, the slave is emancipated only when the document reaches his possession. Consequently, the bill of manumission is not given after the master's death. The Rema, citing the *Tur*, writes that if he gives the bill of manumission to an agent and says to him: Give this bill to my slave, it is considered as if he said to him: Take possession of the document on his behalf, and the slave is emancipated from that moment (Rambam *Sefer Kinyan, Hilkhot Avadim* 6:1; *Shulḥan Arukh, Yoreh De'a* 267:76).

The statement of a person on his deathbed is considered as though it were written and delivered – דִּבְרֵי שְׁכִיב מְרַע כִּכְתוּבִים וְכִמְסוּרִין דָּמוּ: The property of a dying person need not be transferred via one of the standard modes of acquisition, as a statement of a person on his deathbed is considered as though it were written and delivered (Rambam *Sefer Kinyan, Hilkhot Zekhiya UMattana* 8:2, 10:1; *Shulḥan Arukh, Ḥoshen Mishpat* 250:1).

וְהִלְכְתָא: לִקְבוּרָה לָא חָיְישִׁינַן. רַב פַּפָּא מַאי טַעֲמָא לָא אֲמַר כְּרַב זְבִיד?

The Gemara comments: **And the *halakha* is that we are not concerned about a buried sum**[H] of one hundred dinars, i.e., the *halakha* is not in accordance with the opinion of Rav. The Gemara asks: **What is the reason** that **Rav Pappa did not say** an explanation that is **in accordance with** that of **Rav Zevid** with regard to Rav's statement?

HALAKHA

We are not concerned about a buried sum – לִקְבוּרָה לָא חָיְישִׁינַן: If a dying person requests that one hundred dinars from his property be given to a particular person, one gives it to him, regardless of whether he said: These one hundred dinars, or whether he merely said: One hundred dinars. There is no concern that he might have been referring to a particular collection of one hundred dinars that was buried somewhere. The *Tur*, citing the Ramah, notes that this *halakha* applies only when he issued the instruction due to his impending death (Rambam *Sefer Kinyan, Hilkhot Zekhiya UMattana* 10:1; *Shulḥan Arukh, Ḥoshen Mishpat* 253:18).

Perek **I**
Daf **13** Amud **b**

קָסָבַר רַב פַּפָּא: כִּי אֲמַר רַב – לָא שְׁנָא בְּמִלְוֶה וְלָא שְׁנָא בְּפִקָּדוֹן.

The Gemara answers: **Rav Pappa holds** that **when Rav said** that a transfer in the presence of all three parties is effective, it **is no different** if this is referring **to a loan** from the first party to the second party, where it is an abstract monetary obligation that is transferred, **and** it **is no different** if it is referring **to a deposit,** where specific money is transferred. Just as the transfer is effective in the case of a loan, in which there is an abstract monetary obligation, it would be effective even if the money were not piled. For this reason, Rav Pappa explained that the mishna is referring to piled money due to the concern about a collection of a buried one hundred dinars.

רַב זְבִיד מַאי טַעֲמָא לָא אֲמַר כְּרַב פַּפָּא? לָא מִיתוֹקְמָא מַתְנִיתִין בִּשְׁכִיב מְרַע. מִמַּאי? מִדְּקָתָנֵי: הָאוֹמֵר ״תְּנוּ גֵּט זֶה לְאִשְׁתִּי וּשְׁטַר שִׁחְרוּר זֶה לְעַבְדִּי״, וּמֵת – לֹא יִתְּנוּ לְאַחַר מִיתָה.

The Gemara asks the reverse question: **What is the reason** that **Rav Zevid did not say in accordance with** the explanation of **Rav Pappa?** The Gemara answers: He holds that it is **not** possible to **establish the mishna** as referring **to** a person **on his deathbed. From where** does he learn this? It is **from** the fact **that it teaches:** In the case of **one who says: Give this bill of divorce to my wife, or:** Give **this bill of manumission to my slave, and** then he **dies, one should not give it after** his **death.**

טַעֲמָא דְּמֵת, הָא מֵחַיִּים – נוֹתְנִין; טַעֲמָא דַּאֲמַר ״תְּנוּ״, הָא לָא אֲמַר ״תְּנוּ״ – אֵין נוֹתְנִין. וּשְׁכִיב מְרַע, אַף עַל גַּב דְּלָא אֲמַר ״תְּנוּ״ – נוֹתְנִין,

The Gemara infers: **The reason** for this ruling is **that** the man **died.** However, if it was **while** he was still **alive** then **one gives** the document. The Gemara continues: Even during his lifetime **the reason** for the ruling is specifically that **he said: Give, but** if **he did not say: Give,** and merely commanded: Write a bill of divorce, then **one does not give** it. **But** this is not the case with regard to a person **on his deathbed,** as, **although he did not say: Give,** but simply commanded: Write, nevertheless, **one gives** the document. Evidently, this *halakha* cannot be referring to a person on his deathbed.

דִּתְנַן, בָּרִאשׁוֹנָה הָיוּ אוֹמְרִים: הַיּוֹצֵא בְּקוֹלָר וְאָמַר ״כִּתְבוּ גֵּט לְאִשְׁתִּי״ – הֲרֵי אֵלּוּ יִכְתְּבוּ וְיִתְּנוּ. חָזְרוּ לוֹמַר: אַף הַמְפָרֵשׁ וְהַיּוֹצֵא בְּשַׁיָּירָא,

As we learned in a mishna (65b): **Initially** the Sages **would say:** With regard to **one who is taken out in a neck chain** to be executed **and said: Write a bill of divorce for my wife, these** people **should write and give** her the document. Although he did not explicitly say: Give, this is understood to have been his intention. **They then said** that this *halakha* applies **even to one who sets sail and one who departs in a caravan** to a far-off place. A bill of divorce is given to his wife under these circumstances even if her husband said just: Write.

רַבִּי שִׁמְעוֹן שְׁזוּרִי אוֹמֵר: אַף הַמְסוּכָּן.

Rabbi Shimon Shezuri says: Even in the case of **one who is dangerously ill** who gives that instruction, they write the bill of divorce and give it to his wife. This shows that a dying person need not say: Give. Rather, it is sufficient for him to say: Write. By contrast, the mishna indicates that it is referring to one who says: Give, and therefore it is certainly not speaking about a dying person.

מַתְקִיף לָהּ רַב אַשִׁי: וּמַאן נֵימָא לַן דְּמַתְנִיתִין רַבִּי שִׁמְעוֹן שְׁזוּרִי הִיא? דִּלְמָא רַבָּנַן הִיא!

Rav Ashi objects to this claim: **And who says to us that the mishna is** in accordance with the opinion of **Rabbi Shimon Shezuri? Perhaps it is** in accordance with the opinion of **the Rabbis,** who did not include a dangerously ill person in their list of those who are not required to say: Give. If so, it is possible that the mishna is referring to a person on his deathbed after all.

HALAKHA

Give it to so-and-so in the presence of all three parties – תְּנֵהוּ לוֹ לִפְלוֹנִי בְּמַעֲמַד שְׁלָשְׁתָּן: If three people were standing together and one of them said to another: I have one hundred dinars in your possession; give it to so-and-so who is here with us, the third party acquires this one hundred dinars regardless of whether it was a loan or a deposit, and the giver cannot retract his statement. The *halakha* is in accordance with the opinion of Rav (Rambam *Sefer Kinyan*, *Hilkhot Mekhira* 6:8 and *Hilkhot Zekhiya UMattana* 3:3; *Shulḥan Arukh*, *Ḥoshen Mishpat* 126:1).

גּוּפָא, אָמַר רַב הוּנָא אָמַר רַב: ״מָנֶה לִי בְּיָדְךָ, תְּנֵהוּ לוֹ לִפְלוֹנִי״, בְּמַעֲמַד שְׁלָשְׁתָּן – קָנָה. אָמַר רָבָא: מִסְתַּבְּרָא מִילְּתֵיהּ דְּרַב בְּפִקָּדוֹן, אֲבָל בְּמִלְוָה לָא.

The Gemara discusses **the** matter **itself. Rav Huna says** that **Rav says:** With regard to one who says to another: **I have one hundred dinars in your possession; give it to so-and-so,** if this occurred **in the presence of** all **three** parties,[H] that third person has **acquired** it. **Rava said: It stands to reason** that **Rav's statement** is **with regard to a deposit,** when the owner of the deposit instructs its guardian to transfer specific money under his authority to someone else who is also present. **However,** in the case **of a loan, no,** one cannot dispense with an act of acquisition, as repayment of a loan does not involve specific money.

וְהָאֱלֹהִים! אָמַר רַב אֲפִילּוּ בְּמִלְוָה. אִתְּמַר נָמֵי, אָמַר שְׁמוּאֵל מִשְּׁמֵיהּ דְּלֵוִי: ״מִלְוָה לִי בְּיָדְךָ, תְּנֵהוּ לוֹ לִפְלוֹנִי״, בְּמַעֲמַד שְׁלָשְׁתָּן – קָנָה.

Rava himself adds, in the form of an oath: **But by God,** in truth, **Rav said** this *halakha* **even with regard to a loan.** The Gemara adds: **It was also stated** that **Shmuel said in the name of Levi** that if someone says to another: **I have a loan in your possession,** i.e., you owe me payment for a loan, **give it to so-and-so,** and this occurred **in the presence of** all **three** parties, that named person has **acquired** it.

וְטַעְמָא מַאי? אָמַר אַמֵּימָר: נַעֲשָׂה כְּאוֹמֵר לוֹ בִּשְׁעַת מַתַּן מָעוֹת: שַׁעְבֵּדְנָא לָךְ לְדִידָךְ וּלְכָל דְּאָתוּ מֵחֲמָתָךְ.

The Gemara asks: **And what is the reason** for this? In what manner does he acquire it? **Ameimar said:** The case **becomes like** that of a borrower **who says to** a lender **at the time of the giving of the money,** when he receives a loan: **I am beholden to you and to** anyone who **comes** based **on your** authorization. In this case, the recipient is authorized by the lender to take the loan in the presence of all three parties.

אֲמַר לֵיהּ רַב אַשִׁי לְאַמֵּימָר: אֶלָּא מֵעַתָּה, הִקְנָה לְנוֹלָדִים דְּלָא הָווּ בִּשְׁעַת מַתַּן מָעוֹת, הָכִי נָמֵי דְּלָא קָנוּ!

Rav Ashi said to Ameimar: If that is so, that the borrower's obligation to the third party went into effect at the time of the loan, then if **he transferred** it in the presence of the three parties **to those who will be born,** i.e., people who **were not** yet born **when the money** was initially **given,** the *halakha* should **also** be **that** the recipients **do not acquire** it. The reason is that at the time the lender gave the money to the borrower, the person to whom it would eventually be transferred did not yet exist, and therefore the borrower could not have become obligated to him at that point in time.

דְּאַפִילּוּ לְרַבִּי מֵאִיר, דְּאָמַר: אָדָם מַקְנֶה דָּבָר שֶׁלֹּא בָּא לָעוֹלָם, הָנֵי מִילֵּי לְדָבָר שֶׁיֶּשְׁנוֹ בָּעוֹלָם, אֲבָל לְדָבָר שֶׁאֵינוֹ בָּעוֹלָם – לָא!

Rav Ashi elaborates: **As, even according to** the opinion of **Rabbi Meir, who says** that **a person can transfer** ownership of **an entity that has not** yet **come into the world, this statement** applies only when he transfers it **to an entity,** i.e., a person, **that has come into the world. However,** even Rabbi Meir agrees with regard to the transfer of ownership of an article **to an entity that has not** yet **come into the world,** that this is **not** possible. Since Rav issued his statement in a general manner without any limitations, evidently the method of a transfer in the presence of all three parties applies in all cases, regardless of whether the third party was born at the time when the loan was given.

אֶלָּא אָמַר רַב אַשִׁי:

Rather, Rav Ashi says that this is the reason for the matter:

Perek **I**
Daf **14** Amud **a**

PERSONALITIES

The house of bar Elyashiv – דְּבֵי בַר אֶלְיָשִׁיב: This family is mentioned several times in the Talmud. From the manner in which it is described this was apparently a very powerful and influential family whose members insisted on their rights far more than was commonly accepted, and refused to compromise at all.

בְּהַהִיא הֲנָאָה דְּקָא מִשְׁתַּנְיָא לֵיהּ בֵּין מִלְוָה יְשָׁנָה לְמִלְוָה חֲדָשָׁה, גָּמַר וּמְשַׁעְבֵּיד נַפְשֵׁיהּ.

With that benefit that the borrower receives when **his** debt **changes from an old debt to a new debt, he fully pledges himself** to the new lender. The borrower prefers to have a new lender from whom he can ask for an extension of the deadline for the repayment of his debt.

אֲמַר לֵיהּ הוּנָא מָר בְּרֵיהּ דְּרַב נְחֶמְיָה לְרַב אַשִׁי: אֶלָּא מֵעַתָּה, כְּגוֹן הָנֵי דְּבֵי בַר אֶלְיָשִׁיב, דְּכָפְתִי וְשָׁקְלִי לְאַלְתַּר, הָכִי נָמֵי דְּלָא קָנוּ?

Huna Mar, son of Rav Neḥemya, said to Rav Ashi: If that is so, what about a case **where** the debt is transferred to **these** members **of the house of bar Elyashiv?**[P] **As,** those implacable people **bind** debtors with handcuffs **and take** their money **immediately** when the time for repayment arrives. They certainly would not add to the time that the borrower has to repay the first loan, and he would not willingly pledge himself to them. **So too,** will you say **that they do not acquire** the money in the presence of all three parties, as the borrower would not agree to this arrangement?

וְכִי תֵּימָא הָכִי נַמִי, אִם כֵּן נָתַתָּ דְּבָרֶיךָ לְשִׁיעוּרִין!

And if you would say that indeed this method is not effective in a case of this kind, **if so you have rendered your statement subject to circumstances.** In other words, the application of the acquisition in the presence of all three parties is not absolute, and instead depends on whether in this particular case the borrower agrees to transfer his debt from one person to another.

אֶלָּא אָמַר מָר זוּטְרָא, הָנֵי תְּלָת מִילֵּי שָׁוְינְהוּ רַבָּנַן כְּהִלְכְתָא בְּלָא טַעֲמָא: חֲדָא, הָא; וְאִידָךְ, דְּאָמַר רַב יְהוּדָה אָמַר שְׁמוּאֵל: הַכּוֹתֵב כׇּל נְכָסָיו לְאִשְׁתּוֹ – לֹא עֲשָׂאָהּ אֶלָּא אֶפִּיטְרוֹפְיָא; וְאִידָךְ, דְּאָמַר רַב חֲנַנְיָא: הַמַּשִּׂיא אִשָּׁה לִבְנוֹ גָּדוֹל בַּבַּיִת – קְנָאוֹ.

Rather, the Gemara retracts the previous explanation in favor of that which **Mar Zutra said: These three matters were instituted by the Sages as a *halakha* without a reason,**[N] i.e., they instituted these ordinances despite the fact that the logical mechanism by which they function is unclear: **One is this** case of an acquisition in the presence of all three parties. **And another is that** which **Rav Yehuda says that Shmuel says: One who writes** over **all of his property to his wife**[H] as a gift has **rendered her only a steward [*eppitrofeya*],**[L] but she does not become the owner. **And another is that** which **Rav Ḥananya says:** With regard to **one who marries a woman to his eldest son,**[H] and the wedding takes place **in his house,** the son has **acquired that** house.

אֲמַר לֵיהּ רַב לְרַב אַחָא בַּרְדְּלָא: קַבָּא דְּמוֹרִיקָא אִית לִי גַּבָּךְ, יְהָבֵיהּ לִפְלוֹנִי, בְּאַפֵּיהּ קָאָמֵינָא לָךְ דְּלָא הָדַרְנָא בִּי.

With regard to acquisition in the presence of all three parties, the Gemara relates: **Rav said to Rav Aḥa Bardela: I have a *kav* of saffron [*morika*]**[LB] **with you** that you owe me; **give it to so-and-so.** Rav added: **I say this to you in his presence so that I will not retract** from this statement.

מִכְּלָל דְּאִי בָּעֵי הָדַר בֵּיהּ מָצֵי הָדַר בֵּיהּ? הָכִי קָאָמַר: דְּבָרִים הַלָּלוּ לֹא נִיתְּנוּ לַחֲזָרָה.

The Gemara asks: Can one learn **by inference that if he** had not stipulated in this manner and **wished to retract** his statement **he could** in fact **retract** it? This would mean that a standard acquisition in the presence of all three parties is not fully effective. The Gemara answers that **this is what** Rav **said:** I am saying this to you in his presence because **these** types of **statements** issued in the presence of all three parties **cannot be retracted,** i.e., Rav was not adding a condition but explaining the *halakha*.

הָא אֲמַר רַב חֲדָא זִימְנָא. דְּאָמַר רַב הוּנָא אָמַר רַב: ״מָנֶה לִי בְּיָדְךָ, תְּנֵהוּ לוֹ לִפְלוֹנִי״, בְּמַעֲמַד שְׁלׇשְׁתָּן – קָנָה!

The Gemara asks: **But** why is this statement of Rav recorded at all? Rav already **said** this *halakha* **once. As Rav Huna says that Rav says:** With regard to one who says to another: I have **one hundred dinars in your possession, give it to so-and-so,** if this occurred **in the presence of** all **three** parties that third person has **acquired** it.

אִי מֵהַהִיא, הֲוָה אָמִינָא: הָנֵי מִילֵּי מַתָּנָה מְרוּבָּה, אֲבָל מַתָּנָה מוּעֶטֶת – לָא לִיבָּעֵי בְּפָנָיו. קָא מַשְׁמַע לַן.

The Gemara explains: If the method of acquisition in the presence of all three parties was derived **from that** *halakha* alone, **I would say** that **this matter,** i.e., the need for the presence of the third party, applies only for the transfer of **a large gift. However,** in the case of **a small gift** one does **not need** to do this **in the presence** of the recipient. Instead, the giver can simply provide instructions and thereby transfer the gift to the other person, as there is no reason to think that he would retract. Therefore, Rav **teaches us** that this is not the case, as in all cases the transfer takes effect only in the presence of all three parties.

הָנְהוּ גִּינָּאֵי דַּעֲבִיד חוּשְׁבְּנָא בַּהֲדֵי הֲדָדֵי, פַּשׁ חָמֵשׁ אִיסְתְּרֵי זוּזֵי גַּבֵּי חַד מִנַּיְיהוּ, אָמְרִי לֵיהּ: ״יְהָבִינְהוּ נִיהֲלֵיהּ לְמָרֵי אַרְעָא״ בְּאַפֵּי מָרֵי אַרְעָא, וְקָנָה מִינֵּיהּ.

The Gemara relates: There were **certain gardeners who made a calculation** of money owed **to each other,** and there **remained with one of them five *isterei zuzei*** more than he should have received. The others **said to him: Give** the money **to the owner of the land,** and they said this **in the presence of the owner of the land, and** the owner of the land **acquired** the money **from him.** In other words, the owner of the land performed a proper act of acquisition obligating the gardener to pay that amount.

לְסוֹף אֲזַל עֲבַד חוּשְׁבְּנָא בֵּין דִּילֵיהּ לְנַפְשֵׁיהּ, לָא פַּשׁ גַּבֵּיהּ וְלָא מִידֵּי. אֲתָא לְקַמֵּיהּ דְּרַב נַחְמָן. אֲמַר לֵיהּ: מַאי אִיעֲבִיד לָךְ? חֲדָא, דַּאֲמַר רַב הוּנָא אֲמַר רַב; וְעוֹד, הָא קָנוּ מִינָּךְ.

Ultimately, that gardener **went and performed a calculation**[N] **on his own** and concluded that **nothing** extra **had been left over with him. He came before Rav Naḥman** to ask what to do. **Rav Naḥman said to him: What can I do for you?** The **first** issue **is that Rav Huna said** that **Rav said** that an acquisition in the presence of all three parties takes effect immediately, and therefore the owner of the land has already acquired the money. **And additionally, he** performed an actual act of acquisition and thereby **acquired** the money **from you.**

NOTES

As a *halakha* without a reason – **כְּהִלְכְתָא בְּלָא טַעֲמָא**: In other words, the Sages established these *halakhot* as though they were transmitted to Moses from Sinai, without providing a reason for them. The commentaries explain that this does not mean that these *halakhot* are random or meaningless; rather, the opposite is the case. In other words, there was a good reason for the Sages to institute this ordinance. However, the mechanism of the transfer of property in each case is not clear (*Tosafot*).

Ultimately he went and performed a calculation – **לְסוֹף אֲזַל עֲבַד חוּשְׁבְּנָא**: Many early commentaries contend that one is not deemed credible if he says that he recalculated and discovered that he had erred. Rather, this is referring specifically to a case where he had witnesses to substantiate his claim, or where his partners conceded that he is correct (Rav Hai Gaon; Rif; Rabbeinu Ḥananel; see Ramban).

HALAKHA

One who writes over all of his property to his wife – **הַכּוֹתֵב כׇּל נְכָסָיו לְאִשְׁתּוֹ**: If a man writes a document giving all of his property to his wife, regardless of whether he is healthy or sick or dying, then even if he performs an act of acquisition with her he has merely appointed her a steward on behalf of the heirs. The *halakha* is in accordance with Rav Yehuda's statement in the name of Shmuel (Rambam *Sefer Kinyan, Hilkhot Zekhiya UMattana* 6:4; *Shulḥan Arukh, Ḥoshen Mishpat* 246:12 and *Even HaEzer* 107:1).

One who marries a woman to his eldest son, etc. – **הַמַּשִּׂיא אִשָּׁה לִבְנוֹ גָּדוֹל וכו׳**: If a father marries off his eldest son in his house, he has transferred ownership of that house to his son. This *halakha* applies only if it is the son's first marriage and the father did not marry off any of his other sons before him. Similarly it applies only if the father did not keep for himself any rights to this house (see *Bava Batra* 144a). The commentaries add that this is referring to a case where the son marries a virgin and the father has another house in which he himself can live (Rambam *Sefer Kinyan, Hilkhot Zekhiya UMattana* 6:15; *Shulḥan Arukh, Even HaEzer* 59:1, and in the comment of Rema).

LANGUAGE

Steward [*eppitrofeya*] – **אֶפִּיטְרוֹפְּיָא**: From the Greek ἐπίτροπος, *epitropos*, meaning one appointed to watch over people who need protection.

Saffron [*morika*] – **מוֹרִיקָא**: This is the Aramaic term for the Hebrew *karkum*, or saffron (see Song of Songs 4:14). It is similar to the Arabic مريق, *murrayq*.

BACKGROUND

A *kav* of saffron – **קַבָּא דְּמוֹרִיקָא**: For generations it was customary to make saffron into very small loaves that were taken from place to place for commercial purposes. These saffron loaves were used mainly as a spice. They were called a *kav* of saffron, despite the fact that they were rather small and weighed much less than a *kav*.

NOTES

Everyone agrees that saying: Deliver, is like saying: Acquire – דְּכוּלֵּי עָלְמָא הוֹלֵךְ כִּזְכִי: Rashi explains: In a case where the sender bears no responsibility, e.g., in the case of a gift, saying: Deliver, is in fact like saying: Acquire. However, here, as he is responsible for the payment of the debt, the agent has not acquired on behalf of the recipient.

אֲמַר לֵיהּ רָבָא: אַטּוּ הַאי מִי קָאָמַר "לָא יָהֵבִינָא"? "דְּלֵיכָּא גַּבַּאי" קָאָמַר! אֲמַר לֵיהּ: אִם כֵּן, קִנְיָן בְּטָעוּת הוּא, וְכָל קִנְיָן בְּטָעוּת חוֹזֵר.

Rava said to Rav Naḥman: **Is that to say** that the gardener **said: I will not give?** In other words, he did not refuse to give a sum in which he was obligated. **He** actually **said: Which is not in my possession,** as his colleagues told him to give five *isterei zuzei* that remained in his possession, and he now claims that this money actually belongs to him. Rav Naḥman **said to him: If so, it is an acquisition** performed **in error, and any acquisition** performed **in error reverts**[H] back to the previous owner.

אִיתְּמַר: "הוֹלֵךְ מָנֶה לִפְלוֹנִי שֶׁאֲנִי חַיָּיב לוֹ", אָמַר רַב: חַיָּיב בְּאַחֲרָיוּתוֹ, וְאִם בָּא לַחֲזוֹר – אֵינוֹ חוֹזֵר; וּשְׁמוּאֵל אָמַר: מִתּוֹךְ שֶׁחַיָּיב בְּאַחֲרָיוּתוֹ, אִם בָּא לַחֲזוֹר – חוֹזֵר.

§ **It was stated** that *amora'im* disagreed with regard to the following dilemma: If someone instructs an agent: **Deliver one hundred dinars to so-and-so,**[H] **as I owe him** that sum, **Rav says:** The person who sends him the money **bears** financial **responsibility for their** loss. If the one hundred dinars are lost by the agent, the sender must give another one hundred dinars to repay his debt. **But if** the sender **seeks to retract** this repayment after he has given it to the agent, **he cannot retract** it. **And Shmuel says: Since** the sender **bears** financial **responsibility for their** loss, this indicates that the one hundred dinars are considered to be in his domain, which means that **if he seeks to retract he can retract** it.

לֵימָא בְּהָא קָמִיפַּלְגִי, דְּמָר סָבַר: "הוֹלֵךְ" כִּ"זְכֵי" דָּמֵי, וּמָר סָבַר: "הוֹלֵךְ" לָאו כִּ"זְכֵי" דָּמֵי?

The Gemara suggests: **Let us say that they disagree about this** issue, **as one Sage,** Rav, **holds** that saying: **Deliver, is like** saying: **Acquire,** and therefore the agent immediately acquires the money on behalf of the recipient. For this reason the sender cannot retract. **And one Sage,** Shmuel, **holds** that saying: **Deliver, is not like** saying: **Acquire,** and as the recipient has not yet acquired the money the sender can retract.

לָא, דְּכוּלֵּי עָלְמָא "הוֹלֵךְ" כִּ"זְכֵי" דָּמֵי, וְהָכָא בְּהָא קָמִיפַּלְגִי; מָר סָבַר: לָא אָמְרִינַן מִיגּוֹ, וּמָר סָבַר: אָמְרִינַן מִיגּוֹ.

The Gemara rejects this: **No; everyone agrees that** saying: **Deliver, is like** saying: **Acquire,**[N] **and here,** in this case, **they disagree about this:** One **Sage,** Rav, **holds** that **we do not say** that **since** the sender bears financial responsibility for the loss of the money he can retract. Therefore, he cannot retract. **And** one **Sage,** Shmuel, **holds** that **we do say** that **since** the sender bears financial responsibility for the loss of the money he can retract.

תַּנְיָא כְּוָותֵיהּ דְּרַב: "הוֹלֵךְ מָנֶה לִפְלוֹנִי שֶׁאֲנִי חַיָּיב לוֹ", "תֵּן מָנֶה לִפְלוֹנִי שֶׁאֲנִי חַיָּיב לוֹ", "הוֹלֵךְ מָנֶה לִפְלוֹנִי פִּקָּדוֹן שֶׁיֵּשׁ לוֹ בְּיָדִי", "תֵּן מָנֶה לִפְלוֹנִי פִּקָּדוֹן שֶׁיֵּשׁ לוֹ בְּיָדִי" – חַיָּיב בְּאַחֲרָיוּתוֹ, וְאִם בָּא לַחֲזוֹר – אֵינוֹ חוֹזֵר.

The Gemara comments: It **is taught** in a *baraita* **in accordance with** the opinion of **Rav** (*Tosefta* 1:6): If one said to another: **Deliver one hundred dinars to so-and-so, as I owe him** that sum, or if he said: **Give one hundred dinars to so-and-so, as I owe him** that sum, or if he said: **Deliver one hundred dinars to so-and-so,** as they are **a deposit**[H] **he has in my possession,** or: **Give one hundred dinars to so-and-so,** as they are **a deposit he has in my possession,** in all these cases the sender **bears** financial **responsibility for their** loss, **but if he seeks to retract he cannot retract.**

HALAKHA

Any acquisition performed in error reverts – כָּל קִנְיָן בְּטָעוּת חוֹזֵר: If someone sells an item and erred with regard to its weight, measurement, or quantity, the item reverts back to the previous owner, even if he erred by only a small amount. Even if an act of acquisition was performed, the item reverts to the previous owner, as this is an acquisition performed in error (Rambam *Sefer Kinyan, Hilkhot Mekhira* 15:1–2; *Shulḥan Arukh, Ḥoshen Mishpat* 232:1).

Deliver one hundred dinars to so-and-so – הוֹלֵךְ מָנֶה לִפְלוֹנִי: If someone says to another: Deliver one hundred dinars to so-and-so, he cannot retract his decision, as the money becomes the property of the recipient as soon as it reaches the possession of the agent. However, the sender remains responsible for any loss incurred until the money reaches the recipient. This is in accordance with the opinion of Rav, as the *baraita* supports him (Rambam *Sefer Mishpatim, Hilkhot Malve VeLoveh* 16:2; *Shulḥan Arukh, Ḥoshen Mishpat* 125:1).

Deliver one hundred dinars to so-and-so as they are a deposit, etc. – הוֹלֵךְ מָנֶה לִפְלוֹנִי פִּקָּדוֹן וכו׳: If someone says to another: Deliver one hundred dinars to so-and-so, as I owe him this amount, or if he instructs him in this manner to return a deposit, as soon as the agent receives the money the sender cannot retract. However, the sender remains responsible in the event of loss until the money reaches the recipient (Rambam *Sefer Mishpatim, Hilkhot Sekhirut* 1:6; *Shulḥan Arukh, Ḥoshen Mishpat* 125:1).

פִּקָּדוֹן, לֵימָא לֵיהּ: אֵין רְצוֹנוֹ שֶׁיְּהֵא פִּקְדוֹנוֹ בְּיַד אַחֵר! אָמַר רַבִּי זֵירָא: כְּשֶׁהוּחְזַק כַּפְרָן.

The Gemara asks with regard to this *baraita*: In a case where the agent accepts upon himself to bring **a deposit** to its owners, **let** the sender, who is the bailee of the deposit, **say to** the agent: **It is not the will** of the owner of the deposit **that his deposit will be in the possession of another.** Since this transfer is not in the interests of the owner of the deposit, the money should remain fully in the possession of the sender, and therefore he should be able to retract. **Rabbi Zeira says:** This is referring to a case **where** the sender, the bailee of the deposit, **is established** as **a denier**[H] of financial obligations. For this reason, the owner of the deposit prefers the money to be transferred to someone else, and the sender cannot claim that it is not the will of the owner of the deposit that his deposit will be in the possession of another.

רַב שֵׁשֶׁת הֲוָה לֵיהּ אַשַׁרְתָּא דְּסַרְבָּלֵי בִּמְחוֹזָא. אֲמַר לֵיהּ לְרַב יוֹסֵף בַּר חָמָא: בַּהֲדֵי דְּאָתֵית אַיְיתִינְהוּ נִיהֲלִי. אֲזַל, יְהָבִינְהוּ לֵיהּ. אָמְרִי לֵיהּ: נִיקְנֵי מִינָּךְ. אֲמַר לְהוּ: אִין.

The Gemara relates: **Rav Sheshet**[P] **had a credit** [*asharta*][L] **of cloaks** [*sarbelei*][L] **in** the city of **Meḥoza,** i.e., he had a set agreement with merchants that he would give them cloaks to sell in the city of Meḥoza and they would later reimburse him. Rav Sheshet **said to Rav Yosef bar Ḥama: When you come** here from Meḥoza, **bring me** the money.[N] Rav Yosef **went** and **brought** the money **to him.** Those who gave him the money **said to him: Let us make an acquisition** for what you have received, so that if something happens to the money, you will be responsible. **He said to them: Yes.**

לְסוֹף אִישְׁתַּמֵּיט לְהוּ. כִּי אֲתָא לְגַבֵּיהּ, אֲמַר לֵיהּ: שַׁפִּיר עֲבַדְתְּ, דְּלָא שַׁוְּית נַפְשָׁךְ "עֶבֶד לֹוֶה לְאִישׁ מַלְוֶה". לִישָּׁנָא אַחֲרִינָא: שַׁפִּיר עֲבַדְתְּ, "עֶבֶד לֹוֶה לְאִישׁ מַלְוֶה".

Ultimately, he escaped them[N] and did not perform the act of acquisition. **When** Rav Yosef **came before** Rav Sheshet and told him what had occurred, Rav Sheshet **said to him: You did well,** as **you did not render yourself** the subject of the verse: **"The borrower is a slave to the lender"** (Proverbs 22:7), by obligating yourself for no reason. In **another version** of this incident Rav Sheshet said to Rav Yosef: **You did well,** as the verse states: **"The borrower is a slave to the lender,"** i.e., the merchants who borrowed from me must bear responsibility to ensure that the money will reach me.

רַבִּי אַחַי בְּרַבִּי יֹאשִׁיָּה הֲוָה לֵיהּ אִיסְפָּקָא דְּכַסְפָּא בִּנְהַרְדְּעָא,

The Gemara further relates: **Rabbi Aḥai, son of Rabbi Yoshiya, had a silver vessel** [*ispeka*][L] **in** the city of **Neharde'a.**

HALAKHA

He is established as a denier – כְּשֶׁהוּחְזַק כַּפְרָן: This *halakha* that the owner cannot retract if an agent acquired a deposit for the purpose of returning it to its owners applies only if the bailee of the deposit is established as untrustworthy. The reason is that in this case it is in the interest of the owner of the deposit for it to be taken away from this bailee. However, if the bailee was not established as untrustworthy he can retract. The Ramah states that if the owner of the deposit sent the agent to bring it to him, or even if he did not send him but the agent is someone he trusts, the sender cannot retract whether or not the bailee himself is trustworthy (Rambam *Sefer Mishpatim, Hilkhot Sekhirut* 1:6; *Shulḥan Arukh, Ḥoshen Mishpat* 125:2).

NOTES

Bring me the money – אַיְיתִינְהוּ נִיהֲלִי: The Meiri explains that Rav Sheshet did not appoint Rav Yosef as an agent for this purpose, as, if he did appoint him, the merchants would be exempt as soon as they gave the money to him. Rather, Rav Sheshet simply requested of Rav Yosef that in the event those people would wish to give him something he should accept it from them. Therefore, it was necessary for the merchants to have Rav Yosef take responsibility for the money through an act of acquisition.

He escaped them – אִישְׁתַּמֵּיט לְהוּ: This is not considered a violation of the verse: "The remnant of Israel will not do iniquity nor speak lies" (Zephaniah 3:13; see *Pesaḥim* 91a), as if he had not initially agreed to perform the act of acquisition, he would not have been able to retrieve the money for Rav Sheshet (Ya'avetz).

PERSONALITIES

Rav Sheshet – רַב שֵׁשֶׁת: A prominent, third-generation Babylonian *amora*, Rav Sheshet was the primary student of Rav Huna, although he also served and studied under the rest of the Sages of that generation. Even in his generation Rav Sheshet was famous for his unsurpassed expertise in *baraitot*. Due to his comprehensive familiarity with even the most obscure areas of Oral Law, he was nicknamed Sinai. Many of the Sages of the generation came to study under him, as they knew that his statements were invariably based on early sources.

Apparently, Rav Sheshet was a garment merchant who earned enough to live comfortably. He was extremely forceful, hard as steel, and did not defer even to eminent world leaders. In his later years Rav Sheshet became blind. He remained involved in all aspects of life and was a frequent visitor to the house of the Exilarch.

LANGUAGE

Credit [*asharta*] – אַשַׁרְתָּא: According to most commentaries this means that Rav Sheshet gave something on credit, based on the trust that people grant each other, as the verb *ashar* can mean believe or trust in Aramaic. However, some interpret *asharta* as a bundle (*Arukh*).

Cloak [*sarbela*] – סַרְבְּלָא: Possibly from Persian, this term is mentioned in Daniel 3:21, where its meaning is unclear, as it is here. Apparently, it usually means a coat or cape, similar to the Arabic سربال, *sirbāl*.

Vessel [*ispeka*] – אִיסְפָּקָא: Derived by metathesis from the Greek σκύφος, *skufos*, meaning cup or bottle. *Targum Yonatan* translates it as *tzloḥit*, a vial or flask.

אמר להו לרבי דוסתאי בר רבי ינאי ולרבי יוסי בר כיפר: בהדי דאתיתו אתיוה ניהלי. אזול, יהביה ניהליה. אמרי להו: נקני מינייכו. אמרי להו: לא. אמרי להו: אהדריה ניהלן.

Rabbi Aḥai **said to Rabbi Dostai bar Rabbi Yannai and to Rabbi Yosei bar Keifar: When you come** from Neharde'a **bring** the vessel **to me. They went** to Neharde'a and the people who were in possession of the vessel **gave it to them.** After handing over the vessel, those people **said to them: Let us perform** an act of **acquisition with you,** so that you will be responsible for the vessel until you reach Rabbi Aḥai. The agents **said to them: No;** we do not want to do this. **They said to them:** If so, **return** the vessel **to us,** as we do not wish to transfer it in such a manner that we retain responsibility.

רבי דוסתאי ברבי ינאי אמר להו: אין, רבי יוסי בר כיפר אמר להו: לא. הוו קא מצערו ליה. אמר ליה: חזי מר היכי קא עביד! אמר להו: טב, רמו ליה.

Rabbi Dostai, son of Rabbi Yannai, said to them: Yes, I am willing to return it. However, **Rabbi Yosei bar Keifar said to them: No,** as you do not have the right to retract in this situation. **They tormented** Rabbi Yosei bar Keifar to force him to agree to return the vessel. Rabbi Yosei bar Keifar **said to** Rabbi Dostai: **See,** my **Master, what** they are **doing** to me. Rabbi Dostai **said to them:** You are acting **well; hit him.**[N]

כי אתו לגביה, אמר ליה: חזי מר, לא מיסתייה דלא סייען, אלא אמר להו נמי "טב רמו ליה"! אמר ליה: אמאי תיעבד הכי?

When these two agents **came before** Rabbi Aḥai, Rabbi Yosei bar Keifar **said to him: See,** my **Master, not only did** Rabbi Dostai **not support me; rather, he even said to them:** You are acting **well; hit him.** Rabbi Aḥai said to Rabbi Dostai: **Why did you do this?**[N]

אמר ליה: אותן בני אדם הן אמה וכובען אמה, ומדברין מחצייהן, ושמותיהן מבוהלין: ארדא וארטא ופילי בריש, אומרין "כפותו" – כופתין, אומרין "הרוגו" – הורגין. אילו הרגו את דוסתאי, מי נתן לינאי אבא בר כמותי!

Rabbi Dostai **said to him: Those people** who were in possession of the vessel, **they are** the size of **a cubit,**[NB] **and their hats were a cubit, and they spoke from their midpoints,**[N] **and their names were frightening: Arda and Arta**[NL] **and Pili Bereish.** If one were to **say to them: Restrain** this person, **they would restrain** him. If one were to **say** to them: **Kill him, they would kill. Had they killed Dostai,** i.e., me, **who would give Yannai,** my **father,** another **son like me?**

אמר ליה: בני אדם הללו קרובים למלכות הן? אמר ליה: הן. יש להן סוסים ופרדים שרצים אחריהן? אמר ליה: הן. אמר ליה: אי הכי, שפיר עבדת.

Rabbi Aḥai **said to him: Are these people close to the government?** Rabbi Dostai **said to him: Yes.** Rabbi Aḥai asked him: **Do they have horses and mules that run after them,** i.e., do they have servants to perform their bidding? Rabbi Dostai **said to him: Yes.** Rabbi Aḥai **said to him: If so, you acted well,** as the situation was entirely out of your control.

"הולך מנה לפלוני", והלך ובקשו ולא מצאו – תני חדא: יחזרו למשלח, ותניא אידך: ליורשי מי שנשתלחו לו.

§ The Gemara discusses the meaning of the expression: Deliver, in relation to a gift. With regard to one who said to his agent: **Deliver one hundred dinars to so-and-so, and** the agent **went and searched** for that person **but did not find him,** as he had died, it **is taught in one** *baraita*: The money **should be returned to the sender. And it is taught** in **another** *baraita*: The money should be given **to the heirs of the one to whom it was sent.**

לימא בהא קמיפלגי, דמר סבר: "הולך" כ"זכי", ומר סבר: "הולך" לאו כ"זכי"?

The Gemara suggests: **Let us say that they disagree about this, as one Sage,** in the second *baraita*, **holds** that in the case of a gift, saying: **Deliver, is like** saying: **Acquire,** and consequently the agent took possession of the money on behalf of the one to whom it was sent. Therefore, the heirs inherit this item. **And one Sage,** in the first *baraita*, **holds** that in the case of a gift, saying: **Deliver, is not like** saying: **Acquire,** and therefore the agent must return the money to the sender.

NOTES

You are acting well, hit him – טב רמו ליה: Rashi offers two explanations. Either he said to them: Good, hit him (see *Arukh*), or he told them: You acted correctly, as he deserved this beating.

Why did you do this – אמאי תיעבד הכי: Rashi and other commentaries explain that Rabbi Yosei bar Keifar asked Rabbi Dostai why he immediately returned the money.

They are a cubit – הן אמה: According to Rashi this does not mean that they were very short, only a cubit, about 50 cm, in height. Rather, the opposite is true, as they were so tall they measured their height in cubits. For this reason Rabbi Dostai was afraid of them.

And they spoke from their midpoints – מדברין מחצייהן: Some explain that their voices were very deep and seemed as though they were emerging from their stomachs, not their throats (Rashi). Others state that as their hats were so large it appeared as though their voices came from the middle of their bodies (*Arukh*; *Tosefot Ḥakhmei Angliyya*). Either way, this expression indicates that they were strange and frightening people.

Arda and Arta – ארדא וארטא: Some say that these were the names of gentiles who stood at the service of these men, and therefore Rabbi Dostai was afraid that those Jews would instruct the gentiles to bind him (*Tosefot Ḥakhmei Angliyya*).

LANGUAGE

Arda and Arta – ארדא וארטא: These names are derived from the Old Iranian arta, meaning cosmic order. It is a common element in Persian names.

BACKGROUND

They are a cubit – הן אמה: It is difficult to ascertain the precise details of this case from this picturesque description. However, these men from Neharde'a were apparently Jews who dressed like Persians, had Persian names, and had connections to the local authorities. The description of the hats fits the custom of the time, as local nobles would wear tall hats, which was not the practice elsewhere. The language and strange manner of dress of these men led Rabbi Dostai to view them as bizarre and menacing.

אָמַר רַבִּי אַבָּא בַּר מֶמֶל: דְּכוּלֵּי עָלְמָא "הוֹלֵךְ" לָאו כִּ"זְכִי", וְלָא קַשְׁיָא: הָא בְּבָרִיא, הָא בִּשְׁכִיב מְרַע.

Rabbi Abba bar Memel said: No; **everyone agrees** that in the case of a gift, saying: **Deliver, is not like** saying: **Acquire, and** the apparent contradiction between the two *baraitot* is **not difficult: This** *baraita*, which says that the agent must return the money to the sender, is dealing **with** a case where the giver was **a healthy person** when he issued the instructions. Such a gift is acquired by the recipient only once it reaches his possession, and this recipient died before the gift reached him. Conversely, **that** *baraita*, which says that he should give it to the heirs of the one to whom it was sent, deals **with** the instructions of a person **on his deathbed.**[N] Since the gift of a dying person is immediately acquired by the recipient, this recipient acquired it straightaway, and therefore it must be given to his heirs.

רַב זְבִיד אֲמַר: הָא וְהָא בִּשְׁכִיב מְרַע, הָא דְּאִיתֵיהּ לִמְקַבֵּל בִּשְׁעַת מַתַּן מָעוֹת, הָא דְּלֵיתֵיהּ לִמְקַבֵּל בִּשְׁעַת מַתַּן מָעוֹת.

Rav Zevid said: It is possible to say that saying: Deliver, is not like saying: Acquire, and that both **this** *baraita* **and that** *baraita* are dealing **with** a case where the giver was a person **on his deathbed.** Instead, the difference between the two sources is that **this** *baraita*, which states that he should give it to the recipient's heirs, is referring to a case **where the recipient was** alive[H] **at the time of the giving of the money.** Consequently, when the sender gives the money to the agent the recipient immediately acquires it, and his heirs claim it in his stead. **That** *baraita*, which says that the agent must return the money to the sender, is referring to a case **where the recipient was not** alive **at the time of the giving of the money,** and consequently the agent could not acquire the money on his behalf.

רַב פַּפָּא אֲמַר: הָא וְהָא בְּבָרִיא, הָא דְּמִית מְקַבֵּל בְּחַיֵּי נוֹתֵן, הָא דְּמִית נוֹתֵן בְּחַיֵּי מְקַבֵּל.

Rav Pappa said yet another explanation of the *baraita*: **This** *baraita* **and that** *baraita* are both dealing **with a healthy person**[H] who subsequently died. The difference is that **this** *baraita*, which said that the agent must return the money to the sender, is dealing with a case **where the recipient died in the lifetime of the giver,** and as he did not acquire the money himself his heirs do not take possession of it either. By contrast, **that** *baraita*, which states that the money should be given to the heirs of the recipient, is dealing with a case **where the giver died in the lifetime of the recipient.**[N] Once he dies it is a mitzva to fulfill his wishes, and therefore the recipient, and his heirs after him, are entitled to the money.

לֵימָא "הוֹלֵךְ" כִּ"זְכִי" תַּנָּאֵי הִיא; דְּתַנְיָא: "הוֹלֵךְ מָנֶה לִפְלוֹנִי", וְהָלַךְ וּבִקְשׁוֹ וְלֹא מְצָאוֹ – יַחְזְרוּ לִמְשַׁלֵּחַ. מֵת מְשַׁלֵּחַ – רַבִּי נָתָן וְרַבִּי יַעֲקֹב אָמְרוּ: יַחְזְרוּ לְיוֹרְשֵׁי מְשַׁלֵּחַ. וְיֵשׁ אוֹמְרִים: לְיוֹרְשֵׁי מִי שֶׁנִּשְׁתַּלְּחוּ לוֹ.

The Gemara further suggests: **Shall we say** that the issue of whether saying: **Deliver, is like** saying: **Acquire, is** a dispute between *tanna'im*? This is **as it is taught** in a *baraita*, that if one person said to another: **Deliver one hundred dinars to so-and-so, and he went and searched for him but did not find him,** as he had died, the money **should be returned to the sender. If the sender died, Rabbi Natan and Rabbi Ya'akov said:** The money **should be returned to the heirs of the sender. And some say:** It should be given to **the heirs of the one to whom it was sent.**

רַבִּי יְהוּדָה הַנָּשִׂיא אָמַר מִשּׁוּם רַבִּי יַעֲקֹב שֶׁאָמַר מִשּׁוּם רַבִּי מֵאִיר: מִצְוָה לְקַיֵּים דִּבְרֵי הַמֵּת. וַחֲכָמִים אוֹמְרִים: יַחֲלוֹקוּ. וְכָאן אָמְרוּ: כׇּל מַה שֶּׁיִּרְצֶה שָׁלִיחַ יַעֲשֶׂה. אָמַר רַבִּי שִׁמְעוֹן הַנָּשִׂיא: עַל יָדַי הָיָה מַעֲשֶׂה, וְאָמְרוּ: יַחְזְרוּ לְיוֹרְשֵׁי מְשַׁלֵּחַ.

The *baraita* continues: **Rabbi Yehuda HaNasi said in the name of Rabbi Ya'akov, who said** this **in the name of Rabbi Meir: It is a mitzva to fulfill the statement of the dead.** Therefore the money should be given to the heirs of the one to whom it was sent. **And the Rabbis say:** Due to the uncertainty, **they should divide** it. **And here,** in Babylonia, **they said: Whatever the agent wishes to do he may do. Rabbi Shimon HaNasi said:** When **an incident** of this kind occurred **under my** jurisdiction I inquired into how to proceed, **and** the Sages **said** to me: The money **should be returned to the heirs of the sender.**

מַאי לָאו בְּהָא קָמִיפַּלְגִי, דְּתַנָּא קַמָּא סָבַר: "הוֹלֵךְ" לָאו כִּ"זְכִי"; וְרַבִּי נָתָן וְרַבִּי יַעֲקֹב נַמִי "הוֹלֵךְ" לָאו כִּ"זְכִי", וְאַף עַל גַּב דְּמִית – לָא אָמְרִינַן מִצְוָה לְקַיֵּים דִּבְרֵי הַמֵּת; וְיֵשׁ אוֹמְרִים: "הוֹלֵךְ" כִּ"זְכִי";

The Gemara suggests: **What, is it not** correct to say that **they disagree about this** issue, **that the first** *tanna* **holds** that saying: **Deliver, is not like** saying: **Acquire,**[H] and therefore the money should be returned to the sender? **And Rabbi Natan and Rabbi Ya'akov also** hold that saying: **Deliver, is not like** saying: **Acquire, but** they add that **even though** the sender **died, one does not say: It is a mitzva to fulfill the statement of the dead.** Consequently, the money is returned to the sender's heirs. **And** the Sages in the clause beginning: **Some say,** claim that saying: **Deliver, is like** saying: **Acquire.** Therefore the recipient takes possession of the money immediately, and it is given to his heirs.

NOTES

That *baraita* deals with a person on his deathbed – הָא שְׁכִיב מְרַע: Rashi explains that when a person on his deathbed says: Deliver, it is like saying: Acquire. Others explain that as the statement of a dying person is considered written and delivered, when he commands that an action be executed it is as though it is performed, and the property transferred to the recipient (Rashba).

Where the giver died in the lifetime of the recipient – דְּמִית נוֹתֵן בְּחַיֵּי מְקַבֵּל: If the giver dies it is a mitzva for his heirs to fulfill his stated wishes, even if he was healthy when he gave the gift. This is not merely a moral obligation; rather, the recipient acquires the item due to the mitzva, on account of which his heirs also acquire it, even if it did not actually reach the recipient.

HALAKHA

This is a case where the recipient was alive, etc. – הָא דְּאִיתֵיהּ לִמְקַבֵּל וכו׳: With regard to a person on his deathbed who said to an agent: Deliver one hundred dinars to so-and-so, but when the agent searched for him he discovered that this individual had died, if the recipient died in the lifetime of the sender the money should be returned to the sender's heirs. If the recipient was alive when the agent received the money it should be given to the heirs of the recipient (Rambam *Sefer Kinyan, Hilkhot Zekhiya UMattana* 10:12; *Shulḥan Arukh, Ḥoshen Mishpat* 125:9).

This and that are dealing with a healthy person – הָא וְהָא בְּבָרִיא: In the case of a healthy person who said to his agent: Deliver these one hundred dinars to so-and-so as a gift, and the agent went and found that the recipient had died, if the sender was healthy but died before the recipient then the money should be given to the recipient's heirs, as it is a mitzva to fulfill the wishes of the dead. If the recipient died during the sender's lifetime then the agent should give the money to the sender's heirs, as saying: Deliver, is not like saying: Acquire. The commentaries explain that the various interpretations of the *baraitot* in the Gemara serve to complement one another and do not oppose one another (Rambam *Sefer Kinyan, Hilkhot Zekhiya UMattana* 4:4–5; *Shulḥan Arukh, Ḥoshen Mishpat* 125:8).

Saying: Deliver, is not like saying: Acquire – הוֹלֵךְ לָאו כִּזְכִי: If someone who wishes to give a gift says to an agent: Acquire it for him, or: Give it to him, he cannot retract once the gift has reached the possession of the agent. However, if he says: Deliver it to him, he can retract, as saying: Deliver, is not like saying: Acquire (Rambam *Sefer Kinyan, Hilkhot Zekhiya UMattana* 4:4; *Shulḥan Arukh, Ḥoshen Mishpat* 125:8).

רַבִּי יְהוּדָה הַנָּשִׂיא אָמַר מִשּׁוּם רַבִּי יַעֲקֹב שֶׁאָמַר מִשּׁוּם רַבִּי מֵאִיר: ״הוֹלֵךְ״ לָאו כִּ״זְכֵי״, מִיהוּ הֵיכָא דְּמִית – אָמְרִינַן מִצְוָה לְקַיֵּים דִּבְרֵי הַמֵּת;

And **Rabbi Yehuda HaNasi,** who **said in the name of Rabbi Ya'akov, who said** this **in the name of Rabbi Meir,** also holds that saying: **Deliver, is not like** saying: **Acquire. However,** in a case **where** the sender **died we say** that **it is a mitzva to fulfill the statement of the dead.** Therefore, the one hundred dinars should be given to the recipient or his heirs.

וַחֲכָמִים אוֹמְרִים: יַחֲלוֹקוּ, מְסַפְּקָא לְהוּ; וְכָאן אָמְרוּ: שׁוּדָא עָדִיף; וְרַבִּי שִׁמְעוֹן הַנָּשִׂיא, מַעֲשֶׂה אֲתָא לְאַשְׁמוּעִינַן.

And the Rabbis say: They should divide it, because **they** are **uncertain** about the *halakha* in this situation. **And** the Sages in the clause beginning: **Here they said,** maintain that in this case **the discretion** [*shuda*][L] of the agent **is preferable**[N] to an even division between the parties. **And Rabbi Shimon HaNasi** does not offer an opinion of his own; rather, **he came to teach us an incident** in which this case was decided in practice.

לָא, בְּבָרִיא דְּכוּלֵּי עָלְמָא לָא פְּלִיגִי, וְהָכָא בְּמַאי עָסְקִינַן – בִּשְׁכִיב מְרַע, וּבִפְלוּגְתָּא דְּרַבִּי אֶלְעָזָר וְרַבָּנַן קָמִיפַּלְגִי.

The Gemara rejects this suggestion: **No;** it is possible that **in** a case where the giver was **a healthy person** when he appointed the agent **everyone agrees** that saying: Deliver, is not like saying: Acquire, **and with what are we dealing here?** We are dealing with a person **on his deathbed** who sent these one hundred dinars, **and they disagree in the dispute between Rabbi Elazar and the Rabbis.**

דִּתְנַן: הַמְחַלֵּק נְכָסָיו עַל פִּיו, רַבִּי אֶלְעָזָר אוֹמֵר: אֶחָד בָּרִיא וְאֶחָד מְסוּכָּן, נְכָסִים שֶׁיֵּשׁ לָהֶן אַחֲרָיוּת – נִקְנִין בְּכֶסֶף וּבִשְׁטָר וּבַחֲזָקָה, וְשֶׁאֵין לָהֶן אַחֲרָיוּת – אֵין נִקְנִין אֶלָּא בִּמְשִׁיכָה; וַחֲכָמִים אוֹמְרִים: אֵלּוּ וָאֵלּוּ נִקְנִין בַּאֲמִירָה.

This is **as we learned** in a mishna (*Bava Batra* 156a): With regard to **one who divides his property orally,**[H] **Rabbi Elazar says: Both** in the case of **a healthy person and** that of **a dangerously ill person, property that serves as a guarantee,** i.e., land, **is acquired** by means **of money, through a document, or by taking possession. And** property **that does not serve as a guarantee,** i.e., movable property, **can be acquired only through pulling. And the Rabbis say:** If the giver is on his deathbed, then both **this** property **and that** property **can be acquired through speech,**[N] and there is no need for an additional act of acquisition.

אָמְרוּ לוֹ: מַעֲשֶׂה בְּאִמָּן שֶׁל בְּנֵי רוֹכֵל שֶׁהָיְתָה חוֹלָה, וְאָמְרָה: תִּינָּתֵן

They said to Rabbi Elazar: Didn't **an incident** of this kind occur **with regard to the mother** of the family **of the sons of Rokhel, who was ill, and she said: Give**

LANGUAGE

Discretion [*shuda*] – שׁוּדָא: Just as the early commentaries are divided over the halakhic meaning of this term, they also dispute its linguistic meaning. According to Rashi it comes from the root *shada*, meaning to throw. Accordingly, the judgment is thrown, as it were, to the authority of the judge. Others claim it is a shortened form of *shuḥada*, meaning to bribe (*Tosafot*), in line with the practice in the Talmud of eliminating the guttural letter *ḥet* from some words, influenced by Aramaic. According to the latter opinion, *shuda* would then mean something performed without reason, as though the judges had been bribed to issue that ruling. A strong proof for this second interpretation is the phrase found in the Jerusalem Talmud (*Ketubot* 5:5) in the name of Shmuel: *Shoḥada dedayyanei*, or bribery of judges.

NOTES

And here they said the discretion of the agent is preferable – וְכָאן אָמְרוּ שׁוּדָא עָדִיף: Rashi explains that this refers to the Sages of Babylonia. Rashi generally maintains that this type of discretion means that the judge, or in this case the agent, attempts to ascertain the intentions of the one who issued the command. Others maintain that this discretion depends entirely on the personal preference of the agent (Rabbeinu Tam).

This and that can be acquired through speech – אֵלּוּ וָאֵלּוּ נִקְנִין בַּאֲמִירָה: The Sages instituted that the statement of a person on his deathbed should be considered as though it were written and delivered. The reason for this is that the dying individual should not be disturbed by any distractions that will prevent him from retaining his peace of mind. If he had to wait until an act of acquisition were performed he would worry that these actions will not be completed. Therefore, the Sages instituted that this acquisition can be completed through speech alone, to reassure the dying person that his wishes will be carried out.

HALAKHA

One who divides his property orally – הַמְחַלֵּק נְכָסָיו עַל פִּיו: A person on his deathbed is not required to perform an act of acquisition when transferring ownership of his property, as the statement of a dying person is considered written and delivered (Rambam *Sefer Kinyan*, *Hilkhot Zekhiya UMattana* 8:2; *Shulḥan Arukh*, *Ḥoshen Mishpat* 250:1).

Perek **I**
Daf **15** Amud **a**

כְּבִינָתִי לְבִתִּי וְהִיא בִּשְׁנֵים עָשָׂר מָנֶה, וּמֵתָה, וְקִיְּימוּ חֲכָמִים אֶת דְּבָרֶיהָ! אָמַר לָהֶם: בְּנֵי רוֹכֵל תְּקַבְּרֵם אִמָּם;

my brooch [*kevinati*][L] **to my daughter, and the brooch is worth twelve hundred dinars. And** this woman subsequently **died, and the Sages fulfilled her statement.** Rabbi Elazar **said to them** that **the sons of Rokhel should be buried by their mother,** i.e., he cursed them. Rabbi Elazar meant that it is not possible to bring a proof from this incident, as these sons were wicked people. Consequently, when dealing with them the Sages did not act in accordance with the *halakha*, but allowed their mother to give this valuable piece of jewelry to their sister, circumventing the *halakhot* of inheritance.

תַּנָּא קַמָּא – כְּרַבִּי אֶלְעָזָר. וְרַבִּי נָתָן וְרַבִּי יַעֲקֹב – נַמִי כְּרַבִּי אֶלְעָזָר, אַף עַל גַּב דְּמִית, לָא אָמְרִינַן מִצְוָה לְקַיֵּים דִּבְרֵי הַמֵּת. וְיֵשׁ אוֹמְרִים – כְּרַבָּנַן.

The Gemara states: **The first *tanna*** holds **in accordance with** the opinion of **Rabbi Elazar,** who holds that there must be an actual act of acquisition or the money still belongs to the giver. **And Rabbi Natan and Rabbi Ya'akov also** hold **in accordance with** the opinion of **Rabbi Elazar.** However, they add that **even though** the giver **died one does not say: It is a mitzva to fulfill the statement of the dead.**[H] **And** the Sages in the clause beginning: **Some say,** hold **in accordance with** the opinion of **the Rabbis,** who say that the statement of a person on his deathbed effects acquisition through mere speech.

LANGUAGE

Brooch [*keveina*] – כְּבִינָה: According to Rashi, *keveina* apparently refers to a decorated clasp used to tie the collar of a garment. Others explain this according to *Targum Yonatan*, who translates *redidim* (see Song of Songs 5:7) as *keveinta*, meaning a kind of scarf, wrap, or overcoat.

HALAKHA

It is a mitzva to fulfill the statement of the dead – מִצְוָה לְקַיֵּים דִּבְרֵי הַמֵּת: It is a mitzva to fulfill the stated wish of one who dies, even if he was healthy when he expressed it. This *halakha* applies only if he gave to an agent the item he wants to transfer (*Tosafot*; Rosh; Ran). The Rema, citing the *Tur*, writes that if the item in question had already been in the agent's possession before the instructions were given, or if it came into his possession only after the one who gave the instructions died, the mitzva to fulfill the statement of the dead does not apply (Rambam *Sefer Kinyan*, *Hilkhot Zekhiya UMattana* 4:5; *Shulḥan Arukh*, *Ḥoshen Mishpat* 252:2).

וְרַבִּי יְהוּדָה הַנָּשִׂיא שֶׁאָמַר מִשּׁוּם רַבִּי מֵאִיר – כְּרַבִּי אֱלְעָזָר, מִיהוּ הֵיכָא דְּמִית, אָמְרִינַן מִצְוָה לְקַיֵּים דִּבְרֵי הַמֵּת. וַחֲכָמִים אוֹמְרִים יַחֲלוֹקוּ – מְסַפְּקָא לְהוּ. וְכָאן אָמְרוּ – שׁוּדָא עָדִיף. וְרַבִּי שִׁמְעוֹן הַנָּשִׂיא – מַעֲשֶׂה אֲתָא לְאַשְׁמוּעִינַן.

And Rabbi Yehuda HaNasi, who **said** his opinion **in the name of Rabbi Meir,** holds **in accordance with** the opinion of **Rabbi Elazar. However,** he maintains that **where** the giver **died we say: It is a mitzva to fulfill the statement of the dead. And the Rabbis say: They should divide** it, because **they** are **uncertain** about the *halakha* in this situation. **And** according to the Sages in the clause beginning: **Here they said, the discretion** of the agent **is preferable. And Rabbi Shimon HaNasi came to teach us** a relevant **incident** but does not express an additional opinion.

אִבַּעְיָא לְהוּ: רַבִּי שִׁמְעוֹן הַנָּשִׂיא, נָשִׂיא הוּא, אוֹ מִשְּׁמֵיהּ דְּנָשִׂיא קָאָמַר? תָּא שְׁמַע, דְּאָמַר רַב יוֹסֵף: הֲלָכָה כְּרַבִּי שִׁמְעוֹן הַנָּשִׂיא. וַעֲדַיִין תִּיבָּעֵי לָךְ: נָשִׂיא הוּא, אוֹ דְּקָאָמַר מִשְּׁמֵיהּ דְּנָשִׂיא? תֵּיקוּ.

A dilemma was raised before those studying this issue: **Is** the **Rabbi Shimon HaNasi** mentioned here himself **a** ***Nasi,*** **or** does the *baraita* mean **that he spoke in the name of the** ***Nasi*****?** The Gemara suggests: **Come** and **hear that** which **Rav Yosef,** who was precise in his statements, **says:** The ***halakha*** **is in accordance with** the opinion of **Rabbi Shimon HaNasi.** This indicates that he was an actual *Nasi.* **But** you can still **raise the dilemma: Is he a** ***Nasi,*** **or** does the *baraita* mean **that he spoke in the name of the** ***Nasi,*** as Rav Yosef may merely be quoting the above *baraita*? The Gemara has no answer for this question, and states that the dilemma **shall stand** unresolved.

גּוּפָא, אָמַר רַב יוֹסֵף: הֲלָכָה כְּרַבִּי שִׁמְעוֹן הַנָּשִׂיא. וְהָא קַיְימָא לָן: דִּבְרֵי שְׁכִיב מְרַע כִּכְתוּבִין וְכִמְסוּרִין דָּמוּ!

The Gemara returns to **the** matter **itself: Rav Yosef says: The** ***halakha*** **is in accordance with** the opinion of **Rabbi Shimon HaNasi,** that the money should be returned to the heirs of the sender. The Gemara raises a difficulty: **But don't we maintain** that **the statement of** a person **on his deathbed is considered written and delivered?** If so, the agent should give the money to the heirs of the recipient.

רַב יוֹסֵף מוֹקֵי לָהּ בְּבָרִיא. וְהָא לְ״יוֹרְשֵׁי מְשַׁלֵּחַ״ קָאָמַר, וְקַיְימָא לָן: מִצְוָה לְקַיֵּים דִּבְרֵי הַמֵּת! תְּנֵי: יַחְזְרוּ לִמְשַׁלֵּחַ.

The Gemara answers: **Rav Yosef establishes** this *halakha* **with regard to a healthy person,** not someone on his deathbed. The Gemara asks: **But he said** that the money should be returned **to the heirs of the sender, and we maintain** that **it is a mitzva to fulfill the statement of the dead,** even if he issued these instructions when he was healthy. The Gemara answers: Emend Rabbi Shimon HaNasi's statement and **teach: Return** the money **to the sender,** not to his heirs, as this is referring to a case where the sender had not died.

הדרן עלך המביא קמא

Summary of **Perek I**

If delivery of a bill of divorce is entrusted to an agent, he must say: It was written in my presence and it was signed in my presence. The Gemara examines the rationale for this and concludes that the *halakha* is in accordance with the opinion that the reason for this declaration is that there are no witnesses available to ratify it.

Although the Gemara states that since the establishment of the great academies in Babylonia that land has the same status as Eretz Yisrael with regard to bills of divorce, the practical *halakha* is that all agents of a bill of divorce must state the declaration: It was written in my presence and it was signed in my presence. If the agent failed to state the declaration, the bill of divorce can be ratified in the manner of other legal documents, by means of witnesses who can attest to the authenticity of its signatures.

Most of the special *halakhot* of bills of divorce apply equally to bills of manumission. One difference is that a bill of divorce is considered to be to the woman's detriment, whereas a bill of manumission is in the interest of a slave, and therefore it can be acquired for him by others in his absence.

Due to the concern that the woman might be left as a deserted wife, the Sages were lenient with regard to bills of divorce. In a certain period, one of the witnesses who signed this document could be a Samaritan, although this practice was later prohibited. Conversely, while other legal documents may sometimes be written and signed by gentiles, bills of divorce of this type are invalid. Furthermore, while bills of acquisition and gifts that were written and signed in the owner's lifetime are valid even if delivered after his death, this is not the case for bills of divorce and bills of manumission. The reason is that these documents are completed only when they are handed to the wife or slave, and therefore they are invalidated by the prior death of the husband or master.

Introduction to **Perek II**

When a man takes a wife, and marries her, and it comes to pass, if she finds no favor in his eyes, because he has found some unseemly matter in her, and he writes her a scroll of severance, and gives it in her hand, and sends her out of his house.

(Deuteronomy 24:1)

The first part of the chapter continues the discussion about the requirement that agents who transfer a bill of divorce from outside of Eretz Yisrael must state that it was written and signed in their presence. The following problems are discussed: What if they are unable to testify about the entire bill of divorce but only with regard to part of it? What if one of the witnesses can testify only about the writing and the other only about the signing? Finally, what if only one of the witnesses can testify? Is the agency valid in these cases?

Another matter analyzed is the definition of the delivery of a bill of divorce: Is this simply a means of transferring the document from one place to another, or is it an act that has halakhic ramifications? If so, the qualifications of the agents must be discussed. Can one who is ordinarily disqualified from testifying, e.g., a deaf-mute, an imbecile, or a minor, deliver a bill of divorce?

Yet another issue addressed in this chapter is the dating of a bill of divorce. Despite the fact that its essential purpose is to effect a divorce, a bill of divorce may at times be used as evidence in court, both in financial cases and concerning forbidden sexual relations. It is therefore necessary to determine if a bill of divorce without a date or with improper dating is disqualified.

The Torah states concisely: "And he writes her a scroll of severance, and gives it in her hand." This requires clarification with regard to several *halakhot*. Does the phrase "he writes her" indicate that the husband must write the bill of divorce by himself? If not, are there any limitations as to who is qualified to compose the document? What is defined as writing in this context: Any formation of letters, or perhaps only the standard manner of writing? Are there any restrictions with regard to the ink or paper that may be used in the writing of a bill of divorce?

מתני׳ הַמֵּבִיא גֵט מִמְּדִינַת הַיָּם, וְאָמַר: ״בְּפָנַי נִכְתַּב אֲבָל לֹא בְּפָנַי נֶחְתַּם״, ״בְּפָנַי נֶחְתַּם אֲבָל לֹא בְּפָנַי נִכְתַּב״, ״בְּפָנַי נִכְתַּב כּוּלּוֹ וּבְפָנַי נֶחְתַּם חֶצְיוֹ״, ״בְּפָנַי נִכְתַּב חֶצְיוֹ וּבְפָנַי נֶחְתַּם כּוּלּוֹ״ – פָּסוּל.

MISHNA With regard to **one who brings a bill of divorce from a country overseas and says:** The bill of divorce **was written in my presence but it was not signed in my presence;**[H] or if he said: **It was signed in my presence but it was not written in my presence;** or: **All of it was written in my presence and half of it was signed in my presence,** i.e., he observed the signing of only one witness; or: **Half of it was written in my presence and all of it was signed in my presence,** in all these cases the document is **invalid.**

אֶחָד אוֹמֵר: ״בְּפָנַי נִכְתַּב״, וְאֶחָד אוֹמֵר: ״בְּפָנַי נֶחְתַּם״ – פָּסוּל. שְׁנַיִם אוֹמְרִים: ״בְּפָנֵינוּ נִכְתַּב״, וְאֶחָד אוֹמֵר: ״בְּפָנַי נֶחְתַּם״ – פָּסוּל, וְרַבִּי יְהוּדָה מַכְשִׁיר. אֶחָד אוֹמֵר: ״בְּפָנַי נִכְתַּב״, וּשְׁנַיִם אוֹמְרִים: ״בְּפָנֵינוּ נֶחְתַּם״ – כָּשֵׁר.

If **one** agent bringing a bill of divorce **says: It was written in my presence,**[H] **and one** other agent **says: It was signed in my presence,** it is **invalid.** If **two** agents **say: It was written in our presence, and one says: It was signed in my presence,** it is **invalid. And Rabbi Yehuda deems** the document **valid.** If **one** agent **says: It was written in my presence, and two** agents **say: It was signed in our presence,** it is **valid.**

גמ׳ הָא תּוּ לָמָּה לִי? הָא תְּנָא לֵיהּ חֲדָא זִימְנָא: הַמֵּבִיא גֵט מִמְּדִינַת הַיָּם, צָרִיךְ שֶׁיֹּאמַר: ״בְּפָנַי נִכְתַּב וּבְפָנַי נֶחְתַּם״! אִי מֵהַהִיא הֲוָה אָמֵינָא: צָרִיךְ, וְאִי לָא אָמַר – כָּשֵׁר, קָא מַשְׁמַע לַן.

GEMARA The Gemara asks with regard to the entire mishna: **Why do I** need all **these further** examples? **Didn't it teach** these *halakhot* **once,** as the mishna states (2a): **One who brings a bill of divorce from a country overseas is required to say: It was written in my presence and it was signed in my presence?** This indicates that if one did not state this declaration, then the bill of divorce is invalid. The Gemara explains: **If** the *halakha* were derived **from that** mishna alone, **I would say:** He is **required** to issue this statement *ab initio*, **but if he did not say** it the bill of divorce is nevertheless **valid** after the fact. Therefore, this mishna **teaches us** that the bill of divorce is invalid.

״בְּפָנַי נִכְתַּב חֶצְיוֹ וּבְפָנַי נֶחְתַּם כּוּלּוֹ – פָּסוּל״. הֵי חֶצְיוֹ? אִילֵּימָא חֶצְיוֹ רִאשׁוֹן, וְהָאָמַר רַבִּי אֶלְעָזָר: אֲפִילּוּ לֹא כָּתַב בּוֹ אֶלָּא שִׁיטָה אַחַת לִשְׁמָהּ, שׁוּב אֵינוֹ צָרִיךְ! אֶלָּא אָמַר רַב אַשִׁי: חֶצְיוֹ אַחֲרוֹן.

§ The mishna taught that if the agent said: **Half of it was written in my presence and all of it was signed in my presence,** the document is **invalid.** The Gemara asks: With regard to **which half** of the bill of divorce did he claim he saw written? **If we say** that he saw **its first half**[H] written, **but didn't Rabbi Elazar say: Even if** the husband or scribe **wrote only one line**[N] of it **for her sake,** the agent **is no longer required** to check if the rest of the bill of divorce was written properly? **Rather, Rav Ashi said:** He testifies that he saw that **its latter half** was written, and he does not testify with regard to the first half, which is the primary section of the bill of divorce.

״בְּפָנַי נִכְתַּב כּוּלּוֹ וּבְפָנַי נֶחְתַּם חֶצְיוֹ – פָּסוּל״. אָמַר רַב חִסְדָּא: וַאֲפִילּוּ שְׁנַיִם מְעִידִים עַל חֲתִימַת יַד שֵׁנִי – פָּסוּל. מַאי טַעְמָא?

§ The mishna taught that if he said: **All of it was written in my presence and half of it was signed in my presence,** i.e., the agent observed the signing of only one of the witnesses, it is **invalid. Rav Ḥisda says: And even if two** people **testify to the signature** of the **second** witness, and the court ratifies this signature, nevertheless it is **invalid. What is the reason** for this ruling? After all, the court has the agent's testimony with regard to one signature and the confirmation of two witnesses for the second signature.

HALAKHA

It was written in my presence but it was not signed in my presence, etc. – **בְּפָנַי נִכְתַּב אֲבָל לֹא בְּפָנַי נֶחְתַּם וכו׳:** If an agent brings a bill of divorce and says: It was written in my presence but it was not signed in my presence; or: The last half was written in my presence and it was signed entirely in my presence; or: The entire document was written in my presence and it was signed by one witness in my presence, then the bill of divorce is invalid (*Shulḥan Arukh, Even HaEzer* 142:16).

One says: It was written in my presence, etc. – **אֶחָד אוֹמֵר בְּפָנַי נִכְתַּב וכו׳:** If two people bring a bill of divorce and one of them states: It was written in my presence, and the other states: It was signed in my presence, this is insufficient, and the bill of divorce must be ratified like any other legal document. The same *halakha* applies if two people state: It was written in our presence, and a third says: It was signed in my presence. However, if one states: It was written in my presence, and two state: It was signed in our presence, the document is valid, as it has been ratified through its signatures (Rambam *Sefer Nashim, Hilkhot Geirushin* 7:16–16; *Shulḥan Arukh, Even HaEzer* 142:9).

Its first half – **חֶצְיוֹ רִאשׁוֹן:** If part of the first line of a bill of divorce was written in the agent's presence and it was signed entirely in his presence, he can state: It was written in my presence and it was signed in my presence. The *Beit Shmuel* writes that one should be stringent *ab initio* and require the agent to observe the writing of the line in which the names of the man and woman are written (Rambam *Sefer Nashim, Hilkhot Geirushin* 7:12; *Shulḥan Arukh, Even HaEzer* 142:15).

NOTES

One line – **שִׁיטָה אַחַת:** Many early authorities hold that the phrase: One line, is referring to a specific line in the bill of divorce, the essential part of the bill of divorce, where the scribe writes the names of the man and woman and the date (Rashi; Rid; Ritva; Rabbeinu Crescas Vidal). Others include the phrase: You are hereby permitted to any man, in the essential part of the bill of divorce. Provided that this part of the document was written for the sake of the woman, it is not necessary to take care that the remainder of the bill of divorce be written for her sake.

Others maintain that this phrase is referring to the first line of the document. If the agent saw that the scribe began to write the bill of divorce for her sake, it can be assumed that the rest of it was likewise written in the correct manner (*Tosafot* on 5b; Rambam; Rosh). The early commentaries write that when Rav Ashi states on 6a that if the agent hears the sound of the quill this is enough for him to testify that the bill of divorce was written for her sake, he must be referring to the writing of the first part of the bill of divorce (Rashba).

HALAKHA

Is there any, etc. – מִי אִיכָּא מִידֵּי וכו׳: If the agent testified that the bill of divorce was written in his presence and signed by one witness in his presence, and two other people ratify the signature of the second witness, it is a valid bill of divorce, in accordance with the opinion of Rava (Rambam *Sefer Nashim, Hilkhot Geirushin* 7:13; *Shulḥan Arukh, Even HaEzer* 142:16).

או כּוּלּוֹ בְּקִיּוּם הַגֵּט, אוֹ כּוּלּוֹ בְּתַקָּנַת חֲכָמִים.

The Gemara answers: The document must be authenticated **either entirely through** the process of **the ratification of a bill of divorce,** i.e., the bill of divorce must be ratified like any other legal document, by two people attesting to the validity of the signatures of both witnesses, **or it** must be **entirely** ratified **via the rabbinic decree**[N] that the agent is deemed credible when he states: It was written in my presence and it was signed in my presence.

מַתְקִיף לַהּ רָבָא: מִי אִיכָּא מִידֵּי, דְּאִילּוּ אָמַר חַד – כָּשֵׁר, הַשְׁתָּא דְּאִיכָּא תְּרֵי – פָּסוּל?! אֶלָּא אָמַר רָבָא: אֲפִילּוּ

Rava objects to this: Is there any[H] situation in **which if one** person **said** it, the document is **valid,**[N] i.e., if the agent would have attested to the signature of the second witness the bill of divorce would be valid, and **now that there are two** witnesses who attest to the signatures it is **invalid? Rather, Rava says: Even if**

NOTES

Or it must be entirely ratified via the rabbinic decree – אוֹ כּוּלּוֹ בְּתַקָּנַת חֲכָמִים: Some commentaries explain that if the agent is aware that the court will employ additional means to ascertain the authenticity of the bill of divorce, there is a concern that he will not be sufficiently exacting in his testimony (*Tosafot*). Alternatively, the Sages instituted that the agent is deemed credible only when he issues a complete statement (Rabbeinu Crescas Vidal).

Which if one person said it, it is valid, etc. – דְּאִילּוּ אָמַר חַד כָּשֵׁר וכו׳: There are several explanations of this passage. Rashi explains that if the agent of a bill of divorce says: I know it was performed properly, this is sufficient and he is not required to add the declaration: It was written in my presence and it was signed in my presence. If so, why does the fact that two people testify about its signatures detract from the validity of the bill of divorce? Most early commentaries do not agree with Rashi's opinion that saying I know it was performed properly is sufficient, and therefore they suggest other interpretations. According to one opinion, since in this case the Sages accepted one witness although two are usually required, this single witness is deemed credible even when his statement is deficient. Furthermore, as the first witness is required to state that the document was written and signed in his presence, this procedure will not be confused with the ratification of legal documents in general (see Ramban).

Perek **II**
Daf **15** Amud **b**

HALAKHA

Which if he himself would complete his entire statement, etc. – דְּאִילּוּ מַסֵּיק לֵיהּ אִיהוּ וכו׳: If someone brought a bill of divorce and said: All of it was written in my presence but I saw only one witness sign, he can join with another person to testify about the second signature. This ruling is in accordance with the opinion of Rav Ashi (Rambam *Sefer Nashim, Hilkhot Geirushin* 7:13; *Shulḥan Arukh, Even HaEzer* 142:16).

הוּא וְאַחֵר מְעִידִין עַל חֲתִימַת יַד שֵׁנִי – פָּסוּל. מַאי טַעְמָא? אָתוּ לְאִיחְלוּפֵי בְּקִיּוּם שְׁטָרוֹת דְּעָלְמָא, וְקָא נָפֵיק נְכִי רִיבְעָא דְּמָמוֹנָא אַפּוּמָּא דְּחַד סָהֲדָא.

he, i.e., the agent, **and another** person **testify**[N] **with regard to the signature of the second** witness, the bill of divorce is **invalid. What is the reason** for this? Perhaps people **will come to confuse it with the typical** case of **ratification of** legal **documents,**[N] and will rely on one witness who testifies about his own signature and that of the other signatory, while another witness joins with him to testify with regard to the other signature. **And** as a result of this, **the full sum of money, minus a quarter, will be extracted based upon** the testimony **of one witness.** In order to ratify legal documents in general, two witnesses must testify as to the validity of each of the signatures. If the Sages were to allow one witness to testify about his own signature and another witness to join him in testifying about the other signature in the case of a bill of divorce, it may lead to the same method being employed with regard to other legal documents.

מַתְקִיף לַהּ רַב אַשִׁי: מִי אִיכָּא מִידֵּי, דְּאִילּוּ מַסֵּיק לֵיהּ אִיהוּ לְכוּלֵּיהּ דִּיבּוּרָא – כָּשֵׁר, הַשְׁתָּא דְּאִיכָּא חַד בַּהֲדֵיהּ – פָּסוּל?!

Rav Ashi objects to this: Is there any situation in **which if he** himself **would complete his entire statement**[HN] by saying: It was written in my presence and it was signed in my presence, the document would be **valid,** and **now that there is** another **one** who testifies **with him,** the bill of divorce is **invalid?**

NOTES

He and another person testify – הוּא וְאַחֵר מְעִידִין: In other words, the agent testifies that half of the document, i.e., one signature, was signed in his presence. He ratifies the other signature that was not signed in his presence by combining with another witness to testify that they both recognize this signature.

The typical case of ratification of legal documents – קִיּוּם שְׁטָרוֹת דְּעָלְמָא: Although any document signed by two witnesses is valid by Torah law, the Sages decreed that in order to collect money by using a document as proof, one must confirm the signatures by one of three methods: The witnesses themselves can do so; two other individuals can testify that the signatures belong to those witnesses; or the court can compare the signatures with those of the same witnesses that appear on a different document that has already been confirmed.

He would complete his entire statement – מַסֵּיק לֵיהּ אִיהוּ לְכוּלֵּיהּ דִּיבּוּרָא: According to Rashi, the agent for a bill of divorce is not specifically required to say the declaration: It was signed in my presence. Rather, it is sufficient for him to say that he knows that this signature is valid. Therefore, the Gemara asks why his testimony should be invalidated merely because he explains his statement and cites support for it. However, as noted on the previous *amud*, most early commentaries maintain that the agent's testimony that he knows the signatures are valid is not enough. Consequently, they explain that had the agent said: It was written in my presence and it was signed in my presence, his testimony would be valid, and there is no concern that people will mistakenly ratify other legal documents with one witness. This is because he added the unusual formula: It was written in my presence. The same reasoning applies if another person joins with him for part of his testimony, as he still testifies with regard to the writing of the document (see Rashba and Rabbeinu Crescas Vidal).

אֶלָּא אָמַר רַב אַשִׁי: אֲפִילּוּ אוֹמֵר ״אֲנִי הוּא עֵד שֵׁנִי״ – פָּסוּל. מַאי טַעְמָא? אוֹ כּוּלּוֹ בְּקִיּוּם הַגֵּט, אוֹ כּוּלּוֹ בְּתַקָּנַת חֲכָמִים.

Rather, Rav Ashi says that **even** if the agent **says: I am the second witness**[H] who signed the bill of divorce, it is **invalid. What is the reason** for this? A bill of divorce cannot be validated by a combination of two types of credibility. It must be authenticated **either entirely**[N] **through the ratification of the bill of divorce,** in the manner that other documents are ratified, **or** it must be **entirely** ratified **via** the **rabbinic decree,** in which case the testimony of the agent is considered equivalent to that of two people who ratify the signatures.

תְּנַן: ״בְּפָנַי נִכְתַּב כּוּלּוֹ, בְּפָנַי נֶחְתַּם חֶצְיוֹ״ – פָּסוּל. אִידָּךְ חֶצְיוֹ הֵיכִי דָּמֵי? אִילֵימָא דְּלֵיכָּא דְּקָא מַסְהֵיד עֲלֵיהּ כְּלָל, הַשְׁתָּא אֶחָד אוֹמֵר: ״בְּפָנַי נִכְתַּב״, וְאֶחָד אוֹמֵר: ״בְּפָנַי נֶחְתַּם״, דְּהַאי קָמַסְהֵיד אַכּוּלָּהּ כְּתִיבָה וְהַאי קָמַסְהֵיד אַכּוּלָּהּ חֲתִימָה – פָּסוּל, חֶצְיוֹ מִיבַּעְיָא?!

The Gemara cites a proof for this claim: **We learned** in the mishna that if an agent for a bill of divorce said: **All of it was written in my presence** and **half of it was signed in my presence,** this bill of divorce is **invalid.** The Gemara clarifies: **What are the circumstances** with regard to **the other half of** the bill of divorce? **If we say that there is no one who testifies about it at all,** this is problematic: **Now** the mishna taught that if **one** agent **says: It was written in my presence, and one** agent **says: It was signed in my presence,** in **which** case **this** agent **testifies with regard to all the writing and that** agent **testifies with regard to all** the **signing,** it is **invalid.** When the agent testifies that only **half of it** was signed in his presence, **is it necessary** to say that the document is invalid?

אֶלָּא, אוֹ כִּדְרָבָא אוֹ כִּדְרַב אַשִׁי,

Rather, the mishna must be teaching that the bill of divorce is invalid even if there is additional testimony with regard to the second signature. This novelty can be explained **either in accordance with** the opinion **of Rava,** who holds that the agent joins with another person to testify about the second signature, **or in accordance with** the opinion **of Rav Ashi,** who holds that he testifies about his own signature.

וּלְאַפּוֹקֵי מִדְּרַב חִסְדָּא.

The Gemara adds: **And** this is **to exclude** the opinion **of Rav Ḥisda,** who declares that the document is invalid even when there is a full ratification of the second signature. Because the mishna merely alludes to the novelty in this clause, without specifying it, one may infer only the lesser novelty. Since Rav Ḥisda's novelty is greater than that of the other two Sages, had the mishna been taught for that purpose, it should have issued an explicit statement to that effect.

אָמַר לָךְ רַב חִסְדָּא: וּלְטַעְמֵיךְ, ״בְּפָנַי נִכְתַּב אֲבָל לֹא בְּפָנַי נֶחְתַּם״ לָמָּה לִי? אֶלָּא לֹא זוֹ אַף זוֹ קָתָנֵי,

The Gemara rejects this suggestion: **Rav Ḥisda** could have **said to you: And according to your reasoning, why do I** need the ruling of the mishna which states that if the agent said: **It was written in my presence but it was not signed in my presence,** the bill of divorce is invalid? The mishna could simply have stated: If he said: All of it was written in my presence and half of it was signed in my presence, it is invalid. One would have inferred that it is invalid all the more so if one does not testify with regard to the signature at all. **Rather,** one must say that the *tanna* **teaches** the mishna employing the style: **Not** only **this** but **also that,** i.e., each ensuing statement adds something novel.

הָכָא נַמִי – לֹא זוֹ אַף זוֹ קָתָנֵי.

If so, **here too** the *tanna* **teaches** the mishna employing the style: **Not** only **this** but **also that.** In other words, Rav Ḥisda would answer that the above inference, i.e., that the clause dealing with: It was written in my presence but it was not signed in my presence, must be teaching an additional novelty, is incorrect. This is because it is a stylistic feature of the Mishna to teach a less novel case followed by a more novel one, regardless of the fact that had it taught the more novel case first, there would have been no need to mention the less novel case at all. Therefore, there is no need to infer a special, unstated novelty from this clause at all, which means it cannot be cited as proof against Rav Ḥisda's greater novelty.

אָמַר רַב חִסְדָּא: גִּידּוּד חֲמִשָּׁה וּמְחִיצָה חֲמִשָּׁה – אֵין מִצְטָרְפִין, עַד שֶׁיְּהֵא אוֹ כּוּלּוֹ בִּמְחִיצָה אוֹ כּוּלּוֹ בְּגִידּוּד.

§ Tangentially, the Gemara cites a discussion that involves a similar underlying principle. **Rav Ḥisda says,** with regard to Shabbat domains: **An embankment,** i.e., a height disparity between two surfaces, **of five** handbreadths **and** an additional **partition**[B] **of five**[H] handbreadths, **do not join** together to form a partition of ten handbreadths, which is the minimum height for a partition to enclose a private domain. A halakhic partition is regarded as being composed of ten handbreadths **only if it is** composed **entirely of a partition,** e.g., a fence, **or entirely of the embankment,** e.g., a pit or incline.

HALAKHA

I am the second witness – אֲנִי הוּא עֵד שֵׁנִי: If an agent for a bill of divorce testifies that he observed the signing of the document by one witness, while the second signature on the bill of divorce is his, his statement is disregarded and the bill of divorce must be confirmed through verification of its signatures (Rambam *Sefer Nashim, Hilkhot Geirushin* 7:13; *Shulḥan Arukh, Even HaEzer* 142:16).

An embankment of five and a partition of five – גִּידּוּד חֲמִשָּׁה וּמְחִיצָה חֲמִשָּׁה: If there was a mound five handbreadths high or a courtyard five handbreadths higher than the adjacent courtyard, and someone built a partition five handbreadths tall on top of it, then the two barriers join together to form ten handbreadths. This is the *halakha* both with regard to the formation of a ten-handbreadth partition, which creates a private domain, and concerning the separation between two courtyards, so that each would be considered a separate domain (Rambam *Sefer Zemanim, Hilkhot Shabbat* 16:15; *Shulḥan Arukh, Oraḥ Ḥayyim* 362:2, 372:6).

NOTES

It must be either entirely, etc. – אוֹ כּוּלּוֹ וכו׳: The early commentaries ask: Isn't the difficulty that Rav Ashi raises against Rava even more problematic with regard to Rav Ashi's own opinion? After all, if the agent himself signed the document, he could certainly say that it was signed in his presence. For this reason some commentaries explain, in accordance with what is written in the Jerusalem Talmud, that the document is invalid because this agent is affected by his testimony (Rabbeinu Ḥananel; *Tosafot*, citing Rabbeinu Yitzḥak). The early commentaries note that the Gemara here does not mention this reason because one can retort that this agent does not really have a personal involvement in this case, as he does not stand to gain anything. The only interest he has is that he seeks to confirm his previous testimony.

BACKGROUND

Embankment and partition – גִּידּוּד וּמְחִיצָה: The separation between the upper courtyard and the lower courtyard is partly comprised of a real partition and partly formed by the height separating the two courtyards.

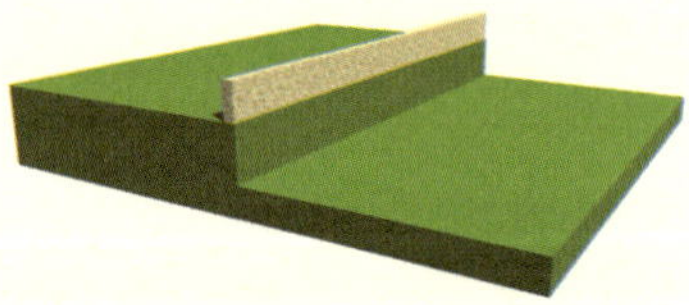

Courtyards separated by an embankment and a partition

דָּרַשׁ מָרֵימָר: גִּידּוּד חֲמִשָּׁה וּמְחִיצָּה חֲמִשָּׁה – מִצְטָרְפִין. וְהִלְכְתָא: מִצְטָרְפִין.

Mareimar taught: An embankment of **five** handbreadths **and a partition** of **five** handbreadths do **join** together to form a partition of ten handbreadths. The Gemara comments: **And the *halakha*** is that **they join** together. Rav Ḥisda's opinion is analogous to the aforementioned case that a bill of divorce must be either entirely upheld by the agent or entirely upheld by the ratification of its signatures, although the *halakha* is ruled differently in the case of Shabbat domains.

בָּעֵי אִילְפָא: יָדַיִם, טְהוֹרוֹת לַחֲצָאִין אוֹ אֵין טְהוֹרוֹת לַחֲצָאִין? הֵיכִי דָּמֵי? אִילֵימָא דְּקָא מָשׁוּ בֵּי תְּרֵי מֵרְבִיעִית, וְהָא תְּנַן: מֵרְבִיעִית נוֹטְלִין לַיָּדַיִם לְאֶחָד וַאֲפִילּוּ לִשְׁנַיִם!

The Gemara cites another case that is based on the same principle. **Ilfa**[P] **raised a dilemma:** With regard to ritual washing, can one's **hands** be **ritually pure in halves, or** can they **not** be **ritually pure in halves?** The Gemara asks: **What are the circumstances** of this case? **If we say that two** people **wash with** the requisite one **quarter-***log* of water, and therefore in actuality each one of them washes with only half of a quarter-*log*, **but didn't we learn** explicitly in a mishna (*Yadayim* 1:1): **With** the amount of **a quarter-***log* **one can wash the hands**[H] **of one** person **and even of two?** A quarter-*log* of water suffices for one person to wash his hands before eating bread, and even two may wash their hands simultaneously with this amount, if they do so in the correct manner.

וְאֶלָּא דְּקָא מָשֵׁי חֲדָא חֲדָא יָדֵיהּ, וְהָתְנַן: הַנּוֹטֵל יָדוֹ אַחַת בִּנְטִילָה וְאַחַת בִּשְׁטִיפָה – יָדָיו טְהוֹרוֹת!

But rather, Ilfa is referring to a case **where** one **washed his** two **hands one by one,** not both hands at the same time. The Gemara asks: **But didn't we learn** in a mishna (*Yadayim* 2:1): With regard to **one who** purifies **one hand by washing** with a vessel **and one** hand **by immersing**[H] it in a river, **his hands are ritually pure?** This mishna indicates that there is no need for both hands to be washed simultaneously.

וְאֶלָּא דְּקָא מָשֵׁי פַּלְגָא פַּלְגָא דְּיָדֵיהּ, וְהָאָמְרִי דְּבֵי רַבִּי יַנַּאי: יָדַיִם אֵין טְהוֹרוֹת לַחֲצָאִין! לָא צְרִיכָא, דְּאִיכָּא מַשְׁקֶה טוֹפֵחַ.

But rather, Ilfa's dilemma refers to a case **where he washes his hand in two halves,** i.e., he first washes one half of his hand and next washes the second half of that same hand. The Gemara asks: **But didn't** the Sages **from the school of Rabbi Yannai say: Hands cannot** be rendered **ritually pure in halves?**[H] If so, one who washes half of his hand and pauses before washing the second half has not performed the act of washing the hands at all. The Gemara answers: **No,** Ilfa's question is **necessary** only for a case **where there is liquid** that is still **moist** on his hand. When one washes the second half of his hand, some moisture remains on the portion of his hand that he already washed, and therefore one might think that this liquid joins with the water with which he washes the second half of his hand.

וְכִי אִיכָּא מַשְׁקֶה טוֹפֵחַ מַאי הָוֵי? וְהָתְנַן:

The Gemara asks: **And when there is liquid** that rendered one's hand **moist, what of it?** Is this a relevant factor? **But didn't we learn** in a mishna (*Teharot* 8:9):

Perek **II**
Daf **16** Amud **a**

הַנִּצּוֹק, וְהַקָּטַפְרֵס, וּמַשְׁקֶה טוֹפֵחַ – אֵינוֹ חִיבּוּר לֹא לְטוּמְאָה וְלֹא לְטָהֳרָה!

A stream of water, **and** water descending **an incline** [***katafres***],[HL] **and liquid** that rendered an item **moist** do **not connect, neither for ritual impurity nor for purity.** These liquids do not connect for impurity, e.g., if impure water is in one place and becomes attached to another source of water pouring from above it, the water above is not considered attached to the impure water and is not rendered impure. They also do not connect for purity, e.g., if two collections of water are attached via the pouring of a stream, they do not join together to form the amount of water necessary to form a valid ritual bath, through which people and items can become ritually pure. If so, liquid that rendered a hand moist should not serve to attach the two halves of one's hand when they are washed.

PERSONALITIES

Ilfa – אִילְפָא: In the Jerusalem Talmud this is Ḥilfei. A first-generation *amora* of Eretz Yisrael, Ilfa was apparently one of the younger students of Rabbi Yehuda HaNasi. He also studied with Rabbi Yehuda HaNasi's prominent students. Years later he became the good friend of Rabbi Yoḥanan, despite the fact that Rabbi Yoḥanan was older. Still later, due to dire economic straits, Ilfa was forced to leave Eretz Yisrael and travel overseas on business. During his absence, Rabbi Yoḥanan was chosen to head the yeshiva in Eretz Yisrael.

Ilfa was famous for his sharp intelligence and the depth of his understanding both in Mishna and in the various collections of *halakhot* that are attributed to the students of Rabbi Yehuda HaNasi. Rabbi Yoḥanan treated him with great respect and even cited Torah statements in his name. The Gemara also relates stories of his righteousness and great piety.

HALAKHA

With the amount of a quarter-*log* one can wash the hands, etc. – מֵרְבִיעִית נוֹטְלִין לַיָּדַיִם וכו׳: One may not wash his hands with less than a quarter-*log* of water. Two people can use a quarter-*log* of water to wash their hands together, provided that there is no pause in the stream. This is the case despite the fact that a full quarter-*log* does not reach the second person, as some of it remains on the first one's hands. Some authorities permit them to wash even one after the other, because there was a quarter-*log* of water when the first person began to wash his hands (Rambam *Sefer Ahava, Hilkhot Berakhot* 6:10 and *Sefer Tahara, Hilkhot Mikvaot* 11:8; *Shulḥan Arukh, Oraḥ Ḥayyim* 160:13).

One hand by washing and one by immersing – יָדוֹ אַחַת בִּנְטִילָה וְאַחַת בִּשְׁטִיפָה: If someone washes one of his hands with water from a vessel and immerses his other hand, his hands are then ritually pure and he recites the blessing: Blessed are You…with regard to the washing of the hands (*Shulḥan Arukh, Oraḥ Ḥayyim* 159:18 and *Magen Avraham* there).

Hands cannot be rendered ritually pure in halves – יָדַיִם אֵין טְהוֹרוֹת לַחֲצָאִין: If one washed part of his hand and afterward washed the other part of the same hand, his hand remains ritually impure, as washing one's hands may not be performed in halves (Rambam *Sefer Tahara, Hilkhot Mikvaot* 11:7; *Shulḥan Arukh, Oraḥ Ḥayyim* 162:3).

HALAKHA

A stream of water and water descending an incline, etc. – הַנִּצּוֹק וְהַקָּטַפְרֵס וכו׳: A stream of water does not connect with other water, neither for the purposes of ritual impurity nor for purity. Similarly, liquid that is on an incline does not join with other liquid on this incline, neither for impurity nor for purity (Rambam *Sefer Tahara, Hilkhot Tumat Okhalin* 7:1, 5).

LANGUAGE

Incline [*katafres*] – קָטַפְרֵס: From the Greek καταφερής, *kataferēs*, meaning incline or slope.

לָא צְרִיכָא, דְּאִיכָּא טוֹפֵחַ לְהַטְפִּיחַ. הָא נַמִי תְּנֵינָא: טוֹפֵחַ לְהַטְפִּיחַ – חִיבּוּר!

The Gemara answers: **No,** this dilemma is **necessary** in a case **where there is** liquid that rendered an item **moist** enough **to render** another item **moist.** In other words, the half of the hand that was washed is not merely slightly moist, it is moist enough to render something else moist. The Gemara asks: **We** already **learned this as well:** With regard to liquid that rendered an item **moist** enough **to render** another item **moist,**[H] it **connects** with other liquid. What, then, is Ilfa's dilemma?

דִּלְמָא לְעִנְיַן מִקְוָאוֹת, וְרַבִּי יְהוּדָה הִיא. דִּתְנַן: מִקְוֶה שֶׁיֵּשׁ בּוֹ אַרְבָּעִים סְאָה מְכוּוָּנוֹת וְיָרְדוּ שְׁנַיִם וְטָבְלוּ (שְׁנֵיהֶם בְּבַת אַחַת – טְהוֹרִים).

The Gemara suggests: **Perhaps** the *halakha* that liquid rendered an item moist enough to render another item moist joins with other liquid is stated only **with regard to the issue of ritual baths, and** this **is** in accordance with the opinion of **Rabbi Yehuda. As we learned** in a mishna (*Mikvaot* 7:6): In the case of **a ritual bath that contains precisely forty** ***se'a***[HB] of water, **and two** people **descended and immersed** in it, if **both of them** immersed **at the same time they are ritually pure.**

בָּזֶה אַחַר זֶה – רִאשׁוֹן טָהוֹר, וְהַשֵּׁנִי טָמֵא.

If they immersed **sequentially,** then the **first** person is **ritually pure,** as he immersed in a ritual bath that contains the requisite amount of water, **but the second** person is **impure,** because some of the water must certainly have clung to the first individual as he left the ritual bath. Consequently, after the first person's immersion the ritual bath contained slightly less than the requisite forty *se'a* of water.

רַבִּי יְהוּדָה אוֹמֵר: אִם הָיוּ רַגְלָיו שֶׁל רִאשׁוֹן נוֹגְעוֹת בַּמַּיִם – אַף הַשֵּׁנִי טָהוֹר.

Rabbi Yehuda says: If the **first** person's **feet were** still **touching the water** in the ritual bath when the second person immersed, then **the second** person is **also ritually pure.** According to the opinion of Rabbi Yehuda, the water left on the body of the person who has immersed connects with the water in the ritual bath to constitute the requisite amount of water. Clearly, in Rabbi Yehuda's opinion, liquid that rendered an item moist enough to render another item moist joins together with other liquid. However, this *halakha* was stated only with regard to a ritual bath. It remains unclear whether liquid that rendered an item moist enough to render another item moist joins with the water used to wash the second half of one's hand. Perhaps this is the dilemma raised by Ilfa.

אָמַר רַבִּי יִרְמְיָה, הֲרֵי אָמְרוּ: הַבָּא רֹאשׁוֹ וְרוּבּוֹ בְּמַיִם שְׁאוּבִין, וְטָהוֹר שֶׁנָּפְלוּ עַל רֹאשׁוֹ וְעַל רוּבּוֹ שְׁלֹשָׁה לוּגִּין מַיִם שְׁאוּבִין – טָמֵא. בָּעֵי רַבִּי יִרְמְיָה: חֶצְיוֹ בְּבִיאָה וְחֶצְיוֹ בִּנְפִילָה, מַאי? תֵּיקוּ.

The Gemara cites another question with regard to this issue. **Rabbi Yirmeya says: They said** in a mishna (*Zavim* 5:12): In the case of **one whose head and most of his** body **enter**[N] into **drawn water**[H] after he immersed himself in a ritual bath to purify himself, **and a ritually pure person** concerning **whom three** ***log*** **of drawn water fell on his head and most of his** body, both of these people are **ritually impure.** With regard to this mishna, **Rabbi Yirmeya raises a dilemma: If half** of a person became purified **by entering**[H] into drawn water **and half of him** became purified **by** having water **fall** on him, **what** is the *halakha*? Do these acts join together to render him ritually impure or not? No answer is found, and therefore the Gemara says that the dilemma **shall stand** unresolved.

BACKGROUND

Forty *se'a* – אַרְבָּעִים סְאָה: A *se'a* is one-thirtieth of a *ḥomer*, the equivalent of 144 egg-bulks. Forty *se'a* is the equivalent of 5,760 egg-bulks. This is the minimum amount of water required for a ritual bath. A container large enough to hold forty *se'a* or more is no longer classified as a utensil but as a building of sorts. This has ramifications in areas such as ritual impurity and prohibited labor on Shabbat. The quantity of forty *se'a* is the basis of all modern calculations of the various measures of volume. The Talmud states that the dimensions of a ritual bath must be three cubits by one cubit by one cubit, and that its volume must be forty *se'a*. Consequently, according to the standard method of converting talmudic measurements of Rabbi Ḥayyim Na'e, a ritual bath must contain 332 ℓ of water, while according to the Ḥazon Ish it must contain 573 ℓ.

NOTES

One whose head and most of his body enter, etc. – הַבָּא רֹאשׁוֹ וְרוּבּוֹ וכו׳: Drawn water cannot be used to fill a ritual bath, at least by rabbinic law. Nevertheless, according to the basic *halakha*, entering into drawn water renders one ritually impure only if the water itself is impure. However, the Sages instituted a special decree in this case because the ritual baths used for purity were collections of rain water that became infested or had unpleasant smells. Therefore, it was common for people to pour clean, drawn water over their bodies to cleanse themselves after the immersion. Over time, the Sages became concerned that people would think that the main element of the purification was not the immersion but the water poured over oneself afterward, and they would stop immersing entirely. Consequently, they decreed that anyone who pours drawn water on himself will be considered impure with regard to *teruma*.

HALAKHA

Moist enough to render another item moist – טוֹפֵחַ לְהַטְפִּיחַ: If someone washes part of his hand and subsequently washes the second part of his hand, the washing is invalid. However, if the first part of his hand was rendered moist enough to render another item moist, his hand is ritually pure. This is because although Ilfa's question is left unresolved by the Gemara, it is an uncertainty concerning the rabbinic decree of the washing of the hands, and the *halakha* is lenient in cases of this kind (*Kesef Mishne*). The *Magen Avraham* claims that this *halakha* applies only after the fact, but one should not rely upon it *ab initio* (Rambam *Sefer Tahara, Hilkhot Mikvaot* 11:7; *Shulḥan Arukh, Oraḥ Ḥayyim* 162:3).

That contains precisely forty *se'a* – שֶׁיֵּשׁ בּוֹ אַרְבָּעִים סְאָה מְכוּוָּנוֹת: If two people immersed themselves one right after the other in a ritual bath that contains precisely forty *se'a*, even if the second person immersed when the first person's feet were still touching the water, the second individual is not purified. This is because the first person caused the water inside the ritual bath to be slightly less than forty *se'a*, as stated by the unattributed opinion in the mishna (Rambam *Sefer Tahara, Hilkhot Mikvaot* 8:12; *Shulḥan Arukh, Oraḥ Ḥayyim* 201:62).

One whose head and most of his body enter into drawn water – הַבָּא רֹאשׁוֹ וְרוּבּוֹ בְּמַיִם שְׁאוּבִין: Anyone who underwent immersion and afterward three *log* of drawn water were poured on his head and most of his body, or who immersed his head and most of his body in drawn water, is impure by second degree ritual impurity status until he immerses himself (Rambam *Sefer Tahara, Hilkhot Avot HaTumot* 9:1).

Half of a person became purified by entering, etc. – חֶצְיוֹ בְּבִיאָה וכו׳: If a person immerses half of himself with drawn water and drawn water is poured on his other half, he is pure. The *halakha* is lenient with regard to this unresolved question because it is an uncertainty involving rabbinic law (Rambam *Sefer Tahara, Hilkhot Avot HaTumot* 9:3).

HALAKHA

Half of him by immersion, etc. – חֶצְיוֹ בִּטְבִילָה וכו׳: If a man who experienced a seminal emission immersed half of himself in a ritual bath and had nine *kav* of water poured over his other half, he has fulfilled his obligation to purify himself, as the *halakha* is lenient with regard to rabbinic law (*Beit Yosef, Oraḥ Ḥayyim* 88; *Magen Avraham, Oraḥ Ḥayyim* 606:9).

However if the bill of divorce was produced by both of them, etc. – אֲבָל גֵּט יוֹצֵא מִתַּחַת יְדֵי שְׁנֵיהֶם וכו׳: If a husband sends two agents to deliver a bill of divorce, the document is valid even if it was not written in their presence. This *halakha* applies only if the bill of divorce is produced by both of them, although it is not necessary for them to be holding it together. *Tosafot* and the Ramah say that even if one person delivers it and the second agent says that the husband gave this bill of divorce to the first agent in the second agent's presence and instructed the first agent to deliver it, the divorce is valid (Rambam *Sefer Nashim, Hilkhot Geirushin* 7:14–15; *Shulḥan Arukh, Even HaEzer* 142:18).

אָמַר רַב פַּפָּא, הֲרֵי אָמְרוּ: בַּעַל קֶרִי חוֹלֶה שֶׁנָּתְנוּ עָלָיו תִּשְׁעָה קַבִּין מַיִם – טָהוֹר. בָּעֵי רַב פַּפָּא: חֶצְיוֹ בִּטְבִילָה וְחֶצְיוֹ בִּנְתִינָה, מַאי? תֵּיקוּ.

Similarly, **Rav Pappa says: They said** in a mishna (*Mikvaot* 3:4): In the case of **a sick** person **who experienced a seminal emission,**[B] **who had nine** ***kav*** **of** drawn **water poured over him,** this is sufficient to render him **ritually pure.** He need not immerse himself in a ritual bath. **Rav Pappa raises a dilemma:** If **half of him** is purified **by immersion**[H] **and half of him through** this act of **pouring, what** is the *halakha*? No answer is found for this dilemma either, and the Gemara says that it **shall stand** unresolved.

״אֶחָד אוֹמֵר בְּפָנַי נִכְתַּב, וְאֶחָד אוֹמֵר כו׳״. אָמַר רַב שְׁמוּאֵל בַּר יְהוּדָה אָמַר רַבִּי יוֹחָנָן: לֹא שָׁנוּ אֶלָּא שֶׁאֵין הַגֵּט יוֹצֵא מִתַּחַת יְדֵי שְׁנֵיהֶם, אֲבָל גֵּט יוֹצֵא מִתַּחַת יְדֵי שְׁנֵיהֶם,

§ The mishna taught that if **one says: It was written in my presence, and one says:** It was signed in my presence, the bill of divorce is invalid. **Rav Shmuel bar Yehuda says** that **Rabbi Yoḥanan says: They taught** that the document is invalid **only if the bill of divorce** was **not produced by both of them** in court. In other words, this *halakha* applies only if they were not both agents for bringing this bill of divorce. Rather, one of them alone fulfilled this role and he did not say: It was written in my presence and it was signed in my presence, in accordance with the rabbinic decree. **However,** if the **bill of divorce** was **produced by both of them,**[H]

BACKGROUND

A person who experienced a seminal emission – בַּעַל קֶרִי: When an individual experiences a seminal emission, whether involuntarily, intentionally, or during sexual intercourse, he becomes ritually impure. To purify himself he must immerse in a ritual bath, and after nightfall on the day of his immersion he becomes ritually pure (see Leviticus 15:16–18). While ritually impure, he is prohibited from entering the Temple Mount and from coming into contact with various sacred items, e.g., *teruma*. Ezra instituted an ordinance that one who experienced a seminal emission is prohibited from engaging in Torah study, praying, and reciting *Shema* until he immerses himself. However, in subsequent generations that ordinance was repealed, and one who experienced a seminal emission was permitted to engage in all those activities without immersion or even having nine *kav* of water poured over him. This remains the prevalent custom among many.

Perek **II**
Daf **16** Amud **b**

NOTES

Two who brought a bill of divorce from a country overseas are not required, etc. – שְׁנַיִם שֶׁהֵבִיאוּ גֵּט מִמְּדִינַת הַיָּם אֵין צְרִיכִין וכו׳: *Tosafot* explain that even according to the opinion that this declaration is required because people are not expert in writing a bill of divorce for her sake, when two people bring the document they do not have to say it. This is because it is rare for two to bring it together, and the Sages did not apply their decrees to unusual cases. Alternatively, the main reason why two people who bring a bill of divorce are not required to state the declaration is because they are deemed credible when they say that it was the husband who sent them (Rashba). This is inferred from the fact that they are deemed credible if they say: She was divorced in our presence. However, this is not the case when the witness comes with another person who is neither an agent nor a witness to the agency, as in that situation they cannot say: She was divorced in our presence (see Rid and Meiri).

HALAKHA

Two say: It was written in our presence, etc. – שְׁנַיִם אוֹמְרִים בְּפָנֵינוּ נִכְתַּב וכו׳: Even in a case where two people said: It was written in our presence, and one said: It was signed in my presence, if the bill of divorce was not produced by both of them, i.e., only one of them is the agent, the document should not be given to the woman until it has been ratified through its signatures (Rambam *Sefer Nashim, Hilkhot Geirushin* 7:15; *Shulḥan Arukh, Even HaEzer* 142:19).

כָּשֵׁר. אַלְמָא קָסָבַר: שְׁנַיִם שֶׁהֵבִיאוּ גֵּט מִמְּדִינַת הַיָּם, אֵין צְרִיכִין שֶׁיֹּאמְרוּ: ״בְּפָנֵינוּ נִכְתַּב וּבְפָנֵינוּ נֶחְתַּם״.

it is **valid.** The Gemara comments: **Apparently,** Rabbi Yoḥanan **holds** that **two** people **who brought a bill of divorce from a country overseas are not required**[N] **to say: It was written in our presence and it was signed in our presence.**

אֲמַר לֵיהּ אַבָּיֵי: אֶלָּא מֵעַתָּה, סֵיפָא דְּקָתָנֵי: שְׁנַיִם אוֹמְרִים: ״בְּפָנֵינוּ נִכְתַּב״, וְאֶחָד אוֹמֵר: ״בְּפָנַי נֶחְתַּם״ – פָּסוּל, וְרַבִּי יְהוּדָה מַכְשִׁיר.

Abaye said to Rav Shmuel bar Yehuda: **If that is so,** if the mishna is referring specifically to a case where the document was not produced by both of them, consider **the latter clause** of the mishna, **which teaches:** If **two** people **say: It was written in our presence,**[H] **and one** person **says: It was signed in my presence,** it is **invalid, and Rabbi Yehuda deems** it **valid.**

טַעְמָא דְּאֵין הַגֵּט יוֹצֵא מִתַּחַת יְדֵי שְׁנֵיהֶם, הָא גֵּט יוֹצֵא מִתַּחַת יְדֵי שְׁנֵיהֶם – מַכְשְׁרִי רַבָּנַן? אֲמַר לֵיהּ: אִין.

The Gemara infers: **The reason** this document is invalid is specifically due to the fact **that the bill of divorce was not produced by both of them,** but if the **bill of divorce was produced by both of them would the Rabbis deem** it **valid?** Rav Shmuel bar Yehuda **said to** Abaye: **Yes,** the Rabbis would deem this bill of divorce valid.

וְכִי אֵין גֵּט יוֹצֵא מִתַּחַת יְדֵי שְׁנֵיהֶם בְּמַאי פְּלִיגִי? מָר סָבַר: גָּזְרִינַן דִּלְמָא אָתְיָא לְאִיחְלוּפֵי בְּקִיּוּם שְׁטָרוֹת דְּעָלְמָא בְּעֵד אֶחָד, וּמָר סָבַר: לָא גָּזְרִינַן.

The Gemara asks: **And** in a case **where the bill of divorce was not produced by both of them, with regard to what** underlying principle **do they disagree?** The Gemara explains: One **Sage,** the Rabbis, **holds:** The Sages **decree** that it is invalid **lest** people **will come to confuse** this case **with the typical** situation of **ratification of** legal **documents.** In other words, they will think it is possible to ratify other documents by the testimony **of one witness. And** one **Sage,** Rabbi Yehuda, **holds** that the Sages **do not decree** that it is invalid for this reason.

לִישָּׁנָא אַחֲרִינָא אָמְרִי לַהּ, אָמַר רַב שְׁמוּאֵל בַּר יְהוּדָה אָמַר רַבִּי יוֹחָנָן: אֲפִילּוּ גֵּט יוֹצֵא מִתַּחַת יְדֵי שְׁנֵיהֶם – פָּסוּל. אַלְמָא קָסָבַר: שְׁנַיִם שֶׁהֵבִיאוּ גֵּט מִמְּדִינַת הַיָּם, צְרִיכִין שֶׁיֹּאמְרוּ: ״בְּפָנֵינוּ נִכְתַּב וּבְפָנֵינוּ נֶחְתַּם״.

Some say another version of this discussion: **Rav Shmuel bar Yehuda says that Rabbi Yoḥanan says: Even a bill of divorce produced by both of them is invalid.** The Gemara comments: **Apparently,** Rabbi Yoḥanan **holds** that if **two** people **brought a bill of divorce from a country overseas they are required to say: It was written in our presence and it was signed in our presence.**

אָמַר לֵיהּ אַבָּיֵי: אֶלָּא מֵעַתָּה, סֵיפָא דְּקָתָנֵי: שְׁנַיִם אוֹמְרִים: ״בְּפָנֵינוּ נִכְתַּב״, וְאֶחָד אוֹמֵר: ״בְּפָנַי נֶחְתַּם״ – פָּסוּל, וְרַבִּי יְהוּדָה מַכְשִׁיר. אֲפִילּוּ גֵּט יוֹצֵא מִתַּחַת יְדֵי שְׁנֵיהֶם פָּסְלִי רַבָּנַן? אָמַר לֵיהּ: אִין.

Abaye said to him: If that is so, consider **the latter clause** of the mishna, **which teaches: If two** people **say: It was written in our presence, and one** person **says: It was signed in my presence,** then the document is **invalid. And Rabbi Yehuda deems** it **valid.** Is it true to say that **even** when **the bill of divorce was produced by both of them the Rabbis deem** it **invalid?** Rav Shmuel bar Yehuda **said to him: Yes.**

בְּמַאי קָא מִיפַּלְגִי? מָר סָבַר: לְפִי שֶׁאֵין בְּקִיאִין לִשְׁמָהּ, וּמָר סָבַר: לְפִי שֶׁאֵין עֵדִים מְצוּיִין לְקַיְּימוֹ.

The Gemara asks: **With regard to what** principle **do** the *tanna'im* **disagree?**[N] The Gemara answers: One **Sage,** the Rabbis, **holds** that the reason for the declaration: It was written in my presence and it was signed in my presence, is **because** the people who live overseas **are not experts** in writing a bill of divorce **for her sake.**[N] Consequently, it is necessary for them to testify about both the writing and the signing for her sake, in accordance with the rabbinic decree, even when two people bring the bill of divorce. **And** one **Sage,** Rabbi Yehuda, **holds** that the reason for the declaration is **because there are no witnesses available to ratify it,** and when two people bring a bill of divorce there are people available to ratify it, and therefore the declaration is unnecessary.

לֵימָא, דְּרַבָּה וְרָבָא תַּנָּאֵי הִיא! לָא. רָבָא מְתָרֵץ כְּלִישָּׁנָא קַמָּא.

The Gemara asks: If so, **shall we say** that the disagreement **of Rabba and Rava** with regard to the two reasons for the declaration **is** a dispute between ***tanna'im?*** The Gemara rejects this suggestion: **No,** as **Rava resolves** this issue and explains it **in accordance with the first version,** that the Rabbis agree that two people who bring a bill of divorce are not required to say: It was written in our presence and it was signed in our presence. Consequently, it is possible that both opinions concur that an agent is required to say: It was written in my presence and it was signed in my presence, so that witnesses will be available to ratify it.

וְרַבָּה אָמַר לָךְ: דְּכוּלֵּי עָלְמָא בָּעֵינַן לִשְׁמָהּ, וְהָכָא בְּמַאי עָסְקִינַן – לְאַחַר שֶׁלָּמְדוּ,

And Rabba could have **said to you,** in accordance with the second formulation of Rabbi Yoḥanan's statement, i.e., two people who bring a bill of divorce are also required to say: It was written in our presence and it was signed in our presence, **that everyone** agrees that **we require** them to issue the declaration because people are not experts in the *halakha* that it must be written **for her sake. And with what are we dealing here?** We are dealing with the period **after they learned** to write a bill of divorce for her sake even overseas.

וּבִגְזֵירָה שֶׁמָּא יַחֲזוֹר הַדָּבָר לְקִלְקוּלוֹ קָמִיפַּלְגִי, דְּמָר סָבַר: גָּזְרִינַן, וּמָר סָבַר: לָא גָּזְרִינַן.

And they disagree with regard to whether there is a rabbinic **decree** that the bill of divorce is invalid **lest the matter return to its corrupt state,** i.e., the residents overseas will forget that a bill of divorce must be written for the woman's sake. **As one Sage,** the Rabbis, **holds:** The Sages **decree** that it is invalid for this reason, and therefore the declaration is still required even after they learned. **And one Sage,** Rabbi Yehuda, **holds:** The Sages **do not decree** that it is invalid lest they forget the *halakha*.

וְלִיפְלוֹג נַמִי רַבִּי יְהוּדָה בְּרֵישָׁא! הָא אִתְּמַר עֲלַהּ, אָמַר עוּלָּא: חָלוּק הָיָה רַבִּי יְהוּדָה אַף בָּרִאשׁוֹנָה.

The Gemara asks: **But** if so, **let Rabbi Yehuda disagree also with regard to the first clause** of the mishna, concerning the case where one agent says: It was written in my presence, and the other agent says: It was signed in my presence. Why does he disagree only about a case where two say that the document was written in their presence? The Gemara answers: Rabbi Yehuda disagrees even with regard to the first clause, as **it was** already **stated with regard to** the mishna that **Ulla said: Rabbi Yehuda was in disagreement even with regard to the first clause.**

NOTES

With regard to what do they disagree – בְּמַאי קָא מִיפַּלְגִי: The commentaries note that the Gemara did not explain here, as it did in the first version of the discussion that it cited, that the *tanna'im* disagree as to whether the Sages issued a decree lest this case be confused with the ratification of typical legal documents. This is because, according to the first version, one could plausibly maintain that Rabbi Yehuda is not concerned that people will confuse this case with ratification of typical legal documents, as the person who attests to the signing is deemed credible by himself, while two are required to testify about the writing of the document. Consequently, Rabbi Yehuda maintains that it is obvious the witness is deemed credible about the signing only because he is the designated agent.

However, according to the second version of the discussion cited in the Gemara, where two people bring the document, one of whom refers to the writing while the other speaks about the signing, there is no proof that this is a special case, as the witness who testifies about the writing is also a designated agent. Therefore, there is no justification for saying that Rabbi Yehuda was not concerned that people might confuse this case with the ratification of typical legal documents (*Tosafot*).

Experts in writing a bill of divorce for her sake – בְּקִיאִין לִשְׁמָהּ: A bill of divorce that was written for the sake of one woman cannot be used in the divorce proceedings of another couple. This restriction applies even if the names of the women, their husbands, and their places of residence are the same, because a bill of divorce must be written for the sake of a particular woman, in accordance with the phrase: "And he writes her a scroll of severance" (Deuteronomy 24:1). According to the Rambam, a bill of divorce must also be written for the sake of a particular man.

מתיב רב אושעיא לעולא: רבי יהודה מכשיר בזו ולא באחרת. מאי לאו למעוטי אחד אומר: "בפני נכתב", ואחד אומר: "בפני נחתם"?

Rav Oshaya raises an objection to the opinion of Ulla from the following *baraita* (*Tosefta* 2:2): Rabbi Yehuda deems the bill of divorce valid in this case but not in another case. What, is it not correct to say that this serves to exclude a case where one says: It was written in my presence, and one says: It was signed in my presence?

לא, למעוטי "בפני נחתם אבל לא בפני נכתב". סלקא דעתך אמינא, הואיל ולא גזר רבי יהודה גזירה שמא יחזור דבר לקלקולו – דלמא אתי לאחלופי בקיום שטרות דעלמא בעד אחד נמי לא גזר, קא משמע לן.

The Gemara rejects this suggestion: No, this serves to exclude a case where only one witness testified: It was signed in my presence but it was not written in my presence. The Gemara asks: Why is it necessary to exclude this case? It might enter your mind to say: Since Rabbi Yehuda did not issue a rabbinic decree that it is invalid lest the matter return to its corrupt state, perhaps he also did not decree that it is invalid lest people will come to confuse this case with the typical situation of ratification of legal documents, which cannot be performed with one witness. Consequently, the *baraita* teaches us that although Rabbi Yehuda is not concerned about people forgetting the *halakha* and therefore holds that there is no longer any reason to be worried about the document not being written for her sake *ab initio*, nevertheless he is still concerned that a bill of divorce might be confused with other legal documents.

איתמר נמי, אמר רב יהודה: שנים שהביאו גט ממדינת הים, באנו למחלוקת רבי יהודה ורבנן.

It was also stated, similar to Rabbi Yoḥanan's statement, but in the name of a different *amora*, that Rav Yehuda says: With regard to two people who brought a bill of divorce from a country overseas, we have arrived at the dispute between Rabbi Yehuda and the Rabbis.

רבה בר בר חנה חלש, עול לגביה רב יהודה ורבה לשיולי ביה. בעו מיניה: שנים שהביאו גט ממדינת הים, צריכין שיאמרו "בפנינו נכתב ובפנינו נחתם" או אין צריכין? אמר להם: אין צריכין. מה אילו יאמרו "בפנינו גירשה" מי לא מהימני? אדהכי אתא ההוא

§ The Gemara relates: Rabba bar bar Ḥana[P] was weak, and Rav Yehuda and Rabba entered to visit him and to inquire about his well-being. While they were there, they raised a dilemma before him: With regard to two people who brought a bill of divorce from a country overseas, are they required to say: It was written in our presence and it was signed in our presence, or are they not required to issue this declaration? He said to them: They are not required to say it, for the following reason: What if they said: She was divorced in our presence,[N] wouldn't they be deemed credible? Therefore, they do not have to state the declaration. In the meantime, while they were sitting there, in came a certain

חברא, שקלה לשרגא מקמייהו, אמר: רחמנא! או בטולך או בטולא דבר עשו.

Persian priest [*ḥabbara*][LB] and took the lamp [*sheragga*][L] from before them. It was a Persian holiday on which the Persians prohibited the public from maintaining light outside their temple. Rabba, who was from Eretz Yisrael, said: Merciful One! Let us live either in Your shadow or in the shadow of the descendants of Esau, the Romans.

PERSONALITIES

Rabba bar bar Ḥana – רבה בר בר חנה: Rabba bar bar Ḥana was a second-generation *amora* who traveled from Babylonia to Eretz Yisrael, where he became a student of Rabbi Yoḥanan. Later in life he returned to Babylonia and studied in both Pumbedita and Sura. Upon his return, he refrained from attending the lectures of Rav Yehuda. However, after being forced to attend under threat of excommunication, he impressed Rav Yehuda with his knowledge of Rabbi Yoḥanan's opinions.

Rabba bar bar Ḥana is well-known for his recounting of his many fascinating experiences traveling the world, both over the sea and through the desert. Some of his tales involve important places in Jewish history, e.g., Mount Sinai and the place where Korah and his followers were swallowed by the ground. Others consist of fantastic experiences he had, such as landing his boat on what he thought was a small island but which turned out to be a large sea creature. There is extensive literature that explains these stories in an allegorical manner.

Apparently, the incident in the Gemara here involved a Zoroastrian priest of the Sassanid Empire. Because of the persecution of the Babylonian Jews by the Sassanids, Rabba bar bar Ḥana resolved to return to Eretz Yisrael (see *Pesaḥim* 51a). It is unclear whether he actually did so.

NOTES

If they said: She was divorced in our presence – אילו יאמרו בפנינו גירשה: By the same token, since they say that the husband himself appointed them agents to deliver the bill of divorce, this is proof that the husband wrote it and had witnesses sign it. Consequently, he can no longer contest its validity (Rid).

Perek **II**
Daf **17** Amud **a**

LANGUAGE

Persian priest [*habbara*] – חברא: This Jewish name for Zoroastrian priest apparently derives from the Torah's description of charmers, "*ḥover ḥaver*" (Deuteronomy 18:11), reflecting a common perception that these priests were involved in magical rituals.

Lamp [*sheragga*] – שרגא: Derived from Iranian, this word was incorporated into several Aramaic dialects. The form of the word in Middle Persian is čirāγ, which means a lamp.

BACKGROUND

Persian priest [*ḥabbara*] – חברא: *Ḥabbarim* is the talmudic term for Zoroastrian priests, of the religion of Persia, also called *Amgoshim* or Magi. They apparently came from a Median tribe and were later granted the role of priests. They also dealt heavily in magic. Some say that this is the source of the term *ḥabbrei*, meaning magicians.

When the Parthian Empire controlled Babylonia, the *ḥabbarei*, historically a small, distinct tribe, were not very important. However, with the rise of the Sassanid Dynasty to power in Persia, at the beginning of the amoraic period in Babylonia, they achieved a powerful status. At certain times they persecuted members of other religions.

לְמֵימְרָא, דְּרוֹמָאֵי מַעֲלוּ מִפָּרְסָאֵי? וְהָתָנֵי רַבִּי חִיָּיא: מַאי דִּכְתִיב: ״אֱלֹהִים הֵבִין דַּרְכָּהּ וְהוּא יָדַע אֶת מְקוֹמָהּ״? יוֹדֵעַ הַקָּדוֹשׁ בָּרוּךְ הוּא בְּיִשְׂרָאֵל שֶׁאֵין יְכוֹלִין לְקַבֵּל גְּזֵירַת רוֹמִיִּים, עָמַד וְהֶגְלָה אוֹתָם לְבָבֶל!

The Gemara asks: **Is this to say that the Romans are preferable to the Persians?**[B] **But didn't Rabbi Ḥiyya teach: What** is the meaning of that **which is written: "God understands its way and He knows its place"** (Job 28:23)? This means that **the Holy One, Blessed be He, knows with regard to the Jewish people that they are unable to accept** and live under **Roman decrees,** and therefore **He arose and exiled them to Babylonia.** This indicates that living under Babylonian rule is preferable to living under Roman rule.

לָא קַשְׁיָא: הָא מִקַּמֵּי דְּנֵיתוּ חַבָּרֵי לְבָבֶל, הָא לְבָתַר דְּאָתוּ חַבָּרֵי לְבָבֶל.

The Gemara explains: This is **not difficult,** as **this** interpretation of Rabbi Ḥiyya refers to the period **before the Persians reached Babylonia,** when life there was very comfortable. **That** statement of Rabba was issued **after the Persians reached Babylonia,** when the situation changed and living there became more difficult.

״אֶחָד אוֹמֵר: בְּפָנַי נִכְתַּב, וּשְׁנַיִם אוֹמְרִים: בְּפָנֵינוּ נֶחְתַּם – כָּשֵׁר״. אָמַר רַבִּי אַמִי אָמַר רַבִּי יוֹחָנָן: לֹא שָׁנוּ אֶלָּא שֶׁהַגֵּט יוֹצֵא מִתַּחַת יַד עֵד כְּתִיבָה, דְּנַעֲשׂוּ כִּשְׁנַיִם עַל זֶה וְכִשְׁנַיִם עַל זֶה, אֲבָל מִתַּחַת יְדֵי עֵדֵי חֲתִימָה – פָּסוּל.

§ The mishna taught that if **one** person **says: It was written in my presence, and two say: It was signed in our presence,** it is **valid. Rabbi Ami says** that **Rabbi Yoḥanan says: They taught** that the document is valid **only when the bill of divorce is produced by the witness** to the **writing,** i.e., the one who observed the writing is the agent of the bill of divorce, **as they become as two** witnesses **for this** act, the writing, **and two for that** act, the signing. The agent for the bill of divorce is considered like two witnesses when he testifies with regard to the writing. **However,** if the bill of divorce **was produced by** the **signatory witnesses** it is **invalid.** This is because only one witness, who is not an agent for the bill of divorce, testifies with regard to its writing.

אַלְמָא קָסָבַר: שְׁנַיִם שֶׁהֵבִיאוּ גֵּט מִמְּדִינַת הַיָּם, צְרִיכִין שֶׁיֹּאמְרוּ: ״בְּפָנֵינוּ נִכְתַּב וּבְפָנֵינוּ נֶחְתַּם״. אֲמַר לֵיהּ רַבִּי אַסִי: אֶלָּא מֵעַתָּה, רֵישָׁא דְּקָתָנֵי: שְׁנַיִם אוֹמְרִים: ״בְּפָנֵינוּ נִכְתַּב״, וְאֶחָד אוֹמֵר: ״בְּפָנַי נֶחְתַּם״ – פָּסוּל, וְרַבִּי יְהוּדָה מַכְשִׁיר. וַאֲפִילּוּ גֵּט יוֹצֵא מִתַּחַת יְדֵי שְׁנֵיהֶם פָּסְלִי רַבָּנַן? אֲמַר לֵיהּ: אִין.

The Gemara comments: **Apparently,** Rabbi Yoḥanan **holds** that **two people who brought a bill of divorce from a country overseas are required to say: It was written in our presence and it was signed in our presence,** and if they do not state this declaration the bill of divorce is invalid. **Rabbi Asi said to** Rabbi Ami: **If that is so,** how do you explain **the first clause** of the mishna, **which teaches:** If **two** people **say: It was written in our presence, and one says: It was signed in my presence,** then it is **invalid, and Rabbi Yehuda deems** it **valid? But do the Rabbis invalidate** the document **even** when the **bill of divorce is produced by both of them?** Rabbi Ami **said to him: Yes.**

זִימְנִין אַשְׁכְּחֵיהּ דְּיָתֵיב וְקָאָמַר, דַּאֲפִילּוּ גֵּט יוֹצֵא מִתַּחַת יְדֵי עֵדֵי חֲתִימָה – כָּשֵׁר. אַלְמָא קָסָבַר: שְׁנַיִם שֶׁהֵבִיאוּ גֵּט מִמְּדִינַת הַיָּם, אֵין צְרִיכִין שֶׁיֹּאמְרוּ: ״בְּפָנֵינוּ נִכְתַּב וּבְפָנֵינוּ נֶחְתַּם״.

The Gemara relates: Another **time** Rabbi Asi **found** Rabbi Ami **sitting and saying that even** if the **bill of divorce is produced**[N] **by the signatory witnesses it is valid.** The Gemara notes: **Apparently,** Rabbi Yoḥanan, in whose name Rabbi Ami stated this *halakha*, **holds** that in the case of **two people who brought a bill of divorce from a country overseas, they are not required to say: It was written in our presence and it was signed in our presence.**

אֲמַר לֵיהּ רַבִּי אַסִי: אֶלָּא מֵעַתָּה, רֵישָׁא דְּקָתָנֵי: שְׁנַיִם אוֹמְרִים: ״בְּפָנֵינוּ נִכְתַּב״, וְאֶחָד אוֹמֵר: ״בְּפָנַי נֶחְתַּם״ – פָּסוּל, וְרַבִּי יְהוּדָה מַכְשִׁיר. טַעְמָא דְּאֵין הַגֵּט יוֹצֵא מִתַּחַת יְדֵי שְׁנֵיהֶם, הָא גֵּט יוֹצֵא מִתַּחַת יְדֵי שְׁנֵיהֶם – מַכְשְׁרִי רַבָּנַן?

Rabbi Asi said to him: However, if that is so, how do you explain **the first clause** of the mishna, **which teaches:** If **two** people **say: It was written in our presence, and one says: It was signed in my presence,** it is **invalid, and Rabbi Yehuda deems** it **valid?** The Gemara elaborates: **The reason** it is valid is **that the bill of divorce is not produced by both of them,** from which it may be inferred that if the **bill of divorce is produced by both of them**[H] **the Sages** would **deem it valid.**

אֲמַר לֵיהּ: אִין. וְהָא זִמְנִין לָא אָמַרְתְּ לַן הָכִי! אֲמַר לֵיהּ: ״יָתֵד הִיא שֶׁלֹּא תִּמּוֹט״.

Rabbi Ami **said to him: Yes.** Rabbi Asi replied: **But the other time you did not say this to us.** You issued a ruling that indicated the opposite conclusion, and when I asked if that was the correct inference you affirmed that my reasoning was correct. Rabbi Ami **said to him:** What I am now telling you **is a spike that will not move;** you can rely on this ruling, and I retract my previous statement.

BACKGROUND

Romans and Persians – רוֹמָאֵי וּפָרְסָאֵי: The Talmud is referring to the difference between the Roman Empire, traditionally associated with Edom, which ruled over Eretz Yisrael, and the Persian Empire, which reigned in Babylonia.

Generally, the attitude of the Sages toward the Roman authorities was harsh, despite occasional changes in the Romans' treatment of the Jews depending on the particular ruler and other internal factors. This was because the Roman government was centralized and heavily interfered in the personal life of the people it conquered, and because the Romans would enact decrees proscribing the fulfillment of the mitzvot, which caused the Jews to rebel, and these rebellions were quashed with an iron fist. The economic breakdown of the Roman Empire, which caused the Romans to levy a greater burden of taxes, and the growth of Christianity led to further decrees and travails.

In contrast to the Romans, the Sages' attitude toward the Persian Empire was relatively favorable, as the Jewish communities enjoyed extensive internal autonomy. This was the state of affairs for the most part under the Parthian Empire. However, when the Sassanid Dynasty came to power in around 226 CE, they brought with them the Zoroastrian religion and its priests called *ḥabbarim*, who wielded significant power. They made a point of interfering in the lives of the residents, including the Jews. They occasionally inflicted severe decrees upon those faithful to the Jewish religion.

NOTES

That even if the bill of divorce is produced, etc. – דַּאֲפִילּוּ גֵּט יוֹצֵא וכו׳: According to this explanation, the sole reason for the declaration: It was written in my presence and it was signed in my presence, is to ratify the bill of divorce, in accordance with the opinion of Rava. Conversely, according to the first version of Rabbi Yoḥanan's statement, the reason for this declaration is to ensure that the bill of divorce was written for the woman's sake (Ramban).

The early commentaries ask: According to the opinion of Rava, who says that declaration is not due to a concern about whether the document was written for her sake but serves to ratify the bill of divorce, why aren't these witnesses of the signing alone sufficient for this purpose? Why is another witness required to testify about the writing in the case discussed by the mishna? They answer that the witness for the writing is not needed, and he is mentioned only so that this case will parallel the first *halakha* of the mishna, which deals with two witnesses for the writing and one for the signing (*Tosafot*). Some commentaries explain that the Gemara is referring to a case where the bill of divorce was produced by just one signatory witness, and the novelty is that although he does not state: It was written in my presence, in accordance with the rabbinic decree, the document is not invalid. Rather, the bill of divorce is ratified through its signatures, as there is another person who confirms the signatures together with him (Ramah).

HALAKHA

The bill of divorce is produced by both of them, etc. – גֵּט יוֹצֵא מִתַּחַת יְדֵי שְׁנֵיהֶם וכו׳: If one says: It was written in my presence, and two say: It was signed in our presence, this bill of divorce is valid, even if it is produced by the witness to the writing. The document is certainly valid if it is produced by the two signatory witnesses, in accordance with the last version of Rabbi Yoḥanan's statement (Rambam *Sefer Nashim, Hilkhot Geirushin* 7:16; *Shulḥan Arukh, Even HaEzer* 142:19).

HALAKHA

Written at night and signed on the following day – נִכְתַּב...בְּלַיְלָה וְנֶחְתַּם בַּיּוֹם: Any document that was written at night and signed the next day is valid because the calendar day begins at night (*Shulḥan Arukh*, *Ḥoshen Mishpat* 43:16).

Written during the day and signed on that same night – נִכְתַּב...בַּיּוֹם וְנֶחְתַּם בַּלַּיְלָה: If a bill of divorce was written during the day and signed on the following night, it is invalid, even if the court was involved in the processing of the bill of divorce until the moment when the witnesses signed it (Rambam). Some say that in exigent circumstances it is valid. They hold that it is valid even if it was signed after several days (*Tur*, citing Rosh), as they rule in accordance with the opinion of Rabbi Yehoshua ben Levi, who relied on the opinion of Rabbi Shimon in exigent circumstances (Rambam *Sefer Nashim*, *Hilkhot Geirushin* 1:25; *Shulḥan Arukh*, *Even HaEzer* 127:2).

For what reason did they institute the writing of a date on bills of divorce – מִפְּנֵי מָה תִּיקְּנוּ זְמַן בְּגִיטִּין: The Sages instituted that a bill of divorce must be dated, lest one attempt to cover for his wife in a case where she committed adultery by writing her an undated bill of divorce, so that she can claim that she had sexual relations only after she was divorced. This ruling is in accordance with the opinion of Rabbi Yoḥanan (Rambam *Sefer Nashim*, *Hilkhot Geirushin* 1:24; *Tur*, *Even HaEzer* 127).

מתני׳ נִכְתַּב בַּיּוֹם וְנֶחְתַּם בַּיּוֹם, בַּלַּיְלָה וְנֶחְתַּם בַּלַּיְלָה, בַּלַּיְלָה וְנֶחְתַּם בַּיּוֹם – כָּשֵׁר. בַּיּוֹם וְנֶחְתַּם בַּלַּיְלָה – פָּסוּל. רַבִּי שִׁמְעוֹן מַכְשִׁיר,

MISHNA If a bill of divorce **was written during the day and signed on** the same **day**; or if it was written **at night and signed on** that same **night**; or if it was written **at night and signed on** the following **day,**[H] then it is **valid.** The new calendar day begins at night, so that in all of these cases the writing and the signing were performed on the same date. However, if it was written **during the day and signed on** that same **night,**[H] it is **invalid,** as the writing and the signing were not on the same calendar day. **Rabbi Shimon deems** the bill of divorce **valid.**

שֶׁהָיָה רַבִּי שִׁמְעוֹן אוֹמֵר: כָּל הַגִּיטִּין שֶׁנִּכְתְּבוּ בַּיּוֹם וְנֶחְתְּמוּ בַּלַּיְלָה – פְּסוּלִין, חוּץ מִגִּיטֵּי נָשִׁים.

The mishna explains the ruling of Rabbi Shimon: **As Rabbi Shimon would say: All documents that were written during the day and signed at night are invalid** because the date recorded in the document is a day prior to the day the document takes effect, **except for women's bills of divorce.** Since a bill of divorce is not used to collect money, it is of no concern if the date that appears on it is before the time when it was signed.

גמ׳ אִיתְּמַר: מִפְּנֵי מָה תִּיקְּנוּ זְמַן בְּגִיטִּין? רַבִּי יוֹחָנָן אָמַר: מִשּׁוּם בַּת אֲחוֹתוֹ,

GEMARA **It was stated** that the *amora'im* disagreed with regard to the following question: **For what** reason **did** the Sages **institute** the writing of **a date on bills of divorce?**[H] Why must the date be written if this document is not intended to be used to collect money? **Rabbi Yoḥanan says: Due to the daughter of his sister.** The Sages were concerned that a man may claim that his divorce occurred earlier than it actually did. For example, if one was married to his niece, and she committed adultery, he may nevertheless desire to protect her judicial sanction and claim that they were already divorced at the time of her infidelity. In order to prevent this from happening, the Sages instituted an ordinance that bills of divorce must be dated.

רֵישׁ לָקִישׁ אָמַר: מִשּׁוּם פֵּירוֹת.

Reish Lakish says: The ordinance was instituted **due to** the **produce** of her usufruct property.[B] A husband owns the produce of the fields belonging to his wife up to the moment the divorce takes effect. The Sages instituted an ordinance that bills of divorce must be dated because she needs to be able to establish the time of the divorce in case the husband sold or consumed the produce of fields that belong to her after the divorce. If there is no date on the bill of divorce, he will be able to claim that the produce was sold or consumed before the divorce took place.

רֵישׁ לָקִישׁ מַאי טַעְמָא לָא אֲמַר כְּרַבִּי יוֹחָנָן? אָמַר לָךְ:

The Gemara asks: **What is the reason** that **Reish Lakish did not say in accordance with** the opinion of **Rabbi Yoḥanan?** The Gemara answers: Reish Lakish could have **said to you:**

BACKGROUND

Usufruct property – נִכְסֵי מְלוֹג: A married woman's property is divided into two categories, usufruct property and guaranteed property. Usufruct property is the wife's personal property from which her husband is entitled to benefit. Guaranteed property is essentially part of her dowry gift and belongs to her husband. However, in the event of divorce or the husband's death, he guarantees that she receive the value of the guaranteed property in the marriage settlement.

Usufruct property consists of the property that a woman brings to her marriage from her father's home and property that she inherits or receives as a gift after her marriage. Unless the couple make a private agreement before their marriage with regard to this property, all of it remains hers even after she is married. Her husband is not permitted to sell it, although he is entitled to benefit from its produce and other profits. The husband must take care of this property, but he is not responsible if it decreases in value, provided that the loss was not intentionally caused by him. The property is returned to the wife if the husband dies or divorces her, and any increase or decrease in its value at that time by comparison with its value at the beginning of the marriage is her profit or loss. If she dies during the lifetime of her husband, he inherits the property.

זְנוּת לָא שְׁכִיחָא.

Adultery is infrequent, and the Sages would not institute the dating of a bill of divorce to avoid an infrequent problem.

וְרַבִּי יוֹחָנָן מַאי טַעְמָא לָא אָמַר כְּרֵישׁ לָקִישׁ? קָסָבַר: יֵשׁ לַבַּעַל פֵּירוֹת עַד שְׁעַת נְתִינָה.

The Gemara asks: **And what is the reason** that **Rabbi Yoḥanan did not say in accordance with** the reason of **Reish Lakish?** The Gemara answers that **he holds the produce belongs to the husband until the time of** the **giving**[H] of the bill of divorce, and only afterward does the woman have the rights to the produce of her property. If she attempts to collect the value of the produce sold after her divorce, she will be asked to prove when she received the bill of divorce. Therefore, in terms of assisting her to collect these monies, the dating of the bill of divorce does not serve any purpose.

בִּשְׁלָמָא לְרֵישׁ לָקִישׁ, מִשּׁוּם הָכִי קָא מַכְשִׁיר רַבִּי שִׁמְעוֹן. אֶלָּא לְרַבִּי יוֹחָנָן, מַאי טַעְמָא דְּרַבִּי שִׁמְעוֹן דְּמַכְשִׁיר?

The Gemara continues and asks: **Granted, according to Reish Lakish, due to that** reason **Rabbi Shimon deems valid** a bill of divorce that was signed on the day after it was written, because he holds that the rights to the produce of usufruct property revert to the woman the moment the bill of divorce is written. She is therefore within her rights to collect these monies from the date written in the bill of divorce, even if it was given at a later date. **However, according to Rabbi Yoḥanan,** who holds that the reason for writing the date is to prevent the husband from shielding his wife from punishment for her infidelity, **what is the reason that Rabbi Shimon deems** it **valid?** There is still a concern that he will have the bill of divorce written and dated earlier in order to protect her.

אָמַר לָךְ רַבִּי יוֹחָנָן: אַלִּיבָּא דְּרַבִּי שִׁמְעוֹן לָא קָאָמִינָא, כִּי קָאָמִינָא אַלִּיבָּא דְּרַבָּנַן.

The Gemara answers: **Rabbi Yoḥanan** could have **said to you: I am not speaking in accordance with** the opinion of **Rabbi Shimon,** as he clearly is not concerned with the husband's shielding his wife from punishment. **When I speak,** it is **in accordance with** the opinion of **the Rabbis,** who hold that if the bill of divorce was signed on the night following its writing, it is invalid.

בִּשְׁלָמָא לְרַבִּי יוֹחָנָן, הַיְינוּ דְּאִיכָּא בֵּין רַבִּי שִׁמְעוֹן לְרַבָּנַן. אֶלָּא לְרֵישׁ לָקִישׁ, מַאי אִיכָּא בֵּין רַבִּי שִׁמְעוֹן לְרַבָּנַן?

The Gemara asks: **Granted, according to Rabbi Yoḥanan, this is** the difference **between** the opinion of **Rabbi Shimon and** the opinion of **the Rabbis. However, according to Reish Lakish, what** difference **is there between Rabbi Shimon and the Rabbis?**

פֵּירֵי דְּמִשְּׁעַת כְּתִיבָה וְעַד שְׁעַת חֲתִימָה אִיכָּא בֵּינַיְיהוּ.

The Gemara answers: The practical difference **between them** pertains to the **produce** of the wife's property **from the time of** the **writing until the time of** the **signing.** According to the Rabbis, the rights to the produce revert to the wife only once the bill of divorce is signed, and the bill of divorce must be dated then. According to Rabbi Shimon, the woman's rights to the produce go into effect the moment the bill of divorce is written, and the date on which it was signed is irrelevant.

וְהָא אִיפְּכָא שָׁמְעִינַן לְהוּ, דְּאִתְּמַר: מֵאֵימָתַי מוֹצִיאִין לְפֵירוֹת? רַבִּי יוֹחָנָן אָמַר: מִשְּׁעַת כְּתִיבָה, וְרֵישׁ לָקִישׁ אָמַר: מִשְּׁעַת נְתִינָה!

The Gemara challenges the explanation as to why Rabbi Yoḥanan does not agree with Reish Lakish: **But didn't we hear** Rabbi Yoḥanan and Reish Lakish **say the opposite** of this? **As it is stated** that they had a dispute with regard to the question: **From when does** the court **remove** the property from the possession of the husband, i.e., when does he lose his right **to** the **produce? Rabbi Yoḥanan said: From the time of** the **writing** of the bill of divorce, **and Reish Lakish said: From the time of** the **giving** of the bill of divorce. This does not accord with what was stated above, that Rabbi Yoḥanan holds that the husband retains the rights to the produce until the bill of divorce is given and Reish Lakish holds that the wife regains the rights beforehand. Here, their opinions are the opposite of the way the Gemara explained earlier.

אִיפּוּךְ.

The Gemara answers: **Reverse**[N] the opinions in this final dispute so that it is Reish Lakish who holds that the rights to the produce revert to the woman at the time of writing and it is Rabbi Yoḥanan who holds that it is at the time of giving the divorce.

HALAKHA

Until the time of the giving – עַד שְׁעַת נְתִינָה: A husband has the rights to the produce from his wife's property until he gives her a bill of divorce, in accordance with Rabbi Yoḥanan (*Tur*, *Even HaEzer* 227; Rif; Rambam; Rosh).

NOTES

Reverse – אִיפּוּךְ: Even after reversing the opinions, it must be noted that when Reish Lakish said: The time of the writing, this is precise only according to the opinion of Rabbi Shimon. According to the opinion of the Rabbis, which Reish Lakish presumably follows, it is determined by the time of the signing of the bill of divorce.

אֲמַר לֵיהּ אַבַּיֵי לְרַב יוֹסֵף: שְׁלֹשָׁה גִיטִּין פְּסוּלִים, וְאִם נִיסֵּת – הַוָּלָד כָּשֵׁר. מַה הוֹעִילוּ חֲכָמִים בְּתַקָּנָתָן? אַהֲנוּ דִּלְכַתְּחִילָּה לֹא תִּינָּשֵׂא.

§ The Gemara records a series of questions with regard to the parameters of the ordinance that bills of divorce should be dated. **Abaye said to Rav Yosef:** It was taught in a mishna (86a): **Three bills of divorce are invalid, but if** a woman **married** after she received one of these bills of divorce then **the offspring is** of **unflawed** lineage, meaning that the husband and wife are divorced after the fact. One of the three bills of divorce listed is a bill of divorce that does not have a date. Abaye asks: Being that the divorce does take effect, **what did the Sages accomplish with their ordinance** requiring that the date appear on a bill of divorce? Either way the bill of divorce is valid after the fact without a date. The Gemara answers: **It is effective** in **that she may not marry *ab initio***[NH] as a result of receiving this bill of divorce, which consequently limits the usage of such a bill of divorce.

גַּזְיֵיהּ לִזְמַן דִּידֵיהּ וִיהָבֵיהּ נִיהֲלָהּ, מַאי? אֲמַר לֵיהּ: לְרַמַּאי לָא חָיְישִׁינַן.

Abaye continued to ask of Rav Yosef: If the husband **cut out its date**[NH] after the dated bill of divorce was written **and gave it to her, what** is the *halakha*? May the bill of divorce be used *ab initio*? **He said to him: We are not concerned about a deceiver.**[N] The ordinance requiring that the bill of divorce be dated does not apply in this case, as it was dated when it was written.

כָּתוּב בּוֹ שָׁבוּעַ, שָׁנָה, חֹדֶשׁ, שַׁבָּת, מַאי? אֲמַר לֵיהּ: כָּשֵׁר. וּמַה הוֹעִילוּ חֲכָמִים בְּתַקָּנָתָן?

Abaye continued and asked: If the date **written in** the bill of divorce made reference only to the **seven-year** Sabbatical cycle[HB] in which it was written, or only to the **year,** or only to the **month,** or only to the **week,** but the precise date was not recorded, then **what** is the *halakha*? May such a bill of divorce be used *ab initio*? **He said to him:** It is **valid** to be used *ab initio*. Abaye asked him: If so, **what did the Sages accomplish with their ordinance** requiring the dating of the bill of divorce? Regardless of the reason for recording the date, such vague dating will not ameliorate the problem.

אַהֲנוּ לְשָׁבוּעַ דְּקַמֵּיהּ וּלְשָׁבוּעַ דְּבַתְרֵיהּ. דְּאִי לָא תֵּימָא הָכִי, יוֹמָא גּוּפֵיהּ מִי יָדְעִינַן אִי מִצַּפְרָא אִי מִפַּנְיָא? אֶלָּא לְיוֹמָא דְּקַמֵּיהּ וּלְיוֹמָא דְּבַתְרֵיהּ, הָכָא נַמִּי אַהֲנֵי לְשָׁבוּעַ דְּקַמֵּיהּ וּלְשָׁבוּעַ דְּבַתְרֵיהּ.

Rav Yosef answered: **It helps for the seven-year period before it and the seven-year period after it.** If witnesses testify that the woman committed adultery before this seven-year period, then she is liable; if the husband sells produce after this seven-year period, then the woman can recover it. The reason for this is **because if you do not say so,** i.e., that a limited benefit is enough to justify the ordinance, then on that **day itself, do we know if** it was written **in the morning or in the evening?** All of the issues that were mentioned before could apply also to that day itself. **Rather,** the date is effective **for the day before it and the day after it. Here also,** writing the seven-year period **is effective for the seven-year period before it and the seven-year period after it.**

אֲמַר לֵיהּ רָבִינָא לְרָבָא: כְּתָבֵיהּ

Ravina said to Rava: If he writes the bill of divorce,

NOTES

It is effective in that she may not marry *ab initio* – אַהֲנוּ דִּלְכַתְּחִילָּה לֹא תִּינָּשֵׂא: Rashi explains that since the Sages prohibited the use of such a bill of divorce, a scribe will not write it, and the witnesses will not sign it. However, according to Rabbeinu Ḥananel, this means that a woman is not allowed to marry *ab initio* after having received such a bill of divorce.

Cut out its date – גַּזְיֵיהּ לִזְמַן דִּידֵיהּ: According to Rashi, the progression of the Gemara should be understood as follows: Even if scribes will not write an undated bill of divorce, there is still concern that the husband will attempt to shield his wife by cutting the date out of a bill of divorce that was dated correctly.

We are not concerned about a deceiver – לְרַמַּאי לָא חָיְישִׁינַן: Rashi explains that if the husband were to cut out the date it would be visible and apparent to everyone, and the Sages were not concerned that someone would use such blatant subterfuge. The Rid explains similarly, that if a husband were to do this it would be clear that he intended to be deceitful, and one would not do something that would make him appear wicked.

HALAKHA

She may not marry *ab initio* – לְכַתְּחִילָּה לֹא תִּינָּשֵׂא: If a woman was divorced with an undated bill of divorce then she may not remarry. If she did remarry her second husband is not required to divorce her, even if she did not have children with him (Rambam *Sefer Nashim, Hilkhot Geirushin* 1:25; *Shulḥan Arukh, Even HaEzer* 127:1).

Cut out its date – גַּזְיֵיהּ לִזְמַן דִּידֵיהּ: If a man wrote a dated bill of divorce for his wife and afterward cut out the date and gave it to her, then it is valid (Rambam). Others (Rashi; Ra'avad; Rashba; Ran) say that it is invalid, and it is treated like an undated bill of divorce (Rambam *Sefer Nashim, Hilkhot Geirushin* 1:26; *Shulḥan Arukh, Even HaEzer* 127:8).

Written in the seven-year Sabbatical cycle – כָּתוּב בּוֹ שָׁבוּעַ: If the precise date is not recorded on a bill of divorce, but it is written that this bill of divorce was written in the first week of such-and-such month, then it is valid. The same applies even if it was recorded that the bill of divorce was written in such-and-such month, or such-and-such year, or even, in accordance with the opinion of Rav Yosef, if he wrote that it was written in such-and-such seven-year period (Rambam *Sefer Nashim, Hilkhot Geirushin* 1:26; *Shulḥan Arukh, Even HaEzer* 127:7).

BACKGROUND

The seven-year Sabbatical cycle [*shavua*] – שָׁבוּעַ: When used in the Talmud, the term *shavua*, which means week in modern Hebrew, usually refers to the seven-year period ending with the Sabbatical Year. The first such cycle began after the conquest of Eretz Yisrael by Joshua. The *halakhot* of the Sabbatical Year are based on Torah law (Leviticus 25:1–7), but most authorities maintain that the conditions enabling performance of the mitzva by Torah law do not currently exist, and therefore present-day observance is based on rabbinic decree.

After seven such cycles, in the fiftieth year, the Jubilee Year is observed. The Jubilee Year shares many of the same *halakhot* of the Sabbatical Year, with the additional requirements that ancestral land sold during the previous Jubilee cycle is returned to its original owners and all Jewish slaves are released from slavery (Leviticus 25:10).

In this context, the reference in the bill of divorce to the *shavua* is meant to note in which of the seven Sabbatical cycles within the Jubilee cycle this document was written.

וְאוֹתְבֵיהּ בְּכִיסְתֵּיהּ, דְּאִי מְפַיְּיסָה תִּיפַּיֵּיס, מַאי?

and puts it in his pocket without giving it to her, as he thought **that if she appeases** [*mippayyesa*][L] him **he will be appeased, what** is the *halakha* when he then does give it to her? Since the date on the document is incorrect, did the Sages institute an ordinance that such a bill of divorce should not be used?

אֲמַר לֵיהּ: לָא מַקְדִּים אִינִישׁ פּוּרְעָנוּתָא לְנַפְשֵׁיהּ.

Rava **said to him: A person does not hasten a calamity on himself** and will not ordinarily prepare a bill of divorce in advance. Rather, he will wait until he is ready to divorce his wife. Since this scenario is unlikely, the Sages did not see a need to institute an ordinance pertaining to it.

אֲמַר לֵיהּ רָבִינָא לְרַב אָשֵׁי: גִּיטִּין הַבָּאִים מִמְּדִינַת הַיָּם, דְּמִיכַּתְבִי בְּנִיסָן וְלָא מָטוּ עַד תִּשְׁרִי, מָה הוֹעִילוּ חֲכָמִים בְּתַקָּנָתָם? אֲמַר לֵיהּ: הָנְהוּ קָלָא אִית לְהוּ.

Ravina said to Rav Ashi: When there are **bills of divorce that come from a country overseas which are written,** for example, **in the** month of **Nisan, and they do not reach**[H] the woman **until** the month of **Tishrei, what did the Sages accomplish with their ordinance** to date the bill of divorce? All of the concerns about an undated bill of divorce still apply. **He said to him:** Concerning **these** bills of divorce from overseas, it is **public knowledge** that they do not take effect from the date on which they were written. Therefore, if there is a conflict over produce the husband has sold, the woman must bring witnesses to testify as to when she received her bill of divorce.

אִיתְּמַר: מֵאֵימָתַי מוֹנִין לְגֵט? רַב אָמַר: מִשְּׁעַת נְתִינָה, וּשְׁמוּאֵל אָמַר: מִשְּׁעַת כְּתִיבָה.

§ The Sages decreed that it is prohibited for a woman to remarry within three months of her divorce or her becoming a widow, in order to prevent a situation of doubt concerning the paternity of a child. **It was stated: From when** does one begin **counting** the three months **with regard to a bill of divorce?**[HN] **Rav says: From the time of** the **giving** of the bill of divorce, **and Shmuel says: From the time of** the **writing** of the bill of divorce.

מַתְקִיף לָהּ רַב נָתָן בַּר הוֹשַׁעְיָא: לִשְׁמוּאֵל, יֹאמְרוּ: שְׁתֵּי נָשִׁים בְּחָצֵר אַחַת, זוֹ אֲסוּרָה וְזוֹ מוּתֶּרֶת! אֲמַר לֵיהּ אַבָּיֵי: זוֹ זְמַן גִּיטָּהּ מוֹכִיחַ עָלֶיהָ, וְזוֹ זְמַן גִּיטָּהּ מוֹכִיחַ עָלֶיהָ.

Rav Natan bar Hoshaya objects to this: According to the statement of **Shmuel,** now people **will say:** If **two women** who live **in one courtyard** received their bills of divorce at the same time, but the first document was written at the time of the divorce and the second one was written earlier, then **this** woman **is** still **prohibited** from remarrying, as three months have not yet passed from when her bill of divorce was written; **and that** woman is already **permitted** to remarry. This does not seem reasonable. **Abaye said to him:** This is not difficult. With regard to **this** woman, **the date of her bill of divorce proves concerning her** that she may not remarry yet; **and** with regard to **that** woman, **the date on her bill of divorce proves concerning her** that she may remarry already.

תַּנְיָא כְּוָותֵיהּ דְּרַב, תַּנְיָא כְּוָותֵיהּ דִּשְׁמוּאֵל. תַּנְיָא כְּוָותֵיהּ דְּרַב: הַשּׁוֹלֵחַ גֵּט לְאִשְׁתּוֹ וְנִשְׁתַּהָה שָׁלִיחַ בַּדֶּרֶךְ שְׁלֹשָׁה חֳדָשִׁים, כְּשֶׁהִגִּיעַ גֵּט לְיָדָהּ – צְרִיכָה לְהַמְתִּין שְׁלֹשָׁה חֳדָשִׁים. וּלְגֵט יָשָׁן אֵין חוֹשְׁשִׁין, שֶׁהֲרֵי לֹא נִתְיַיחֵד עִמָּהּ.

The Gemara comments: It **is taught** in a *baraita* **in accordance with** the opinion **of Rav,** and it **is taught** in a *baraita* **in accordance with** the opinion **of Shmuel.** The Gemara explains: It **is taught** in a *baraita* **in accordance with** the opinion **of Rav** that the three-month count begins from when the bill of divorce is given: In the case of **one who sends a bill of divorce to his wife, and the agent tarries on the way for three months, once the bill of divorce reaches her hand she must wait three months** before remarrying. **And one need not be concerned that** it is **an outdated bill of divorce,** i.e., that the husband and wife were secluded after it was written, rendering the bill of divorce invalid, **because he was not secluded with her** during the time the bill of divorce was being delivered.

תַּנְיָא כְּוָותֵיהּ דִּשְׁמוּאֵל: הַמַּשְׁלִישׁ גֵּט לְאִשְׁתּוֹ, וְאָמַר לוֹ: אַל תִּתְּנֵהוּ לָהּ אֶלָּא לְאַחַר שְׁלֹשָׁה חֳדָשִׁים, מִשֶּׁנְּתָנוֹ לָהּ – מוּתֶּרֶת לִינָּשֵׂא מִיָּד, וּלְגֵט יָשָׁן אֵין חוֹשְׁשִׁין, שֶׁהֲרֵי לֹא נִתְיַיחֵד עִמָּהּ.

It **is taught** in another *baraita* **in accordance with** the opinion **of Shmuel** that the count begins from the time of the writing: In the case of **one who** is about to travel and **deposits a bill of divorce for his wife** with a trustee **and says to him: Give it to her only after three months, once he gives it to her, she is permitted to marry immediately** and is not required to wait an additional three months. **And one need not be concerned that** it is **an outdated bill of divorce, as he was not secluded with her** in the interim.

LANGUAGE

Appease [*mippayyesa*] – מְפַיְּיסָה: From the Greek πεῖσις, *peisis*, meaning to reconcile, appease, or persuade. This word entered both Hebrew and Aramaic at an early date and can have any of the meanings of its Greek source.

HALAKHA

Which are written in the month of Nisan and they do not reach, etc. – דְּמִיכַּתְבִי בְּנִיסָן וְלָא מָטוּ וכו׳: If one sends a bill of divorce from one place to another, although the bill of divorce was written long before it was given, it is valid because it is known that such a bill of divorce is not given on the day it is written (*Shulḥan Arukh, Even HaEzer* 127:4).

From when does one begin counting with regard to a bill of divorce – מֵאֵימָתַי מוֹנִין לְגֵט: A divorcée is required to wait three months from when she is divorced before remarrying. This time is counted from when the bill of divorce is written. This ruling is in accordance with the statement of Shmuel, as Rav Ashi accepts his opinion (Rambam *Sefer Nashim, Hilkhot Geirushin* 11:19; *Shulḥan Arukh, Even HaEzer* 13:1).

NOTES

From when does one begin counting with regard to a bill of divorce – מֵאֵימָתַי מוֹנִין לְגֵט: The Gemara (*Yevamot* 41a) explains that a woman may not remarry until three months have passed from the time of the termination of her marriage. This is to ensure that the paternity of a child she might have conceived can be ascertained. By waiting three months, it will be clear before she marries again whether or not she was carrying a child fathered by the first husband.

BACKGROUND

Canceled – מְשַׁמֶּטֶת: The Torah states that debts are canceled during the Sabbatical Year. The Sages derived that the cancelation of loans takes place at the very end of the Sabbatical Year from the verse: "At the end of seven years you shall make a release" (Deuteronomy 15:1). After the last moment of the Sabbatical Year, all previous outstanding debts are canceled. Nevertheless, even when the Sabbatical Year is observed according to Torah law, it is still considered to be an act of piety to repay a debt after it has been canceled. However, the creditor should initially refuse to accept payment by verbally renouncing the claim.

HALAKHA

From when is a marriage contract canceled – מֵאֵימָתַי כְּתוּבָּה מְשַׁמֶּטֶת: If one divorces his wife before the Sabbatical Year, the debt detailed in her marriage contract is not canceled. However, if she accepted partial payment of her marriage contract, or established it as a debt, then it is canceled. This is in accordance with the statement of Shmuel, as the *halakha* is in accordance with him with regard to monetary law (Rambam *Sefer Zera'im*, *Hilkhot Shemitta VeYovel* 9:13; *Shulḥan Arukh*, *Even HaEzer* 101:1 and *Ḥoshen Mishpat* 67:17).

Rape or fine or seduction, etc. – אוֹנֶס וּקְנָס וּפִיתּוּי וכו׳: The fines paid by a rapist, slanderer, or seducer are not canceled by the Sabbatical Year, but once the woman establishes them as a loan they are canceled. They become like a loan once the court obligates the perpetrator to pay her (Rambam *Sefer Zera'im*, *Hilkhot Shemitta VeYovel* 9:12; *Shulḥan Arukh*, *Ḥoshen Mishpat* 67:16).

Continuously engaged in that matter – עֲסוּקִים בְּאוֹתוֹ עִנְיָן: If a document was written during the day and signed during the next night, it is invalid. If the scribe and witnesses were engaged in the same issue until nightfall then it is valid, in accordance with the statement of Rabbi Elazar bar Rabbi Tzadok. With regard to a bill of divorce, the Rambam and *Shulḥan Arukh* hold that even if they were engaged in the same issue it is invalid. *Tosafot* and the Rosh rule that it is valid (Rambam *Sefer Mishpatim*, *Hilkhot Malve VeLoveh* 23:3; *Shulḥan Arukh*, *Even HaEzer* 127:2 and *Ḥoshen Mishpat* 43:16).

רַב כָּהֲנָא וְרַב פַּפִּי וְרַב אַשִׁי עָבְדִי מִשְּׁעַת כְּתִיבָה, רַב פָּפָּא וְרַב הוּנָא בְּרֵיהּ דְּרַב יְהוֹשֻׁעַ עָבְדִי מִשְּׁעַת נְתִינָה. וְהִלְכְתָא: מִשְּׁעַת כְּתִיבָה.

It is told that **Rav Kahana and Rav Pappi and Rav Ashi would in practice** count three months **from the time of** the **writing,** but **Rav Pappa and Rav Huna, son of Rav Yehoshua, would in practice** count these three months **from the time of** the **giving. And the** ***halakha*** is that the counting begins **from the time of** the **writing.**

אִיתְּמַר: מֵאֵימָתַי כְּתוּבָּה מְשַׁמֶּטֶת?

§ The Gemara discusses another dispute between Rav and Shmuel with regard to documents. According to the terms of a marriage contract, a widow is entitled to payment of its value upon the death of her husband. By Torah law, all outstanding debts are canceled at the close of the Sabbatical Year. A woman need not take her marriage settlement as soon as her husband dies. The issue at hand is at what point the marriage contract generates a concrete debt that will be canceled by the Sabbatical Year. **It was stated: From when** is the debt established by **a marriage contract canceled**[BH] in the Sabbatical Year?

רַב אָמַר: מִשֶּׁתִּפָּגוֹם וְתִזְקוֹף, וּשְׁמוּאֵל אָמַר: פָּגְמָה אַף עַל פִּי שֶׁלֹּא זָקְפָה, זָקְפָה אַף עַל פִּי שֶׁלֹּא פָּגְמָה.

Rav says: The marriage contract becomes like a debt and will be canceled in the Sabbatical Year **from** the time **when** the woman **collects partial payment and establishes** the rest as a debt in court. **And Shmuel says:** This occurs when **she** either **collects partial payment although she did not establish** it as debt, or **she established** the entire value of the marriage contract as a debt in court **although she did not collect partial payment.**

תַּנְיָא כְּוָתֵיהּ דְּרַב, תַּנְיָא כְּוָתֵיהּ דִּשְׁמוּאֵל. תַּנְיָא כְּוָתֵיהּ דְּרַב: מֵאֵימָתַי כְּתוּבָּה מְשַׁמֶּטֶת? מִשֶּׁתִּפָּגוֹם וְתִזְקוֹף. פָּגְמָה וְלֹא זָקְפָה, זָקְפָה וְלֹא פָּגְמָה – אֵינָהּ מְשַׁמֶּטֶת עַד שֶׁתִּפָּגוֹם וְתִזְקוֹף.

With regard to this dispute, it **is taught** in a *baraita* **in accordance with** the opinion **of Rav,** and it **is taught** in a *baraita* **in accordance with** the opinion **of Shmuel.** It **is taught** in a *baraita* **in accordance with** the opinion **of Rav: From when is** the debt established by **a marriage contract canceled? From when she accepts partial payment and establishes** the rest as a debt in court. However, if **she accepted partial payment but did not establish** the debt, or **established** the debt **but did not accept partial payment,** then **it is not canceled until she accepts partial payment and establishes** the debt.

תַּנְיָא כְּוָתֵיהּ דִּשְׁמוּאֵל: אוֹנֶס, וּקְנָס, וּפִיתּוּי, וּכְתוּבַּת אִשָּׁה, שֶׁזְּקָפָן בְּמִלְוֶה – מְשַׁמְּטִין, וְאִם לָאו – אֵין מְשַׁמְּטִין. מֵאֵימָתַי נִזְקָפִים בְּמִלְוֶה? מִשְּׁעַת הַעֲמָדָה בַּדִּין.

It **is taught** in another *baraita* **in accordance with** the opinion **of Shmuel:** If the fine and damages paid by one who commits **rape; or** the **fine** paid by one who falsely claims his wife was not a virgin at the time of their wedding; **or** the fine paid for **seduction;**[H] **or** the debt established by **a woman's marriage contract was established as a loan,** then the Sabbatical Year **cancels it. And if** one did **not** establish these payments as loans, then the Sabbatical Year **does not cancel them. From when** is it considered that these payments **have been established as a loan? From the time of standing trial,** because the abstract obligation to pay becomes a debt once the court ruled that one is required to pay.

אָמַר שְׁמוּאֵל: כְּתוּבָּה כְּמַעֲשֵׂה בֵּית דִּין דָּמְיָא. מָה מַעֲשֵׂה בֵּית דִּין נִכְתָּבִין בַּיּוֹם וְנֶחְתָּמִין בַּלַּיְלָה, אַף כְּתוּבָּה נִכְתֶּבֶת בַּיּוֹם וְנֶחְתֶּמֶת בַּלַּיְלָה. כְּתוּבְּתֵיהּ דְּרַבִּי חִיָּיא בַּר רַב אִיכְּתוּב בִּימָם וְאִיחְתּוּם בַּלַּיְלָה, הֲוָה רַב הָתָם וְלָא אָמַר לְהוּ וְלָא מִידֵּי.

§ The Gemara discusses other aspects of the marriage contract. **Shmuel said: A marriage contract is** considered to be **like a court enactment. Just as court enactments may be written during the day** and then **signed at night,** and the fact that the writing and signing were not performed on the same day does not present a problem, **so too, a marriage contract may be written during the day and** then **signed at night.** It is told: **Rabbi Ḥiyya bar Rav's marriage contract was written during the day and** then **signed at night, and Rav was there and he did not say anything to** the people who wrote and signed it. This indicates that Rav agrees with the ruling of Shmuel.

לֵימָא, כִּשְׁמוּאֵל סְבִירָא לֵיהּ? עֲסוּקִין בְּאוֹתוֹ עִנְיָן הֲווּ; דְּתַנְיָא, אָמַר רַבִּי אֶלְעָזָר בַּר רַבִּי צָדוֹק: לֹא שָׁנוּ אֶלָּא כְּשֶׁאֵין עֲסוּקִין בְּאוֹתוֹ עִנְיָן, אֲבָל עֲסוּקִין בְּאוֹתוֹ עִנְיָן – כָּשֵׁר.

The Gemara asks: **Shall we say he holds in accordance with** the opinion of **Shmuel?** The Gemara rejects this: This cannot be proven from here because the scribe and witnesses **were** continuously **engaged in that matter**[H] of writing the marriage contract, from when it was written in the day until they signed it at night, **as it is taught** in a *baraita* that **Rabbi Elazar bar Rabbi Tzadok said:** The Sages **taught** that a document written during the day and signed at night is invalid **only when** the scribe and witnesses **were not** continuously **engaged in that matter, but** if they **were** continuously **engaged in that matter** until nightfall, then it is **valid.**

"רַבִּי שִׁמְעוֹן מַכְשִׁיר". אָמַר רָבָא: מַאי טַעְמָא דְּרַבִּי שִׁמְעוֹן? קָסָבַר: כֵּיוָן שֶׁנָּתַן עֵינָיו לְגָרְשָׁהּ, שׁוּב אֵין לוֹ פֵּירוֹת.

§ The mishna taught that **Rabbi Shimon deems valid** a bill of divorce written during the day and signed at night. **Rava said: What is the reason** for the opinion **of Rabbi Shimon? He holds** that **once** the husband **has decided to divorce her, he no longer has** the rights to **the produce** from his wife's property, and it is clear that he has decided to divorce her when he writes a bill of divorce. Consequently, the woman obtains the rights to the produce from the moment the bill of divorce was written, regardless of when it was signed.

אָמַר רֵישׁ לָקִישׁ: לֹא הִכְשִׁיר רַבִּי שִׁמְעוֹן אֶלָּא לְאַלְתַּר, אֲבָל מִכָּאן וְעַד עֲשָׂרָה יָמִים – לֹא.

Reish Lakish says: Rabbi Shimon deems such a bill of divorce **valid only** if it is signed **immediately,** when the witnesses signed the bill of divorce during the night after it was written. **However,** if the delay in signing was **from now,** i.e., when the bill of divorce was written, **until ten days** have elapsed, i.e., when there is an extended delay, he does **not** deem it valid.

Perek **II**
Daf **18** Amud **b**

חָיְישִׁינַן שֶׁמָּא פַּיֵּיס. וְרַבִּי יוֹחָנָן אָמַר: אֲפִילּוּ מִכָּאן וְעַד עֲשָׂרָה יָמִים; אִם אִיתָא דְּפַיֵּיס – קָלָא אִית לֵיהּ לְמִילְּתָא.

Why not? Because **we are concerned** that **perhaps he appeased** his wife and engaged in sexual intercourse with her, thereby invalidating the bill of divorce. **And Rabbi Yoḥanan said: Even** if the delay in signing was **from now until ten days** later Rabbi Shimon deems it valid. There is no concern that he appeased her because **if it is so** that **he appeased** her, then **the matter** becomes **public knowledge,**[N] and all would hear of it.

NOTES

The matter becomes public knowledge – קָלָא אִית לֵיהּ לְמִילְּתָא: Rashi explains: When the couple had been fighting it was heard and known by other people. Therefore, when they make peace and stop fighting this is also noticed, even if he appeases her in private.

אִיתְּמַר: אָמַר לַעֲשָׂרָה "כִּתְבוּ גֵּט לְאִשְׁתִּי", אָמַר רַבִּי יוֹחָנָן: שְׁנַיִם מִשּׁוּם עֵדִים, וְכוּלָּם מִשּׁוּם תְּנַאי, וְרֵישׁ לָקִישׁ אָמַר: כּוּלָּם מִשּׁוּם עֵדִים.

§ **It was stated** that Rabbi Yoḥanan and Reish Lakish disagreed with regard to the following case: If the husband **says to ten** men: **Write a bill of divorce**[H] **for my wife, Rabbi Yoḥanan says:** He means that all of them should sign the bill of divorce. **Two** of them function **as witnesses, and all** the rest **of them** sign the bill of divorce only **due to** the **stipulation** that the husband had stated. He made the bill of divorce dependent upon all of them signing, but he did not mean that ten men need to actually function as witnesses. **And Reish Lakish says: All of them** function **as witnesses.**

HALAKHA

He says to ten, write a bill of divorce – אָמַר לַעֲשָׂרָה כִּתְבוּ גֵּט: If one says to many people: All of you should sign a bill of divorce for my wife, then all of them must sign it. The first two people function as witnesses, and it is required that neither of them be disqualified. The rest of them sign in order to fulfill the stipulation. Therefore, if one of the latter group is disqualified to serve as a witness in general, or if they signed not in each other's presence, or if they signed after the date on the bill of divorce, then the bill of divorce remains valid. This is in accordance with the second formulation of Rabbi Yoḥanan's opinion, as the *halakha* is in accordance with him when he disagrees with Reish Lakish (Rambam *Sefer Nashim, Hilkhot Geirushin* 9:27; *Shulḥan Arukh, Even HaEzer* 120:9).

הֵיכִי דָּמֵי? אִילֵימָא דְּלָא אָמַר לְהוּ "כּוּלְּכֶם", וְהָא תְּנַן: אָמַר לַעֲשָׂרָה "כִּתְבוּ גֵּט לְאִשְׁתִּי", אֶחָד כּוֹתֵב וּשְׁנַיִם חוֹתְמִין! אֶלָּא דַּאֲמַר לְהוּ "כּוּלְּכֶם".

The Gemara asks: **What are the circumstances** in which all of them have to sign? **If we say** that **he did not say to them: All of you,** but just said to them: You should write a bill of divorce for my wife, **didn't we learn** in a mishna (66b) that if **one said to ten** people: **Write a bill of divorce for my wife,** then **one** would **write, and two** would **sign,** and not all ten of them are required to sign. **Rather,** the case of their dispute is **when he said to them: All of you** write a bill of divorce for my wife, and in this instance is was taught later on in that mishna that one person writes the bill of divorce and everyone else must sign it.

מַאי בֵּינַיְיהוּ? אִיכָּא בֵּינַיְיהוּ דְּחָתוּם בֵּי תְּרֵי מִינַּיְיהוּ בְּיוֹמֵיהּ, וְאִינָךְ מִכָּאן וְעַד עֲשָׂרָה יָמִים. מַאן דְּאָמַר מִשּׁוּם תְּנַאי – כָּשֵׁר; וּמַאן דְּאָמַר מִשּׁוּם עֵדִים – פָּסוּל.

The Gemara asks: **What** is the difference **between** Rabbi Yoḥanan and Reish Lakish; what is the difference if the rest of the men function as witnesses or just in order to fulfill the man's stipulation? The Gemara answers: **There is** a difference **between them** in a case **where two of them signed on that day and the rest** signed not on the day it was written but **from now until ten days** later. According to **the one who says** that the other signatures are **due to the stipulation,** the bill of divorce is **valid,** because two witnesses signed the bill of divorce on the same day that it was written, and the stipulation was also fulfilled. **And** according to **the one who says** that all these people sign **due to** his wish that they all function as **witnesses,** it is **invalid** because not all the witnesses signed the bill of divorce on the day it was written.

PERSONALITIES

Rabbi Yehoshua ben Levi – רַבִּי יְהוֹשֻׁעַ בֶּן לֵוִי: One of the greatest *amora'im* of the first generation in Eretz Yisrael, Rabbi Yehoshua ben Levi was, according to some opinions, the son of Levi ben Sisi, one of the outstanding students of Rabbi Yehuda HaNasi. Apparently, Rabbi Yehoshua ben Levi himself was one of Rabbi Yehuda HaNasi's younger students. Many halakhic disputes are recorded between him and Rabbi Yoḥanan, who was apparently his younger disciple-colleague. In general, the *halakha* is ruled in accordance with the opinion of Rabbi Yehoshua ben Levi, even in disputes with Rabbi Yoḥanan, who was the leading authority at that time.

Rabbi Yehoshua ben Levi was also a renowned teacher of *aggada*. Because of the great esteem in which he was held, aggadic statements in his name are cited at the end of the six orders of the Mishna.

A great deal is told of his piety and sanctity. He is regarded as one of the most righteous men who ever lived. Among other things, it is told that he would sit with the most severely infected lepers and study Torah. He was famous as a worker of miracles, to whom Elijah the Prophet appeared, and his prayers were always answered. According to tradition, the Angel of Death had no dominion over him, and he entered the Garden of Eden alive.

He taught many students. All of the Sages of the succeeding generation were his students to some degree and cite Torah pronouncements in his name. His son, Rabbi Yosef, was also a Torah scholar and married into the family of the *Nasi*.

אִי נַמִּי: כְּגוֹן שֶׁנִּמְצָא אֶחָד מֵהֶם קָרוֹב אוֹ פָּסוּל. לְמַאן דְּאָמַר מִשּׁוּם תְּנַאי – כָּשֵׁר, לְמַאן דְּאָמַר מִשּׁוּם עֵדִים – פָּסוּל.

Alternatively, there is another difference between them, in a case **where one of these** ten people **is found** to be **a relative** of the husband or wife, **or** is otherwise found to be **disqualified** to serve as a witness. **According to the one who says** that the other signatures are **due to the stipulation,** this bill of divorce is **valid** because the disqualified person did not serve as a witness. He just signed the bill of divorce in order to fulfill the stipulation, and the bill of divorce has the signature of two qualified witnesses. **According to the one who says** that all these people sign **due to** the man's wish that they all function as **witnesses,** the bill of divorce would be **invalid,** as is the case whenever one member of a group of witnesses is disqualified.

אִי חָתוּם בַּתְּחִילָּה קָרוֹב אוֹ פָּסוּל, אָמְרִי לַהּ: כָּשֵׁר, וְאָמְרִי לַהּ: פָּסוּל. אָמְרִי לַהּ כָּשֵׁר – תְּנַאי הוּא, אָמְרִי לַהּ פָּסוּל – אָתֵי לְאִיחְלוּפֵי בִּשְׁטָרוֹת דְּעָלְמָא.

The Gemara adds another point of dispute: According to Rabbi Yoḥanan, who holds that the other witnesses sign due to the husband's stipulation, **if a relative or** other **disqualified** witness **signed at the beginning,** before two valid witnesses had signed, then **some say** the bill of divorce is **valid and some say** that it is **invalid. Some say** that it is **valid** because the request for ten signatures **is a stipulation.** Since these ten people are not meant to serve as witnesses and are meant only to fulfill the stipulation, it makes no difference if they signed at the beginning or at the end. **Some say** that it is **invalid** because there is a concern that the courts **will come to confuse it with typical documents,** and they will rely on disqualified witnesses in those cases.

הַהוּא דַּאֲמַר לְהוּ לַעֲשָׂרָה: ״כִּתְבוּ גֵּט לְאִשְׁתִּי״, חֲתוּם בֵּי תְּרֵי מִינַּיְיהוּ בְּיוֹמֵיהּ וְאִינָךְ מִכָּאן וְעַד עֲשָׂרָה יָמִים, אֲתָא לְקַמֵּיהּ דְּרַבִּי יְהוֹשֻׁעַ בֶּן לֵוִי. אֲמַר לֵיהּ:

It is told: There was **a certain person who said to ten** men: **Write a bill of divorce for my wife. Two of them signed that day and the others** signed after a delay **from now until ten days** later. **He came before Rabbi Yehoshua ben Levi**[P] to ask what the *halakha* is with regard to such a bill of divorce. Rabbi Yehoshua ben Levi **said to him:**

Perek **II**
Daf **19** Amud **a**

HALAKHA

Rabbi Shimon is worthy of being relied upon, etc. – כְּדַאי הוּא רַבִּי שִׁמְעוֹן לִסְמוֹךְ עָלָיו וכו׳: The *Beit Shmuel* states that a bill of divorce that was written during the day and signed at night, or even several days afterward, is valid in exigent circumstances. This is in accordance with the opinion of Rabbi Yehoshua ben Levi (*Shulḥan Arukh, Even HaEzer* 127:2).

NOTES

Of being relied upon in exigent circumstances – לִסְמוֹךְ עָלָיו בִּשְׁעַת הַדְּחָק: Rashi explains that it is considered to be exigent circumstances when a woman's husband went to a country overseas and cannot give a new bill of divorce, or when the woman had already remarried on the basis of this bill of divorce.

כְּדַאי הוּא רַבִּי שִׁמְעוֹן לִסְמוֹךְ עָלָיו בִּשְׁעַת הַדְּחָק.

Rabbi Shimon, who permitted using a bill of divorce that was written during the day and signed at night, **is worthy of being relied upon**[H] **in exigent circumstances.**[N] Therefore, once such a bill of divorce has been written and given, the woman is divorced.

וְהָאָמַר רֵישׁ לָקִישׁ: לֹא הִכְשִׁיר רַבִּי שִׁמְעוֹן אֶלָּא לְאַלְתַּר, אֲבָל מִכָּאן וְעַד עֲשָׂרָה יָמִים לֹא! בְּהַהִיא כְּרַבִּי יוֹחָנָן סְבִירָא לֵיהּ.

The Gemara challenges: **But didn't Reish Lakish say: Rabbi Shimon deemed** such a bill of divorce **valid only** if it was signed **immediately, but** after a delay **from now until ten days, no.** The Gemara answers: **With regard to that** question, whether the others must sign immediately, Rabbi Yehoshua ben Levi **holds in accordance with** the opinion of **Rabbi Yoḥanan,** who holds that they may sign after a delay.

וְהָאָמַר רַבִּי יוֹחָנָן: שְׁנַיִם מִשּׁוּם עֵדִים, וְכוּלָּן מִשּׁוּם תְּנַאי! בְּהַהִיא כְּרֵישׁ לָקִישׁ סְבִירָא לֵיהּ.

The Gemara challenges: **But didn't Rabbi Yoḥanan say: Two** of them function **as witnesses, and all** the rest **of them** sign the bill of divorce only **due to** the **stipulation?** It is clear that Rabbi Yehoshua ben Levi does not hold in accordance with the opinion of Rabbi Yoḥanan, as Rabbi Yehoshua ben Levi is concerned about the other witnesses and deems the bill of divorce valid only due to exigent circumstances. The Gemara answers: **With regard to this,** i.e., why the additional people must sign, **he holds in accordance with** the opinion of **Reish Lakish** that all of them function as witnesses.

מתני׳ בַּכֹּל כּוֹתְבִים; בִּדְיוֹ, בְּסַם, בְּסִיקְרָא, וּבְקוֹמוֹס, וּבְקַנְקַנְתּוֹם, וּבְכָל דָּבָר שֶׁהוּא שֶׁל קַיָּימָא. אֵין כּוֹתְבִין לֹא בְּמַשְׁקִין, וְלֹא בְּמֵי פֵירוֹת, וְלֹא בְּכָל דָּבָר שֶׁאֵינוֹ מִתְקַיֵּים.

MISHNA One may write a bill of divorce **with any material that can be used for writing: With** ***deyo*****, with paint** [*sam*],[LB] **with** ***sikra*****,**[B] **with** ***komos*****,**[LB] **with** ***kankantom***[L] **or with anything that** produces **permanent** writing.[H] However, **one may not write with** other **liquids, nor with fruit juice, nor with anything** that does **not** produce **permanent** writing.

עַל הַכֹּל כּוֹתְבִין, עַל הֶעָלֶה שֶׁל זַיִת, וְעַל הַקֶּרֶן שֶׁל פָּרָה וְנוֹתֵן לָהּ אֶת הַפָּרָה, עַל יָד שֶׁל עֶבֶד וְנוֹתֵן לָהּ אֶת הָעֶבֶד. רַבִּי יוֹסֵי הַגְּלִילִי אוֹמֵר: אֵין כּוֹתְבִין לֹא עַל דָּבָר שֶׁיֵּשׁ בּוֹ רוּחַ חַיִּים, וְלֹא עַל הָאוֹכָלִים.

Similarly, with regard to the document itself, **one may write on anything,**[H] even **on an olive leaf,**[BN] **or on the horn of a cow.**[B] And the latter is valid if **he gives her the** entire **cow.** Likewise, one may write a bill of divorce **on the hand of a slave, and** that is valid if **he gives her the slave. Rabbi Yosei HaGelili** disagrees and **says: One may not write** a bill of divorce **on any living thing, nor** may it be written **on food.**

גמ׳ דְּיוֹ – דְּיוֹתָא. סַם – סַמָּא. סִיקְרָא – אֲמַר רַבָּה בַּר בַּר חָנָה: סִקְרְתָא שְׁמָהּ. קוֹמוֹס – קוּמָא. קַנְקַנְתּוֹם – אֲמַר רַבָּה בַּר בַּר חָנָה אֲמַר שְׁמוּאֵל: חַרְתָּא דְּאוּשְׁכָפֵי.

GEMARA The Gemara begins by explaining the terms used in the mishna: ***Deyo***[B] refers to what is called *deyota*, ink, in Aramaic. ***Sam*** refers to ***samma***, arsenic. With regard to ***sikra*****, Rabba bar bar Ḥana said: Its name** in Aramaic **is** ***sikreta*****,** red dye, derived from minium, which is also known as red lead. ***Komos*****,** tree resin, is known as ***kuma*** in Aramaic. With regard to ***kankantom*****, Rabba bar bar Ḥana said** that **Shmuel said:** This is the **black** substance **used by cobblers,** copper sulfate.

LANGUAGE

Paint [*sam*] – סַם: Some assert that the use of this word for paint is connected to the Greek σμῆμα, *smēma*, meaning soap.

Komos – קוֹמוֹס: From the Latin commis or the Greek κόμμι, *kommi*, meaning gum resin, here possibly from the acacia tree. The Aramaic word *komos* appears to be ink prepared with gum. Although it is not normally used in and of itself as a kind of ink but rather as a thickener for other kinds of inks, it is still possible that colored gum or resin was used for writing.

Kankantom – קַנְקַנְתּוֹם: From the Greek χάλκανθον, *khalkanthon*, copper sulfate, which was used as a base in the production of inks and dyes in the ancient world. It is still used in the production of several high-quality dyes and in the coloring of woven materials.

HALAKHA

Or with anything that produces permanent writing – וּבְכָל דָּבָר שֶׁהוּא שֶׁל קַיָּימָא: A bill of divorce may be written only with a substance that will leave a permanent mark, e.g., ink, red dye, *komos*, or *kankantom*. If it was written with something that does not leave permanent writing, such as fruit juice, then it is not a valid bill of divorce (Rambam *Sefer Nashim, Hilkhot Geirushin* 4:1; *Shulḥan Arukh, Even HaEzer* 125:1).

One may write on anything, etc. – עַל הַכֹּל כּוֹתְבִין וכו׳: It is permitted to write a bill of divorce on anything. If one wrote it on the hand of a slave or on a cow's horn, then it is valid, but he must give the woman the slave or the cow in the presence of witnesses (Rambam *Sefer Nashim, Hilkhot Geirushin* 4:3; *Shulḥan Arukh, Even HaEzer* 124:2).

BACKGROUND

Paint – סַם: Apparently this is one of the minerals in arsenic, perhaps orpiment, which is used for manufacturing paint and ink.

Sikra – סִיקְרָא: This was a red paint that was used for several purposes, among them painting and writing. It was apparently manufactured from a base of minium, also known as red lead.

Minium

Komos – קוֹמוֹס: The Aramaic word *komos* appears to be the resin of acacia trees, Acacia arabica or Acacia senegal. It is not normally used in and of itself as a kind of ink, but rather, as a thickener for other kinds of inks. Still, it is possible that colored resin was used for writing.

Olive leaf – עָלֶה שֶׁל זַיִת: It is possible to write on these kinds of leaves, as they are rigid and have a smooth surface that can be written or etched upon. Furthermore, they are durable and last for a long period of time without changing form. Writing on leaves was practiced in several places, yet olive leaves were not generally used, as they are small.

Horn of a cow – קֶרֶן שֶׁל פָּרָה: Cows' horns are sturdy and do not shed, unlike the antlers of deer, which shed annually. Furthermore, cows' horns have a smooth surface that can be written or etched upon, unlike horns of sheep or goats. In many places people would use a cow's horn as a surface to write things that they wanted to last for a long time.

Ink [*deyo*] – דְּיוֹ: In talmudic times various writing utensils and colored inks were used for writing on parchment and paper. Black was the most common color of ink. It was similar to India ink, a thick ink made from the soot of the smoke of burnt wood or oil. The soot was collected and mixed with the appropriate quantity of oil. Sometimes resin was also added to the ink, so that it would better adhere to the writing surface.

NOTES

On an olive leaf – עַל הֶעָלֶה שֶׁל זַיִת: The example of an olive leaf is used to teach that the substance on which the bill of divorce is written must also be permanent. If one wrote it on something that does not last at all, such as an onion skin or vegetable peels, then it is invalid (*Tosafot*; Rashba; Ran). This *halakha* is also stated explicitly in the *Tosefta* (2:3). However, the Rambam did not record the *halakha* that the bill of divorce must be written on a substance which lasts permanently, and it seems that he holds that the requirement for permanence applies only to the ink (see *Tiferet Yisrael*).

"וּבְכָל דָּבָר שֶׁהוּא מִתְקַיֵּים" וכו׳. לְאֵתוֹיֵי מַאי? לְאֵתוֹיֵי הָא דְּתָנֵי רַבִּי חֲנִינָא: כְּתָבוֹ בְּמֵי טְרִיָא וְאַפְצָא – כָּשֵׁר. תָּנֵי רַבִּי חִיָּיא: כְּתָבוֹ בַּאֲבָר, בְּשָׁחוֹר, וּבְשִׁיחוֹר – כָּשֵׁר.

The mishna taught that one is allowed to write a bill of divorce **with anything** that produces **permanent** writing. The Gemara asks: This statement is meant **to add what?** The Gemara answers: **To add what Rabbi Ḥanina taught: If he wrote it with *mei teriya***[NHL] **or** water in which **gallnuts** [*aftza*][L] were soaked, then it is **valid,** as the writing is permanent. **Rabbi Ḥiyya teaches: If he wrote it with lead,**[H] **with coals,**[N] **or with black paint** then it is **valid.**

אִיתְּמַר: הַמַּעֲבִיר דְּיוֹ עַל גַּבֵּי סִיקְרָא בְּשַׁבָּת, רַבִּי יוֹחָנָן וְרֵישׁ לָקִישׁ דְּאָמְרִי תַּרְוַיְיהוּ: חַיָּיב שְׁתַּיִם, אַחַת מִשּׁוּם כּוֹתֵב, וְאַחַת מִשּׁוּם מוֹחֵק. דְּיוֹ עַל גַּבֵּי דְּיוֹ, סִיקְרָא עַל גַּבֵּי סִיקְרָא – פָּטוּר. סִיקְרָא עַל גַּבֵּי דְּיוֹ, אָמְרִי לַהּ: חַיָּיב, וְאָמְרִי לַהּ: פָּטוּר.

§ **It was stated** that there was a related discussion about different types of writing: In the case of **one who passes ink over** letters written in **red dye**[H] **on Shabbat, Rabbi Yoḥanan and Reish Lakish both say** that he is **liable** to bring **two** sin-offerings for this: **One due to** violating the prohibition against **writing** on Shabbat, because he is now writing letters in ink, **and one due to** violating the prohibition against **erasing** on Shabbat, because as he writes he erases what is written in red dye. They also agree in the case of **ink** written **on top of ink,** or **red dye on top of red dye,** that according to everyone he is **exempt,** because he changed nothing with his writing. However, if he wrote with **red dye on top of ink,** then **some say** that he is **liable and some say** that he is **exempt.**

אָמְרִי לַהּ חַיָּיב, מוֹחֵק הוּא; אָמְרִי לַהּ פָּטוּר – מְקַלְקֵל הוּא.

The Gemara explains these opinions: **Some say** that he is **liable** because **it is erasing,** as he erases the higher-quality, original writing. **Some say** that he is **exempt** because **he is destroying**[B] and one who acts destructively is exempt, as he has not performed planned, constructive labor on Shabbat.

בְּעָא מִינֵּיהּ רֵישׁ לָקִישׁ מֵרַבִּי יוֹחָנָן: עֵדִים שֶׁאֵין יוֹדְעִים לַחְתּוֹם, מַהוּ שֶׁיִּכְתְּבוּ לָהֶם בְּסִיקְרָא וְיַחְתְּמוּ? כְּתָב עֶלְיוֹן כְּתָב, אוֹ אֵינוֹ כְּתָב? אֲמַר לֵיהּ: אֵינוֹ כְּתָב.

This dispute pertains to the *halakhot* of Shabbat. With regard to the signing of documents, **Reish Lakish raised a dilemma before Rabbi Yoḥanan:** If there are **witnesses who do not know how to sign** their names, **what is** the *halakha*: May their names **be written for them with red dye,** and afterward they **will sign** on top of it in ink? The question is: Is **the upper writing,** which was not directly on the document but on top of other ink, considered to be **writing, or is it not writing? He said to him: It is not writing.** Consequently, this may not be done for witnesses who do not know how to sign.

אֲמַר לֵיהּ: וַהֲלֹא לִימַּדְתָּנוּ רַבֵּינוּ, כְּתָב עֶלְיוֹן כְּתָב לְעִנְיַן שַׁבָּת! אֲמַר לֵיהּ: וְכִי מִפְּנֵי שֶׁאָנוּ מְדַמִּין נַעֲשֶׂה מַעֲשֶׂה?

Reish Lakish **said to him: Didn't our master,** i.e., Rabbi Yoḥanan, **teach us** that the **upper writing** is considered to be **writing with** regard to the *halakhot* of **Shabbat?** Rabbi Yoḥanan **said to him: And because we compare** the *halakhot* pertaining to bills of divorce to the *halakhot* of Shabbat, **shall we perform an action** and teach that a bill of divorce may be written in this manner?

אִיתְּמַר: עֵדִים שֶׁאֵין יוֹדְעִים לַחְתּוֹם, רַב אָמַר: מְקָרְעִין לָהֶם נְיָיר חָלָק וּמְמַלְּאִים אֶת הַקְּרָעִים דְּיוֹ. וּשְׁמוּאֵל אָמַר: בַּאֲבָר.

§ **It was stated** that there was a dispute with regard to the following question: What should be done for **witnesses who do not know** how **to sign? Rav says: One tears blank paper for them,** meaning that a stencil of their names is fashioned from blank paper and placed on the bill of divorce. The witnesses then **fill in the gaps** with **ink** so that their names appear on the document. **And Shmuel says:** One first writes their names on the document **with lead,** and the witnesses write over those letters.

NOTES

Mei teriya – **מֵי טְרִיָא**: According to the first explanation offered by Rashi, this refers to rainwater. The Ran explains that the rainwater would get mixed with mud, consequently assuming a color. The Meiri explains that Rashi is referring to rainwater that drips from a wood ceiling and becomes reddened by the wood. In his other explanation, Rashi writes that this refers to gall water, and the Meiri explains there that this term refers to water in which the gallnuts were cooked.

With coals – **בְּשָׁחוֹר**: Rashi explains that this refers to charcoal. The *Nimmukei Yosef* explains that it does not refer to simple charcoal but to charcoal that also contains a sticky substance, so that anything written with it would be permanent. Rabbeinu Ḥananel, based on a mishna in tractate *Kelim*, offers an entirely different explanation: It is some sort of iron implement. According to this interpretation, one would not actually use it like ink, but rather, it would be used to etch letters into the parchment.

HALAKHA

He wrote it with *mei teriya* – **כְּתָבוֹ בְּמֵי טְרִיָא**: One may write a bill of divorce *ab initio* with gall water on paper or leather. The *Maggid Mishne* notes that even though the phrase: If he wrote it, seems to indicate that this is allowed only after the fact, it can be learned from the wording employed by the mishna that anything permanent may be used *ab initio* (Rambam *Sefer Nashim, Hilkhot Geirushin* 4:2; *Shulḥan Arukh, Even HaEzer* 125:3).

He wrote it with lead, etc. – **כְּתָבוֹ בַּאֲבָר וכו׳**: If one wrote a bill of divorce with lead, coal, or paint, it is valid. However, these substances should not be used *ab initio*, as in this case the phrase: If he wrote it, indicates that this *halakha* applies only after the fact (Rambam *Sefer Nashim, Hilkhot Geirushin* 4:1; *Shulḥan Arukh, Even HaEzer* 125:2).

One who passes ink over letters written in red dye, etc. – **הַמַּעֲבִיר דְּיוֹ עַל גַּבֵּי סִיקְרָא וכו׳**: If one wrote with ink over writing that is written with red dye on Shabbat, he is liable to bring two sin-offerings, one for writing and one for erasing. However, if one wrote with ink on top of ink, red dye on top of red dye, or red dye on top of ink, then, although he was prohibited from doing so, he is exempt from having to bring any sin-offering. This ruling is in accordance with the opinion of Rabbi Yoḥanan and Reish Lakish, and with the second version of: Some say, which is the conclusion of the Gemara (Rambam *Sefer Zemanim, Hilkhot Shabbat* 11:16).

LANGUAGE

Mei teriya – **מֵי טְרִיָא**: Different interpretations have been given for this term. From the context, it appears to mean water in which fruits or gall were soaked.

Gallnut [*aftza*] – **אַפְצָא**: Gall is a growth found on various kinds of trees, e.g., oak and sumac. It is a result of an attack from certain species of insects, and is sometimes shaped like a nut. Gall contains a large amount of tannin, which is used both in leather tanning and the manufacture of ink.

Soaking animal skins in a solution including tannin serves to stabilize them and prepare them for use. Ink is made from a solution of gall with added iron salts. Nowadays, most ink is manufactured in this way, but in the days of the Talmud ink was usually manufactured from soot and oils. When parchment processed with gall is written upon with ink manufactured from gall, there is a concern that the ink will soak into the leather without leaving any identifiable trace.

BACKGROUND

Destroying – **מְקַלְקֵל**: Labor on Shabbat is prohibited by Torah law only if it is creative, purposeful, and intentionally performed. All thirty-nine primary categories of labor that are prohibited on Shabbat are derived from the various activities involved in the construction of the Tabernacle in the wilderness. This construction is termed planned, thoughtful, creative labor (see Exodus 35:33), and therefore all categories of labor prohibited by Torah law on Shabbat must contain this element of creative labor. By definition, a destructive act is not included within this definition of labor prohibited on Shabbat.

בְּאֲבָר סָלְקָא דַּעְתָּךְ? וְהָתָנֵי רַבִּי חִיָּיא: כְּתָבוֹ בַּאֲבָר, בְּשָׁחוֹר, וּבְשִׁיחוֹר – כָּשֵׁר! לָא קַשְׁיָא: הָא בְּאַבְרָא, הָא בְּמַיָּא דְּאַבְרָא.

The Gemara asks: Would it **enter your mind** to say that they actually write for them **with lead? But didn't Rabbi Ḥiyya teach:** If **he wrote it with lead, with coals,** or with **black paint,** then it is **valid?** It can be seen from this *baraita* that writing with lead is considered to be a valid form of writing, and, as Rabbi Yoḥanan taught, if one writes on top of other writing then the second writing is not accepted for the signing of documents. The Gemara answers: This is **not difficult: This,** that Shmuel allowed the witnesses to sign on top of lead writing, applies only when the first writing was done **with lead**[H] itself, which is not considered to be writing on its own. **That,** Rabbi Ḥiyya's statement that it is valid for writing a bill of divorce, applies only when the first writing was done **using lead water,** i.e., water colored black with lead.

רַבִּי אֲבָהוּ אָמַר: בְּמֵי מִילִין. וְהָתָנֵי רַבִּי חֲנִינָא: כְּתָבוֹ בְּמֵי טְרִיָא וְאַפְצָא – כָּשֵׁר!

Rabbi Abbahu said: A solution would be to write the names for these witnesses **with gall water** [*mei milin*][L] and have them trace their names with ink. The Gemara challenges: **But didn't Rabbi Ḥanina teach** that if **he wrote** a bill of divorce **with** ***mei teriya*** **or** water in which **gallnuts** were soaked it is **valid?** As this is so, any additional writing over the writing in gall water should not be accepted as a valid signature.

לָא קַשְׁיָא: הָא דַּאֲפִיץ, הָא דְּלָא אֲפִיץ, שֶׁאֵין מֵי מִילִין עַל גַּבֵּי מֵי מִילִין.

The Gemara answers: This is **not difficult. This** suggestion of Rabbi Abbahu, that the document be prepared with the names of the witnesses written with gall water, refers to a case where the parchment was processed **with gallnuts.**[H] **That** statement of Rabbi Ḥanina, that gall water may be used on its own to write a bill of divorce, refers to a case where the parchment was **not** processed **with gallnuts.** The reason for the difference is **because gall water is not** permanent when applied **on top of gall water,** i.e., on parchment that was processed with gallnuts. Therefore, if the parchment was processed using gallnuts, the writing of the names of the witnesses, done with gall water, will not be permanent, and the witnesses may sign their names on top of that writing. When the *baraita* states that witnesses may sign their names with gall water, it is referring to a case where the parchment was not processed with gallnuts, so the gall water signature will be permanent.

רַב פָּפָּא אָמַר: בְּרוֹק. וְכֵן אוֹרֵי לֵיהּ רַב פָּפָּא לְפָפָּא תּוֹרָאָה: בְּרוֹק. וְהָנֵי מִילֵּי בְּגִיטִּין, אֲבָל בִּשְׁטָרוֹת לָא.

Rav Pappa said: A solution would be to write the names for these witnesses **with saliva**[H] and have them trace their names with ink. **And so Rav Pappa instructed Pappa the ox herder,** who did not know how to sign his name, that the court should write his name **with saliva** and he should trace it with ink. The Gemara comments: **This matter,** the leniency to have the witnesses trace their names, applies only **to bills of divorce,** as there is a concern that witnesses will not be found, and the woman will be unable to remarry. **However, for** financial **documents,** the Sages did **not** allow this,[H] and one must instead find witnesses who know how to sign their names.

דְּהָהוּא דַּעֲבַד עוּבְדָּא בִּשְׁאָר שְׁטָרוֹת, וְנַגְדֵּיהּ רַב כָּהֲנָא.

It is told **that** there was **a certain person who performed an action** and allowed witnesses to trace their names **in** a case of **other documents,** which were not bills of divorce, and **Rav Kahana** ordered that **he be flogged** for doing so.

LANGUAGE

Gall water [*mei milin*] – מֵי מִילִין: *Mei milin* apparently refers to liquids in which fruits that contain materials similar to the material found in gall were soaked.

Some have explained that *mei milin* is made from the fruits of the ash tree, *Franxinus excelsior*. In Hebrew it is known as *meila* in the singular, *milin* in the plural. However, dye is not made from the fruits or resin of this tree. The term *mei milin* could also be a reference to a species of oak tree that does produce gall. Others explain that it comes from the Greek μέλας, *melas*, meaning black or black dye. According to this, *mei milin* would translate as black water or water that blackens.

HALAKHA

This, with lead, etc. – הָא בְּאַבְרָא וכו׳: The Rema writes: Some say that a bill of divorce that was written with lead is valid after the fact only when it was written with lead water. In their opinion, the Gemara interpreted Rabbi Ḥiyya's statement in this manner. Therefore, if the bill of divorce was written with actual lead, then it is invalid (Rabbeinu Tam; Ramah; Rosh; *Tur*). The Rambam did not make a distinction with regard to this either because the *halakha* is in accordance with Rav and the Gemara's answer is in accordance with Shmuel, or because he interpreted Rabbi Ḥiyya's statement to be referring to actual lead (Rambam *Sefer Nashim, Hilkhot Geirushin* 4:1, and *Kesef Mishne* and *Leḥem Mishne* there; *Shulḥan Arukh, Even HaEzer* 125:2).

This, the parchment was processed with gallnuts, etc. – הָא דַּאֲפִיץ וכו׳: One may write a bill of divorce with gall water, as long as the parchment that is being written on was not processed with gallnuts, as writing with gall water would not be legible on it. If a bill of divorce was written with gall water on parchment processed with gallnuts, then it is not valid (Rambam *Sefer Nashim, Hilkhot Geirushin* 4:2; *Shulḥan Arukh, Even HaEzer* 125:3).

With saliva – בְּרוֹק: If witnesses to a bill of divorce do not know how to sign their names, then their names should be written on the document with saliva or something similar that will not leave a mark. The witnesses then write over what was written in saliva. The Rema, citing the Ramah, writes that this should not be done *ab initio*. Rather, the witnesses should be brought paper and a stencil of their names should be cut for them, so that the witnesses can sign by filling in the letters with ink (Rambam *Sefer Nashim, Hilkhot Geirushin* 1:23; *Shulḥan Arukh, Even HaEzer* 130:16).

However for financial documents they did not allow this – אֲבָל בִּשְׁטָרוֹת לָא: If witnesses in a financial matter do not know how to sign their names they may not sign through a stencil made from paper or by tracing a mark on the document with ink. This was permitted only in the case of a bill of divorce, so that women will not be left unable to remarry. If one had witnesses sign in this manner on financial documents, he is punished by receiving lashes for rebelliousness and the document is invalid. The *Tur* rules that the document is valid, as the Gemara did not say that Rav Kahana invalidated the document (Rambam *Sefer Mishpatim, Hilkhot Malve VeLoveh* 24:6, and *Maggid Mishne* there; *Shulḥan Arukh, Ḥoshen Mishpat* 45:4).

BACKGROUND

The *baraita* is incomplete and this is what it is teaching – חַסּוֹרֵי מִיחַסְּרָא וְהָכִי קָתָנֵי: This method of explanation is often found in the Gemara. The addition introduced by the Gemara is an elaboration upon that which is written in the mishna, based on various difficulties raised in the Gemara that render the mishna in its original form incoherent or inconsistent with another authoritative source. The addition provides the necessary clarification.

תַּנְיָא כְּווֹתֵיהּ דְּרַב: עֵדִים שֶׁאֵין יוֹדְעִין לַחְתּוֹם, מְקָרְעִין לָהֶן נְיָיר חָלָק וּמְמַלְּאִים אֶת הַקְּרָעִים דְּיוֹ.

It is taught in a *baraita* **in accordance with** the opinion **of Rav:** In the case of **witnesses who do not know** how **to sign, one tears a blank** piece of **paper for them,** and they **fill in the gaps** with **ink.**

אָמַר רַבָּן שִׁמְעוֹן בֶּן גַּמְלִיאֵל: בַּמֶּה דְּבָרִים אֲמוּרִים – בְּגִיטֵּי נָשִׁים, אֲבָל בְּשִׁחְרוּרֵי עֲבָדִים וּשְׁאָר כָּל הַשְּׁטָרוֹת, אִם יוֹדְעִין לִקְרוֹת וְלַחְתּוֹם – חוֹתְמִין, וְאִם לָאו – אֵין חוֹתְמִין.

Rabban Shimon ben Gamliel said: In what case **is this statement said? For bills of divorce. However, for** bills **of manumission and** for **all other documents, if** the witnesses **know** how **to read and** how **to sign,** then **they sign, and if** they do **not** know how to read and sign **they do not sign.**

קְרִיָּיה מַאן דְּכַר שְׁמַהּ? חַסּוֹרֵי מִיחַסְּרָא וְהָכִי קָתָנֵי: עֵדִים שֶׁאֵין יוֹדְעִין לִקְרוֹת – קוֹרִין לִפְנֵיהֶם וְחוֹתְמִים, וְשֶׁאֵין יוֹדְעִין לַחְתּוֹם כו׳. אָמַר רַבִּי שִׁמְעוֹן בֶּן גַּמְלִיאֵל: בַּמֶּה דְּבָרִים אֲמוּרִים – בְּגִיטֵּי נָשִׁים, אֲבָל שִׁחְרוּרֵי עֲבָדִים וּשְׁאָר כָּל הַשְּׁטָרוֹת, אִם יוֹדְעִין לִקְרוֹת וְלַחְתּוֹם – חוֹתְמִין, וְאִם לָאו – אֵין חוֹתְמִין.

The Gemara asks: With regard to **reading, who mentioned anything about it?** Why does Rabban Shimon ben Gamliel mention the need for witnesses to be able to read when the discussion is about a witness who does not know how to sign? The Gemara answers: The *baraita* **is incomplete, and this** is what **it is teaching:**[B] In the case of **witnesses who do not know** how **to read, one reads** the document **in their presence and they sign. And** in the case **where they do not know** how **to sign,** then one tears paper in the form of a stencil and they fill in the gaps with ink. With regard to this, **Rabban Shimon ben Gamliel said: In what** case **is this statement said? For bills of divorce. However, for** bills **of manumission and** for **all other documents,**[N] **if** the witnesses **know** how **to read and** how **to sign,** then **they sign, and if not they do not sign.**

אָמַר רַבִּי אֶלְעָזָר: מַאי טַעְמָא דְּרַבָּן שִׁמְעוֹן בֶּן גַּמְלִיאֵל? שֶׁלֹּא יְהוּ בְּנוֹת יִשְׂרָאֵל עֲגוּנוֹת.

Rabbi Elazar says: What is the reason of Rabban Shimon ben Gamliel, who permitted this only for bills of divorce? He holds that there is reason to be lenient with bills of divorce, **so that the daughters of Israel should not be deserted.** Requiring literate witnesses for bills of divorce could lead to a scenario in which a husband wishes to travel and wants to give his wife a bill of divorce in case he shall not return, but if he does not find literate witnesses he may leave without divorcing her, leaving her unable to remarry.

אָמַר רָבָא: הֲלָכָה כְּרַבָּן שִׁמְעוֹן בֶּן גַּמְלִיאֵל, וְרַב גַּמְדָּא מִשְּׁמֵיהּ דְּרָבָא אָמַר: אֵין הֲלָכָה. וְאֶלָּא כְּמַאן – כְּרַבָּנַן?

Rava says: The *halakha* is in accordance with Rabban Shimon ben Gamliel. And Rav Gamda said in the name of Rava: The *halakha* is not in accordance with Rabban Shimon ben Gamliel. The Gemara asks: **Rather, in accordance with whose** opinion is the *halakha*? Is it **in accordance with** the opinion of **the Rabbis,** and it is permitted to do this for any document?

וְהָא הַהוּא דַּעֲבַד עוּבְדָּא בִּשְׁאָר שְׁטָרוֹת וְנַגְדֵיהּ רַב כָּהֲנָא! תַּרְגְּמָא: אַקְּרִיאָה.

But wasn't there **a certain person who performed an action,** and allowed witnesses to trace their names **in** a case of **other documents** that were not bills of divorce, and **Rav Kahana** ordered that **he be flogged** for doing so? The Gemara answers: Rav Gamda **interpreted** the statement of Rava only **with regard to reading,**[N] meaning that the *halakha* is in accordance with the Rabbis and not Rabban Shimon ben Gamliel only with regard to the question of whether other documents may be read to the witnesses, but not with regard to whether they may sign other documents by means of a stencil.

NOTES

And for all other documents, etc. – וּשְׁאָר כָּל הַשְּׁטָרוֹת וכו׳: The early commentaries disagree with regard to the validity after the fact of a document signed in this way. According to the Rambam, not only are the witnesses flogged for signing with a stencil and the like, but the document itself is invalid. He holds that a document signed in this way is inherently falsified. Consequently, it is not even valid if qualified witnesses saw the transfer of the document. However, many other early commentaries hold that although the witnesses acted incorrectly the document is nevertheless valid. They explain that if such a signature automatically falsified the document, then it would disqualify bills of divorce as well, despite the concern that the woman would find herself unable to remarry. These commentaries conclude that even according to Rabban Shimon ben Gamliel, the Sages instituted an ordinance not to use witnesses who cannot sign their names but waived this condition in the case of a bill of divorce.

Interpreted with regard to reading – תַּרְגְּמָא אַקְּרִיאָה: Most commentaries explain that Rav Gamda means that the *halakha* is in accordance with the Rabbis, and therefore witnesses that do not know how to read may sign all documents. Rashi maintains that Rav Kahana flogged witnesses who did not know how to sign their names and signed using a stencil. However, Rabbeinu Ḥananel explains in the opposite manner, that Rav Kahana flogged witnesses who signed a document despite not knowing how to read, and Rav Gamda's ruling is that witnesses who do not know how to write may sign any type of document.

רַב יְהוּדָה מִיצְטַעֵר קָרֵי וְחָתֵים. אֲמַר לֵיהּ עוּלָּא: לָא צְרִיכַתְּ, דְּהָא רַבִּי אֶלְעָזָר מָרָא דְּאֶרֶץ יִשְׂרָאֵל קָרוּ קַמֵּיהּ וְחָתֵים, וְרַב נַחְמָן קָרוּ קַמֵּיהּ סָפְרֵי דַּיָּינֵי וְחָתֵים. וְדַוְוקָא רַב נַחְמָן וְסָפְרֵי דַּיָּינֵי, דְּאִית לְהוּ אֵימָתָא, אֲבָל רַב נַחְמָן וְסָפְרֵי אַחֲרִינֵי, סָפְרֵי דַּיָּינֵי וְאִינִישׁ אַחֲרִינָא – לָא.

It is told that **Rav Yehuda**[P] was nearly blind in his old age. He could barely read and he **took great pains to read and sign** documents as a witness or a judge. **Ulla said to him: It is not necessary for** you to do this, as the court scribes **would read in the presence of Rabbi Elazar the master**, i.e., the halakhic authority **of Eretz Yisrael, and he would sign; and the court scribes would read** documents **before Rav Naḥman and he would sign**; and you may do the same. The Gemara notes: **And** this was done **specifically** in a case like that of **Rav Naḥman and the court scribes,**[H] **as they had fear** of him because he was a great man and a judge to whom they were subservient. Therefore, there was no concern that they would not read it correctly. **However, for Rav Naḥman and other scribes,** or **the court scribes and another person, no;** the document may not be read to the witness, as the scribes may read it incorrectly to him.

רַב פַּפָּא כִּי הֲוָה אָתֵי לְקַמֵּיהּ שְׁטָרָא פַּרְסָאָה דַּעֲבִיד בְּעַרְכָּאוֹת שֶׁל גּוֹיִם, מַקְרֵי לְהוּ לִשְׁנֵי גּוֹיִם זֶה שֶׁלֹּא בִּפְנֵי זֶה בְּמֵסִיחַ לְפִי תּוּמּוֹ, וּמַגְבֵּי בֵּיהּ מִמְּשַׁעְבְּדֵי.

The Gemara recounts the behavior of another *amora* who had documents read to him: **When documents** that were written in **Persian** and **that were produced in gentile courts came before Rav Pappa,** who did not know how to read Persian, he would **have it be read by two gentiles,**[H] **each one not in the presence of the other** and in a way that each one would **speak offhandedly,**[B] without knowing that they were giving testimony. Once he clarified what was written in the document **he would collect** payment **with it** even **from liened** property that had been sold, as he held that such a document is entirely valid with regard to monetary law.

אֲמַר רַב אַשִׁי: אֲמַר לִי רַב הוּנָא בַּר נָתָן, הָכִי אֲמַר אַמֵימָר: הַאי שְׁטָרָא פַּרְסָאָה דַּחֲתִימִי עֲלֵיהּ סָהֲדֵי יִשְׂרָאֵל, מַגְבִּינַן בֵּיהּ מִמְּשַׁעְבְּדֵי.

Rav Ashi **said** that **Rav Huna bar Natan said to me** that **so said Ameimar:** With regard to **this Persian document, on which Jews are signed as witnesses,**[H] the court is able to **collect** payment **with it,** even **from liened** property that had been sold.

וְהָא לָא יָדְעִי לְמִיקְרֵי! בְּדְיָדְעִי. וְהָא בָּעֵינַן כְּתָב שֶׁאֵינוֹ יָכוֹל לְהִזְדַּיֵּיף, וְלֵיכָּא! בְּדַאֲפִיצָן. וְהָא בָּעֵינַן צָרִיךְ לַחֲזוֹר מֵעִנְיָנוֹ שֶׁל שְׁטָר בְּשִׁיטָה אַחֲרוֹנָה, וְלֵיכָּא! בִּדְמַהְדַּר.

The Gemara asks: **But they don't know how to read,** as most Jews did not read Persian. The Gemara answers: Ameimar's statement applies **when they know** how to read Persian. The Gemara questions how the court can rely upon such a document: **But don't we require** all legal documents to be written in **a writing that cannot be forged; and it is not** so in documents produced by Persians, as the Persians were not particular about this when writing their legal documents. The Gemara answers: His statement applies **in** a case where the paper of the documents was processed **with gall.** Consequently, it is not possible to forge the writing. **But we require** a document **to recap the** essential **topic of the document in its last line; and it is not** so in the case of Persian documents. The Gemara answers: Ameimar's statement applies **in** a case **where** the document **recapped** the essential topic of the document in the final line.

וְאֶלָּא מַאי קָא מַשְׁמַע לַן – דְּכׇל לָשׁוֹן כָּשֵׁר? תְּנֵינָא: גֵּט שֶׁכְּתָבוֹ עִבְרִית וְעֵדָיו יְוָנִית, יְוָנִית וְעֵדָיו עִבְרִית – כָּשֵׁר!

The Gemara asks: **But** if Ameimar's statement applies only when all these conditions are met, then **what is he teaching us, that** a document that is properly written in **any language is valid? We** already **learned** in a mishna (87b): In the case of **a bill of divorce that he wrote** in **Hebrew and its witnesses** signed in **Greek,** or one that he wrote in **Greek and its witnesses** signed in **Hebrew,** it is **valid.** If this is written in the mishna, Ameimar's statement would not simply repeat it.

HALAKHA

And specifically Rav Naḥman and the court scribes – וְדַוְוקָא רַב נַחְמָן וְסָפְרֵי דַּיָּינֵי: If the head of a court who was familiar with the basic content of a document had the court scribe read it in his presence, he may sign it although he did not read it himself. This is because the head of the court has faith in the court scribe, and the court scribe fears the head of the court. If someone who is not the head of the court hears the document read by the court scribe, or if the head of the court hears it read by someone else, that person may not sign the document, as one may not ordinarily sign a document until he has read every word. The Rema writes that some say that if two valid witnesses read it in his presence, then he may sign it (Rambam *Sefer Mishpatim, Hilkhot Malve VeLoveh* 24:7; *Shulḥan Arukh, Ḥoshen Mishpat* 45:2).

Have it be read by two gentiles, etc. – מַקְרֵי לְהוּ לִשְׁנֵי גּוֹיִם וכו׳: If a document produced by a gentile court is entered into the proceedings before a rabbinic court, and the judge does not read the language in which the document was written, he should give it to two gentiles to read, each not in the presence of the other, and they should read it guilelessly, without knowing that they are providing testimony. The court may then use the document to permit the collection of money. Such a document can be used to collect payment only from free property but not from liened property because, according to the Rambam, a document produced by a gentile court can never be used to collect payment from liened property. The *Urim VeTummim*, citing the Rosh, holds that it can also be used to collect payment from liened property (Rambam *Sefer Mishpatim, Hilkhot Malve VeLoveh* 27:1; *Shulḥan Arukh, Ḥoshen Mishpat* 68:2).

On which Jews are signed as witnesses – דַּחֲתִימִי עֲלֵיהּ סָהֲדֵי יִשְׂרָאֵל: If a document was produced by a gentile court, in any language; and it was written in accordance with all of the strictures of *halakha* that prevent the forging of documents; and the witnesses signed on the document were Jews who knew how to read it, then it is a valid document and may be used to collect payment even from liened property, in accordance with the statement of Ameimar (Rambam *Sefer Mishpatim, Hilkhot Malve VeLoveh* 27:1; *Shulḥan Arukh, Ḥoshen Mishpat* 68:1).

BACKGROUND

Speak offhandedly – מֵסִיחַ לְפִי תּוּמּוֹ: When one is speaking casually, without intending to provide testimony, there is no reason to suspect him of lying. Therefore, even one who is generally disqualified from testifying may be relied upon, in certain circumstances, to provide necessary information to reach a halakhic conclusion. For example, a gentile's statement that a certain man is deceased is sufficient to permit the latter's wife to remarry.

PERSONALITIES

Rav Yehuda – רַב יְהוּדָה: This is Rav Yehuda bar Yeḥezkel, who is referred to throughout the Talmud simply as Rav Yehuda. He was a second-generation *amora*. He studied under Rav, and, following Rav's death, he studied under Shmuel in Neharde'a. Shmuel recognized his intellectual prowess, as he referred to him as a sharp one (*Berakhot* 36a), noted his extreme piety, and commented that Rav Yehuda was: Not born of a woman (see *Nidda* 13a).

Rav Yehuda had a tremendous memory and was meticulous about quoting halakhic statements in the names of those from whom he heard them. He is mentioned as quoting a *halakha* in the name of Rav or Shmuel over four hundred times in the Talmud.

He was known as a lover of Eretz Yisrael. However, he believed it was prohibited to move there, in accordance with the verse: "They shall be carried to Babylon, and there shall they be, until the day that I remember them" (Jeremiah 27:22). After Shmuel's death, Rav Yehuda established the famed yeshiva in Pumbedita, where he served as its head for forty years. The yeshiva focused on the study of the *halakhot* of damages, as Rav Yehuda believed that the main expression of one's piety should be demonstrated through proper conduct toward one's fellow man (see *Bava Kamma* 30a). In his later years, Rav Yehuda became blind.

אי מֵהָהִיא הֲוָה אָמֵינָא הָנֵי מִילֵּי בְּגִיטִּין, אֲבָל בִּשְׁאָר שְׁטָרוֹת לָא, קָא מַשְׁמַע לַן.

The Gemara answers: This cannot serve as a clear proof, because **if** the only source for this *halakha* were **from that** mishna then **I would say: This statement** applies only **for bills of divorce,** where the Sages were lenient so that a woman would not be unable to remarry. **However, for other documents, no.** Consequently, Ameimar **teaches us** that other types of documents are valid if they are written in other languages as well.

אָמַר שְׁמוּאֵל: נָתַן לָהּ נְיָיר חָלָק וְאָמַר לָהּ "הֲרֵי זֶה גִּיטֵּיךְ" – מְגוֹרֶשֶׁת, חָיְישִׁינַן שֶׁמָּא בְּמֵי מִילִין כְּתָבוֹ.

§ **Shmuel says:** If a man **gave** his wife **a blank** piece of **paper and said to her: This is hereby your bill of divorce,** then **she is divorced.** Why? **We are concerned** that **perhaps he wrote it with gall water,** rendering it a valid bill of divorce, and the writing was subsequently absorbed into the paper so that it was no longer visible.

מֵיתִיבֵי: "הֲרֵי זֶה גִּיטֵּךְ", וּנְטָלַתּוּ וּזְרָקַתּוּ לַיָּם אוֹ לָאוּר אוֹ לְכׇל דָּבָר הָאָבֵד, וְחָזַר וְאָמַר "שְׁטַר פַּסִּים הוּא" "שְׁטַר אֲמָנָה הוּא" – מְגוֹרֶשֶׁת, וְלֹא כׇּל הֵימֶנּוּ לְאוֹסְרָהּ;

The Gemara raises an objection based on what was taught in a *baraita* (*Tosefta* 8:2): If a husband said to his wife: **This is hereby your bill of divorce, and** instead of opening it and looking at it **she took it and threw it**[H] **into the sea, or into a fire, or into anything that destroys** it; **and he later said:** It wasn't actually a bill of divorce, rather **it is a document of appeasement** [*shetar passim*],[L] a symbolic promissory note meant only for display so that the person holding it will be considered to be wealthy; or he said: **It is a document of trust,**[B] which is a false promissory note given by one person to another, trusting that he will not make use of it until there has been an actual loan; then **she is divorced. And he does not have** the power **to make her forbidden** to everyone else as a married woman by saying that it was not a bill of divorce and they are still married.

טַעְמָא דְּאִיכָּא כְּתָב, הָא לֵיכָּא כְּתָב – לָא! כִּי קָאָמַר שְׁמוּאֵל – דְּבָדְקִינַן לֵיהּ בְּמַיָּא דְנָרָא, אִי פָּלֵיט – פָּלֵיט, וְאִי לָא פָּלֵיט – לָאו כְּלוּם הוּא.

The Gemara makes an inference from the *baraita*: **The reason** she is divorced is because this bill of divorce **has writing,** and there is no way to ascertain what was written, **but** if it did **not** have **writing,** then **no,** there is no concern that perhaps it was a valid bill of divorce written with gall water. This runs counter to the statement of Shmuel. The Gemara answers: **When Shmuel said** that the woman was divorced with a blank piece of paper, it was in a case **where we check** the paper **with a colored liquid** [*maya denara*].[HLN] **If** the paper **expels** the writing, then **it expels** it and it is a valid bill of divorce. **And if it does not expel** it, then the document **is nothing** and she is not divorced.

וְכִי פָּלֵיט מַאי הָוֵי? הַשְׁתָּא הוּא דְּפָלֵיט! שְׁמוּאֵל נָמֵי "חָיְישִׁינַן" קָאָמַר.

The Gemara asks: **And if** the paper **expels** the writing, **what of it?** It is possible **that** only **now it expels**[N] the writing and the letters become visible, but from the beginning there was no legible writing and therefore the document should be considered invalid. The Gemara answers that **even Shmuel said** only: **We are concerned,**[N] and he does not hold that it is a valid bill of divorce. Rather, the court takes into account the possibility that what he gave her in the beginning was a valid bill of divorce, and the *halakha* is that it is uncertain if she is divorced.

HALAKHA

This is hereby your bill of divorce, and she took it and threw it, etc. – הֲרֵי זֶה גִּיטֵּךְ וּנְטָלַתּוּ וּזְרָקַתּוּ וכו׳: If witnesses read a bill of divorce immediately prior to when it was given, and the woman then threw it into a fire or into the water, and it was destroyed immediately after she received it, then she is divorced, as there is no possibility that the husband gave her a different document. Even if the husband claims that he did switch it with another document, he is not believed. However, if the bill of divorce was not read before it was given, and she then destroyed it, then it is uncertain if she is divorced even when the husband says that it was a valid bill of divorce (Rambam *Sefer Nashim, Hilkhot Geirushin* 1:20–21; *Shulḥan Arukh, Even HaEzer* 135:2–3).

We check it with a colored liquid – בָּדְקִינַן לֵיהּ בְּמַיָּא דְנָרָא: If a man gave his wife a blank piece of paper and said to her: This is hereby your bill of divorce, and the witnesses did not check the paper, or even if they did check the paper and they found it had invisible writing on it, then it is uncertain if she is divorced. If they checked it and no writing was expelled, then there is no concern that this was a valid divorce (*Shulḥan Arukh, Even HaEzer* 135:4).

LANGUAGE

Document of appeasement [*shetar passim*] – שְׁטַר פַּסִּים: Some understand *passim* to mean appeasement, where one appeases another, so that the latter will be willing to give a promissory note stating that he owes money to the former. However, there is a variant text in the Jerusalem Talmud which reads: *Shetar pastis*, which is derived from the Greek πίστις, *pistis*, meaning trustworthiness, making it similar or identical to a document of trust.

Colored liquid [*maya denara*] – מַיָּא דְנָרָא: The word *nara* comes from the Middle Iranian nār, meaning pomegranate.

BACKGROUND

Document of trust – שְׁטַר אֲמָנָה: This is an illegal document attesting to a loan that never took place. The borrower plans to borrow the money later and writes the promissory note in advance, for reasons of convenience, trusting the lender not to produce the document for collection unless and until he actually lends the money. A document of trust is by its nature false. It is prohibited to keep a document of trust in one's home (*Ketubot* 19a).

NOTES

Colored liquid – מַיָּא דְנָרָא: Rashi explains that this refers to a certain type of ink that would be used to reveal invisible ink that had previously been applied to the paper. The *Arukh* and *Tosafot* explain, citing Rabbeinu Ḥananel, that this refers to the juice extracted from pomegranate peel. The Meiri explains, based on the Jerusalem Talmud, that this refers to ink that was not made from gallnuts. When it is poured on parchment on which something was written with gall water, the writing becomes visible.

Now it expels – הַשְׁתָּא הוּא דְּפָלֵיט: *Tosafot* and other early commentaries understand that the essential question is whether the writing was legible at the time that it was written. If it becomes legible only after the performance of the process of applying the colored water, the bill of divorce is invalid.

Said only: We are concerned – חָיְישִׁינַן קָאָמַר: It is uncertain if she is divorced and she is therefore prohibited from remarrying, but if her husband were to die she would be prohibited from marrying a priest, as she may be a divorcée. There are different opinions among the early commentaries with regard to the conclusion of the Gemara. According to *Tosafot*, the conclusion is that even if this method of checking the document was not performed there is still a concern that she may be divorced. Only if the test was performed and no letters were visible is she definitely not divorced. According to the Rashba, if no test was performed then she is certainly not divorced, and if the check was performed and the writing emerged then it is uncertain if she is divorced.

אֲמַר רָבִינָא: אֲמַר לִי אַמֵימָר, הָכִי אֲמַר מָרֵימָר מִשְּׁמֵיהּ דְּרַב דִּימִי: הָנֵי בֵּי תְּרֵי דְּיָהֵיב גִּיטָּא קַמַּיְיהוּ, צְרִיכִי לְמִיקְרְיֵיהּ. מֵיתִיבֵי: "הֲרֵי זֶה גִּיטֵּךְ", וּנְטָלַתּוּ וּזְרָקַתּוּ לַיָּם אוֹ לָאוּר אוֹ לְכָל דָּבָר הָאָבֵד, וְחָזַר וְאָמַר "שְׁטַר פַּסִּים הוּא", "שְׁטַר אֲמָנָה הוּא" – מְגוֹרֶשֶׁת, וְלֹא כָּל הֵימֶנּוּ לְאוֹסְרָהּ. וְאִי אָמְרַתְּ צְרִיכִי לְמִיקְרְיֵיהּ, בָּתַר דְּקַרְיוּהָ מִי מָצֵי אֲמַר לַהּ הָכִי?

Ravina said: Ameimar said to me that so said Mareimar in the name of Rav Dimi: These two witnesses who testify that the bill of divorce was given[H] in their presence are required to read it. The Gemara raises an objection to this based on what was taught in a *baraita*: If a man says to a woman: This is hereby your bill of divorce, and instead of opening it and looking at it she took it and threw it into the sea, or into a fire, or into anything that destroys it, and he later said: It wasn't actually a bill of divorce, but rather, it is a document of appeasement, or it is a document of trust; then she is divorced, and he does not have the power to make her forbidden to everyone else as a married woman by saying that it was not a bill of divorce and they are still married. And if you say that the witnesses need to read the bill of divorce, then is the husband able to say this to her after they read it?

לָא צְרִיכָא, דְּבָתַר דְּקַרְיוּהָ עַיְּילֵיהּ לְבֵי יְדֵיהּ וְאַפְּקֵיהּ; מַהוּ דְּתֵימָא: חֲלוּפֵי חַלְפֵיהּ, קָא מַשְׁמַע לַן.

The Gemara answers: No, it is necessary for Rav Dimi to teach his *halakha* in a case where after they read it, the husband placed it under his arm, and later took it out, and gave it to the woman without it being read again. Lest you say that he switched it with another document, and what he gave her was not a bill of divorce but a document of appeasement or trust as he claims, Rav Dimi teaches us that the court need not be concerned that he switched it.

הַהוּא גַּבְרָא דִּזְרַק לַהּ גִּיטָּא לִדְבֵיתְהוּ לְבֵינֵי דָּנֵי, אִשְׁתַּכַּח מְזוּזְתָא. אֲמַר רַב נַחְמָן: מְזוּזְתָא בֵּינֵי דָּנֵי לָא שְׁכִיחָא.

The Gemara tells: There was a certain man who threw what he claimed was a bill of divorce to his wife, into her courtyard, among the barrels,[H] and in the end a *mezuza* was found there. The question is: Is there a concern that he threw her a bill of divorce, and the bill of divorce was destroyed, and the *mezuza* happened to be in the same location? Or perhaps he threw her the *mezuza* and only claimed that it was a bill of divorce. Rav Naḥman said: A *mezuza* is infrequently placed among the barrels, and it can be assumed that he threw the *mezuza* and not a bill of divorce.

וְהָנֵי מִילֵּי דְּאִשְׁתַּכַּח חֲדָא, אֲבָל שְׁנַיִם שְׁלֹשָׁה, מִדְּהָא הֲוַאי – הָא נַמִי הֲוַאי, וְגִיטָּא – אֵימוּר עַכְבָּרִים שְׁקַלוּהּ.

The Gemara comments: And this statement applies only when one *mezuza* was found. However, if two or three *mezuzot* were found, then the assumption is that as this, the other *mezuza*, was there, this *mezuza* was also there before the husband came, and as to the bill of divorce, say that the mice later took it, and the woman was already divorced from the moment it reached her courtyard.

הַהוּא גַּבְרָא דְּעָל לְבֵי כְּנִישְׁתָּא, שְׁקַל סֵפֶר תּוֹרָה יָהֵיב לַהּ לִדְבֵיתְהוּ, וַאֲמַר לַהּ "הָא גִּיטֵּךְ"; אֲמַר רַב יוֹסֵף: לְמַאי לֵיחוּשׁ לַהּ? אִי מִשּׁוּם מֵי מִילִין – אֵין מֵי מִילִין עַל גַּבֵּי מֵי מִילִין,

It is told: There was a certain man who entered the synagogue, took a Torah scroll, and gave it to his wife. And he said to her: This is your bill of divorce. Rav Yosef said: For what is there to be concerned for it? If you say that there should be a concern due to gall water, that perhaps he wrote a bill of divorce on the outside of the Torah scroll's parchment with gall water, and this writing is now invisible, gall water is not permanent when applied on top of gall water. Since parchment for the Torah scroll is processed with gall water, it is not possible to write something with gall water that will remain permanently on the parchment itself. Therefore, there is no concern that he wrote a bill of divorce on the parchment.

HALAKHA

These two witnesses who testify that the bill of divorce was given, etc. – **הָנֵי בֵּי תְּרֵי דְּיָהֵיב גִּיטָּא וכו׳**: The witnesses in whose presence a bill of divorce is given must read it both before and after it is given. If they read it only after it was given it is still a valid divorce, and she may even remarry *ab initio*. The Rema writes that the accepted practice is for the rabbi who oversees the giving of the bill of divorce to read it together with the witnesses both before and after it is given. He also asks the scribe if it was written expressly for this man and woman and for the sake of being used as a bill of divorce. Then he asks the witnesses if each one recognizes his own signature and the signature of the other witness, and if they signed in each other's presence (Rambam *Sefer Nashim, Hilkhot Geirushin* 1:19; *Shulḥan Arukh, Even HaEzer* 135:1).

Threw a bill of divorce to his wife into her courtyard among the barrels, etc. – **זָרַק לַהּ גִּיטָּא לִדְבֵיתְהוּ לְבֵינֵי דָּנֵי וכו׳**: If a husband says that he threw a bill of divorce into his wife's courtyard among the barrels and people searched for it and found only a *mezuza* or some other document, then there is no concern that he threw her a valid bill of divorce, as the assumption is that what was found is what he threw. However, if two or three *mezuzot* or other documents were found, then there is a concern that perhaps he threw her a bill of divorce and it was taken away by mice, and therefore it is uncertain if she is divorced.

If witnesses read the bill of divorce and immediately afterward the husband took it and threw it among the barrels, then even if they found only one *mezuza* there, it is uncertain if she is divorced (Rambam *Sefer Nashim, Hilkhot Geirushin* 1:22; *Shulḥan Arukh, Even HaEzer* 135:5).

HALAKHA

And he writes her, for her sake – וְכָתַב לָהּ לִשְׁמָהּ: The writing and signing of a bill of divorce must be for the sake of the man and woman who are being divorced. If it was not written for their sake, then it is invalid (Rambam *Sefer Nashim, Hilkhot Geirushin* 1:3, 3:1; *Shulḥan Arukh, Even HaEzer* 131:1).

Changed his name – שִׁינָּה שְׁמוֹ: If the scribe altered the name of the man or the woman or the name of one of their cities, then the bill of divorce is not valid. The same applies if he did not write the names of the man or the woman at all. The Gra notes that this ruling is in accordance with the statement of Rav Yosef (Rambam *Sefer Nashim, Hilkhot Geirushin* 3:14; *Shulḥan Arukh, Even HaEzer* 129:3).

And he passed over it with a reed pen – וְהֶעֱבִיר עָלָיו קוּלְמוֹס: If a bill of divorce was written not for her sake, then even if the scribe traces over it with a reed pen for her it is invalid. This ruling is in accordance with the opinion of the Rabbis concerning the writing of the name of God in a Torah scroll. The Rashba, citing Rabbeinu Ḥananel, holds that it is uncertain whether it is a valid bill of divorce, in accordance with the statement of Rav Aḥa (Rambam *Sefer Nashim, Hilkhot Geirushin* 3:4; *Shulḥan Arukh, Even HaEzer* 131:5).

But he made a mistake and did not place a *dalet* in the word, etc. – וְטָעָה וְלֹא הִטִּיל בּוֹ דָּלֶת וכו׳: Whenever a scribe is writing a Torah scroll, a *mezuza*, or one of the portions of phylacteries, and he must write one of the seven names of God that may not be erased, he must state that he is writing this name with the intention that it be sanctified as a name of God. If he did not do this, then the Torah scroll, *mezuza*, or one of the portions of phylacteries is invalid. The *Shakh* comments that passing over it with a pen is not sufficient to sanctify it, in accordance with the opinion of the Rabbis (Rambam *Sefer Ahava, Hilkhot Tefillin UMezuza VeSefer Torah* 1:15; *Shulḥan Arukh, Yoreh De'a* 276:2).

אִי מִשּׁוּם כְּרִיתוּת דְּאִית בָּהּ – הָא בָּעֵינָא ״וְכָתַב לָהּ״ – לִשְׁמָהּ, וְלֵיכָּא;

If there is a concern that the Torah scroll can effect a divorce **due to** the verses concerning **severance** of marriage **that there are in** it, as it is written: "And he writes her a scroll of severance" (Deuteronomy 24:1), this is also not problematic, since **it is required**, as it states: **"And he writes her."** This indicates that the bill of divorce must be written **for her sake,**[H] i.e., it must be written for the express intent of being used to effect divorce between this specific man and this specific woman, **and** this is **not** so in the case of a Torah scroll.

וְכִי תֵּימָא, לֵיחוּשׁ דִּילְמָא אַקְדֵּים וִיהַב לֵיהּ זוּזָא לְסָפְרָא מֵעִיקָּרָא – הָא בָּעֵינַן שִׁינָּה שְׁמוֹ וּשְׁמָהּ שֵׁם עִירוֹ וְשֵׁם עִירָהּ, וְלֵיכָּא.

And if you would say that there is reason **to be concerned** that **perhaps he first gave a dinar to the scribe at the outset,** when he wrote the Torah scroll, and told him to write the verses discussing divorce for his wife's sake, **isn't there a need** for other things to be written in a bill of divorce as well, as the mishna (80a) teaches: If the scribe **changed his name**[H] **or her name, the name of his city or the name of her city,** then the bill of divorce is invalid. The validity of a bill of divorce depends upon these details being written, **and** they are **not** in the Torah scroll.

וְרַב יוֹסֵף מַאי קָא מַשְׁמַע לָן? שֶׁאֵין מֵי מִילִין עַל גַּבֵּי מֵי מִילִין.

The Gemara asks: But if so, **what is Rav Yosef teaching us** with his statement? It seems obvious that there is no reason why a Torah scroll could be used as a bill of divorce. The Gemara says: He is teaching us that **gall water is not** permanent when applied **on top of gall water.** The novel idea is that there is no need to be concerned that the scribe wrote a bill of divorce in gall water on the outside of the Torah scroll.

אָמַר רַב חִסְדָּא: גֵּט שֶׁכְּתָבוֹ שֶׁלֹּא לִשְׁמָהּ וְהֶעֱבִיר עָלָיו קוּלְמוֹס לִשְׁמָהּ, בָּאנוּ לְמַחֲלוֹקֶת רַבִּי יְהוּדָה וְרַבָּנַן.

§ **Rav Ḥisda says:** If **a bill of divorce was written not for her sake, and** the scribe **passed over it** with **a reed** pen,[H] meaning that he wrote on top of what was already written, **for her sake,** then here **we have arrived at the dispute between Rabbi Yehuda and the Rabbis.**

דְּתַנְיָא: הֲרֵי שֶׁהָיָה צָרִיךְ לִכְתּוֹב אֶת הַשֵּׁם, וְנִתְכַּוֵּין לִכְתּוֹב ״יְהוּדָה״ וְטָעָה וְלֹא הִטִּיל בּוֹ דָּלֶת – מַעֲבִיר עָלָיו קוּלְמוֹס וּמְקַדְּשׁוֹ, דִּבְרֵי רַבִּי יְהוּדָה. וַחֲכָמִים אוֹמְרִים: אֵין הַשֵּׁם מִן הַמּוּבְחָר.

As it is taught in a *baraita*: If a scribe writing a Torah scroll was at a point in the text **that he needed to write the name** of God, spelled *yod, heh, vav, heh*; and he erred **and intended to write Yehuda,** spelled *yod, heh, vav, dalet, heh,* **but he made a mistake** when writing Yehuda **and did not place a *dalet*** in the word,[H] thereby unintentionally writing the name of God in the correct place, then **he should pass over it with a reed** pen. He writes over what was written **and sanctifies it** with the intention that he is writing the name of God. This is **the statement of Rabbi Yehuda. And the Rabbis say:** Even if he adds a second layer of ink, **the name** has **not** been written **in the optimal manner.** According to Rabbi Yehuda, one can supply the intention of writing the name of God for its own sake even when adding a second layer of writing over the first, while according to the Rabbis one cannot. The same dispute would presumably apply in the case of a bill of divorce.

אֲמַר רַב אַחָא בַּר יַעֲקֹב: דִּילְמָא לָא הִיא. עַד כָּאן לָא קָאָמְרִי רַבָּנַן הָתָם – דְּבָעֵינָא ״זֶה אֵלִי וְאַנְוֵהוּ״ וְלֵיכָּא, אֲבָל הָכָא – לָא.

Rav Aḥa bar Ya'akov said: Perhaps that **is not so,** and **the Rabbis say only there,** in the case of a Torah scroll, that one may not write the name of God in this manner, **because it is required** that one perform anything sacred, including the writing of a Torah scroll, in accordance with the verse: **"This is my God, and I will glorify Him"** (Exodus 15:2). This verse requires that mitzvot be performed in a way that is glorious and aesthetically pleasing, **and** rewriting in this manner is **not** considered beautiful. **But here,** with regard to a bill of divorce, there is **no** requirement that the bill of divorce be written beautifully, and therefore writing over the bill of divorce is acceptable according to the Rabbis as well.

אֲמַר רַב חִסְדָּא: יָכֵילְנָא לְמִיפְסְלִינְהוּ לְכוּלֵּי גִּיטֵּי דְּעָלְמָא. אֲמַר לֵיהּ רָבָא: מַאי טַעֲמָא? אִילֵימָא מִשּׁוּם דִּכְתִיב "וְכָתַב", וְהָכָא אִיהִי קָא כָּתְבָה לֵיהּ? וְדִילְמָא אַקְנוּיֵי אַקְנוּ לֵיהּ רַבָּנַן!

§ **Rav Ḥisda said: I am able to invalidate all the bills of divorce in the world.** Most bills of divorce are written in a way that they could be declared invalid. If one were to be particular about certain details, then there would be no valid bills of divorce. **Rava said to him: What is the reason** that you could invalidate them? **If we say:** Most bills of divorce are invalid **because it is written** in the Torah: **"And he writes** her a scroll of severance" (Deuteronomy 24:1), **and here,** in the case of most bills of divorce, **she writes**[N] it **for him,** as it is customary for a woman to pay a scribe to write the bill of divorce, **but** then **perhaps** it could be maintained that **the Sages transferred** the ownership of the bill of divorce **to him,** and it is considered as if he wrote it.

וְאֶלָּא מִשּׁוּם דִּכְתִיב "וְנָתַן", וְהָכָא לָא יָהֵיב לָהּ מִידֵּי? דִּלְמָא נְתִינַת גֵּט הִיא! תֵּדַע, דְּשָׁלְחוּ מִתָּם: כְּתָבוֹ עַל אִיסּוּרֵי הֲנָאָה – כָּשֵׁר.

But rather, you might say that it is **because it is written: "And gives"** (Deuteronomy 24:1), which is usually understood to mean that the item given must have some monetary value, **and here** in the case of most bills of divorce **he doesn't give her anything** of value.[N] **Perhaps the** mere **giving of the bill of divorce is**[N] the giving mentioned in the Torah, even if it does not have any monetary value. **Know** that it is not a requirement that the bill of divorce have monetary value, as the Sages **sent** this message **from there,** from Eretz Yisrael: If **he wrote** a bill of divorce **on items from which benefit is forbidden,**[H] then although the bill of divorce is completely lacking monetary value, the bill of divorce is **valid.**

גּוּפָא, שָׁלְחוּ מִתָּם: כְּתָבוֹ עַל אִיסּוּרֵי הֲנָאָה – כָּשֵׁר. אֲמַר רַב אַשִׁי, אַף אֲנַן נַמִי תְּנֵינָא: עַל הֶעָלֶה שֶׁל זַיִת! דִּילְמָא שָׁאנֵי עָלֶה שֶׁל זַיִת, דְּחָזֵי לְאִיצְטָרוּפֵי.

§ The Gemara discusses **the matter itself:** The Sages **sent** this message **from there,** from Eretz Yisrael: If **he wrote** a bill of divorce **on items from which benefit is forbidden,** the bill of divorce is **valid. Rav Ashi said: We, too, learn** in the mishna that a bill of divorce may be written **on an olive leaf,** which has virtually no monetary value. This teaches that the bill of divorce need not have any value on its own, and even forbidden items, which have no value at all, may be used as the base on which the bill of divorce is written. The Gemara rejects this: **Perhaps an olive leaf is different,** because **it can combine** with more leaves, and they will add up to have monetary value. However, an item from which one is prohibited from benefiting lacks value entirely, even in large quantities.

תַּנְיָא, רַבִּי אוֹמֵר: כְּתָבוֹ עַל אִיסּוּרֵי הֲנָאָה – כָּשֵׁר. נְפַק לֵוִי דְּרָשָׁהּ מִשְּׁמֵיהּ דְּרַבִּי וְלָא קִלְּסוּהּ, מִשְּׁמֵיהּ דְּרַבִּים וְקִלְּסוּהּ. אַלְמָא הִלְכְתָא כְּוָתֵיהּ.

With regard to the same *halakha*, the Gemara quotes an additional source. It **is taught** in a *baraita* that **Rabbi** Yehuda HaNasi **says:** If the scribe **wrote** a bill of divorce **on items from which benefit is forbidden,** it is **valid. Levi**[P] **went out** and **expounded** upon **this** *halakha* **in the name of Rabbi** Yehuda HaNasi, **and they did not praise him.** He then expounded this *halakha* **in the name of the majority,** as an unattributed *halakha*, **and they praised him. Apparently, the** *halakha* **is in accordance with** the opinion of Rabbi Yehuda HaNasi. Therefore, when he stated the *halakha* in the name of Rabbi Yehuda HaNasi, an individual, which may have led the listeners to think that it was a minority opinion and not the accepted *halakha*, they did not praise him.

NOTES

She writes – אִיהִי קָא כָּתְבָה: As is explained elsewhere (*Bava Batra* 168a), the Sages instituted that the woman pays the scribe, lest the husband refuse to pay due to his stinginess and the woman be left unable to remarry.

He doesn't give her anything of value – לָא יָהֵיב לָהּ מִידֵּי: Although it may cost money to write a bill of divorce, the bill of divorce itself is worth no more than the material on which it is written, because no other person may use it (*Naḥalat Moshe*).

Perhaps the mere giving of the bill of divorce is – דִּלְמָא נְתִינַת גֵּט הִיא: Rashi explains that initially, the assumption was that the bill of divorce must have monetary value because ordinarily the biblical use of the expression "and gives" indicates that something worth the minimal value of a *peruta* should be given. The phrase is expounded in this manner in several places in the Talmud.

HALAKHA

He wrote a bill of divorce on items from which benefit is forbidden – כְּתָבוֹ עַל אִיסּוּרֵי הֲנָאָה: If a bill of divorce was written on items from which benefit is forbidden, it is valid. The Ran notes that if it was written on something that must be destroyed by burning, then the bill of divorce is invalid (Rambam *Sefer Nashim*, *Hilkhot Geirushin* 4:2; *Shulḥan Arukh*, *Even HaEzer* 124:1).

PERSONALITIES

Levi – לֵוִי: This is Levi ben Sisi, one of the Sages in Eretz Yisrael in the transitional generation between the *tanna'im* and the *amora'im*. He was the preeminent disciple of Rabbi Yehuda HaNasi, redactor of the Mishna, and would sit before him and engage in the study of *halakha* among the rest of Rabbi Yehuda HaNasi's prominent disciples. Rabbi Yehuda HaNasi held him in high regard and sent him to Simonias to serve as a judge and teacher. He described Levi as: A man like me. Levi edited anthologies of *baraitot*, introduced with the phrase: They taught in the school of Levi.

There are several sources that relate that Levi began limping while attempting to demonstrate before Rabbi Yehuda HaNasi how the High Priest would bow upon his face. The Gemara also relates that this was a punishment for speaking impertinently before God. Due to some problematic interpersonal relationships, Levi moved to Babylonia late in life. He renewed his acquaintance there with Rav, with whom he studied under Rabbi Yehuda HaNasi. Levi became a close friend of Abba bar Abba, Shmuel's father, and Shmuel became a disciple-colleague of his.

The Rambam ruled in accordance with the opinion of Levi even in disputes with Rav and Shmuel, as he considered Levi greater than they were.

It is not clear if he had children or who they were. Some hold that bar Livai mentioned in the Gemara is his son. Others hold that the well-known *amora* Rabbi Yehoshua ben Levi was his son, but there is no clear proof for that opinion.

תנו רבנן: "וכתב" – ולא חקק. למימרא, דחקיקה לאו כתיבה היא? ורמינהו: עבד שיצא בכתב שעל גבי טבלא ופינקס – יצא לחירות, אבל לא בכתב שעל גבי כיפא ואנדוכתרי!

§ **The Sages taught** that it is said in the Torah with regard to a bill of divorce: **"And he writes** her a scroll of severance," in order to emphasize that one must write the document **and not chisel** it. The Gemara asks: **Is this to say that chiseling is not writing? And** the Gemara **raises a contradiction** based on what was taught in a *baraita*: If **a slave is emancipated** through a bill of manumission that was **written** by being chiseled **on a slate** [*tavla*][L] or on a **tablet** [*pinekas*],[L] then **he goes free. However, he does not** go free **through writing on a cap or** on **an embroidered adornment.**[N] If the master embroidered the bill of manumission onto a cloth and gave it to the slave, this is not considered to be like the writing of a document. In any case, the *baraita* teaches that a bill of manumission that is chiseled onto a slate is valid.

אמר עולא אמר רבי אלעזר, לא קשיא: הא דחקק תוכות, הא דחקק יריכות.

Ulla said that **Rabbi Elazar said:** It is **not difficult. This** case, where the document is not valid because engraving is not considered to be writing, occurs **when** the scribe **chiseled** the area **surrounding** the letters,[H] i.e., he chiseled on the surface around the shape of the letters, leaving the letters raised on the tablet. **This** case, where the document is valid because chiseling is considered to be writing, occurs **when he chiseled the parts** of the letters,[B] i.e., he chiseled the shape of the letters themselves onto the slate. Since he formed the letters directly, it is considered like writing.

ותוכות לא? ורמינהו: לא היה כתבו שוקע, אלא בולט כדינרי זהב; והא דינרי זהב תוכות הן!

The Gemara asks: **And** if he chiseled the area **surrounding** the letters, is this **not** considered to be writing at all? **And** the Gemara **raises a contradiction** based on what was taught: **The writing** of the High Priest's frontplate **was not embedded,** i.e., it was not carved into the frontplate; **rather, it protruded like** the form on **gold dinars.**[H] **And isn't** the shape on **gold dinars** formed by chiseling the area **surrounding** the letters, by applying pressure around the shape, so that the image and writing protrudes, and yet this is considered to be writing?

כדינרי זהב ולא כדינרי זהב. כדינרי זהב – דבולט, ולא כדינרי זהב – דאילו התם תוכות, הכא יריכות.

The Gemara answers: It means that the frontplate was fashioned **like** the form of **gold dinars** but **not** entirely **like** the form of **gold dinars.** It was fashioned **like** the form of **gold dinars** in that the writing **protrudes, but** it was **not** fashioned **like** the form of **gold dinars** entirely, **as there,** in the case of gold dinars, they chiseled the area **surrounding** the letters. **Here,** when making the frontplate, the inscription was done by chiseling **the parts** of the letter, i.e., they would carve the letters from the back of the frontplate so that they protruded from the front. Since the letters were carved directly, it was considered to be writing.

NOTES

An embroidered adornment – כיפא ואנדוכתרי: Rashi explains that this refers to a type of decorative, embroidered cloth. From the responsa of the *ge'onim*, it seems that they understood it to be letters woven onto a straw basket and the like. According to both interpretations, a bill of manumission consisting of letters embroidered onto a cloth is invalid, because the letters themselves are not part of the material but are merely sewn onto it. Since this can be undone, it is not considered to be permanent. According to *Sefer HaIttur*, this term refers to writing on the wall of a small building (see *Beit Yosef*).

HALAKHA

When he chiseled the area surrounding the letters, etc. – הא דחקק תוכות וכו׳: If one chiseled a bill of divorce onto a board, a stone, or sheet of metal, if he chiseled the actual letters then it is valid. It is also valid if he carved the letters on the back side so that they protrude. However, if he chiseled around the letters so that they protrude, then it is not a valid bill of divorce (Rambam *Sefer Nashim*, *Hilkhot Geirushin* 4:6; *Shulḥan Arukh*, *Even HaEzer* 125:4).

Protruded like the form on gold dinars – בולט כדינרי זהב: How was the frontplate produced? They carved the letters on the reverse side so that they protruded from the front (Rambam *Sefer Avoda*, *Hilkhot Kelei HaMikdash* 9:2).

BACKGROUND

Chiseled the area surrounding…chiseled the parts of the letters – חק תוכות...חק יריכות: Both methods of carving create the clear form of a letter, with the difference being how the letter is produced. When chiseling the surrounding area, the background of the letter is chiseled away and the form of the letter remains. This is not considered to be an act of writing, as no action was done to the body of the letter. By contrast, when chiseling the parts of the letter, the letter is hollowed out, and therefore this is considered to be an act of writing. When working with a hard material such as stone or wood, it is clearly visible which of the two processes was performed. With the first method, the letters will protrude, and with the second they will be hollowed out. However, when working with a more flexible material, it is possible to create a projected form by hollowing it out and then pressing it from other side in order to cause it to project forward from behind, as was done with the golden frontplate, worn by the High Priest.

Letter created by chiseling the surrounding area

Letter created by chiseling the form of the letter

LANGUAGE

Slate [*tavla*] – טבלא: From the Latin tabula, apparently borrowed from the Greek τάβλα, *tabla*, which means a flat board or the surface of a table.

Tablet [*pinekas*] – פינקס: From the Greek πίναξ, *pinax*, meaning a tablet used for writing. Over time the *pinekas* developed into a group of several tablets that were connected to form a small book. Although writing tablets in the days of the Talmud took on different forms and were made from various materials, it seems that the most popular kind was a wooden board covered with wax, so that the writing could be easily etched into it and then erased after each use.

Wax tablet similar to those used in the Roman era

אֲמַר לֵיהּ רָבִינָא לְרַב אַשִׁי: רוּשְׁמָא, מִיחֲרַץ חָרֵיץ אוֹ כַּנּוּפֵי מַכְנִיף? אֲמַר לֵיהּ: מִיחֲרַץ חָרֵיץ.

With regard to this issue, **Ravina said to Rav Ashi:** Does the **press**[HB] that forms a metal coin **carve out** the background in the metal and the image of the coin is formed on its own, **or does it compress** the metal inward toward the empty space in the press and the letters are formed through this? **He said to him:** It **carves out** the background.

אֵיתִיבֵיהּ: לֹא הָיָה כְּתָבוֹ שׁוֹקֵעַ, אֶלָּא בּוֹלֵט כְּדִינָרֵי זָהָב; וְאִי סָלְקָא דַּעְתָּךְ מִיחֲרַץ חָרֵיץ

He raised an objection to his opinion based on what was taught earlier: **The writing** of the High Priest's frontplate **was not embedded,** i.e., it was not carved into the frontplate; **rather, it protruded like** the form on **gold dinars. And if it enters your mind** to say that a press only **carves out** the background,

HALAKHA

Press – רוּשְׁמָא: If one presses a sheet of metal with a press until the letters on the bill of divorce protrude, as is done for gold dinars, then it is not a valid bill of divorce. This ruling is in accordance with Rav Ashi, who says that a press carves out a background (Rambam *Sefer Nashim, Hilkhot Geirushin* 4:6 *Shulḥan Arukh, Even HaEzer* 125:4).

BACKGROUND

Press – רוּשְׁמָא: In the days of the Talmud, coins were usually minted with a press. The press was a tool made of hard metal, such as wrought iron and the like. It was comprised of two parts joined together by a hinge, similar to tongs. Inside the press were two inverse images of the sides of the coin. A blank, smooth circle with a fixed weight of gold, silver, or copper was placed inside the press, whereupon the press was closed and struck with a hammer until the finished coin was produced. The blank piece of metal was shaped by the projections on one side of the press and was pressed to fill the sunken spaces of the other side of the press. Nowadays, coins are produced in much the same way. The process is automated and significantly quicker, with considerably stronger machinery applying pressure to the blank piece of metal.

Perek **II**
Daf **20** Amud **b**

הָא בָּעֵינָא ״מִכְתַּב״ וְלֵיכָּא! כְּדִינָרֵי זָהָב וְלֹא כְּדִינָרֵי זָהָב. כְּדִינָרֵי זָהָב – דְּבוֹלֵט, וְלָא כְּדִינָרֵי זָהָב – דְּאִילּוּ הָתָם מִגַּוַּאי, וְהָכָא מֵאַבְּרַאי.

isn't there a need to write it, as the verse states with regard to the frontplate: "Wrote upon it **a writing,** like the engravings of a signet" (Exodus 39:30), **and there is no** writing here? The Gemara answers: It means that the frontplate was fashioned **like** the form **of gold dinars** but **not** entirely **like** the form of **gold dinars.** It was fashioned **like** the form of **gold dinars** in **that** the writing **protrudes. But** it was **not** fashioned **like** the form of **gold dinars** entirely, **as there,** in the case of gold dinars, the pressing of the stamp is done **from the inside,** by pushing back the surrounding area to allow the form to be visible, **and here,** when fashioning the frontplate, it was done **from the outside,** by applying pressure to the opposite side so that the letters were pushed outward. Since the letters were carved directly, it was considered to be writing.

בְּעָא מִינֵּיהּ רָבָא מֵרַב נַחְמָן: כָּתַב לָהּ גֵּט עַל טַס שֶׁל זָהָב, וְאָמַר לָהּ: ״הִתְקַבְּלִי גִּיטֵּךְ וְהִתְקַבְּלִי כְּתוּבָּתֵךְ״, מַהוּ? אֲמַר לֵיהּ: נִתְקַבְּלָה גִּיטָּהּ וְנִתְקַבְּלָה כְּתוּבָּתָהּ.

§ **Rava raised a dilemma before Rav Naḥman:** In the case of a husband who **wrote for her a bill of divorce on a plate** [*tas*][L] **of gold**[H] **and said to her: Receive your bill of divorce**[N] and also **receive** the payment of **your marriage contract** through this act, as the piece of gold is worth enough to pay for the value of her marriage contract, **what is the** *halakha*? Rav Naḥman **said to him: Her bill of divorce has been received and** the payment of **her marriage contract has been received.**

אֵיתִיבֵיהּ: ״הִתְקַבְּלִי גִּיטֵּךְ וְהַשְּׁאָר לִכְתוּבָּתֵךְ״ – נִתְקַבְּלָה גִּיטָּהּ וְהַשְּׁאָר לִכְתוּבָּתָהּ;

Rava **raised an objection to his** statement from a *baraita*: If a husband gave his wife a bill of divorce on an oversized paper and said to her: **Receive your bill of divorce, and the remainder** of the paper, on which nothing is written, is designated **for** the payment of **your marriage contract,** then **her bill of divorce has been received and the remainder** should be **for** the payment of **her marriage contract.**

טַעֲמָא דְּאִיכָּא שְׁאָר, הָא לֵיכָּא שְׁאָר – לָא!

The Gemara explains the objection: This indicates that **the reason** why the material upon which the bill of divorce is written may also serve as the payment for her marriage contract is **that there is** the **remainder** of the paper, on which the bill of divorce was not written. If **there is not** the **remainder** of the paper, then **no,** the bill of divorce may not serve as payment of the marriage contract. This is because the husband must give the bill of divorce to his wife for it to become hers. If so, even if the bill of divorce was written on a plate of gold, if there was no part of the plate of gold other than the space where the bill of divorce was written, it should not serve as payment of her marriage contract.

LANGUAGE

Plate [*tas*] – טַס: Some claim this word is related to the Greek τάσις, *tasis*, meaning stretching or tension. In the Gemara *tas* is the name for a wide, flat tray upon which food or other objects are placed.

HALAKHA

A bill of divorce on a plate of gold, etc. – גֵּט עַל טַס שֶׁל זָהָב וכו׳: If a man engraved a bill of divorce onto a plate of gold, gave it to her, and said: Behold this is your bill of divorce and the payment of your marriage contract, then she is divorced, and her marriage contract is paid up to the value of the plate, in accordance with Rav Naḥman's statement. However, if he did not state that it should also be for the payment of her marriage contract, then she acquires the plate as a bill of divorce, and he must pay the full sum of her marriage contract. The Rema rules this way based on the Ran, and so writes the *Beit Yosef* as well (Rambam *Sefer Nashim, Hilkhot Geirushin* 8:15; *Shulḥan Arukh, Even HaEzer* 124:8).

NOTES

Receive your bill of divorce, etc. – הִתְקַבְּלִי גִּיטֵּךְ וכו׳: Rashi explains that this is the essential difficulty: Since he gave the plate to her as payment for her marriage contract, this detracts from its ability to function as a bill of divorce. A bill of divorce must be given entirely for that purpose, as it is written: "And gives it" (Deuteronomy 24:1), and not for any other reason, such as the payment of her marriage contract.

Tosefot Ḥakhmei Angliyya explain the Gemara's question differently. The question is whether the bill of divorce is also considered payment of her marriage contract. The Rashba explains Rav Naḥman's answer accordingly, that by giving this bill of divorce it is as though he said: This should be your bill of divorce, and waive your right to the payment of your marriage contract.

הוּא הַדִּין אַף עַל גַּב דְּלֵיכָּא שְׁאָר, וְהָא קָא מַשְׁמַע לָן, דְּאַף עַל גַּב דְּאִיכָּא שְׁאָר, אִי אֲמַר לָהּ – אִין, אִי לָא – לָא.

Rav Naḥman responded: **The same is true although there is no remainder** of the paper, and he wrote the bill of divorce on the entire paper. **And** by stating the *halakha* in a case where there was an additional part of the paper, the *baraita* **teaches us this: Although there is** the **remainder** of the paper upon which nothing is written, **if he** explicitly **said to her** that it should be for the payment of her marriage contract, **yes,** it is considered to be a payment for her marriage contract. **If** he did **not** say this explicitly, then **no,** it is not for the payment of her marriage contract, and he must give her the value of her marriage contract in its entirety through a separate payment.

מַאי טַעֲמָא? אֲוִירָא דִּמְגִילְּתָא הוּא.

The Gemara explains: **What is the reason** for this? If he did not explicitly say that the remainder of the paper is designated toward the payment of her marriage contract, then the remainder is considered to be **the margin** around the border **of the scroll,** and all of the paper constitutes the bill of divorce. Therefore, it is necessary to inform her that the remainder of the paper is for the payment of her marriage contract.

תָּנוּ רַבָּנַן: ״הֲרֵי זֶה גִּיטֵּךְ וְהַנְּיָיר שֶׁלִּי״ – אֵינָהּ מְגוֹרֶשֶׁת, ״עַל מְנָת שֶׁתַּחֲזִירִי לִי אֶת הַנְּיָיר״ – הֲרֵי זוֹ מְגוֹרֶשֶׁת.

The Sages taught: If the husband said to his wife: **Behold this is your bill of divorce,** but **the paper** on which it is written **is** still **mine,**[H] then **she is not divorced,** as he must give her the actual bill of divorce in order for the divorce to take effect. Since the paper still belongs to him, it is as if he had given her only the writing. But if he said to her: Behold this is your bill of divorce **on the condition that you return**[N] **the paper to me,** then **she is divorced.** The bill of divorce belongs entirely to her, and the returning of the paper is only a stipulation that must be fulfilled later.

בָּעֵי רַב פָּפָּא: בֵּין שִׁיטָה לְשִׁיטָה וּבֵין תֵּיבָה לְתֵיבָה, מַאי? תֵּיקוּ.

Rav Pappa raises a dilemma: If he said that the paper **between each line**[H] **or between each word** in the bill of divorce will still belong to him but the paper where the words are written will be hers, **what** is the *halakha*? A solution is not found for this question, and the dilemma **shall stand** unresolved.

וְתֵיפּוֹק לֵיהּ, דְּ״סֵפֶר״ אֶחָד אָמַר רַחֲמָנָא – וְלֹא שְׁנַיִם וּשְׁלֹשָׁה סְפָרִים! לָא צְרִיכָא, דִּמְעוּרֶה.

The Gemara asks: Why isn't a solution offered for Rav Pappa's question? **Let him derive** an answer to this question from elsewhere, as **the Merciful One speaks** of **one scroll** in regard to the bill of divorce in the Torah: "And he writes her a scroll of severance" (Deuteronomy 24:1), **and not two or three scrolls.** If the woman receives only the paper on which the words are written but the rest of the paper belongs to the man, then this is not viewed as a single scroll. Rather, it is multiple scrolls, thereby invalidating it. The Gemara answers: **No,** it is **necessary** to discuss the question in a case where the letters are **intertwined,** meaning that they were written in such a manner that even if the paper between them was removed, the writing in the bill of divorce would remain attached as a single entity.

בָּעֵי רָמִי בַּר חָמָא: הָיוּ מוּחְזָקִים בְּעֶבֶד שֶׁהוּא שֶׁלּוֹ וְגֵט כָּתוּב עַל יָדוֹ, וַהֲרֵי הוּא יוֹצֵא מִתַּחַת יָדָהּ, מַהוּ?

Rami bar Ḥama raises a dilemma: If the judges **had a presumption that a slave**[H] **was his,** i.e., that it belonged to the husband; **and the bill of divorce** that this man gave his wife was **written on** that slave's **hand; and** now the slave **emerges from her possession,** i.e., he is with the woman, **what is** the *halakha* with regard to this bill of divorce?

HALAKHA

Behold this is your bill of divorce but the paper is mine, etc. – **הֲרֵי זֶה גִּיטֵּךְ וְהַנְּיָיר שֶׁלִּי וכו׳**: If a husband said to his wife: Behold this is your bill of divorce and the paper is mine, then she is not divorced, as the document does not sever the bond between them. However, if he said to her: On the condition that you will return the paper to me, then she is divorced, and she should give back the paper to him after she receives the bill of divorce (Rambam *Sefer Nashim, Hilkhot Geirushin* 8:14; *Shulḥan Arukh, Even HaEzer* 143:11).

Between each line, etc. – **בֵּין שִׁיטָה לְשִׁיטָה וכו׳**: If a husband said to his wife: Behold this is your bill of divorce and the paper is mine, then, regardless of whether he said this in reference to the paper on which the essential elements of the bill of divorce are written, or whether he said it about the paper between the lines, she is not divorced, even if the letters of the bill of divorce are intertwined with each other. This is because the dilemma of Rav Pappa was left unresolved, and there is a principle to be stringent in cases of uncertainty concerning Torah law (*Tur, Even HaEzer* 143).

Had a presumption that a slave, etc. – **הָיוּ מוּחְזָקִים בְּעֶבֶד וכו׳**: If there was a presumption that a slave belonged to the husband; and the bill of divorce was carved on the slave's hand; and the slave was in the possession of the wife, who claims that her husband gave her the slave as a bill of divorce; and the husband disputes her statement, then it is uncertain whether she is divorced, as perhaps the slave came into her possession on his own. This is analogous to the Gemara's conclusion that there is no presumption of ownership with regard to livestock. The Rema writes, citing *Beit Yosef*, that when such a presumption of ownership can be made, e.g., when the woman was in possession of the slave for three years and the husband did not protest, then she is divorced (Rambam *Sefer Nashim, Hilkhot Geirushin* 4:4; *Shulḥan Arukh, Even HaEzer* 124:6).

NOTES

On the condition that you return – **עַל מְנָת שֶׁתַּחֲזִירִי**: *Tosafot* cites the Gemara (75a) that discusses the difference in *halakha* between this case and the previous one, where the husband stated that the paper will remain his, as in both cases he will have the paper when the divorce needs to take effect. Some say that when the husband stated a stipulation that she must return the paper, the giving of the bill of divorce remains valid according to the rules of conditional actions, and the need to fulfill the stipulation is nullified. Others explain that when she returns the paper, the stipulation is fulfilled and the divorce takes effect retroactively from the time when she still had the paper.

מִי אָמְרִינַן אַקְנוּיֵי אַקְנֵי לָהּ, אוֹ דִּלְמָא הוּא מִנַּפְשֵׁיהּ עָיֵיל?

The Gemara explains the elements of the question: **Do we say that** the husband **transferred** the slave **to** his wife? Therefore, it is as though he gave her the bill of divorce in the proper manner, as is explained in the mishna, and she is divorced. **Or perhaps** we say that **he,** the slave, **entered** the possession of the woman **on his own,** because he prefers to be under her ownership rather than under her husband's ownership, in which case the husband did not give him to the woman at all, and she is not divorced, as the husband needs to give the bill of divorce to the woman?

אֲמַר רָבָא: וְתֵיפּוֹק לֵיהּ, דִּכְתָב שֶׁיָּכוֹל לְהִזְדַּיֵּיף הוּא! וּלְרָבָא, קַשְׁיָא מַתְנִיתִין: עַל הַיָּד שֶׁל עֶבֶד!

Rava said: And let Rami bar Ḥama **derive** an answer to his question from a different reason, **that** writing on a person's body **is writing that can be forged,** as it is easily erased and replaced with other writing, and a bill of divorce that is written in a manner susceptible to forgery is invalid. The Gemara clarifies: **But according to Rava,** who raised this challenge, **the mishna is difficult,** as it taught that a bill of divorce may be written **on a slave's hand.**

בִּשְׁלָמָא מַתְנִיתִין לְרָבָא לָא קַשְׁיָא – בְּעֵדֵי מְסִירָה, וְרַבִּי אֶלְעָזָר הִיא. אֶלָּא לְרָמִי בַּר חָמָא קַשְׁיָא!

The Gemara responds: **Granted, the mishna is not difficult for Rava,** as it is possible to say that the mishna is referring to a case where the husband gave her the slave **with witnesses** present **who observe the transmission of a legal document.**[H] In other words, they were present when the slave, who has the legal document written on him, was given to the woman. **And it is** in accordance with **Rabbi Elazar,** who holds that the essential witnesses are those who witness the delivery, and since they witnessed the delivery, she is divorced. **However, for Rami bar Ḥama** it is **difficult.** In his case, there were no witnesses to the transfer of the slave, so the possibility that the writing was forged should invalidate it.

לְרָמִי בַּר חָמָא נַמִי לָא קַשְׁיָא – בִּכְתוֹבֶת קַעֲקַע. הָשְׁתָּא דְּאָתֵית לְהָכִי, מַתְנִיתִין (לְרָבָא) נַמִי לָא תִּיקְשֵׁי – בִּכְתוֹבֶת קַעֲקַע.

The Gemara answers: **According to Rami bar Ḥama** it is **also not difficult,** as he did not ask his question in a case where the bill of divorce was written on the slave with ink but **with regard to** a case where it was **written as a tattoo,**[H] so the writing certainly cannot be erased and forged. The Gemara notes: **Now that you have arrived at this, the mishna,** which deemed valid a bill of divorce that was written on the hand of the slave, **will not be difficult** for Rava **either,** as it is also stating the *halakha* **with regard to** a case where **it was written as a tattoo.**

מַאי הָוֵי עֲלַהּ? תָּא שְׁמַע, דְּאָמַר רֵישׁ לָקִישׁ: הַגּוֹדְרוֹת אֵין לָהֶן חֲזָקָה.

In any case, Rami bar Ḥama's question remains unresolved. If so, **what** halakhic conclusion **was** reached **about** this matter? The Gemara suggests: **Come** and **hear** a proof based on **that** which **Reish Lakish says: With regard to livestock, there is no presumption** of ownership,[H] since they wander from place to place. Therefore, a person cannot claim that his mere possession of livestock demonstrates ownership, because they may have wandered into his property on their own. The same *halakha* should apply to a slave. If there are no witnesses who saw the transfer to the woman, then her mere possession of the slave should not serve as proof that the slave, and by extension the bill of divorce, was given to her, and consequently the woman is not divorced.

בָּעֵי רָמִי בַּר חָמָא: הָיוּ מוּחְזָקִין בְּטַבְלָא שֶׁהִיא שֶׁלָּהּ וְגֵט כָּתוּב עָלֶיהָ, וַהֲרֵי הִיא יוֹצְאָה מִתַּחַת יָדוֹ, מַהוּ? מִי אָמְרִינַן אַקְנוּיֵי אַקְנֵיתָא לֵיהּ, אוֹ דִּלְמָא (אִשָּׁה) לָא יָדְעָה לְאַקְנוּיֵי?

Rami bar Ḥama raises another **dilemma:** If the judges **had a presumption that a slate was hers, and a bill of divorce was written on it, and** now this slate **emerges from his possession,** and he wants to divorce his wife by giving her the slate, **what is** the *halakha*? **Do we say that she transferred the ownership** of the slate **to him,** and he may give it to her as a bill of divorce, and the divorce takes effect? **Or perhaps** a woman **does not understand** how **to transfer** an object that will be given back to her, and she believes it is a formality and not an actual legal transfer. If this were to be the case, they would not be divorced, as the slate did not in fact belong to the husband.

HALAKHA

Witnesses who observe the transmission of a legal document – עֵדֵי מְסִירָה: One may write a bill of divorce on the hand of a slave only if he is given to the woman in the presence of witnesses, as the writing on a slave can be forged (Rambam *Sefer Nashim, Hilkhot Geirushin* 4:2–3; *Shulḥan Arukh, Even HaEzer* 124:2).

Written as a tattoo – כְּתוֹבֶת קַעֲקַע: If a bill of divorce is tattooed on the hand of a slave, then, although there are no witnesses to the delivery, she is divorced, unless it is certain that the slave belongs to the husband (Rambam *Sefer Nashim, Hilkhot Geirushin* 4:4; *Shulḥan Arukh, Even HaEzer* 124:6).

With regard to livestock there is no presumption of ownership – הַגּוֹדְרוֹת אֵין לָהֶן חֲזָקָה: No presumption of ownership can be made with regard to animals that move from place to place, as it is possible that they went to a certain place on their own, in accordance with the opinion of Reish Lakish (Rambam *Sefer Mishpatim, Hilkhot To'en VeNitan* 10:1; *Shulḥan Arukh, Ḥoshen Mishpat* 135:1).

אֲמַר אַבָּיֵי: תָּא שְׁמַע, אַף הוּא הֵעִיד עַל כְּפָר קָטָן שֶׁהָיָה בְּצַד יְרוּשָׁלַיִם, וְהָיָה בּוֹ זָקֵן אֶחָד וְהָיָה מַלְוֶה לְכָל בְּנֵי הַכְּפָר, וְכוֹתֵב בִּכְתַב יָדוֹ וַאֲחֵרִים חוֹתְמִים, וּבָא מַעֲשֶׂה לִפְנֵי חֲכָמִים וְהִכְשִׁירוּהוּ. וְאַמַּאי? הָא בָּעֵינָא "סֵפֶר מִקְנָה" וְלֵיכָּא!

Abaye said: Come and **hear** a proof based on what is stated in a mishna (*Eduyyot* 2:3): **Even he,** Rabbi Yehuda ben Bava, who was quoted earlier in this mishna, **testified about a small village that was adjacent to Jerusalem, and there was an old man there who would lend** money **to all the residents of the village. And he would write** the documents **in his handwriting and others** would **sign. And the incident came before the Sages and they deemed it valid. And why** did they deem it valid? **Isn't there a need** to fulfill this verse: "I took the **deed of purchase**" (Jeremiah 32:11), requiring that the document itself be transferred from the seller to the buyer, **and** this is **not** the case here, as the document attesting to the loan was in the possession of the creditor the entire time?

אֶלָּא לָאו מִשּׁוּם דְּאָמְרִינַן אַקְנוּיֵי מַקְנֶה לְהוּ.

Rather, is it not because we say that he certainly **transferred** the ownership of the documents **to them** in a legally binding manner, although he knew that they would be returned to him immediately afterward. The same should apply in this case, and the assumption should be that the woman transferred ownership of the slate to the husband, and he then gave it back to her.

אֲמַר רָבָא: וּמַאי קוּשְׁיָא? דִּילְמָא

Rava said: And what is the **difficulty?** How can one prove anything from the mishna? **Perhaps**

Perek **II**
Daf **21** Amud **a**

HALAKHA

From here a woman may, etc. – מֵהָכָא אִשָּׁה וכו׳: If a bill of divorce was written on a slate and witnesses signed it, and it is in the possession of the woman, then even if there was a presumption that the slate had belonged to her, if she claims that she gave the slate to her husband and he gave it back to her as a bill of divorce, then she is divorced. This is because a woman may write her bill of divorce on her own, based on how Rav Ashi resolved Rami bar Hama's dilemma (Rambam *Sefer Nashim, Hilkhot Geirushin* 4:5; *Shulḥan Arukh, Even HaEzer* 124:7).

He wrote her a bill of divorce and placed it in the hand of his slave, etc. – כָּתַב לָהּ גֵּט וּנְתָנוֹ בְּיַד עַבְדּוֹ וכו׳: If the husband wrote his wife a bill of divorce and gave it to his slave, and wrote her a deed of gift with regard to the slave, then once she takes possession of the slave, she automatically takes possession of the bill of divorce and is divorced through it. This applies specifically when the slave is bound at that time, in accordance with the Gemara's conclusion with regard to Rava's statement (Rambam). The Gra notes that according to most of the early commentaries (Rashi; *Tosafot*; Rosh; Rashba; Ran) the woman is not divorced unless the slave is sleeping and bound (Rambam *Sefer Nashim, Hilkhot Geirushin* 5:18; *Shulḥan Arukh, Even HaEzer* 139:18).

זָקֵן שָׁאנֵי, דְּיָדַע לְאַקְנוּיֵי!

a knowledgeable **old man is different, as he understands** the need **to transfer** the documents, and this may not be true in the case of a woman and the bill of divorce.

אֶלָּא אֲמַר רָבָא, מֵהָכָא: עָרֵב הַיּוֹצֵא לְאַחַר חִיתּוּם שְׁטָרוֹת, גּוֹבֶה מִנְּכָסִים בְּנֵי חוֹרִין.

Rather, Rava said: A proof may be brought **from here:** If there was **a guarantor** whose commitment **emerged after the** promissory **note was signed,** then the creditor may **collect** only **from** the guarantor's **unsold property.** However, he does not have a lien on the guarantor's property with which he could collect from property sold after he signed on as a guarantor. Rava's proof is that it must be that ownership of the promissory note was transferred to the guarantor before he signed it, in order for his commitment to take effect. It may therefore be seen from this *baraita* that the participants understand the need to transfer ownership of the document.

אֲמַר רַב אָשֵׁי: מַאי קוּשְׁיָא? דִּלְמָא גַּבְרָא שָׁאנֵי, דְּיָדַע לְאַקְנוּיֵי! אֶלָּא אֲמַר רַב אָשֵׁי, מֵהָכָא: אִשָּׁה כּוֹתֶבֶת אֶת גִּיטָּהּ, וְהָאִישׁ כּוֹתֵב אֶת שׁוֹבְרוֹ, שֶׁאֵין קִיּוּם הַגֵּט אֶלָּא בְּחוֹתְמָיו.

Rav Ashi said: What is the difficulty raised by this *baraita*? **Perhaps a man is different,** in **that** he **understands** the need **to transfer** the document, and the question of the Gemara pertains to a woman, who may not be as well versed in the minutiae of monetary law. **Rather, Rav Ashi said:** There is a proof **from** what was taught **here** (22b): **A woman may**[H] **write her bill of divorce** on her own or allow a scribe to write it on her behalf, and then give it to her husband, so that he will give it to her. Similarly, **a man may write his receipt** that he will receive from the woman after paying her marriage contract, **as the ratification of a bill of divorce is only through its signatories,** i.e., the witnesses who sign it, and the mere writing of the document or its receipt has no legal ramifications and may be done by anyone. In any case, it is clear from here that a woman understands the need to transfer the bill of divorce that will be given to her by her husband in the future.

אֲמַר רָבָא: כָּתַב לָהּ גֵּט וּנְתָנוֹ בְּיַד עַבְדּוֹ, וְכָתַב לָהּ שְׁטַר מַתָּנָה עָלָיו – קְנָאַתְהוּ וּמִתְגָּרֶשֶׁת בּוֹ.

§ **Rava says:** If **he wrote her a bill of divorce and placed it in the hand of his slave,**[H] **and he wrote her a deed of gift with regard to** the slave, then **she acquired** the slave due to the document, **and she is divorced** immediately **by the** bill of divorce that is in his hand. The slave is considered to be like her property, and it is as though the husband had placed the bill of divorce in her domain at the time that he transferred the slave to her, and she acquires the bill of divorce as though it were in her courtyard.

ואמאי? חצר מהלכת היא, וחצר מהלכת לא קנה! וכי תימא: בעומד – והאמר רבא: כל שאילו מהלך לא קנה, עומד ויושב לא קנה! והלכתא: בכפות.

The Gemara asks: **And why** does she acquire the bill of divorce? The slave **is** considered **a mobile courtyard, and a mobile courtyard does not acquire** property. One's courtyard can acquire items for him only when the courtyard is fixed in its location. Since a slave is considered to be like land with regard to other areas of *halakha*, he should also be defined as a mobile courtyard, as he can move from place to place. **And if you would say** that Rava was referring **to a** slave who happens to be **standing**, who is not mobile, **but didn't Rava say: Anything that does not acquire when moving** also **does not acquire** when it is **standing or sitting.** The fact that the slave could move gives him the status of a moving courtyard, regardless if he is currently moving or not. The Gemara answers: **And the** ***halakha*** taught by Rava could apply **in** a case where the slave was **bound**[N] and unable to move, as in that case he is not even able to move, and is not considered to be a mobile courtyard.

ואמר רבא: כתב לה גט ונתנו בחצרו, וכתב לה שטר מתנה עליו – קנאתהו ומתגרשת בו.

And Rava also **says:** If **he wrote her a bill of divorce and placed it in his courtyard,**[H] **and he wrote a deed of gift with regard to** the courtyard, then **she has acquired** the courtyard **and is divorced** immediately **by the** bill of divorce in the courtyard.

וצריכא; דאי אשמעינן עבד, הוה אמינא דוקא עבד, אבל חצר – ליגזר משום חצרה הבאה לאחר מכאן.

The Gemara comments: **And** it is **necessary** for Rava to teach his *halakha* both with regard to a slave and with regard to a courtyard. One could not have been learned from the other, **as had he taught us** only about **a slave, I would say** that the husband may transfer the bill of divorce to his wife **specifically** through **a slave, but** in the case of **a courtyard** the Sages may decide **to enact a decree** that this should not be a valid bill of divorce, **due to** the case of **her courtyard that comes afterward.**[H] People may not differentiate between this case and a similar case, where the husband places the bill of divorce in the courtyard of a third party, and that courtyard is subsequently acquired by her. In that case, the couple is not divorced, as the bill of divorce was not given by the husband to the wife. Therefore, Rava has to teach that the Sages did not make this decree, and in this case, where the husband gave the courtyard together with the bill of divorce, it is valid.

ואי אשמעינן חצר, הוה אמינא דוקא חצר, אבל עבד – ליגזר כפות אטו שאינו כפות, קא משמע לן.

And had Rava **taught us** only about **a courtyard,** then **I would say** that a woman is divorced **specifically** if her husband placed the bill of divorce in **a courtyard, but** in the case of **a slave** the Sages may decide **to decree** with regard to **a bound** slave that the divorce will not take effect, **due to** the similarity to **an unbound** slave, where the divorce would not take effect, as explained above. Therefore, Rava **teaches us** that it is a valid bill of divorce in both cases.

אמר אביי: מכדי חצר מהיכא איתרבי? מידה,

Abaye said as a challenge to Rava: **Now, from where was a courtyard included?** What is the source for the *halakha* that a man can divorce a woman by placing a bill of divorce in her courtyard? This can be derived **from** the phrase: "And gives it in **her hand**" (Deuteronomy 24:1), and the Sages derived that this is not limited to her actual hand but also includes anything that is an extension of her hand, such as her courtyard.

מה ידה דאיתא בין מדעתה ובין בעל כורחה – אף חצרה דאיתא בין מדעתה ובין בעל כורחה. והא מתנה – מדעתה איתא, בעל כורחה ליתא!

Consequently, the following reasoning should apply: **Just as** with regard to **her hand, that it** acquires property for her **whether with her consent or against her will, so too,** with regard to **her courtyard,** it should be **that it** acquires property for her **whether with her consent or against her will. And** with regard to **a gift, it is** so that she acquires it **with her consent,**[H] but **it is not** so that she acquires it **against her will.** Therefore, a courtyard that a husband transfers to his wife as a gift along with a bill of divorce is not the same as a bill of divorce that he gives into her hand. As a courtyard is different from her hand in this sense, it should not be able to be used as a means of transferring a bill of divorce.

NOTES

And the *halakha* could apply in the case where the slave was bound – והלכתא בכפות: According to Rashi and other early commentaries, it is sufficient for the slave to be bound for him to no longer be considered a mobile courtyard. However, there are early commentaries who say, based on the discussion later in this tractate (78a), that the slave must be both bound and sleeping, as acquisitions can be effected only in a courtyard that the owner consciously secures. If the slave is awake, his consciousness intrudes upon her ability to regard him as a secured courtyard.

HALAKHA

And placed it in his courtyard, etc. – ונתנו בחצרו וכו׳: If the husband placed the bill of divorce in his courtyard and sold her the courtyard, or he gave the courtyard to her as a gift, then once she has acquired the courtyard through one of the modes of acquisition of land, she is divorced, in accordance with Rava's statement (Rambam *Sefer Nashim, Hilkhot Geirushin* 5:18; *Shulḥan Arukh, Even HaEzer* 139:18).

Her courtyard that comes afterward – חצרה הבאה לאחר מכאן: If the husband placed a bill of divorce in another person's courtyard, and the latter then gave or sold this courtyard to the former's wife, she is not divorced (*Shulḥan Arukh, Even HaEzer* 139:18).

A gift, it is with her consent, etc. – מתנה מדעתה איתא וכו׳: If one received a gift, took possession of it, and afterward decided that he did not want it, it is of no consequence; the gift does not return to its previous owner. However, if from the outset the recipient said that he did not want the gift, then he does not acquire it and it does return to its previous owner (Rambam *Sefer Kinyan, Hilkhot Zekhiya UMattana* 4:1; *Shulḥan Arukh, Ḥoshen Mishpat* 245:10).

HALAKHA

Can receive a bill of divorce for his minor daughter, etc. – מְקַבֵּל גֵּט לְבִתּוֹ קְטַנָּה וכו׳: If a minor girl was betrothed by her father, and her husband divorces her during the betrothal period while she is still a minor, then her father receives her bill of divorce, regardless of whether she is aware of this (Rif; Rambam). Some say that she can also receive the bill of divorce (*Tosafot*). The *Beit Shmuel* writes, citing the Rosh, that it is appropriate to be stringent that she not receive her bill of divorce. This also appears to be the opinion of the *Beit Yosef* (Rambam *Sefer Nashim, Hilkhot Geirushin* 2:18; *Shulḥan Arukh, Even HaEzer* 141:4).

NOTES

Against her will – בְּעַל כָּרְחָהּ: In truth, the bill of divorce may be given to the father even against his will, as divorce is not up to the discretion of the receiving party (*Tosafot*).

מַתְקִיף לַהּ רַב שִׁימִי בַּר אַשִׁי: וְהָא שְׁלִיחוּת לְקַבָּלָה, דְּמִדַּעְתָּהּ אִיתָא, בְּעַל כּוֹרְחָהּ לֵיתָא, וְקָא הָוֵי שָׁלִיחַ לְקַבָּלָה!

Rav Shimi bar Ashi objects to the reasoning of Abaye: **But** what of **agency for receipt** of the bill of divorce, where the woman appoints an agent to receive a bill of divorce on her behalf, concerning **which** the agent can act **with her consent,** but **not against her will.** No one other than the wife can appoint an agent to receive the bill of divorce, and despite this **he is an agent for receipt.** Yet a woman is able to appoint an agent for receipt. Evidently, the comparison of other methods of acquisition to acquisition by placing the bill of divorce in her hand is not absolute.

וְאַבַּיֵי? אַטּוּ שְׁלִיחוּת מִ״יָּדָהּ״ אִיתְרַבִּי? מִ״וְשִׁלַּח״ ״וְשִׁלְּחָהּ״ אִיתְרַבִּי.

And Abaye would respond: **Is that to say** that the *halakha* of **agency is included from** the words **"her hand"?** It is not learned from there; rather, it **is included** based on the additional wording of the verse, as the verse does not state: **And he sent** [*veshillaḥ*]. Rather, it states: **"And sends her out** [*veshilleḥa*]" (Deuteronomy 24:1). The expanded term teaches that a woman can also appoint an agent to receive a bill of divorce on her behalf. Since agency has a different source in the Torah, it is not impacted by the limitations of her hand. The *halakha* that a bill of divorce can be given to her by placing it in her courtyard is an extension of the *halakha* that it can be placed in her hand and does carry the limitations of her hand. Therefore, it must be able to work whether with her consent or against her will.

וְאִיבָּעֵית אֵימָא: שְׁלִיחוּת לְקַבָּלָה נַמִּי אַשְׁכְּחַן בְּעַל כּוֹרְחָהּ, שֶׁכֵּן אָב מְקַבֵּל גֵּט לְבִתּוֹ קְטַנָּה בְּעַל כּוֹרְחָהּ.

And if you wish, say a different answer: **We also have found** that **agency for receipt** can be effective **against her will.** How so? **As the** *halakha* is that **a father can receive a bill of divorce for his minor daughter**[H] **against her will.**[N] The *halakhot* of agency are therefore consistent with the *halakhot* with regard to her hand, and Abaye's objection stands.

״עַל הֶעָלֶה שֶׁל זַיִת״ וכו׳. בִּשְׁלָמָא יָד דְּעֶבֶד

§ The mishna taught that a bill of divorce may be written **on an olive leaf,** on the horn of a cow, or on the hand of a slave, provided that the husband then gives her the slave or the cow. The Gemara asks: **Granted,** with regard to **the hand of a slave,**

Perek **II**
Daf **21** Amud **b**

HALAKHA

Something is valid when it is lacking only writing and giving – מִי שֶׁאֵינוֹ מְחוּסָּר אֶלָּא כְּתִיבָה וּנְתִינָה: If he wrote her a bill of divorce on the hand of a slave or on the horn of a cow, then he may not cut off either of these and give them to her. If he did cut them off and give them to her, it is not a valid bill of divorce. This is because there is a requirement that a bill of divorce not lack any other act between the writing and the giving (Rambam *Sefer Nashim, Hilkhot Geirushin* 1:6; *Shulḥan Even HaEzer* 124:2).

לָא אֶפְשָׁר לְמִקְצְיֵיהּ, אֶלָּא קֶרֶן שֶׁל פָּרָה – לִיקַצְיֵיהּ וְלִיתְבֵיהּ לָהּ!

it is not possible to cut it off, as it is certainly prohibited to cut off the hand of a slave, and he therefore must give her the slave. **But** if he wrote the bill of divorce on **the horn of a cow, let him cut it off and give it to her.** Why does the mishna state that he must give her the cow?

אָמַר קְרָא: ״וְכָתַב...וְנָתַן לָהּ״, מִי שֶׁאֵינוֹ מְחוּסָּר אֶלָּא כְּתִיבָה וּנְתִינָה, יָצָא זֶה שֶׁמְּחוּסָּר כְּתִיבָה, קְצִיצָה, וּנְתִינָה.

The Gemara answers: **The verse states: "And he writes** her a scroll of severance, **and gives it** in **her** hand" (Deuteronomy 24:1), meaning that **something** is valid as a bill of divorce **when it is lacking only writing and giving,**[H] **excluding this,** a cow's horn, **which is lacking writing, cutting, and giving.** Since the additional step of cutting would be required in order for him to give her the horn alone, the horn would not be a valid bill of divorce, so he must give her the cow.

״רַבִּי יוֹסֵי הַגְּלִילִי אוֹמֵר״ וכו׳. מַאי טַעְמָא דְּרַבִּי יוֹסֵי הַגְּלִילִי? דְּתַנְיָא: ״סֵפֶר״, אֵין לִי אֶלָּא ״סֵפֶר״, מִנַּיִן לְרַבּוֹת כָּל דָּבָר? תַּלְמוּד לוֹמַר: ״וְכָתַב לָהּ״, מִכָּל מָקוֹם. אִם כֵּן, מַה תַּלְמוּד לוֹמַר ״סֵפֶר״? מַה סֵּפֶר דָּבָר שֶׁאֵין בּוֹ רוּחַ חַיִּים וְאֵינוֹ אוֹכֶל, אַף כָּל דָּבָר שֶׁאֵין בּוֹ רוּחַ חַיִּים וְאֵינוֹ אוֹכֶל.

§ The mishna taught that **Rabbi Yosei HaGelili says** that a bill of divorce may not be written on something living, nor on food. The Gemara asks: **What is the reason for Rabbi Yosei HaGelili's** opinion? **As it is taught** in a *baraita*: It is said in the Torah with regard to a bill of divorce: "And he writes her **a scroll** of severance" (Deuteronomy 24:1). From the word "scroll," **I have** derived **only** that **a scroll** is valid; **from where** do I derive that it is correct **to include all objects** as valid materials upon which a bill of divorce may be written? **The verse states: "And he writes her," in any case,** i.e., a bill of divorce can be written on any type of surface. **If so, what is** the meaning when **the verse states "scroll"?** This teaches: **Just as a scroll is neither alive nor food, so too,** a bill of divorce may be written on **any object that is neither alive nor food.** This is why Rabbi Yosei HaGelili deems invalid a bill of divorce written on a living being.

וְרַבָּנַן? אִי כְּתִיב "בְּסֵפֶר" – כִּדְקָאָמְרַתְּ, הַשְׁתָּא דִּכְתִיב "סֵפֶר" – לְסְפִירַת דְּבָרִים הוּא דַּאֲתָא.

The Gemara asks: **And** how do **the Rabbis,** who disagree and say that a bill of divorce may be written even on a living creature or on food, interpret the verse? They contend: **If the verse were written:** And he shall write for her **in the scroll** [*besefer*], then it would be **as you said,** and it would indicate the type of surface on which the bill of divorce may be written. **Now that it is written: "Scroll** [*sefer*]," **it comes to** teach that a mere **account of the matters** [*sefirat devarim*] is required. In other words, *sefer* is referring not to the surface on which a bill of divorce must be written, but rather, to the essence of the bill of divorce. The verse teaches that the bill of divorce must contain particular content.

וְרַבָּנַן, הַאי "וְכָתַב" מַאי עָבְדִי לֵיהּ? מִיבָּעֵי לְהוּ: בִּכְתִיבָה מִתְגָּרֶשֶׁת, וְאֵינָהּ מִתְגָּרֶשֶׁת בְּכֶסֶף. סָלְקָא דַּעְתָּךְ אָמִינָא אַקִּישׁ יְצִיאָה לַהֲוָיָה, מַה הֲוָיָה בְּכֶסֶף – אַף יְצִיאָה נַמִי בְּכֶסֶף, קָא מַשְׁמַע לָן.

The Gemara continues: **And the Rabbis, what do they do with this** phrase in the verse: **"And he writes** her"? The Gemara answers: **For them,** that phrase **is required** to teach the principle that a woman **is divorced** only **via writing,**[H] i.e., a bill of divorce, **and she is not divorced** via giving **money.** It might **enter your mind to say: I should juxtapose leaving** marriage, i.e., divorce, **to becoming** married, i.e., betrothal, and I will say that **just as becoming** married **is** effected **with** giving **money,**[N] **so too, leaving** marriage can **also** be effected **with** giving **money.** Therefore, the Torah **teaches us:** "And he writes her"; divorce can be effected only with a written bill of divorce.

וְאִידָךְ? נָפְקָא לֵיהּ מִ"סֵפֶר כְּרִיתוּת", סֵפֶר כּוֹרְתָהּ, וְאֵין דָּבָר אַחֵר כּוֹרְתָהּ.

The Gemara asks: **And the other** *tanna*, Rabbi Yosei HaGelili, from where does he derive this reasoning? **He derives it from** the phrase **"scroll of severance,"** which teaches that **a scroll,** i.e., a written document, **severs her** from her husband **and nothing else severs her** from him.

וְאִידָךְ? מִיבָּעֵי לֵיהּ: דָּבָר הַכּוֹרֵת בֵּינוֹ לְבֵינָהּ. כִּדְתַנְיָא: "הֲרֵי זֶה גִּיטֵּיךְ עַל מְנָת שֶׁלֹּא תִּשְׁתִּי יַיִן", "עַל מְנָת שֶׁלֹּא תֵּלְכִי לְבֵית אָבִיךְ לְעוֹלָם" – אֵין זֶה כְּרִיתוּת. "עַד שְׁלֹשִׁים יוֹם" – הֲרֵי זֶה כְּרִיתוּת.

The Gemara asks: **And** those who hold **the other** opinion, the Rabbis, how do they explain this phrase? **For them,** the phrase "scroll of severance" **is required** to teach that a bill of divorce must be a **matter that severs** all connection **between him and her, as it is taught** in a *baraita*: If a man says to his wife: **This is your bill of divorce, on the condition that you will not** ever **drink wine,**[H] or **on condition that you will never go to your father's house, that is not severance,** and the bill of divorce is not valid. If a bill of divorce imposes a condition upon the woman that permanently binds her to her husband, her relationship with her husband has not been completely severed, which is a prerequisite for divorce. If, however, he imposes a condition **until thirty days** have passed, or for any other limited period of time, **that is severance.** The bill of divorce is valid, as the relationship will be completely terminated at the end of the thirty-day period.

וְאִידָךְ? מִ"כָּרֵת" "כְּרִיתוּת".

The Gemara asks: **And the other** *tanna*, Rabbi Yosei HaGelili, from where does he derive that a stipulation without a termination point invalidates the divorce? **From** the fact that instead of using the term ***karet***, the verse uses the more expanded term ***keritut***. Inasmuch as both terms denote severance, using the longer term teaches us two things: Divorce can be effected only via writing and not through money, and divorce requires total severance.

וְאִידָךְ? "כָּרֵת", "כְּרִיתוּת" לָא דָּרְשִׁי.

And the other, the Rabbis, what do they derive from this? The Gemara answers: **They do not derive** anything from the expansion of ***karet*** to ***keritut***.

HALAKHA

A woman is divorced only via writing – בִּכְתִיבָה מִתְגָּרֶשֶׁת: A woman can be divorced only through a written document that is given to her, and this document is called a bill of divorce (Rambam *Sefer Nashim, Hilkhot Geirushin* 1:3, 2:1).

On the condition that you will not ever drink wine, etc. – עַל מְנָת שֶׁלֹּא תִּשְׁתִּי יַיִן וכו׳: The bill of divorce must sever the bond between the husband and wife. If the husband appended a stipulation that the wife must observe for the rest of her life, e.g., if he added: On the condition that you not drink wine for the rest of your life, or: On the condition that you not eat meat forever, then it is not a valid bill of divorce.

However, if he stipulated that she not drink wine for all of his or someone else's life, then it is a valid bill of divorce. Some (Rashba; *Maggid Mishne*) hold that even if he designated a duration that is longer than the normal life span, it is still a valid bill of divorce because the condition lasts only for a limited time (Rambam *Sefer Nashim, Hilkhot Geirushin* 1:3, 8:10–11; *Shulḥan Even HaEzer* 143:20).

NOTES

Becoming married is effected with giving money – הֲוָיָה בְּכֶסֶף: This *halakha* is found in the first mishna of tractate *Kiddushin*, where it states that a woman becomes betrothed in one of three ways: With money, with a document, or with intercourse. The Gemara derives that money can be used to betroth a woman by means of a verbal analogy between instances of the word taking. With regard to betrothal, the verse states: "When a man takes a wife" (Deuteronomy 24:1), and with regard to Abraham's purchase of the field of Machpelah to bury Sarah, it states: "I will give the price of the field; take it of me" (Genesis 23:13). Just as Abraham purchased the field with money, so too, one can acquire his wife with money.

מתני׳ אֵין כּוֹתְבִין בִּמְחוּבָּר לְקַרְקַע. כְּתָבוֹ בִּמְחוּבָּר, תְּלָשׁוֹ וַחֲתָמוֹ וּנְתָנוֹ לָהּ – כָּשֵׁר. רַבִּי יְהוּדָה פּוֹסֵל, עַד שֶׁתְּהֵא כְּתִיבָתוֹ וַחֲתִימָתוֹ בְּתָלוּשׁ.

MISHNA **One may not write** a bill of divorce **on** anything that is **attached**[NH] **to the ground. If one wrote it on** something that was **attached** to the ground, and afterward he **detached it, signed it, and gave it to her,** then it is **valid. Rabbi Yehuda deems** a bill of divorce **invalid unless its writing and its signing** were performed when it was already **detached.**

רַבִּי יְהוּדָה בֶּן בְּתֵירָא אוֹמֵר: אֵין כּוֹתְבִין לֹא עַל הַנְּיָיר הַמָּחוּק וְלֹא עַל הַדִּיפְתְּרָא, מִפְּנֵי שֶׁהוּא יָכוֹל לְהִזְדַּיֵּיף, וַחֲכָמִים מַכְשִׁירִין.

Rabbi Yehuda ben Beteira says: One may not write a bill of divorce **on erased paper**[BH] **or on unfinished leather** [*diftera*],[L] **because** writing on these surfaces **can be forged. And the Rabbis deem valid** a bill of divorce that was written on either of these items.

גמ׳ ״כְּתָבוֹ עַל הַמְחוּבָּר״. וְהָאָמַרְתְּ רֵישָׁא: אֵין כּוֹתְבִין! אָמַר רַב יְהוּדָה אָמַר שְׁמוּאֵל: וְהוּא שֶׁשִּׁיֵּיר מְקוֹם הַתּוֹרֶף.

GEMARA The mishna taught: If **one wrote it on** something that was **attached** to the ground, and detached it before he gave it to her, then it is valid. The Gemara challenges: **But didn't you say** in **the first clause** of the mishna that **one may not write** a bill of divorce on something that is attached to the ground? **Rav Yehuda says** that **Shmuel says:** The mishna's statement that if something was detached and signed then it is a valid bill of divorce **is** applicable only **when one left a place for the essential** part of the document. He did not write the entire bill of divorce while it was attached to the ground. Rather, he wrote only the standard part of the bill of divorce. However, he left a place for the essential part of the bill of divorce, which includes the names of the man and woman, and wrote that part only after it was detached.

וְכֵן אָמַר רַבִּי אֶלְעָזָר אָמַר רַבִּי אוֹשַׁעְיָא: וְהוּא שֶׁשִּׁיֵּיר מְקוֹם הַתּוֹרֶף. וְכֵן אָמַר רַבָּה בַּר בַּר חָנָה אָמַר רַבִּי יוֹחָנָן: וְהוּא שֶׁשִּׁיֵּיר מְקוֹם הַתּוֹרֶף. וְרַבִּי אֶלְעָזָר הִיא, דְּאָמַר: עֵדֵי מְסִירָה כָּרְתִי.

And so Rabbi Elazar says that **Rabbi Oshaya says: And this is** a case **where he left a place for the essential** part of the document. **And so Rabba bar bar Ḥana says** that **Rabbi Yoḥanan says: And this is when he left a place for the essential** part of the document. **And** all these Sages hold that the mishna **is** in accordance with the opinion of **Rabbi Elazar, who says: Witnesses of the transmission** of the bill of divorce **effect** the divorce. It is not the signatures of the witnesses on a bill of divorce that validate it. Rather, the divorce is effected by the transmission of the document in the presence of witnesses. Therefore, the phrase: "And he writes" (Deuteronomy 24:1), must be referring to the writing of the bill of divorce and not to the signing of the witnesses, and the restrictions derived from this verse will apply to the writing of the bill of divorce, so the essential part may not be written on something that is attached to the ground.

וְהָכִי קָאָמַר: אֵין כּוֹתְבִין טוֹפֶס שֶׁמָּא יִכְתּוֹב תּוֹרֶף. כְּתָבוֹ לַטּוֹפֶס וּתְלָשׁוֹ, כְּתָבוֹ לַתּוֹרֶף וּנְתָנוֹ לָהּ – כָּשֵׁר.

And this is what the mishna **is saying: One may not write** even the **standard part**[H] on something that is attached to the ground *ab initio*, **lest he write** the **essential** part of the document in this manner as well. However, if **he wrote the standard** part while it was attached to the ground, **and then detached it, wrote the essential** part, **and gave it to her,** it is **valid.**

NOTES

One may not write on anything attached – אֵין כּוֹתְבִין בִּמְחוּבָּר: Rashi and many of the early commentaries explain that a bill of divorce must be an item that can be given immediately. Since this bill of divorce will need to be detached from the ground in order for the husband to give it, it is invalid. The early commentaries ask: This is true if he wishes to give her the bill of divorce alone, but if he wishes to give her the land that the bill of divorce is attached to as well, shouldn't it be valid? Some answer that since the verse states: "And gives it in her hand," this teaches that a bill of divorce must be something that can be handed over, and therefore it must be detached from the ground (Meiri; *Tosefot HaRosh*).

BACKGROUND

Erased paper – הַנְּיָיר הַמָּחוּק: This paper is disqualified because once the writing has been erased, subsequent writing can also be erased without being noticed. This is also the reason for the disqualification of unfinished leather.

In those days paper was made of thin layers of papyrus reeds pressed together. The pressing and leveling of the paper formed a very smooth surface upon which any erasure would be visible. The first erasure would also remove the smooth upper layer, enabling the erasure of any other writing without its being noticed.

LANGUAGE

Unfinished leather [*diftera*] – דִּיפְתְּרָא: Borrowed from the Greek διφθέρα, *diphthēra*, meaning prepared piece of leather. The Greek word was borrowed from the Iranian dipī, meaning inscribing.

HALAKHA

One may not write on anything that is attached, etc. – אֵין כּוֹתְבִין בִּמְחוּבָּר וכו׳: One may not write a bill of divorce on something that is attached to the ground. If a bill of divorce was written on something attached to the ground, even if it was then detached and the witnesses signed it afterward, it is not a valid bill of divorce, in accordance with the first *tanna* (Rambam *Sefer Nashim, Hilkhot Geirushin* 1:6; *Shulḥan Even HaEzer* 124:4).

On erased paper, etc. – עַל הַנְּיָיר הַמָּחוּק וכו׳: A bill of divorce may be written even on a surface that enables forgery. It may therefore be written on erased paper or on unfinished leather, in accordance with the opinion of the Rabbis (Rambam *Sefer Nashim, Hilkhot Geirushin* 4:3; *Shulḥan Even HaEzer* 124:2).

One may not write even the standard part, etc. – אֵין כּוֹתְבִין טוֹפֶס וכו׳: One may not write even the standard part of a bill of divorce on an item that is attached, *ab initio*. However, if one wrote the standard part of the bill of divorce on an object that was attached, detached it, then wrote the essential part of the bill of divorce, signed it, and gave it to the woman, it is valid after the fact (Rambam *Sefer Nashim, Hilkhot Geirushin* 1:7; *Shulḥan Even HaEzer* 124:5).

וְרֵישׁ לָקִישׁ אָמַר: "חֲתָמוֹ" שָׁנִינוּ, וְרַבִּי מֵאִיר הִיא, דְּאָמַר: עֵדֵי חֲתִימָה כָּרְתִי.

And Reish Lakish says: The mishna should not be understood in that way, where the phrase: And signed it, is referring to the writing of the essential part, since **we learned** that **they signed it,** which is referring to the signatures of the witnesses. And **it is** taught in accordance with the opinion of **Rabbi Meir,** who **says** that **the signatory witnesses** on the bill of divorce **effect** the divorce.

וְהָכִי קָאָמַר: אֵין כּוֹתְבִין תּוֹרֶף גְּזֵירָה שֶׁמָּא יַחְתּוֹם, כְּתָבוֹ לַתּוֹרֶף, תְּלָשׁוֹ, חֲתָמוֹ וּנְתָנוֹ לָהּ – כָּשֵׁר.

And this is what the mishna **is saying: One may not write the essential** part on something that is attached to the ground due to a rabbinic **decree, lest he** also have the witnesses **sign** while it is attached. However, even if **he wrote the essential** part while it was attached, then **detached it, had it signed, and gave it to her,** it is **valid.** According to Rabbi Meir, when the verse states: "And he writes her," it is referring to when he has the bill of divorce signed. Therefore, by Torah law, the limitation that it not be attached while he writes applies only to the signing but not to the writing. The Sages decreed that the essential part of the bill of divorce also not be written while it is attached to the ground, but if he violated this decree, it is still valid after the fact.

כְּתָבוֹ עַל חֶרֶס שֶׁל עָצִיץ נָקוּב – כָּשֵׁר, דְּשָׁקֵיל לֵיהּ וְיָהֵיב לַיהּ נִיהֲלָהּ. עַל עָלֶה שֶׁל עָצִיץ נָקוּב – אַבָּיֵי אָמַר: כָּשֵׁר, וְרָבָא אָמַר: פָּסוּל. אַבָּיֵי אָמַר כָּשֵׁר,

§ In connection with this discussion, the Gemara mentions several *halakhot* that are affected by items being attached to the ground or detached. If **he wrote** the bill of divorce **on the clay**[H] **of a perforated pot** [*atzitz*],[BL] which is considered to be attached to the ground, then it is **valid, as he** can **take** this pot **and give it to her.** However, if he wrote it **on a leaf of** a plant growing in **a perforated pot,** then what is the *halakha*? **Abaye says:** It is **valid. And Rava says:** It is **invalid.** The Gemara clarifies their dispute in detail: **Abaye says** that it is **valid**

HALAKHA

He wrote the bill of divorce on the clay, etc. – **כְּתָבוֹ עַל חֶרֶס וכו׳**: If one writes a bill of divorce on an earthenware pot, then it is valid, even if it is a perforated pot, provided there are witnesses who observe the delivery. If the scribe wrote it on a leaf that is growing in a perforated pot, then even if the husband gave the wife the entire pot, the bill of divorce is invalid. This ruling is in accordance with the opinion of Rava, as the *halakha* is in accordance with him when he disagrees with Abaye (Rambam *Sefer Nashim, Hilkhot Geirushin* 1:8; *Shulḥan Even HaEzer* 124:4).

BACKGROUND

Pot [*atzitz*] – **עָצִיץ**: An *atzitz* was apparently a simple earthenware vessel that was not fully processed in a furnace or kiln. People would use such a pot for basic purposes when the most minimal collection vessel was needed and fine craftsmanship or durability was not a consideration. It was used for potted plants, as a tub for waste, or as a chamber pot. Occasionally, it was even fashioned from the bottom of a broken pitcher.

LANGUAGE

Pot [*atzitz*] – **עָצִיץ**: Similar to the Arabic أصيص, *'aṣīṣ*, which also means pot. It seems that it was derived from its use as a vessel to hold trees, *etzim*, and plants, *tzemaḥim*. When one combines those words, the result is *atzitz*.

Perek **II**
Daf **22** Amud **a**

דְּשָׁקֵיל לֵיהּ וְיָהֵיב לֵיהּ נִיהֲלָהּ. רָבָא אָמַר: פָּסוּל, גְּזֵרָה שֶׁמָּא יִקְטוֹם.

as he can **take** the pot with the leaf inside it **and give it to her. Rava says** that it is **invalid.** Although it should be valid if he gave her the leaf together with the potted plant, the Sages instituted **a decree** that it is invalid, **lest one detach** the leaf and give it to her. In that case, all agree that a bill of divorce that is fully written while attached is invalid.

עָצִיץ שֶׁל אֶחָד וּזְרָעִים שֶׁל אַחֵר, מָכַר בַּעַל עָצִיץ לְבַעַל זְרָעִים, כֵּיוָן שֶׁמָּשַׁךְ – קָנָה. מָכַר בַּעַל זְרָעִים לְבַעַל עָצִיץ – לֹא קָנָה, עַד שֶׁיַּחֲזִיק בַּזְּרָעִים.

§ The Gemara has another discussion with regard to a perforated pot: In the case of **a pot** that **belongs to one**[H] person **and the plants** in it **belong to another** person, if the **owner of the pot sold** it **to** the **owner of the plants,** then **once** the owner of the plants **pulled** the pot, **he has acquired** the pot, as it is a movable object, which can be acquired via pulling. However, if the **owner of the plants sold**[H] the plants **to the owner of the pot,** then the owner of the pot **does not acquire** the plants **until he takes possession of the plants** themselves, e.g., by raking or weeding the dirt surrounding them. Since the plants are considered to be attached to the ground, as they are in a perforated pot, they are considered to be part of the ground, which cannot be acquired by pulling.

עָצִיץ וּזְרָעִים שֶׁל אֶחָד וּמְכָרָן לְאַחֵר, הֶחֱזִיק בַּזְּרָעִים – קָנָה עָצִיץ. וְזוֹ הִיא שֶׁשָּׁנִינוּ: נְכָסִים שֶׁאֵין לָהֶם אַחֲרָיוּת נִקְנִין עִם נְכָסִים שֶׁיֵּשׁ לָהֶן אַחֲרָיוּת – בְּכֶסֶף, וּבִשְׁטָר, וּבַחֲזָקָה.

If **the pot and plants belong to one** person,[H] **and he sold them to another** person, then once the buyer **took possession of the plants** and acquired them, **he acquired the pot** as well. **And this is** an example of the principle **that we learned** in a mishna (*Kiddushin* 26a): **Property that does not serve as a guarantee,** i.e., movable property, **can be acquired with property that serves as a guarantee,**[H] i.e., land, **through** the giving of **money, or with a document, or by taking possession.** Therefore, once one takes possession of the plants, which are considered to be like land, he also acquires the pot, which is a movable object.

HALAKHA

A pot that belongs to one, etc. – **עָצִיץ שֶׁל אֶחָד וכו׳**: If one has a perforated pot and the plants in it belong to someone else, then if the owner of the pot sold his pot to the owner of the plants, the owner of the plants can acquire it through pulling (Rambam *Sefer Kinyan, Hilkhot Mekhira* 3:15; *Ḥoshen Mishpat* 202:10).

The owner of the plants sold, etc. – **מָכַר בַּעַל זְרָעִים וכו׳**: If the owner of the plants sold them to the owner of the pot, then he does not acquire them until he takes possession of the plants themselves or acquires them with a document, similar to the acquisition of land (Rambam *Sefer Kinyan, Hilkhot Mekhira* 3:15 and *Maggid Mishne* there; *Shulḥan Arukh, Ḥoshen Mishpat* 202:11).

Pot and plants belong to one person – **עָצִיץ וּזְרָעִים שֶׁל אֶחָד**: If a perforated pot and the plants in it belong to one person, and he sold them to someone else, if this person took possession of the plants, then he acquires the pot as well. However, if he took possession of only the pot, then he does not even acquire the pot (Rambam *Sefer Kinyan, Hilkhot Mekhira* 3:16; *Shulḥan Arukh, Ḥoshen Mishpat* 202:12).

Property that serves as a guarantee – **נְכָסִים שֶׁיֵּשׁ לָהֶן אַחֲרָיוּת**: If one transfers land and movable property together, then once the recipient acquires the land through one of its modes of acquisition, the movable property is acquired with it (Rambam *Sefer Kinyan, Hilkhot Mekhira* 3:16; *Shulḥan Arukh, Ḥoshen Mishpat* 202:1).

הֶחֱזִיק בְּעָצִיץ – אַף עָצִיץ לֹא קָנָה, עַד שֶׁיַּחֲזִיק בִּזְרָעִים.

However, if the buyer **took possession of** just **the pot,**[N] then **he does not even acquire the pot,** as movable property cannot be acquired through taking possession, **until he takes possession of the plants.** To acquire the pot, one must either perform an act of acquisition specific to movable items, such as pulling, or acquire the plants through taking possession of them, resulting in the acquisition of the pot, as stated earlier.

נִקְבוֹ בָּאָרֶץ וְנוֹפוֹ בְּחוּצָה לָאָרֶץ, אַבַּיֵי אָמַר: בָּתַר נִקְבוֹ אָזְלִינַן, רָבָא אָמַר: בָּתַר נוֹפוֹ אָזְלִינַן.

The Gemara discusses another issue with regard to perforated pots: If a perforated pot was on the border of Eretz Yisrael, and **its perforation was in Eretz** Yisrael[H] **but its branches** were **outside of Eretz** Yisrael, then what is the *halakha* with regard to mitzvot that apply to produce grown in Eretz Yisrael, such as *terumot* and tithes? **Abaye said: We follow its perforation,** and it is considered to be growing in Eretz Yisrael. **Rava said: We follow its branches,** and it is considered to be growing outside of Eretz Yisrael.

בִּדְאַשְׁרוּשׁ כּוּלֵּי עָלְמָא לָא פְּלִיגִי, כִּי פְּלִיגִי – בִּדְלָא אַשְׁרוּשׁ.

The Gemara notes: **In** a case **where** the plant in the pot **took root** in the ground, **everyone agrees** that it has the status of a plant that grows in the place where its roots are. **When they disagree,** it is **with regard to** a case **where it did not take root.** Since its roots are contained within the pot, there is a disagreement whether we follow the perforation or the branches in determining its status.

וּבִדְאַשְׁרוּשׁ לָא פְּלִיגִי? וְהָתְנַן: שְׁתֵּי גִינּוֹת זוֹ עַל גַּב זוֹ וְיָרָק בֵּינְתַיִם, רַבִּי מֵאִיר אוֹמֵר: שֶׁל עֶלְיוֹן, רַבִּי יְהוּדָה אוֹמֵר: שֶׁל תַּחְתּוֹן!

The Gemara challenges: **And do they not disagree with regard to** a case **where it took root?** Do all agree that its status is determined by where the roots are? **But didn't we learn** in a mishna (*Bava Metzia* 118b): In a case of **two gardens**[B] that belong to two different people that are on adjacent terraces **one above the other, and leafy vegetables** are growing **between them** on the wall of the step between the two gardens, **Rabbi Meir says:** These leafy vegetables **belong to** the owner of the **upper** garden, and **Rabbi Yehuda says:** These leafy vegetables **belong** to the owner of the **lower** garden. In this case, the roots emerge from the upper garden, but the vegetables grow into the airspace of the lower garden. This seems to be analogous to the case where the roots are in Eretz Yisrael and the branches are outside of Eretz Yisrael, or vice versa, and there is a dispute as to who is the owner of the vegetables.

הָתָם כִּדְקָתָנֵי טַעֲמָא: אָמַר רַבִּי מֵאִיר: מָה אִם יִרְצֶה עֶלְיוֹן לִיטּוֹל אֶת עֲפָרוֹ, אֵין כָּאן יָרָק.

The Gemara makes a distinction between the two cases: **There,** in the case cited in the mishna in *Bava Metzia,* **the reason** for that *halakha* is **as is taught** in the mishna, that **Rabbi Meir said: What if** the owner of the **upper** garden **would wish to take his earth?** This would result in a situation where **there are no** more **vegetables,** as the vegetables would not have earth from which to draw nutrients. The fact that the owner of the upper garden has the ability to destroy the vegetables is an indication that he is the owner.

אָמַר רַבִּי יְהוּדָה: מָה אִם יִרְצֶה הַתַּחְתּוֹן לְמַלְּאוֹת אֶת גִּנָּתוֹ עָפָר, אֵין כָּאן יָרָק.

Rabbi Yehuda said: What if the owner of the **lower** garden **would wish to fill** the airspace above **his garden** with **earth?** This would result in a situation where **there are no** more **vegetables,** as they would be covered in the earth added by the owner of the lower garden. The fact that the owner of the lower garden has the ability to destroy the vegetables is an indication that he is the owner. Their dispute is not with regard to how to define where the vegetables are growing; rather, they disagree with regard to who has control over the continued existence of these plants. Therefore, this dispute is not related to the issue of the plant that is growing on the border.

וְאַכַּתִּי בִּדְאַשְׁרוּשׁ לָא פְּלִיגִי? וְהָא תַּנְיָא: אִילָן מִקְצָתוֹ בָּאָרֶץ וּמִקְצָתוֹ בְּחוּצָה לָאָרֶץ – טֶבֶל וְחוּלִּין מְעוֹרָבִין זֶה בְּזֶה, דִּבְרֵי רַבִּי; רַבָּן שִׁמְעוֹן בֶּן גַּמְלִיאֵל אוֹמֵר: הַגָּדֵל בְּחִיּוּב – חַיָּיב, וְהַגָּדֵל בִּפְטוּר – פָּטוּר;

The Gemara asks: **But still, do they not disagree with regard to** a case **where** the plant **took root? But isn't it taught** in a *baraita* (*Tosefta, Ma'asrot* 2:22): If there is **a tree,** and **part of it is in Eretz** Yisrael[H] **and part of it is outside of Eretz** Yisrael, then **untithed produce and non-sacred produce are mixed together** in each one of these tree's fruits; this is **the statement of Rabbi** Yehuda HaNasi. **Rabban Shimon ben Gamliel says:** The fruits in the part of the tree that is **growing in** a place that has **an obligation** to separate tithes, in Eretz Yisrael, are **obligated. And** the fruits that are **growing in** a place that has an **exemption** from separating tithes, outside of Eretz Yisrael, are **exempt.**

NOTES

The buyer took possession of the pot – הֶחֱזִיק בְּעָצִיץ: In other words, he acquired it through an act demonstrating ownership, e.g., he made a hole in the pot or closed a hole in it. This mode of acquisition is effective with regard to land but not with regard to movable objects, for which the mode of acquisition is pulling (Ritva).

HALAKHA

Its perforation was in Eretz Yisrael, etc. – נִקְבוֹ בָּאָרֶץ וכו׳: If a perforated pot houses a plant that has not taken root, and the base of the pot is in Eretz Yisrael but the branches of the plant are outside of Eretz Yisrael, then its status is determined by the location of the branches. This is because the *halakha* is in accordance with Rava and not Abaye (Rambam *Sefer Zera'im, Hilkhot Terumot* 1:25).

A tree, part of it in Eretz Yisrael, etc. – אִילָן מִקְצָתוֹ בָּאָרֶץ וכו׳: If some of a tree's roots were in Eretz Yisrael, and some were outside of Eretz Yisrael, then even if a rock separates the roots, the fruits of this tree are considered to be a mixture of untithed produce and non-sacred produce (Rambam *Sefer Zera'im, Hilkhot Terumot* 1:24).

BACKGROUND

Two gardens – שְׁתֵּי גִינּוֹת: When there are gardens situated on two levels, from the standpoint of the *halakhot* of acquisitions, the rights of the owner of each garden extend from the depths below the earth to the height of the skies. Therefore, Rabbi Meir's reasoning is simple: That which grows from the land of the upper garden into the airspace of the lower garden is sustained by the land of the owner of the upper garden, as his land extends downward.

Conversely, Rabbi Yehuda holds that since the plant is within the airspace of the lower garden, it belongs to the owner of the lower garden, especially as he could prevent this plant from growing.

As is clear in the mishna and the Gemara in tractate *Bava Metzia*, there are two issues at hand. One concerns the *halakhot* of acquisitions of a plant in this situation and the other concerns who has the rights to this plant.

Gardens situated on two levels

מַאי לָאו מִקְצָת נוֹפוֹ בָּאָרֶץ וּמִקְצָת נוֹפוֹ בְּחוּצָה לָאָרֶץ?

What, is it not discussing a case **where some of its branches are in Eretz Yisrael**[N] **and some of its branches are outside of Eretz** Yisrael, although its roots are in one of the two locations, and both Rabbi Yehuda HaNasi and Rabban Shimon ben Gamliel agree that the place of the roots does not define the status of the tree?

לָא, מִקְצָת שָׁרָשִׁין בָּאָרֶץ וּמִקְצָת שָׁרָשִׁין בְּחוּצָה לָאָרֶץ. וּמַאי טַעְמָא דְּרַבָּן שִׁמְעוֹן בֶּן גַּמְלִיאֵל? דְּמַפְסִיק צוּנְמָא.

The Gemara rejects this: **No,** it discusses a case where **some of the roots** are **in Eretz** Yisrael **and some of the roots** are **outside of** Eretz Yisrael. The Gemara asks: **And what is the reasoning of Rabban Shimon ben Gamliel?** It is not possible to determine which fruits drew nutrients from which roots, so how can he rule that some of the fruits are obligated in tithes and some are not? The Gemara answers: Rabban Shimon ben Gamliel's statement is referring to a case where **a rock divides** the roots up to the trunk, and therefore it is possible to distinguish between the parts of the tree that draw nutrients from Eretz Yisrael and the parts that draw nutrients from outside of Eretz Yisrael.

מַאי טַעְמָא דְּרַבִּי? דְּהָדְרִי עָרְבִי.

The Gemara asks: If it is so that the roots are clearly distinguishable, **what is the reasoning of Rabbi** Yehuda HaNasi? Why does he view the fruits as being a mixture? The Gemara answers: He holds that although there is a division between the roots, they cannot be distinguished from one another, **as they then become mixed** in the body of the tree.

בְּמַאי קָמִיפַּלְגִי? מָר סָבַר: אֲוִירָא מְבַלְבֵּל, וּמָר סָבַר: הַאי לְחוּדֵיהּ קָאֵי וְהַאי לְחוּדֵיהּ קָאֵי.

The Gemara asks: **With regard to what** principle **do they disagree?** The Gemara answers: One **Sage,** Rabbi Yehuda HaNasi, **holds: The air** above the ground **mixes** the nutrients, **and** one **Sage,** Rabban Shimon ben Gamliel, **holds: This** part of the tree **stands alone and this** part of the tree **stands alone.** From the roots up to the branches, it is as if the tree were cut along the line of the border.

״רַבִּי יְהוּדָה בֶּן בְּתֵירָא אוֹמֵר״ כו׳. אָמַר רַבִּי חִיָּיא בַּר אַסִּי מִשְּׁמֵיהּ דְּעוּלָּא: שְׁלֹשָׁה עוֹרוֹת הֵן: מַצָּה, חִיפָּה, וְדִיפְתְּרָא.

§ The mishna taught that **Rabbi Yehuda ben Beteira says** that one may not write a bill of divorce on a material that enables forgery. Consequently, one may not write a bill of divorce on erased paper or on unfinished leather. The Gemara now clarifies what is defined as unfinished leather. **Rabbi Ḥiyya bar Ami said in the name of Ulla: There are three hides,**[H] i.e., three stages in the process of tanning hides. At each stage, the hide has a different name: ***Matza, ḥifa,***[L] **and *diftera*.**[B]

מַצָּה – כְּמַשְׁמָעוֹ, דְּלָא מְלִיחַ וּדְלָא קְמִיחַ וּדְלָא אֲפִיץ. לְמַאי הִלְכְתָא? לְהוֹצָאַת שַׁבָּת. וְכַמָּה שִׁיעוּרוֹ? כִּדְקָתָנֵי רַב שְׁמוּאֵל בַּר יְהוּדָה: כְּדֵי לָצוּר מִשְׁקָל קְטַנָּה. וְכַמָּה? אָמַר אַבָּיֵי: כִּי רִיבְעָא דְּרִיבְעָא דְּפוּמְבְּדִיתָא.

Matza,* as per its plain meaning,**[N] with no additives. It is **not salted, and not treated with flour, and not treated with gallnuts.** The Gemara clarifies: **For what *halakha is this type of leather mentioned? There is a *halakha* that mentions the minimum measure of this type of leather **for** which one is liable if he **carries** it **out** from one domain to another on **Shabbat. And how much is the measure** that determines liability for carrying out this hide on Shabbat? **As Rav Shmuel bar Rav Yehuda teaches:** It is **equivalent** to that which is used **to wrap** around **a small weight. And how** big is this small weight? **Abaye said: A quarter of a quarter of a** *litra* in the system of weights in use in **Pumbedita.**[B]

NOTES

What, is it not where some of its branches are in Eretz Yisrael, etc. – מַאי לָאו מִקְצָת נוֹפוֹ בָּאָרֶץ וכו׳: Here in the Gemara, the assumption is that according to Rabbi Yehuda HaNasi, the status of the tree is determined by both the roots and the branches, and it is considered to be a mixture of produce obligated in and exempt from *terumot* and tithes, while according to Rabban Shimon ben Gamliel the status is determined entirely by the location of each individual branch (*Tosefot HaRosh*; Rabbeinu Crescas Vidal).

***Matza* as per its plain meaning** – מַצָּה כְּמַשְׁמָעוֹ: Rashi explains that the phrase: As per its plain meaning, means that just as *matza* has not been fully processed, as it was not allowed to rise like other types of bread, so too, this leather has not been fully processed. The *Arukh* explains that just as *matza* does not have any additives but is formed of flour and water alone, so too, this hide has not had anything added to it to begin its processing.

HALAKHA

There are three hides – שְׁלֹשָׁה עוֹרוֹת הֵן: If one carried into a public domain on Shabbat unprocessed leather that is still soft, which is called *matza*, then he is liable if the piece of leather was big enough to wrap a small weight, meaning a weight weighing one shekel. If the leather was *ḥifa*, which is salted but not worked with flour and gallnuts, then he is liable if he carried out a piece large enough to make an amulet. If it was *diftera*, worked with flour and gallnuts, then he is liable if he carried out enough to write a bill of divorce on it (Rambam *Sefer Zemanim*, *Hilkhot Shabbat* 18:14).

LANGUAGE

Ḥifa – חִיפָּה: The source of this word is not clear. Some claim it is related to the Hebrew word *ḥafaf*, which means rubbing or scratching.

BACKGROUND

Matza, ḥifa,* and *diftera – מַצָּה חִיפָּה וְדִיפְתְּרָא: There are many stages in the process of tanning leather, and there are specific differences in the methods of tanning leather, depending on what purpose it is being prepared for. The stages mentioned here do not include the entire process of leather production, but rather, only the stages in processing leather for the purpose of writing on it.

In talmudic times, after the hide was soaked, the remains of flesh were removed from it, and it went through its initial processing, where the tanners would soak the hide in salt. It would then be soaked in water mixed with flour, as the leavening of the dough would assist in stabilizing the leather. Tanning the leather with gallnuts was the final stage, after which the leather could be used as a writing surface. Writing penned on this kind of surface would last for a very long period of time.

A quarter of a quarter of Pumbedita – רִיבְעָא דְּרִיבְעָא דְּפוּמְבְּדִיתָא: This is a small unit of weight that was used in Pumbedita, equal to one-sixteenth of a *litra*, approximately 28 g.

חִיפָה – דִּמְלִיחַ וְלָא קְמִיחַ וְלָא אֲפִיץ. לְמַאי הִילְכְתָא? לְהוֹצָאַת שַׁבָּת. וְכַמָּה שִׁיעוּרוֹ? כִּדְתְנַן: עוֹר – כְּדֵי לַעֲשׂוֹת קָמֵיעַ.

Ḥifa is hide **that is salted, and not treated with flour, and not treated with gallnuts. For what** ***halakha*** **was this type of** leather mentioned? There is a *halakha* that mentions the minimum measure of this type of leather **for** which one is liable if he **carries** it **out** from one domain to another on **Shabbat. And how much is the measure** that determines liability for carrying out this hide on Shabbat? **As we learned** in a mishna (*Shabbat* 78b): The measure that determines liability for carrying out this **hide is equivalent** to that which is used **to make an amulet.**

דִּיפְתְּרָא – דִּמְלִיחַ וּקְמִיחַ וְלָא אֲפִיץ. לְמַאי הִילְכְתָא? לְהוֹצָאַת שַׁבָּת. וְכַמָּה שִׁיעוּרוֹ? כְּדֵי לִכְתּוֹב עָלָיו אֶת הַגֵּט.

Diftera is hide **that is salted, and treated with flour, and not treated with gallnuts. For what** ***halakha*** was this type of leather mentioned? There is a *halakha* that mentions the minimum measure of this type of leather **for** which one is liable if he **carries** it **out** from one domain to another on **Shabbat. And how much is the measure** that determines liability for carrying out this hide on Shabbat? The measure that determines liability for carrying it out is **equivalent to** the amount **on which a bill of divorce is written.**

״וַחֲכָמִים מַכְשִׁירִין״. מַאן חֲכָמִים? אֲמַר רַבִּי אֶלְעָזָר:

The mishna taught that **the Rabbis deem valid** bills of divorce that were written on erased paper or on unfinished leather. The Gemara asks: **Who are** these **Rabbis?** The *amora* **Rabbi Elazar said:**

Perek **II**
Daf **22** Amud **b**

רַבִּי אֶלְעָזָר הִיא, דְּאָמַר: עֵדֵי מְסִירָה כָּרְתִי.

It is the opinion of the *tanna* **Rabbi Elazar, who says: Witnesses of the transmission** of the bill of divorce **effect** the divorce. Since the witnesses read the bill of divorce before it is transmitted in their presence, they may be relied upon to confirm the contents of the bill of divorce in court. Therefore, even if it was written on erased paper, there is no possibility that it would be forged, as the witnesses read what was written before it is given.

וְאָמַר רַבִּי אֶלְעָזָר: לֹא הִכְשִׁיר רַבִּי אֶלְעָזָר אֶלָּא לְאַלְתַּר, אֲבָל מִכָּאן עַד עֲשָׂרָה יָמִים – לָא, חָיְישִׁינַן דִּילְמָא הֲוָה בֵּיהּ תְּנָאָה וְזַיְּיפְתֵּיהּ.

And the *amora* **Rabbi Elazar says:** The *tanna* **Rabbi Elazar deemed** such a bill of divorce **valid only** when it was taken to court in order to confirm the contents **immediately** after it was transferred to the woman. **However,** if the witnesses testify **from now until ten days,** i.e., sometime later, he did **not** deem it valid. Why? **We are concerned** that **perhaps** the bill of divorce **had a stipulation** written on it **and she forged it** by erasing the stipulation, as this bill of divorce was written on material that enables a person to easily alter what is written. Only if the witnesses testify immediately can the court be sure that they did not forget what is written.

וְרַבִּי יוֹחָנָן אָמַר: אֲפִילּוּ מִכָּאן עַד עֲשָׂרָה יָמִים, דְּאִם אִיתָא דַּהֲוָה בֵּיהּ תְּנַאי – מִידְכַּר דְּכִירִי.

And Rabbi Yoḥanan says: Even if they testify **from now until ten days**[H] it is valid, as, **if it is so that it had a stipulation,** then the witnesses **will remember** it, as they would not forget something so obvious. Therefore, if the woman erased the stipulation, the witnesses would not verify the bill of divorce.

HALAKHA

Even from now until ten days – אֲפִילּוּ מִכָּאן עַד עֲשָׂרָה יָמִים: One may write a bill of divorce on a surface that enables forgery if it is given in the presence of witnesses of transmission. When it is given in front of witnesses of transmission, it remains valid even if it was presented to the court a long time after it was given. This ruling is in accordance with Rabbi Yoḥanan, who was Rabbi Elazar's teacher, and in disputes between a teacher and his student, the *halakha* is in accordance with the opinion of the teacher (Rambam *Sefer Nashim, Hilkhot Geirushin* 4:2–3; *Shulḥan Arukh, Even HaEzer* 124:2).

וְאָמַר רַבִּי אֶלְעָזָר: לֹא הִכְשִׁיר רַבִּי אֶלְעָזָר אֶלָּא בְּגִיטִּין, אֲבָל בִּשְׁאָר שְׁטָרוֹת – לֹא, דִּכְתִיב: ״וּנְתַתָּם בִּכְלִי חָרֶשׂ לְמַעַן יַעַמְדוּ יָמִים רַבִּים״.

And Rabbi Elazar the *amora* also **says:** The *tanna* **Rabbi Elazar deemed valid** a document that is written on these surfaces **only with regard to bills of divorce but not for other documents,**[HN] **as it is written** with regard to a deed of purchase: **"And put them in an earthen vessel; so that they will remain many days"** (Jeremiah 32:14). This indicates that a deed of purchase and other similar documents must be made from a material that will last for a long time without being changed. A document that can be forged may not be relied upon long term.

וְרַבִּי יוֹחָנָן אָמַר: אֲפִילּוּ בִּשְׁטָרוֹת. וְהָכְתִיב: ״לְמַעַן יַעַמְדוּ יָמִים רַבִּים״! הָתָם עֵצָה טוֹבָה קָא מַשְׁמַע לַן.

And Rabbi Yoḥanan says: Rabbi Elazar deemed these surfaces valid **even in** the case of other **documents.**[N] The Gemara asks with regard to Rabbi Yoḥanan's opinion: **But isn't it written: "So that they will remain many days"?** The Gemara answers: **There** the verse **teaches us good advice,** but it is not a halakhic requirement. It advised that the document be written in such a manner that it can remain for an extended period of time, as it may be needed to prove ownership of the land.

מתני׳ הַכֹּל כְּשֵׁרִין לִכְתּוֹב אֶת הַגֵּט, אֲפִילּוּ חֵרֵשׁ, שׁוֹטֶה וְקָטָן. הָאִשָּׁה כּוֹתֶבֶת אֶת גִּיטָּהּ, וְהָאִישׁ כּוֹתֵב אֶת שׁוֹבְרוֹ, שֶׁאֵין קִיּוּם הַגֵּט אֶלָּא בְּחוֹתְמָיו.

MISHNA **Anyone is qualified to write a bill of divorce,**[H] **even a deaf-mute, an imbecile, or a minor.**[B] Additionally, **a woman may write her** own **bill of divorce**[H] and give it to her husband so that he can present it to her. **And a man may write his** own **receipt,** which must be given to him by the woman to confirm that he has paid her the value of her marriage contract. This is because **the ratification of a bill of divorce is only through its signatories,** and it is irrelevant who wrote it.

גמ׳ וְהָא לָאו בְּנֵי דֵיעָה נִינְהוּ! אָמַר רַב הוּנָא:

GEMARA The Gemara asks: **But** how can a deaf-mute, imbecile, or a minor write a bill of divorce? **They are not** halakhically **competent,** and they are not capable of writing a bill of divorce with the intent that it be for a particular woman. **Rav Huna says:**

HALAKHA

But not for other documents – אֲבָל בִּשְׁאָר שְׁטָרוֹת לֹא: One may not write the deed of a loan on a surface that enables forgery. If one did use it to write such a document, then it is invalid, and it may not be used to collect the debt, even if it is used immediately. This ruling is in accordance with Rabbi Elazar, as the unattributed Gemara supports him. The Rema, citing the Ran, adds that this *halakha* applies only to a deed of a loan, but this kind of surface is valid for a deed of transfer (Rambam *Sefer Mishpatim, Hilkhot Malve VeLoveh* 27:1; *Shulḥan Arukh, Ḥoshen Mishpat* 42:1).

Anyone is qualified to write a bill of divorce – הַכֹּל כְּשֵׁרִין לִכְתּוֹב אֶת הַגֵּט: Everyone is qualified to write a bill of divorce, except for a gentile, a slave, a deaf-mute, an imbecile, and a minor, as is explained later in the Gemara (Rambam *Sefer Nashim, Hilkhot Geirushin* 3:15; *Shulḥan Arukh, Even HaEzer* 123:1, 124:7).

A woman may write her own bill of divorce – הָאִשָּׁה כּוֹתֶבֶת אֶת גִּיטָּהּ: A woman may write her own bill of divorce if her husband directed her to do so. She then transfers it to her husband so that he can in turn give it to her (Rambam *Sefer Nashim, Hilkhot Geirushin* 3:15; *Shulḥan Arukh, Even HaEzer* 123:1, 124:7).

BACKGROUND

A deaf-mute, an imbecile, or a minor – חֵרֵשׁ שׁוֹטֶה וְקָטָן: Members of these three categories are frequently grouped together because of a halakhic presumption of their limited intellectual capacity or their inability to act responsibly. They are not obligated to perform mitzvot, nor are they held responsible for any damage they may cause. They also lack the legal capacity to act as agents. Although all three are often mentioned together, there are many differences between the *halakhot* governing each of them.

NOTES

Rabbi Elazar deemed valid a document only with regard to bills of divorce but not for other documents – לֹא הִכְשִׁיר רַבִּי אֶלְעָזָר אֶלָּא בְּגִיטִּין אֲבָל בִּשְׁאָר שְׁטָרוֹת לֹא: Rashi explains that since the purpose of the bill of divorce is to end the marriage, she will present it to the court immediately, and once it is ratified by the court she is no longer required to keep it because the divorce will already have become public knowledge.

Other documents are meant to be used to collect money in the future, and there are times when a person will hold on to them for a very long time. The witnesses of transmission might forget if there was a stipulation written in the document, and this may lead to a forged document being ratified by the court.

Tosafot and most of the early commentaries hold that the requirement to write in a manner that cannot be erased applies to promissory notes and similar documents, which serve as evidence and may be used after a significant period of time has elapsed. Deeds of transfer, which serve no purpose afterward, are considered to be like a bill of divorce and would be valid according to Rabbi Elazar even if they were written on a surface that enables forgery.

The Ritva writes that the Sages were lenient for the woman's sake in allowing the bill of divorce to be written on a surface that enables forgery, so that she not be left unable to remarry.

Even in other documents – אֲפִילּוּ בִּשְׁטָרוֹת: Rabbi Yoḥanan apparently holds that people will remember a stipulation written in a document even for an extended period of time. Some explain that Rabbi Yoḥanan permits the use of these documents only if they are presented to the court immediately. Since it is commonplace for a document to contain many stipulations, only at the time of its writing will the witnesses be able to remember everything that is written in it. By contrast, it is unusual for a bill of divorce to contain a stipulation, and it will be remembered by the witnesses for a long time (*Tosafot*; Rashba).

וְהוּא שֶׁהָיָה גָּדוֹל עוֹמֵד עַל גַּבָּיו.

And that is the case only when **there was an adult standing over him.**[H] When the adult supervises the writing, and instructs him to write it for her sake, it will be valid.

אֲמַר לֵיהּ רַב נַחְמָן: אֶלָּא מֵעַתָּה, גּוֹי וְיִשְׂרָאֵל עוֹמֵד עַל גַּבָּיו הָכִי נַמִי דְּכָשֵׁר? וְכִי תֵּימָא הָכִי נַמִי – וְהָתַנְיָא: גּוֹי פָּסוּל! גּוֹי לְדַעְתֵּיהּ דְּנַפְשֵׁיהּ עָבֵד.

Rav Naḥman said to him: If that is so, that anyone who is disqualified from writing a bill of divorce may do so with an adult supervising him, then if the one writing is **a gentile, and a Jew stands over him** and instructs him to write it for her sake, would you **also** say **that** it is **valid? And if you would say that** it is also valid, **but isn't it taught** in a *baraita*: **A gentile is disqualified** from writing a bill of divorce in any event? Rav Huna answered: **A gentile acts** based on **his own will.** Since he is halakhically competent, he will have his own intentions while writing and may not be relied upon to carry out the intentions of the supervisor. In the case of the mishna, since those doing the writing are not halakhically competent, they will write according to the instructions of the supervisor.

הֲדַר אֲמַר רַב נַחְמָן: לָאו מִילְּתָא הִיא דַּאֲמַרִי, דְּמִדְּקָא פָּסֵיל לֵיהּ לְגוֹי לְעִנְיַן הֲבָאָה, מִכְּלָל דִּלְעִנְיַן כְּתִיבָה – כָּשֵׁר.

Rav Naḥman then said: What I said when I raised a challenge from a case involving a gentile **is not correct,** as **from the fact** that the mishna later **disqualifies a gentile with regard to** acting as an agent in **the bringing** of the bill of divorce, one can learn **by inference** that he is **qualified with regard to writing,** where he is not listed among those who are disqualified.

וְהָתַנְיָא: גּוֹי פָּסוּל! הַהִיא רַבִּי אֶלְעָזָר הִיא, דְּאָמַר: עֵדֵי מְסִירָה כָּרְתֵי, וּבָעֵינַן כְּתִיבָה לִשְׁמָהּ, וְהָא וַדַּאי גּוֹי אַדַּעְתֵּיהּ דְּנַפְשֵׁיהּ קָעָבֵיד.

The Gemara asks: **But isn't it taught** in a *baraita* that **a gentile is disqualified** from writing a bill of divorce? The Gemara answers: **That** *baraita* **is** in accordance with the opinion of **Rabbi Elazar, who says: Witnesses of the transmission** of the bill of divorce **effect** the divorce, and when the verse states: "And he writes her" (Deuteronomy 24:1), which is the source for the *halakha* that the writing needs to be done for her sake, it is referring to the writing of the bill of divorce and not to its signing. Therefore, **we need** the **writing** to be **for her sake, and certainly a gentile acts** based on **his own will** and may not be relied upon to write the bill of divorce according to the instructions of a supervisor.

אָמַר רַב נַחְמָן, אוֹמֵר הָיָה רַבִּי מֵאִיר אֲפִילּוּ מְצָאוֹ בְּאַשְׁפָּה, חֲתָמוֹ וּנְתָנוֹ לָהּ – כָּשֵׁר.

With regard to the requirement that a bill of divorce be written for her sake, **Rav Naḥman says** that **Rabbi Meir would have said: Even if** the husband **found** the bill of divorce **in the garbage** dump, and the names written on it happened to be the same as his and his wife's names, if **he had it signed** by witnesses **and he gave it to her,** then it is **valid,** because the essential requirement is that it be signed for her sake.

אֵיתִיבֵיהּ רָבָא לְרַב נַחְמָן: "וְכָתַב לָהּ" – לִשְׁמָהּ. מַאי לָאו כְּתִיבַת הַגֵּט? לָא, חֲתִימַת עֵדִים.

Rava raised an objection to the statement of **Rav Naḥman:** The verse states: **"And he writes her,"** which is interpreted to mean that it must be written **for her sake. What, is it not** referring to the actual **writing of the bill of divorce,** that it must be written with the intent that it be used to sever this particular marriage? The Gemara rejects this: **No,** it is referring to the **signing of the witnesses.**

אֵיתִיבֵיהּ רָבָא: כׇּל גֵּט שֶׁנִּכְתַּב שֶׁלֹּא לְשׁוּם אִשָּׁה – פָּסוּל! אֵימָא: שֶׁנֶּחְתַּם שֶׁלֹּא לְשׁוּם אִשָּׁה – פָּסוּל.

Rava raised another **objection to him** based on what was taught in a mishna (24a): **Any bill of divorce that was not written for the sake of** a specific **woman** is **invalid.** He responded: **Say** that according Rabbi Meir the mishna teaches: Any bill of divorce **that was not signed**[N] **for the sake of** a specific **woman** is **invalid.**

אֵיתִיבֵיהּ: כְּשֶׁהוּא כּוֹתְבוֹ – כְּאִילּוּ כּוֹתְבוֹ לִשְׁמָהּ. מַאי לָאו כְּשֶׁהוּא כּוֹתְבוֹ לְתוֹרֶף לִשְׁמָהּ – כְּאִילּוּ כּוֹתְבוֹ לְטוֹפֶס לִשְׁמָהּ?

Rava **raised** another **objection to him** based on another *baraita*: **When he writes it,** it is **as though he writes it for her sake,** meaning that writing one part for her sake makes it as if the entire document were written for her sake. **What, it is not** stating that **when he writes the essential** part of the document, which includes the names of the spouses; the date on which it was written; and the expression: Behold you are permitted to any man, **for her sake,** then **is it as though he writes the standard** part of the bill of divorce, containing the rest of the information, **for her sake?** This *baraita* indicates that there is a requirement that the bill of divorce, not just the signatures, be written for her sake.

HALAKHA

That there was an adult standing over him – שֶׁהָיָה גָּדוֹל עוֹמֵד עַל גַּבָּיו: If a bill of divorce was written by a gentile, a slave, a deaf-mute, or a minor, then it is not valid. In what case is this so? When he wrote the essential part of the bill of divorce, which includes the name of the husband, the name of the wife, the date, and the sentence: Behold you are permitted to every man.

However, if one of these individuals wrote only the standard part of the bill of divorce, and the essential part was later written by a competent Jewish adult, then it is valid, in accordance with the opinion of Rav Huna, as explained by Rav Yehuda in the name of Shmuel. Others rule that it is invalid, due to a decree that he may come to write the essential part as well (*Tur*, citing Rabbeinu Yitzhak; *Ḥelkat Meḥokek*).

It is even permitted to allow a deaf-mute, imbecile, or minor to write the standard portion of a bill of divorce *ab initio* if an adult supervises them. However a gentile or a slave may not write a bill of divorce *ab initio*, even when a Jew is supervising him (Rambam *Sefer Nashim, Hilkhot Geirushin* 3:16–18; *Shulḥan Arukh, Even HaEzer* 123:3–4).

NOTES

Say that it was not signed, etc. – אֵימָא שֶׁנֶּחְתַּם שֶׁלֹּא וכו׳: *Tosafot* explain that the Gemara gives a forced explanation in order for the mishna to be in agreement with the opinion of Rabbi Meir, because there is a principle that all unattributed *mishnayot* follow the opinion of Rabbi Meir.

לָא, כְּשֶׁהוּא חוֹתְמוֹ לִשְׁמָהּ – כְּאִילּוּ כּוֹתְבוֹ לִשְׁמָהּ. וְאִיבָּעֵית אֵימָא: הָנֵי מַתְנִיָיתָא מַנִּי? רַבִּי אֶלְעָזָר הִיא, דְּאָמַר: עֵדֵי מְסִירָה כָּרְתִי.

Rav Naḥman rejects this: **No,** Rabbi Meir would explain that this *baraita* is referring to a case **where he** has witnesses **sign it for her sake; it is as though he wrote it for her sake. And if you wish, say: Who is** the *tanna* of **these** ***baraitot*** from which you raised challenges? **They are** in accordance with the opinion of **Rabbi Elazar, who said: Witnesses of the transmission** of the bill of divorce **effect** the divorce. According to him, the verse is referring to the writing and not the signing of the bill of divorce, and the writing must be for her sake.

וְרַב יְהוּדָה אָמַר שְׁמוּאֵל: וְהוּא שֶׁשִּׁיֵּיר מְקוֹם הַתּוֹרֶף. וְכֵן אָמַר רַבִּי חַגָּא מִשְּׁמֵיהּ דְּעוּלָּא: וְהוּא שֶׁשִּׁיֵּיר מְקוֹם הַתּוֹרֶף, וְרַבִּי אֶלְעָזָר הִיא.

And Rav Yehuda says that **Shmuel** says: **And** the statement of the mishna that one who is not halakhically competent is qualified to write a bill of divorce is the *halakha* only **when he left** unwritten **the essential** part of the document, which will be written later by a halakhically competent person, as only the essential part must be written for her sake. **And so Rabbi Ḥagga says in the name of Ulla: And** this is the *halakha* only **when he left the essential** part of the document unwritten, **and** the mishna is in accordance with the opinion of **Rabbi Elazar,** that the writing of the essential part must be done for her sake.

וְרַבִּי זְרִיקָא אָמַר רַבִּי יוֹחָנָן: אֵינָהּ תּוֹרָה. מַאי ״אֵינָהּ תּוֹרָה״? אָמַר רַבִּי אַבָּא: כָּאן הוֹדִיעֲךָ שֶׁאֵין כֹּחַ לִשְׁמָהּ, וְרַבִּי מֵאִיר הִיא, דְּאָמַר: עֵדֵי חֲתִימָה כָּרְתִי.

And Rabbi Zerika says that **Rabbi Yoḥanan** says: **It is not Torah.** The Gemara clarifies: **What** is meant by the expression: **It is not Torah? Rabbi Abba says: Here** Rabbi Yoḥanan **informs you that there is no force** to a requirement that a bill of divorce be written **for her sake,** as only the signing needs to be done for her sake. **And it is** in accordance with the opinion of **Rabbi Meir,** who **says: Signatory witnesses** on the bill of divorce **effect** the divorce.

וְהָאָמַר רַבָּה בַּר בַּר חָנָה אָמַר רַבִּי יוֹחָנָן: רַבִּי אֶלְעָזָר הִיא! אֲמוֹרָאֵי נִינְהוּ, וְאַלִּיבָּא דְּרַבִּי יוֹחָנָן.

The Gemara asks: **But didn't Rabba bar bar Ḥana say** earlier that **Rabbi Yoḥanan said** that the mishna **is** in accordance with the opinion of **Rabbi Elazar?** How, then, can Rabbi Abba say that according to Rabbi Yoḥanan, the mishna is in accordance with the opinion of Rabbi Meir? The Gemara answers: **They are** ***amora'im*** **and** disagree **with regard to** the opinion of **Rabbi Yoḥanan,** whether he explains the mishna in accordance with the opinion of Rabbi Meir or that of Rabbi Elazar.

מתני׳ הַכֹּל כְּשֵׁרִין לְהָבִיא אֶת הַגֵּט, חוּץ מֵחֵרֵשׁ, שׁוֹטֶה, וְקָטָן, וְסוּמָא, וְגוֹי.

MISHNA **Anyone is fit** to serve as an agent **to bring**[H] **a bill of divorce** to a woman **except for a deaf-mute, an imbecile, or a minor, or a blind person, or a gentile.**

קִיבֵּל הַקָּטָן וְהִגְדִּיל, חֵרֵשׁ וְנִתְפַּקַּח, סוּמָא וְנִתְפַּתַּח, שׁוֹטֶה וְנִשְׁתַּפָּה, גּוֹי וְנִתְגַּיֵּיר – פָּסוּל;

If **a minor received** the bill of divorce **and** then **reached** the age of **majority,**[H] or one received it when he was **a deaf-mute and** then **became able to hear,** or one received it when he was **blind and** then **became able to see,** or one received it when he was **an imbecile and** then **became** halakhically **competent,** or one received it when he was **a gentile and** then **converted,** in all of these cases he is **unfit** to bring the bill of divorce.

HALAKHA

Anyone is fit to bring, etc. – **הַכֹּל כְּשֵׁרִין לְהָבִיא וכו׳**: Anyone can serve as an agent for a bill of divorce, either for transferring or receiving it, except for a deaf-mute, an imbecile, a minor, a gentile, or a slave (Rambam *Sefer Nashim, Hilkhot Geirushin* 6:6; *Shulḥan Arukh, Even HaEzer* 141:31).

A minor received it and then reached the age of majority, etc. – **קִיבֵּל הַקָּטָן וְהִגְדִּיל וכו׳**: If one received a bill of divorce while he was unfit to act as an agent and later became fit, as in the case of a minor who reached the age of majority, a deaf person who became able to hear, an imbecile who became halakhically competent, a slave who was freed, or a gentile who converted, then he is still unfit to act as an agent. However, if he received the bill of divorce when he was able to hear, and then he became a deaf-mute, and later he became able to hear again; or if he received the bill of divorce when he was halakhically competent, became an imbecile, and became halakhically competent again, then he is fit to transmit the bill of divorce (Rambam *Sefer Nashim, Hilkhot Geirushin* 6:8; *Shulḥan Arukh, Even HaEzer* 121:32).

אֲבָל פִּקֵּחַ וְנִתְחָרֵשׁ וְחָזַר וְנִתְפַּקֵּחַ, פָּתוּחַ וְנִסְתַּמֵּא וְחָזַר וְנִתְפַּתֵּחַ, שָׁפוּי וְנִשְׁתַּטָּה וְחָזַר וְנִשְׁתַּפָּה – כָּשֵׁר. זֶה הַכְּלָל: כׇּל שֶׁתְּחִילָּתוֹ וְסוֹפוֹ בְּדַעַת – כָּשֵׁר.

However, if one received it when he was **able to hear, and** then **became a deaf-mute, and** then **again became able to hear;** or if one received it when **he was able to see,** and then **became blind, and** then **again became able to see;** or one received it when he was halakhically **competent,** and then **became an imbecile, and** then **again became** halakhically **competent,** in all of these cases he is **fit** to bring the bill of divorce. **This is the principle: Anyone who is** halakhically **competent in the beginning and in the end** is **fit,** even if there was time in the interim when he was unfit.

גמ׳ בִּשְׁלָמָא חֵרֵשׁ, שׁוֹטֶה וְקָטָן – דְּלָאו בְּנֵי דֵיעָה נִינְהוּ. גּוֹי נַמִי – דְּלָאו בַּר הֶיתֵּירָא הוּא. אֶלָּא סוּמָא אַמַּאי לָא? אָמַר רַב שֵׁשֶׁת: לְפִי שֶׁאֵינוֹ יוֹדֵעַ מִמִּי נוֹטְלוֹ וּלְמִי נוֹתְנוֹ.

GEMARA The Gemara asks with regard to those the mishna lists as not being qualified to bring a bill of divorce: **Granted, a deaf-mute, an imbecile, and a minor** are not qualified because **they are not** halakhically **competent,** and only one who is competent can be appointed as an agent. Additionally, **a gentile also** is not qualified, **as he is not subject to** the *halakhot* that **permit** a woman to remarry via a bill of divorce. A person cannot serve as an agent for a matter that does not apply to him. **But why isn't a blind person**[H] qualified to bring a bill of divorce? **Rav Sheshet says: Because he does not know from whom he takes it and to whom he gives it,** and since he is unaware of this he will not be able to testify about it.

מַתְקִיף לָהּ רַב יוֹסֵף: הֵיאָךְ סוּמָא מוּתָּר בְּאִשְׁתּוֹ? הֵיאָךְ בְּנֵי אָדָם מוּתָּרִים בִּנְשׁוֹתֵיהֶם בַּלַּיְלָה? אֶלָּא בִּטְבִיעוּת עֵינָא דְּקָלָא. הָכָא נַמִי בִּטְבִיעוּת עֵינָא דְּקָלָא!

Rav Yosef objects to this: If there is a concern that a blind person cannot distinguish between different people, then **how is a blind man permitted to** have sexual relations with **his wife?** How does he know that she is in fact his wife? Similarly, **how** are all **people permitted to** have sexual relations with **their wives at night?** If it is dark, they cannot see them. **Rather,** you must say that they are permitted **through voice recognition** [***teviut eina dekala***].[L] They can recognize each other based on their voices. **Here too,** with regard to a blind person, he can recognize the giver and receiver of the bill of divorce **through voice recognition.**

אֶלָּא אָמַר רַב יוֹסֵף: הָכָא בְּחוּצָה לָאָרֶץ עָסְקִינַן, דְּבָעֵי לְמֵימַר "בְּפָנַי נִכְתַּב וּבְפָנַי נֶחְתַּם", וְלָא מָצֵי לְמֵימַר.

Rather, Rav Yosef says: Here we are dealing with a husband who sends a bill of divorce to his wife **outside of Eretz** Yisrael, **where** the agent **needs to say: It was written in my presence and it was signed in my presence, and** a blind man **cannot say** this because he is unable to see it being written or signed.

אֲמַר לֵיהּ אַבָּיֵי: אֶלָּא מֵעַתָּה, פָּתוּחַ וְנִסְתַּמֵּא, דְּמָצֵי אָמַר – הָכִי נַמִי דְּכָשֵׁר? וְהָא קָתָנֵי: פָּתוּחַ וְנִסְתַּמֵּא וְחָזַר וְנִתְפַּתֵּחַ – כָּשֵׁר; חָזַר וְנִתְפַּתֵּחַ – אִין; לֹא חָזַר וְנִתְפַּתֵּחַ – לָא!

Abaye said to him: However, if that is so, then a person who **is able to see** when he receives the bill of divorce **and** then **becomes blind, who can say:** It was written and signed in my presence, as he was able to see when it was written and signed, would you say that he is **also fit** to bring the bill of divorce? **But it is taught** in the mishna: If one received it when **he was able to see, and** then **became blind, and** then **again became able to see,** then he is **fit** to bring the bill of divorce. It can be inferred from here that only when **he again became able to see, yes,** he may bring it. But if **he did not again become able to see,** then **no,** he may not bring it.

הוּא הַדִּין דְּאַף עַל גַּב דְּלֹא חָזַר וְנִתְפַּתֵּחַ, וְאַיְּידֵי דְּקָתָנֵי שָׁפוּי וְנִשְׁתַּטָּה וְחָזַר וְנִשְׁתַּפָּה, טַעְמָא דְּחָזַר וְנִשְׁתַּפָּה, הָא לָא חָזַר וְנִשְׁתַּפָּה – לָא, תָּנָא נַמִי פָּתוּחַ וְנִסְתַּמֵּא וְחָזַר וְנִתְפַּתֵּחַ.

The Gemara answers this question: In fact, with regard to a blind person, **the same is true, that although he did not again become able to see** he can serve as an agent to bring the bill of divorce and testify that it was written and signed in his presence. **And** why does it teach that the blind man became able to see again? **Since** the mishna **teaches** that one who received the bill of divorce when he was halakhically **competent, and** then **became an imbecile, and** then **again became** halakhically **competent** is qualified to bring the bill of divorce. And in that case, **the reason** why he is qualified is specifically **that he again became** halakhically **competent, but if he did not again become** halakhically **competent,** then he is **not** qualified. Therefore, the mishna **also teaches** with regard to **one who was able to see** that he then **became blind** and then **again became able to see.**

HALAKHA

Why isn't a blind person – סוּמָא אַמַּאי לָא: One who is blind in both eyes cannot serve as an agent to transmit a bill of divorce, because he cannot state: It was written in my presence and it was signed in my presence. However, if he received the bill of divorce when he was able to see and later became blind, then he can state: It was written and signed in my presence, and he can serve as an agent to transmit it to the woman. This applies only when he can recognize her voice; it is not sufficient for other people to tell him that this is the correct woman (Rambam *Sefer Nashim, Hilkhot Geirushin* 7:19; *Shulḥan Arukh, Even HaEzer* 142:11).

LANGUAGE

Voice recognition [*teviut eina dekala*] – טְבִיעוּת עֵינָא דְּקָלָא: The expression *teviut ayin* refers to the process by which one recognizes an object that has no definable signs by combining several different cues. The meaning of the expression comes from the term *hatba'a*, meaning stamping or creating a mold, whereby a person creates a kind of general template to enable identification or categorization. The literal meaning of the term *teviut ayin* refers to visual recognition, but it was extended to refer to other forms of recognition. Therefore, it is possible to use the term *teviut ayna dekala*, literally recognition of the eye of the voice, in terms of recognizing and identifying a voice or sound.

אָמַר רַב אַשִׁי: דַּיְקָא נַמִי, דְּקָתָנֵי, זֶה הַכְּלָל: כֹּל שֶׁתְּחִילָּתוֹ וְסוֹפוֹ בְּדַעַת – כָּשֵׁר, וְלָא קָתָנֵי: כֹּל שֶׁתְּחִילָּתוֹ וְסוֹפוֹ בְּכַשְׁרוּת – כָּשֵׁר, שְׁמַע מִינַּהּ.

Rav Ashi said: The language of the mishna **is also precise, as it teaches that this is the principle: Anyone who is** halakhically **competent in the beginning and in the end is fit, and it does not teach: Anyone who is fit in the beginning and the end is fit. Learn from** the mishna that it is not necessary for him to be fit in the beginning and the end, as there are times that being fit in the beginning is sufficient, as in the case of one who became blind after witnessing the writing and signing of the bill of divorce. However, it is clear that he must be halakhically competent both in the beginning and the end, which a blind person is.

בְּעוֹ מִינֵּיהּ מֵרַבִּי אַמִי: עֶבֶד, מַהוּ שֶׁיֵּעָשֶׂה שָׁלִיחַ לְקַבֵּל גֵּט אִשָּׁה מִיַּד בַּעְלָהּ? אֲמַר לְהוּ: מִדְּקָא פָּסֵיל לֵיהּ לְגוֹי,

§ **They raised a dilemma before Rabbi Ami:** With regard to a **slave, what is the** *halakha*? **Can he be made an agent to receive a woman's bill of divorce from the hand of her husband?** Is he qualified to act as an agent or not? **He said to them: From the** fact that the mishna **disqualified a gentile,**

Perek **II**
Daf **23** Amud **b**

מִכְּלָל דְּעֶבֶד כָּשֵׁר. אָמַר רַב אַסִי אָמַר רַבִּי יוֹחָנָן: אֵין הָעֶבֶד נַעֲשֶׂה שָׁלִיחַ לְקַבֵּל גֵּט לְאִשָּׁה מִיַּד בַּעְלָהּ, לְפִי שֶׁאֵינוֹ בְּתוֹרַת גִּיטִּין וְקִדּוּשִׁין.

one can learn **by inference that a slave is fit.**[N] **Rav Asi** says that **Rabbi Yoḥanan says: A slave cannot become an agent**[H] **to receive a bill of divorce for a woman from the hand of her husband, because he is not** included **in the** ***halakhot*** **of divorce and betrothal,** and one can act as an agent only in a matter that applies to him.

מַתְקִיף לַהּ רַבִּי אֶלְעָזָר: טַעְמָא בְּמִילְּתָא דְּלֵיתֵיהּ, הָא בְּמִילְּתָא דְּאִיתֵיהּ – כָּשֵׁר?

Rabbi Elazar objects to this explanation as to why a slave cannot act as an agent: **The reason** that a slave is unfit is that this agency **pertains to a matter whose** ***halakhot*** **he is not** included in, **but for a matter whose** ***halakhot*** **he is** included in, i.e., a mitzva that applies to a slave, is he **fit** to serve as an agent?

וְהָא גּוֹי וְהָא כּוּתִי דְּאִיתְנְהוּ בְּתוֹרַת תְּרוּמָה דְּנַפְשַׁיְיהוּ, דִּתְנַן: הַגּוֹי וְהַכּוּתִי שֶׁתָּרְמוּ מִשֶּׁלָּהֶם – תְּרוּמָתָם תְּרוּמָה, וּתְנַן: גּוֹי שֶׁתָּרַם שֶׁל יִשְׂרָאֵל אֲפִילּוּ בִּרְשׁוּת – אֵין תְּרוּמָתוֹ תְּרוּמָה,

But what of a gentile and a Samaritan, who are included **in the** ***halakhot*** **of** ***teruma*** **with regard to their own** produce, i.e., they must designate a portion of it for the priest, **as we learned** in a mishna (*Terumot* 3:9): With regard to **a gentile and a Samaritan that separated** *teruma* **from their own**[H] produce, **their** ***teruma*** **is** considered ***teruma***. **And** yet **we learned** in a different mishna (*Terumot* 1:1): In the case of **a gentile who separated** ***teruma*** **from a Jew's** produce,[H] i.e., acted as his agent, **even if** he did so **with permission** from the Jew, **his** ***teruma*** **is not** ***teruma***.

מַאי טַעְמָא? לָאו מִשּׁוּם דִּכְתִיב: (״אַתֶּם״) ״גַּם אַתֶּם״, מָה אַתֶּם יִשְׂרָאֵל – אַף שְׁלוּחֲכֶם יִשְׂרָאֵל?

What is the reason for this? **Is it not because it is written "you"** in the verse that is the source for the *halakhot* of agency: "So **you also** shall set apart a gift unto the Lord of all your tithes" (Numbers 18:28), and the Sages expound the expression "so you also" to mean the following: **Just as you,** the ones appointing the agents, **are Jews, so too, your agents** must be **Jews.** Since slaves are not full-fledged Jews, they should be disqualified from ever acting as agents, even in a matter in which they are included in its *halakhot*.

HALAKHA

A slave cannot become an agent, etc. – אֵין הָעֶבֶד נַעֲשֶׂה שָׁלִיחַ וכו׳: A slave cannot be made an agent for bringing or for receiving a bill of divorce, in accordance with the opinion of Rabbi Yoḥanan. The Ri Migash and the Rashba say that it is uncertain whether he can act as an agent for bringing the bill of divorce. Therefore, if a woman receives a bill of divorce in this manner, the *halakha* is to be stringent. If her husband subsequently dies, she may not marry a priest, as there is uncertainty whether she is a divorcée (Rambam *Sefer Nashim*, *Hilkhot Geirushin* 6:6; *Shulḥan Arukh*, *Even HaEzer* 141:31).

A gentile and a Samaritan that separated *teruma* from their own – הַגּוֹי וְהַכּוּתִי שֶׁתָּרְמוּ מִשֶּׁלָּהֶם: If a gentile separates *teruma* from his own produce, then by Torah law it is not *teruma*, because gentiles are not obligated in this mitzva. By rabbinic decree, it is considered to be *teruma*. This applies only in Eretz Yisrael, and they did not make this decree outside of Eretz Yisrael. Therefore, if he separates *teruma* outside of Eretz Yisrael, he is notified that he is not obligated and that it is not *teruma* at all (Rambam *Sefer Zera'im*, *Hilkhot Terumot* 4:15).

A gentile who separated *teruma* from a Jew's produce – גּוֹי שֶׁתָּרַם שֶׁל יִשְׂרָאֵל: If a gentile separated *teruma* from the produce of a Jew, even if he did so with the Jew's permission, it is not *teruma* (Rambam *Sefer Zera'im*, *Hilkhot Terumot* 4:2).

NOTES

By inference that a slave is fit – מִכְּלָל דְּעֶבֶד כָּשֵׁר: There are two basic opinions with regard to the discussion in this Gemara and its parallel discussion in the Jerusalem Talmud. According to Rashi and the Rif, both Rabbi Ami and Rabbi Yoḥanan do not distinguish between an agent that brings a bill of divorce and an agent that receives it. However, the Ri Migash holds that a slave is fit to act as an agent for bringing a bill of divorce, and the dispute between Rabbi Ami and Rabbi Yoḥanan is only with regard to acting as an agent to receive one. The early commentaries explain that agency for the bringing of a bill of divorce is not different than any other agency, and a slave is fit. By contrast, receiving the bill of divorce actually causes the divorce to take effect. Therefore, a slave, to whom the *halakhot* of divorce do not apply, cannot act as an agent in this matter (Ramban; Rabbeinu Crescas Vidal).

אָמְרִי דְּבֵי רַבִּי יַנַּאי: לָא, מָה אַתֶּם בְּנֵי בְרִית – אַף שְׁלוּחֲכֶם בְּנֵי בְרִית.

The Sages **from the school of Rabbi Yannai say: No,** the verse should be expounded in the following manner: **Just as you,** the ones appointing the agents, **are members of the covenant, so too, your agents** must be **members of the covenant.**[H] Gentiles cannot serve as agents because they are not members of the covenant. Slaves, whose masters are commanded to circumcise them and who are obligated in some of the mitzvot, are members of the covenant, and they can serve as agents in a matter in which they are included in its *halakhot*.

אָמַר רַבִּי חִיָּיא בַּר אַבָּא אָמַר רַבִּי יוֹחָנָן: אֵין הָעֶבֶד נַעֲשֶׂה שָׁלִיחַ לְקַבֵּל גֵּט אִשָּׁה מִיַּד בַּעְלָהּ, לְפִי שֶׁאֵינוֹ בְּתוֹרַת גִּיטִּין וְקִידּוּשִׁין, וְאַף עַל פִּי שֶׁשָּׁנִינוּ: ״הֲרֵי אַתְּ שִׁפְחָה וּוְלָדֵךְ בֶּן חוֹרִין״, אִם הָיְתָה עוּבָּרָה – זָכְתָה לוֹ.

The Gemara quotes a related statement: **Rabbi Ḥiyya bar Abba says** that **Rabbi Yoḥanan says: A slave cannot become an agent to receive a bill of divorce for a woman from the hand of her husband, because he is not** included **in the** *halakhot* **of divorce and betrothal. And although we learned:** If a person said to his female slave: **Behold you are** still **a maidservant and your** unborn **child is a freeman, if she was pregnant** at that time, then **she acquired** freedom **for** the unborn child.

מַאי ״אִם הָיְתָה עוּבָּרָה זָכְתָה לוֹ״? כִּי אֲתָא רַב שְׁמוּאֵל בַּר יְהוּדָה אֲמַר, רַבִּי יוֹחָנָן תַּרְתֵּי אָמַר: נִרְאִים דְּבָרִים שֶׁהָעֶבֶד מְקַבֵּל גֵּט לַחֲבֵירוֹ מִיַּד רַבּוֹ שֶׁל חֲבֵירוֹ, אֲבָל לֹא מִיַּד רַבּוֹ שֶׁלּוֹ.

The Gemara first clarifies: **What** is the connection between the initial statement of Rabbi Yoḥanan and the clause: **If she was pregnant** at that time, **she acquired** freedom **for** the unborn child? **When Rav Shmuel bar Yehuda came, he said: Rabbi Yoḥanan said two** distinct statements: The first statement was that a slave cannot be appointed as an agent to receive a bill of divorce for a woman from her husband, and the other was: **It appears that a slave can receive a bill of manumission for his fellow slave**[H] **from the hand of his fellow's master, but not from the hand of his own master** if both of them are enslaved by the same person.

וְאִם לְחָשְׁךָ אָדָם לוֹמַר: זוֹ הֲלָכָה שְׁנוּיָה: אִם הָיְתָה עוּבָּרָה – זָכְתָה לוֹ! אֱמוֹר לוֹ: שְׁנֵי גְדוֹלֵי הַדּוֹר פֵּירְשׁוּ אֶת הַדָּבָר, רַבִּי זֵירָא וְרַבִּי שְׁמוּאֵל בַּר רַב יִצְחָק.

And if a person will whisper a question **to you, saying: This** ruling, that a slave cannot receive a bill of manumission for his fellow slave from their common master, is difficult, as **a** ***halakha*** **was taught** that states the opposite: **If** a maidservant **was pregnant**[H] at that time, then **she acquired** freedom **for** the unborn child, and the child and mother both belong to the same master, then **say to him** that **two greats of the generation** already **explained the matter,** and they are **Rabbi Zeira and Rabbi Shmuel bar Rav Yitzḥak.**

חַד אֲמַר: הָא מַנִּי? רַבִּי הִיא, דְּאָמַר: הַמְשַׁחְרֵר חֲצִי עַבְדּוֹ – קָנָה. וְחַד אֲמַר: מַאי טַעֲמָא דְּרַבִּי בְּהָא? קָסָבַר: עוּבָּר יֶרֶךְ אִמּוֹ הוּא, וְנַעֲשָׂה כְּמִי שֶׁהִקְנָה לָהּ אֶחָד מֵאֵבָרֶיהָ.

One of them **said:** In accordance with **whose** opinion **is this? It is** in accordance with the opinion of **Rabbi** Yehuda HaNasi, **who says:** With regard to **one who emancipates half of his slave,**[H] the slave **acquires** freedom for half of himself, **and one** of them added an explanation and **said: What is the reasoning of Rabbi** Yehuda HaNasi **for this** ruling? **He holds: A fetus is** considered as **its mother's thigh,** i.e., a part of its mother's body, **and it is as though** the master **transferred** ownership of **one of her limbs to her.** Since the maidservant is pregnant, the child is considered to be a part of her, and it is as though he emancipated a portion of her body. Therefore, the mother is not acting as an agent for the child, and this *halakha* does not present a difficulty for Rabbi Yoḥanan's opinion.

מתני׳ אַף הַנָּשִׁים שֶׁאֵינָן נֶאֱמָנוֹת לוֹמַר ״מֵת בַּעְלָהּ״, נֶאֱמָנוֹת לְהָבִיא אֶת גִּיטָּהּ: חֲמוֹתָהּ, וּבַת חֲמוֹתָהּ, וְצָרָתָהּ, וִיבִמְתָּהּ, וּבַת בַּעְלָהּ.

MISHNA There are instances in which a woman's testimony that another woman's husband has died is not deemed credible (*Yevamot* 117a). If there is a presumption that due to their familial relationship the two women hate each other, there is concern that the woman is testifying falsely in order to harm the other woman. By doing so, she can cause the other woman to remarry. If her original husband then proves to be living, she will be required to leave her second husband. This mishna teaches: **Even the women who are not deemed credible**[H] to testify on behalf of a woman and say: **Her husband died,** and she is permitted to remarry, **are deemed credible to bring her bill of divorce.** The relatives of the woman who are not deemed credible to testify that her husband has died are: **Her mother-in-law; and her mother-in-law's daughter; and her rival wife,** i.e., another wife of her husband's; **and her** ***yevama***, i.e., her husband's brother's wife; **and her husband's daughter.**

HALAKHA

So too your agents must be members of the covenant – אַף שְׁלוּחֲכֶם בְּנֵי בְרִית: A gentile cannot be appointed as an agent for anything, but both male and female Canaanite slaves can be appointed as agents (Rambam *Sefer Zera'im, Hilkhot Terumot* 4:1 and *Sefer Kinyan, Hilkhot Sheluḥin VeShutafin* 2:1–2; *Shulḥan Arukh, Ḥoshen Mishpat* 188:1).

A slave can receive a bill of manumission for his fellow slave, etc. – הָעֶבֶד מְקַבֵּל גֵּט לַחֲבֵירוֹ וכו׳: A slave can receive a bill of manumission on behalf of his fellow slave from that slave's master, but not if they have the same master (Rambam *Sefer Kinyan, Hilkhot Avadim* 6:8; *Shulḥan Arukh, Yoreh De'a* 267:55).

If she was pregnant – אִם הָיְתָה עוּבָּרָה: If a master said to his maidservant: You are a slave but your fetus is free, his words are not halakhically binding, and the unborn child is born a slave (Rambam *Sefer Kinyan, Hilkhot Avadim* 7:5; *Shulḥan Arukh, Yoreh De'a* 267:61).

One who emancipates half of his slave – הַמְשַׁחְרֵר חֲצִי עַבְדּוֹ: If a person frees half of his slave with a bill of manumission, then the slave does not acquire half of himself. He remains a slave as before, in accordance with the opinion of the Rabbis (Rambam *Sefer Kinyan, Hilkhot Avadim* 7:4; *Shulḥan Arukh, Yoreh De'a* 267:60).

Even the women who are not deemed credible, etc. – אַף הַנָּשִׁים שֶׁאֵינָן נֶאֱמָנוֹת וכו׳: Even the women are not deemed credible to testify about the death of a woman's husband are deemed credible to bring a bill of divorce and to say: It was written in my presence and it was signed in my presence (Rambam *Sefer Nashim, Hilkhot Geirushin* 7:6; *Shulḥan Arukh, Even HaEzer* 141:54, 142:1).

מַה בֵּין גֵּט לְמִיתָה? שֶׁהַכְּתָב מוֹכִיחַ. הָאִשָּׁה עַצְמָהּ מְבִיאָה אֶת גִּיטָּהּ, וּבִלְבַד שֶׁהִיא צְרִיכָה לוֹמַר "בְּפָנַי נִכְתַּב וּבְפָנַי נֶחְתַּם".

The mishna explains: **What is the difference between a bill of divorce and death,** that certain women are deemed credible to testify about one but not the other? With regard to a bill of divorce, it is so **that the writing proves** that the husband is divorcing his wife, and the testimony is needed only to supplement the bill of divorce. Similarly, **the woman herself may bring her** own **bill of divorce,**[H] **provided that she is required** by the court **to state** in its presence: **It was written in my presence and it was signed in my presence,** as the Gemara will explain.

גמ׳ וְהָתַנְיָא: כְּשֵׁם שֶׁאֵין נֶאֱמָנוֹת לוֹמַר "מֵת בַּעְלָהּ", כָּךְ אֵין נֶאֱמָנוֹת לְהָבִיא גִּיטָּהּ! אֲמַר רַב יוֹסֵף, לָא קַשְׁיָא: כָּאן בָּאָרֶץ, כָּאן בְּחוּצָה לָאָרֶץ.

GEMARA The Gemara asks: **But isn't it taught in** a *baraita*: **Just as** these women **are not deemed credible**[H] **to say: Her husband died, so too, they are not deemed credible to bring her bill of divorce. Rav Yosef said:** It is **not difficult. Here,** this mishna is referring to a case that took place **in Eretz** Yisrael. **There,** the *baraita* is referring **to** a case that took place **outside of Eretz** Yisrael.

בָּאָרֶץ, דְּלָאו אַדִּיבּוּרָהּ דִּידָהּ קָא סָמְכִינַן – מְהֵימְנָא. בְּחוּצָה לָאָרֶץ, דְּאַדִּיבּוּרָהּ דִּידָהּ קָא סָמְכִינַן – לָא מְהֵימְנָא.

The Gemara explains the difference: In a case that takes place **in Eretz** Yisrael, **where,** to validate the bill of divorce **we do not rely on her statement** of: It was written in my presence and it was signed in my presence, she serves only as an agent. Consequently, she is **deemed credible** to bring the bill of divorce. However, **in** a case that takes place **outside of Eretz** Yisrael, **where we rely on her statement** of: It was written in my presence and it was signed in my presence, and no one can contest the validity of the bill of divorce after her statement has been accepted, **she is not deemed credible,** as there is a concern that this woman may be intentionally lying in order to cause harm.

אֲמַר לֵיהּ אַבָּיֵי: אַדְּרַבָּה, אִיפְּכָא מִסְתַּבְּרָא! בָּאָרֶץ דְּאִי אָתֵי בַּעַל מְעַרְעֵר מַשְׁגְּחִינַן בֵּיהּ, דְּאִיכָּא לְמֵימַר לְקַלְקוּלָא קָא מִיכַּוְּונָה – לָא מְהֵימְנָא. בְּחוּצָה לָאָרֶץ, דְּאִי אָתֵי בַּעַל מְעַרְעֵר לָא מַשְׁגְּחִינַן בֵּיהּ – מְהֵימְנָא!

Abaye said to him: On the contrary, the opposite is more **reasonable,** and the distinction should be: **In Eretz** Yisrael, **where if** the **husband** were to **come and contest** the validity of the bill of divorce, **we** would **pay attention to him** and rule that they are not divorced, **where it could be said** that the woman who hates her **intends to** do her **harm** by having her remarry based on a bill of divorce that was later contested, **she is not deemed credible.** However, **outside of Eretz** Yisrael, **where if** the **husband** were to **come and contest**[H] the validity of the bill of divorce, **we** would **not pay attention to him,** she is **deemed credible,** as she does not have the power to make trouble for the other woman and cause her to have to leave her second husband.

תַּנְיָא כְּוָותֵיהּ דְּאַבָּיֵי: רַבִּי שִׁמְעוֹן בֶּן אֶלְעָזָר אוֹמֵר מִשּׁוּם רַבִּי עֲקִיבָא: אִשָּׁה נֶאֱמֶנֶת לְהָבִיא גִּיטָּהּ, מִקַּל וָחוֹמֶר: וּמָה נָּשִׁים שֶׁאָמְרוּ חֲכָמִים אֵין נֶאֱמָנוֹת לוֹמַר מֵת בַּעְלָהּ – נֶאֱמָנוֹת לְהָבִיא גִּיטָּהּ, הִיא שֶׁנֶּאֱמֶנֶת לוֹמַר "מֵת בַּעְלָהּ" – אֵינוֹ דִּין שֶׁנֶּאֱמֶנֶת לְהָבִיא גִּיטָּהּ?

The Gemara notes that it **is taught** in a *baraita* **in accordance with** the opinion **of Abaye** (*Tosefta* 2:6): **Rabbi Shimon ben Elazar says in the name of Rabbi Akiva: A woman is deemed credible to bring** her own **bill of divorce through an *a fortiori*** inference: **Just as women** about **whom the Sages said:** They **are not deemed credible to say: Her husband died,** are nevertheless **deemed credible to bring her bill of divorce,** with regard to the woman herself, **who is deemed credible to say** that **her husband died, is it not right that she is deemed credible to bring her** own **bill of divorce?**

Perek **II**
Daf **24** Amud **a**

וּמִמָּקוֹם שֶׁבָּאת, מַה לְהַלָּן צְרִיכוֹת שֶׁיֹּאמְרוּ "בְּפָנֵינוּ נִכְתַּב וּבְפָנֵינוּ נֶחְתַּם", אַף הִיא צְרִיכָה שֶׁתֹּאמַר "בְּפָנַי נִכְתַּב וּבְפָנַי נֶחְתַּם".

And from the place that you came, i.e., from this inference itself, one establishes: **Just as there,** those who bring the bill of divorce **must say: It was written in our presence and it was signed in our presence, so too, she** herself **must say: It was written in my presence and it was signed in my presence.** This *baraita* must be referring to a case in which the wife brought the bill of divorce from outside of Eretz Yisrael, as it is only then that she must state that it was written and signed in her presence. Therefore, the *baraita* supports the opinion of Abaye.

HALAKHA

The woman herself may bring her own bill of divorce – הָאִשָּׁה עַצְמָהּ מְבִיאָה אֶת גִּיטָּהּ: If a man gave his wife a bill of divorce and said to her: Behold you are the agent for bringing it until you bring it before such and such court, and they should appoint an agent to give you the bill of divorce, and you will be divorced through it, then she is deemed credible to say: It was written in my presence, and it was signed in my presence. She must make this statement when she gives this bill of divorce to the court (*Tur*, citing Rosh), and the court takes the bill of divorce and gives it to her, in accordance with the husband's instructions (Rambam *Sefer Nashim, Hilkhot Geirushin* 7:23; *Shulḥan Arukh, Even HaEzer* 142:13).

Just as these women are not deemed credible, etc. – כְּשֵׁם שֶׁאֵין נֶאֱמָנוֹת וכו׳: The women listed in the mishna, who are presumed to hate each other, may not bring a bill of divorce for each other in Eretz Yisrael. If they did so and said: It was written and signed in my presence, the *Tur*, citing the Ramah, says that they are deemed credible, and the *Maggid Mishne*, citing the Rashba, says that they are not deemed credible (Rambam *Sefer Nashim, Hilkhot Geirushin* 7:2; *Shulḥan Arukh, Even HaEzer* 141:54).

Where if the husband were to come and contest, etc. – דְּאִי אָתֵי בַּעַל מְעַרְעֵר וכו׳: If a bill of divorce is brought from Eretz Yisrael to outside of Eretz Yisrael and the agent says: It was written in my presence and signed in my presence, then the husband is no longer able to contest the authenticity of the bill of divorce. If he contests, the court does not pay heed to his objection (Rambam *Sefer Nashim, Hilkhot Geirushin* 7:6; *Shulḥan Arukh, Even HaEzer* 142:1).

NOTES

Place the bill of divorce on the ground, etc. – אַתְנָחֵיהּ אַאַרְעָא וכו׳: The early commentaries write that if the husband were to stipulate that the divorce will not take effect until she picks up the bill of divorce, then it would be a valid divorce, as he did hand it directly to her. Here, this is a case where he appointed her as an agent of delivery to place it on the ground and had her pick it up from the ground to effect the divorce. The bill of divorce was not given directly to her from him or from his agent.

אֲמַר רַב אַשִׁי: מַתְנִיתִין נַמִּי דַּיְקָא, דְּקָתָנֵי: הָאִשָּׁה עַצְמָהּ מְבִיאָה גִּיטָּהּ, וּבִלְבַד שֶׁתְּהֵא צְרִיכָה לוֹמַר כו׳, שְׁמַע מִינָּהּ.

Rav Ashi said: The mishna is also precisely formulated in a way that supports Abaye's opinion, **as it teaches: The woman herself may bring her** own **bill of divorce, provided that she is required** by the court **to say:** It was written in my presence and it was signed in my presence. **Learn from** the mishna that it is referring to a case outside of Eretz Yisrael, as Abaye explained.

וְרַב יוֹסֵף, רֵישָׁא וְסֵיפָא בְּחוּצָה לָאָרֶץ, מְצִיעֲתָא בָּאָרֶץ? אִין, רֵישָׁא וְסֵיפָא בְּחוּצָה לָאָרֶץ, מְצִיעֲתָא בָּאָרֶץ.

The Gemara asks: **But** according to **Rav Yosef,** is it possible to say that **the first clause** of the mishna (23a): Anyone is fit to serve as an agent to bring a bill of divorce, **and the last clause** of the mishna (23b): The woman herself may bring her own bill of divorce, discuss a case that takes place **in** a location **outside of Eretz** Yisrael, and **the middle clause:** Even the women who are not deemed credible, discusses a case that takes place **in Eretz** Yisrael? The Gemara answers: **Yes, the first clause and the last clause** discuss a case that takes place **in** a location **outside of Eretz** Yisrael, but **the middle clause** discusses a case that takes place **in Eretz** Yisrael.

מִמַּאי? מִדְּקָתָנֵי: מַה בֵּין גֵּט לְמִיתָה – שֶׁהַכְּתָב מוֹכִיחַ, וְלָא קָתָנֵי: שֶׁהַכְּתָב וּפֶה מוֹכִיחַ.

The Gemara explains: **From where** does Rav Yosef infer this? **From** the fact **that it teaches** in the mishna: **What is** the difference **between a bill of divorce and death,** that certain women are deemed credible to testify about one but not the other? With regard to a bill of divorce, it is so **that the writing proves** that the husband is divorcing his wife. The mishna does not teach **that the writing and statement prove** this. Consequently, the statement of: It was written in my presence, is not needed. This indicates that the mishna is discussing a case that takes place in Eretz Yisrael.

״הָאִשָּׁה עַצְמָהּ מְבִיאָה״ וכו׳. אִשָּׁה מִכִּי מָטֵי גִּיטָּהּ לְיָדָהּ אִיגָּרְשָׁה לָהּ! אָמַר רַב הוּנָא: בְּאוֹמֵר ״לֹא תִּתְגָּרְשִׁי בּוֹ אֶלָּא בִּפְנֵי בֵּית דִּין פְּלוֹנִי״. סוֹף סוֹף כִּי מָטְיָא הָתָם אִיגָּרְשָׁה בָּהּ!

§ The mishna teaches that **the woman herself may bring** her own bill of divorce and state that it was written and signed in her presence. The Gemara asks: Why does she need to bring it and testify that it was written and signed in her presence? With regard to this **woman, once her bill of divorce reaches her hand, she is divorced. Rav Huna says:** This mishna is referring **to one who** says to his wife: **You will be divorced through it only in the presence of such and such court,** and the divorce does not take effect when she receives the bill of divorce. The Gemara asks: **Ultimately, once she arrives there,** to that court, **she is** immediately **divorced through it,** as she has fulfilled the condition set forth by her husband. Why, then, is it necessary for her to bring the bill of divorce and to testify?

אֶלָּא אֲמַר רַב הוּנָא בַּר מָנוֹחַ מִשְּׁמֵיהּ דְּרַב אַחָא בְּרֵיהּ דְּרַב אִיקָא: דַּאֲמַר לָהּ: כִּי מָטֵית הָתָם אַתְנָחֵיהּ אַאַרְעָא וּשְׁקַלֵיהּ.

Rather, Rav Huna bar Manoaḥ said in the name of Rav Aḥa, son of Rav Ika: This mishna is referring to a case **where he said to her: When you arrive there, place** the bill of divorce **on the ground**[N] **and take it.** Consequently, the divorce does not take effect immediately upon her arrival.

אִי הָכִי, הֲוָה לֵיהּ ״טְלִי גִּיטֵּךְ מֵעַל גַּבֵּי קַרְקַע״, וְאָמַר רָבָא: ״טְלִי גִּיטֵּךְ מֵעַל גַּבֵּי קַרְקַע״ – לֹא אָמַר כְּלוּם!

The Gemara challenges: **If that is so, isn't it** like the case where he said to his wife: **Take your bill of divorce from off the ground,**[H] **and Rava says:** If a husband says to his wife: **Take your bill of divorce from off the ground,** then it is as though **he said nothing.** He is not considered to have given her a bill of divorce; rather, she has taken it on her own.

אֶלָּא, דַּאֲמַר לָהּ: הֲוִי שָׁלִיחַ לְהוֹלָכָה עַד דְּמָטֵית הָתָם, וְכִי מָטֵית הָתָם הֲוִי שָׁלִיחַ לְקַבָּלָה וְקַבְּלִי אֶת גִּיטֵּךְ.

Rather, the mishna should be explained as follows: This is referring to a case **where he said to** his wife: **Be** my **agent for delivery** of the bill of divorce **until you arrive there. And when you arrive there, be** your own **agent for receipt, and receive your bill of divorce** as an agent.

HALAKHA

Take your bill of divorce from off the ground – טְלִי גִּיטֵּךְ מֵעַל גַּבֵּי קַרְקַע: If a bill of divorce was resting on the ground and he said to her: Take your bill of divorce from off the ground, and she took it, then she is not divorced. This is the case even if he said to her, after it was in her hand: Behold this is your bill of divorce (Rambam *Sefer Nashim, Hilkhot Geirushin* 1:12; *Shulḥan Arukh, Even HaEzer* 138:1).

וְהָא לֹא חָזְרָה שְׁלִיחוּת אֵצֶל הַבַּעַל! דַּאֲמַר לַהּ: הֱוִי שָׁלִיחַ לְהוֹלָכָה עַד דְּמָטֵית הָתָם, וְכִי מָטֵית הָתָם שַׁוֵּי שָׁלִיחַ לְקַבָּלָה.

The Gemara challenges: **But the agency has not returned**[N] **to the husband.** In other words, the first agency, where she acted as the agent for delivery, has not ended, because an agent must have the ability to complete his involvement in the act, return to the person who appointed him, and inform him that the agency has been carried out. In this case, once she arrives at the court, her agency ends when she assumes the role of the recipient of the bill of divorce, and her involvement does not end. Therefore, the appointment of the agent itself is deficient, and the divorce should not take effect. Rather, the mishna should be explained that he **said to her: Be an agent for delivery until you arrive there, and when you arrive there, appoint an agent for receipt** on your behalf and give him the bill of divorce.

הָנִיחָא לְמַאן דְּאָמַר: אִשָּׁה עוֹשָׂה שָׁלִיחַ לְקַבֵּל גִּיטָּהּ מִיַּד שְׁלִיחַ בַּעְלָהּ, אֶלָּא לְמַאן דְּאָמַר: אֵין הָאִשָּׁה עוֹשָׂה שָׁלִיחַ לְקַבֵּל גִּיטָּהּ מִיַּד שְׁלִיחַ בַּעְלָהּ, מַאי אִיכָּא לְמֵימַר?

The Gemara asks: **This works out well according to the one who said: A woman can appoint an agent to receive**[H] **her bill of divorce from the hand of the agent of her husband,** and it is not required that she receive the bill of divorce herself. **However, according to the one who says: A woman cannot appoint an agent to receive her bill of divorce from the hand of the agent of her husband, what can be said?**

טַעְמָא מַאי – מִשּׁוּם דְּאִיכָּא בִּזָּיוֹן דְּבַעַל, וְהָכָא בַּעַל לָא קָפֵיד.

The Gemara answers: **What is the reason** of the one who said that the woman cannot appoint an agent to receive her bill of divorce from the agent of her husband? **Because there is degradation of the husband** in doing this, as he wishes to give the bill of divorce directly to the woman and not to an agent. **And here the husband is not particular** about the matter, as he instructed her to do so.

הָנִיחָא לְמַאן דְּאָמַר: מִשּׁוּם בִּזָּיוֹן דְּבַעַל, אֶלָּא לְמַאן דְּאָמַר: מִשּׁוּם חֲצֵרָהּ הַבָּאָה לְאַחַר מִיכָּן, מַאי אִיכָּא לְמֵימַר?

The Gemara clarifies: **This works out well according to the one who said:** The reason for this *halakha* **is due to** the concern about the **degradation of the husband. But according to the one who says** that this *halakha* is a decree **due to** the case of **her courtyard that comes afterward, what can be said?** Some say that the reason for the *halakha* that the woman cannot appoint an agent to receive the bill of divorce from the agent of her husband is that there was a concern that if she were able to do so, then the courts may eventually allow her to be divorced by purchasing a courtyard into which her husband had placed the bill of divorce. In the latter case, the divorce does not take effect. The courtyard needs to be an extension of the hand of the woman, into which the husband places the bill of divorce, but it does not act as her agent. In any event, according to this opinion, the fact that the husband is not particular does not prevent this *halakha* from applying, as it does not depend on him.

דַּאֲמַר לַהּ: הֱוִי שָׁלִיחַ לְהוֹלָכָה עַד דְּמָטֵית הָתָם, וְכִי מָטֵית הָתָם שַׁוֵּי שָׁלִיחַ לְהוֹלָכָה וְקַבְּלִי אֶת גִּיטֵּךְ מִינֵּיהּ.

The Gemara answers: According to this opinion, the mishna should be explained as discussing a case **when he said to her: Be an agent for delivery**[H] of this bill of divorce **until you arrive there, and when you arrive there, appoint** another **agent for delivery, and receive your bill of divorce from him.**

וְאִיבָּעֵית אֵימָא, דַּאֲמַר לַהּ: הֱוִי שָׁלִיחַ לְהוֹלָכָה עַד דְּמָטֵית הָתָם, וְכִי מָטֵית הָתָם אֵימַר קַמֵּי בֵּי דִינָא "בְּפָנַי נִכְתַּב וּבְפָנַי נֶחְתַּם", וּמְשַׁוֵּי בֵּי דִינָא שָׁלִיחַ וְלִיתְבוּהּ נִיהֲלִיךְ.

And if you wish, say that he said to her: Be an agent for delivery until you arrive there, and when you arrive there, say before the court: It was written in my presence and it was signed in my presence, and you should then **appoint the court as an agent, and they will give** the bill of divorce **to you.**

הדרן עלך המביא גט

NOTES

The agency has not returned, etc. – **לֹא חָזְרָה שְׁלִיחוּת וכו׳:** Rashi explains that an agent must be able to return to the person who appointed him and report that he has carried out his agency. Here, the woman cannot report that she has carried out her agency because she reverts to being the one who receives the bill of divorce before her status as her husband's agent is concluded.

Rabbeinu Crescas Vidal presents a different explanation, citing the *ge'onim*: As soon as the woman brings the bill of divorce to the court, her status as an agent of her husband ends. Therefore, when she takes her bill of divorce, she is considered to be taking her bill of divorce on her own and not to have received it from her husband or from his agent. The Meiri explains that it is not within the husband's power to appoint her as an agent of receipt, and this is the meaning of the phrase: The agency has not returned to the husband.

HALAKHA

A woman can appoint an agent to receive, etc. – **אִשָּׁה עוֹשָׂה שָׁלִיחַ לְקַבֵּל וכו׳:** A woman can appoint an agent to receive her bill of divorce from the agent of her husband, in accordance with the opinion of Rabbi Ḥanina (see 63b), who was greater than Rav (Rif, citing Rav Hai Gaon; Rambam; Rashba, citing Rabbeinu Ḥananel). Others say that she cannot appoint an agent to receive it from the agent of her husband, in accordance with Rav (Rashba, citing Rav Hai Gaon and Rav Shmuel ben Ḥofni Gaon; *Sefer HaTeruma*; Rabbeinu Tam; Ran). It is proper to act stringently, in accordance with Rav's statement (Rambam *Sefer Nashim, Hilkhot Geirushin* 6:9; *Shulḥan Arukh, Even HaEzer* 141:1).

When he said to her: Be an agent for delivery, etc. – **דַּאֲמַר לַהּ הֱוִי שָׁלִיחַ לְהוֹלָכָה וכו׳:** If a man gave his wife a bill of divorce; and the bill of divorce was written and signed in her presence, and her husband said to her: Be an agent for delivery of the bill of divorce to such and such court, and they should appoint an agent to give you this bill of divorce, and you will then be divorced through it, then she is deemed credible to say: It was written in my presence and it was signed in my presence. She must make this statement when the bill of divorce leaves her hand (*Tur*, citing Rosh). The court then takes the bill of divorce from her; gives it to an agent, who in turn gives it to her; and she is divorced (Rambam *Sefer Nashim, Hilkhot Geirushin* 7:23; *Shulḥan Arukh, Even HaEzer* 142:13).

Summary of **Perek II**

With regard to the statement: It was written in my presence and it was signed in my presence, the Gemara concludes that if the agent cannot issue this statement about the entire bill of divorce but only about a portion of it, or if the bill of divorce is brought by two people who can say only part of this formula, then their statement is of no consequence, and the bill of divorce must be confirmed through its signatures. However, if two valid witnesses bring the bill of divorce, it is not necessary for them to issue this declaration at all, as they may testify to the validity of the bill of divorce without making use of the rabbinic decree enabling a witness to merely state: It was written in my presence and it was signed in my presence.

An agent who brings a bill of divorce must be a Jew, halakhically competent, and able to see. The agent can also be someone who under most circumstances is disqualified from testifying in court. Consequently, a woman can also serve as an agent for bringing such a bill, even the woman who is being divorced. Even those women who are not deemed credible to testify with regard to the death of a woman's husband are deemed credible to bring her bill of divorce.

A bill of divorce must include the date, though it is not invalidated if an imprecise date was written. However, if it was written on a certain date but signed on a later date, then it is invalidated. There are those who consider it to be valid after the fact in exigent circumstances.

It is not necessary for the bill of divorce to be written by the husband; any Jew may write it. A halakhically competent person is required to write the part of the bill of divorce that must be written for her sake.

The writing on the bill of divorce must be permanent. Therefore, although there are no *halakhot* concerning which particular ink may be used, it must be a type of ink that is long-lasting. The bill may also be written without using ink, e.g., by engraving or embossing the letters. The engraving or embossing must be similar to writing in that the act of writing forms the actual letters. If the letters were formed indirectly, through chiseling the area surrounding them, the bill of divorce is invalid.

A bill of divorce need not be written on a specific surface. Any surface that one can write on may be used, including live animals. However, based on the verse "And he writes her a scroll of severance, and gives it in her hand," the Sages derived that it must be possible to transfer the bill of divorce to the woman immediately after it is written, without any intervening steps. Therefore, a bill of divorce written on an object that is attached to the ground is invalid, as one who writes such a bill will need to detach it before giving it to the woman.

Image **Credits**

All images are copyright © Koren Publishers Jerusalem Ltd., except:

p31 © The Walters Art Museum, Baltimore, MD; **p91** © BXXXD; **p100** © Sippel2707.

My Notes